史記論叢

项羽文化研究及其产业开发应用与《史记》学术研讨会暨中国史记研究会第十七届年会论文
——《史记论丛》第十五集

主 编：张大可 郑晓明 陈 曦

中国文史出版社

图书在版编目（CIP）数据

史记论丛 . 第 15 集 / 张大可，郑晓明，陈曦主编 .
—北京：中国文史出版社，2018.8
ISBN 978－7－5205－0603－8

Ⅰ . ①史⋯　Ⅱ . ①张⋯　②郑⋯　③陈⋯　Ⅲ . ①《史记》
—学术会议—文集　Ⅳ . ①K204.2-53

中国版本图书馆 CIP 数据核字（2018）第 230781 号

责任编辑：王文运

出版发行：中国文史出版社

社　　　址：北京市西城区太平桥大街 23 号　邮编：100811
印　　　装：北京洲际印刷有限责任公司　邮编：101119
经　　　销：全国新华书店
开　　　本：710mm×1000mm　1/16
印　　　张：33.5　字数：630 千字
版　　　次：2018 年 11 月北京第 1 版
印　　　次：2018 年 11 月第 1 次印刷
定　　　价：140.00 元

文史版图书如有印、装错误，工厂负责退换。

题　　记

公元 2018 年，一年一度的学术研究盛会在古都南京召开，中国史记研究会秘书处怀着喜悦的心情在金秋时节的八九两月，紧张地编辑着从全国各地寄来的稿件。多年来，《史记论丛》做到了一年一期，按时出版。在全国各种研究会中，如此高效应属少见。今年的年会论文集，列序《史记论丛》第十五集，五十余万字，又是一份学术研讨的大礼，更期望《史记》研究年年丰收，一直保持良好态势！

本集收录今年十一月即将在中国南京市浦口区召开的"项羽文化研究及其产业开发应用与《史记》学术研究会第十七届年会"的研讨论文，共计 56 篇，63 万字。本次年会由中国史记研究会和南京市浦口区人民政府联合主办，浦口区委宣传部、浦口汤泉旅游度假区等单位具体承办。作为本届年会的东道主，南京市浦口区的领导与工作人员，在去年张家界年会结束之后，便开始与研究会保持密切沟通，认真准备办会的每一个环节，筹备工作细致周详，试图为参会代表提供安全、方便、舒适的研讨环境，中国史记研究会代表全体会员对此表示衷心感谢！

本集一共设置了五大栏目，即项羽文化研究与产业开发应用、《史记》文本与注释研究、《史记》思想文化研究、《史记》文学艺术研究，史事研讨及其他。概略而言，本集论文有如下三大特色值得评说。

第一，是对项羽文化研究的专题研讨。

项羽文化研究与产业开发应用，是今年年会最具特色的重大主题之一。本栏目收录了十七篇这方面的论文，彰显着该主题研讨的不断深入。东道主郑晓明部长的《项羽垓下溃围至乌江自刎谜团解析》首次对家喻户晓的"霸王别姬"历史做了认真的考辨，引用了充分的文献，还做了实地考察，在这一问题上补了一个历史的空白。郑晓明同志在公务繁忙之余做了如此认真的考辨工作，承传了太史公的实录精神，在治学风骨上作出了表率，对有些只在字缝中作考辨的"学者"提出了警示。这是一篇大文章，也是本次学术研讨项羽文化栏目的最大亮点。朱枝福、王小燕的《论项羽精神的文化符号》，将项羽生平事迹中人格与精神的本质体现，概括为"嫉恶如仇""破空而出""攻坚克难""恭敬爱人""视死如归"等，认为项羽精神与文化符号具有强烈的时代意义，产生了不可低估的历史作用，尤其是中华民族遇到外敌侵略，处于生死存亡的紧急关头，更是需要项羽的壮烈情怀。袁铭的《浦口地名与项羽传说》，指出项羽在败走浦口至自刎乌江的路途中，留下了一个又一个动人的历史传说，以及由传说演化而成的世代相传的诸多地名，如瓢儿井、点将台、饮马池、红绣鞋、失姬桥、胭脂井、魂落铺、九头亡、勒马想、驻马河、滚马滩、霸王庙、御祭庵、鬼门关、晾马庙、下马石、霸王鞭、四马山（又名四溃山）等，反映了千百年来当地人民对西楚霸王项羽的崇敬和缅怀。许盘清的《浦口区项羽地名的分类研究及数据库建设》，进而将浦口区项羽地名分为"历史上却有其地"与"历史上无据可寻"两大类，提出在建设项羽地名数据库时需要解决如下关键事项，如完善地名精确定位、丰富地名丰富信息、强化区域合作等。任欢的《浦口项羽文化的特性价值分析及开发利用》，揭示了浦口项羽文化所具有的鲜明的人文价值、丰厚的艺术价值、潜在的产业价值，对项羽文化资源的综合利用与开发，提出了具体有益的建议。以上论文大都具有鲜明的地域文化色彩，显示了项羽文化研究之于浦口区产业资源开发的重要意义。

第二，是对《史记》文本与注释的专题研究。

这是《史记论丛》的长期设置的一个专题栏目。在本集这类论文中，最值得关注的是赵生群的《中华书局点校本〈史记〉修订工作回顾》一文。2013年10月，中华书局出版了由赵生群主持团队完成的点校本《史记》修订本。赵生群的这篇文章，叙述了《史记》的点校过程，指出新点校本是几代人共同努力的结果；还叙述了赵生群团队对点校本的贡献，即在继承中华书局原点校本《史记》全部学术成果的基础上，对底本讹、脱、衍、倒做了校改，出了校勘记达三千四百余条；订正了原点校本标点讹误，使《史记》文本更加精善。此外，朱枝富的《〈五帝本纪〉文本研究》《〈史记〉西域诂》《谈谈〈史记〉人名中'畀'的读音》《〈史记正义〉之'光静'献疑》等多篇文章亦均有创见，值得细读。

第三，是对《史记》思想文学成就的专题研究。

这是《史记》研究常写常新的"永恒"领域，本集论文中有不少该领域的佳作。如赵国华的《论刘邦的精神世界》，认为刘邦的精神世界建基于儒家思想和帝王观念的融合，在反秦灭楚兴汉过程中得以呈现，大体上包涵以"大丈夫"为楷模的人生志趣，以智、仁、勇"三达德"为核心的个人素养，以豁达大度为底色的人格特质，这不但改变了刘邦的政治命运，还影响到秦汉之际的历史进程。再如林聪舜的《〈史记·商君列传〉中的儒法纠葛》，指出司马迁对商鞅的评价，不但是以史学家的角度，呈现"俱见其表里"的"实录"；更是以经学家的角度，以追求王道政治的实现作为标准，因而可从《商君列传》这篇出自反秦反法家时代的作品中，读出儒发对抗的纠葛。又如高益荣的《"赵氏孤儿"书写中的情与理的两维考量》，指出司马迁在《赵世家》中所写的程婴"谋取他人婴儿"，折射了司马迁看重父子亲情的伦理观，以及他对儒家

"忠义"观的情理考量。这些论文均新意迭出，论证有力，显示了当前《史记》研究稳步前行的良好态势。

在篇幅有限的"题记"中，难以对本篇收录的佳篇力作一一点评。最后恭祝中国史记研究会的全体会员始终保持学术热情，大家"撸起袖子加油干"，为《史记》研究与学会发展贡献出自己的聪明才智！

本书编委会

2018 年 9 月

目　　录

项羽文化研究

《史记》文本与注释研究

《史记》思想文化研究

《史记》文学艺术研究

史事研讨及其他

项羽文化研究

项羽垓下溃围至乌江自刎谜团解析

*本文作者郑晓明。中共南京市浦口区委常委、宣传部部长。

项羽与虞姬"英雄＋美人"的经典故事家喻户晓，2000多年来一直传为美谈。2015年，笔者有幸至南京市浦口区工作，对浦口区与项羽有关的遗迹、地名和民间传说产生了浓厚兴趣。通过三年的潜心研究，笔者研读了大量历史文献资料，实地考察了相关遗址遗迹，发现项羽自垓下突围至乌江自刎过程中，留下的遗址、史料、及传说故事存在诸多历史谜团，如："霸王别姬"的故事到底是真是假？项羽渡过淮河后迷道的地方是"阴陵县"还是"阴陵山"？全国有四处项羽墓和四处虞姬墓，如何辨析真假？为何浦口与项羽文化有关的地名有很多？经过深入研究和实地考证，笔者有了颠覆常规的重大发现，现梳理总结有关研究成果，以期正本清源，还历史真相于大众。

一、"霸王别姬"的故事是假的

"霸王别姬"的故事广为流传，大意为：楚汉相争时，西楚霸王项羽兵少粮尽，被汉王刘邦军队围困于垓下。项羽夜不能寐，闻四面楚歌，便起床在帐中饮酒。项羽有美人虞姬和乌骓马，乃慷慨悲歌："力拔山兮气盖世，时不利兮骓不逝，骓不逝兮可奈何，虞兮虞兮奈若何。"虞姬和歌而舞，项羽自知将败，泣泪数行，左右也都凄然泪下。项羽在突围前夕和虞姬决别，虞姬遂自刎。

这个故事脍炙人口，影响深远。但经过深入研究和考证，"霸王别姬"的故事实际上是假的。

1. 历史典籍均没有记载

霸王别姬的故事原型出自《史记·项羽本纪》，原文为："项王军壁垓下，兵少食尽，汉军及诸侯兵围之数重。夜闻汉军四面皆楚歌，项王乃大惊曰："汉皆已得楚乎？是何楚人之多也！"项王则夜起，饮帐中。有美人名虞，常幸从；骏马名骓，常骑之。於是项王乃悲歌慷慨，自为诗曰："力拔山兮气盖世，时不利兮骓不逝。骓不逝兮可奈何，虞兮虞兮奈若何！"歌数阕，美人和之。项王泣数行下，左右皆泣，莫能仰视。於是项王乃上马骑，麾下壮士骑从者八百馀人，直夜溃围南出，驰走。"

司马迁写《史记》，"网罗天下放失旧闻，考之行事。"他亲自调查、考辨史料，纠正了许多错误之处。如：为了写好《淮阴侯列传》，他专门到淮阴调查。因此，他写出的《史记》，获得了"其文直、其事核、不虚美、不隐恶"的声誉，杨雄、刘向、班彪、班固等人都称司马迁修史为"实录"。

司马迁在《史记·项羽本纪》中并未写虞姬和歌后自刎。清代吴永和《虞姬》有诗云："大王真英雄，姬亦奇女子。惜哉太史公，不纪美人死。"事实上，若虞姬真的自杀了，司马迁在文中略加几字便可交待清楚，之所以没有写，是因为他不认可虞姬在垓下自杀。司马迁的女儿嫁给了杨敞，杨敞是赤泉侯杨喜的第五代孙，而杨喜则是一位全程参与追击项羽的亲历者，也是乌江斩杀项羽而封侯的五人之一。[①] 司马迁与杨敞的交往，至少有二十年以上，他一定听杨家人讲过杨喜的故事，包括项羽和虞姬的故事。在《史记》中，司马迁连亲家祖宗——杨喜被项羽嗔目而叱、人马俱惊的窘状都予以记录，却并未写虞姬自杀身亡，这说明他知晓情况，故意不录。

东汉班固、北宋司马光俱是著书严谨之人，二人对这段历史都进行了深入研究，班固在《汉书》中大体沿用了司马迁的表述，但指出美人姓虞（非"名虞"），并确认无名之山为"四隤山"。

司马光在《资治通鉴》中指出事件发生在十二月，但删去了与虞姬有关的字句，有可能是避免引发虞姬自杀的歧义。《史记》《汉书》《资治通鉴》均未载明虞姬自杀于垓下，甚至根本没有提到项羽与虞姬分别。

2. "霸王别姬"故事是民间不断演义而来

"霸王别姬"的故事属民间虚构，演化而来。细查历史传承，自唐朝方有对虞姬墓的记载。初唐魏王李泰《括地志》："虞姬墓，在濠州定远县东六十里。长老传云：'项羽美人冢也。'"北宋以后"霸王别姬"的故事经历了项羽杀姬说、虞姬自杀说、身首分离说等不同版本。

（1）项羽杀姬说。北宋乐史《太平寰宇记》卷一二八，濠州定远县："虞

姬冢，在县南六十里，高六丈。即项羽败，杀姬葬此。"

（2）虞姬自刎说。元释念常《佛祖历代通载》："庚子會諸將圍羽於垓下，虞姬自刎。"这可能是项羽、虞姬故事雏型的最早纪录。施耐庵《水浒传》《鲁智深大闹五台山》一回中，卖酒汉子唱道："九里山前作战场，牧童拾得旧刀枪。顺风吹动乌江水，好似虞姬别霸王。"明冯梦龙《情史》（上海古籍出版社1996年版）《情史情贞类》记载：军败垓下，项羽慷慨悲歌"力拔山兮气盖世……"，虞姬和之"汉兵已略地……"，项羽谓虞姬："善事汉王！"虞姬曰："妾闻忠臣不二君，贞妇不二夫。请先君死。"项王拔剑，背而授之，虞姬遂自刎。死处生草能舞，人呼为"虞美人草。"

明代甄伟《西汉通俗演义》小说中第八十三回《霸王帐下别虞姬》故事梗概为：虞姬和歌后，霸王复又泣而别姬，虞姬假意借项羽宝剑作突围防身之用，接剑后自刎而死。

（3）身首分离说。唐代初期首现定远虞姬墓，北宋晚期灵壁虞姬墓出现，为此，好事者编了一个故事，即虞姬的头与尸身被埋葬在不同的地方。

南宋祝穆《方舆胜览》卷四八："虞姬冢，在定远县南。今宿州亦有墓。相传：灵壁葬其身，此葬其首。"

明嘉靖《宿州志》有关记载与此恰恰相反："虞姬墓在灵壁、定远二县，灵壁葬其首，定远葬其身。"

明代沈采的杂剧《千金记》三十七出《别姬》一幕：虞姬求死，项羽付剑于彼，虞姬自刎后，项羽割其首于马颈。此剧有关情节违背常理，项羽连乌骓马都不忍心杀，他会残忍地割下虞姬的头颅，让其身首异处、死无全尸？实在让人匪夷所思。

3. 四处虞姬墓及其传说均佐证虞姬死于"阴陵"附近

全国有四处虞姬墓，分别位于安徽省滁州市定远县、宿州市灵壁县、马鞍山市和县以及江苏省南京市浦口区。这四座虞姬墓，附近均有一处叫做"阴陵"的地方；定远虞姬墓邻近古"阴陵县"；灵壁虞姬墓附近有淮北"阴陵山"（宋代为"阴陵村"）；和县虞姬墓就在"阴陵山"西部山麓；浦口虞姬墓距"阴陵山"约十几公里。四地关于虞姬之死的民间故事传说大意相同，即：虞姬并未在垓下自刎，而是随项羽溃围南驰，逃至"阴陵"因迷路陷入大泽，被汉军骑兵追上，虞姬为了帮助丈夫突围，战死或自刎而死。

4. 虞姬可随项羽突围而无须自杀

项羽兵困垓下时，汉军的包围并不紧密，这与韩信的排兵布阵有关系。究其原因，韩信料定项羽在兵少粮尽的情况下，必采取速战速决、斩首突击战术。所以，他命刘贾、英布军自南封闭楚军外围出路，命彭越军自北封闭通路，自将三十万主力与刘邦本部军二十多万合兵一股，排出了坚固的正面迎战阵形：韩信亲率三十万大军居中，为前锋主力；孔将军率军数万为左翼；费将军率军数万为右翼；刘邦率本部主力尾随韩信军，周勃、柴将军率军断后。韩信知楚军离乡在外久战、军中缺粮多日，故采用"以逸待劳"战术，巧施"四面楚歌"之计，涣散楚军军心。汉军的围困故意留有缺口，以便楚军将士弃甲逃走。所以项羽率 800 骑兵"直夜溃围南出"，未经战斗便顺利突围，汉军直到天亮才发觉。虞姬常随军打仗，流传至今的人物形象都是习武骑马的。秦末时尚未发明马蹬，虞姬会骑马必定擅长骑术。因此，在当时情况下，虞姬毫无必要自杀，完全可以跟随 800 骑兵一道突围。

5. 项羽及左右哭泣之原因并非虞姬自杀

通常情况下，人死之后，亲朋好友方会哭泣。后人依据《史记》中"项王泣数行下，左右皆泣"之记载，臆测虞姬自杀于垓下。深入分析当时情况，便知事实并非如此。项羽此前历经七十多战，未尝败北，常以少胜多，曾以 3 万精兵大败刘邦汉军 56 万之众，但垓下之战遭受重创，十万兵马损失数万。在缺衣少食、疲惫不堪的情况下，帐外楚歌四起，楚军将士以为汉军已尽得楚地，军心涣散，分崩离析，不攻自垮，许多跟随项羽征战多年的军官不辞而别。项羽穷途末路，英雄气短，在绝望之中不得不抛弃数万将士，只带 800 骑兵突围逃亡。楚歌悲怆、思乡愁情、将士离别、精神崩溃、特别是抛弃江东子弟的痛苦抉择，倍感揪心，项羽与左右哭泣合乎常理，仅以史书中众人皆泣即推断虞姬自杀是片面的、错误的。

6. 引发歧义的虞姬和诗系后人伪作

唐张守节《史记正义》引《楚汉春秋》项羽《垓下歌》的虞姬和歌："汉兵已略地，四面楚歌声，大王意气尽，贱妾何聊生。"这首诗成为后人推断虞姬自杀的一个重要理由。虞姬和歌有多重疑点：一是虞姬不可能用五言诗来和项羽的骚体诗，诗歌的体例、风格不匹配。项羽的《垓下歌》为骚体诗（楚辞），而虞姬和歌为五言诗，四句共 20 字，酷似五言绝句。二是秦末时盛行骚体诗，不可能产生如此规范的的五言诗。五言诗始于西汉，戚夫人的《春歌》被认为是五言诗的起源："子为王，母为虏，终日舂薄暮，常与死为伍！相去三千里，当谁使告汝？"从内容来看，《春歌》还不能算规范的五言诗。三是"大王意气尽，贱妾何聊生"这句诗不合时宜，虞姬不可能直接明了地说项羽"意气尽"。四是虞姬和歌疑为后人伪作。陆贾生活的年代早于司马迁，司马迁撰写《史记》时一定参考过陆贾的《楚汉春秋》这本重要的史料。若《楚汉春秋》中真有虞姬和歌，司马迁必会将其录入《项羽本纪》。司马迁未写，说明他当时见到的《楚汉春秋》没有这首五言诗。[①] 清人沈德潜编《古诗源》时，认为"虞姬和歌竟似唐绝句矣，故不录"。清何琇《樵香小记·五言诗》认为张守节所见之《楚汉春秋》已窜入后人伪作："五言詩世稱始蘇李，玉臺新詠则題古詩為枚乘作，均漢武帝時人，無庸較其先後。惟张守节《史記正義》引《楚漢春秋》虞姬詩，已全作五言，此不可曉，即曰陸賈贋託，賈亦虞姬同時

---

① 《北京青年报》2013 年 5 月 24 日，唐宝民《虞姬真的自刎了吗》。

人也，岂守节所见之本，后来又有所竄入歟?"综上所述，《虞姬和歌》应是后人据《史记》中"美人和之"一语编造而来，张守节所见版本之《楚汉春秋》竄入了后人伪作。

7. 有古诗词印证虞姬是"阴陵迷道"后自杀的

唐人冯待征《虞姬怨》一诗描述了虞姬的生活经历："妾本江南采莲女，君是江东学剑人。逢君游侠英雄日，值妾年华桃李春。年华灼灼艳桃李，结发簪花配君子。行逢楚汉正相持，辞家上马从君起。岁岁年年事征战，侍君帷幄损红颜。不惜罗衣沾马汗，不劳红粉著刀环。相期相许定关中，鸣銮鸣佩入秦宫。谁误四面楚歌起，果知五星汉道雄。天时人事有兴灭，智穷计屈心摧折。泽中马力先战疲，帐下蛾眉转消歇。君王自是无神彩，贱妾此时容貌改。拔山意气都已无，渡江面目今何在? 终天隔地与君辞，恨似流波无息时。使妾本来不相识，岂见中途怀苦悲。"这里的"泽"指的是"阴陵大泽"。

元朝著名散曲作家张可久《卖花声·怀古》曲云："美人自刎乌江岸，战火曾烧赤壁山，将军空老玉门关。伤心秦汉，生民涂炭，读书人一声长叹。"

明代著名学者、诗人和文艺批评家胡应麟《少室山房集》诗曰："亞父当年赐骸骨，虞姬劲死陰陵侧，壮士至今犹悼惜。"

明林弼《虞姬怨》诗云："君王万人敌，贱妾万人怜。昔有丝萝托，愿言金石坚。云胡竟失势，恩情不终全。骓马骄不逝，楚歌声四喧。君心为妾苦，妾身为君捐。嗟君气如虹，创业未八埏。恨妾命如叶，事主无百年。游魂遂惊尘，怨血溅流泉。妾死亦已矣，君行当勉旃。江东地虽小，星火亦可燃。愿身化孤燕，随渡乌江船。"

清代诗人、戏曲家舒位有诗："玉斗凄凉铁骑摧，阴陵月黑走乌骓。美人一剑花初落，亭长孤舟夜未开。回首入关当百战，伤心卷土不重来。依然樵牧讴吟处，白草茫茫正可哀。"

以上诗词有关内容表明，虞姬并非在垓下自刎，而是突围后到达"阴陵（或阴陵大泽）"之后，邻近"乌江"自杀的。

二、项羽迷道处是"阴陵山"而非"阴陵县"

依《史记》、《汉书》记载，项羽自垓下溃围南弛至乌江所经路线为：垓下溃围南弛→渡淮→至阴陵，迷道被绐，陷阴陵大泽→出泽往东，至东城县境→快战四聩山→乌江拒渡，步战自刎。这里的"阴陵"到底是指"阴陵县"还是"阴陵山"，一直未有定论。千百年来，大部分史学家倾向于现定远县境内的古阴陵县为项羽迷道之地，主要理由是：史志载明项王至"阴陵"而非"阴陵山"；北魏郦道元《水经注》、北宋李昕《九城志》有记载；由《梁书·韦睿列传》推断阴陵大泽位于定远古阴陵县一带；① 清代著名历史地理学家顾祖禹《读史方舆纪要》因《水经注》及韦睿救钟离事件等，认为阴陵县为项羽迷道处；定远陈铎祠堂印证田父封侯的故事；② 定远的地名传说证实楚汉两军曾激战于其地；江浦、和县交界处的阴陵山往东去无法至东城，与《史记》记载不符。

近几年来，笔者多方研究各类史书记载，查证有关资料，实地调查走访项羽垓下溃围南弛路线各重要节点，梳理分析了南京市浦口区与项羽有关的地名分布，配合卫星遥感地图研究，——推翻了项羽迷道处为定远县古"阴陵县"的证据，确认项羽迷道处当为南京市浦口区与马鞍山市和县交界处阴陵山无疑。具体理由如下：

1. 历史典籍对于山名也常用简称

司马迁、班固撰写史书，遇到地名时多用简称，山名也不例外，通常也将"山"字省却。如《史记·廉颇蔺相如列传》的"遂解阏与之围"、《史记·韩世家》的"今楚兵在方城之外"、《汉书·鲁元王传》之"教皇帝居霸陵"等等，这些引文中的"阏与"、"方城"、"霸陵"等均是山的简称。

2. 郦道元《水经注》有关注释属主观臆断

郦道元在北魏为官，阴陵、东城、四㔉山位于南朝管辖区域，其间有战乱，他不可能到南方进行实地调查，所以注释中错误较多。

被梁启超称之为"前清学者第一人"的戴震（1724—1777），在校勘《水经注》时，改正错讹三千多处。

郦道元《水经注》载："淮水又北，径莫邪山西，山南有阴陵县故城。汉高祖五年，项羽自垓下从数百骑，夜驰渡淮，至阴陵迷失道，左，陷大泽，汉令骑将灌婴以五千骑追及于斯。"项羽迷道处是"阴陵山"，而非"阴陵县城"，这是郦道元臆想的注释。《水经注》又云："淮水又东，池水注之。水出东城县，东北流，迳东城县古城南。汉以数千骑追羽，羽率二十八骑引东城，因四㔉山，斩将而去，即此处也。"四㔉山在东城县南部（现南京市浦口区境内），郦道元却将其注释在"东城县古城南"，即现滁州市定远县境内。纵观古籍旧志，除《水经注》外，无一将四㔉山置于定远县。宋代以来的很多地理、方志书籍记载了四㔉山及其具体地点，如《舆地纪胜》、《太平寰宇记》、《广舆胜览》、《和州志》、《大清一统志》、《历阳典录》等，可以确定今南京市浦口区境内的驷马山，正是项羽率二十八骑与汉灌婴骑兵鏖战的古战场。有关专家进行实地考察，四㔉山呈东北—西南走向，山形呈椭圆，高约50米。山脚长边2公里多，宽约1公里，周回5公里左右。这座山不太高又不太小，四周坡缓、顶部宽平，正适合项羽与其二十八骑在山顶布下环阵，四向纵骑驰下，突破汉

---

① 《学术月刊》2009年3月第41卷，袁传璋《项羽所陷阴陵大泽考》。

② 《军事历史》1996年第3期，傅贵《历史公案：项羽身陷大泽于何方》。

骑包围。

3. 韦睿所经阴陵大泽应在浦口、和县阴陵山附近

《南史》卷五十八列传第四十八《韦睿》："五年，魏中山王元英攻北徐州，围刺史昌义之于钟离，众兵百万，连城四十余。武帝遣征北将军曹景宗拒之。次邵阳洲，筑垒相守，未敢进。帝怒，诏睿会焉，赐以龙环御刀，曰：'诸将有不用命者斩之。'睿自合肥径阴陵大泽，过涧谷，辄飞桥以济师。人畏魏军盛，多劝睿缓行。睿曰：'钟离今凿穴而处，负户而汲，车驰卒奔，犹恐其后，而况缓乎！'旬日而至邵阳。"

由上文可知，梁武帝将韦睿诏至京都建康（今南京），亲赐龙环御刀，命其赴钟离解围。韦睿先自合肥赴南京，而后自南京返回合肥，领兵解救钟离守军。从合肥到南京，当时的捷径就是取直线，过阴陵山北，至浦口宣化渡过江。时值二月，为河泽枯水期，韦睿毅然选择了横穿阴陵大泽，所以"过涧谷，辄飞桥以济师"。韦睿不骑马，应以步兵速度行军，花了十天时间赶到钟离邵阳洲。古代步兵行军速度一天"百里"肯定没问题，如果"车驰卒奔"完全可以达到一天60公里。合肥至钟离约120公里，假设阴陵大泽在定远（合肥至钟离中直线上），即使绕道急行军，3天应可到达，何需10日？合肥至南京约160公里，算上搭桥过泽（枯水期工程量应很小）、渡江、接受诏命的时间，往返约需7天，合肥集结军队赶赴钟离约需3天，恰好10日左右可达。因此，结合《南史》详细记载、交通区位以及行军速度综合分析，韦睿救钟离事件恰恰证明阴陵大泽是在浦口、和县阴陵山北部、西北部一带。

4. 定远田父封侯及刘项地名传说是讹传

2016年，笔者曾赴定远，在古阴陵县遗址旁找到了陈铎祠。该祠原建筑早已损毁，仅剩残垣断壁，新祠堂主体落成，尚未装修。细查陈铎封侯故事来源，可以找到两则出处：一是清末阴陵陈氏宗谱，二是民国阴陵陈氏宗谱。两例陈氏宗谱文字表述基本一致，载明的事实均是在楚汉战争中，刘邦被项羽追赶到阴陵古城，陈铎因救刘邦被项羽所杀，刘邦即位后封其为王。此例事实清楚，证据确凿，却被别有用心之人篡改，指陈铎即为"田父"，用以引证阴陵城为项羽迷道处。当地的"马避坎"、"少十步"等多处地名传说均佐证刘邦在阴陵城附近躲过了项羽的追杀。刘邦有如此惨败的屈辱历史，怕影响皇家脸面，因而不可能让司马迁写入《史记》。而讹传陈铎封侯和地名传说，与定远学者指"嗟虞墩"为"四隤山"如出一辙。究其源头，皆因郦道元《水经注》之错误注释为定远人出了个千古难题。

5. 唐刘禹锡张祜等有诗为证

唐代文学家、哲学家刘禹锡《历阳书事七十四韵》诗云："一夕为湖地，千年列郡名。霸王迷道处，亚父所封城。"该诗肯定和州阴陵山为项羽迷道处。

唐张祜《过阴陵》诗中写道："壮士凄惶到山下，行人惆怅到山头。生前此路已迷失，寂寞孤魂何处游"。这里写的是过阴陵山，而不是过阴陵城，且

诗人亦将阴陵山简称为"阴陵"。

刘禹锡、张祜二人的诗作证实至少在唐代，阴陵山为项羽迷道处就已得到公认。清康熙《全椒县志》记载："九斗山，县南二十五里，一名阴陵山。昔项羽兵败欲东渡乌江，途经此山，与汉兵一日九斗，故名。"为补充九斗山的文化背景，该志还援引明代进士吴颖的一首七言绝句为证。诗云："汉家将士挥戈矛，亚父东归项寡谋。兵败阴陵空九斗，至今遗志说迷沟"。

6. 北宋秦观《寄老庵赋》证实阴陵大泽位置

北宋词人秦观曾于熙宁九年游历汤泉（现南京市浦口区汤泉街道）及周边地区，他在《寄老庵赋》（《淮海集》）中云："寄老之区，在于汤泉，实为历阳，东城之域。……北则瓦梁之河，阴陵之泽，水潦之所聚会，鱼鳖之所充斥，芡菱蒲蕙，毛发之富，被及邻国。"作者在文中点明"阴陵大泽"与汤泉之北"瓦梁之河"相连。"瓦梁之河"即滁河。由此可知，阴陵大泽与滁河连接成片，按其方位推算，即在阴陵山北往西一带。如今，其地仍为滁河及两岸圩区，河泽众多、水产丰富，与秦观《寄老庵赋》记载相符。

7. 北宋后史志多有记载

自北宋以后的舆地志书，多注录"项王迷失道处"为"阴陵山"。宋乐史《太平寰宇记》载："寿春图经曰九斗山，一谓阴陵山，江表传云：项羽败，东走乌江，取此山过，汉遣灌婴追羽，兵至此，一日九战，因名九斗山，今山石犹有磨刀砺镞之，其西五里有迷沟，相传项羽迷道处也。"南宋王象之《舆地纪胜》书卷四十八《淮南西路·和州》记载："阴陵山，在乌江县西北四十五里，即项羽迷失道处。"祝穆（？—1255）撰《方舆胜览》卷四十九《淮西路·和州》有相同记载。明代李贤、彭时等纂修的《大明一统志》、清代《嘉庆重修大清一统志》的《和州·山川》均沿袭南宋王象之的说法，用"即"确认和州阴陵山为"项羽迷失道处"。《万历江浦县志》《光绪江浦埤乘》，清末高照纂修、光绪十四年（1888年）付梓的《直隶和州志》，民国《全椒县志》也均对此作出了肯定。

8. 九曲滁河及两岸圩区印证阴陵九曲泽存在

《说文解字》："水艸交厝曰澤"。古人所称大泽，应为大面积的水草交错之低洼地，目前江淮地区的"圩"区与之最为相似。对照地图并实地查看，项羽垓下溃围南驰路线恰位于江淮地区，沿线最大的圩区就在阴陵山北滁河两岸，即韦睿所经的"阴陵大泽"、秦观所写的"阴陵之泽"所在。这一片区为江苏、安徽交界地带，数十处地名都带有"圩"字，如：后圩、孟家圩、肖官圩、东官圩、大同圩等。

滁河经阴陵山北往西恰好拐了九道弯，两岸连接大片圩区，南京专家认为这即是阴陵"九曲泽"所在地。每逢春夏之交，河水涨发，淹没大泽，至梅雨时节和汛期，当弥漫无际。而到了冬季枯水期，泽内有路可循，人马可以行走。待至大片水域、无路可走时，便会使人陷入泽中，项羽一行当是如此。若仅是湖、河、塘之类地貌，远望便知行不通，不会导致项羽陷入"大泽"，耽误较多时间而被汉军追及。九曲滁河及沿岸圩区的地形地貌充分印证了其由"阴陵九曲泽"演变而来。

9. 从时间推算项羽不可能在阴陵县迷道

古代骑兵正常情况下每小时可行军 30—40 公里，如连续奔驰应可达到 20—30 公里/小时。项王"麾下壮士骑从者八百余人"，当为骑兵精英，座骑骏良。由"直夜"到"平明"，项羽较灌婴骑兵先行 5—6 小时，正常情况下，汉军是无法"追及"的。两军渡淮河的时间差可忽略不计（楚军舟少，100 余骑夜间渡淮；汉军船多，5000 骑白天渡淮）。项羽在阴陵大泽迷路耽误的时间一般不会超过二小时，更不可能达到五、六个小时，所以汉骑在阴陵县追上项羽是极不符合常理的，项羽迷路之处应是阴陵山。垓下至阴陵山约 180 公里，夜间骑兵以每小时 20 公里速度计算，渡淮假设用 3 个小时，白天骑兵以每小时 30 公里行军速度计，考虑到休息时间（因一夜未睡觉），项羽精骑正午前后可到达阴陵山北。灌婴部队凌晨出发（晚了 5—6 个小时），因白天行军，途中不需休息，以每小时 30 公里计，下午二点左右可达阴陵山。项羽陷入阴陵大泽，耽误了约两小时，因而被汉军追及。以此推算，方符合常理。

10. 任昉笔误与陈廷桂纠错

《述异记》二卷为任昉（460—508 年）撰著，其书卷曰："今阴陵故城九曲泽，泽中有项王村，即项籍迷失路处。项王失路于泽中，周回九曲，后人因以为泽名。"句中"故城"二字，笔者认为是笔误。古时县城均为很小的城池，城内不可能有令人迷路的"大泽"。任昉未到过阴陵城，但他知晓阴陵大泽为九曲泽，撰书时多写了"故城"二字而已。

清末陈廷桂（1768—1842）纂辑《历阳典录》四十卷，将《和州志》对《述异记》的暗引转为明引：阴陵山，州北八十里。旁有泽，名红草湖，春夏之交，潦水涨发，弥漫无际，所谓阴陵大泽者也。《述异记》："阴陵九曲泽，泽中有项王村。项王失路于泽中，周回九曲，后人因以为名。"当即此地。陈廷桂是安徽历阳镇人，家乡住所离阴陵山不远，他深知和州北境的红草湖，即所谓"阴陵大泽"，亦即《述异记》中的"阴陵故城九曲泽"，故在引用时删去了易引发歧议的"故城"二字。

此外，项羽兵困垓下、败走南京浦口至乌江自刎的过程中，留下一幕幕动人故事和历史传说，与之相关的地名众多。笔者查阅了有关史志和资料，发现浦口地域及其附近分布着与项羽有关的地名 32 处。全国各地有关项羽的地名传说很多，但诸多地名集中在一个地区，是非常少见的。由前文论述我们可知，明江浦县大部分为古棠邑县境，西南一部分为古东城县域。项羽在阴陵山北迷道，按田父指引往西行，陷入阴陵大泽，耽误了时间，故汉兵追及之。在九斗山（即阴陵山）一日九斗，激战后向东突围，沿老山之北一路急驰，出古东城县境，进入古棠邑县域，至解甲甸（现地名，在六合区大厂一带），见宣化渡有重兵把守，便沿老山南麓往乌江渡口方向且战且退，复又进入东城县境。因无法摆脱汉军，于是北上，快战四隤山，最后至乌江，拒渡、步战、自刎。此弛战路线与《史记》记载相符，而浦口区境内的项羽文化地名全都分布在线上，确实可以印证。

三、四处虞姬墓孰真孰假

位于安徽、江苏的四处虞姬墓，史志均有记载，笔者逐一前往探寻，有的已不见踪迹。四处虞姬墓到底哪个是真，哪个是假？不妨一一加以考辨。

1. 安徽滁州定远虞姬墓——假墓

原名为"嗟虞墩"，在今定远县南 60 里二龙乡，距阴陵县遗址约 90 里。墩前有定远县政府近年所立"西楚霸王虞姬之墓"石碑，碑上横披及联语均自灵璧虞姬墓碑复制而来。"嗟虞墩"基底直径约十二、三丈，高不足六丈，顶部平坦，呈刀把形，东西长约四丈，南北宽约一丈，北部凹陷，四侧呈45°坡。现为县级文物保护单位。

自郦道元在《水经注》中将项羽迷道之"阴陵"、快战之"四隤山"注释在定远县区域，约 1500 年来，许多学者受此误导，只能以讹传讹，编造证据，导致一错再错：首先，错将"阴陵县"作为项羽迷道之处（本文前面已将其论据逐条推翻，此处不再赘述）；其次，臆造一处"嗟虞墩"，再将其指认为虞姬墓；第三，推测霸王别姬处在定远；第四，指虞姬墓为"四隤山"，否定项羽乌江自刎。当然，这一切都是源于《水经注》的谬误，历经千百年逐渐演化而来，其历代方志记载的多处疑点验证了这一讹传渐进体系。

初唐魏王李泰《括地志》："虞姬墓，在濠州定远县东六十里。长老传云：'项羽美人冢也。'"这里载明为"长老传云"，也就是根据年长者传说而来，没有确凿证据。墓的具体方位也不对，不是"县东"，而是县南。搜遍《全唐诗》，无一首涉及此虞姬墓。北宋乐史《太平寰宇记》卷一二八，濠州定远县："虞姬冢，在县南六十里，高六丈。即项羽败，杀姬葬此。"此志把方位改成了县南，但"项羽杀姬葬此"的说法十分荒谬。北宋李昉《九城志》推测虞姬死于阴陵城："阴陵城，项羽迷道于此，盖虞姬死所"。南宋祝穆《方舆胜览》卷四八："虞姬冢，在定远县南。今宿州亦有墓。相传：灵璧葬其身，此葬其首。"这里引用了民间传说。但明嘉靖《宿州志》记载的内容与之相反："虞姬墓在灵璧、定远二县，灵璧葬其首，定远葬其身。"《明一统志》："虞姬墓在定远县南六十里，俗称'嗟虞墩'"。明高鹤《定远县志》注虞姬墓云："即嗟虞墩，县南六十里，近东城，高六丈，墓上草人呼美人草。"二志皆指明虞姬墓即"嗟虞墩"。清《江南通志》把霸王别姬处指在"嗟虞墩"："嗟虞墩在府东北八十里，世传项羽于此别虞姬。"清《定远县志》把霸王别姬处指在五峰山麓中九华寺："中九华寺，位于定远县城西北六十里，五峰山麓，霸王别姬处。"然而这两地相距近百里。

许多文人千百年来在定远苦苦寻找"虞姬墓"和"四隤山",历史偏偏开了个大玩笑,整个定远境内,除了一座大山——莫邪山外,没有任何其他山丘。古墓葬也极少,所以唯一的一座汉墓便成了文人眼中的"嗟虞墩",此名称稍加辨析便知不是虞姬墓。《说文》:"墩,平地有堆。""嗟虞墩",为人工堆筑而成,是古代文人忧叹虞姬的土堆,后被附会为虞姬墓。灵璧县《重修虞姬墓碑文》云:"……或谓定远之南,亦有姬墓,彼葬其首,此葬其身,花歌草舞,傅会有之,头岱腹嵩,荒唐颇甚。"安徽师范大学任晓勇博士曾考证,定远虞姬墓应是汉代的东城侯刘良墓。①

由于舆地志书影响广泛,史上有不少名人到定远寻觅古迹,咏叹项虞,但这些都不足为据。苏轼曾作《濠州七绝·虞姬墓》诗:"帐下佳人拭泪痕,门前壮士气如云。仓皇不负君王意,只有虞姬与郑君。"苏辙有诗云:"布叛曾亡国已空,摧残羽翮至今穷。艰难独有虞姬共,谁使西来敌沛公"。明叶志淑诗《阴陵城》:"阴陵城北小村西,旧说重瞳向此迷。今日偶经征战地,残阳古木任鸦栖。"清代王溥据传说与推测,作诗《五峰山——旧传项羽别虞姬于此》云:"隔面数峰迥,披云径可寻。山空悲霸气,草冷想虞心。落木依僧定,幽禽卧月深。古今离别恨,流水弄清音。"

至当代,因在定远全域"踏破铁鞋"也找不到"四隤山",于是有学者提出"嗟虞墩"即为"四隤山",定远境内关于项羽追杀刘邦的一些地名传说被反转角色改为刘邦追杀项羽,并否定"乌江自刎说",提出项羽自刎于东城(定远境内),后遭到史学界一致批判。

2. 宿州灵璧虞姬墓——赝塚

位于灵璧县城东、宿泗公路南侧,淮北阴陵山旁。今所见虞姬墓系20世纪80年代修复,墓体园形,基径11米,用青砖砌筑1.2米高护墙,连封土通高约6米。墓南有清代光绪二十七年知县杨兆鎏所立墓碑,高约1.8米,中刻"西楚霸王虞姬墓",碑额横披刻"巾帼千秋"。两侧刻对联"虞兮奈何自古红颜多薄命,姬耶安在独留青冢向黄昏"。碑阴刻杨兆鎏撰《虞美人》词。灵璧虞姬墓现为安徽省重点文物保护单位。

清康熙二十三年撰的《洞阳府》、乾隆年间撰的《灵璧县志》皆载:"灵璧城东十五里,与泗县接界处有虞姬墓。至今墓碑尚存,额刻'巾帼英雄'四字。"《灵璧志略》云:"虞姬冢在县东十五里,汴堤南"。

灵璧虞姬墓及阴陵山位于淮河以北,而《史记》中项羽迷道之"阴陵"在淮河以南,此虞姬墓明显是后人据《史记》记载附会而来。清乾隆年间编纂的《灵璧县志》记载:"志又以……阴陵为项羽迷道处,……考《史记》注,阴陵在淮南,……不应入《灵璧志》,其是非更不必论矣。"

① 《淮北煤碳师范学院学报》第31卷第2期2010年4月,任晓勇《南北虞姬墓考辨》。

靖康二年（1127 年）4 月，金国俘虏了北宋徽、钦二帝，并将二帝及皇室宗亲、后宫佳丽等押解北上，一同被掳的还有抵债的宋朝女眷 11000 多人。同年五月，赵构从开封南下到应天府南京（今河南商丘）即位为南宋高宗，改元建炎。建炎南渡（1127 年）以后，南宋与金国以淮河为界南北对峙，互不通使，后偶有南宋使节渡淮赴金。这时灵壁"虞姬墓"多次出现于文人笔下。

其一，李心传《建炎以来系年要录》卷一九八："接伴使洪迈移书曰：'……虹县之北虞姬墓……'"洪迈充任南宋使节接待金国使者是在高宗三十二年（1162）。

其二，楼钥《攻愧集》卷一一一：《北行日录》："宿灵壁，行数里汴水断流……虞姬墓在南岸荒草中，横安二石板，相去尺余。隆兴间我得泗虹，以此墓为界……"楼钥奉命使金是在孝宗乾道五年（1169），由其记录可知，1164年隆兴和议后，该墓一度是南宋与金国的分界线。

其三，范成大奉命于孝宗乾道六年（1170）使金，有《揽辔录》："……过虞姬墓，墓在路左，双石门出蓁草间，往来观者成蹊。"其途经灵壁县还曾作《虞姬墓》一诗："刘项家人总可怜，英雄无策庇婵娟；戚姬葬处君知否，不及虞兮有墓田。"

其四，程卓《使金录》："……至灵壁县驿……虞姬墓在道左……"程卓使金是在宁宗嘉定四年（1211）。①

唐朝及北宋时期，汴河是水路交通枢纽和漕运干线，无数文人墨客往来于河上。汴河岸边灵壁驿（北宋元祐元年升为县）假如当时即有虞姬墓，定会有很多文人为之咏叹，绝不可能直到北宋晚期才只有饶节写了一首《虞姬墓》诗。饶节（1065—1129 年），主要生活于北宋时期。由上述情况可以得出结论：灵壁虞姬墓于北宋晚期始现，饶节《虞姬墓》诗应作于 1128 年之前。

笔者研究认为，灵壁虞姬墓极有可能出现于 1127 年"靖康之难"时期，因为这起历史事件对宋朝子民产生了重大影响。"自古亡国之耻辱，未有如赵宋者。"北迁之中惨遭金军摧残、蹂躏的，除了宋室后宫佳丽，还有折价抵债的各类女子 11635 人。其中，只有极少数怀清履洁、不堪受辱的刚烈女子，选择了自杀或以死抗争。在此情况下，宋朝官民亟需宣扬一种"女子不屈其节"的精神。虞姬徇情自刎，令人击节赞叹，千古以来被视为巾帼英雄。灵壁离前线不远，虞姬墓的横空出世，无疑是个绝佳的女子贞节典范。这一时期饶节很可能于归乡途中路过灵壁，他在诗中对虞姬墓表示质疑："风悲月黑楚歌闻，泣下虞兮夜未分。千骑星飞向前死，不知谁为闭荒坟？"

上述分析表明，在北宋前期、中期灵壁境内尚无虞姬墓，此墓为北宋晚期好事者刻意伪造的赝冢。为了合理解释与定远虞姬墓的关系，好事者编了一个

---

① 《淮北煤碳师范学院学报》第 31 卷第 2 期 2010 年 4 月，任晓勇《南北虞姬墓考辨》。

故事：虞姬的头与尸身被埋葬在不同的地方。《方舆胜览》卷四八："虞姬冢，在定远县南。今宿州亦有墓。相传：灵壁葬其身，此葬其首。"这里明确指出是"相传"，即来自民间传说。明嘉靖《宿州志》有关记载与此恰恰相反："虞姬墓在灵壁、定远二县，灵壁葬其首，定远葬其身。"说来也巧，灵壁虞姬墓在"文革"中遭严重破坏，墓葬情况得以曝光。据当时目击者言，遗骸为女性，孤身葬，身首相连，无棺椁和殉葬明器。以三块长约 2 米的石板构成三角形石棺，两头各以长方形石板封堵。石棺北、东、西各 30 米处残存汉砖围墙墙基。墓地四周散落汉瓦残片。从墓内实际情况看，传言不攻自破。

另南宋周辉《北辕录》记载，在虞姬墓附近，"有村墅名阴陵"。而在明、清宿州志和灵壁县志里，"阴陵村"变成了"阴陵山"。笔者实地察看，灵壁县"阴陵山"仅四、五米高的小丘，不可谓之为"山"，周边地势开阔、一马平川，历史上不可能出现致项羽陷入其中的"阴陵大泽"。

3. 安徽马鞍山和县虞姬墓——应为鲁妃庙配建之墓

位于和县石杨镇绰庙社区插花山下，现山上鲁妃庙（虞姬庙）已复建，而询问虞姬墓当地人均不知晓，业已无从查考。

插花山即古"阴陵山"西部一座小山。《江浦埤乘》："插花山，在治西北七十里。村民每岁三月十八日诣山祈子，必插花一枝以识之，故名。《历阳典录》。上有鲁妃庙，下有虞姬墓、霸王泉。""鲁妃庙，在治西六十里阴陵山之阳有小山，曰插花山。村民尝于三月十八日诣山祈子，必插花一枝以识之，故又名插花庙。咸丰初贼毁，今复建三楹。按《历阳典录》：鲁妃庙即虞姬庙，盖项羽为鲁公，故虞姬称鲁妃焉。"

和县虞姬墓源自一个荒唐的传说。清道光《和州志》载："美人虞姬自刎后，羽将其头系于马项下，突围骑奔，乃至一山下，原插在姬发上之兰花失落，后人变更山名为'插花山'，山上建有庙，曰'插花庙'……在州北七十里阴陵山之阳……即项王虞姬也。"这一传说与明代沈采的《千金记》相似，虞姬自杀后，项羽将虞姬的头斩下来系在马脖子上逃跑。

"鲁妃庙"即虞姬庙，历史上全国各地的虞姬庙有很多，但称为"鲁妃庙"的仅此一处。刘邦曾以"鲁公"之礼安葬项羽，同期为虞姬建的祠庙只能称为"鲁妃庙"。此庙选址于阴陵山西部的最后一座小山上，应自汉代即有，而阴陵山东部的第一座山——孟泽嘴山上则有纪念刘邦的"高祖庙"。此虞姬墓汉初肯定没有，若当时即有的话必同样称之为"鲁妃墓"。在《江浦埤乘》《历阳典录》等地方志书里，和县虞姬墓从未以一单独遗迹加以注释，而是附着在"鲁妃庙"后。因此，该墓疑似后人为"鲁妃庙"配建的（同乌江霸王庙与项羽墓相仿）。

4. 江苏南京浦口虞姬墓——真墓的可能性最大

位于浦口区江浦街道高旺社区，距古"阴陵山"约 15 公里，因该地区历史上战乱较多，墓现已无处可寻。

　　江浦县设立建置较晚，明洪武九年（1376年）六月，划和州遵教、怀德、任丰、白马4乡及六合县孝义乡和滁州丰城乡、和州一部分置江浦县，隶属南直隶应天府。现浦口区辖区大体为原明代江浦县境。明江浦县至万历年间方请人帮助编撰《江浦县志》，崇祯年间进行了修订，以上版本的《江浦县志》资料较少，均未收入有关"虞姬塚"内容。清雍正年间编校《江浦县志》时，发现旧志中有关于"虞姬塚"的记载，而这一记载与当时和州的虞姬墓、鲁妃庙无法对应，编者便在志书中作了谨慎的说明。《雍正江浦县志》"总跋：史迁本纪言汉高葬项王谷城，今历观旧志则墓在乌江。岂真有两墓耶？存而不削疑，则传疑昭其慎也。李德裕、龚相皆有项王亭赋，怜而赞之。假令墓葬衣冠，不远胜曹瞒之疑塚哉。旧志有虞姬塚，曾巩有诗表其死节，今考其地在和州，虽不削原文，仍列之古迹，然不与项王墓并书，亦昭其慎也。自项王以下书其墓者，历汉迄明，寥寥焉九人而已。盖名人墓则书，非名墓则不书，欲作千年坟，当立千秋业，可以发人深省又宁独昭其慎哉。"同时，《雍正江浦县志》在"古迹"中收入了"虞姬塚"，"虞姬塚，在高望镇西数里，塚在田中，草色青翠，人莫敢犯。"清光绪《江浦埤乘》也有类似表述："虞姬冢，在高旺镇西数里。冢在田中，草色青翠。旧志。按：治西北插花山相传亦有虞姬墓。"这里用的"相传"二字，也就是传说而已。《雍正江浦县志》编者所见之旧志不知为何志，如能找到此志，则可进一步考证确认。

　　宋曾巩原诗为《虞美人草》："鸿门玉斗纷如雪，十万降兵夜流血。咸阳宫殿三月红，霸业已随烟烬灭。刚强必死仁义王，阴陵失道非天亡。英雄本学万人敌，何用屑屑悲红妆。三军散尽旌旗倒，玉帐佳人坐中老。香魂夜逐剑光飞，青血化为原上草。芳心寂寞寄寒枝，旧曲闻来似敛眉。哀怨徘徊愁不语，恰如初听楚歌时。滔滔逝水流今古，汉楚兴亡两丘土。当年遗事久成空，慷慨樽前为谁舞？"此诗作者颇有争议，一说为魏夫人（曾巩弟曾布之妻），一说为许彦国，但该诗写的是浦口虞姬墓。

　　明赵友同有《过虞美人墓》诗："听罢悲歌血泪凝，舞衣零落帐前灯。千年荒冢埋遗恨，不劝君王用范增。"赵友同是金华（今浙江金华）人，少从宋濂游，攻古文辞，善书，为华亭（今上海松江）训导，与修永乐大典。此诗应是他游历浦口虞姬墓所作。

　　清于成龙曾任江浦县令（见《江浦县志》、《江浦埤乘》），其有《过虞姬墓》一诗，并题注："在灵壁县，有红色草，见人辄舞，俗名'美人草'。"其诗曰："阴陵古道照残阳，策塞荒茔吊楚亡。血洒西风猿啸月，气吞白帝剑生霜。贞魂傍逐乌骓逝，烈骨长凝碧草香。行客莫知悲舞意，春来疑作姹新妆。"仔细辨析题注与诗句内容、阴陵古道与虞姬墓距离、于成龙一生为官轨迹，可知他并未到过灵壁，所过虞姬墓为浦口（原江浦）虞姬墓。

　　浦口建城较晚，虞姬塚位置偏僻，交通不便，历史上常兵荒马乱，所以保护不周，社会知晓率也不高。但浦口虞姬塚史志有记载、历史有传承、民间有传说、地名有印证，墓塚离历史传说中的虞姬自刎处很近。浦口区桥林街道有石碛桥，相传古时名为"失姬桥"。楚汉相争时期，项羽虞姬率残部至阴陵山迷路后，被汉军追及，一路打打杀杀，跑至石碛河畔下马休息。虞姬为了不拖累项羽，于是借指敌情，乘项羽他顾时，即横剑自刎。在桥林西街古桧庵后有胭脂井，传说为虞姬自刎后的血衣丢放在井中之故。浦口一带共有32处与项羽有关的地名，其中与虞姬传说直接相关的有兰花塘、红绣鞋、虞姬塚、失姬桥、胭脂井、魂落铺、九头亡、勒马想、鲁妃庙等9处。

虞姬既未死于垓下（前面已作分析研究），也未战死在阴陵山或败退途中（因为汉军知悉的话必会留下记载或传说），那么就只剩一种可能，虞姬在逃亡途中、汉军不知晓的情况下自杀了。浦口虞姬墓的地点及民间传说故事恰好符合这一推论，所以此为真墓的可能性最大。

四、四处项羽墓到底是怎么回事

全国各地有四处项羽墓，分别位于山东泰安市、曲阜市，以及安徽省宿州市、马鞍山市。

1. 山东泰安东平县"霸王墓"

位于东平县旧县乡旧县三村东侧高台地上，墓中安葬的是项羽的头颅。"霸王墓"原占地六十余亩，汉柏数十株，土冢高十米，直径三百米，但后来遭到破坏，如今封土直径只剩三十多米，汉柏已无，墓地面积也剩下很少。现今还有一方清代人宋思仁所刊碑文，但年岁久远，很多字迹已经不清。项羽自刎后，楚国全境投降，只有鲁县（项羽封地，今山东曲阜）坚不投降。驻守鲁县的是一位姓李的将军，麾下有三千人的军队。鲁县乃孔子故乡，人人恪守忠义，刘邦不敢强攻鲁县，派人拿着项羽的人头去给鲁县军民看，李将军见项羽果然死去才答应投降。因为楚怀王曾封项羽为鲁公，所以刘邦就以鲁公的礼节将项羽安葬于谷城（今山东省泰安市东平县），并亲自将项羽下葬，哀哭后才离去。

2. 山东曲阜五泉庄"霸王冢"

位于曲阜西周鲁国故城东北角之东约100米处，原封土直径约50～60米，现存封土直径30多米、斜高20多米。乾隆版《曲阜县志》记载："在鲁城东里许，俗称为霸王冢，"也就是当地传说的"古城大冢"。乾隆27年孔子六十九代孙孔继汾编纂的《阙里文献考》记载："曲阜城东北有古冢，俗名'霸王头'，相传为项羽首处云。"这里明确指出是"相传"，并非真正的"霸王冢"。因刘邦将项羽头颅安葬在离鲁城约200里的谷城，应是故意让鲁城人祭祀不便，此墓是鲁城人为方便纪念项羽所建。

3. 安徽宿州蕲县项羽冢

在蕲县镇，距垓下约10公里。垓下之战时，刘邦驻军位于蕲县附近，项羽乌江自刎，被五人斩杀后，一分为五的躯体定会被送给刘邦报功请赏，此后项羽头颅又被送至鲁城作劝降之用，蕲县安葬的应是项羽的躯体部分。《太平寰宇记》："蕲县，项羽墓，在县东七十里。汉高祖以鲁公礼葬于穀城，今济北穀城有项羽冢，此又有墓。按汉纪："斩羽东城，楚悉定，独鲁不下，乃持羽头示其父老，鲁乃降，故以鲁公礼葬羽于穀城。"羽传云："杨喜等五人各分其一体，岂此葬其体，穀城葬其头也？"

4. 安徽马鞍山和县霸王墓

在和县乌江镇凤凰山上，为衣冠冢，埋葬的可能是项羽惨遭肢解后的残骸和血衣。唐代时，在这里建成霸王祠。也称项亭、项王亭、楚庙、项羽庙。霸王墓（"衣冠冢"），原墓隆起，砌以青石，呈椭圆形，四周古松数百，有风即生涛声。墓前有明万历和州知州谭之凤题"西楚霸王之墓"碑，遗佚无存。

五、浦口与项羽有关的地名有多少

项羽兵困垓下、败走浦口至乌江自刎的过程中，留下了一幕幕动人故事和历史传说，与之相关的地名众多。笔者查阅了有关史志和资料，发现《江浦县志》与《江浦埠乘》记载与项羽有关的地名 14 处，已整理纳入项羽文化地名传说的 21 处（其中 6 处与史志记载重复），另有未被整理纳入项羽文化地名传说的 3 处，共计 32 处地名。这些地名有的沿用至今，有的被其他同音字代替，但这些地点仍散落在浦口及周边区域。这 32 处地名包括：东城、阴陵山（九斗山）、霸王鞭、黑扎营、卸甲甸、瓢儿井、饮马池、韩信将台、高望、兰花塘、红绣鞋、失姬桥、胭脂井、虞姬塚、魂落铺、九头亡、勒马想、关口章、鬼门关、晾甲庙、下马石、四隤山（又名驷马山）、项王亭、项羽墓、霸王庙、御祭庵、鲁妃庙、高祖庙、霸王泉、驻马河、乌江、滚马滩。

（1）东城。《万历江浦县志》：即乌江城，项羽败走至此，有二十八骑，犹溃围，斩汉一将一都尉，余人十数百云。《雍正江浦县志》：即乌江城，项王走此，仅数骑，犹能冲突溃围，斩汉将卒无算。《江浦埠乘》："东城，县治即乌江城。项王走此，仅数骑犹能冲突溃围，斩汉将卒。"

（2）阴陵山（九斗山）。位于江苏、安徽两省交界处。宋乐史《太平寰宇记》载："寿春图经曰九斗山，一谓阴陵山，江表传云：项羽败，东走乌江，取此山过，汉遣灌婴追羽，兵至此，一日九战，因名九斗山，今山石犹有磨刀砺镞之，其西五里有迷沟，相传项羽迷道处也。"南宋王象之《舆地纪胜》载："阴陵山，在乌江县西北四十五里，即项羽迷失道处。"祝穆（？—1255）撰《方舆胜览》有相同记载。明《大明一统志》、清《嘉庆重修大清一统志》均沿袭南宋王象之的说法。清《直隶和州志》，著录"阴陵山"，除采南宋王象之的说法外，又作了补充："阴陵山，州北八十里，项王迷道处，上有刺枪坑，为项王立枪地。旁有泽，名红草湖，春夏之交，潦水涨发，弥漫无际，即阴陵九曲泽。泽中有项王村,项王失路于泽中,周回九曲,后人因以为名。"《读史方舆纪要》:"九斗山,县东南二十五里。一名阴陵山。昔项羽兵败,欲东渡乌江,道经此山,与汉兵一日九战,山因以名。其西五里有迷沟,相传项羽迷道,陷大泽处也。"《万历江浦县志》:"阴陵山,在治西南四十五里,即项羽失道处。"《江浦埤乘》:"阴陵山,在治西六十里,即项羽失道处。"民国《全椒县志》载:"阴陵,东南二十五里,旁有楚迷沟。《项羽本纪》:羽困垓下,溃围南出,汉兵追之,渡淮,骑仅百余人,至阴陵迷道,即此"。

(3)霸王鞭。位于永宁镇西葛街南巷口。铁质。相传为项羽赶马所用,至今尚有半截存于地表。

(4)黑扎营。位于盘城街道,传说汉军追赶项羽,夜晚安营休憩的地方。

(5)卸甲甸。位于六合区大厂地区,传说项羽被汉军追杀,跑到这里浑身是汗,看追兵没到,解下盔甲休息的地方。

(6)瓢儿井。位于沿江街道赵庄山脚下。传说项羽垓下兵败被刘邦军队追赶至此时,因口渴难熬、四顾无水,遂手执战枪刺地而得水。本地人因用葫芦瓢即能由井中取水,故称其为"瓢儿井"。

(7)饮马池。《万历江浦县志》:"饮马池,在治西十五里西华山北,相传项羽曾饮马于此,涸溢不常。"《雍正江浦县志》:"在西华山北,相传项王饮马处。"《江浦埤乘》:"饮马池,在西华山北,相传项王饮马处。"

(8)韩信将台。《雍正江浦县志》:"韩信将台,在县治西西华山莲华峰上,周砌砖石,方围半亩,俯瞰众山,如列几前。"《江浦埤乘》:"韩信将台,在西华山莲花峰上,有大石方广半亩,俯瞰众山,如列几席。"

(9)高望。位于浦乌公路高望车站西北山坡,即今江浦街道高旺村。相传楚汉相争后期,项羽垓下之战大败后逃至此地,登高观望汉兵远近,后人为纪念项羽,取该地名为高望。由于年代久远,谐音取吉为"高旺"。

(10)兰花塘。位于浦乌公路兰花塘车站附近。项羽自高望西行十里许,即遇汉兵,人喊马嘶,堵击厮杀。虞姬取双剑,环顾于项羽左右,在混战中,虞姬不幸将头上所爱兰花簪丢失于塘边。此后这里,年年春天,兰花朵朵,遍布于塘埂上,幽香四溢。故名"兰花塘"。

(11)红绣鞋。位于浦乌公路桥林街道地藏庵一带。传说虞姬脚穿红绣鞋,作战时将鞋丢落塘中,后此塘便盛产如虞姬脚穿红绣鞋般菱角。

(12)失姬桥。位于桥林街道,相传古时为"失姬桥"。楚汉时期,项羽虞姬率残部逃至石碛河畔,下马休息,此时,虞姬怕拖累项羽,于是借指敌情,乘项羽他顾时,即横剑自刎。

(13)胭脂井。在桥林街道西街古桧庵后。此井为红色,后经年久日深,井水变为无色,传说在不一定的时候,又会泛起红色水来,为虞姬自刎后的血衣丢放在井中之故。

(14)虞姬塚。《雍正江浦县志》:"虞姬塚,在高望镇西数里,塚在田中,草色青翠，人莫敢犯。"《江浦埠乘》："虞姬冢，在高旺镇西数里。冢在田中，草色青翠。旧志。按：治西北插花山相传亦有虞姬墓。"

（15）魂落铺。位于桥林街道浦乌公路横路铺车站附近，即今横路铺。传说虞姬自刎后，项羽悲痛欲绝，当驰骓南行数里时，即踟蹰不前，于途中徘徊者再，项羽此时此地已魂落魄散，故名"魂落铺"。

（16）九头亡。即今之九头王村，位于桥林街道乌江社区九头王村西二里处。传说项羽至此，环顾四野，杀声震天，时汉骑前后冲至，项羽眦裂发指，驰骓奋战，怒斩汉军九骑之首。后人将此阵地称之为"九头亡"。

（17）勒马想。位于桥林街道乌江社区茶棚村东，距浦乌公路约 300 米。传说虞姬自刎后，项羽逃至此地，欲与汉军硬拼，乌骓马突然倒地，项羽知道战马催他快寻生路，于是拍拍战马，勒马想了想，扬鞭寻路，又往西逃。

（18）关口章。位于汤泉街道瓦殿村，鬼门关附近。传说楚汉相争时，楚军曾在瓦殿搭瞭望哨，设关口盘查来往的客商。

（19）鬼门关。位于汤泉街道新金村。相传韩信为阻止项羽东渡乌江，命人在此地用甘蔗水书写"鬼门关"三字，后蚂蚁密布，项羽败退路过，惊呼："天亡我也"。

（20）晾甲庙。位于星甸街道石窑村。相传项羽逃之此地，大汗淋漓，脱下盔甲晾之。后人为纪念项羽而建庙。

（21）下马石。位于星甸镇珍珠庙村。相传项羽逃之此地，乌骓马踏下山头，今马蹄印尚存于石上。

（22）四隤山（又名驷马山）。位于南京市浦口区星甸街道。《万历江浦县志》："治西南七十里，项羽败走至东城，汉兵追之，羽依山为阵，石上有马跡，一名四马山。"《雍正江浦县志》："治西南七十里，项王带二十八骑走东城至此，为汉兵所围，王依山为阵，四向无敌，溃围奔乌江，故名。石上有马跡，一名四马山。"《江浦埠乘》："一名四马山，在治西七十里，项羽败走至东城，汉兵追之，羽分骑，依山为寰镇，四面驰下，阵斩汉都尉，即此。"

（23）项王亭。《万历江浦县志》："项王亭，在乌江，李德裕、龚相俱有赋。"《雍正江浦县志》："项亭，在乌江镇，李德裕、龚相俱有赋。"《江浦埠乘》："项亭，旧在乌江。雄踞高阜，江东诸山拱揖槛外。中有李德裕碑、南唐徐铉碑、宋龚相赋碑。碑阳刻王像，圆袍矩帽，重瞳戟髯，英气赫赫，不可仰视。"

（24）项羽墓。《万历江浦县志》："项羽墓，在乌江。许表诗：千载兴亡莫浪愁，汉家功业亦荒丘，空余原上虞姬草，舞尽东风未肯休。"《雍正江浦县志》："西楚项王墓，治西六十里，乌江界。"《江浦埠乘》："西楚霸王墓，在乌江项王庙后。"按《史记》："高宜葬羽谷城。乌江之墓，殆诸将分裂之余也。《历阳典录》"

（25）项王庙。《江浦埠乘》："项王庙，在乌江镇东。旧名西楚霸王灵祠，唐李阳冰篆额。旧志。咸丰中毁。同治初，里人稍修茸之。"

（26）鲁妃庙。位于阴陵山西部最后一座山——插花山上。《江浦埤乘》："鲁妃庙，在治西六十里阴陵山之阳有小山，曰插花山。村民尝于三月十八日诣山祈子，必插花一枝以识之，故又名插花庙。咸丰初贼毁，今复建三楹。按《历阳典录》："鲁妃庙即虞姬庙，盖项羽为鲁公，故虞姬称鲁妃焉。"《江南通志》卷四二记载："插花庙，在州东北七十里阴陵山。祀鲁妃，即项王之虞姬。"

（27）高祖庙。位于阴陵山东部第一座山——孟泽嘴山上。《江浦埤乘》："高祖庙，旧在孟泽嘴山上。"《史记》曰："……（刘邦死后）葬长陵。群臣上尊号为高皇帝。太子袭位，令郡国诸侯各立高祖庙，以岁时祠。"

（28）御祭庵。位于桥林街道乌江社区林蒲圩附近。传说刘邦命人于项羽自刎地建庵，并来此地祭拜项羽。

（29）霸王泉。位于阴陵山西北边半山腰。《江浦埤乘》："霸王泉，在阴陵山。石壁峭立，有泉横出，口大如碗，下注一塘，方广丈许，大旱不竭。前志云：项羽刺枪于此。以杖探之，深不可测。一名刺枪坑。《历阳典录》"

（30）驻马河。《江浦埤乘》："驻马河，在治南六十里，濒江。"《述异记》："乌江长亭亭下有驻马塘，即乌江亭长舣船待项王处。今俗呼为芝麻河。"《江南通志》作"止马"，《和州志》作"至马"，并非。《历阳典录》脂麻河水由支河通遵教、崇德乡，合白马河入江。"

（31）乌江。位于长江西岸，安徽、江苏二省交界处。楚汉相争时期为秦置乌江亭，因附近有乌江而得名。乌江设县始于晋武帝太康年间。据《明史·地理志一》，乌江县于明朝洪武初年裁省，西境并入历阳县而成乌江镇，东境析入应天府江浦县。

（32）滚马滩。位于乌江对岸，为长江南岸渡口。传说项羽之乌骓，不忍杀，以赠亭长为之渡江，骓至南岸，见失其主，即就江滩狂滚而死，故名。①

以上史志记载及地名传说形成了浦口版"霸王别姬"故事体系，这一新说情节扑朔迷离、故事跌宕起伏，历史影响深远，IP价值巨大。期待有识之士早日创作出小说、戏曲、影视网剧、动漫游戏等，以还原"霸王别姬"的历史真相；同时，可加快开发遗址遗迹旅游景区景点、文创产品、旅游商品，通过发展文化旅游产业促进项羽、虞姬文化的保护、挖掘与弘扬。

---

① 《南京的民间传说》南京出版社1996年版，刘青《楚霸王败走江浦》；《浦口文韵》河海大学出版社2013年版，袁铭《浦口地名与项羽》。

论项羽精神的文化符号

＊本文作者朱枝富、王小燕。朱枝富，江苏省产业海外发展和规划协会副会长兼秘书长；王小燕，江苏省产业海外发展和规划协会业务部副主任。

项羽失败了，毫无悬念地失败了！他自刎乌江，赠首故人，结束了年仅31岁的年轻生命，也使历时五年的楚汉战争画上了沉重的句号。失败，固然是令人沮丧的，也有着种种的原因。但是，人们并不因为项羽的失败而予以一概否定，抹杀他的人格与精神。相反，人们非常崇拜和仰望项羽，尊其为"战神"。这是中国历史上一种特有的文化现象。似乎失败的并不是项羽，项羽载誉归去，长存于天地之间。

司马迁撰著《史记》，将项羽列入"本纪"，前承秦始皇嬴政，后继汉高祖刘邦，其理由是"政由羽出，号为'霸王'，位虽不终，近古以来未尝有也。"在总体上对他予以肯定，认为他"非有尺寸，乘势起陇亩之中，三年，遂将五诸侯灭秦，分裂天下，而封王侯"；也有非议，认为他"暴虐"，"天下非之"，"谓霸王之业，欲以力征经营天下，五年卒亡其国"。司马迁把项羽写得栩栩如生，呈现出一种无上的英雄本色。毫无疑问，项羽是一位失败的英雄，是一种英雄的失败！在他的身上，有着许多的闪光点，甚至散发着熠熠光芒。而历来论者，过多地注重总结项羽失败的教训，而忽略了对其精神层面的深层思考。于是，对项羽予以正面评论者寥寥无几，这不能不说是一种偏误！辩证唯物主义认为，不以成败论英雄。本文所要论述的，即是项羽生平事迹中人格与精神的本质体现，其概括为"疾恶如仇，破空而出，攻坚克难，恭敬爱人，视死如归"。这可以说是奏出了中华民族文化的时代强音，成为体现中华民族人文精神的文化符号。

一、亡国之项羽遇上灭楚之暴秦：疾恶如仇

项羽对于秦朝，具有亡国破家的深仇大恨。公元前223年，秦始皇统一六国，老将王翦率领六十万大军攻打楚国，而楚国抗秦的统帅，即是项羽的爷爷项燕。当时，楚国以项燕为主帅，倾一国兵力迎击秦军，欲与秦军决一死战。可是，狡猾的老狐狸王翦，采用了坚壁固守的战略，避其锋芒，折其锐气。后来，楚军东退，秦军伺机突袭，楚军猝不及防，仓促应战，结果大败，项燕在兵败之下愤然自杀。随即，楚国也灭亡了，并入了秦国的版图。

当时，项羽只有十岁，他的父母双亲也都战死在与秦军决战的沙场上，成了彻头彻尾的孤儿。那时的他，已经能够记事了，他眼睁睁地看到的，是他的家族的败亡以及楚国的毁灭。这是怎样的一种刻骨铭心、撕心裂肺的记忆！从此，在他的心中种下了誓灭暴秦的种子！"楚虽三户，亡秦必楚！"就是在这个时期楚人发下的誓言，也成为推翻暴秦的魔咒。楚国灭亡了，项羽的家乡也将要遭到满门血洗的灭顶之灾。活着的人，四散逃生，各谋生路。项家男女老幼在亡命天涯前，恋恋不舍，相拥痛哭，管家项贵挖来一棵槐树苗，要项羽在项府门前栽下，以表达其眷念之情。项羽亲手栽下这棵槐树，后人称之为"项羽手植槐"。如今，这棵槐树历经二千多年，树貌奇古，枝干苍老，但仍然枝繁叶茂，蓬勃挺秀，被美国的植物学家喻为"天下第一槐"。这棵槐树，刻录了项羽的深仇大恨，见证了人世间的风风雨雨，也见证了项羽一生的雄豪与悲壮。

自此而后，项羽对暴秦有着一种刻骨铭心的仇恨，成为他推翻暴秦的内在动力。项羽离开家乡，跟随叔父项梁到了吴中栖身。当秦始皇帝游会稽、渡浙江时，项羽随叔父项梁前往围观，看到秦始皇帝的威仪，恨得牙痒痒，脱口而出，曰："彼可取而代也！"这句话，不仅仅是项羽雄豪之气的率然外露，也是项羽仇恨暴秦的砰然爆发。当陈胜揭竿起义、登高一呼时，犹如汹涌的潮水有了决堤的缺口，势不可当。项梁与项羽首先响应。在会稽郡府，项羽在项梁示意下，挥剑斩下会稽守殷通的头颅，连眼睛都不眨，并连杀数百人，"一府中皆慑伏，莫敢起"。后来，项羽渡江而西，在灭秦战斗中神勇异常，成为灭秦的主力军。

有一种值得注意的现象，就是项羽的"暴虐"。项羽被后人诟病的主要是四件事情：一是屠灭襄城；二是坑秦降卒；三是烧秦宫室；四是击杀义帝。这些都是与灭秦有关。对于屠襄城，《项羽本纪》记载："项梁前使项羽别攻襄城，襄城坚守不下。已拔，皆坑之。"对于坑秦降卒，面对秦朝的二十多万降卒，认为"秦吏卒尚众，其心不服，至关中不听，事必危，不如击杀之"，"于是，楚军夜击坑秦卒二十余万人新安城南。"对于烧秦宫室，项羽进入关中，"引兵西屠咸阳，杀秦降王子婴，烧秦宫室，火三月不灭。"

这些，确实是够"暴虐"了，屠、坑、杀、烧、击，确实是揭示了项羽"残暴"的一面，以致时人以及后人都认为项羽暴虐无道，似乎有些丧心病狂。当时，楚国诸老将认为："项羽为人慓悍滑贼，诸所过无不残灭。"宋人罗大经《鹤林玉露》记载，刘叔友认为："项王有吞岳渎意气，咸阳三月火，骸骨乱如麻，哭声惨怛天日，而眉容不敛，是必铁作心肝者。"蔡东藩认为："项王之坑降卒，杀子婴，弑义帝，种种不道，死有余辜，彼自以为非战之罪，罪固不在战，而在残暴也！"当然，其中也有一些是不得已而为之的无奈之举。如坑降卒，二十万降卒对于补充项羽的兵力，自然是好事，但如果"其心不服"而反叛，将给项羽的灭秦大业带来不堪设想的严重危害。当断不断，反遭其乱。当时的情势，迫使项羽宁愿选择"坑杀"，而不能让其反叛而使灭秦大业毁于一旦。

固然，项羽的这种种举动，确实是暴虐之举，甚至是惨无人道，是要受到谴责的，但是，如果深究，这种举动的背后，究竟隐藏着什么样的信息密码？难道项羽天生就是这样的残暴吗？显然不是，这是项羽对于破国亡家的一种特殊纪念，是对暴秦怀有一种刻骨铭心的愤恨，是仇恨的侧漏，是怒气的宣泄，是怨愤的显露！当我们弄通了项羽屠、坑、杀、烧、击的这些背后的因素，就能理解项羽为什么要这样做了。从项羽一生的行事来看，项羽的本性并不是如此残暴，相反，人们认为他具有仁心，甚至有些"妇人之仁"。当然，我们并不主张项羽采用这种"以其人之道，还治其人之身"的做法，对这种做法，是持批评态度的，但是，项羽残暴的表象，不能抹杀其灭秦的历史功绩，"功"大于"过"，当是历史的公论。在项羽身上蕴藏着的这种疾恶如仇的炙热情怀，则是应当充分肯定的。

世人皆说项羽与刘邦争夺天下，其实不是，项羽是志在灭秦矣。他见秦灭诸侯而兼有之，故欲灭秦而复立诸侯，并自为盟主，号为"霸王"。故既分封诸王，建都彭城，以为按甲休兵为天下盟主，就万事大吉了，可以放倒枕头就睡觉了，后来身死垓下，不过欲以善战以自显于世，略无功业不就之悲。在他的心中，只有"疾恶如仇"四个字，灭秦，而其心愿足矣！

二、抗直之项羽遇上权谋之熊心：破空而出

熊心，是楚怀王熊槐之孙，楚国灭亡后，隐匿民间为人牧羊。项梁起事后，采纳范增的建议，复立楚后，乃求得熊心，立为楚怀王，以从民望。熊心可谓"朝为牧羊郎，暮登天子堂"，因范增的一席话，熊心的命运从此改变。当然，日后熊心的被杀，也是拜范增所赐。否则，熊心或许还在山沟里牧羊，还是生活得悠游自在呢？当然，这是后话而已。

至于范增的谋议是否妥当？可能是一时能够起到一定的作用，但终究是埋下了隐患。后人自有评判，王鸣盛论道："六国之亡久矣，起兵诛暴秦不患无名，何必立楚后？制人者变为制于人，范增谬计，既误项氏，亦误怀王！"凌稚隆评说："范增劝项氏第一事为立楚怀王，不知项世楚将，怀王立，则项当终其身为驱驰，能堪之乎？项之所以失天下，非增之劝立怀王一事误之耶？"

项梁自任武信君，主理政事，熊心只是名义上的怀王，没有任何权力，是实际上的傀儡，无所事事，"垂拱"而已。而项梁恃强生骄，兵败定陶后，熊心才舒展了身心，走上反秦的前台，部署固位、反秦诸项事宜。应当说，在项梁主政的一段时期，熊心是非常压抑的，什么事情都不能做，也都无法做，纯粹是聋子的耳朵，摆设，亦是心生怨恨：既然把我立为王，又不让我主持国事，这算是什么事儿！但是，熊心又无可奈何。而当定陶兵败后，怀王才找到

了为"王"的感觉。《项羽本纪》载:"楚兵已破于定陶,怀王恐,从盱台之彭城,并项羽、吕臣军自将之。"他首先要做的事情,一是迁都,将都城从盱台迁到彭城,依托彭城而部署灭秦事宜;二是束缚和架空项羽,合并其部队,由他自己来发号施令,壮大自己的势力。由此,熊心取得了楚国的实际领导权,不再是一个傀儡了。后来,熊心乃以宋义为上将军,项羽为次将,范增为末将,北行救赵;令刘邦率军西进,入关灭秦;并与诸将约,先入定关中者王之。在此后的一段时间里,熊心显示出了自己的政治才能。

对于熊心的这些举动,历来的评论,是以褒誉为主,苏轼曰:"吾尝论义帝,天下之贤主也。独遣沛公入关,而不遣项羽;识卿子冠军于稠人之中,而擢为上将,不贤而能如是乎?羽既矫杀卿子冠军,义帝必不能堪,非羽弑帝,则帝杀羽,不待智者而后知也。"袁了凡曰:"楚怀王孙心,亡国之残孽也。项王徒以名义起牧羊而王之。一日在上,乃独运大柄,挥置诸将若素君臣然。虽羽之慓悍,且有宿德,固亡假也。入关之役,独遣沛公以宽大长者,就此一事,而知人之哲、安民之惠咸具焉。及羽入关,使人致命怀王,王乃曰'如约',不以羽动也。可谓有帝王之英略矣。天命不在,卒死于贼,惜夫!"

无可讳言,楚怀王熊心执掌楚国权柄,对推翻暴秦,起到了重要的作用。但也由此看出,熊心非常善于权谋,在为傀儡时,被项梁压制,没有机会展现;一旦有了机会,他要为自己打算,运用权谋来算计他人。他所算计的,则是凶悍无比的项羽。这对于项羽来说,却是遭到了灭顶之灾。熊心如果一直掌控楚国,项羽既没有了自己所属的部队,又被他人牵制,将是一无所有、一事无成,或许,反秦斗争的历史也要被改写。

当时,秦朝将领章邯在消灭了项梁的部队后,并没有乘胜猛追,认为楚地只是剩下几条"小泥鳅",掀不起大浪,不足惧,就转移兵锋,渡河而去,攻打赵国,围攻赵王歇于巨鹿。对此,《项羽本纪》曰:"章邯已破项梁军,则以为楚地兵不足忧,乃渡河击赵,大破之。当此时,赵歇为王,陈余为将,张耳为相,皆走入巨鹿城。章邯令王离、涉间围巨鹿,章邯军其南,筑甬道而输之粟。"

这时候,熊心面临着一个重大决策,就是出兵救赵。如果听任秦军围剿赵国,赵国的灭亡只是旦夕之事,而章邯的部队则会更加强大,陈胜、项梁已有前车可鉴,因此,救赵,是楚国上下的一致想法。那么,究竟派谁担任主帅呢?当时齐国的使者高陵君正在楚国,就进见熊心,说:"宋义论武信君之军必败,居数日,军果败。兵未战而先见败征,此可谓'知兵'矣。"熊心即召宋义前来商议军事,一见面聊上几句,便十分喜欢,心想,这是人才啊!便任命为上将军,领兵援救赵国。诸别将皆属宋义,号为"卿子冠军"。

这对于熊心来说,就等于是捡到了一块宝贝,将宋义视为心腹,予以重用,将楚国的军事大权掌控在自己人的手中,无须再看权臣的脸色行事了。同时,又压制着项羽,将他置于宋义的管辖之下,任为副将,实际上是有名无实，动弹不得。这可谓是一石二鸟，名利兼收。

但是，这把戏导演得再好，关键是要有人把它演好。可惜的是，精明而不聪明的宋义，本来就是一个"耍嘴皮子"的，没有什么真本事，结果把戏演砸了，使得熊心错投一子，全盘皆输。此时的熊心，想过项羽以及将士们此时的心情吗？楚国的精兵强将，都是项梁一手培植起来的，项梁不在了，他们都心属项羽，这是天经地义的事情。且项羽也是能征善战的猛将，出征以来，从未打过败仗。熊心企图以任命宋义为上将来改变这一现状，人心岂是能够这么容易被糊弄的？清朝李光地引穆文熙曰："楚王拜义为大将，亦甚轻易，羽于此时必有不平之意，故于救赵时竟斩之也，岂独以其迟留哉？"其实，熊心是"聪明反被聪明误，反误了卿卿性命"。凌稚隆引卢舜治曰："当是时，梁已死，羽乃'万人敌'也。怀王以上将军将宋义，而以次将将羽，且以'卿子冠军'号义，而以救赵之别将皆属之于义。羽心之不平，不特无义，且无怀王矣。"

当赵之巨鹿城被秦将章邯的数十万大军围困得铁桶一般，进入白热化阶段，就是连一只鸟儿也飞不进去，危在旦夕，而宋义则是"行至安阳，留四十六日不进"。他所打的如意算盘是："今秦攻赵，战胜则兵罢，我承其敝；不胜，则我引兵鼓行而西，必举秦矣。故不如先斗秦赵。"宋义"久留不行"，甚至"饮酒高会"，置"国家安危"于不顾。他是要坐山观虎斗，让其两败俱伤，坐收渔翁之利，其心胸狭隘矣。在项羽看来，这种做法，无疑是见死不救。他认为："夫以秦之强，攻新造之赵，其势必举赵。赵举而秦强，何敝之承！"宋义此举，将会助纣为虐，断送义军的大好前程。其说可谓一针见血！对于此举，苏辙论曰："彼宋义号知兵，殊不达此，屯安阳不进，而曰'待秦敝'。吾恐秦未敝，而沛公先据关矣。籍与义俱失焉。"蔡东藩评曰："义知项梁之骄兵必败，而果为其所料，诩诩然自夸先见之明，盖亦骄矣。及怀王召入幕中，宠信日深，更足酿成之骄态。及擢为上将军，给以美号，畀以重权，而义之骄乃益甚。夫救兵如救火然，岂可中道逗留，月余不进乎？况行兵以锐气为主，锐气一衰，何足御敌？义尝以此讥项梁，而不知自蹈此辙，即使项羽无杀义之举，亦安在而不致败也！"其说诚是，明眼人一看就知道，宋义于当时的时势一窍不通，只会玩弄点小聪明，结果是害己害人，特别是害苦了熊心，所用非人，结果把自己也赔进去了。

项羽与宋义，在救赵问题上，产生了严重的分歧。项羽认为："疾引兵渡河，楚击其外，赵应其内，破秦军必矣。"而宋义，明显地要打压项羽，曰："夫被坚执锐，义不如公；坐而运策，公不如义。"因下令军中曰："猛如虎，狠如羊，贪如狼，强不可使者，皆斩之！"其针对性不言而喻，是叫项羽不要轻举妄动，否则，格杀勿论。史珥曰："此令明为项羽而设，杀义，势迫之也！"

既然刀已架到项羽的脖子上了，项羽如何打算？是一味的听之任之，忍气吞声，还是冲破束缚，起而反之？如果选择前者，项羽则是被束缚而窒息，从此似乎成了"空气",没有任何作为;如果选择后者,则是公开决裂,势不两立,从此要独行于世,还有可能要承担"犯上"的罪名。宁可刀尖行,不做屈死鬼!项羽毫不犹豫地选择了后者。他抓住宋义不关心士卒生命、贪图享乐的致命弱点,指责宋义以激起民愤,曰:"将戮力而攻秦,久留不行。今岁饥民贫,士卒食芋菽,军无见粮,乃饮酒高会,不引兵渡河因赵食,与赵并力攻秦,乃曰'承其敝'。且国兵新破,王坐不安席,扫境内而专属于将军,国家安危,在此一举。今不恤士卒而徇其私,非社稷之臣!"于是,项羽利用晨朝的机会,即宋义帐中斩其头。此时,诸将皆慑服,莫敢枝梧,皆曰:"首立楚者,将军家也。今将军诛乱。"乃相与共立羽为假上将军,上报楚怀王熊心。

在抗击秦军主力的交战前夕,项羽出以公心,以非凡的勇气和巨大的魄力,诛杀了宋义,获得了正式的军事指挥权。在关键时刻力挽狂澜,挽救了反秦武装,为巨鹿之战的胜利提供了组织保障。

此时的熊心,是捏着鼻子吃混菜,所重用的宋义被项羽所杀,其权力和地位顿时失去了支撑,顷刻间岌岌可危。他的心中犹如打翻了五味瓶,各种滋味都有。心想,如果与项羽闹翻,无异于飞蛾扑火,项羽恐怕会连他也灭了!熊心也算是聪明之人,他才不愿意这样做呢!于是,当项羽派人来请示时,他便顺水推舟,表示同意项羽的所为,任命项羽为上将军,统领诸军以救赵。然而,在他的心中,则是以项羽为非,两人的矛盾进一步加深。

对于项羽的这一举动,如何评价?司马迁在《太史公自序》中曰:"杀庆救赵,诸侯立之。"杀庆,即是指诛杀"卿子冠军"宋义。司马迁对此是持正面肯定态度的。因为项羽有此断然措施,才有后来救赵的巨鹿大捷。司马贞在《索隐述赞》中则认为"卿子无罪",无罪而被项羽杀之,则是罪在项羽,以项羽为非。其实,项羽此举,一是拯救了赵国,在巨鹿一举歼灭秦军主力,使暴秦大势已去,进入灭亡的"快车道";二是减少了刘邦西进的主力,使得刘邦迅速进入咸阳,消灭秦朝;三是使得楚国安然无恙,以避免强大的章邯军队在灭赵后移师而来,遭受灭顶之灾。

由此可见,项羽此举,是正义之举,其意义非常重大。正因为有了此举,才有了后来的灭秦举措,用一句话来概括,即是"破空而出",冲决一切束缚的罗网,以比喻人们处于困境之中,敢于挑战困难,甚至是挑战极限,冲破困境,挣断束缚的枷锁,从而奔向未来,获得美好的前途。

三、威猛之项羽遇上凶狠之章邯:攻坚克难

章邯,是秦朝的最后一员大将,可以说是挽救秦朝覆亡的最后一根"稻草"。在陈胜发难于泽野,诸侯并起,几十万大军逼近函谷关时,章邯临危受命,将骊山囚徒临时组织起来,一败周文之数十万大军,再破齐楚之联军,又击破楚军之统师项梁,杀之定陶,一时名声大噪,气焰熏天。对此,张燧曾概

括曰："章邯一出，而杀周章、破陈涉、降魏咎、毙田儋，兵锋所至，如猎狐兔，皆不劳而定。后乃与项梁遇，苦战再三，然后破之。"而后，章邯率领二十多万秦军北上攻赵，并急调上郡的王离所部二十万秦军南下，围困赵王歇于巨鹿，而章邯为围赵总指挥，驻扎在巨鹿南面，修筑甬道，为围赵大军输送粮草。如果没有异常情况，章邯的军队何止是攻下巨鹿城？横扫关东、席卷天下，当是不在话下。但是，他遇到了项羽，形势迅速逆转。

当时的巨鹿城被围得铁桶一般，形势非常危急，城中食尽兵少，陈余北收常山兵，得数万人，驻扎在巨鹿北。燕、齐闻赵急，皆发兵来救。张敖亦北收代兵，得万余人，前来救援，都驻扎在陈余的军队旁边，不敢击秦。他们都被章邯的不败神话惊呆了，吓傻了，虽然屯兵巨鹿旁，但没有谁敢触霉头，出兵攻打，都采取了观望的态度。而"沧海横流，方显英雄本色"，项羽杀掉宋义后，统领楚军，没有丝毫犹豫、彷徨，明知山有虎，偏往虎山行。对此，《项羽本纪》载道：

> 项羽已杀"卿子冠军"，威震楚国，名闻诸侯。乃遣当阳君、蒲将军将卒二万渡河，救巨鹿。项羽乃悉引兵渡河，皆沉船，破釜甑，烧庐舍，持三日粮，以示士卒必死，无一还心。于是，至则围王离，与秦军遇，九战，绝其甬道，大破之，杀苏角，虏王离。涉间不降楚，自烧杀。当是时，楚兵冠诸侯。诸侯军救巨鹿下者十余壁，莫敢纵兵。及楚击秦，诸将皆坐壁上观。楚战士无不一以当十。楚兵呼声动天，诸侯军无不人人惴恐。于是，已破秦军，项羽召见诸侯将，入辕门，无不膝行而前，莫敢仰视。项羽由是始为诸侯上将军，诸侯皆属焉。

由此可见，此时的项羽，可以说是威武到了极点。首先，项羽破釜沉舟，不成功，便成仁，不是在进攻中消灭敌人，就是在战斗中被敌人消灭。于是，士兵们谁想把生命葬送在巨鹿城下？求生的本能，激发出无穷的战斗力，无不一以当十，像着了魔似的，触者丧，挡者亡，碰者死。秦军哪里见过这样不要命、不怕死的士兵？两军相斗，狭路相逢勇者胜。清朝名臣李光地评价说："项羽精彩，最是沉船破釜，能断而行，所以成破秦之功。"其次，运用谋计，找准秦军的薄弱点，绝其运粮通道，让后方的粮草无法运送到前方，使其自乱阵脚，丧失战斗力。巨鹿之战，基本上摧毁了秦军主力，扭转了整个战局，奠定了反秦斗争胜利的基础。经此一战，暴秦已名存实亡，消灭暴秦之功劳，当属项羽第一，无与伦比。有一副著名的对联将项羽的破釜沉舟与勾践的卧薪尝胆相并列，曰："有志者，事竟成，破釜沉舟，百二秦关终属楚；苦心人，天不负，卧薪尝胆，三千越甲可吞吴。"民国学者蔡东藩认为巨鹿之战是秦朝历史上第一大决战，是秦亡楚兴的关键，曰："章邯为秦之骁将，邯不败，即秦不亡。且山东各国，无敢敌邯，独羽以破釜沉舟之决心，与拔山扛鼎之大力，一往直前，九战皆胜，虏王离，杀苏角，焚涉间，卒使能征善战之章邯，一蹶不振，何其勇也！"郑板桥《巨鹿之战》诗曰："战酣气盛声喧呼，诸侯壁上惊魂逋。项王何必为天子，只此快战千载无！"

巨鹿之战，充分体现了项羽的不畏艰险、攻坚克难的决心和勇气，与其说是战斗而胜，倒不如说是勇气而胜。项羽后来曾有诗曰："力拔山兮气盖世！"这种拔山盖世的气概，在这次战斗中得到充分体现；这种攻坚克难的精神，是多么的可敬可佩，可圈可点！

四、慈仁之项羽遇上狡黠之刘邦：恭敬爱人

项羽与刘邦，在反秦斗争中，几乎同时起兵，相对来说，刘邦在当时比较弱小，项羽则比较强大。当时为刘邦据守根据地丰邑的雍齿被魏国收买而反叛，刘邦率军连续攻打了几次，都没有攻下，还是向项梁借兵才称了心意。

对于项羽的为人，一般人都认为他"暴虐"，但也有人认为他慈仁，两者看似非常矛盾，但都巧妙地融合在项羽的身上。就从时人的评论来说，陈平曰："项王为人，恭敬爱人，士之廉节好礼者多归之。"高起、王陵曰："项羽仁而爱人。"韩信曰："项王见人恭敬慈爱，言语呕呕，人有疾病，涕泣分食饮。"他们几乎都一致认为，项羽具有"恭敬爱人"的良好品性。当然，项羽恨透了暴秦，有时也非常残忍。对此，钱钟书在《管锥编》中分析道："项羽'言语呕呕'与'喑噁叱咤'；'恭敬慈爱'与'虎悍猾贼'；'爱人礼士'与'嫉贤妒能'；'妇人之仁'与'屠坑残灭'；'分食推饮'与'刓印不予'，皆若相反相违，而既具在羽一人之身，有似两手分书，一喉异曲，则又莫不同条共贯，科以心学性理，犁然有当。"项羽具有慈仁的一面，则是无可非议的。

而对于刘邦的为人，则大多认为是"大度"，似乎是仁者的化身。但是，刘邦固然有很多别人所不能有的精神气质，但更多地表现出的是他的狡黠、耍猾，甚至是无赖。刘邦在未发迹前，常呼朋唤友去大嫂家吃饭，大嫂非常讨厌他常来，打乱了她平静的生活秩序，故意敲锅以示"羹尽"。刘邦建汉统一后，分封同姓诸侯王，唯独不封大嫂之子刘信。经"太上皇"劝说，才怀着情绪封刘信为"羹颉侯"，谐音为"羹尽侯"，取了这个带有羞辱性质的侯名。这不仅是讽刺其嫂，更是讽刺刘邦的气量狭小，既然已经做了皇帝了，还在计较儿时的一些琐事。要是换了项羽，绝对不会做出这种小鸡肚肠的事情。再如，刘邦为泗水亭长，对廷中之吏无所不狎侮，好酒及色。沛令请客，别人恭恭敬敬，刘邦乃给为谒曰"贺钱万"，实不持一钱。夏侯婴担任了试用的县吏，身为亭长的刘邦因为开玩笑而误伤了他，被别人告发到官府。而刘邦则抵口否认，申诉没有伤害夏侯婴，让夏侯婴吃尽了苦头，等等，这里且不去说他了。而项羽与刘邦相较，则尽显出项羽宽仁的本质特性。

当刘邦攻下函谷关，进入秦都咸阳，约降秦王子婴，便派人把守关门，不让项羽进关。项羽来到关下，勃然大怒。当时的刘邦，根本不是项羽的对手。

项羽攻关而后，便定下了第二天攻打刘邦的计划。可是，项伯出卖了项羽，向张良及刘邦通风报信，刘邦第二天便来到鸿门，登门谢罪，于是，便有了千古留名的"鸿门宴"。在鸿门宴上，项羽的亚父范增千方百计要杀掉刘邦，认为刘邦是与项羽争天下的主要竞争对手，甚至请出项庄舞剑，当时只要项羽稍微示意一下，刘邦就要血溅鸿门，一命呜呼了。可是，项羽对范增的多次目视和举起玉玦暗示默然不应，对樊哙多次不恭的言谈举止宽宏大量，对项伯阻挡项庄欲借舞剑之机刺杀刘邦的行为放任不管，他不愿在酒宴上杀掉刘邦，致使刘邦寻机从眼皮子底下溜走了，气得范增仰天长叹："唉！竖子不足与谋。夺项王天下者，必沛公也，吾属今为之虏矣。"

项羽不杀刘邦，这是为什么呢？似乎成了千古谜团，历来议论纷纷。有的认为项羽、刘邦"俱北面受命怀王"并"约为兄弟"，弟杀兄则违背人伦准则；有的认为两人曾同在项梁麾下，互为战友，故友相杀则是不义之举；有的认为项羽在宴会前曾答应叔父项伯之劝，杀刘邦则失信于叔父；有的认为项羽是盖世英雄，应挑战于疆场，宴会谋杀，则是耻辱之举；也有的认为项羽在鸿门宴上不杀刘邦，是他因此失去天下、最终国破身亡的最主要原因，等等。其实，项羽不杀刘邦，有其内在的原因。在当时，项羽有号称四十万的大军，但并不是铁板一块，而自己的铁杆部队也只有几万人，其余都是一些"蹭饭族"，貌合神离，一旦项羽杀掉刘邦，寒了众将士的心，闹将起来，项羽则要吃不住兜着走。刘邦在当时并非项羽最大的敌人，杀掉刘邦，对项羽来说，弊远大于利，会严重损害自己的政治声望，从此成为天下公敌，只能是自取灭亡。而鸿门宴，其实是一场关中地区统治权的政治会谈，刘邦通过服软，获得了生存下去的机会，而项羽则进一步对外确立了其霸主的身份。司马迁在《樊郦滕灌列传》中，一语道破了其中的玄机："项羽亦因遂已，无诛沛公之心矣。"

以上分析，有些过于理性化。项羽不杀刘邦，未必就是如此考虑，最根本的还是他的一颗慈仁之心起了作用，既然刘邦已经登门请罪，为什么还要杀掉他呢？明人不做暗事，就这样偷偷摸摸地杀掉刘邦，无疑是偷鸡摸狗的行为，将会有损他的一世英名啊！人啊，一旦坏了名声，苟活于世，还有什么意义呢？至于杀与不杀刘邦所带来的影响，项羽压根儿就没有考虑到那么多，因为项羽并没有要杀掉刘邦的打算啊！

彭城大战，项羽以三万精锐骑兵打败了刘邦的五十六万大军，刘邦落荒而逃，将一双儿女踢下车去，幸亏夏侯婴多次将刘邦的一双儿女拾上车来，才顺利地脱逃。而刘邦的父亲则被项羽掳去。在楚汉相持的紧急关头，项羽担心长期对峙下去对他不利，于是，便抓了刘邦的父亲，并搭起高台，特地安置了高高的案板，把刘邦的父亲放在上面，随时可以结果其性命，并对刘邦喊话，曰："现在，你不赶快投降，我就烹了你的父亲。"刘邦却笑嘻嘻地说："吾与汝约为兄弟，吾翁即若翁，必欲烹而翁，而幸分一杯羹。"这是什么话？什么"吾翁即若翁"，分明就是无赖之语，活现出刘邦的一副狡黠嘴脸。当时，项王怒，欲杀之。而在项伯的劝说下，放弃了杀掉刘邦父亲的性命。这说明，项羽虽然性格暴烈，但还是有一颗慈仁之心，还是让刘邦的父亲活了下来。否则，项羽根本不吃刘邦的"吾翁即若翁"一套，一刀咔嚓下去，刘邦可能就要后悔终生！对此，明代赵弼在《雪航肤见》中说："项羽获太公、吕后三年，无淫杀之心，闻'吾翁即若翁'之言，即舍太公，则笃于朋友之义。"清代沈德潜比较项羽与刘邦的诗时，高看项羽，而不值刘邦，曰："鸿门之遁，为避祸也；推孝惠、鲁元堕地，乞分太公一杯羹，无复人理矣！此诗抑倒沛公，能为项王吐气。"

在楚汉相争的后期，项羽与刘邦相持未决，丁壮苦于军旅，老弱疲于转运。项羽不忍心再这样下去了，便与刘邦隔空喊话，提出要与刘邦单挑，尽快结束战争。他说："天下匈匈数岁者，徒以吾两人耳，愿与汉王挑战，决雌雄，毋徒苦天下之民父子为也。"而汉王付之一笑，谢曰："吾宁斗智，不能斗力。"

"毋徒苦天下之民"出自项羽之口，透露了项羽的一种可贵的思想，反映出项羽更高的思想境界，就是心中装着天下民众，认为再这样无休止地争斗下去，谁胜谁负倒是小事，最主要的还是害苦了天下的劳苦大众。在这一点上，项羽要比刘邦进步得多。而刘邦所想到的是，要与项羽斗智，决一雌雄，心中就没有想到天下民众这一点。尽管刘邦最后胜利了，而在以天下民众为出发点的这一基点上，还是高下立分，输给了项羽。

到了生命的最后，项羽败退到乌江边，乌江船长要送他到对岸，以保存性命，可他却把生的希望让给了乌骓马。他说："吾骑此马五岁，所当无敌，尝一日行千里，不忍杀之，以赐公。"据传说，当时项羽"遂命小卒牵马渡江。那马咆哮跳跃，回顾霸王，恋恋不欲上船，霸王见马流连不舍，遂涕泣不能言。众军士揽辔牵马上船，那马长嘶数声，望大江波心一跃，不知所往。"也有传说乌骓马思念主人，长嘶不已，翻滚自戕，马鞍落地，化为一山，马鞍山因此而得名，有"江东第一山"的美誉。诗人郭沫若还专门写了一首诗来歌颂乌骓马："传闻有马号乌骓，负箭满身犹急驰，慷慨项王拖首后，不知遗革裹谁尸？"传说毕竟是传说，但也说明项羽不仅爱人，甚至还爱马，宁可牺牲自己，也要保全自己心爱的乌骓马，这是多么难得的可贵的精神和情怀啊！

由此可见，时人所评说项羽"恭敬爱人""仁而爱人""恭敬慈爱"，并非虚言。这是项羽的本质体现，而可惜的是，被项羽的另一表象掩盖，在世人心目中，项羽是残暴的化身，有何慈仁可言？我们应当还其本来面目，并不因为他的失败，而一概抹杀他的可贵之处，把他说得一无是处。

五、穷途之项羽遇上铁壁之合围：视死如归

人生自古谁无死？面对死亡，反映出各式各样的人生百态。项羽，年仅31岁，就面临着死亡的考验。公元前202年12月，韩信、彭越、英布等会合

刘邦后，设置十面埋伏，在垓下将向江南撤退的十万楚军层层包围。项羽临时驻扎在垓下，兵少食尽，夜幕降临，听到四面都是汉军的楚歌声。项羽乃大惊，曰："汉皆已得楚乎？是何楚人之多耶！"于是，项羽慷慨伤怀，惶惶然不能入睡，深夜在军帐里喝酒，激昂慷慨地唱起歌来，歌曰："力拔山兮气盖世，时不利兮骓不逝！骓不逝兮可奈何？虞兮虞兮奈若何！"据说他的爱妾虞姬也起而和唱，歌曰："汉兵已略地，四方楚歌声。大王意气尽，贱妾何聊生！"虞姬对项羽具有忠贞的爱情，她不愿拖累项羽，使其放开手脚突出重围；她也不愿落入刘邦之手而受辱。于是，唱罢，拔剑自刎而死。霸王别姬，在中国历史上留下了一段缠绵悲壮的英雄美人佳话，让人羡慕与赞叹！项羽是少见的悲情英雄，是粗豪与柔情、勇猛与重情水乳交融的奇特男子。《垓下歌》反映出这位叱咤疆场的盖世英雄重情重义的另一方面。

此时此刻，项羽悲惨欲绝，但他不愿就此死去，他要寻找新的生机，便带了八百骑兵，趁着夜色，向南疾驰，打算突破重围。可是，汉军紧追不舍，在途中发生多次战斗，后到了阴陵，迷失道路，误入大泽，被汉军的骑兵追及。于是，项羽引兵而东，到了东城，只剩下 28 骑，而汉骑追者有数千人。在这种时候，一般人差不多吓都吓呆了，而项羽却是沉着应战，说道："今日固决死，愿为诸君快战，必三胜之，为诸君溃围，斩将，刈旗，令诸君知天亡我，非战之罪也。"多么具有豪迈之气啊！对此，《项羽本纪》写道：

> 乃分其骑以为四队，四向。汉军围之数重。项王谓其骑曰："吾为公取彼一将。"令四面骑驰下，期山东为三处。于是，项王大呼驰下，汉军皆披靡，遂斩汉一将。是时，赤泉侯为骑将，追项王，项王瞋目而叱之，赤泉侯人马俱惊，辟易数里。与其骑会为三处。汉军不知项王所在，乃分军为三，复围之。项王乃驰，复斩汉一都尉，杀数十百人，复聚其骑，亡其两骑耳。乃谓其骑曰："何如？"骑皆伏曰："如大王言。"

这时候，项羽已置自己的生死全然不顾，仿佛是在进行着一场畅酣淋漓的艺术表演，他要将自己的全部才艺充分展示出来，以赢得观众的热烈掌声。

而后，项羽带着剩下的 26 骑继续向前。这时候，前有大江阻隔，后有重重追兵，项羽清楚地知道，这是到了他生命中的最后一刻了，等待他的，将是生命的终结。而就在此时，似乎又有了希望，乌江亭长似乎知道他的到来，已泊舟待渡，曰："江东虽小，地方千里，众数十万人，亦足王也。愿大王急渡。今独臣有船，汉军至，无以渡。"这是多好的机会啊！一旦登船而渡，就可以生还江东，刘邦的数十万大军只能是隔江而望，无可奈何。似乎老天爷也要成全项羽，脱项羽于厄难。

可是，项羽断然放弃了。他所想到的是和他一同渡江而西的八千子弟，将热血都洒在异乡的土地上了，实在是十分悲催啊！即使是此时此刻，仍然有

26个兄弟在身旁，难道就要抛弃他们，自己一人独自逃生吗？如果这样做，实在是耻辱啊！项羽是个血性男儿，并不是一个冷面郎君，他做不到啊！他说："纵江东父兄怜而王我，我何面目见之？"于是，面对生的希望，他选择了死。末路英雄的心声与抉择，是于过往的回顾，于尊严的维护，于耻辱的对抗，于死的义无反顾！清代诗人曾说："千古艰难唯一死。"而对于项羽来说，他所想的是，秦朝灭亡了，他的大仇已报，心愿已了，心中没有什么可遗憾的了，如果过江而去，将会风云再起，天下仍然不得太平，天下百姓仍然生活于兵荒马乱之中，这是多么的于心不忍啊！他情愿以一人之死，换来天下太平！于是，他毅然决然地放弃了生，而选择了死。这种视他人生命重于自己的"义薄云天"之举，令人肃然起敬！

唐代诗人杜牧曾有《题乌江亭》诗曰："胜败兵家事不期，包羞忍耻是男儿。江东子弟多才俊，卷土重来未可知。"这卷土重来，谈何容易？项羽是不愿再起干戈啊！弄得天下民怨沸腾，即使是夺得了胜利，又有什么意义呢？后之诗人，怎么能理解项羽此时的举动和胸怀呢？

项羽既然选择了死，就要死得轰轰烈烈，死得光彩照人！这时候，项羽令骑兵皆下马步行，持短兵接战。项羽本身所杀汉军数百人，身上亦有十多处刀剑之伤。当他看到围困他的是昔日的战友，仍然不忘故人情谊，索性再成全他们，说："吾闻汉购我头千金，邑万户，吾为若德。"于是，乃自刎而死，抛首赠故人，其处仁、勇，可谓兼之矣！

项羽弃生求死，战斗到生命的最后一刻，可谓慷慨悲壮，视死如归，虽死犹生，气盖山河！项羽从容自刎，是一种人格的尊严和魅力，是一种献身的精神和气概！宋代曹勋《项王歌》赞曰："提三尺兮臣诸侯，争天下兮分裂九州。时不得兮绝淮流，江虽可渡兮吾何求，宁斗死兮羞汉囚！"项羽是不想再以战争来危害天下民众，显示了舍身为民的自觉意图。项羽牺牲自己换来天下一统的局面，是他亡秦后作出的最后一次贡献。钱穆评论说："项羽临终慷慨，此情此义亦可长留天地间，获后世之同情矣。此亦一成功，非失败。"（《现代中国学术论衡》）诚是哉！

六、余 论

项羽，是中国古代"勇战派"的代表人物，是气贯长虹、叱咤风云、勇武绝伦、侠骨柔肠的盖世英雄，也是两千多年来广为民间传颂和喜爱的"战神"和"爱神"。项羽最令人伤感的，是他的身上所体现的悲剧色彩，他是政治、军事上失败的悲剧英雄；最令人敬佩的，是他的身上所体现的人格精神，他是精神和道义上获得成功的盖世英雄。

历代对项羽予以充分肯定的，当数宋代词人李清照，她的《夏日绝句》曰："生当作人杰，死亦为鬼雄。至今思项羽，不肯过江东！"巾帼眼中的项羽，是如此的高大、巍峨！词人盛赞项羽"不肯过江东"，实因感慨时事，借史事来抒写满腔爱国热情。项羽的自刎昭示历代人们，人活着就要做人中豪杰，为国家建功立业；死了也要为国捐躯，成为鬼中英雄。清人李晚芳曰："羽之神勇，千古无二；太史公以神勇之笔，写神勇之人，亦千古无二。迄今正襟读之，犹觉喑呜叱咤之雄，纵横驰骋于数页之间，驱数百万甲兵，如大风卷箨，奇观也。"当代周恩来，则认为项羽是"造时势之英雄"，是"世界之怪杰"，"具并吞八荒之心，叱咤风云之气；勇冠万夫，智超凡俗；战无不胜，攻无不取；敌邦闻之而震魄，妇孺思之而寒胆；百世之下，犹懔懔有生气，岂仅一世之雄哉！"其评说可谓至矣！

项羽24岁起兵反秦，顺应历史潮流，仅用了三年时间，就率领天下反秦武装力量消灭了暴秦，掌握着秦亡汉兴之际的国家命运，成为中国那一段时期的历史主宰，从而改写了中国的历史。如果当年项羽被熊心遏制，反秦斗争没有一个非凡的强有力的领袖，反秦武装能否推翻暴秦亦难以预料，或者变成"持久战""拉锯战"，于秦末时期形成分裂割据，长久动乱，也未可知。项羽的横空出现，加速了暴秦的灭亡。这是项羽对中国历史做出的巨大贡献！

项羽的功过是非，一直是历代人们议论的永恒话题。在现代学者中，甚至有人提出要改写《中国历代纪元表》，其理由是刘邦于汉五年才"登位"建立西汉王朝，自秦亡至汉建立的五年期间，是项羽的西楚王朝。从某种意义上来说，项羽是一位成功者。虽然他的成功是那么的短暂，但他毕竟曾经左右过中国的历史！

项羽虽然失败了，虽然像一颗流星，在历史的长河中一闪而过，但让其瞬间成为永恒，其血性，其柔情，其豪气，其精神，让人叹息，让人感慨，让人伤感，让人敬佩。项羽的人格与精神，即本文所分析的"疾恶如仇，破空而出，攻坚克难，恭敬爱人，视死如归"这五句话、二十个字，成为中华民族的一种文化符号。

所谓"文化符号"，是指具有某种特殊内涵或者特殊意义的标示，是一个国家、一个民族、一个地域、一个企业，乃至一个英雄人物独特文化的抽象体现，是文化内涵的重要载体和高度凝练。文化符号的创造、运用，在人类文化传播发展过程中发挥了重要的作用，它充当了人们心灵沟通的桥梁、文化交融的媒介，能够产生出巨大的"软实力"，即文化生产力。作为失败的英雄项羽，他的人格与精神，至上至高，是项羽对于中华民族文化的重大贡献，应将予以代代传承，融入中华民族文化中去，成为中华民族文化的宝贵遗产，激励中华儿女创造更加灿烂的中华文明。

项羽的人格与精神，不仅影响着中国，而且影响着世界。日本的武士道精神，提倡勇武、果敢，不惧生死，义无反顾！项羽打仗身先士卒，以少胜多，成为全军的灵魂人物，将不惧生死的精神发挥到了极致。在无力回天之际，为了避免更多的伤害，淡然面对死亡，毫无畏惧！这是真正的武士，真正的英雄。所以，很多日本人都说，武士道精神，就是源自于项羽。日本发起了一个全世界最受欢迎的历史人物调查，调查结果，有三位中国历史人物排名比较靠前，分别是曹操、诸葛亮、项羽。日本崇尚武士道精神，项羽受到他们的崇拜，理所当然。

项羽武功盖世，功业盖世。他从政治权力的巅峰坠入人生的最低谷，其大起大落、重情重义的悲剧人生，千载之下令人敬仰、惋惜与同情。项羽失败了，刘邦得胜了，但历代人们不以成败论英雄。就做人而言，项羽比刘邦成功，因为项羽经常"仁而爱人"，诚信待人，而刘邦有时"慢而侮人"，背信弃义。后人修建的项羽庙远多于刘邦庙，对项羽的赞扬也远多于对刘邦的赞扬。据《晋书·阮籍传》，阮籍称刘邦为"竖子"："尝登广武，观楚汉战处，叹曰：'时无英雄，遂使竖子成名。'"唐代宰相李德裕对项羽高度赞扬："自汤武以干戈创业，后之英雄，莫高项氏。"明代赵弼极力为项羽失败辩护："论羽之才美，亘古无伦。"在中国古代咏史诗歌中，以歌咏项羽的诗为最多，产生了像杜牧、王安石、李清照等诗人的咏史诗名作，脍炙人口。在中国传统诗歌、绘画、戏剧、散文等领域中，项羽是一个不朽的艺术典型。历代评论项羽的专著和文章层出不穷。项羽和虞姬的故事家喻户晓，形成了独特的项羽文化现象。

项羽人格与精神的文化符号，具有强烈的时代意义，产生了不可低估的历史作用，尤其是中华民族遇到强敌侵略，处于生死存亡的紧急关头，更是需要这样的壮烈情怀，以抵御外侮，卫我中华，建成民族大业！在当今建设具有中国特色的社会主义事业，尤其需要项羽的这种人格与精神，以建成高度文明、发达、强盛的社会主义现代化国家！

浦口地名与项羽传说

＊本文作者袁铭。南京市浦口区文化馆馆长。

两千多年前，"秦失其鹿，天下共逐之，捷足者先得。"刘邦和项羽双雄并起，叱咤风云。刘邦，字季，公元前256—前195年，汉水郡沛县（今江苏沛县）人；项羽，名籍，字羽，公元前233—前202年，下相（今江苏宿迁）人。二人虽合力灭秦，夺得天下，但其后又一分为二，豆萁相煎，势不两立。经过旷日持久的楚汉相争，在公元前202年底，项羽楚军被围困于垓下（今安徽灵璧东南），人少粮尽。汉军四面楚歌，项羽与虞姬对饮，慷慨悲歌。之后，项羽率亲信800余骑突围，至阴陵迷失道路，复至东城，从者仅剩28骑。汉将灌婴5000骑追及，项羽引兵东面，过浦口至乌江（今江苏浦口区与安徽省和县交界的一个镇）自刎而死。至此，楚亡汉立。

刘邦项羽，逐鹿中原，后刘邦建立汉朝，史称汉高祖。而项羽在败走浦口至乌江自刎的路途中，留下了一个个动人的历史传说，这些传说又演化为一处处地名，沿用至今。这些传说地点分别为：

瓢儿井：位于沿江街道赵庄山脚下。传说西楚霸王项羽垓下兵败后，被汉刘邦手下大将韩信追赶至此时，因口渴难熬、四顾无水，遂手执战枪刺地成井。本地人因用葫芦瓢即能由井中取水，故称其为"瓢儿井"。

点将台：位于浦镇红石山上。传说楚汉相争时，为刘邦建立汉王朝立有大功的淮阴侯韩信，在此与楚霸王项羽相遇。项羽自恃英勇无比，"力拔山兮气盖世"，要与韩信决战。当时，韩信兵少将弱，不是项羽的对手。如何退敌呢？只有用智。韩信便登上浦子山巅的一个平台，说："我这里有千军万马，你岂是我的对手？"项羽不信，说："视此弹丸之地，焉能伏有重兵，只有眼见为实。"于是韩信手摇令旗，指挥一队队将士从项羽阵前列队走过，绕后山西北而去。韩信的兵马源源不断，竟走了三天三夜，吓得项羽不战而退。原来韩信的兵马绕后山西北而去，又循环而来，如此走了三天三夜。这正是霸王有勇无谋之处。

饮马池：位于江浦街道华山村北西华山。此一石塘相传为项羽饮马之处。

高望：位于浦乌公路高望车站西北山坡。即今江浦街道高旺村。相传楚汉相争后期，项羽垓下之战大败后逃至此地，登高观望汉兵远近。后人为纪念项羽，取该地名为高望。由于年代久远，谐音取吉为"高旺"。

兰花塘：位于浦乌公路兰花塘车站附近。项羽自高望西行十里许，即遇汉兵，人喊马嘶，堵击厮杀。混战中，虞姬不幸将头上兰花簪丢失于路塘。此后这里，年年春天，兰花朵朵，遍布于塘边路上，幽香四溢。故名"兰花塘"。

红绣鞋：位于浦乌公路桥林镇地藏庵一带。传说虞姬脚穿红绣鞋，作战时将鞋丢落塘中，后此塘便盛产如虞姬脚穿红绣鞋般菱角。

失姬桥：位于桥林镇，今谓之"石碛桥"。相传古时为"失姬桥"。楚汉时期，项羽虞姬相依为命，率残部由常山古道，一路击散拦阻之敌，至石碛河畔，下马休息。此时，虞姬已知穷途末路，于是借指敌情，乘项羽他顾时，即横剑自刎。传说虞姬墓，在石碛河畔。

胭脂井：位于桥林镇。在桥林西街古桧庵后。此井水为红色，后经年久日深，井水变为无色。传说在不确定的时候，又会泛起红色水来。为虞姬自刎后的血衣丢放在井中之故。

魂落铺：位于浦乌公路横路铺车站附近。即今之横路铺，今属桥林镇。传说项羽自失虞姬后，悲痛欲绝，当驰乌骓马南行数里时，即踟蹰不前，于途中徘徊者再，项羽此时此地，已魂落魄散，故名"魂落铺"。

九头亡：位于乌江镇九头王村西二里处。即今之九头王村，距桥林约八里。传说项羽至此，环顾四野，杀声震天，时汉骑前后冲至，项羽眦裂发指，驰骓奋战，怒斩汉军九骑之首。后人将此阵地，称之为"九头亡"。

勒马想：位于乌江境内一条公路上。即今谐音称之为南边样（村名），距桥林十余里。传说项羽，值此草木皆兵之际，已临生死关头，停马途中，悲壮大呼："此天之亡我也。"

驻马河：位于乌江镇。在邑之南，与安徽省和县接壤，系两省自然之疆界。渡口处，为项羽下鞍驻马之地，亦即古之乌江渡，亭长舣船而待项羽处。

滚马滩：位于乌江对岸。为长江南岸满渡口。传说项羽自刎时以乌骓马赠乌江亭长，骓至南岸，见失其主，即就江滩狂滚而死，故名。

霸王庙：位于桥林街道乌江社区驷马河对岸安徽和县乌江镇凤凰山上。为纪念项羽而建。

御祭庵：位于乌江镇林蒲圩附近。据传后来，刘邦曾派大臣来此建庵祭拜项羽。

鬼门关：位于星甸镇新金村。相传为韩信设计阻止项羽东逃，在此地用甘蔗书写"鬼门关"三字，后蚂蚁密布，项羽大惊说："天之亡我也。"

晾甲庙：位于星甸镇石窑村。相传项羽逃至此地，大汗淋漓，脱下盔甲晾之。后人为纪念项羽而建庙。

下马石：位于星甸镇珍珠庙村。相传项羽逃之此地，乌骓马踏下山头，今马蹄印尚存于石上。

霸王鞭：位于永宁镇西葛街南巷口。铁质。相传为项羽赶马所用，至今尚有半截存于地表。

四马山（又名四溃山）：位于石桥镇。秦末楚汉相争时，项羽于此山列马队四面冲击，斩汉将获胜，故又名四溃山。

千百年来，浦口人民从不以成败论英雄。项羽虽败，但他自有过人的人格力量令人敬仰。除却他"力拔山兮气盖世"的英雄气概外，在兵败垓下，败走浦口至乌江自刎的过程中，他又表现出了一个英雄以外的儿女情长和仁爱道义。如当时乌江亭长对他说："江东虽小，地方千里，众数十万人，亦足王也。愿大王急渡。今臣独有船，汉军至，无以渡。"而项羽却拒绝了这最后救他于危难的一次机会，说："天之亡我，我何渡为！且籍与江东子弟八千人渡江而西，今无一人还，纵江东父兄怜而王我，我何面目见之？纵彼不言，籍独不愧于心乎？"他宁可死也不愿意回去愧对江东父老，可以说死得明白，死得壮烈。此前他还说过一番更为壮烈的话："天下匈匈数岁者，徒以吾两人耳，愿与汉王挑战，决雌雄，毋徒苦天下民之父子为也。"把急于结束战争的愿望提高到了忧国忧民的高度。

晚唐诗人杜牧题乌江亭诗曰："胜败兵家事不期，包羞忍耻是男儿。江东子弟多才俊，卷土重来未可知。"北宋名相王安石对此则持反对态度，诗曰："百战疲劳壮士哀，中原一败势难回。江东子弟今虽在，肯与君王卷土来？"两人都从实用或曰权谋的角度来评价项羽。但项羽毕竟是项羽，在生死关头，他没有选择生路，而是选择了死亡。他对江东父老有情，对虞美人有情，对战马也充满了深情。他对乌江亭长说："吾骑此马五岁，所当无敌，尝一日行千里，不忍杀之，以赐公。"在他人生的最后一幕，我们看到的是英雄气短，儿女情长，一个完美的殉情殉道者。甚至在死之前，他看到来追杀他的正是"叛徒"吕马童，还深情地呼唤："若非吾故人乎？""吾闻汉购我头千金，邑万户，吾为若德。"遂拔剑自刎，成全"故人"。为了争夺项羽的尸首去向刘邦邀功请赏，汉军将士"相杀者数十人"。南宋著名词人李清照有问道："生当作人杰，死亦为鬼雄。至今思项羽，不肯过江东！"

项羽之所以两千多年来一直令浦口人民感叹嘘唏、追思怀念，多半在于其道德力量和人格魅力。这些地名的传说虽异于史家之言，但千百年来，世代相传，妇孺皆知。这些传说和地名，反映了浦口人民对英雄的崇敬和缅怀。

浦口项羽文化的特性价值
分析及利用开发

※ 本文作者任欢。中共南京市浦口区委宣传部文化产业科科长。

项羽是秦汉之际一位叱咤风云的英雄人物，他 26 岁成就霸业、分封诸侯、30 岁悲情别姬、自刎谢幕。两千多年来，其短暂的人生引起了后世人们无尽的评说与感叹。作为中国著名历史人物，项羽传奇的一生，特别是从垓下之战到乌江自刎的历史片段，自古就成为了后世各种文学样式创作的题材。近年来，随着文化创意产业、文化旅游业快速发展，项羽文化已经逐渐成为一种产业资源，受到了各地的广泛重视。本文重点就浦口项羽文化资源进行研究思考，并结合产业发展需要，试就项羽文化资源综合利用与开发提出具体建议。

一、浦口项羽文化资源的简要介绍和特性分析

关于项羽的史实，太史公司马迁在《史记·项羽本纪》中有过详细的记载，特别是垓下之围，在四面楚歌声中，项羽从容不迫悲歌别姬，这一儿女情长的描述，使项羽的形象尤为丰满。最后，项羽在东城为部下展示了一场精彩的"溃围、斩将、刈旗"的快战，而后单骑匹马突至乌江边上，在"天之亡我"的慨叹声中自刎而亡。至此，一个顶天立地的盖世英雄形象跃然纸上。

项羽的人物形象，除了官方的正史记载外，也有许多历史故事和传说。千百年来，人们通过这些历史故事和传说，表达他们对英雄的敬仰与崇拜之情，体现出他们"不以成败论英雄"的朴实情感和价值取向。项羽兵困垓下、败走至乌江自刎的过程中，曾在南京浦口及周边区域留下了一幕幕动人的历史故事和传说，其中《江浦县志》与《江浦埤乘》记载与项羽有关的地名 13 处，已整理纳入项羽文化地名传说的 21 处（其中 6 处与史志记载重复），另有未被整理纳入项羽文化地名传说的 2 处，共计 30 处地名传说。与之相关的项羽故事至今仍在浦口当地流传。

综合分析以地名传说为代表的浦口项羽文化资源，可以发现其有以下几个明显的特征：

1. 空间的聚集性

浦口及周边现有项羽地名 30 处，包括：阴陵山、东城、项王亭、项羽墓、

虞姬塚、鲁妃庙、高祖庙、瓢儿井、韩信将台、饮马池、高望、兰花塘、红绣鞋、失姬桥、胭脂井、魂落铺、九头亡、勒马想、霸王泉、驻马河、滚马滩、霸王庙、御祭庵、鬼门关、晾甲庙、下马石、霸王鞭、驷马山（又名四溃山）、黑扎营、卸甲甸。从地域跨度来看，这些地名沿老山呈环向分布，在近百公里的区域上连接成线，直抵长江边，在空间上具有高度的串联性，在数量上具有明显的集聚性。全国各地关于项羽的地名很多，但对比其他地方来看，浦口的项羽地名传说具有鲜明的个性化特征，这么多地名能够集中在一个区域，而且各自独成段落又能串联成篇，的确是较为罕见的。

2. 内容的传奇性

从浦口项羽地名涵盖的历史传说和故事情节来看，其在内容上具有比较突出的传奇性特征，情节一波三折。有的与史志记载遥相呼应，比如阴陵山，《万历江浦县志》记载其在治西南四十五里，即项羽失道处；又如四溃山，《雍正江浦县志》称其在"治西南七十里，项王带二十八骑走东城至此，为汉兵所围，王依山为阵，四向无敌，溃围奔乌江，故名，石上有马迹，一名四马山。"有的则富有极为鲜明的故事情节，如兰花塘，传说项羽在此遇汉兵，人喊马嘶，堵击厮杀。虞姬取双剑，环顾于项羽左右，在混战中，虞姬不幸将头上所爱兰花簪，丢失于路塘。此后这里，年年春天，兰花朵朵，遍布于塘边路上，幽香四溢。故名"兰花塘"；又如鬼门关，位于浦口区星甸街道新金社区。相传为韩信设计阻止项羽东逃，在此地用甘蔗书写"鬼门关"三字，后蚂蚁密布，项羽大惊说："天之亡我也"。这些地名传说故事，有的散见于史志，有的在民间相传，数百年来，在浦口广泛传播。

3. 载体的多样性

文化的传播必须具备良好的载体，浦口项羽文化之所以能够在当地广泛流传，长盛不衰，与其文化载体有极为密切的关系。仔细梳理浦口项羽文化可以发现，这些历史传说，在载体上具有明显的多样性特点。既有《江浦县志》《江浦埠乘》《历阳典录》等史册典籍明确记载，又有口口相授的民间故事上下流传。同时在历史上还兼有实景、实物作为印证，例如项王庙，《江浦埠乘》记载其在在乌江镇东，旧名西楚霸王灵祠，唐李阳冰篆额。咸丰中毁，同治初，里人稍修葺之；又如晾甲庙，位于浦口星甸街道石窑村。相传项羽逃之此地，大汗淋漓，脱下盔甲晾之。后人为纪念项羽而建庙。除此之外，更有文人墨客在浦口留下涉及项羽的辞赋名篇，在文学上对这段故事进行了深刻描述和演绎，如唐代文学家、哲学家刘禹锡曾在《历阳书事七十四韵》诗云："一夕为湖地，千年列郡名。霸王迷道处，亚父所封城。"又如北宋秦观曾在浦口汤泉写下《寄老庵赋》，其中有云："寄老之区，在于汤泉，实为历阳，东城之域。……北则瓦梁之河，阴陵之泽，水潦之所，聚会鱼鳖之所，充斥芡菱蒲……毛发之窝……"

二、浦口项羽文化的价值评估

浦口项羽文化地名传说作为一种独特的文化资源，和历史人物、历史事件相关联，是一地文化的标识，具有独一无二、无法复制的特点，是取之不尽、用之不竭的无形文化资源，在人文挖掘、艺术塑造、产业发展方面具有良好的价值特性。

1. 具有鲜明的人文价值

浦口项羽文化包含了不少历史故事和传说。既是历史传说，在千百年的传播中，或多或少、或深或浅、或褒或贬地带上了民间个性化的情感色彩，在史实基础上进行了一定的文学再造，因此也就具备了一定的人文价值，体现了民间对于项羽的价值评定。项羽虽兵败身死，但千百年来，浦口当地人民不以成败论英雄，而是以地名传说的方式来纪念他。这些地名传说虽异于史家之言，但历经千百年，世代相传，不仅反映了浦口民间历史文化的厚重，更是反映了当地群众对英雄的崇敬缅怀和对家乡的赞美热爱。

2. 具有丰厚的艺术价值

自古以来，民间设计古代英雄豪杰的传说一直经久不息，他们的传说中不乏悲剧的英雄色彩，对后人有着深刻的美育作用。项羽作为中国著名的历史人物，是诗歌、散文、戏剧、绘画等艺术领域着重研究和描写的对象之一，浦口项羽文化具有肇源史实传记、结合现实生活、富有传奇色彩的艺术特色。其形象简洁的表达方式、回转曲折的故事情节、凄美婉转的情感元素，稍加凝练和装饰就可以具备良好的艺术欣赏价值。这种艺术价值与历史事件遥相呼应，能够引导人们由眼前的现实追寻到遥远的过去，从而增进人们对史实的追思与怀想。

3. 具有潜在的产业价值

当前，文化创意产业作为资源消耗低、环境污染少、科技含量高的产业门类，已经成为典型的低碳、绿色经济，在我国国民经济发展中占有举足轻重的地位。浦口项羽文化资源作为传统文化的一部分，是推进文化创意产业开发利用、助力地区文化旅游发展上面具有极大的潜在价值。全国有关项羽的传说甚多，但项羽败走浦口至乌江自刎是历史事实，有司马迁史记《项羽本纪》为证，如果把这些传说地点保护利用好，通过科学规划加快品牌塑造和推广应用，那么其潜在的产业价值将不可小觑。

三、对项羽文化资源综合利用与开发的具体建议

1. 推进遗产保护

就现状来看，目前项羽败走浦口至乌江自刎的地名传说，有的一直沿用至

今，有的已被其他谐音字替改，有的地点还在，有的地点或建筑由于历史的变迁或近代的改造已被毁，亟需采取针对性的保护措施。建议与国内有相关资质的研究机构强化合作，通过地理信息系统等现代化技术，对散落的地名进行准确梳理定位，按照地域现实状况、开发利用前景等进行详细分类和挂牌保护。同时，组织专人对浦口项羽文化有关传说进行口述历史记录存档，强化相关史志文献的搜集和挖掘整理，通过专题纪录片等形式丰富影像记录，为下一步项羽文化综合管理与利用夯实基础。

2. 深化学术研究

浦口项羽文化在当地民间有广泛的群众和社会基础，但在专业研究领域，短板和弱项仍十分明显。主要体现在：专业人才缺乏、专项团队缺失，专题性的活动层次不高、数量有限。为此，必须进一步出台有关政策，强化资金支持，做好文化科研配套服务。要在专业人才集聚上进行重点探索，探索建立浦口项羽文化研究会等专项社团组织，进一步加强与中国史记研究会、江苏项羽文化研究会等专业研究社团的互动交流，加强项羽文化有关课题的策划、申报和实施。

3. 重视统筹引导

从浦口文化创意产业、文化旅游业的发展层面来看，项羽文化资源的活化利用意义巨大，是地域化、特色化、产业化明显的重大 IP。项羽文化资源在浦口地区分布广泛、内容众多，在管理上涉及多个部门和多个条线。因此，要及时出台区级层面对于项羽文化资源综合利用与开发的总体规划，整体性、系统性对项羽文化资源进行管理引导和统筹利用，既要积极释放项羽文化的产业活力，又要严格杜绝一拥而上的同质化、低层次开发。

4. 强化推广宣传

浦口项羽文化要走出南京、走向全省乃至全国，需要运用多种手段开展重点推广。目前浦口区已经结合美丽乡村建设，建设了"楚韵花香"楚文化馆，策划创作了项羽文化有关动画纪录片，并在项羽文创产品研发上进行了初步探索。下一步，还可以根据各种文献资料及文物遗存联合专家学者出版项羽传说研究集，创作项羽传说小说、戏剧、电影、电视剧等，通过报纸、电视、网络等多种媒体形式进行宣传。结合重点文化旅游建设，策划植入一批以 4D、5D、AR、VR 为代表的项羽文化高科技旅游体验项目，探索组织高水平旅游演艺活动。要对浦口项羽文化进行再组织和再提炼，通过影视、小说、音乐、舞蹈、戏曲等形式，积极推动项羽文化的艺术创作与创新。

浦口区项羽地名的分类研究及数据库建设

＊本文作者许盘清。南京三江学院教授。

楚霸王项羽溃围垓下至乌江自刎，是司马迁的手笔。乌江，地处现在的浦口和安徽和县，这个地方因为项羽闻名遐迩，而周边至今也仍留有不少地名和传说，仅浦口一地就有涉及项羽的地名21处。这些地名，有的是历史地名，在史志方面有据可考。有的是传说地名，没有明显的史料支撑。本文重点就这一角度对浦口项羽地名进行分类研究，并结合研究成果，有针对性地对浦口项羽地名文化的下一步挖掘、利用提出具体建议，以供参考。

一、历史上确有其地的项羽地名

浦口及周边现有项羽地名30处，包括阴陵山、东城、项王亭、项羽墓、虞姬冢、鲁妃庙、高祖庙、瓢儿井、韩信将台、饮马池、高望、兰花塘、红绣鞋、失姬桥、胭脂井、魂落铺、九头亡、勒马想、霸王泉、驻马河、滚马滩、霸王庙、御祭庵、鬼门关、晾甲庙、下马石、霸王鞭、驷马山（又名四溃山）、黑扎营、卸甲甸。

经过考证，我们发现最为重要的地名，也是最有文化价值的是"乌江"，乌江在学术界是公认的，没有任何争议，主要问题是厘定乌江（一条河），乌江县，乌江驿等相关地名。

1. 乌江

在《史记·项羽本纪》中记载：于是项王乃欲东渡乌江①。

书中明确记载是"东渡乌江"。查《中国历史地名大辞典》，关于乌江为江的条目，其记载如下：

> 在今安徽和县东北四十里乌江镇附近。《史记·项羽本纪》：楚汉之际，项羽兵败垓下，"于是项王乃欲东渡乌江。乌江亭长舣船待"。即此。《清一统志·和州》：乌江浦"在州东北四十里。土多黑壤，故名"。

---

① 《史记·项羽本纪》，中华书局2012年版。

据此，我们可以得到结论：在历史上乌江多称为"乌江浦"，河的地理位置在和县东北 40 里乌江镇附近，由于乌江镇为和县与浦口交界，所以还很难说乌江是否流经浦口地区。所以有必要先确定乌江镇的地理位置，再查《中国历史地名大辞典》，乌江镇词条：

乌江镇：即今安徽和县东北四十里乌江镇。《宋史·地理志》乌江县："绍兴五年废为镇，七年复。"《明史·地理志》和州："又南有牛屯河巡检司，后移于乌江镇，即故乌江县也。"从词条中可知，乌江镇的地理位置没有任何变化。同时据"乌江县：'绍兴五年废为镇，七年复'。"以及"后移于乌江镇，即故乌江县也。"可知乌江镇为乌江县之县治。

下面我们再确定乌江浦的地理位置，《元和郡县图志》记载：

乌江浦在乌江县东 4 里。

这一条中，记载了乌江浦的地理位置，但没有明确是不是项羽自杀的乌江，再查《中国历史地名大辞典》乌江浦，在今安徽和县北四十里，乌江镇东。《史记·项羽本纪》："于是项王乃东渡乌江。乌江亭长舣船待。"即此。

由此可以得出结论，乌江浦即是项羽自杀的乌江，且在乌江县东 4 里。查谭其骧《中国历史地图集》，可知乌江的地理位置，见图如下：

据图我们可以明显看出：项羽自杀处的乌江有很长一段在浦口境内的沿江。

2. 霸王庙

霸王庙（祠）是位于桥林街道乌江社区驷马河对岸安徽和县乌江镇凤凰山上。为纪念项羽而建。在历史上霸王祠的史据最多，其中集大成者是袁传璋的论文《所经地点相关文献摘编》（以下简称）第 245 页。在此不再赘述。

3. 驷马山，又四溃山，四隤山

驷马山是一座很关键的山，因为所有史书及地理著作中均没有记载"四溃山"的详细地理位置，我们查遍了 1936 年安徽省所绘制 1∶5 万的详细地图，均没有在和县以外地区存在驷马山。恰恰在江浦县，尤其是和县均有驷马山的记载。不仅如此，项羽自刎相关的山名、地名记载也有几处，例如九斗山、迷沟、楚迷沟等多处地名。《读史方舆纪要·南直》的记载如下：

> 四溃山，在江浦县西南七十里，俗呼四马山。又江浦县西南四十五里有阴陵山。旧《志》以为项羽败走处。

当然《纪要》还有一些评价，暂时不作考虑，这一记载中有二条重要的信息，即江浦县西南七十里处四溃山，这是其他地理书中所不记载的。

在《中国历史地名辞典》中，查四溃山，为此立了专门条目：

> 四溃山：亦作四隤山、四隤山。又名四马山。在今江苏江浦县西南，与安徽和县接界。

《寰宇记》卷 124 和州乌江县："四溃山在县西北七十五里。项羽既败于垓下，东走至东城，所从唯二十八骑，汉兵追者数千，羽乃引骑因四溃山而为圆阵，即此山也。"

《舆地纪胜》卷 48 和州：四隤山"在乌江县西北三十里。直阴陵山……今山石上有走马足痕"。《汉书·项籍传》：垓下之战项羽大败，东走东城，"于是引其骑因四隤山，而为圆陈外向，汉骑围之数重"。即此。

在《读史方舆纪要》中还有记载了一些与项羽自刎乌江有关的地名如下，包括九斗山、迷沟与楚迷沟，具体记载如下：

> 九头亡（九斗山）全椒县东南二十五里。一名徐陵山。昔项羽兵败，欲东渡乌江，道经此山，与汉兵一日九战，山因以名。其西五里有迷沟，相传项羽迷道，陷大泽处也。《志》云：今县南二十里有楚迷沟。)

从可以看到，长期以来，浦口及周边地带关于项羽的确留下了大量的记载。

二、历史上无据可寻的传说地名

在浦口现有项羽地名中，传说地名占多数，这些地名构成了项羽败逃自刎的整个过程。传说故事虽然可靠性较差，但故事脍炙人口，流传非常广，也是

"旅游与文化"产业的很好载体，成功的例子比比皆是，最为著名的是白蛇传、梁山伯与祝英台了。

这类地名可分为两类，一类是对项羽史料的补充，另一类是对虞姬的描述，对项羽的记载有如下地名：

1. 有关项羽地名

霸王鞭，为项羽赶马所用。

瓢儿井，项羽用战枪刺地而得水。

下马石，乌骓马踏下山头，马蹄印尚存于石上。

以上三个地名很难考证，因为情节太小，不足以引起史学界的注意。

九头亡，怒斩汉军九骑之首。

御祭庵，刘邦派大臣来此建庵祭拜项羽之地。

驻马河，为项羽下鞍驻马之地。

滚马滩，以乌骓赠亭长为之渡江，骓之南岸，不见其主，即就滩狂滚而死，故得名。

以上地名非常细腻，动人，甚至比史实更具有感染力。但需要对这些地方作详细的考证。

2. 有关虞姬的地名

（1）兰花塘，虞姬取双剑环顾项羽左右，不幸将头上的兰花簪丢失于路塘。

（2）红绣鞋，虞姬作战时不慎将红绣鞋丢落塘中。

（3）失姬桥，虞姬借指敌情，乘项羽他顾时横剑自刎。

（4）胭脂井，虞姬自刎后的血衣丢放在井中。

以上几件事本身就构成了一则故事，大致线索如下：掉落兰花簪—红绣鞋—自杀—血衣被丢入井中，故事非常生动、细腻。能形成一条旅游路线。

三、浦口区项羽地名数据库建设 需要解决的几个关键事项

1. 完善地名精确定位

由于历史变迁和城市建设，原有的很多地名现在难以精确找寻，所以需要考证所有景点，可以利用 GIS（Geographic Information System，GIS）技术，建立一个项羽垓下溃围路线中重要地名沿革的历史地理信息系统应用平台；采用现代高清地图确定每个点的地理位置，并把经纬度记录在案，并将这些数据全部记录到地理信息数据上，形成高清地图以供后续开发进行参考。

2. 丰富地名信息

通过实地考察，文献考证，进一步认证各个景点传说的可靠性及重要性。由于景点记载的许多故事均是非常小的小事，不太可能出现在正史中，建议可

以先从"方志"和"传说"中寻找依据，丰富景点信息。这里要特别关注的是对于虞姬之死的考证，浦口现有项羽地名中，涉及虞姬的地名数量有不少，如果想要进一步开发应用，那么虞姬有没有在垓下自杀自然是一个绕不开的话题。好在史志对于虞姬自杀一说并没有明确记载，所以浦口如在虞姬之死上有新的考证和研究，对于当地下一步关于虞姬文化的推广和应用必将产生较为深远的影响。

3. 强化区域合作

经过资料的挖掘，我们目前已经发现有大量的历史依据，足以证明项羽的最后一段退却路线全在原江浦县，或者更早的乌江县。由于近年行政区划的变迁，这些依据分散在现在的浦口及安徽的和县，所以两地有必要精诚合作，强化文化交流和资源共享，争取在学术界另立一说。

项羽与浦口地名传说的创意规划研究

*本文作者方睿。南京市浦口区文广局文保科科长。

近年来，全社会对文化遗产保护意识普遍提高，党中央、国务院对非物质文化遗产事业高度重视，强调以有效保护为前提，全面加强文化遗产工作，着力推动中华优秀传统文化创造性转化和创新性发展。

在南京市浦口区，有21处地名来源于项羽的民间传说，据说是当年项羽从垓下突围到乌江经过浦口时留下的，每个地名都记载着一个生动的项王故事。2009年，项羽与浦口的地名传说被列入第二批江苏省级非物质文化遗产名录。这些传说故事浦口全区皆有分布，主要分布在盘城街道、泰山街道、江浦街道、星甸街道、桥林街道和乌江镇一带，本文重点对项羽传说进行研究和解读，并进行相关文化创意的规划，希望能够借此科学合理地引导这一非物质文化遗产的传承和发展。

一、开展项羽文化创意规划研究的重要意义

项羽文化创意规划内容涉及传说相关史料解读、价值评估、文化内涵解析、现状评估、保护与利用建议、对外宣传以及保障措施等，在浦口特色文化挖掘应用方面具有重要的意义，重点体现在以下几个方面：

1. 推进传统道德教育

民间传说往往具备寓教于乐的功能，寄寓着传说人的世界观、道德观等，对现代人们的生活具有教育意义。传说所传达的精神对当今建设社会主义精神文明和构建和谐社会具有一定的现实意义。围绕项羽传说开展文化创意规划，不仅可以向人们传授历史知识，增强文化认同感，也能够丰富人们的精神生活，在深刻感受项羽人格魅力的同时有利于提高人们的道德素养，塑造仁爱、诚信、宽恕、勇毅等中华民族精神品格，引导人们树立正确的世界观、人生观、价值观。

2. 促进经济社会的可持续发展

在知识经济时代，文化产业不断发展，充分重视非物质文化遗产的经济价值，便于区域文化资源挖掘，发展区域特色经济，形成新产业样式。项羽传说作为浦口的重要文化名片，是音乐、戏剧、电影、旅游、饮食等产业发展取之不尽的资源，深入挖掘项羽传说的内涵，推动保护与旅游开发相结合，打造具

有较强竞争力和吸引力的文化旅游精品，有利于在文化传承、创新的基础上实现和经济发展的双赢。同时也有利于促进农村经济发展，实现全面建成小康社会的目标任务。

3. 推动美丽乡村建设

美丽乡村建设是一项系统工程，包含硬件设施和精神层面两个方面的建设。美丽乡村不仅体现外在表象，更需文化内核的支撑。文化是美丽乡村建设的重要抓手，大力推动非物质文化遗产的保护、传承和弘扬，有利于提升乡村文化品位，彰显美丽乡村的地域和文化特色。项羽传说是浦口区美丽乡村建设不可多得的财富，将项羽传说的文化内涵融入乡村面貌改造中，尝试发展民俗旅游、故事体验等于一体的特色乡村游，有助于配合全省"强富美高"新农村建设推进行动，创建南京市美丽乡村示范区。

二、项羽传说文化的内涵解析

旷世英雄的千古传奇，刀光剑影的政治较量，军事天才的凄美爱情，英雄末路的悲怆选择，铸就了项羽辉煌的一生，也创造了流传千古的项羽文化。

1. 勇武盖世的英雄本领

项羽军事生涯的一个显著特征，就是每逢战争，基本上都因军队弱势而处于危险境地，但他往往能以少胜多，以弱胜强。例如四马山的战役就将其盖世英雄临危不惧的豪情显现得淋漓尽致。在四马山项羽被汉军包围，此时他身边只剩下二十八骑，但是项羽仍不服输，决意突出重围，于是把二十八骑分为四队，面向敌方，四面冲击，斩汉将四面溃逃而获胜。又如在乌江岸边，他命令剩下的二十六骑弃马持短刀与敌搏斗，他独"杀汉军数百人"，临死前还那样英勇，那样蔑视敌人。项羽的英雄气概是前无古人，后无来者的。

2. 宁折不弯的英雄骨气

项羽所追求的政治理念是"霸业"，并一生执着于自己的理想，垓下突围后本意是渡过乌江返回江东，重整旗鼓再与刘邦较量，但当他到了乌江岸边，想到当年带着八千子弟过江，如今兵败，无颜面对江东父老，东山再起的希望破灭。为免却无辜的生灵遭受涂炭，他不愿把燃烧了五年的楚汉之争的战火再继续燃烧下去，于是毅然改变主意，不渡乌江，以战死沙场来谢幕。因此，项羽的乌江自刎不是怯懦者无可奈何的逃避，而是勇敢者的人生顿悟，是自觉承担历史责任的壮举。一位顶天立地的英雄，就这样屹立于天地间，永久地活在人们心中。

3. 仁慈率真的英雄情怀

项羽以仁德、率真的情怀对待朋友，主要体现在宝马赠亭长、头颅送故人的情节上。经过殊死拼搏，项羽和他的勇士退到了乌江，乌江亭长知道项羽兵败，必经此处，便准备了一只小船在这里等候他。乌江亭长劝项羽渡过乌江，以图东山再起。为了报答亭长的真情厚意，项羽把自己心爱的乌骓马赠送给亭长，以示纪念。自刎之前，他把自己的头颅送给了追杀他的故人吕马童，让其邀功行赏，以德报怨。项羽的仁德、豪放，使吕马童汗颜，羞愧难当，同时也与刘邦的背信弃义、忘恩负义形成鲜明对照。在古代的英雄群体中，有这种壮举的英雄人物，只有项羽一人。

4. 千古传颂的凄美爱情

项羽一方面刚毅勇敢，是一位顶天立地的英雄；另一方面又柔肠百转，是一个柔情似水的男子。项羽自因铸剑结识一代烈女虞姬以后，一见钟情，恩爱有加，体贴入微。虞姬是个有柔情又有豪气的女子，她虽不懂军事也无力跨上马背举刀拼杀，但她懂得要使项羽东山再起，必减其负担，于是便义无反顾地舞剑自刎。英雄末路，长歌当哭，何其壮怀激烈，愤懑不已；明志以剑，示爱以血，多么荡气回肠，感天动地。末世英雄与绝代佳人，共同经历了涂炭战乱的离散，享有了显赫一时的荣耀，面对了穷途末路的悲凉，却始终不离不弃，甚至放弃自己的生命，给爱人绝处逢生的一线生机，何等可歌可泣。一对乱世鸳鸯，用生命谱写了中国历史上最悲壮的爱情故事，最凄美的爱之婉歌。

5. 谋略不足的英雄气短

在与刘邦的诸多较量中，项羽可谓是勇气有余，谋略不足。当韩信利用有限的兵马循环往复从点将台下的藏兵洞走出来时，作为一个身经七十余战的军事统帅，项羽不是冷静分析形势，而是幼稚地轻信真有千军万马，吓得不战自退。在逃往乌江的路途中，见到路边成群的蚂蚁围成了"鬼门关"三个字，项羽认为这是天意，大呼"天之亡我也"，其实那几个字是韩信让人用甘蔗写下的，是为阻止项羽东逃设计的策略。项羽作战勇猛，历史上无人能与其相比，然而项羽的无谋也注定了其悲惨的命运。

综上所述，项羽传说的文化内涵可提炼为项羽的英雄文化和项羽虞姬的爱情文化两大方面。因此，针对项羽传说的文化创意规划也将围绕这两个方面展开。

三、以规划为引领，推动项羽传说资源活化利用

1. 规划建设主题公园

设以颂扬项羽英雄主义为主体，以青山绿水为背景，承载浦口文化底蕴的集文化、娱乐、休闲、游憩等功能于一体的主题公园。以文化性、开放性、生态性为设计原则，打造文化乐园、活动公园、精神家园。项羽传说主题博物馆——结合文学、故事、歌谣、传奇、曲艺等艺术形式，借用声、光、电等高科技手段，生动演绎传说中生动曲折的情节，并设置一些互动参与节目，增加体验性和趣味性。馆内可分为前言、传说篇、历史篇、艺术篇、传播篇等部分，功能包括保护、展示、交流、收藏、销售等。传说篇采取文字、图片、音

像等手段，对项羽经过浦口留下的 21 个地名传说进行真实、全面的展示；历史篇集中全国各地项羽文化的精髓，对项羽文化进行全方面、深层次的挖掘、整理与展示，借用声、光、电等高科技手段重现项羽的传奇人生；艺术篇展示项羽艺术造型及名人书画，面向国内外知名艺术家征集作品；传播篇播放项羽传说文化宣传片，遵循动态观赏及全景画卷式原则，重现相关场景，设置一些互动参与节目，使得游客置身其间，仿佛穿梭时空，真切感受当时的场景。

2. 打造项羽文化主题村庄

紧紧把握江北的发展契机，结合美丽乡村建设，将自然资源与人文景观相结合，打造集文化体验、生态观光、休闲度假为一体的项羽文化主题村庄。以魂落铺、勒马想、九头亡三个村庄为对象，根据现有村舍格局，统一规划调整房屋色彩、门牌标识等，完善公共服务设施，挖掘各村庄的传说故事资源并以图像场景化形式呈现，大幅提升村庄文化内涵。逐步发展一批农家乐经营户，形成以优质名茶为龙头、彩色苗木为特色、农家乐特色村庄为提升的农业产业格局。强调生产过程中的生态性、趣味性、艺术性，为游客提供良好的具有观赏性的农业生态景观。

3. 围绕项羽传说内容，打造文化消费空间

跳出文化观光的消费层面，对文化要素进行商业价值的发掘，以英雄文化和爱情文化为吸引点，发展相关文化产业和休闲度假产品，将文化渗透到旅游活动的全过程，使其贯穿"吃、住、行、游、购、娱"的各个环节。设置影院型主题餐吧，在餐厅内播放项羽传说相关戏剧、电影、新闻等，建筑内部空间装饰与传说内容相呼应，餐厅主打具有浦口地方特色的美食，可推出"霸王餐""霸王别姬"情侣套餐等特色餐饮。

4. 以项羽文化为元素，开展文化旅游商品设计

文化旅游商品开发要注重寓意好、内涵深厚、造型优美别致、做工精细、集地方性、纪念性、实用性、礼品性于一体，不断推出新产品、新品种、新花色，以满足大众求新猎异的需要。在工艺品类方面，选取石桥门笺、葫芦画等浦口区的有形非物质文化遗产为载体展示项羽传说的内容，打造富有浦口特色的独一无二的文化旅游商品，如项羽传说葫芦画、项羽虞姬爱情主题刻纸等。在日用品类方面，强调实用性与纪念性相结合，以项羽虞姬爱情主题开发一系列情侣用品，如情侣装、情侣杯、情侣手套、情侣袜、情侣毛巾、情侣伞、情侣拖鞋、情侣钥匙扣、情侣抱枕等。食品类方面，将本地的传统小吃美食如烤鸭、五香牛肉、茶干、油火烧等进行包装，打造浦口特色的项羽文化食品。音像书籍类方面，推出项羽传说音乐 CD、戏曲、电影、项羽文化研究书籍、小说、动漫游戏等。

5. 以项羽专题文化活动为重点，开展节事推广营销

以项羽传说为依托，融合歌舞、曲艺、戏剧、杂技等文化艺术手法，运用现代高科技手段营造意境和氛围，打造一台大型项羽文化精品歌舞节目，定期在景区上演，使其成为浦口项羽文化旅游的标志性演出。每逢传统节日还可在景区表演浦口民歌、浦口民间舞蹈如江浦手狮舞等传统艺术，增强景区的节日氛围。每年举办一次浦口文化旅游节，将项羽与浦口的地名传说作为其中一个重要的展示部分，主要活动包括项羽文化精品歌舞节目、民俗婚庆表演、项羽文化旅游商品展销等。

西楚文化探究：项羽精神在历史 传统文化中的影响

＊本文作者桑亚莉。南京汤泉旅游度假区宣传策划部部长。

西楚文化是短暂的，短短数年却改变了一个时代。它使中国的历史顺利地向前进了一步，如果没有西楚文化，中国的文化精髓将会缺少一点勇猛、缺少一点睿智、缺少一点柔情。因为它所在的这片土地是中国文化最为柔情、最为睿智的一片土地——楚地。项羽作为楚国的后代，身上也自然流淌着这样的血液，最终他的性格造就了他的一生。他是一个有道德原则的英雄，他是一个有气节的英雄，他是一个有勇气的英雄，他是一个仁慈的英雄，他是一个柔情的英雄。我们要学习项羽精神，将项羽优点取得，将他的缺点摈弃，结合时代发展打造出不一样的自己。

中国传统文化是当今社会应当保留、传承，并且应当是赋予其新含义的。从文化角度来说，中国传统文化是数千年的文化精髓，是老祖宗留下来的优良文化，是值得学习的；而从社会角度来说，中国传统文化则是具有矫正社会不良风气、保留优良传统、促进社会良性发展的一种极为重要的因素。在过去数千年发展，如果没有文化传统则不可能形成真正的"中国风"。而在中国传统文化的历史潮流中，每个时期的文化则是不可或缺的。本文将以"西楚"时期为起点，通过对西楚霸王项羽个人的形象分析，同时对其个人所带来的各种文化进行归纳和总结从而寻找到西楚文化的蛛丝马迹。

"西楚"一词，始于《史记·项羽本纪》中"项王自立为西楚霸王，王九郡，都彭城"①，她大致涵盖了在秦朝灭亡后的北沛、陈、汝南、南郡地区的统称。西楚建于206年，灭于202年，虽然只有短短五年，但是五年之中也展现出了中国历史上昔日楚人应有的气质。西楚建立的基础其实是基于"楚地"，历史记载，项羽、项梁起事于吴县（即今日江苏省苏州地区），而且他们是楚将之后，他们希望能够继承陈胜吴广起义，因而沿用"楚"名。因楚地位于当时中华大地之中华，而项羽其人希望能够面西称霸中原，因而在"楚"字前冠以西以代表其胸中大志②。项羽从军十数载，十数载年间披荆斩棘，带领的将

① 臧知非：《"西楚"的由来及其政治意义》，《湖湘论坛》，2010（06）.
② 杨鑫、魏萌萌：《简论西楚文化》，《历史研究》，2017（01）.

士也是十分勇猛，这更彰显出楚地这样一片不平凡的土地上有着一种不一样的精神文化。这种精神文化引导着楚地的将领士兵们不断地奋勇向前。其实刘邦从地域角度而言也属于楚地的范畴，所以更能够感受到这片土地带给人们的不一样的精神气节。

在西楚时期最具有代表性的历史人物便是项羽。如果西楚文化缺失了项羽，可以说便少去了相当多的历史记载。不论是从何处研究，项羽文化可以说就是西楚文化的一种典型代表。虽然项羽一生只有短短的 31 年（公元前 232 年—公元前 202 年），但是他所带给我们的不仅仅是一两个耐人寻味的故事，还有更多的是他的精神素养。我们就将从他的个人文化故事向精神文化不断提升的过程中逐渐了解项羽这样的一位风云人物，从而研究西楚文化背后所承载的文化内涵。

西楚霸王项羽距今 2500 年，虽然其存在只有短短数年，但是却给我们留下了多样的文化艺术载体。其中就不乏文学艺术作品、历史典故、后世评述等。

首先从典故角度而言，相当多人认识项羽其实是从《史记·项羽本纪》中所认识的。其实不然，在各类史料中对项羽都有相应的记载，例如《史记》《资治通鉴》《汉书》。但是大多数人对项羽的印象也因为各类文学作品、典故杂文仅仅停留在巨鹿之猛、鸿门之智、垓下之悲三部分。

巨鹿之战，项羽破釜沉舟，其英勇之气令人瞠目。巨鹿之战可谓是决定项羽命运的一场重大战役，在这场战役中，楚军五万击退秦军二十万，堪称是中国历史上以少胜多的经典战役之一。而这场战役的前提如果没有项羽的破釜沉舟，怎可获得最终的结果，甚至可能后面的所有一切都不会发生，项羽甚至可能因此碌碌一生。正因为项羽有了一丝英武之气，所以才使得他最终能够出人头地，走上历史的舞台。

而大家认识项羽的第二个故事便是从"鸿门宴"开始的。鸿门宴是一则著名的历史事件，至今仍有着极大的教育价值与认识价值。至今主人邀请客方赴宴，并在宴会中加害客方都可用"鸿门宴"作为指代。可能很多人都会认为项羽在鸿门宴上不杀刘邦为不智，否则也不会造成项羽最后悲惨的落幕。毛主席曾在《人民解放军占领南京城》一诗中提到"宜将剩勇追穷寇，不可沽名学霸王"，这也体现出了一代伟人对一代霸王深深的惋惜的同时，也暗含了深深的无奈。但实际不然，其实项羽不杀刘邦不仅不为不智，而且可称得上是"大智若愚"。其实项羽本可以非常简单轻松的除去刘邦，但是项羽其实在该事的发生上则是有所考虑的。因为当年的刘邦可谓也是颇具有声望与声名的，如果项羽将刘邦杀去，必会影响自己的个人声望与声名，甚至会成为天下的公敌。而当时项羽本人的实力也没有达到可以称霸帝业，如果这样做了，甚至是损人不利己，更可能会造成自取灭亡的结果。因此，鸿门宴可以体现出的是项羽的智慧与缜密的思维。

垓下之战是楚汉间的最后一场战略性的决战，它奠定了大汉王朝的基业，但也是项羽悲剧性的收场，而这场战役也使众多世人瞑目与怜惜。《史记·项羽本纪》中记载道"项王身亦被十余创。顾见汉骑司马吕马童，曰：'若非吾故人乎？'马童面之，指王翳曰：'此项王也。'项王乃曰：'吾闻汉购我头千金，邑万户，吾为若德。'乃自刎而死。"便详细记录了项羽兵败于乌江边自刎之景。项羽最终乌江自刎更体现出的是"宁死不降"的豪迈气质，这更是项羽军人气质的一种体现，也是项羽这一代勇将最为英雄的落幕。

其次我们从成语的角度来说，仅项羽一人便留给了我们十数个成语，例如万人敌、取而代之、先发制人、破釜沉舟、以一当十、单枪匹马、一决雌雄、妇人之仁、楚河汉界、霸王别姬、四面楚歌等等。这些成语有褒有贬，有赞扬项羽英勇的，有描述项羽处境的，也有为项羽而抱憾的……虽然褒贬不一，但是也体现出了一个极为重要的要素：项羽在人们心目中是极为重要的，特别是项羽所经历的很多情况下与当今的人们产生了共鸣。如果人们不认可，项羽不可能在人们心目中如此重要，更不可能在各种沟通交流中带上如此的词汇。在此以"一决雌雄"为例：其语出自于《史记·项羽本纪》。项羽与刘邦两军相持不下，而西楚霸王项羽向刘邦说出"愿与汉王挑战，决雌雄"，这便体现出项羽在争斗之时，不惧、不怕，更有好胜之心。随着历史不断的变迁，该成语也最终演变为比喻胜负高下之意。虽然时间已经过去千年之久，但是这些成语典故仍然深入人心，并且未曾改变过丝毫。

再者便是艺术作品。由楚汉相争所保留的艺术作品也是极为众多，不仅仅有诸多的历史长河中的诸多后人为其著书、立传，撰写诸多的"志人小说"、戏曲、诗文等等。这些艺术作品有表现项羽勇猛过人的，也有表现他多情善感的一面，还有表现曾经的历史事件的等等。就以霸王别姬为例，不仅仅在文学作品上有多样的呈现方式，在中国戏曲史上梅兰芳也因《霸王别姬》一剧而广受好评。就是连现代电影业中，也有张国荣所主演的《霸王别姬》。可以说这样的历史事件在后代文化作品中的反复出现，也体现出楚文化在中国古代、近代乃至于在当代的一种延伸。除此之外，众多的诗家也为其撰写了一篇又一篇的历史佳作，如李清照所言"生当作人杰，死亦为鬼雄。至今思项羽，不肯过江东"，诗文中也体现诗人项羽的悲壮之举的无限感慨。又如郑板桥所撰写的《悲项羽》，"玉帐深宵悲骏马，楚歌四面促红妆。乌江水冷秋风急，寂寞野花开战场。"表达出了对项羽虞姬爱情悲歌的一种感慨。因描绘项羽的历史诗文众多，因此不多做赘述。

除上述文化特征之外，项羽在政治角度上也颇有特色。制度创新主要体现在"分侯以治国"之上。

秦朝作为中国的第一个封建专制体系，它虽然灭亡了，但是从制度而言是一个崭新的阶段。秦朝所创之郡县制是在古代集团制度政权之上出现的，它适用于统一后的王朝，自秦朝伊始。但是项羽其实在治国之上因其善读兵书且年小，因此略显出弱势。秦朝前为东周，施行的便是诸侯分封制，而项羽作为楚国之后，世代为将，因此更熟知于此制度，因此在西楚建立后划分 19 诸侯（项羽也作为其中一侯——西楚霸王）。但是这种制度背后引发的便是诸侯之间的征战，最终直接导致的便是项羽最后的垓下之败。而刘邦建立大汉王朝之后，结合郡县制与诸侯制开启了全新的时期。

与项羽有关的还有另一特色，与生活类相关，那就是与生活相关。历史文献《鸿门宴》中的饮酒方式便是楚地极为特色的饮酒方式。因为在历代历朝之中，便数楚地饮酒风俗最盛。所饮之"香茅"喜用冻饮与酌清凉两种方式进行酒类加工，及现在的加冷/加热与冰冻饮用。

通过政体、生活能够从其中感受出楚地的两大特色。

项羽是怎样的人？他所代表的文化是如何彰显出楚文化特色的？他是怎样的一种精神的延续？在该部分中我们将对他进行一个剖析。前两部分主要大致叙述了项羽文化的外在表现形式，我们不难发现：项羽在有些时候做事会略显幼稚，在有些时候做事会有英勇的一面，有些时候他做事是有聪颖的一面，而在有的时候却又有柔情似水的一面。

1）有原则。项羽此人从小便有志，《史记·项羽本纪》记载：项籍少时，学书不成，去；学剑，又不成。项梁怒之。籍曰："书足以记名姓而已。剑一人敌，不足学，学万人敌。"由此可发现他从小便有志向，虽不喜好读书，但是他想做到的就是能够成为一名能够敌对万人之人。他做事全凭本心好恶，当年秦始皇帝游会稽，渡浙江，梁与籍俱观。籍曰："彼可取而代也。"项羽看见当时的民生凋敝，生灵涂炭之景，他心中便不忍。因此他的起义也是必然之举。他毕生所奋斗的目标也是朝着他自己所定的目标而前进，自然算是一有原则之人。

2）有道德。道德不仅仅指的是普通意义上文明，更多以现在他做人的诚信。项羽此人在做事的过程中也是有自我的认知。当年在秦国与赵国的交战之中，主帅宋义曾想着使自己的友军赵国与秦国相争，而自己坐收渔翁之利。这种行为在军事战略中也"算是"可行、可用的计谋。但是项羽最终没用同意这样做，更多是出于他敢担当、敢负责的精神气质①。

项羽在做事的过程中光明磊落，楚河汉界之中，两国约定划江而治。项羽在真正的实施过程中，一直坚守着原则与底线。有人道项羽太多余傻，缺少精算，但是如果项羽无时无刻不以担当为己任，那怎么会有诸多人愿意跟着项羽一起战斗至死呢？

3）有霸气。项羽在人生的过程中，如果用一个成语来概括，可能我会选择"霸气侧漏"。项羽无时无刻不有着霸王的雄威。他的举手投足、言谈都能够凸显出此。项羽召见诸侯，诸侯无不膝行而前莫敢仰视。正是因为有了项羽

---

① 杨宁宁：《项羽文化的理论建构与内涵阐释》，《司马迁与〈史记〉研究》，2013（07）.

领导人应有的霸气，属下同样也能够在斗战中以一当十，勇猛无比。文后"诸侯君无不人人惶恐"的心理侧面烘托了人们对他的畏惧之心，更是将西楚霸王的霸气表现得淋漓尽致。项羽为何得名"西楚霸王"因是如此。

4) 有勇气。勇气是项羽精神最为重要的体现，更是影响到了项羽的一生。项羽的一生勇猛过人，所做之事可以说无不让人禁叹。历史事件中有"巨鹿""垓下"两战，成语中"破釜沉舟""以一当十""单枪匹马""一决雌雄""拔山盖世""所向披靡""背水一战""称王称霸"都是项羽勇猛的见证。周恩来也曾经对项羽有过一语之评价："时势之英雄，固若是其众也，然非吾之所论于项羽、拿破仑也。夫二氏，世界之怪杰也。具并吞八荒之心，叱咤风云之气；勇冠万夫，智超凡俗；战无不胜，攻无不取……"由此也能够见得项羽在一定程度上受人敬仰和尊敬是有缘由的。在项羽一生的最后一战——垓下之战中，西楚霸王项羽仅率28名勇士与刘邦之兵相搏，四面楚歌之后，他没有认输和放弃，这需要有多大的勇气和不惧死亡的大义之情呢？行至乌江边，奋勇厮杀，当时所有的士兵都纷纷劝项羽渡江而去，但是项羽怎么回答的呢？"天之亡我，我何渡为！且籍与江东子弟八千人渡江而西，今无一人还，纵江东父兄怜而王我，我何面目见之？纵彼不言，籍独不愧于心乎？"这种凛然的大义之气又是何人能够说得呢？他在面对死亡之下，他不认输、不放弃，更是没有丝毫的胆怯之心，这种勇气在世间几人能够做到呢？这种勇气放在历史长河中能够做到的也是屈指可数，更是他在人生的最后都没有做此行径，这种勇气算得上是英勇吗？每当人们读到西楚霸王在乌江边别姬自刎的场景，我们能感受到的是项羽那顽强的斗志和慷慨赴死之心。《史记·项羽本纪》中记载道：项王身亦被十余创。在这种情况下坚持战斗并不是明智之举，很多人都会退而求其次，先避后再卷土重来，但是他没有，他用自己的勇气向世人阐释了一个道理——"项羽是一有勇、有胆识之人"，其失败也仅仅是因为他社会经历不足所导致的。

5) 仁慈善良。项羽的仁慈善良主要体现在"鸿门宴"一行。上文提到，"鸿门宴"不杀刘邦不是因为不敢杀，更不是因为他的失误而造成的。他考虑到了当时的社会环境，因此才做下了如此之行。如果当时他将刘邦杀了，他就一定能够夺得大位吗？

事实上不然，刘邦为人老成，项羽年幼，这便是两者之间的差距。年幼之时所述的"彼可取而代也"其实也是对生民的一种怜惜。韩信对项羽也曾有评述："项王见人恭敬慈爱，言语呕呕，人有疾病，泣涕分食饮……"因此项羽此人可以从他做人、做事的角度而言是一位仁慈善良之人。

6) 侠骨柔情。都说"英雄难过美人关"。其实项羽在世人面前是英勇无敌的，但是他的侠骨柔情也能够感受到。霸王别姬一曲为后人津津乐道，大家也常以该事评论项羽。项羽在人生的最后，我们更多的看到的是他对虞姬的不舍之情和牵挂之心。他对虞姬的深厚情谊都融于最后所述之经典名篇："力拔山兮气盖世，时不利兮骓不逝。骓不逝兮可奈何，虞兮虞兮奈若何。"其中充满了一种眷恋难舍的情谊，也表达出了自己对虞姬深深的爱惜之情，这满满的都是对自己身边爱人的一种柔美之意。他更多考虑的是去还是留，他完全可以与虞姬离开乌江，过上闲云野鹤般的生活，但是他选择了舍身取义。这种精神又有着侠士的风范。

项羽一生都是受到了西楚文化的影响，他是西楚文化所培育出的一个典型事例。他的身上的性格都表现出的特质很大程度上都是西楚文化的一种代表。他最大的特点是勇气，其次表现在了信义与谋略，还有就是他待客的诚意。在他文文献中曾对项羽的个人形象有过全面的总结：勇、智、信、义、仁[①]，这造就了一个成功的项羽。这也是西楚文化所代代传承的一大特征。至今生活在楚地的人们仍旧秉承了西楚文化的精髓，这是的他们能够在这片土地上立足、生根、发芽。

西楚文化是短暂的，短短数年却改变了一个时代。它使中国的历史顺利地向前进了一步，如果没有西楚文化，中国的文化精髓将会缺少一点勇猛、缺少一点睿智、缺少一点柔情。因为它所在的这片土地是中国文化最为柔情、最为睿智的一片土地——楚地。

项羽作为楚国的后代，身上也自然流淌着这样的血液，最终他的性格造就了他的一生。而他的经历也让后人得以警醒，他的精神让后人得以学习。项羽是有缺陷的，他不是完美无瑕的，正是因为有了那一丝的缺陷才使他最终的失败。他的经历能够让我们学会更多，能够让我们懂得应该如何入世，适应时代发展，成为一个怎样的人。他是一个有道德原则的英雄，他是一个有气节的英雄，他是一个有勇气的英雄，他是一个仁慈的英雄，他是一个柔情的英雄。我们要学习项羽精神，将项羽优点取得，将他的缺点摈弃，结合时代发展打造出不一样的自己。

综合而言，项羽给当代人留下的不仅仅是一个又一个文化素养，更多的是向人们展现出的是一种精神，同时也向世人表达出了当时的一种民族气节、民族精神。皆说"乱世出英雄"，正是在那个时代，项羽成为了当时人们的标榜楷模，也影响了一批又一批的英雄人物。

---

① 杨鑫、魏萌萌：《简论西楚文化》，《历史研究》，2017（01）.

我对项羽形象的几点理解

＊本文作者可永雪。内蒙古师范大学文学院教授。

赘言：我现在还没能力就项羽形象问题撰著成文，只好先把一些理解条列如下。

一、项羽是秦末反秦大起义革命风暴中的一股狂飙；项羽的一生，是一首狂飙诗。

二、以农民大起义为基础、为核心的反秦大起义，是各种反秦力量的大联合，其中，农民和手工业者是主力、是骨干、是主导，而旧六国贵族是一股最具打击力的狂飙。

它之所以最具打击力，是因为一者这旧六国贵族都和秦有亡族灭国的深仇大恨，特别是作为代表的楚国项氏，更与秦为世仇，而楚地民谚早有"楚虽三户，亡秦必楚"的誓言；二者，旧贵族由于不久前还是在位的统治者，拥有政治、经济、军事、文化以及社会基础和社会关系等方面的明显优势，项梁早就凭借这种优势暗地里训练宾客及子弟，所以一起事，项氏旗下所拉出的八千子弟兵，便成为起义队伍中一支所向披靡的力量——而这是陈胜、吴广等猝然之间而起的农民起义队伍所没有的。

项羽怀抱"彼可取而代也"的雄心与野心，率八千子弟兵渡江而西，直扑秦军，加入到陈胜、吴广所领导的全国反秦大风暴之中，因其"名族"声望，陈婴、黥布等皆率部归属，队伍很快发展到六七万人，形成一支大兵团。随后，又取得了斩杀丞相李斯之子三川守李由的胜利。不幸，由于秦章邯军的疯狂反扑，项梁死难，这一新仇，使项羽对秦的旧恨倍燃，恨不得一锤就把秦帝国这架罪恶机器砸烂！而偏偏在赵国被围，急待救援的危急时刻，作为援军统帅的卿子冠军宋义却"留四十六日不进"，并且提出什么"不如先斗秦赵"（不如先叫秦赵之间先相斗）的机会主义主张，这深深地激怒了项羽，他果断地以斩头示众的非常手段惩罚了这个机会主义分子，下令"皆沉船、破釜甑、烧庐舍，持三日粮，以示士卒必死"，以坚定、果敢，一往无前的气概驰救钜鹿，并且大奋神威，"于是至则围王离，与秦军遇，九战，绝其甬道，大破之"。传文形容，当是时，"楚战士无不以一当十，楚兵呼声动天，诸侯军无不人人惶恐"。这种由多种因素所汇聚、所凝结、所搅动起来的力量，形成一股无坚不摧的狂飙，正是凭着这股狂飙的威力，钜鹿一战，成就了一举灭秦主力的奇功（称得上是不朽的历史功勋）。

钜鹿一战，造成极大的精神震动，它不但打出了楚军的威风，也打出了项羽的威名，打出了项羽在反秦联军中的霸主地位（"项羽由是始为诸侯上将军，诸侯皆属焉"）

三、鸿门宴，是项羽与刘邦从反秦战友走向对手乃至敌人的转折点和分水岭。对此，项羽本人是很不自觉的，项羽阵营只有一个范增对此清醒。而刘邦阵营，因为处于极为不利的劣势，倒是几个主要人物都有危机感。

坑秦降卒二十余万人，是项羽缺乏政治头脑所犯下的头一个重大错误，而这和他的仇秦情绪以及贵族漠视生命和缺乏人道意识有关。

而在鸿门宴上和鸿门宴后，项羽接连犯下一连串重大错误。

鸿门宴上第一个重大错误就是放跑刘邦。为什么放跑刘邦？第一，从他的心态讲，此时他还沉浸在钜鹿大战胜利所赢得的从此无人敢于冒犯的威权之中，所以一听到曹无伤的密告，讲"沛公欲王关中，使子婴为相，珍宝尽有之"，就感到有人不但抢了入关的头功，还竟敢独吞胜利果实，便腾地火起，直觉反应就是："旦日飨士卒，为击破沛公军"——明天就收拾他！（这时他还没想到刘邦敢于和他争天下）第二，由于讲义气、要脸面、重名声。头天晚上项伯已向他吹了"沛公不先破关中，公岂敢入乎？今人有大功而杀之，不义也，不如因善遇之"的风，第二天解嫌释疑的宴会上，刘邦一方又做足了做小伏低的功夫，口称"臣"，竭力表示忠顺服从，不敢背叛，在此情况下，他已经没有理由对刘邦加以惩治了。第三，项羽既以诸路盟军的领袖自居，若在宴会上杀掉原来的战友，这个恶名他是绝不愿担的。唯其如此，当范增"举所佩玉玦以示之者三"时，他才"默然不应"的。这里还必须指出，刘邦一方，不仅是做足了做小伏低的姿态，而且在实际利益方面，更是忍痛作出了巨大牺牲——不只让出了咸阳，还让出了整个关中，被逼到汉中那么偏远之地。所以表面上看，在这场斗争中是项羽一方得到全胜，占了大大的便宜；而实际上放走刘邦，却给自己留下了致命隐患，等于是自掘坟墓。

鸿门宴后第二个错误，是"引兵西屠咸阳，杀秦王子婴，烧秦宫室，收其货宝妇女而东"，放弃关中形胜之地，跑回老家彭城，去当他的楚霸王。这一者是狭隘的复仇心理，始终与秦人为敌，根本没有做天下父母、群众领袖的气量；二者表明他根本没有治理天下的心思，他最高的理想只不过是衣锦还乡，当个霸王罢了。

鸿门宴后第三个错误是分封诸侯。这件事说明，一者他的头脑还停留在战国时代；二者分封十八王明显地是历史的倒退，使已经实现全国统一的社会再回到分裂割据的时代。另外，由于他的分封不是依据什么正当原则，而多半是凭关系亲疏、个人爱恶，结果，分封的诸侯还没来得及各"之国"（到封地），田荣、陈余就指责他"为天下宰，不平"，而引发一场反叛与混乱。

此后进入楚汉相争阶段，项羽也错误不断。一是杀义帝，在道义和舆论上失算，使刘邦乘机狠狠捞了一把；二是在汉王已并关中之后，相信汉只是"欲得关中，不能东"的谎言，和以齐梁反书相示的诡计，不顾关中而"北击齐"，这既使刘邦得以建立稳固的根据地，又给自己招至田齐这一强敌；三是广武长期相持后，以鸿沟为界，中分天下，他便"解而东归"，而刘邦一方却利用"汉有天下大半，而诸侯皆附"的大好形势，以许封的办法调动韩信、彭越两支主力，进逼和夹击项羽，终于把楚军团团包围在垓下。

四、垓下之围是项羽的英雄末路。问题是写项羽的英雄末路，司马迁为什么要用这么大的气力，甚至一点都不比写巨鹿之战和鸿门宴差，他是把这一英雄末路处理为全传的高峰的。

垓下之围，是英雄末路的开始。在垓下被团团包围之后，又听到四面楚歌，项羽顿然意识到失败的命运已无可挽回。

项羽这时想些什么？他的心态如何？钱钟书先生有个确当无比的分析，叫做"认输而不服气"（《管锥编》第一册，第273页）。怎么"认输"了呢？楚军"兵少食尽"，被韩信、彭越两支主力"围之数重"，事实明摆在那里，不由你不认账。为什么又"不服气"呢？因为自从他出世，就以为自己天下无敌，钜鹿之战的胜利和所打出的辉煌，更强固了他的这种自信，如今，我"力能扛鼎"的威力如常，"破釜沉舟"的气概未减，怎么会惨败在刘邦这个匹夫手下呢？这时候，默默地，天地间一个无形的主宰——"天"，在他头脑里出现了。这位病入膏肓的主观主义者，对他的失败无以自解，只能归诸天命，这就是他所谓"天亡我，非战之罪也"——是天意让我灭亡，不是我仗打得不好。为了向部下，也向世人证明这一点，他当即决定率身边仅有的"二十八骑"，表演了一场"溃围、斩将、刈旗"，披靡汉军的"快战"。难道，这不英雄？

垓下突围，他原是想逃回江东老巢的，但逃到乌江，为什么又不肯渡江了呢？乌江亭长和他说了什么？原来，乌江亭长劝他说："江东虽小，地方千里，亦足王也。"这个话触动了他，促使他认真思考：真的回老巢试图东山再起吗？既然是"天亡我"，那么，再图挣扎还有什么用？况且，"籍与江东子弟八千人渡江而西，今无一人还，纵江东父兄怜而王我，我何面目见之？纵彼不言，籍独不愧于心乎？"是啊，回到故乡，怎么面对父老询问的眼神呢？此时，一种知耻、知愧、肯负责，有担当，把人格尊严看得高于生命，绝不苟活于世的人生态度在他胸膛升起，于是毅然决定不再过江东，而是把宝马（他的坐骑乌骓马）送亭长，头颅赠故人（汉将司马童），至死还是一副垂恩赏赐者的姿态。难道，这不英雄？世上能有几个人死得如此豪迈！

一些冒牌英雄，尽管平时不乏大言，但面临生死考验就畏缩了，耷拉脑袋了。项羽不是这样，越到末路越显出英雄本色。

生为人杰，死为鬼雄。项羽是带着满意的心情离开这个世界的。他在生命最后的时刻，为自己的一生画上了完满的句号：一场快战向世人证明，他的失败是"天亡我，非战之罪也"；不过江东，又维护了自己的荣誉和人格尊严。

五、项羽的性情、性格种种。

钱钟书对项羽的性格，有过专门的分析，他说："'言语呕呕'与'喑噁叱咤'；'恭敬慈爱'与'剽悍猾贼'；'爱人礼士'与'嫉贤妒能'；'妇人之仁'与'屠坑残灭'；'分食推饮'与'刓印不予'，皆若相反相违，而既具在羽一人之身，有似双手分书，一喉异曲，则又莫不同条共贯，科以心学性理，犁然有当，《史记》写人物性格，无复综如此者。谈士每以'虞兮'之歌，谓羽风云之气而兼女儿之情，尚粗浅乎言之也。"（《管锥编》第一册第 275 页）

这"《史记》写人物性格，无复综如此者"的结论，实为不可移易的高见。

在如此错综复杂的性格中，其负面最要命的，我认为有两项，第一便是残暴嗜杀。

如果给项羽的残暴嗜杀拉个清单，似乎更容易看出究竟：初攻襄城，只因为"襄城坚守不下"，"已拔，皆坑之"；攻城阳，又"屠之"；入关路上，在新安，出于担心章邯降卒受诸侯吏卒的"折辱"，"心不服"，会生出什么乱子，他不去设法协调、安抚，而采取简单、残忍的手段，一下子就"夜击坑秦卒二十余万人"；进入关中，又"西屠咸阳""杀秦降王子婴""烧秦宫室，火三月不灭，收其货宝妇女而东"；入齐，"遂北烧夷齐城郭室，皆坑田荣降卒，系虏其老弱妇女"，又"徇齐至北海，多所残灭"。这真是如一些评论家所指出的那样，残贼暴戾，嗜杀成性。这种以杀伐立威，以杀伐泄愤，漠视生命、漠视人道的性行和作风，只能说是出自没落贵族阶级的本性。对于新安二十万降卒的处理，换成刘邦阵营的任何一个将领，不管是刘邦还是韩信，也不管是樊哙还是曹参、周勃，都不会那样干。

第二是骄悍刚愎，主观主义。与"才气过人"的禀赋同在的是，他出世就自视不凡，说是"老子天下第一"也不为过，因为在他看来书和剑都"不足学"，他要学的是"万人敌"，就连功业赫赫的秦始皇，他也不放在眼里。他志大（要做天下霸主）而才疏（实际不谙世务），他眼里只有自己没有群众，他把自己和群众的关系只看做是支配与被支配的关系，因而他没有亲密的伙伴，没有平等的朋友，更没有推心置腹的知己，他是名副其实的孤家寡人。

项羽崇武尚力，迷信武力和暴力。在项羽的观念里，争霸就是靠打仗，只要仗打得好，便什么都有了。所以他的精力主要灌注在打仗上，除此之外，什么历史潮流、人心向背、政治、经济、外交、统战等等，都不放在心上。因此，项羽在军事上可说是一位了不起的天才，而在政治上却是一个可怜的低能儿。

项羽还是个至死不悟的主观主义者。本来，他自己的一生思想行动都受社会现实客观规律的支配和制约，而他却自以为是这个世界的主宰，想要这个世界听他发号施令。本来是农民大起义的革命风暴把他推上了历史舞台，给了他这个没落贵族的回光返照，大显身手的机会，他却把反秦胜利的功劳都记在自己账上，并且把它看作是他这个英雄有扭转乾坤的力量的证明。所以，项羽不知道自己为什么会失败，实际上也不了解自己为什么会胜利，对于他的"其兴也勃，其亡也忽"，处于一种不自觉的茫然状态。

当然，项羽还有爱财吝赏、心胸狭窄等毛病，不过导致他失败和灭亡，最要命的还是上述两条。

就正面性格而论，项羽身上最宝贵的品质也有两项，一是盖世的英雄气概，二是知耻、知愧、肯负责、有担当的高尚人格。

先说盖世的英雄气概。我们知道，推翻暴秦的斗争，并非一帆风顺。秦将章邯"请赦"骊山刑徒，把他们武装起来，形成一支颇有战斗力的队伍，疯狂进行反扑，秦二世又派司马欣、董翳加以增援，"杀陈胜城父"，"破项梁定陶"，又把赵王君臣包围在巨鹿。一时之间，起义形势处于低潮，普遍产生畏敌情绪，"诸侯军救钜鹿下者十余壁，莫敢纵兵"。不说别人，就连赵将陈余和赵相张耳的儿子张敖，也拥兵不前。此时，有无压倒敌人的勇气，成为具有决定意义的关键因素。而项羽，正是在这个当口，第一，采取非常手段将宋义斩首示众，彻底批判和严厉惩罚了这个机会主义者，使军心大振；第二，更以英勇、果敢、大无畏的精神和盖世的英雄气概，破釜沉舟、抱着必死决心与敌相拼，他的部队，犹如狂飙天降，"楚战士无不一以当十，楚兵呼声动天"。结果，"至则围王离，与秦军遇，九战，绝其甬道，大破之"，一战灭秦主力，压倒了敌人的凶焰。这一战，打出了楚军的神威，也扭转了整个反秦战局。

再说知耻、知愧、肯负责、有担当的高尚人格。项羽面临英雄末路，从垓下逃到乌江，乌江亭长劝他东渡，他对亭长说了一番话，前面已提到，那番话是："天之亡我，我何渡为？且籍与江东子弟八千人渡江而西，今无一人还，纵江东父兄怜而王我，我何面目见之？纵彼不言，籍独不愧于心乎？"

对于这番话，钱穆有个评论，曰："临终慷慨，此情此义可长留天地间，获后世之同情矣。"（《现代中国学术论衡》）毛泽东也有过评论，说："项羽在走投无路的时候，宁肯自杀，也不投降，很有气节。"（费振刚《毛泽东圈注史传诗文集成》史传卷）是的，项羽所说这番话，不但知耻、知愧、肯负责、有担当，此情此义，使一切有正义和正气的人都禁不住为之感动；而且铁骨铮铮，真的是把气节、荣誉、人格尊严看得比生命更重要！

六、历史的曲折行程，往往风云际会，造成一些人物特殊的命运，项羽的一生，正是这样放出异彩的。

如果历史按照它正常的行程直线发展，就是说如果秦统一全国之后能够兢兢业业，继续推行那些具有进步意义的政治经济改革，把力量用在发展生产和改善人民生活上，这个取得了全国统一的新兴专制大帝国，本来是大有发展前途的。而如果在秦王朝稳定发展的情况下，项羽这个六国贵族的后裔即使有再大的天才和抱负，恐怕也难以找到他的用武之地，即令有所作为，其出路也不外乎像早期的张良那样伺机行刺，制造一场铁椎狙击事件，无论成败，都只能像历史长河里的滔滔浪花那样随波逝去，不会激起更大的波澜。

　　然而，秦王朝所奉行的曾经使它兴盛强大的法家路线很快被推向极端。兼并的成功使秦始皇迷信起了自己的权威，于是暴戾恣肆为所欲为，用三十万人筑长城，五十万人戍岭南，七十万人修宫殿、修坟墓，弄得"男子力耕不足粮饷，女子纺绩不足衣服，竭天下之资财以奉其政，犹未足以澹其欲也"。残酷的刑罚，沉重的赋税，繁苛的徭役，逼得广大民众家破人亡，流离失所，使他们连简单的再生产都无法维持。加以秦二世胡亥昏聩乖戾，倒行逆施，结果"海内愁怨，遂用溃畔"。秦王朝在陈胜吴广所掀起的农民反秦大起义的风暴中很快便风雨飘摇了。

　　秦的暴政所激起的广大农民和各阶层的反秦浪潮，给项羽的崛起造成了绝好的机会，也为他与人民的结合提供了绝好的机缘。

　　在反抗暴秦这个共同的目标下，项羽和人民共同携手走了一段路，并且以他贵族的优势，以他对秦最激烈的仇恨和他个人所禀赋的盖世英豪的魔力，创造了灭秦主力这个历史的辉煌。然而，在推翻暴秦之后，历史该向何处去？面对这根本和终极的目标，他所固有的贵族阶级的思想、立场、追求、抱负，便无可掩饰地暴露出来。正像马克思分析济金根时所说："革命中的这些贵族的代表"，"在他们统一和自由的口号后面一直隐藏着旧帝国和强权的梦想"（《马克思恩格斯选集》第四卷第339页，第340页，人民出版社1972年版）那样，对项羽来说，在反抗暴秦的背后，还隐藏着恢复诸侯割据局面由他来做霸主的梦想。正是这个，决定了他必定要和人民分道扬镳，也决定了他必然失败的命运。

　　历史就是这么复杂，历史又是这样真实。

　　七、最后的一点遗憾是：到现在为止，《史记》研究界还没有一篇在分量和气魄上足以和《项羽本纪》的文本相称的大文章——就像20世纪60年代蒋和森所写，在《人民文学》所刊发的论贾宝玉、林黛玉的那般大块文章那样。

全域旅游与南京浦口区项羽
文化的创新提质

＊本文作者徐日辉。浙江工商大学旅游学院教授、中国旅游文献研究所所长，硕士生导师。

项羽文化作为旅游文化的资源之一，国内已有多处地方进行了不同程度的开发。例如：江苏省宿迁市宿豫区的项王故里景区、安徽省的和县、陕西省临潼区的鸿门宴景区、河南省荥阳市的鸿沟景区等，其中宿豫区是江苏省项羽文化研究会所在地，并且办有"项羽文化网"和《项羽文化》杂志等。根据南京市浦口区旅游局 2018 年 7 月 18 日发布的信息表明，该区全域旅游正在进行当中，其实施目标是：努力争创国家级旅游度假区、国家全域旅游示范区；打造一批 5A 级景区，全面提升旅游产业链附加值，优化完善交通路网体系、旅游集散中心体系、旅游厕所、智慧旅游体系等。但是，未提及项羽文化。事实上我们看到在浦口区的 10 大、甚至更多的旅游景点当中并没有项羽文化景点。因此，本文对于南京市浦口区全域旅游与项羽文化的探讨，仅作为建议，供各位参考。

一、全域旅游为新时代的国家战略

全域旅游不仅仅是眼下的热词，已经上升为国家战略。迄今，全国已有 25 个省区市成立旅游发展委员会，这是一个综合改制。全域旅游是指将一定区域作为完整旅游目的地，以旅游业为优势产业，进行统一规划布局、公共服务优化、综合统筹管理、整体营销推广，促进旅游业从单一景点景区建设管理向综合目的地服务转变，从门票经济向产业经济转变，从粗放低效方式向精细高效方式转变，从封闭的旅游自循环向开放的"旅游＋"转变，从企业单打独享向社会共建共享转变，从围墙内民团式治安管理向全面依法治理转变，从部门行为向党政统筹推进转变，努力实现旅游业现代化、集约化、品质化、国际化，最大限度满足大众旅游时代人民群众消费需求的发展新模式。

首先，中国的旅游现状有大幅度提升的空间。

中国的旅游业经过三十多年的发展，建设景点、景区、饭店、宾馆等旅游载体实际上是一种"景点旅游"模式。发展至今，以抓点方式为特征的景点旅游模式，已经不能满足现代大旅游发展的需要。现实要求我们必须从三十多年来的景点旅游模式转变为全域旅游模式，进行旅游发展的战略再定位。在景点旅游的模式下，封闭的景点景区建设、经营与社会是割裂的、孤立的，有的甚至是冲突的。而全域旅游就是要将一个区域整体作为功能完整的旅游目的地来建设、运作，实现景点景区内外一体化，做到人人是旅游形象，处处是旅游环境旅游产业全面融入国家战略体系，走向国民经济建设的前沿，成为国民经济战略性支柱产业。

其次，全域旅游是我国经济社会与旅游需求发展到一定阶段的必然产物。

《国务院关于促进旅游业改革发展的若干意见》中明确表示，推动旅游业发展与新型工业化、信息化、城镇化和农业现代化相结合；推动旅游产品向观光、休闲、度假并重转变，满足多样化、多层次的旅游消费需求。旅游作为发展区域经济富民于地方的发展战略，根据《中华人民共和国旅游法》（2013）、《全域旅游示范区创建工作导则》（旅发〔2017〕79 号）、全域旅游是我国经济社会发展到一定阶段的必然产物，是我国旅游需求发展到一定阶段的必然产物，是我国旅游发展改革创新、转型提质的必然要求。

在我国经济社会快速深入发展的背景下，无论是旅游消费的规模，还是旅游消费的质量；无论是旅游消费的理念，还是旅游消费的形式；无论是旅游消费的广度，还是旅游消费的深度都发生了迅速而巨大的变化。为了满足这种消费需求变化，适应这种经济社会发展趋势，全域旅游应时而生，以一种更深内涵、更高质量、更远目标的模式来统领未来旅游业的发展。

目前我国已经进入大众旅游时代，自助旅游、自驾旅游逐渐取代团队旅游成为主要的旅游组织形式，这是需求力量进一步释放的表现。随着经济富裕、闲暇宽松、技术发达、市场完善、主体觉醒，我国旅游需求力量更强大、形态更分散、类型更多样、质量更高端、变化更迅速，这就需要有新的旅游发展理念和模式来满足。全域旅游是对旅游本质内涵的自然回归，是对旅游要素的完整呈现，是对旅游产业链条的贯通整合，是对旅游需求的有效满足。

再次，全域旅游是我国旅游发展改革创新、转型提质的时代要求。

传统旅游资源多为物质形式的吸引物，缺乏意境体验与主客互动，多以封闭景区的形式呈现给游客。因此与一些旅游业发达的国家和地区相比较，我国旅游经济发展还处于粗放低效阶段，旅游产业结构有待优化、旅游市场水平有待提高、旅游资源有待活化、旅游业态有待创新、旅游管理有待细化、旅游政策制度有待完善、旅游者的文明素质还有待提升、旅游社区居民包容心理还有待增强、旅游专业审美教育还有待推进；旅游政治发展处于整体地位不高的阶段，管理的体制机制束缚亟待解除。

然而，伴随着互联网的高速发展和全方位的开发应用，当地球越来越成为一个村子的时候，旅游形式已经在不自觉的活动过程中发生了重大变化，更多的游客认识和体验到旅游资源的价值在于要给游客本身带来更多的情感体验和情感满足。所以，一切以游客感受为中心的社会、历史、文化资源，都是符合旅游发展趋势，能给游客带来收获感和满足感、愉悦感的资源。

全域旅游实现区域多规合一，资源有机整合、产业融合发展、社会共建共享，是对我国旅游经济发展现有不足的全面反思和系统总结，是我国旅游改革创新、转型、提质发展的必然要求。

二、研学禅养与项羽文化

南京，古称金陵、建康，历史悠久文化绵长，早在 100 万年以前就有人类活动，距今 35 万—60 万年前的汤山旧石器时代遗址，表明南京猿人是中国人的起源地之一。公元前 571 年楚国在此建城，到公元前 333 年楚威王熊商于石头城筑金陵邑，是为金陵的由来。东汉建安十六年（211 年）孙权由京口（今江苏镇江）"徙治秣陵。明年，城石头，改秣陵为建业"①，吴黄龙元年（229 年）孙权由武昌（今湖北鄂州）迁都建业称帝。西晋末年，因避晋愍帝司马邺之讳，改称建康。淝水之战后，南北朝对峙相对稳定下来，此时建康城才有了更大的发展。据说当时建康宫大小殿宇已达 3500 间②。城外有浮桥 24 座，水路交通极为便利。所谓：

> 荆艳楚舞，吴愉越吟。禽习容裔，靡靡愔愔。……虽带甲一朝，而元功远致。虽累叶百叠，而富强相继。乐滑衍其方域，列仙集其土地。桂父练形而易色，赤须蝉蜕而附丽。中夏比焉，毕世而罕见，丹青图其珍玮，贵其宝利也③。

于是乎建康这座虎踞龙盘的城市逐渐成为长江流域最大的经济、文化和商业贸易中心，直到近代上海崛起以前，长达 1700 年之久。

浦口作为南京市的一个有着 2300 多年历史的行政区，文化底蕴深厚，旅游资源丰富，被形象地总结为："一代草圣、十里温泉、百里老山、千年银杏、万只白鹭、十万亩国家级森林公园"。具体而言浦口区有 4A 级景区 1 家、3A 级景区 2 家，其中珍珠泉风景区为国家 AAAA 级旅游景区、国家水利风景区；老山国家森林公园、求雨山名人纪念馆为 3A 级景区，还有省级旅游度假村 1 家，以及国家级森林公园等，但没有看到项羽文化的景点。

项羽文化在南京浦口区，其说主要来自郑晓明等先生的文章。郑晓明在《项羽"阴陵迷道"考证与浦口项羽文化地名分布解析》一文中提出，在浦口区有关项羽文化的地名与传说多达 30 处，分别是：

---

① 《三国志·吴主传》。
② 张承宗、魏向东：《中国风俗通史》，上海文艺出版社 2001 年版，第 112 页。
③ 《文选》卷五。

阴陵山、东城、项王亭、项羽墓、虞姬塚、鲁妃庙、高祖庙、瓢儿井、韩信将台、饮马池、高望、兰花塘、红绣鞋、失姬井、胭脂井、魄落铺、九头亡、勒马想、霸王泉、驻马河、滚马滩、霸王庙、御祭庵、鬼门关、晾甲庙、下马石、霸王鞭、驷马山（又名四溃山）、黑扎营、卸甲甸。①

如此多的项羽故事，实不多见。从我们为浙江、安徽、广西等地所作的县域以上全域旅游规划的经验分析，浦口区有关项羽文化的资源，由于缺乏具体靠实的载体，因最早的记载来自于明万历年间的方志，亦不排除项羽之后南京地区众多帝王、公主、嫔妃以及传奇故事的窜入，在很大程度上将会降低游客的认知程度、可视性与观赏性，而这一点恰恰决定着规划的定位与布局，非常重要。

近年来由于国家经济的快速发展和公民文化水平的提高，反映在中国游客的认知水平上已是今非昔比，绝大多数游客厌倦了假景点、大包装、海宣传。因此，从全域旅游的角度出发，浦口区项羽文化只能作为文化遗产开发利用，而不是简单打包的单一产品。我认为项羽文化在浦口区的全域旅游当中，亮点和卖点是历史文化，其内涵应该是学习、传承、研究、开发以项羽文化为中心的研学产品，打造以历史文化的研究者、大学在校的研究生、本科生，在校高中生，以及社会上一批文史爱好者的项羽文化旅游园区。积极开展研学旅游，抓住研学旅游市场，申报全国研学旅游示范基地、中国研学旅游目的地等称号，让更多的大中小学生了解浦口项羽文化，打响浦口项羽文化旅游品牌，进一步丰富和提质南京浦口区的全域旅游。

鉴于项羽文化的浦口区的实际状况，将其单独拎出来的同时，最好与现有的文化类景点结合起来，通盘考虑，合理布局。在浦口区现有的历史文化当中，以佛教文化最为突出，所以将项羽文化研学与佛教文化禅修养结合起来，打通相互之间的关系，以期达到事半功倍的效果。

浦口区著名的佛教文化景点有：大顶山狮子峰下的定山寺，汤泉街道的惠济寺，泰山街道的泰山寺，狮子岭的兜率寺，江浦街道的极乐寺，老山森林公园旁的七佛寺，江浦街道的江浦文庙，九峰山上的九峰寺，珠江镇的弘德寺，桥林镇的因明寺，石桥镇的王总寺，星甸街道的祥云寺，江浦街道的观音寺，石桥镇的松筼寺等。由此可见，浦口区佛教文化非常发达，作为全域旅游的文化资源，无疑有着开发的大好前景。

在浦口区众多的佛教寺院当中，以定山寺和惠济寺历史最为悠久。定山寺，公元503年高僧法定建精舍于狮子峰下，为梁武帝萧衍所敕寺名。又与禅宗始祖达摩有关，据说达摩从番禺（今广州）来到建康（南京），与梁武帝言

---

① 郑晓明：《项羽"阴陵迷道"考证与浦口项羽文化地名分布解析》，载《史记论丛》第十四集，中国文史出版社2017年11月版，第503页。

语不合便折一芦苇叶渡过长江北上，留下了"一苇渡江"的故事。

达摩的故事是可信的，佛教从三国、西晋的初步流行到东晋的开始盛行，直至隋唐。其中南朝是江南地区的经济、文化高速发展的重要阶段，同时也是佛教由北南传，并且迅速发展扩张进入到隆盛独大的阶段。

唐人杜牧有诗曰："南朝四百八十寺，多少楼台烟雨中。"四百八十只是一个说法，实际上南朝的寺院远不止所这个数。据佛教典籍记载，南朝宋时有寺1913 所，僧尼 36000 人[1]。齐时有寺 2015 所，僧尼 32500 人；梁时有寺 2846所，僧尼 82700 人；陈时有寺 1232 所，僧尼 32000 人[2]。南朝前后 270 年余间是南方佛教大发展的时期，达到了空前的繁荣。就半壁江山而言，也是绝无仅有的一次。

佛教的传入，最早是沿着陆路丝绸之路由西向东传播而来。所以早期西来的高僧多在北朝的佛教中心河西走廊、大同、长安、洛阳等地活动。但由于北朝战乱不断社会动荡，促使原居于北朝的中外僧侣纷纷辗转流亡，来到社会稳定繁荣和统治者一心向佛的南朝。如从北朝而来的高僧有昙摩密多、僧镜、释玄畅、法献、法颖、释法瑗、释超进、昙机、释僧业、释超辩等人。

历史上南朝的金陵是当时亚洲最繁华的大都市，是中国经济文化的中心，同样是高僧们弘扬佛法的好去处，吸引着大量高僧众侣从东南亚国家由海路到达南朝。例如：菩提达摩，南天竺人。公元 527 年泛海至广州，然后到建康（南京），再北上洛阳。求那跋摩，罽宾人。由师子国经阇婆，随商舶在 424 年左右至广州，随后到建康。求那跋摩，中印度人。由师子国随舶于 435 年抵达广州，后至建康。竺法眷，天竺人。公元 462—472 年泛海广州至建康。求那毗地，中印度人。公元 479—482 年由海路抵达建康。显而易见，他们的目的地只有一个，那就是经济文化高度发达的南朝和繁华无比的金陵。因此，定山寺与达摩的故事也就不足为奇了。

惠济寺的历史与南朝刘宋时武帝刘裕游览于此，以及萧梁时昭明太子萧统在此读书有关，事实上应该是历史上南京佛教兴盛时期被舍为寺的具体反映。南朝时，出于对佛教的虔诚与膜拜，达官贵人们纷纷选择划宅为寺、舍宅为寺，或者将私家园林的一席之地改建成僧舍的现象非常普遍，已经达到"甲第显宅，于兹殆尽"的地步。如晋武帝咸宁元年（275 年），居士司徒蔡舍宅为"义和寺"，后来梁昭明太子萧统为此寺所写的寺额"义和之寺"，一直保存至元代仍在。[3] 宋车骑将军范泰在其住宅之西建"祇洹精舍"，施舍果园 60 亩地以为寺域，并请僧人释慧义为之规划。梁武帝即位后，舍其原有住宅为"光宅寺"。还有刘宋平陆令许桑舍宅造平陆寺；刘宋建平王刘宏舍宅为栖元寺；梁

---

① 《高僧传·僧璩传》。

② 《释迦方志·教相篇》。

③ 姚声正、徐桂林、刘全：《魏晋南北朝城市文化的特色——以建康佛教文化为例》，载《兰台世界》，2009 年 4 月。

尚书令谢举舍宅为山寨寺等等，成为当时南朝的一大特色之举。时至今日，定山寺和惠济寺作为南朝佛教兴盛时期的遗迹，毫无疑问是浦口区全域旅游主打品牌的宝贵资源。

在大众旅游时代，景区模式已不适应现代旅游业发展的需求。将浦口区的佛教文化中的故事讲好，在打造佛教文化山水休闲旅游目的地的同时与项羽文化的研学旅游有机地结合起来，实现多规合一，合理布局，互为补充，同步发展，是提质浦口区全域旅游的机制所在。

三、以深化旅游综合体制改革为突破口，大力推进浦口全域旅游

浦口区是南京市的旅游大区，全市 2017 年国民生产总值 11715.10 亿元，比上年增长 8.1%，增速比上年提升 0.1 个百分点。第三产业增加值 6997.22 亿元，增长 10.3%。其中全年实现旅游总收入 2168.90 亿元，比上年增长 13.6%。接待海内外旅游者 12293 万人次，增长 9.7%。其中接待国内旅游者 12221.20 万人次，增长 9.7%；接待入境旅游者 71.8 万人次，增长 12.5%。全年实现国际旅游创汇收入 7.6 亿美元，增长 12.8%。根据《2017 年南京市旅游经济发展统计公报》提供的数据，在 2168.90 亿元旅游收入当中，占第一位的是秦淮区，其次为雨花台区、江宁区和浦口区。具体数据如下：

秦淮区：2017 年旅游总收入 545 亿元，占全市旅游总收入的 25.12%；占全市国民生产总值的市 4.65%。

雨花台区：2017 年旅游总收入 374.41 亿元，占全市旅游总收入的 13.53%；占全市国民生产总值的 3.19%。

江宁区：2017 年旅游总收入 350.35 亿元，占全市旅游总收入的 12.65%；占全市国民生产总值的 2.90%。

浦口区：2017 年旅游总收入 112.2 亿元，占全市旅游总收入的 5.17%；占全市国民生产总值的 0.96%。

比较以上数据，我们发现秦淮区是南京市旅游经济的龙头老大，旅游收入占据了整个南京市的四分之一，其权重表明在中心城市的发展过程中抢占了先机，可圈可点。相比之下，浦口区的旅游资源并不比秦淮区差多少，而浦口区的旅游收入只是秦淮区的 20.58%。如此大的差距，的确需要我们去深刻的思考。另外，还有一组数据，很值得考量：

南京市 2017 年国民生产总值 11715.10 亿元，旅游总收入 2168.90 亿元，占全市国民生产总值的 18.51%。

秦淮区：2017 年全区国民生产总值 799.86 亿元，旅游总收入 545 亿元，占全区国民生产总值的 68.13%；

浦口区：2017 年全区国民生产总值 317.58 亿元，旅游总收入 112.2 亿元，占全区国民生产总值的 35.32%。

毫无疑问，秦淮区作为南京市的旅游大区，将旅游业作为支柱产业和拉动内需来精心打造的，表现出经济运行平稳，良性循环提质，可圈可点。我们再看浦口区的经济运行状况：

浦口区经济机构包括了传统的工农林牧渔五大产业和服务业等，在三个产业当中，第一产业增加值 40.20 亿元，同比增长 1.4%；第二产业增加值 78.42 亿元，同比增长 7.8%；第三产业增加值 198.96 亿元，同比增长 9.2%。全区经济结构更侧重于服务业，三次产业比重依次为 12.7%、24.7% 和 62.6%，第三产业增加值占地区生产总值的比重超过 5 成。旅游业第三产业发展迅速，占据了三分之一强。由此可见，浦口区的旅游业有着很大的发展空间，将来有可能成为支柱性产业，全域旅游便成为必须的选择。

为此，作为综合改制的全域旅游，关键点之一，首先要建立适合全域旅游时代特点的现代旅游治理机制，具体来讲就是 "1＋3＋N"。

"1"：就是建立旅游综合管理机构和运行机制；

"3"：之一就是设立旅游警察，之二就是设立旅游巡回法庭，之三是设立工商旅游分局；

"N"：是在 "3" 之后，纳入更多管理部门，如环保、交通、国土、建设等。这是一揽子举措，是发展全域旅游的制度保障。

以构建旅游全信息系统为重点，大力推进旅游科技信息化建设。利用云计算、大数据、遥感技术等技术，简历覆盖全球、全国的全域旅游全息信息系统、为游客提供全域全时的信息管理服务，并为旅游管理部门、旅游企业提供全域全时的信息管理服务，为旅游资源管理研究及国家政策制定提供数据支撑和分析管理水平。

在全域旅游背景下，越来越多的旅游产业集聚区开始形成。根据浦口区历史悠久文化底蕴深厚的特点，紧紧把握住当前的大好时机，充分发挥区块优势资源优势，主动对接海上 "一带一路" 战略，创造新的经济增长点，推进南京市浦口区全域旅游发展，是破解 "我国社会主要矛盾已经转化为人民日益增长的美好生活需要和不平衡不充分的发展之间的矛盾" 问题的重要举措。

在全域旅游上升为国家战略，产业发展迎崭新机遇的时代背景下，在十九大 "新时代、新使命、新思想、新征程" 四新和十八届五中全会 "创新、协调、绿色、开放、共享" 五大发展理念的指引下，充分发挥资源优势，加强多规合一，全领域植入浦口特色产品以及新业态的布局等。实现旅游治理规范化、旅游发展全域化、旅游供给品质化、旅游参与全民化、旅游效益最大化，推进南京市浦口区全域旅游发展，把浦口区建设成为一个大景区，打造成长三角地区美丽的大花园。

项羽之"奇"

＊本文作者任群英。红河学院人文学院教授。

《项羽本纪》是《史记》名篇，司马迁以其如椽之笔，饱蘸深情，精心撰述，将秦汉之际叱咤风云的英雄项羽形象定格于青史。在这篇伟大的传记中，司马迁破例将不曾称帝的项羽擢拔于本纪之列，与汉高祖比肩，真实地再现了项羽这一历史人物和秦汉之际的风云际会，并以史家之心洞悉项羽兴亡成败的历史原因；同时司马迁还精彩淋漓地刻画了一个奇人项羽形象，项羽起兵时24岁，乌江自刎时年仅31岁，其短暂的生命如同一颗耀眼的明星划过历史的天空，充满了传奇色彩。那项羽的"奇"是如何表现出来的呢？司马迁书写项羽之"奇"又有何用意？

一、奇人项羽

1. 重瞳项羽长相奇

在司马迁笔下，英雄项羽有着不一般的长相，《史记·项羽本纪》"吾闻之周生曰，舜目盖重瞳子，又闻项羽亦重瞳子。""重瞳"即一目两眸，一个眼睛里有两个瞳孔，这种奇异之状很少见。《史记》之前的先秦文献记载此异相的是《尸子》，"昔者舜两眸子，是谓重明，作事成法，出言成章。"[①]"重瞳"或"两眸子"是舜帝的特征，项羽也具有虞舜一样的"重瞳"，司马迁借此推断项羽可能是舜帝的苗裔。郭明友《论项羽"重瞳子"》认为："司马迁在这里用闻言来牵合项羽有舜帝一样的'重瞳'，推断他可能是舜帝的苗裔，又极言其兴兵灭秦、称霸封王的功烈如有神助，用意恰在赋予他对等的帝王天命，使他在与刘邦争帝的斗争中，天命的天平能够相对平衡。"[②] 诚然，天生异相，在古人心目中是贵不可言的，传说中黄帝龙颜、帝喾骈齿、尧眉八采、舜目重瞳、禹耳三漏、仓颉四目、文王四乳……这些伟大的人物都有些奇异之处，《史记》中也有多处写到伟大人物奇特的长相或出生时的神异，司马迁在传写项羽时，抓住项羽"重瞳"这一长相特征，把"重瞳"视为天生神异之相，相信有此异

---

① 尸佼撰、汪继培辑、黄曙辉点校：《尸子》卷下《散见诸书文汇辑》，华东师范大学出版社 2010 年版。

② 郭明友：《论项羽"重瞳子"》，《无锡商业职业技术学院学报》，2006 年第 4 期。

相的人定能有异于常人的作为,从整篇《项羽本纪》中也可看出项羽短暂的人生似乎是为完成灭秦的天命而存在。司马迁用此文学性的叙事笔法写项羽重瞳奇相,给项羽的传奇人生涂抹上一层奇异的色彩。

2. 拔山扛鼎才力奇

《史记·项羽本纪》描写项羽"籍长八尺余,力能扛鼎,才气过人。"尽管少年项羽在项梁的带领下读书识字,也学习了剑术兵法和扛鼎技巧,如果没有惊人的气力与天赋,要举起一个几百斤重的鼎,这对于一般人来说是不可能完成的事情,战国时期身高体壮年轻气盛的秦武王不就因"举鼎较力"[①] 而亡?司马迁通过撼山扛鼎凸显出项羽异于常人、超越人类生理极限的天赋,刻画出一个魁梧彪悍、力大无穷、气势伟岸的青年英雄形象。项羽凭着这份才力开启了他的传奇人生:他和叔父避仇来到吴中地区,项羽所展示出的惊人能力让当地的豪侠之士望而生畏;秦王政三十七年十一月秦始皇出游会稽,项羽在当时围观的人群中惊世骇俗地说出"彼可取而代也",如此奇言展示出项羽的豪迈气势和远大的抱负;项羽拔剑斩下会稽守殷通的头颅时,"一府慑伏,莫敢起"[②];项羽即其帐中斩宋义头时,则"诸将皆慑服,莫敢枝梧";项羽破釜沉舟救巨鹿时,"诸侯军无不人人惴恐";已破秦军召诸将时,诸侯"无不膝行而前,莫敢仰视";广武瞋目叱楼烦,楼烦被吓得"目不敢视,手不敢发,遂走还入壁不敢复出";垓下被围瞋目而叱追兵,竟能让赤泉侯"人马俱惊,辟易数里"。项羽力能扛鼎,气能撼山,可见其威武勇猛之极。也正是凭着"力拔山兮气盖世"的威猛自信,这位乱世英雄才能纵横驰骋,气吞万里,震慑天下。

3. 反秦灭秦功业奇

公元前 209 年 7 月,陈胜在大泽乡揭竿而起,拉开了反秦暴政的序幕,当年 9 月,项羽也随叔父在吴中举事,24 岁的项羽从此汇入反秦起义的洪流之中,在众多的反秦力量中项氏领导的楚军是较早也是最坚决有力的抗秦力量,项羽纵横驰骋,从先锋到主帅,他定江东,击秦嘉,攻定陶,拔襄阳,斩李由,杀宋义,剑锋所向无不披靡。项羽短暂的一生中经历了诸多重大的战役,如巨鹿之战、彭城之战、成皋之战、垓下之战无不展现出他的军事奇才。也正是这位乱世英雄一步步果敢拼杀,使他成为强秦的掘墓人,而巨鹿之战最能体现项羽的伟业奇功。公元前 207 年 10 月章邯打败项梁部队移师河北围赵,章邯部 20 余万军队驻扎于巨鹿南边修建甬道输送粮草,而王离军 20 余万人围攻巨鹿城,此时赵歇粮少兵单危在旦夕,营救赵的各诸侯国部队都不敢与人数众多的秦军作战,项羽则毫不畏惧,率领 10 余万楚军渡过黄河奔赴巨鹿城击秦救赵。司马迁用最为生动出彩的笔墨描述项羽巨鹿之战的表现:"项羽乃悉引

---

① 《史记》卷五《秦本纪》。
② 《史记》卷七《项羽本纪》。以下引文如无标注,皆出自《史记·项羽本纪》。

兵渡河，皆沉船，破釜甑，烧庐舍，持三日粮，以示士卒必死，无一还心。于是至则围王离，与秦军遇，九战，绝其甬道，大破之，杀苏角，虏王离。涉间不降楚，自烧杀。当是时，楚兵冠诸侯。诸侯军救巨鹿下者十余壁，莫敢纵兵。及楚击秦，诸将皆从壁上观。楚战士无不一以当十。楚兵呼声动天，诸侯军无不人人惴恐。于是已破秦军，项羽召见诸侯将，入辕门，无不膝行而前，莫敢仰视。项羽由是始为诸侯上将军，诸侯皆属焉。"在巨鹿之战中项羽表现出惊人的勇敢，这是一场与敌方力量和勇气的比拼，面对数倍于己的秦军，他没有退缩和畏惧，也没有向壁上观的诸侯求助，直接率领部队英勇迎战，其神勇可见一斑。在巨鹿之战中项羽还表现出惊人的谋略和自信，他派遣黥布等多支小部队破坏秦军的粮道，让秦军防不胜防，从而牵住章邯的力量，出奇制胜全歼王离的秦军。

巨鹿之战奠定了项羽在各诸侯之中的领导地位，战争的激烈程度震撼了各路诸侯，诸侯"无不膝行而前，莫敢仰视"，对英武勇猛的项羽的敬佩和折服之情无以言表，诸侯将领们都率军归属和追随他，项羽的威望达到了极致。巨鹿之战瓦解了秦国的主力部队，扭转了整个战局，摧毁了秦朝统治的基础，是反秦斗争中取得的巨大胜利，项羽功勋卓著。仅仅三年的时间，项羽叱咤风云，消灭了秦军主力，建立起盖世奇功，号称西楚霸王，分封诸侯，政由羽出，其兴盛之速也可谓"奇"。

4. 快意恩仇行事奇

人说项羽暴虐无度，须知项羽是以复仇者的形象登上历史舞台的。项氏世世为楚将，公元前 224 年秦将王翦率 60 万大军灭楚，项羽的祖父项燕寡不敌众兵败自杀，楚被秦灭，项羽作为楚国贵族、将门之后，国破家亡对他来说便是失去了精神的根基。秦始皇通缉项氏，项羽随叔父流亡避难，流亡生活的凄惨、亡国的痛苦使项羽在仇恨的滋养下长大，因此项羽立志要灭秦复国，这与刘邦、陈胜等起义初衷有着本质的区别。在项羽的心中，秦兵秦国就是他的敌人，他对秦有着刻骨铭心的仇恨，在复仇思想指引下，项羽做出一系列骇人之举，新安坑杀 20 万秦降卒，杀降王子婴，火烧秦宫室，屠咸阳……虐戾灭秦，以暴制暴，虽然快意恩仇，但也给他的政治声誉带来负面影响。

秦室已灭，项羽不可能回到秦国政体的老路上，而是回归秦以前各国独立的局面，功成名就的项羽以为灭秦已完成历史使命，于是按反秦战争中的功劳分封各路诸侯，以满足众将的愿望，回报众将在反秦斗争中艰苦卓绝的付出，从此天下无事，可高枕无忧。学界论及项羽灭秦后的表现，多认为项羽背关怀楚、衣锦还乡，放弃了称帝的机会，是政治弱智的表现。试想项羽如真有心称帝，乘着灭秦之威，他手握 40 万兵卒，足以废弃洹水血盟，足以扫荡刘邦 10 万弱旅，足以吞并其他诸侯，独霸天下，但项羽只是立自己为西楚霸王，王九郡，都彭城，大封十八诸侯王，与其他反秦势力共分天下，新丰鸿门宴上放走刘邦，并不是项羽的妇人之仁，相反是项羽履行承诺不杀功臣的表现，项羽始终认为"今人有大功而击之，不义"。

楚汉相持数月未决，丁壮苦军旅，老弱疲转漕，项羽提出要用单挑的方式解决问题，他对刘邦说"天下匈匈数岁者，徒以吾两人耳，愿与汉王挑战决雌雄，毋徒苦天下之民父子为也。"项羽心地单纯，行事风格也单纯，直截了当，但老奸巨猾的刘邦却以"吾宁斗智，不能斗力"拒绝了。楚汉以鸿沟为界中分天下，鸿沟以西者为汉，鸿沟以东者为楚，鸿沟划界这实际上是刘邦为调动彭越、韩信与楚作战的策略，而项羽轻率地接受这一合约，随即归还刘邦的父母妻子，带兵解围而去，而刘邦君臣却背信弃义，突然从后面袭击楚军，无信义可言。对比老谋深算的刘邦，可见出项羽行事更为率直，他不会耍阴谋，也从来没有投机取巧的算计。项羽就是这样一个爱憎分明、快意恩仇、直截了当的人，对仇敌秦国不共戴天，极尽复仇之能事；对共同反秦的功臣履行承诺，加以封赏；对于曾经的盟友现在的敌人刘邦则表现出恃才傲物，襟怀坦荡，敢做敢当。

5. 悲壮谢幕死亦奇

项羽垓下突围本意是渡过乌江，重整旗鼓与刘邦较量，而且"乌江亭长舣船待，谓项王曰：'江东虽小，地方千里，众数十万人，亦足王也。愿大王急渡。今独臣有船，汉军至，无以渡。'项王笑曰'天之亡我，我何渡为！且籍与江东子弟八千人渡江而西，今无一人还，纵江东父兄怜而王我，我何面目见之？纵彼不言，籍独不愧于心乎？'"项羽原本是可以不死的，只要他跨上船便能摆脱汉军的追击，可是他不忍心丢下身边的 26 骑一个人渡江去苟且偷生。即便渡过乌江回到江东，昔年起事随征的八千儿郎已死，数万江东子弟的冤魂游荡在异乡，自己却落荒逃回，项羽无颜面对江东父老，愧对江东子弟，愧对自己的心。加之垓下之败大势难回，项羽不愿继续与刘邦抗衡，重整旗鼓"东山再起"会再将战火烧到故乡，会让更多江东子弟前仆后继，让更多江东父老承受苦痛。一个"愧"字，让面临绝境的项羽终得心开，于是项羽断然改变主意不渡乌江，英雄岂能含垢忍辱苟且偷生？末路英雄项羽选择堂堂正正地以死来谢幕，他生命最后的时刻被司马迁写得轰轰烈烈，三个亮点最能体现出项羽之奇：一是宝马赠亭长，项羽为了报答乌江亭长的深情厚谊，将跟随自己征战沙场多年的乌骓马送给了亭长，此举其实也是对马的重情重义，自身难归故里，爱马或能从亭长免死于敌手。二是临死再决战，乌骓赠与亭长后，项羽和剩下的部下步行，与汉军短兵相接，项羽又杀敌数百人，身负十余处创伤，这最后的厮杀体现出"终刚强兮不可凌"的决心，项羽的生命在最后关头又一次闪现出夺目的光芒。三是头颅赠故人，经历了残酷的生死搏杀之后，失败已是必然之事，在生命的最后时刻，项羽看见故人汉骑司马吕马童，他深知刘邦开出千金万户的诱人条件悬赏他的人头，于是项羽在自刎前许诺死后将自己的头颅赠与吕马童，吕马童作为曾经追随项羽的部下，是故人，也是仇敌，更是叛将，但项羽依然将自己的头颅赠与吕马童，让他去领赏受封，这是何等非凡的气度。最终项羽的自刎成就了个人的英名，成就了大汉的基业，也以其分裂的身躯成全了吕马童等五人封侯。如果说项羽的传奇人生是一个大大的惊叹号，那么项羽自刎前头颅赠故人的奇举就是最后落下的那一个点，英雄选择了死亡从而战胜了死亡，并得以永生。

项羽的传奇人生，项羽的传奇功业，千载下捧读，依然荡气回肠。那么司马迁不惜笔墨描写项羽之"奇"，又折射出什么内涵呢？

二、项羽之"奇"的内蕴

1. 史迁爱奇

奇人项羽的塑造得益于史迁爱奇。古往今来，有不少史学家和文学评论家常常以"爱奇""好奇"来评论司马迁的《史记》。早在扬雄《法言·君子篇》就提到"子长多爱，爱奇也"；刘勰《文心雕龙·史传篇》说司马迁"博雅弘辩之才，爱奇反经之尤"；司马贞在《史记索引后序》也说到"其人好奇而词省，故事覈而文微"；章学诚《文史通义·史德》认为司马迁"贤才好奇"；李长之先生《司马迁人格与风格》也指出"司马迁一生最大的特点是好奇"……司马迁在创作《史记》过程中，对那些倜傥非常之人、侠义奇节之士、超群绝伦之人表现出极大的兴趣，司马迁热切关注着那些有特异功勋、特殊品德、奇言奇行、奇计奇谋者，实际上是关注历史上那些有非常之事的非常之人，从这个标准看，项羽也算是有非常之事的"奇人"。司马迁赏爱项羽的才情，但凡项羽的重瞳子、拔山扛鼎、破釜沉舟、衣锦还乡、泣涕别姬、宝马赠亭长、头颅赠故人等奇闻奇行都记录在册，对展现项羽军事奇才的几场重大的战役如巨鹿之战、彭城之战、成皋之战、垓下之战也生动叙写，这样的行文与史公的"爱奇"是契合的。太史公所爱之"奇"还是历史和社会生活领域之奇，他要通过对卓异特立的历史人物项羽的历史事迹的描述来反映历史，透过这个历史人物的胆识、谋略、果毅所发挥的作用、实现人生价值的种种努力，来传达对历史的影响，成一家之言。《项羽本纪》中司马迁抓住项羽的"奇"行文落笔，有意突出项羽推翻强秦的事功，并在提炼历史题材、表现这一历史人物的非常之事、评价这一历史人物功绩时，奇而不失其真，这正是史迁胆识、才情独到之处。

2. 不以成败论英雄

项羽是一个有奇言奇行的奇人，列传即可，为何要立纪呢？司马迁将非有尺寸之地、起于陇亩之中的项羽列为本纪，关键并不在于他是否是皇亲贵族，而在于是否在当时掌握了政治力量的中心，太史公看到的是项羽消灭秦军主力建立起的盖世功勋，在秦汉间真正做到"政由羽出"的核心地位。太史公云："秦失其道，豪杰并扰，项梁业之，子羽接之；杀庆救赵，诸侯立之；诛婴背怀，天下非之。作《项羽本纪》第七。"这里所说"项梁业之"，指灭暴秦之业，由项梁开其端，项羽接其力，灭秦的标志是项羽杀庆救赵，通过巨鹿之战，消灭了秦军主力，项羽被诸侯拥立为共主。同样司马迁在《项羽本纪》的评论中也盛赞项羽的奇功，"夫秦失其政，陈涉首难，豪杰蜂起，相与并争，不可胜数。然羽非有尺寸，乘势起陇亩之中，三年，遂将五诸侯灭秦，分裂天下，而封王侯，政由羽出，号为霸王，位虽不终，近古以来未尝有也。"除此之外，司马迁还在《史记》的其他篇章中一再褒扬项羽的奇功，《陈杞世家》曰："伯翳之后，至周平王时封为秦，项羽灭之，有本纪言。"《秦楚之际月表》："太史公读秦楚之际，曰：初作难，发于陈涉；虐戾灭秦，自项氏；拨乱诛暴，平定海内，卒践帝祚，成于汉家。五年之间，天下三嬗。"

司马迁对项羽灭秦的功勋都做了明确的定评。这表现了司马迁的卓越史识，他不以成败论英雄，把项羽的奇功放在秦末反暴秦的生死斗争转折关头来评价，充分肯定了项羽的历史地位。不以成败论英雄，是太史公一生立言主意，项羽虽然失败，太史公仍然公正评判项羽灭秦的功勋，仍然把项羽作为一个英雄来讴歌，没有顺随当朝主流话语践踏抹黑失败的英雄，这对于汉臣司马迁来说是非常不容易的，这也体现出司马迁的史德和史识，"若无司马迁之识，就无项羽的形象留在高文典册中了。"①

3. 对项羽的同情和悲悯

力拔山兮气盖世的项羽，慷慨磊落，最终却自刎于乌江边，身首异处；常言马上得天下的刘邦，投机取巧，最终却荣登高位，成为汉朝的开国皇帝。刘邦和项羽，成者为王，败者却不是寇，成败之间，项羽并非如刘邦所说的"主约不信""大逆不道"，相反项羽是武力所向披靡、豪情冠盖当世、建立盖世奇功的英雄，他投身于乱世长达八年的征战生涯中，"身经七十余战，所当者破，所击者服，未尝败北，遂霸有天下"，对此司马迁是真心倾慕的；而对项羽的由盛而衰、空有霸气、刚愎自用，司马迁是遗憾的；对于项羽的穷途末路、不过江东、慷慨赴死，司马迁是充满同情惋惜的。司马迁关注项羽的传奇人生，极写其传奇色彩，当司马迁借重瞳异相附会项羽是舜帝苗裔时，我们知道了项羽和赤帝之子刘邦同样是起于陇亩之间的草莽英雄；当司马迁写项羽异于常人的行事风格时，我们看到了被冠以恶名的项羽原来是一个恃才傲物、快意恩仇、襟怀坦荡的霸王；当司马迁出乎意料地在"垓下之围"中写出名虞的美人时，我们才知道原来有个美人自始至终默默地陪伴在项羽的身边，英雄失路，霸王泣泪，美人悲伤；当司马迁写项羽乌江边仰天长叹"我何渡为"时，我们才知道项羽的重情重义和悲愤无奈；当斩将刘旗浴血奋战都无力回天时，我们才知道穷途末路的英雄选择最为传奇的死，保持了生命的高贵……司马迁对项羽的同情和悲悯，是透过一系列的"奇"传达出来的，这些文学性的手法并无损于项羽的历史形象，相反使历史上这一个项羽更趋于真实、完整、丰满、可爱。

---

① 张大可：《论项羽》，《信阳师范学院学报》2009 年第 1 期。

项羽"乌江自刎"就是"身死东城"

＊本文作者薛引生。陕西省传记文学学会会长。

项羽"乌江自刎"与"身死东城"均出自《史记·项羽本纪》。项羽到底身死何处，对于这个问题，考证者颇多，一直争论不休。其实，史圣司马迁在《史记·项羽本纪》中采用前后互见的写作手法讲得明明白白，并且有许多精彩的实录（下文将全引）无可争辩，毋庸置疑。可是最近却有人说这段文字文意"前后明显不接"，有"矛盾纰漏"。而且还轻言这段文字在几千年的流传过程中有"错简"或"脱漏"，不可信。作为司马迁故里的学者，对于这样对司马迁毫无根据的指摘，觉得有必要予以澄清。

一、项羽的"东城快战"发生在东城县域，
而不是在东城城邑

《史记·项羽本纪》第四段（按韩兆琦编著《史记笺证》的划分）在写项羽于楚汉战争中由强到弱，直到最后兵败垓下，乌江自刎的过程中有一段"东城快战"的描述：

> 于是项王乃上马骑，麾下壮士骑从者八百余人，直夜溃围南出，驰走。平明，汉军乃觉之，令骑将灌婴以五千骑追之。项王渡淮，骑能属者百余人耳。项王至阴陵，迷失道，问一田父，田父绐曰"左"，左，乃陷大泽，以故汉追及之。项王乃复引兵而东，至东城，乃有二十八骑。汉骑追者数千人。项王自度不得脱，谓其骑曰："吾起兵至今八岁矣，身七十余战，所当者破，所击者服，未尝败北，遂霸有天下。然今卒困于此，此天之亡我，非战之罪也。今日固决死，愿为诸君快战，必三胜之，为诸君溃围、斩将、刈旗，令诸君知天亡我，非战之罪也。"乃分其骑以为四队，四向。汉军围之数重。项王谓其骑曰："吾为公取彼一将。"令四面骑驰下，期山东为三处。于是项王大呼驰下，汉军皆披靡，遂斩汉一将。是时赤泉侯为骑将，追项王。项王瞋目而叱之，赤泉侯人马俱惊，辟易数里。与其骑会为三处。汉军不知项王所在，乃分军为三，复围之。项王乃驰，复斩汉一都尉，杀数十百人。复聚其骑，亡其两骑耳。乃谓其骑曰："何如？"骑皆伏，曰："如大王言。"

　　司马迁这段文字告诉我们：项羽夜半从垓下溃围南驰。他骑着"日行千里、夜走八百"的乌骓马，渡淮河、沿古道一路奔逃，天明时汉军才发觉。这时，他们已到达一百多公里之外的阴陵了。这里的"至阴陵"不是到阴陵县城邑，而是到了阴陵县境内的阴陵山。为什么呢？我们分析，如果是阴陵县城，就不会出现"迷失道，问一田父，田父绐曰："左"。更不会出现"左，乃陷大泽中"。因为，阴陵县在项羽非常熟悉的西楚地区之内，在城邑内绝不会迷路。田父的"左"即项羽的"右"，即西。且城邑西也无大泽。阴陵县境内的阴陵山旁却有阴陵大泽。《历阳典录》云："阴陵山，（和）州北八十里，旁有泽，名红草湖。春夏之交，潦水涨发，弥漫无际，所谓阴陵大泽者也。"《读史方舆纪要》亦云："阴陵山在全椒（秦末汉初亦归东城县管辖）东南二十五里，项羽东渡乌江道经此山……项羽迷道陷大泽处。"唐诗人张祜有《过阴陵山》诗一首："壮士凄惶到山下，行人惆怅上山头，生前此路已迷失，寂寞孤魂何处游。"现在，大泽附近还留有刺枪坑、拴马桩等遗址。

　　待大雾消散，项羽发现汉兵追来，"复引兵而东，至东城"。这里的"东城"是指项羽从阴陵大泽来到东城县境内的四溃山（现江苏省江浦县境内的驷马山）。此山海拔 81.7 米，相对高度约 50 米，呈梯形，长约 2 公里，宽约 1 公里，为东北—西南走向，坡度约 5—10 度，到乌江浦的距离约 6 公里。《和州志·地舆志》载："四溃山，州北七十里，项羽既败垓下，东走至东城，所从二十八骑，汉兵追者数千人，于是，引其骑因四溃山而为圜陈外向，溃围、斩将于此。"到东城的四溃山，项羽只有 28 骑，而汉军追骑却有数千之多，力量悬殊太大，项羽只有决一死战。便对部下说："今日固决死，愿为诸君快战，必三胜之，为诸君溃围、斩将、刈旗。"项羽分其骑为四队，从四个方向驰下。随即自己也大呼驰下，汉军闻声丧胆，四下溃逃，项王遂斩汉一将。赤泉侯追来，项王瞋目叱之，其人马俱惊，倒退数里。项王复斩汉一都尉，杀数十百人。这样大的战争场面绝不会发生在东城县城邑内，况且东城县城邑内并无山，赤泉侯倒退数里，也无处可退。

　　四溃山的这场战斗汉军伤亡很重，项羽仅失两骑。他斩将、刈旗又溃围后，直向乌江浦飞驰而去。从四溃山到乌江浦仅 6 公里，千里马是用不了多长时间就能够到达的。

二、《项羽本纪》中关于项羽"自刎乌江" 的实录是真实可信的

　　史圣司马迁在《史记·项羽本纪》中，用 299 个字全景式地描述了项羽在乌江边与乌江亭长的对话、与汉军持短兵接战、与吕马童的留言及最后伏剑自刎的全过程：

　　　　于是项羽乃欲东渡乌江。乌江亭长舣船待，谓项王曰："江东虽小，

地方千里，众数十万人，亦足王也。愿大王急渡。今独臣有船，汉军至，
无以渡。”项王笑曰“天之亡我，我何渡为！且籍与江东子弟八千人渡江
而西，今无一人还，纵江东父兄怜而王我，我何面目见之？纵彼不言，籍
独不愧于心乎？”乃谓亭长曰："吾知公长者。吾骑此马五岁，所当无敌，
尝一日行千里，不忍杀之，以赐公。"乃令骑皆下马步行，持短兵接战，
独籍所杀汉军数百人。项王身亦被十余创，顾见汉骑司马吕马童，曰：
"昔非吾故人乎？"马童面之，指王翳曰："此项王也"。项王乃曰："吾闻
汉购我头千金，邑万户，吾为若德。"乃自刎而死。

我分析，此段一开始的"欲东渡乌江"，到后来与乌江亭长的对话中又临
江拒渡，这段细节的描述是项羽人格魅力发展的必然。假设乌江亭长的船，可
将二十六骑人马一起渡过，结局又怎样呢。而只能让项羽一人渡江，他觉得无
颜见江东父老，乃自刎而亡是合情合理的。这段实录，不仅没有矛盾，而且是
真实而又生动地告诉人们：项羽自刎于乌江是真实而可信的。

班固、司马光、袁枢等史学大家在各自的史学名著中都以明确的文字记录
了项羽在乌江口自刎的悲壮结局。班固的《汉书》云："项羽败至乌江，汉兵
追羽至此"，"乃自刭"。司马光的《资治通鉴》全文照录了司马迁的实录，亦
云："乃自刎而死。"袁枢的《通鉴纪事本末》都有项羽自刎乌江的记述，曰：
"乃刎而死。"这些难道还不足以证明项羽是死在乌江吗？难道他们都是在误听
了数百年甚至几千年之后的元曲才记录的吗？这显然是不可能的。

三、乌江亭在秦末汉初属东城县管辖

项羽"乌江自刎"与"身死东城"都是《史记·项羽本纪》的实录。"乌
江自刎"出现在《项羽本纪》的正文中，系详述实录，这里的"乌江"，秦末
汉初时称"乌江亭"（即现在的村或镇）属东城县管辖。"身死东城"则出现在
《项羽本纪》篇终的赞语里，系评述论断，这里的"东城"是指东城县县域。
这样互见足义，是一致的。

我们先看看东城县的历史演变和县域变迁。乌江古属棠邑，秦汉时归东
城，古邑在今定远县东南的三官集。两千多年前，秦末汉初的行政建制一般比
较大，当时东城县属九江郡，九江郡辖境相当今安徽省、河南省的淮河以南、
湖北省黄冈以东和江西省全境。东城县域内地广人稀，按秦制"稀则旷"置县
是合理的；相邻的历阳县广袤达 100 平方公里，亦属"稀则旷"的县。当时的
乌江距历阳县邑相对于东城县邑较近，但其间有大泽湖泊相隔，归东城乃是人
居地域的自然划分和交通与战争的需要，亦是乌江渡口战略地位的体现。北宋
初年史官乐史（930—1007）在其所撰北宋地理总志《太平寰宇记》卷一百二
十四《淮南道二·和州》对所领三县之一的乌江县有下述著录：乌江县（本
注：州治历阳东北四十里，旧十五乡，今四乡）本秦乌江亭。汉东城县地。项

羽败于垓下，东走至乌江，亭长舣船待羽处也。

自两汉到三国时期以后，沿江平原逐步显露，人烟渐多，汉时裂东城地置全椒县。西晋太康六年，裂东城地置乌江县。此时的乌江县和历阳县同属淮南郡，二者无从属关系。晋惠帝永兴元年，设历阳郡领历阳、乌江两县。乌江县与历阳县也无隶属关系。南北朝时期，立和州，领三县，乌江才属和州管辖，但与历阳仍为并列的辖县，无隶属关系。直到明洪武年间置江浦县，撤乌江县为乌江镇，乌江县地分别归属和州与江浦县。乌江县的部分地域（含乌江县治所乌江镇）才正式归属历阳。

上述材料充分证明：乌江亭在秦末汉初时属东城县管辖。所以，《史记·项羽本纪》所言：项羽"乌江自刎"与"身死东城"是一致的。

结论：秦末汉初的行政建制，乌江亭属东城县管辖，项羽"乌江自刎"与"身死东城"是一致的。东城快战发生在东城县四溃山，四溃山距乌江浦仅6公里，项羽自刎乌江确信无疑。

项羽的悲剧性

＊本文作者黄美铃。台湾交通大学通识教育中心教授兼学务长。

《史记·项羽本纪》以万分笔力写项羽，叙述这位狂飙英雄的诞生与穷途末路，写他在推翻秦帝国过程中的功业与"所当者破，所击者服"的霸王气势，也写他因为缺乏政治眼光与政治谋略，一步步被推向失败的过程。项羽"乘势起陇亩之中，三年，遂将五诸侯灭秦，分裂天下，而封王侯，政由羽出，号为'霸王'"，这是"近古以来未尝有也"的功业；但"五年卒亡其国"，则其兴也暴，其亡也速，让后人对这位失败的英雄，有无尽的怜惜悲悯。论者常以"悲剧英雄"称呼项羽，事实上正是因为司马迁塑造了项羽"悲剧英雄"的形象。

一、何谓"悲剧"

人们惯常称项羽为"悲剧英雄"，但对"悲剧"的意义却往往习焉而不察。若细加考察，称项羽为"悲剧英雄"时，"悲剧"的意义很接近鲁迅在《再论雷峰塔的倒掉》中所定义的："悲剧将人生的有价值的东西毁灭给人看，喜剧将那无价值的撕破给人看。"[①]

鲁迅对"悲剧"所下的定义有其渊源，亚里士多德第一次为悲剧下了定义，他认为一部悲剧的精华就在于"突转"，而"突转"的主人公不能由逆境转入顺境，而必须由原来的顺境转入逆境，而且这种"突转"的主人公既不应是好人，也不应是极恶的人，而只是那种介乎这二者之间的既有过失和弱点，但也不坏的人。由顺境到逆境的转变是一个逐渐进行的过程，只是到了某一"场"里，情势才急转直下，发生突如其来的意外事件，这种意外事件的发生就是突转"，其结果就是苦难，指毁灭性的或包含痛苦的行动。[②] 稍后于鲁迅的朱光潜在评论易卜生作品时，也说："悲剧之产生主要正在于个人与社会力

---

① 鲁迅：《再论雷峰塔的倒掉》，《鲁迅作品全集》8《坟》，风云时代出版公司1989年版，第217页。

② 亚里士多德：《诗学》，商务印书馆1996年版，第88-92页。程孟辉：《西方悲剧学说史》，中国人民大学出版社1994年版，第26-37页。

量抗争中的无能为力。"①

亚里士多德、鲁迅、朱光潜对"悲剧"的理解有其类似处，亚里士多德的定义较完整，鲁迅、朱光潜的定义较简要，其中尤以鲁迅对"悲剧"所下的定义被多数国人所接受、使用，所以本文就以鲁迅对"悲剧"所下的定义使用"悲剧"一辞，辅以亚里士多德、朱光潜之说，说明项羽的悲剧性。

二、反抗暴秦的英雄的毁灭

暴秦是六国人民所痛恨的，陈涉义旗一举，关东地区纷纷响应，但在巨鹿之战前，起义军形势相当不利。首义的陈涉败亡，章邯又击灭救魏的齐王田儋，魏王魏咎自烧杀，章邯又在定陶击灭项梁，渡河击赵，协同王离的边防军围赵王歇、张耳于巨鹿。这时赵地聚集了秦帝国两支最精锐的平叛部队，东方起义军除齐之田荣外，也出动主力救赵，秦帝国与起义军的前途都系于这场决战。

面对屡战屡胜的秦军精锐，救巨鹿的十几支诸侯军都在外围扎营，畏秦，莫敢纵兵，情势对起义军相当不利。这时只有项羽挺身而出，带领楚军率先发动攻击，《项羽本纪》载：

> 项羽已杀卿子冠军，威震楚国，名闻诸侯。乃遣当阳君、蒲将军将卒二万渡河，救巨鹿。战少利，陈余复请兵。项羽乃悉引兵渡河，皆沉船，破釜甑，烧庐舍，持三日粮，以示士卒必死，无一还心。于是至则围王离，与秦军遇，九战，绝其甬道，大破之，杀苏角，虏王离。涉闲不降楚，自烧杀。当是时，楚兵冠诸侯。诸侯军救巨鹿下者十余壁，莫敢纵兵。及楚击秦，诸将皆从壁上观。楚战士无不一以当十，楚兵呼声动天，诸侯军无不人人惴恐。于是已破秦军，项羽召见诸侯将，入辕门，无不膝行而前，莫敢仰视。项羽由是始为诸侯上将军，诸侯皆属焉。

惊天地、泣鬼神的巨鹿之战，彻底歼灭王离军，扭转了起义军不利的局面，随后章邯军在项羽率领的诸侯军的压迫下投降，注定秦帝国覆亡的命运。西征的刘邦，是趁着秦帝国仅存的两支具有战斗力的大军团或歼或降，关中震动，丧失抵抗意志的情况下，才能轻松入关，接受秦王子婴投降，覆灭秦王朝。也就是河北之战是秦帝国存亡的关键，项羽在河北以寡击众的辉煌胜利，决定了秦的覆亡，所以项羽可以在河北之战后以诸侯盟主的身份入关，"分裂天下，而封王侯，政由羽出，号为'霸王'。"司马迁著《史记》，也因此将项羽列为"本纪"。

巨鹿之战是项羽才气最完美的发挥，六国人民痛恨的秦帝国在项羽楚军破

---

① 朱光潜：《悲剧心理学》，安徽教育出版社1992年版，第147页。

釜沉舟、以一当十的酣战中垮下了，但这位推倒秦帝国的英雄，却如电光石火般在短短五年之间就自刎乌江浦，"五年卒亡其国，身死东城"，反抗暴秦的英雄很快毁灭了，将人生的有价值的东西毁灭给人看，令人感慨万千，项羽悲剧英雄的形象也就呈现出来。

三、个人跟时代潮流对抗，无力旋转乾坤，谱出英雄的悲歌

秦帝国统一以后，中国历史步入统一的帝国形态，是时代的趋势，争天下者顺着此一潮流则容易成功，逆着此一潮流则容易失败。项羽入关后，分裂天下，封了十八个王，违背了历史潮流，后来这些诸侯反过来与项羽敌对，项羽跟时代潮流对抗，大形势转为个人与社会力量的抗争，形成朱光潜所说的："悲剧之产生主要正在于个人与社会力量抗争中的无能为力。"

项羽分封天下不久，天下就开始动荡。汉元年四月，诸侯就国，五月田荣并王三齐反楚，陈余反于赵，六月彭越反于梁，汉王则于五月破章邯，旋并三秦，局势瞬间失控，天下大扰矣。在楚汉战争期间，这些诸侯也很少站在项羽一边，甚至连"常为军锋"的九江王黥布，最后也跟项羽产生矛盾，叛楚归汉，对项羽造成重大打击，甚至影响楚汉战争的成败，清黄景仁《乌江项王庙》言"谁言刘季真君敌，毕竟诸侯负汝深"，看到了项羽分封后，诸侯反过来与楚作对的发展。

项羽个人跟时代潮流对抗，撞击出的浪花虽大，但结果是孤军作战，无法得诸侯之助，无力旋转乾坤，最后以兵败垓下，身死东城作结，谱出英雄的悲歌。

四、伟大的功业，短短数年间尽化为灰烬

司马迁在《项羽本纪》极为赞叹项羽的功业：

> 太史公曰：吾闻之周生曰"舜目盖重瞳子"，又闻项羽亦重瞳子。羽岂其苗裔邪？何兴之暴也！夫秦失其政，陈涉首难，豪杰蜂起，相与并争，不可胜数。然羽非有尺寸，乘势起陇亩之中，三年，遂将五诸侯灭秦，分裂天下，而封王侯，政由羽出，号为"霸王"，位虽不终，近古以来未尝有也。

这是对项羽功业的赞叹，认为项羽在毫无凭借下，乘陈涉首难后关东豪杰起而亡秦之势，于民间起义，仅仅三年就率领关东诸侯亡秦，是超乎想象的。项羽迅速崛起，成就近古以来未尝有的功业，这是不可思议的，"舜目盖重瞳子，又闻项羽亦重瞳子。羽岂其苗裔邪？"这是以项羽或许是圣人的后代，来

解释项羽何以能成就近古以来未尝有的功业，是对项羽的无上赞叹。

然而，项羽此一美好的才华与近古以来未尝有的功业，短短数年间尽化为灰烬，不就是"将人生的有价值的东西毁灭给人看"的悲剧英雄。

五、空有才华，却不能认识自己的缺失，无法调整策略，导致毁灭

项羽的才华与功业都是近古以来未有的，但不能认识自己的缺失，在楚汉战争中无法调整策略，导致毁灭。司马迁在《项羽本纪》中批评他：

> 自矜功伐，奋其私智而不师古，谓霸王之业，欲以力征经营天下，五年卒亡其国，身死东城，尚不觉寤而不自责，过矣。乃引"天亡我，非用兵之罪也"，岂不谬哉！

项羽犯下的错误很多，历来论者已多所评论，兹不赘。由于他不能认识自己的缺失，在楚汉战争中无法调整策略，于是局势逐渐逆转，虽百战百胜，但逐步受到大环境牵掣，在不甘心中一步步被推向失败的命运。

亚里士多德认为悲剧的精华就在于"突转"，而"突转"的主人公必须由原来的顺境转入逆境，而且这种"突转"的主人公既不应是好人，也不应是极恶的人，而只是那种介乎这二者之间的既有过失和弱点，但也不坏的人。由顺境到逆境的转变是一个逐渐进行的过程，只是到了某一"场"里，情势才急转直下，其结果就是苦难。项羽不是极恶的人，但有其过失和弱点，因为不能认识自己的缺失，累积了很多错误，最后形势由顺境转入逆境，垓下会战则是情势的急转直下，最后是自刎乌江的苦难与毁灭。

项羽的一生，完全符合亚里士多德对悲剧所下的定义。

六、英雄失路之悲强化了项羽的悲剧英雄形象

垓下悲歌呈现了英雄的无奈，命运的无情，这个无奈不只是项羽一个人的，而是具有普遍性的，是人人都可以被感染的，这使得项羽的悲剧英雄形象更为突出。

垓下悲歌是英雄失路之悲的顶点，曾经是所向无敌的霸王，却面对无法保护一生最宠爱的女人的悲哀。《项羽本纪》载：

> 项王军壁垓下，兵少食尽，汉军及诸侯兵围之数重。夜闻汉军四面皆楚歌，项王乃大惊曰："汉皆已得楚乎？是何楚人之多也！"项王则夜起，饮帐中。有美人名虞，常幸从；骏马名骓，常骑之。于是项王乃悲歌忼慨，自为诗曰："力拔山兮气盖世，时不利兮骓不逝。骓不逝兮可奈何，虞兮虞兮奈若何！"歌数阕，美人和之。项王泣数行下，左右皆泣，莫能

仰视。

埃下悲歌有侠骨，有柔情，项羽一向刚暴的形象不见了，悲歌慷慨的悲剧气氛让后人仍如身临其境，"霸王别姬"成为后人一再咀嚼、想象的动人情景。自许为一代英雄的楚霸王，面对一生最舍不得的美人、骏马，都无力保护，还称什么英雄！

英雄失路之悲，强化了项羽的悲剧英雄形象。

七、天真憨厚带来的毁灭

项羽有很多天真憨厚的表现，日常生活世界，天真憨厚是一种美德，是大家喜欢的，但在政治场域，项羽的天真憨厚代表的是愚昧、缺乏政治敏感度，最终带来挫败与毁灭。天真憨厚的项羽的毁灭，也是悲剧。

项羽在河北歼灭秦军精锐，率诸侯入关，沛公想在秦地称王，距关毋内诸侯，项羽使当阳君黥布等击关，遂入。此时，天下大势归于项羽，即使刘邦手下亦人心浮动，左司马曹无伤使人言于项羽曰："沛公欲王关中，使子婴为相，珍宝尽有之。"曹无伤背叛刘邦，是判断项强刘弱，天下终将归于项羽，这是当时大部分天下士的共同认识，对项羽一统天下极为有利，但项羽不但未善加利用此一大好形势，当沛公至鸿门见项王，谢曰："臣与将军勠力而攻秦，将军战河北，臣战河南，然不自意能先入关破秦，得复见将军于此。今者有小人之言，令将军与臣有郤。"项王居然回答："此沛公左司马曹无伤言之；不然，籍何以至此。"

身为统帅，居然泄露情报来源，不能体会保护敌营中为我所用的卧底者的重要性，天真的把刘邦当作同阵营的旧交，使曹无伤为刘邦诛杀，从此项羽想取得敌营有效情报，难如登天了。

鸿门宴是刘、项阵营的首次斗智。刘邦派兵守关，欲王关中，珍宝尽有之，独享诸侯军反秦胜利的最丰富的果实，不但有曹无伤的密告，更有派兵抗拒诸侯军入关的具体事实。项羽若想除去刘邦，很容易挑起诸侯将同仇敌忾的心理，找到消灭刘邦的正当性，如此项羽就不会面对日后一连串的困难。由于曹无伤密告，项羽已下令"旦日飨士卒，为击破沛公军！"眼见刘邦即将被消灭，却因项伯夜入沛公军，欲救张良的行动，造成项伯代刘邦求情，而有隔日的鸿门宴。鸿门宴前，刘邦见项羽，因项羽天真憨厚的性格，一席话就轻松化解项羽对刘邦派兵守关的不满，响应："此沛公左司马曹无伤言之；不然，籍何以至此。"并且有"项王即日因留沛公与饮"的鸿门宴。

鸿门宴中，范增一心一意想杀刘邦，"数目项王，举所佩玉玦以示之者三，项王默然不应。"可见范增事前有跟项羽约定在宴席间诛杀刘邦，才有"举所佩玉玦以示之者三"的暗号示意。"项王默然不应"，表示他内心有挣扎，下不了决断，这仍是他天真憨厚的表现。项王下不了决断，所以随后才有范增导演的"项庄舞剑,意在沛公"的演出。

樊哙带剑拥盾入军门,强行进入鸿门宴现场,项羽若有心处治刘邦,正可以抓住刘邦随从突袭宴会现场的理由,处治刘邦与樊哙。但项羽反而对樊哙惺惺相惜,赐之彘肩,又赐之卮酒,且让樊哙趁机讲了大话,《项羽本纪》载:

> 臣死且不避,卮酒安足辞!夫秦王有虎狼之心,杀人如不能举,刑人如恐不胜,天下皆叛之。怀王与诸将约曰"先破秦入咸阳者王之"。今沛公先破秦入咸阳,毫毛不敢有所近,封闭宫室,还军霸上,以待大王来。故遣将守关者,备他盗出入与非常也。劳苦而功高如此,未有封侯之赏,而听细说,欲诛有功之人。此亡秦之续耳,窃为大王不取也。

樊哙一番大言不惭的言论,颇多脱离现实处,其实不难驳斥,譬如沛公入咸阳,毫毛不敢有所近,那么鸿门宴献给项王等人的宝物从何而来?遣将守关,拒诸侯军入关,则为诸侯军共见的事实。至于"怀王之约",因怀王本为项梁所立傀儡,项羽有意废黜,更不可能遵守"怀王之约",所以此约并无约束力,只是刘邦拿来作为争夺楚人势力与建立楚正统的正当性而已。[①] 然而,项羽对樊哙言论的响应却是:"项王未有以应,曰:'坐。'"此一对话坚定项羽不杀刘邦之心。项羽的反应呈现他的天真憨厚,所谓君子可欺之以方,当刘邦把他视为夺权的对象时,他却顾虑身为诸侯军领袖的身份,未把刘邦视为潜在的可怕对手。

八、结　语

论者常以"悲剧英雄"称呼项羽,但何以称项羽为"悲剧英雄",则对"悲剧"的意义却往往习焉而不察。本文引用亚里士多德、鲁迅、朱光潜给"悲剧"下的定义,特别是鲁迅所说的"悲剧将人生的有价值的东西毁灭给人看",重新检视项羽悲剧英雄的形象。

本文分由反抗暴秦的英雄的毁灭;个人跟时代潮流对抗,无力旋转乾坤,谱出英雄的悲歌;伟大的功业,短短几年间化尽为灰烬等六个角度,论述项羽悲剧英雄的形象,希望读者对项羽的悲剧性有更清楚的认识。

---

① 林聪舜:《怀王之约:楚汉战争中刘邦对楚人势力的争夺》,《清华中文学报》2008 年第 2 期。

项羽刘邦纵情色，屈志妇人惹祸端？

——论《金瓶梅词话》对项刘二人的解读

＊本文作者王璐。陕西师范大学文学院博士研究生。

《金瓶梅词话》第一回《景阳冈武松打虎 潘金莲嫌夫卖风月》开首引了一首宋词，曰：

> 丈夫只手把吴钩，欲斩万人头。如何铁石打成心性，却为花柔？请看项籍并刘季，一似使人愁。只因撞着虞姬、戚氏，豪杰都休。①

这首词的作者乃是宋代的卓田。卓田者，生卒年不详，《全宋词》辑录其词仅有七首，可见卓氏词名在当时或后世，都不算昭著。然而卓田的这首词，却因为明人在小说中的频频征引，而比卓氏本人还要有名许多。除过《金瓶梅词话》，《清平山堂话本》之《刎颈鸳鸯会》《初刻拍案惊奇》卷三二《乔兑换胡子宣淫 显报施卧师入定》在开篇也引述了这首词。

卓田此词为《眼儿媚》，原题作"题苏小楼"。苏小即南朝齐时钱塘的名伎苏小小。苏小小因其才华与情义，为历代文人所传颂，不少名家都为她留下了纪念的诗篇。如李贺《苏小小墓》、温庭筠《苏小小歌》、权德舆《苏小小墓》、沈原理《苏小小歌》、元遗山《题苏小像》、袁宏道《西陵桥》、徐渭《苏小小墓》等。这些诗词，题为"苏小小"，内容也皆是叙写苏小小的有关事迹。而卓田的《题苏小楼》，对苏小小的事迹只字未提，而是以项羽、刘邦与其姬妾虞姬、戚姬做文章，抒发了英雄难过美人关的感慨。今本《全宋词》中所收入的卓田此词，辑录自宋代《古今合璧事类备要》《外集》卷五十七，全词与《金瓶梅词话》所收入者略有不同：

> 丈夫只手把吴钩。能断万人头。如何铁石，打作心肺，却为花柔。尝观项籍并刘季，一怒世人愁。只因撞着，虞姬戚氏，豪杰都休。②

或是《金瓶梅词话》的作者所参照的版本与《古今合璧事类备要》不同，又或者是《词话》作者有意识对某些字词做了改动，而这小小几个字词的差别，却使得整个词的意味有了微妙的不同。

---

① 兰陵笑笑生：《金瓶梅词话》，人民文学出版社2008年版，第1页。
② 唐圭璋编：《全宋词·卓田·眼儿媚》，中华书局1965年版，第2481页。

尤其是前两句，"丈夫只手把吴钩。能断万人头"与"丈夫只手把吴钩，欲斩万人头"。"能断万人头"之"能断"二字，仅是表明一种能力，意思是大丈夫只手拿起吴钩剑，只消轻轻一挥，便可使万人之头被斩断，万人之性命被断送；而"欲斩万人头"之"欲斩"字，则表现出一种欲念，意思是大丈夫只手拿起吴钩剑，想要斩下万人的头颅。还有"尝观项籍并刘季，一怒世人愁"与"请看项籍并刘季，一似使人愁"两句。"尝观"指作者自己曾经所看，"请看"乃是提请读者当下来看。"一怒世人愁"指项羽刘邦如若发怒，世人因畏惧其威力会忧愁焦虑；而"一似使人愁"，则表现出二人因其威力同样是让人发愁的狠角色。

仔细体会两首词，可以看出，《古今合璧事类备要》中所收入者，其实是以一个比较中性的态度，对英雄难过美人关的主题进行慨叹，念及项羽刘邦，一世英豪，原本应当是可以只手断人头的铁石心肠，只要他们一发怒，世人都会为此惆怅，但他们却因为女人生出了柔情，有了似乎不像英雄豪杰的一面。而《金瓶梅词话》所收入者，先为所谓的豪杰塑造了一个"欲斩万人头"的狠心形象，而这"使人愁"的豪杰们，却因为自己心爱的女人，无法做"一夫当关"的真正豪杰。本来单从这首词本身，也看不出更多的感情色彩，但是《金瓶梅词话》的作者要拿它说事儿，自然免不了一番详细的解读，且字字句句都为着自己的主旨服务。

《金瓶梅词话》的作者征引这首词，意在批判这"情色"二字所带来的祸患。他先说：

> 此一只词儿，单说着"情色"二字，乃一体一用。故色绚于目，情感于心，情色相生，心目相视。亘古及今，仁人君子，弗合忘之。晋人云："情之所钟，正在我辈。"如磁石吸铁，隔碍潜通。无情之物尚尔，何况为人，终日在情色中做活计一节。……言丈夫心肠如铁石，气概贯虹蜺，不免屈志于女人。[①]

在详述了项羽、刘邦和虞姬、戚氏各自的悲剧收场后，又言：

> 诗人评此二君，评到个去处，说刘项者，固当世之英雄，不免为二妇人，以屈其志气。虽然，妻之视妾，名分虽殊，而戚氏之祸，尤惨于虞姬。然则妾妇之道，以事其丈夫，而欲保全首领于牖下，难矣。观此二君，岂不是"撞着虞姬、戚氏，豪杰都休"。有诗为证：
> 刘项佳人绝可怜，英雄无策庇婵娟。
> 戚姬葬处君知否，不及虞姬有墓田。[②]
> 话说的如今只爱说这情色二字做甚？故士矜才则德薄，女衒色则情

---

① 兰陵笑笑生：《金瓶梅词话》，人民文学出版社 2008 年版，第 1 页。
② 此诗为南宋范成大《虞姬墓》诗。

放。若乃持盈慎满，则为端士淑女，岂有杀身之祸。今古皆然，贵贱一般。①

由上述论述而观，《金瓶梅词话》的作者引此词，引述项羽、刘邦的故事，意在劝人"持盈慎满"，凡是做得过了，必然不好，而对情色的过分沉迷，也是如此，进而引出《金瓶梅词话》的整个故事。站在作者的立场而言，规劝世人把控内心情感而避免不必要的祸患，自然无可厚非。然而项羽刘邦之事，当真是因为纵情屈志于女人而导致了悲剧吗？

回到项羽与刘邦的故事。

先看《史记》中写项羽与虞姬：

> 项王军壁垓下，兵少食尽，汉军及诸侯兵围之数重。夜闻汉军四面皆楚歌，项王乃大惊曰："汉皆已得楚乎？是何楚人之多也！"项王则夜起，饮帐中。有美人名虞，常幸从；骏马名骓，常骑之。于是项王乃悲歌忼慨，自为诗曰："力拔山兮气盖世，时不利兮骓不逝。骓不逝兮可奈何，虞兮虞兮奈若何！"歌数阕，美人和之。项王泣数行下，左右皆泣，莫能仰视。②

再看写刘邦与戚姬：

> 及高祖为汉王，得定陶戚姬，爱幸，生赵隐王如意。孝惠为人仁弱，高祖以为不类我，常欲废太子，立戚姬子如意，如意类我。戚姬幸，常从上之关东，日夜啼泣，欲立其子代太子。吕后年长，常留守，希见上，益疏。如意立为赵王后，几代太子者数矣，赖大臣争之，及留侯策，太子得毋废。③

又：

> 四人为寿已毕，趋去。上目送之，召戚夫人指示四人者曰："我欲易之，彼四人辅之，羽翼已成，难动矣。吕后真而主矣。"戚夫人泣，上曰："为我楚舞，吾为若楚歌。"歌曰："鸿鹄高飞，一举千里。羽翮已就，横绝四海。横绝四海，当可奈何！虽有矰缴，尚安所施！"歌数阕，戚夫人嘘唏流涕，上起去，罢酒。④

太史公在《史记》中给虞姬的笔墨并不多，只是在项羽面临四面楚歌之际，提到他尚有这么一位一直幸从的美人，名曰虞，在此时此刻，项羽自觉走到穷途末路慷慨悲歌之时，美人为之唱和，后"项王泣数行下，左右皆泣，莫

---

① 兰陵笑笑生：《金瓶梅词话》，人民文学出版社 2008 年版，第 2 - 3 页。
② 《史记》卷七《项羽本纪第七》，中华书局 1982 年版，第 333 页。
③ 《史记》卷九《吕太后本纪第九》，中华书局 1982 年版，第 395 页。
④ 《史记》卷五十五《留侯世家第二十五》，中华书局 1982 年版，第 2047 页。

能仰视"。字里行间，透露出的是感伤与无奈。

　　相对而言，因为刘邦意欲改立太子的缘故，《史记》对戚姬的记载要详细很多。从高祖在定陶得到戚姬，十分爱幸，到高祖想要改立戚姬的儿子如意为太子，再到吕后得留侯策请来商山四皓使得刘盈的太子之位得以保全，再到高祖死后戚姬被吕后砍去四肢置于厕中成为人彘，在《史记》中的诸多篇章，都有十分详细的描述。而当高祖得知改立太子一事不济之后，与戚姬一番真情表白，同样让人看得无奈又心酸。彼时彼刻，刘邦与戚姬也同昔日的项羽与虞姬一般，悲情而歌，相顾而泣。其实，刘邦想要改立太子，真的只是因为爱重戚姬而一时头脑发热吗？并非如此。刘邦很了解吕后的为人，他深知他日吕后的儿子继承皇位后这位太后会做出怎样的事来，她不可能容得下自己曾经宠爱的姬妾甚至孩子。这一点《史记》在《张丞相列传》中便有所阐释：

　　是后戚姬子如意为赵王，年十岁，高祖忧即万岁之后不全也。……赵尧进请问曰："陛下所为不乐，非为赵王年少而戚夫人与吕后有郤邪？备万岁之后而赵王不能自全乎？"高祖曰："然。吾私忧之，不知所出。"①

　　改立太子是刘邦所能想到的唯一可以保全戚姬与如意的方式。也正因为这样，刘邦才会在这件事不得不作罢之时那样悲痛，因为他很清楚，戚姬与如意在自己百年后不会再有未来了。

　　对于戚姬，太史公也并无过多微词，反而是吕后，太史公笔下的刘盈是这样评价这位母亲的："此非人所为。臣为太后子，终不能治天下。"② 这是刘盈在被吕后召见观看"人彘"大病一场后对太后说出的话。"此非人所为"，无疑也是太史公对吕后的看法了。

　　项羽与刘邦，作为秦末的两位推动历史进程的重要人物，因其戏剧性的合作对立关系，不但《史记》中对两人的叙述描写常常带有对比的意味，后代之人也屡屡会把这两位英雄放在一起做文章。而同时，与此二位密切相关的女人们，也便成了人们比对与议论的对象，尤其是虞姬与戚姬。

　　虞姬在项羽自觉走投无路大唱悲歌之时，以歌和之，《史记》中并未记录虞姬所和歌词，也并未言明此后虞姬的去向。唐代张守节《史记正义》则引述《楚汉春秋》中的记载，说虞姬当时的和歌乃是："汉兵已略地，四方楚歌声。大王意气尽，贱妾何聊生。"这首诗解释了后世为何有了虞姬自杀的传说。唐人胡曾咏史诗《垓下》后有注云："虞姬问曰：'大王欲何处去？'王曰：'寡人欲归江东起兵。'虞姬曰：'妾不能从王，亦不能为汉臣，妾请王腰间剑。'王赐美人剑，乃将剑自刎而死也。"③ 而宋及其后不少诗人以咏史之作吟咏了虞姬的慷慨赴死。如宋代徐积《虞姬别项羽》："贱妾须臾为君死，将军努力渡江

　　① 《史记》卷九十六《张丞相列传第三十六》，中华书局1982年版，第2678页。
　　② 《史记》卷九《吕太后本纪第九》，中华书局1982年版，第397页。
　　③ ［唐］胡曾：《咏史诗》卷一，四部丛刊三编影宋抄本。

波。"① 元代徐钧《虞美人》："帐下悲歌势已孤，美人忠愤慨捐躯。"② 元代王恽《虞姬墓》："感君伉俪恩，死不为汉鬼。"③ 明代谢肃《虞美人歌》："宝剑临危妾自裁，素心不贰君应谅。"④ 清代黄鹏扬《虞姬》："江东从渡知多少，拔剑殉君一美人。"⑤ 清代边汝元《虞姬》："伏剑君马前，待君黄泉下。"⑥ 对于虞姬，后世的诗人及论者，大都是怜惜甚至赞叹的，她在《史记》中的记载仅是寥寥数字，却成为后世文人心中的女神，被歌咏，被演绎，被怀念，被祭奠。清代吴永和作《虞姬》："大王真英雄，姬亦奇女子。惜哉太史公，不纪美人死。"⑦ 对于太史公没有详细记述虞姬的事迹，甚至有些愤愤不平。

而相比之下，戚姬的命运，看似被刘邦爱重一时，但生前身后，其实都不如虞姬。有关戚姬生命的起伏，太史公在《史记》里有着详细的描述。上文已述，戚姬乃是高祖在为汉王时于定陶得到的一名姬妾，因为十分喜爱，因而常常带在身边，后育有一子名如意。高祖自知春秋不盛，而吕后又十分善妒，为了能在自己百年之后保全他们母子，便以时为太子的吕后之子"不类我"而戚姬之子"类我"为由，屡屡想要更换太子人选。而高祖的这个想法，最终因为吕后在留侯的建议下为太子请来高祖尚且未能请来的四位贤人——商山四皓而彻底作罢。也正是因为又有了高祖想要换太子的这一事件，更加深了吕后对戚姬的愤恨，终于，在高祖过世后，"吕后夷戚氏，诛赵王"，⑧ 且极尽残忍地将戚姬制以"人彘"。所以，后人或言"刘项佳人绝可怜，英雄无策庇婵娟。戚姬葬处君知否，不及虞姬有墓田"，⑨ 或言"楚歌入汉美人死，不见宫中有人彘"，⑩ 或言"垓下当年战胜还，虞姬饮憾戚姬欢。后来人彘遭奇祸，欲乞悲歌一曲难"，⑪ 或言"若遇戚姬悲薄命，幸无如意胜夫人"，⑫ 或言"兵戈转战生死同，美人即是真英雄。咄哉孺子刘沛公，戚姬乃以人彘终"。⑬ 尽管同样是红颜薄命而身死，但毕竟虞姬的死是一种自我选择，而戚姬则是被人残害还被制成了人彘，并且虞姬尚有墓有祠，有以她命名的虞美人花，而戚姬却成为宫斗故事里一个可怕的代名词。二人相较，确实让人慨叹。

---

① 《全宋诗》卷六三五，11 册，7570 册。

② 杨镰主编：《全元诗》，7 册，中华书局 2013 年版，第 283 页。

③ 杨镰主编：《全元诗》，5 册，中华书局 2013 年版，第 45 页。

④ 《密庵集》卷二，影印文渊阁《四库全书》本，1228 册，96 页。

⑤ 《读史吟评》，《说铃》后集一，8 页。

⑥ 《晚晴簃诗汇》卷六四，2 册，203 页。

⑦ 《清诗别裁集》卷三一，下册，568 页。

⑧ 《史记》卷四十九《外戚世家第十九》，中华书局 1982 年版，第 1969 页。

⑨ [宋] 范成大《虞姬墓》，《石湖居士诗集》卷一二，《范石湖集》上册，145 页。

⑩ [元] 陈樵：《虞美人草词》，杨镰主编《全元诗》，28 册，中华书局 2013 年版，第 326 页。

⑪ [明] 丘濬：《咏虞姬》，《重编琼台稿》卷四，影印文渊阁《四库全书》，1248 册，74 页。

⑫ [清] 黄鹏扬：《虞姬》，《读史吟评》，《说铃》后集一，上册，8 页。

⑬ [清] 朱黼：《虞姬祠》，《晚晴簃诗汇》卷九二，2 册，641 页。

　　因为戚姬之事涉及改易太子，后人对此的态度便呈现出了明显的两极状态。后人对高祖废太子一事的看法，集中表现在对商山四皓的评价上。一部分认为四皓的及时出现改变了高祖欲废太子的想法，对于安定汉室，实乃功德一件。如唐人白居易《和答诗十首·答〈四皓庙〉》："勿高巢与由，勿尚吕与伊。巢由往不返，伊吕去不归。岂如四先生，出处两逶迤。"① 唐人唐彦谦《四老庙》："西汉储宫定不倾，可能园绮胜良平。举朝公将无全策，借请闲人羽翼成。"② 宋人黄大受《读四皓传》："翁身商山名八极，此时不出汉事危。敢可惜双足汉鼎，非私刘氏私黔黎。"③ 元人胡祗遹《题四皓图》："子房高智陈平策，不及君王废嫡心。足入汉庭储嗣定，始知名节服人深。"④ 明人蔡清《题商山四皓图》："独怜帝子意来虔，一至汉廷力回天。"⑤ 另一部分人则认为，四皓之行为，名义上似乎是阻止了高祖废太子的念头，安定汉室，但实际上，在母强子弱的情况下，他们的出现却是为日后吕后专政与残杀戚姬母子做了一个很好的铺垫。如唐人元稹《四皓庙》："汉业日已定，先生名亦振。不得为济世，宜哉为隐沦。如何一朝起，屈作储贰宾？安存孝惠帝，摧悴戚夫人。"⑥ 杜牧《题商山四皓庙一绝》："吕氏强梁嗣子柔，我于天性岂恩雠！南军不祖左边袖，四老安刘是灭刘。"⑦ 宋人徐钧《四皓》："避乱商山且茹芝，遽因厚币起幽栖。母强子弱几危汉，悔杀先生一出低。"⑧ 元人李孝光《商山四皓图》："腹心已去悲歌起，羽翼虽成女娲留。俱堕术中曾不悟，先生轻出后人羞。"⑨ 明人王翰《四老》："四老高蹈士，斯出亦颇辱。安刘实灭刘，为赵速剪戮。"⑩ 郑文康《与叶及庵论商山四皓》："吁嗟四老真呆夫，等闲诱出如婴鸰。虽令太子生羽翼，亦使悍后为屠奴。先王一姬并一子，一朝尽向砧刀死。他年又召诸吕来，此祸皆从老人始。"⑪ 而唐代《无能子》一书中的《商隐说》，更是说其实商山四皓之所以愿意出山，根本不是心之所欲，乃是迫于吕后之残忍，为了远祸因此同意出山演了这么一出戏罢了。也正因为如此，当吕后想要给予他们官位的时候，他们才毫不犹豫地拒绝，并再次归隐商山。他们说："我之来，远祸也，非欲于心也。盈立则如意黜，吕雉得志则戚姬死。今我惧祸，成盈而

①　[唐] 白居易：《白居易集》，中华书局 1979 年版，第 44 页。
②　[清] 彭定求等：《全唐诗》，中华书局 1960 年版，第 7684 页。
③　傅璇琮编：《全宋诗》，北京大学出版社 1998 年版，第 36088 页。
④　杨廉主编：《全元诗》，7 册，中华书局 2013 年版，第 156 页。
⑤　[明] 蔡清：《虚斋集》，影印文渊阁《四库全书》本，1257 册，第 762 页。
⑥　[唐] 元稹：《元稹集》中华书局 1982 年版，第 11 页。
⑦　[唐] 杜牧著，（清）冯集梧注：《樊川诗集注》，上海古籍出版社 1978 年版，第 308 页。
⑧　[宋] 徐钧：《史咏诗集》，江苏古籍出版社影印《宛委别藏》本，1988 年版，第 31 页。
⑨　[元] 李孝光撰、陈增杰校注：《李孝光集校注》，上海社会科学院出版社 2005 年版，第 390 页。
⑩　[明] 王翰：《梁园寓稿》，影印文渊阁《四库全书》本，1233 册，第 277 页。
⑪　[明] 郑文康：《平桥稿》影印文渊阁《四库全书》本，1246 册，第 538 页。

败如意，欢吕后而愁戚姬，所谓废人而全己，殆非杀身成仁者也。复将忍耻，爵于女子之手，以立于廷，何异贼人夕入人室，得金而矜富者耶？"① 其实，与其说看到商山四皓的高祖是因为觉得太子刘盈"羽翼已成"，不如说他是看到吕后的地位已无法撼动，才不得不放弃废太子的念头，不然他也不会说"吕后真而主矣"。②

因君王欲废太子而引发的祸事，高祖这件并非第一遭，同样在《史记》中，就有另一桩更早的欲废太子事件，即《晋世家》中的晋献公废太子申生。同样的起因，晋献公因宠爱骊姬，便想要废掉原太子申生而改立骊姬的儿子奚齐。而骊姬显然要比戚姬有手段，她表面上劝晋献公不要为了自己废嫡立庶，但是私下里却设计陷害太子申生，最终逼迫太子申生自杀身亡。太子申生在自杀之前，有人劝他向晋献公阐明事实的真相，让晋献公知道一切都是骊姬的陷害。而太子申生却说，父王已然年迈，幸而有个骊姬日日陪伴，不然吃不好也睡不香，岂不是太可怜了吗？还是让骊姬继续陪伴着父亲，安度晚年吧！于是，太子申生含冤却并未含恨地欣然自杀了。

对比这两次欲废太子的事件，不禁会假设，倘若戚姬同骊姬一样狠辣，是不是刘如意当真能替代刘盈成为太子呢？然而，历史不能假设，戚姬倘若狠辣刚毅，也许高祖就不会特别倾心于她，更重要的是，无论怎样，她都无法撼动吕后从陪着高祖起兵开始，在这个政权中所占有的重要地位。唐代李德裕在《羊祜留贾充论》一文中就指出，既然高祖彼时已经不再爱吕后，那么，为什么不直接除掉吕后呢？倘若直接除掉吕后，戚姬与如意，何愁不能保全，还需要"悲歌不乐"吗？然而高祖却没有，他没有想过要杀掉吕后以绝后患，因为杀了吕后会有更大的后患："实以惠帝闇弱，必不能自揽权纲。其将相皆平生故人，俱起丰沛，非吕后刚强不能临制，所以存之，为社稷也。"③ 高祖确实爱戚姬，因为这份情，千万次想着要保全他们母子，然而，在现实面前，他的爱又无法从心所欲，纵使万般柔情，依旧抵不过千秋大业。同样的项羽与虞姬，既然大势已去，自知无论做什么也再不能使结局改变，为什么不能为了保全自己的女人弃战而奔？项羽没有，也不会，因为对于男人来说，女人能让他变得柔情似水，却永远无法成为他生命的唯一主题。所以项羽依然要殊死奋战坚持到底，虞姬的形象也注定永远定格在了四面楚歌之时。再说太子申生，他对父亲的纯孝感情当真到了牺牲性命而成全父亲安享晚年的地步吗？我们都不是申生，无法揣测他内心真正的想法。但我们可以想见，如果他向父亲申诉，在当时的情势下，加上骊姬的手段，就一定会成功吗？申生之死，大概也是无奈的选择。

---

① 王明校注：《无能子校注》，中华书局1981年版，第26页。
② 《史记》卷五十五《留侯世家第二十五》，中华书局1982年版，第2047页。
③ ［唐］李德裕：《羊祜留贾充论》，《李文饶集》外集卷第一，四部丛刊景明本。

　　如今再回过头去看《金瓶梅词话》作者对"只因撞着虞姬、戚氏，豪杰都休"这首词的解读，其实最终导致个人悲剧的并非项刘二位英雄"铁石打成心性，却为花柔"，反而是他们虽为好花生出了柔情，却无法让这份柔情在现实面前变得坚韧不催。屈项刘志气的，并非"二妇人"，而是现实罢了。弗洛伊德曾言："在人心中存在着一种趋向于实现快乐原则的强烈倾向，但是它受到其他一些力或因素的抵抗，以致最终产生的结果不可能总是与想求得愉快的倾向协调一致。"① 而这所谓的"其他一些力或因素"，就是现实，是文明约束下的种种规范，这与自然而然产生出来的爱欲一样，也自然而然地指导规范着我们的行为。正是如此，项刘二人最终没有为了女人一意孤行。爱欲与文明，在人类的心中对立斗争，相互制衡，从而维持着社会的某种平衡。《金瓶梅词话》的作者，在这里既然是为了规劝人们莫要被爱欲冲昏了头脑，举项刘的例子，无疑有些文不对题之嫌了。

---

　　① 弗洛伊德：《超越快乐原则》，车文博主编《弗洛伊德主义原著选辑》（上卷），辽宁人民出版社 1988 年版，第 345 页。

乌江及乌江文化考释

※ 本文作者薛从军。安徽和县第四中学教师。

安徽省和县乌江因项羽自刎之地而闻名，此后乌江知名度越来越高，多见于史册和文人诗词歌赋，文化影响力超过了乌江地名本身。本文拟讨论三个问题：乌江地名的历史地理意义，乌江建制沿革，乌江文化特色与价值。

一、乌江考

"乌江"一词最早出现的是《史记》。《史记·项羽本纪》：项羽兵败垓下后，"乃欲东渡乌江，乌江亭长舣船待。"此时的乌江仅仅是一个渡口，其地域为东城县下的亭。钱穆《史记地名考》引证《史记集解》《史记索隐》《史记正义》[①] 外，没有作过多考证。

1. 乌江

乌江是长江某段的江，而非小河。上古时，长江各段的名称不一样。

首先说说长江。长江古名江，又称大江，三国以后始称"长江"。此前文献资料没有检索到长江名称，如《史记》只称江，不称长江。陈寿《三国志》称长江，且用得较多，如：

> 议者咸曰："曹公豺虎也，然托名汉相，挟天子以征四方，动以朝廷为辞，今日拒之，事更不顺。且将军大势可以拒操者，长江也。今操得荆州，奄有其地。刘表治水军，□蒙冲斗舰，乃以千数。操悉浮以沿江，兼有步兵，水陆俱下。此为长江之险，已与我共之矣。"（吴志卷九 1261）

但这里长江，似指荆州一段的江，而非现在的长江全称。与此相对的指某一段的江有"横江"。如：

> 中郎将与孙贲共讨樊能于麋于横江（吴志卷五）
>
> 孙策在淮南，从，攻庐江，拔之，还，俱东渡。策到横江、当利，破张英于麋等，转下秣陵、湖熟、句容、曲阿，普皆有功。（吴志卷十）

其实这里的"横江"是指和州段的江面。《元和郡县图志》就指出：

---

① 钱穆：《史记地名考》，商务印书馆 2001 年版，第 858 页。

采石戍，在县西北三十五里。西接乌江，北连建业城，在牛渚山上，与和州横江渡相对。隋师伐陈，贺若弼从此渡。隋平陈置镇，贞观初改镇为戍。（元和郡县志卷二十九）

《太平寰宇记》可佐证：

历阳，乌江，含山。州境东西七十九里，南北一百八十五里，四至八到：南至宣州三百二十六里，南至庐州二百二十里，北至滁州一百六十二里，东南至横江西岸一千五百里，大江中心为界，与宣州当塗县相接。（太平寰宇记卷一百二十四）

又如"扬子江"也是某段江的名称，《靖康要录》：

十五日太上道君皇帝渡扬子江至镇江府（靖康要录卷一）

《元丰九域志》：

金山寺在扬子江中，《寺记》云：金山，旧名浮玉山。（元丰九域志卷五）

可见，扬子江指镇江段的江。

乌江，指乌江段的江，又《史记》为证。

于是项王乃欲东渡乌江，乌江亭长檥船待，谓项王曰："江东虽小，地方千里，众数十万人，亦足王也。愿大王急渡，今独臣有船，汉军至，无以渡。"项王笑曰："天之亡我，我何渡为？且籍与江东子弟八千人渡江而西，今无一人还，纵江东父兄怜而王我，我何面目见之？纵彼不言，籍独不愧于心乎？"

"乃欲东渡乌江"，显然，乌江指这段长江，否则，不好说"东渡乌江"。"渡江而西"与"东渡乌江"相对应，这就证明乌江是这段江的称谓。

《史记》这段文字"乌江"引注为：

瓒曰："在牛渚。"［索隐］曰：按：晋初属临淮。［正义］曰：《括地志》云："乌江亭即和州乌江县是也。晋初为县。《注水经》云水又北左传黄律口，《汉书》所谓乌江亭长舣船以待项羽，即此也。"

可见这段江就叫乌江。从历阳县到乌江县再到镇江，这段江的名称是横江、乌江、扬子江。再向上游说，江西九江的长江段称为浔阳江，白居易的《琵琶行》的"浔阳江头夜送客"诗句可证。

乌江也是长江下游北岸的重要渡口，渡口叫乌江浦。

项羽西渡伐秦，由此过江，《史记》曰："项梁乃以八千人渡江而西。闻东婴已下东阳，使使欲与连和俱西。"东阳，在现在天长县西北，离乌江不远。可以推断，项梁西渡，应是西渡乌江。项羽战败逃亡，"乃欲东渡乌江"，是从旧渡口返回。

《太平寰宇记》：

> 乌江浦，在（乌江）县东四里。（太平寰宇记卷一百二十四）

《方舆胜览》：

> 乌江浦，在乌江县东四里，即亭长舣舟待项王处。（方舆胜览卷四十九）

《明一统志》：

> 乌江浦，在州城北，故乌江县东四里，项羽败于垓下，东走至乌江，亭长舣船待羽即此地。唐胡曾诗：乌江不是无船渡，耻向东吴再起兵。又僧诗云：拔山力尽乌江水，今古悠悠空浪花。（明一统志卷十七）

为什么叫乌江呢？《中国古今地名大辞典》"乌江条"说："在安徽和县东北四十里，今名乌江浦。土多黑壤，故名。"

2. 乌江亭

乌江最初为县下亭的地域，属于东城县。

汉承秦制，当时楚汉相争，历阳与东城是两个不同的县，都属九江郡。《汉书地理志》："九江郡，户十五万五千五十二，口七十八万五百二十五，县十五：寿春邑、浚遒、成德、橐皋、阴陵、历阳、当涂、钟离、合肥、东城、博乡、曲阳、建阳、全椒、阜陵。"[1] "大率十里一亭，亭有长；十亭一乡，乡有三老、有秩、游徼。……县大率方百里，其民稠则减，稀则旷，乡、亭亦如之，皆秦制也。""凡县、道、国、邑千五百八十七，乡六千六百二十二，亭二万九千六百三十五。"[2] 平均每一县有 19 个亭，大县多一点，小县少一点。

由此知道，所谓乌江亭，其实是当时县下属一个行政单位，而不只是一个亭子。

而当时乌江亭属于东城县，不属于历阳县。

唐朝宰相李吉甫撰的《元和郡县图志》明确记载这件事："项羽自阴陵至此，尚有二十八骑。南走至乌江亭，灌婴等追羽，杨喜斩羽于东城。"乌江与东城对举，可见乌江属于东城县。

宋代乐史编著的《太平寰宇记》也有记载："乌江本秦乌江亭，汉东城县地，项羽败于垓下，东走至乌江，亭长舣舟待羽处也。晋太康六年（276 年）始于东城县界置乌江县。"北宋欧阳忞著的《奥地广记附札记》也载："乌江本东城县之乌江亭，项羽欲渡乌江即此。"宋元之际的史学家马端临编撰的《文献通考》明确指出："乌江本乌江亭，汉东城县。"

3. 乌江县

在太康六年（285 年）从东城县分离出来为乌江县。

---

[1] 班固：《汉书》，中华书局 1982 年版，第 1569 页。
[2] 《汉书百官公卿表第七上》，中华书局 1982 年版，第 743 页。

《续通典》载：西晋"太康六年（285 年）于东城界置乌江县。"可见乌江与东城本来相属，当时的乌江县由东城地域析出。《江浦县志》载："晋太康六年，于县境西南置乌江县，治乌江镇，隶扬州淮南郡，领今县城以西地区。"乌江县地域比现在的乌江镇大得多，除和县的乌江镇外，还有今江浦的高旺、龙山、兰花塘、桥林、石桥、汤泉等地皆是乌江县辖地。《太平寰宇记》卷一百二十四"乌江县，东北四十里，旧十五乡。"

4. 乌江郡

乌江历史上曾经为郡的治所。"乌江，汉东城县之乌江亭，属九江郡。北齐为密江郡，陈为临江郡，后周为乌江郡，隋为乌江县，皆治此。"（旧唐书·志·卷二十 淮南道）这就是说，乌江曾经作为郡、县的治所。可见乌江的历史地理位置的重要。

杜佑《通典》卷 181"和州乌江县"条："梁置江都郡，北齐改为密江郡，陈改为临江郡，后周改为乌江郡。"《太平寰宇记》卷一百二十四"晋太康六年始于东城界至乌江县。隋为乌江郡。"（2456 页）《文献通考·卷三百十八·舆地考四》"乌江本乌江亭，汉东城县。梁置江都郡，北齐改为密江郡，陈临江郡，后周乌江郡，隋后为县。有项亭。"

南朝梁改临江郡置，治乌江县（今安徽和县东北乌江镇），东魏废。南朝宋大明三年（459 年），升历阳郡乌江县置临江郡（治乌江，今安徽和县乌江镇）。领 2 个县。普通七年（526 年），改江都郡为临徐（应为"滁"字）郡，改属南谯州（治新昌，今滁州市区）。陈太建五年（573 年）五月，伐北齐。临滁郡还治乌江县（安徽和县乌江镇）。复名临江郡。太建十二年入北周，改临江郡为乌江郡，仍治乌江。隋开皇三年（583 年），废乌江郡，属和州。

《旧唐书》与《太平寰宇记》记载有出入，《旧唐书》认为隋时乌江为县，《太平寰宇记》记载隋时为郡，《文献通考》则认为隋后为县，但他们共同点都认为后周时为郡。

后周（951—960 年）是五代十国之一，是五代的最后一个朝代，从 951 年正月后周太祖郭威灭后汉开国，至 960 年赵匡胤陈桥兵变建宋，历经三帝，享国 10 年。这就是说，乌江作为乌江郡的时间有 10 年。但作为郡的治所，如作江都郡、密江郡、临江郡、乌江郡的治所跨梁、北齐、陈、后周四个朝代，则时间较长。

5. 乌江镇（乡、区）

明初乌江县裁为镇。《明史·地理志》：洪武初（1368 年）省州（指和州）入县。二年（1369 年）复改县为州，乃属庐州府。七年（1374 年）东北有乌江废县。"从此乌江县就成了镇的建置。乌江从太康六年到洪武初共有 1083 年治县和郡的历史。明、清后一直为镇建制，属和州或历阳。

现今乌江镇分为南北乌江镇，北乌江镇属于江苏省；南乌江镇属于安徽省。一般说乌江镇多指南乌江镇（和县境）。

钦定《大清一统志》卷九十一：

> 乌江镇，即乌江废县。明万历中，移牛屯河巡司于此。又有浮沙口巡司，在州东北二十五里。亦明洪武中置，管江面四十里，上至新河口，下至芝麻河。又，旧有河泊所在州东二十里，明洪武中置，今俱废。

钦定四库全书《江南通志》卷二十四：

> 牛屯巡检署在州南六十五里乌江镇。

可见，即便为镇，其位置还是很重要的。

南乌江镇地处皖苏两省交界处，自长江逆水而上，为八百里皖江第一镇，是安徽面向长三角的东大门，与南京江浦一衣带水，同钢城马鞍山隔江相望。乌江区位优势显著，坐拥长江黄金水道，两个码头通江达海，三条省道（宁乌路S124、巢宁路S105、滁芜路S206）穿境而过，距南京长江三桥20公里，马鞍山长江大桥30公里，马和轮渡6公里，安徽省北沿江高速10公里，南京地铁宁和城际（S3号线）一期5公里（2017年开通运营），二期贯穿全境。

二、乌江建制与沿革

秦至东汉末年，历阳置县，属扬州九江郡。乌江、江浦一带不属历阳，属九江郡的东城县和棠邑县，乌江属东城县。《江浦县志》载："始皇二十六年，县地分属九江郡棠邑县、东城县，棠邑居东，领今县境大部分区域，东城处西，涉今县境西南一角。"楚汉时，乌江属九江郡东城，为其下的"亭"。乌江已是长江下游的重要渡口。项羽西渡伐秦，由此过江，《史记》曰："项梁乃以八千人渡江而西。"项羽西渡，该由乌江渡江。战败逃亡，"乃欲东渡乌江"，应是从旧渡口过江。

三国时，乌江为重镇，即驻兵之地。《三国志》卷九："又诏仁移屯颍，迁大司马，复督诸军据乌江，还屯合肥。"《元和郡县图志》："魏黄初三年，曹仁据乌江以讨吴。"（1077）

西晋"太康六年（285年）于东城界置乌江县。"当时的乌江县大体上由东城地域析出，也包括堂邑的一部分地域。《江浦县志》载："晋太康六年，于县境西南置乌江县，治乌江镇，隶扬州淮南郡，领今县城以西地区。"

不过，《元和郡县图志》认为乌江"隶历阳郡"（1077）。是历阳郡，还是淮南郡呢？

《晋书》卷一五："淮南郡：寿春 成德 下蔡 义城 西曲阳 平阿（有涂山）历阳 全椒 阜陵（汉明帝时沦为麻湖）。钟离（故州来邑。）合肥 逡道 阴陵 当涂（古涂山国）东城 乌江。"此时乌江已是县，与东城、历阳并列，同属淮南郡。应从《晋书》。

《晋书》卷一〇〇："（陈）敏弟昶知顾荣等有贰心，劝敏杀之，敏不从。

昶将精兵数万据乌江，弟恢率钱端等南寇江州，刺史应邈奔走，弟斌东略诸郡，遂据有吴越之地。"此时乌江是军事据点。

《宋书》卷三五（志第二五）："怀德令，孝武大明五年立。又以历阳之乌江，并此为二县，立临江郡。前废帝永光元年，省临江郡。怀德即住郡治，乌江还本也。"《宋书》卷三六（志第二六）：刘宋："孝武大明五年（461年）以乌江并怀德二县立临江郡，前废帝永光元年（465年）省临江郡，怀德即住郡汉乌江还本。""永初十年（421年）公淮东为南豫州……"临江郡及乌江县属南豫州。

齐："南豫州，历阳郡，历阳、龙亢、雍邱。""临江郡，乌江、怀德、赞部，建元二年（480年）罢并历阳后复置"，"建元二年（480年）太祖以两州损费甚多省南豫。永明二年（484年）割扬州宣城、淮南，豫州历阳、谯、庐江、临江六郡复置南豫州。"临江郡及乌江县仍属南豫州。

梁："乌江梁置江都郡。"

陈："乌江县陈改为临江郡。"

北魏："《魏书志》，乌江县属临滁郡，无历阳县。"

北齐："历阳郡后齐六和州。""乌江县齐改为齐江郡。""梁末，侯景乱。江北之地，尽属高齐，六为和州。改临江为齐江，以和州领历阳、齐江二郡，及后又省，齐江并乌江并入历阳一郡。"

北周："大象初（579年），尽取陈江北地并入历阳。""乌江县周改为同江郡。"

《楚汉春秋》佚文中有关项羽材料（形象）的分析

＊本文作者任刚。西安工程大学教授。

项羽是《史记》中最光彩夺目的形象，也是中国文学史上最成功的文学形象之一。本文旨在说明《史记》的项羽形象，和《楚汉春秋》有直接关系。

《楚汉春秋》未见著录于《文献通考》，一般以为，《楚汉春秋》亡佚于南宋。清朝时有了《楚汉春秋》的辑本。辑本中以洪颐煊辑集者较好。洪颐煊的辑本约五十条，其中包含了项羽、刘邦、范增、韩信、张良等故事。

要分析《楚汉春秋》中的项羽形象，就只能从相关佚文中进行分析。《楚汉春秋》佚文中和项羽相关的占了十三条，这也可以从一个侧面看出《楚汉春秋》中项羽所占大致的比重。本文试图以这十三条佚文材料，大致分析一下项羽的形象，同时也可以看出刘邦等的形象。

一

洪颐煊的辑本收入《经典集林》卷十。与项羽相关的十三条材料如下：

（1）关于项燕：《史记·项羽本纪·索隐》项燕："项燕为王翦所杀。"

（2）关于项梁：《太平御览》卷386：项梁曾阴养士，最高者多力，拔树以击地。

（3）《太平御览》卷835：项梁阴养生士九十人，参木者所与计谋者也，木佯疾于室中，铸大钱以具甲兵。（《洪遵泉志》"生士"作"死士"。）

（4）关于会稽守：《史记·项羽本纪·集解》：会稽假守殷通。《汉书·项羽传》注：姓殷。

（5）沛公西入武关：《艺文类聚》卷六：沛公西入武关，聚于霸上。遣将军闭函谷关，无纳项王。项王大将亚父至关不得入，怒曰："沛公欲反耶？即令家发薪一束，欲烧关，关门乃开。"

（6）项王在鸿门：《水经·渭水注》：项王在鸿门，亚父曰："吾使人望沛公，其气冲天，五采色相缪，或似龙，或似云，非人臣之气，可诛之。高祖会项羽，范增目羽，羽不应。樊哙杖盾撞入食豕，羽壮之。"

《御览》卷15引亚父谋曰："吾望沛公，其气冲天，五采色相摎，或似龙，或是蛇，或是虎，或似云，或是人，此非人臣之气也。"又卷87引首有"项王在鸿门"。"也"下有"不若杀之"四字。

（7）亚父碎玉斗：《御览》卷352：沛公欲脱身鸿门，从间道至军。张良韩信乃谒项王军门曰："沛公使臣奉白璧一双，献大王足下，玉斗一双，献大将军足下。"亚父受玉斗，置地，戟撞破之。

（8）烹说者：《项羽本纪》："说者曰：'人言楚人沐猴而冠耳。'果然。项王闻之，烹说者"句下《集解》"《楚汉春秋》、扬子《法言》云：'说者是蔡生。'"

（9）董公遮说：《高祖本纪》："三老董公，遮说汉王"句下《正义》："《楚汉春秋》云：董公八十二岁，遂封为成侯。"

（10）上败彭城：《汉书·季布传》："布母弟丁公"句下注：晋灼曰：《楚汉春秋》云："薛人，名固。"

《史记·季布列传·集解》引《楚汉春秋》云："薛人，名固。"

《御览》卷373、649：薛人丁固追，上被发而顾曰："丁公，何相逼之甚！"乃回马而去。上即位，欲陈功。上曰："使项羽失天下，是子也。为人臣，用两心，非忠也。"使下吏笞杀之。

（11）项王为高阁：《御览》卷184：项王为高阁，置太公于上。告汉王曰："今不急下，吾烹太公。"汉王曰："吾与项王约为兄弟，吾翁即汝翁，若烹汝翁，幸分我一杯羹。"

（12）项王使武涉说淮阴侯：《艺文类聚》卷69，《御览》卷710：项王使武涉说淮阴侯，淮阴侯曰："臣故事项王，位不过中郎，官不过执戟。及去相归汉，汉王赐臣玉案之食，巨阙之剑。臣背叛之，内愧于心。"

《文选·四愁诗》注引："淮阴侯曰：'臣故事项王，位不过中郎，官不过执戟。及去相归汉，汉王赐臣玉案之食。'"又《闲居赋》注引："韩信曰：臣内愧于心。"

（13）美人和项羽歌：《项羽本纪·正义》：歌曰"汉兵已略地，四面楚歌声。太王义气尽，贱妾何聊生。"

二

上面的材料基本上涉及项羽一生的多个方面。由此我们可以推断《楚汉春秋》里的项羽的基本内容。上述十三条以时间先后为序，可以分为如下几类：

第一类是项羽的家世及造反，（1）—（4）。

前三条是项羽的家世。（1）是项燕。《项羽本纪》"为秦将王翦所戮者也"句下《索隐》："此云为王翦所杀，与《楚汉春秋》同。"项燕被王翦杀，是秦统一战争中的事情。《楚汉春秋》主要记载高祖、惠帝时的事情。所以此处提及项燕为王翦所杀，也应该是连带而及。（2）（3）是项梁阴养死士。项梁复仇或者伺机造反在《项羽本纪》中有记载。项梁养死士的这两条材料《史记》中没有。这两条材料可以扩展我们的视野，丰富我们的见闻。这对有国仇家仇的项羽而言，影响自不待言。这两条材料告诉我们，项梁手下有力士，"拔树以击地"，力量了得！气魄了得！项羽"力能扛鼎""虽吴中子弟皆已惮籍""彼可取而代也""力拔山气盖世"，是否与此人有关？项羽过人的胆量、见识，大概与项梁的阴养死士有关吧？

项羽出生于这样一个家世，生长于这样一个环境，成人以后是一个什么样的人，大概可以想象得出。《楚汉春秋》的这些材料对于我们了解项羽的为人，无疑是有帮助的，不知为什么司马迁没有采用？

（4）是会稽造反。《项羽本纪》"会稽守通谓梁曰"《集解》："《楚汉春秋》曰：会稽假守殷通"，《项羽本纪》有名无姓，《集解》根据《楚汉春秋》的记载把姓补上。

第二类，鸿门宴。（5）—（7）三条，分别从不同阶段叙述了相关情节。这三条与《史记》相关记载相同的是：亚父坚决主张杀掉沛公，态度十分积极，是主角；相比之下，项羽似乎是木讷消极的，非主角。其不同分述如下：

（5）与《史记》记载不同的是：《史记》是项羽使当阳君等击关而入，《楚汉春秋》则是大将亚父欲火攻而入，沛公开关。这里范增的身份是"大将"。（7）范增是"大将军"。同一故事的《项羽本纪》也是"大将军"。按一般官职常情而言，"大将军"和"大将"的地位不一样。（5）（7）一篇之中，出现了范增的两种身份，总有一误。

（6）《水经注》引当为节录。内容包括了鸿门宴前的"望气"和鸿门宴上的范增、项羽、樊哙的表现，大体与《项羽本纪》的记载相同。

（7）亚父碎玉斗，《太平御览》卷352与《项羽本纪》的记载大体相同。小不同的是献玉斗的是张良、韩信。这里的韩信不知是韩王信，还是淮阴侯韩信。据《淮阴侯列传》淮阴侯归汉王是项羽入关以后的事情，所以，此处似当为韩王信。《项羽本纪》的相关记载是张良一人向项羽和亚父献玉璧。

"鸿门宴"是《史记》的名篇，《楚汉春秋》的"鸿门宴"与《史记》的"鸿门宴"有何不同，虽其详难得而知，但从看不到学者对此二"鸿门宴"有何评论的情实（学者时有指出《楚汉春秋》《史记》不同者），可以大致推想，相差不远。

第二类可以看出，《楚汉春秋》中鸿门宴的项羽与《项羽本纪》中鸿门宴的项羽基本上没有区别。由此可见，陆贾的写作技巧就像他的游说技巧一样，也是很了不得的！

第三类材料（8）（9）两条，反映了项羽的倒行逆施。

（8）烹说者：《项羽本纪》："说者曰：'人言楚人沐猴而冠耳。'果然。项王闻之，烹说者"句下《集解》："《楚汉春秋》、扬子《法言》云说者是蔡生。《汉书》云是韩生。"从注看，《史记》未说明"说者"是谁，《集解》依据《楚汉春秋》《法言·重黎》补充说明"说者"的姓氏。《集解》之所以要标出姓氏，也应出于一种对说者的同情，同时也表达了对项羽认敌为友、以友为敌、倒行逆施的极大不满。不知史公何以不著说者姓氏。

（9）董公遮说：《高祖本纪》："三老董公，遮说汉王"句下《正义》："《楚汉春秋》云：董公八十二岁，遂封为成侯。"《通鉴纲目·西楚霸王、汉王二年集览》："董公八十二岁，起名未详。秦世隐士，遮道而说，遂封。"也可印证。

董公遮说《汉书·高帝纪》上："新城三老董公遮说汉王曰：臣闻：顺德者昌，逆德者亡。兵出无名，事故不成。故曰：明其为贼，敌乃可服。项羽为无道，放杀其主，天下之贼也。夫人不以勇，义不以力；三军之众，为之素服，以告之诸侯，为此东伐，四海之内，莫不仰德，此三王之举也。汉王曰：善。非夫子无所闻。于是汉王为义帝发丧，袒而大哭。"《史记会注考证》以为《汉书》"别有所据"，王利器先生以为"当亦本之陆氏（笔者按：指《楚汉春秋》。见《新语校注》附录185页。）"我以为王利器先生的推断不无道理。

董公遮说本来是一件大事情。从《史记·高祖本纪》相关记载看，高祖或者不知道义帝被项羽杀，或者知道了也没当回事，更不懂做啥文章。正是这位八十二岁的当地三老董公，提醒了汉王。于是汉王就拿这件事情大做文章：又是大哭，又是发丧，临三日，还写出一篇很好的讨项檄文。这里汉王的演技真的很高，戏演得非常有趣：表面上"袒而大哭""发丧，临三日"，实则心里是喜极而泣！自己做贼似的悄悄地刚占关中，得了大便宜，到此华丽转身，一下子成了天下正义的代表！而项羽从此成为天下的公敌！从此人心归附了汉王！天下归了汉王！以高祖的个性，怎么能不高兴！怎么能不哭！《史记·高祖本纪》的记载虽然简略，只有"新城三老董公遮说汉王以义帝死故。袒而大哭，遂为义帝发丧，临三日"几句，但把汉王的内心全盘托出。"新城三老董公遮说汉王以义帝死故"之"故"，当指上引《汉书·高帝纪》董公讲的那一席话。

"烹说者"是项羽自断忠谏之路，杀义帝则是"籍寇兵而赍盗粮"。不都关中、杀害义帝是项羽所有倒行逆施中最重大的。这在《楚汉春秋》中表述得非常明确。

第四类刘项战场之争。（10）—（13）四条。

（10）上败彭城，丁固私纵刘邦：《汉书·季布传注》："布母弟丁公"句下注：晋灼曰：《楚汉春秋》云："薛人，名固。"

《史记·季布列传·集解》引《楚汉春秋》云："薛人，名固。"

《御览》卷373、649：薛人丁固追，上被发而顾曰："丁公，何相逼之甚！"乃回马而去。上即位，欲陈功。上曰："使项羽失天下，是子也。为人臣，用两心，非忠也。"使下吏笞杀之。

泷川谓《史记桃园钞》引《楚汉春秋》云："薛人丁固与彭城人赖齮骑而追之，上披发而顾丁公曰：吾非不知公，公何急之甚？于是回马而去之。"

泷川引与《御览》卷373、649略有不同。

泷川引与《御览》与《史记·季布列传》也不完全一样。

《史记·季布列传》："季布母弟丁公，为楚将。丁公为项羽逐窘高祖彭城西，短兵接，高祖急，顾丁公曰：'两贤岂相厄哉！'于是丁公引兵而还，汉王遂解去。及项王灭，丁公谒见高祖，高祖以丁公徇军中，曰：'丁公为项王臣不忠，使项王失天下者，乃丁公也。'遂斩丁公，曰：'使后世为人臣者无效丁公！'"

泷川引、《御览》所载与《史记·季布列传》，三者意思不异，文句不同，各有胜处，可以互参。

这段材料可以看出项羽军中的军纪之松散与管理之疏忽。刘邦此时真面已现，是项羽的头号敌人。按理说丁公应当抓住刘邦向项羽领功才好，但丁公不顾国家大体，竟然私放刘邦而去。这和通敌卖主有何区别？项羽大喝一声，千人尽废，瞪人一眼，人马俱惊。丁公难道不怕项羽吗？这固然和丁公的糊涂、耳朵软、讲义气有关，但也不能不说和项羽军纪松散与管理之疏有关。就事后的结果看，丁公的通敌卖主行为没有受到制裁。项羽的军队以善战出名，善战应该和军纪整肃和管理严格有关。但是丁公的所作所为确实与项羽军队的破釜沉舟、士卒无不以一当十的作风正好相反。对比一下，比如在项羽东城快战、在乌江边上的时候，刘邦的部将在这样的关键时刻会做出这样的事情吗？绝对不会。其原因何在呢？会不会和项羽的赏罚不公有关呢？

（11）项王为高阁：《史记·项羽本纪》也有："当此时，彭越数反梁地，绝楚粮食，项王患之。为高俎，置太公其上。告汉王曰：'今不急下，吾烹太公。'汉王曰：'吾与项羽俱北面受命怀王，约为兄弟，吾翁即汝翁，必欲烹尔翁，则幸分我一杯羹。'项王怒，欲杀之。项伯曰：'天下事未可知，且为天下者不顾家，虽杀之无益，只益祸耳。'项王从之。"比较一下《御览》卷184所引，可知《御览》略去故事的后半截，即项伯的劝说。其他大同小异。大致可以断定，《御览》卷184所引仅为故事的前半截，《项羽本纪》的此段故事，当取自《楚汉春秋》。从上引鸿门宴有关材料的项羽不杀刘邦的态度，到本段故事项羽对刘邦的父母妻子的态度，可以看出项羽对刘邦真是够仁慈的！也够讲君子风度的！想想刘邦诛除后患动辄夷三族的毒辣手段，刘邦的仁厚、长者的名声到底从哪里得来的？而陆贾竟然能将项羽的贵族气写出来！可见《楚汉春秋》没有把项羽写成杀人魔王，而是一个十分有情义的英雄！而刘邦、项伯的形象也十分好看！

（12）项王使武涉说淮阴侯：故事也见于《淮阴侯列传》：

楚已亡龙且，项王恐，使盱眙人武涉往说齐王信曰："天下共苦秦久矣，相与勠力击秦。秦已破，计功割地，分土而王之，以休士卒。今汉王复兴兵而东，侵人之分，夺人之地，已破三秦，引兵出关，收诸侯之兵以东击楚，其意非尽吞天下者不休，其不知厌足如是甚也。且汉王不可必，身居项王掌握中数矣，项王怜而活之，然得脱，辄倍约，复击项王，其不可亲信如此。今足下虽自以与汉王为厚交，为之尽力用兵，终为之所禽矣。足下所以得须臾至今者，以项王尚存也。当今二王之事，权在足下。足下右投则汉王胜，左投则项王胜。项王今日亡，则次取足下。足下与项王有故，何不反汉与楚连和，参分天下王之？今释此时，而自必于汉以击楚，且为智者固若此乎！"韩信谢曰："臣事项王，官不过郎中，位不过执戟，言不听，画不用，故倍楚而归汉。汉王授我上将军印，予我数万众，解衣衣我，推食食我，言听计用，故吾得以至于此。夫人深亲信我，我倍之不祥，虽死不易。幸为信谢项王！"

对比可知，《史记》之文当为《楚汉春秋》相关情节的全文，而《艺文类聚》卷69，《御览》卷710所节录的仅为此事的节录。《文选·四愁诗》《闲居赋》注引也是节录，仅仅是韩信回答武涉之言，而武涉游说韩信之言省略掉了。

项羽向来用刀枪说话，很少用游说的手段。此当为项羽用游说手法解决问题的最重要的一次。游说辞诚诚恳恳，不夸不虚，是游说辞中少有的实在话。武涉的说辞，把项羽满腔的对刘邦的不满表现出来。但摆事实，讲道理，有理有据，不失风度。应该说，当时的世界上，认识刘邦最清楚的应该数项羽为第一。全是从教训中得出的结论。说辞主要概括了刘邦的两点：一是贪而不知足，一是背约不可亲信。刘邦就是属于那种置人于死地以后，人才能觉察出他的为人的那种。项羽之后，对刘邦认识最清楚的是韩信、彭越、黥布等异姓王，也都是血的教训。欺骗手段非常高。项羽、韩信等因内愧之心，做出了错误的选择。刘邦有没有内愧之心呢？陆贾能将这些事情写出来，可见陆贾的为人！陆贾立过大功，但一直未被封侯，是不是与此有关？

（13）美人和项羽歌：项羽军壁垓下，四面楚歌时，唱了《垓下歌》，虞美人和项羽所唱歌。《项羽本纪》不载。《项羽本纪·正义》于"美人和之"句下，引《楚汉春秋》所载虞姬和歌云："汉兵已略地，四面楚歌声。太王义气尽，贱妾何聊生。"作为和歌，自然也有《垓下歌》。所以大致也可以断定"项羽军壁垓下——左右皆泣，莫能仰视"一段也出自《楚汉春秋》。《垓下歌》体现了项羽最有人情的一面，是一首真正英雄的歌。

三

从以上四类材料的简单分析可以看出，《楚汉春秋》中项羽的形象也是丰富的，生动的。《楚汉春秋》的项羽材料应当比这十三条多得多，因而也就可以断定《楚汉春秋》中项羽的形象，也比我们上述十三条要丰富生动。上面所引的材料中，不见于《史记》的，如项梁阴养死士的故事，确实丰富了我们的视野，印证《史记》相关记载，加深了我们对项羽的认识；共见于《楚汉春秋》与《史记》的材料，虽然文字上有所出入，但是基本上和《史记》相关材料中的项羽形象区别不大。

　　《秦楚之际月表》一开头就说："太史公读秦楚之际"，一般以为这里所说的"秦楚之际"就是以《楚汉春秋》为主的相关书籍。《汉书·司马迁传·赞》《后汉书·班彪传》《史记》三家注、《史通》等作者都是熟悉《楚汉春秋》的，也都说《史记》秦楚之际与《楚汉春秋》的密切关系。总之，《史记》记秦汉间事尤详，与《楚汉春秋》有直接关系是学者的共识。秦末、秦楚之际前后只八年，但在中国历史上影响非常巨大。至今象棋棋盘上仍然印着"楚河""汉界"，可以看做对这段历史的民族记忆至深。陆贾是奇人，《楚汉春秋》是奇书，司马迁又好奇，于是同气相求，共同演绎了这段震撼古今的历史。

　　司马迁在《楚汉春秋》的基础上，结合自己的见闻和实地考察所得的材料，写成了《项羽本纪》，为我们塑造了一个中国文学史上少有的令人爱、令人恨，爱恨纠结，难以取舍的项羽形象。项羽形象最大的特点在于其真。能把人性之真鲜明地表现出来的文学形象，在世界文学史也不是很多。在中国的文学史上，公认的要数《红楼梦》。《史记》里面具有复杂性的人物形象，除了项羽之外，就要数汉高祖刘邦。这两个人物一个具有贵族气，一个具有草莽气，在中国文化中具有典型性。《史记》项羽、刘邦形象的成功，得力于《楚汉春秋》。他们都是《楚汉春秋》的主角，都是陆贾着力的人物。由此也可以看出《楚汉春秋》对历史人物把握的准确程度、深刻程度、写作技巧。

两山与江考

＊本文作者金绪道。安徽和县作协主席。

一、阴陵山

阴陵山位于东经 118°18′，北纬 32°02′之间，地处海拔 315 米的如山方之北，面阴，故名。其横亘于滁河南岸，呈东北—西南走向，长约 10 公里，宽约 5 公里，占地约 40 平方公里。

阴陵山的东边是江浦，距江浦县城 22 公里。西边是迷沟大泽，距迷沟 2 公里。南边是四溃山，继之是乌江，距四溃山 8 公里，距乌江镇 22 公里，距和县县城 36 公里。北边是滁河，隔河是全椒，距全椒县城 12 公里。

阴陵山古为椒、棠、南巢交界处；秦时为历阳、东城、棠邑交界处；汉时为历阳、建阳、阜陵交界处；晋至明初为历阳（和州）、全椒、乌江县交界处；明至民国为全椒、和州、江浦交界处；现属和县石杨镇，接江苏江浦县界。

阴陵山又名九头山，因其由插花山、灰头山、龙王山、马鞍山、癞头山、犁头尖、宝塔山、蔡家山、横山等 9 个较大的山头组成，主峰海拔高度 145 米，若站在全椒向南看，九个山头清清楚楚，以故全椒人多称九头山。称"九斗山"，则缘于项羽在此与汉军"一日九战"之说。

历代典籍及志书均有记载：

唐《元和郡县图记》（李吉甫撰，中华书局版，1983 年第一版 1076 页）卷一百三十一

《和州》

［山川］

阴陵山　在州北八十里，接江浦县界。山小多石，上有刺枪坑，阔一丈许，石罅水常清，相传为项羽立枪地。

南宋《方舆胜览》（祝穆撰，《文津阁四库全书》本，商务印书馆影印，2006 年第 0471 册，79 页）卷四十七

《淮东路·滁州》：

清流、来安、全椒

［形胜］

九斗山　一名阴陵山，在全椒县南九十余里。昔项羽兵败，欲东渡乌江

经此。

《明一统志》（李贤等撰，《文津阁四库全书》本，商务印书馆影印，2006年第0471册，619页）

卷十八《滁州》领县二：全椒、来安

［山川］

九斗山　在全椒县东南二十五里。一名阴陵山。昔项羽兵败欲东渡乌江，经此山，与汉兵一日九战，故名。山石有磨砺刀镞迹。

卷四十九《淮南西路·和州》领历阳、含山、乌江三县

［山川］

阴陵山　在乌江西北四十五里，即项羽迷失道处。

清《读史方舆纪要》（顾祖禹撰，《续修四库全书》，上海古籍出版社（第600册，697 - 701页卷二九《南直十一》）

滁州：全椒县

九斗山　县东南二十五里。一名阴陵山。昔项羽兵败，欲东渡乌江，道经此山，与汉兵一日九战，山以此名。其西五里有迷沟，相传项羽迷道陷大泽处也。《志》云：今县南二十里有楚迷沟。

清《嘉庆重修大清一统志》（《四部丛刊续编》本，商务印书馆1934，上海书店1984年重印）卷七十二

《江苏统部·江宁府一》属下江浦县

两汉堂邑、全椒二县地。洪武九年（1376年）析六合县及滁、和二州地置，属应天府。

阴陵山　在江浦县西南四十五里。又西南十里有四溃山，皆接安徽和州界。

康熙《全椒县志》

九斗山　南二十五里，一名"阴陵山"楚项羽兵败，东渡乌江，途经此，与汉兵一日九斗，故名，史称北淮太守陈昕除阴陵戍主是也。

民国九年《全椒县志》

阴陵山　东南二十五里，旁有楚迷沟，项羽本纪，羽困垓下，溃围夜出，汉兵追之，渡淮骑仅百余人，至阴陵迷道，即此。

阴陵山往北经全椒过东阳可达钟离，往南经四溃山可直抵乌江渡口。

《全椒县志》载："由滁州经全椒至和（州）巢（州）驿道路线：滁州南门——南腰铺——十字路——全椒城——南屏山——武家岗——官渡——和、含、巢（州县）"；

《和县志》载："历阳古道线路为：滁州城——全椒城——后河铺——夹山关——香泉——和州"；

清顺治十五年（1658年），著名学者朱彝尊泊舟乌江谒项王祠，有题记："去此祠三十里即阴陵故道。"

"阴陵故道"是乌江北去的大通道。那时，乌江与历阳间为一片水域所隔，两地间的陆路必经阴陵山，即：乌江——四溃山——阴陵山——夹山关——香泉——历阳，相距约 140 里。

从现场考察情况看，历阳古道在襄河镇有两条：一是襄河镇——武岗——官渡——夹山关——历阳；另一是襄河镇——陈浅——蔡浅——阴陵山——石桥——乌江。滁河蔡浅段河宽水浅，大多时候可涉水而过，水深时有渡船，因此，留有陈浅渡、蔡浅渡等一些古渡地名。阴陵山就是这条路上的一个地标。唐会昌五年（845 年）张祜从河北投奔池州刺史杜牧途经阴陵山时，写下了《过阴陵山》诗："壮士凄惶到山下，行人惆怅上山头。生前此路已迷失，寂寞孤魂何处游？"可见阴陵山当时在乌江往北的南北大通道上的地理位置。

阴陵山为世人所知，不仅仅是乌江北去的大通道，更重要的是它是司马迁《史记·项羽本纪》中提到的一个关键地点。

原文是："于是项王乃上马骑，麾下壮士骑从者八百余人，直夜溃围南出，驰走。平明，汉军乃觉之，令骑将灌婴以五千骑追之。项王渡淮，骑能属者百余人耳。项王至阴陵，迷失道，问一田父，田父绐曰'左'，左，乃陷大泽，以故汉追及之。"这里的"至阴陵"，指的就是阴陵山。

后人对"至阴陵"，有阴陵山、阴陵县境和阴陵县城的三种说法。

《辞源》"阴陵"条：（1）县名，秦置，后汉为九江郡，东晋后废。故城在今定远西北；（2）山名，安徽和县，北接江浦县界，即项羽迷道处。

《中国古今地名大辞典》阴陵山条：在安徽和县北八十里，接江苏江浦县界。

如果"阴陵"是指阴陵县城，一是方向错了。阴陵古城位于垓下偏西36°160华里处的莫邪山西南角。项王垓下溃围南驰是向南的，怎么会向西走呢？二是阴陵古城在驿道上，附近无大泽，又怎能迷路呢？三是时间和距离不符。垓下距定远阴陵故城只有 160 华里，按战马长距离奔跑时速 30 公里计，项王直夜溃围南驰，到达阴陵故城时只需三小时，还是夜里，隆冬十二月的夜里哪有农夫出来？垓下距阴陵山 400 华里，项王骑从涉洤、淮、池、滁河后，到达阴陵山正是早晨。所以，把"至阴陵"作为阴陵县城或县境来理解是不正确的。

《史记》记载的山名中有不少是将"山"字省略了的。如《史记·匈奴列传》："冒顿纵精兵四十万骑围高帝于白登，七日，汉兵中外不得相救"中的"白登"和《史记·韩世家》的"今楚兵在方城之外"的"方城"均为山名。

唐刘禹锡《历阳书事七十四韵》："一夕为湖地，千年列郡名。霸王迷道处，亚父所封城。……"这里的"霸王迷道处"，指的就是阴陵山。明全椒进士吴颖有诗云："汉家将士挥矛戈，亚父东归项寡谋。兵败阴陵空九斗，至今遗老说迷沟。"（《全椒县文物志》）说得就更为明白了。

项羽为什么会在阴陵失道呢？这是由当时的气候、地理、水文条件造成的。项羽从垓下溃围，由临淮关渡淮，经池河驿、清流关，过全椒，直奔乌江。时为汉王五年冬十二月，淮河、滁河皆结冰，骑从踏冰飞渡，从陈浅、蔡浅到达阴陵山下，按垓下直夜溃围的时间推算，该是早晨，滁河谷地，冬日雾大，面对阴陵山的矗立，项羽不知怎么走了。问一田夫受绐，向左，入迷沟，进入大泽腹地。项羽从迷沟返回，也还是难辨方向和道路，迷道处右边不远有一小丘，项羽及骑从人饥马乏，一边上小丘寻路，一边歇息。之后，才沿着阴陵山上了"阴陵故道"，可惜，已为汉兵追及。从阴陵山到乌江渡口的道路上，留下许多遗迹，且固化为地名，从拴马桩经霸王泉、插花山、到了四溃山，项羽利用四溃山的地形打了一场"东陈快战"，斩将、溃围、刈旗，之后经"百战塘"到达乌江浦。这条路线与乌江经阴陵山往北的驿道完全吻合。

阴陵失道毕竟过去两千多年了，我们研讨这段历史，首先不能离开原著、典籍和方志，同样不能离开深藏在人民心中的民俗文化，要将往昔的建置沿革、地形地貌、交通状况，和当今的实地考察的成果有机结合在一起分析研究，这样才能弄清真伪。

阴陵山沐千年风雨，依然矗立在滁河南岸。左眺长江，右揽滁河，看两省垄田，听三县鸡鸣，诉说着历史的真实。

二、四溃山

四溃山，古名四隤山，亦名驷马山。《汉书》颜师古《注》与《广雅·释韵诂二》及《集韵·纸韵》皆谓"隤"，即倾斜之义。此山因四面缓坡梯形而名之。

四溃山呈东北—西南走向，平均坡度为 $5°—10°$，顶部宽平。在今江浦县境内。东北距江浦县城五十五里、东南距和县乌江镇三十里，西北距全椒县三十五里，位于江苏江浦、安徽和县、全椒三县交接处。

北宋乐史《太平寰宇记》卷一百二十四《淮南道·和州》卷所领乌江县下记：

四隤山　在县西北七十五里。项羽既败于垓下，东走至东城，所从惟二十八骑，汉兵追者数千，羽乃引骑回（因）四隤山而为圜阵，即此山也。

南宋王象之撰《舆地纪胜》二百卷，第四十八《淮南西路·和州》卷：

四隤山　在乌江县西北三十里，直阴陵山。项羽既败于垓下，走至东城，所从惟二十八骑，汉兵追者数千，乃引骑依四隤山为圜阵，即此山也。今山石上有走马足痕。

《嘉庆重修大清一统志》卷一百三十一《和州·山川》录：

四溃山　在州北七十里，亦名驷马山，接江苏江宁府江浦县界。

《嘉庆重修大清一统志》卷七十二《江苏统部·江宁府一》所属江浦县《志》云：

阴陵山　在江浦县西南四十五里。又西南十里有四溃（隤）山，皆接安徽和州界。

清顾祖禹《读史方舆纪要》卷二九录：

四溃山"亦名驷马山"，位在全椒东南三十五里。

根据《舆地纪胜》《嘉庆重修大清一统志》《读史方舆纪要》等地理志书著录的四隤山，其四至里程为：东北距江浦县城五十五里、东南距乌江县（今和县乌江镇）三十里，西北距全椒三十五里。可以确定四隤山（今名驷马山或四溃山），正是项羽与汉骑将灌婴所率汉军追骑于东城快战的古战场。

经实际测绘，四溃山海拔81.7米，相对高度约为50米。山形略呈四面缓坡梯形，平均坡度为5°—10°。山顶宽平无峰。山脚长边2公里多，宽约1公里，周回5公里多，有六七千亩山原。四溃山距全椒县城18公里，距江浦县城28公里，距乌江13公里，乌江距江浦县城亦为28公里。古地志所记里程与实测结果基本相符。四溃山梯形缓坡、顶部宽平，正适合项羽与其二十八骑在山顶布下环形防御阵势，然后纵骑驰下，冲决汉围，斩将，刈旗。

> 《史记·项羽本纪》原文曰："项王乃复引兵而东，至东城，乃有二十八骑。汉骑追者数千人。项王自度不得脱。谓其骑曰：'吾起兵至今八岁矣，身七十余战，所当者破，所击者服，未尝败北，遂霸有天下。然今卒困于此，此天之亡我，非战之罪也。今日固决死，愿为诸君快战，必三胜之，为诸君溃围，斩将，刈旗，令诸君知天亡我，非战之罪也。'乃分其骑以为四队，四向。汉军围之数重。项王谓其骑曰：'吾为公取彼一将。'令四面骑驰下，期山东为三处。……"

这里的"山"即四隤山。其时项王不知此山何名，司马迁亦据实书作"期山东为三处。"班固著《汉书》时，四隤山早已名扬天下，他在《汉书·项籍传》里表述为："于是引其骑因四隤山而为圜阵外向。汉骑围之数重。"项王凭借四隤山形而为圜阵外向，居高临下，向着汉军拼命冲杀——

> "于是项王大呼驰下，汉军皆披靡，遂斩汉一将。是时，赤泉侯为骑将，追项王，项王嗔目而叱之，赤泉侯人马俱惊，辟易数里，与其会为三处汉军不知项王所在，乃分军为三，复围之。项王乃驰，复斩汉一都尉，杀数十百人，复聚其骑，亡其两骑耳。乃谓其骑曰：'何如？'骑皆伏曰：'如大王言'。"

四隤山的这场快战，项王以二十八骑对抗由灌婴率领的汉追军五千骑，他仅损两骑，而汉军伤亡甚重，这是楚汉相争以少胜多的又一例证，有人称此为"项羽最后的辉煌"。

项王迅速结束东城快战，突破重围，引28骑继续东驰，向着他预先确定的路线乌江狂奔而去。

三、乌 江

乌江，又名乌江浦。两千多年前长江下游的重要渡口之一。《中国古今地名大辞典》乌江条说：水名。土多黑壤，故名。

《括地志》主编唐著名历史地理学家李泰于"和州乌江县"条下解："乌江亭，即和州乌江县是也。晋初为县，注《水经》云：江水又北得黄津口，《汉书》所谓乌江亭长舣舟待项羽，即此也。

乌江地处东经118°27′，北纬31°51′之间，位于和县东北隅，为苏皖两省交界处，"上通楚地，下达吴都"，与江浦一桥相通，和马鞍山一渡相连，是南京一小时都市圈，素有金陵门户之称，也是八百里皖江第一镇。

乌江不仅区位重要，而且历史悠久。秦汉时，为东城县之乌江亭。西晋武帝司马炎太康六年（285年）于东城界置乌江县，与历阳县同属淮南郡。此时的乌江县东北有四乡、五镇（汤泉、永安、石碛、新市、高望）。有阴陵山、大江、乌江浦。唐上元二年（716年），以江宁县改为上元县，治所即今浦子口（习称浦口），宋沿用之。《元和郡县志》云：乌江县东北八十里有安阳渡，与上元县对岸。"安阳渡为南北津渡要冲。明洪武九年（1376年）置江浦县，曾以此为治所。而《元丰九域志》所属乌江县辖五镇均在今江浦县境（现为南京市浦口区），汤泉、高望的镇名沿用至今。由此可知，当年的乌江县不仅辖有今安徽和县东部的乌江镇，更含有乌江镇以东的江浦县全境。

刘宋孝武大明七年（463年），以乌江并怀德二县立临江郡。梁置江都郡。北魏，乌江县属临滁郡。北齐改为齐江郡，后又省齐江郡并入历阳郡。北周大象初（579年），改为同江郡。隋为乌江郡。开皇初（581年），废郡，属历阳郡。南北朝时期，乌江县有118年（463—581年）的郡治史。

隋、唐时，乌江均为县建置，属历阳郡或和州。五代，乌江随和州先后属吴、南唐、周，和州领县三，历阳、乌江、含山。宋朝，乌江属和州。绍兴五年（1135年），废县为镇；七年（1137年），复为县。元时，乌江属和州。明洪武初（1368年），省和州入县。二年（1369年）复改县为州，乃属庐州府。洪武七年（1374年），乌江废县为镇。从太康六年到洪武初，乌江有1083年治县史。

明、清一直为镇建制，光绪年间，乌江镇为和州首镇。属和州或历阳。民国29年（1940年），乌江由镇改乡。中华人民共和国成立后，乌江设区、乡、镇。2006年，乌江镇拥有11个村委会、4个社区居委会，733个自然村，总面积141平方公里，总人口7万，为汉、回、苗、壮、彝多民族居住区。至今，乌江有645年治镇史。

乌江最早见于史典的是司马迁的《史记·项羽本纪》。文曰：

于是项羽乃欲东渡乌江。乌江亭长舣船待，谓项王曰："江东虽小，地方千里，众数十万人，亦足王也。愿大王急渡。今独臣有船，汉军至，无以渡。"项王笑曰"天之亡我，我何渡为！且籍与江东子弟八千人渡江而西，今无一人还，纵江东父兄怜而王我，我何面目见之？纵彼不言，籍独不愧于心乎？"乃谓亭长曰："吾知公长者。吾骑此马五岁，所当无敌，尝一日行千里，不忍杀之，以赐公。"乃令骑皆下马步行，持短兵接战，独籍所杀汉军数百人。项王身亦被十余创，顾见汉骑司马吕马童，曰："昔非吾故人乎？"马童面之，指王翳曰："此项王也。"项王乃曰："吾闻汉购我头千金，邑万户，吾为若德。"乃自刎而死。

史圣司马迁用 279 个字，全景式描述了项羽在乌江边与亭长的对话、同汉军的短兵接战、与故人吕马童的诀别留言和最后伏剑自刎的整个过程，将项羽由愧于心而达于义、由矜于己而系于民的真实思想，淋漓尽致地展现给世人，末路英雄，更显英雄本色。质朴，生动，精准而又精彩。慑人心魄，动人情怀。

项羽乌江自刎，《史记》首记，《汉书》再书，降唐宋至明清，为历代史学大家所尊崇。我国现存最早又较完整的地理总志《元和郡县志》为唐李吉甫所撰，其载："项羽……南走至乌江亭，灌婴等追羽，杨喜斩羽于东城。"宋欧阳忞所撰的《舆地广记》载："乌江本秦东城县之乌江亭，项羽欲渡乌江即此。"北宋乐史的《太平寰宇记》载："乌江县本秦乌江亭，汉东城县地。项羽败于垓下，东走至乌江，亭长舣舟待羽处也。"司马光主编的《资治通鉴》载："于是项羽乃欲东渡乌江，乌江亭长舣船待，……乃自刎而死。"清初顾祖禹独撰的《读史方舆纪要》载："秦乌江亭也，汉东城县地。"宋元之际著名学者马端临的《文献通考》载："乌江本秦乌江亭，汉东城县……有项亭"。《直隶和州志》载："驻马河，州东北四十里，濒江，即乌江亭舣舟待项王处。"《历阳典录》载："乌江县本秦乌江亭，汉东城县地，项羽败于垓下，东走至乌江，亭长舣舟待羽处也。"以上各名家名著及方志都明确指认和县乌江为项羽自刎处，且千年无异议。项羽自刎乌江的史实岂容置疑？

> 王翳取其头，余骑相蹂践争项王，相杀者数十人。最其后，郎中骑杨喜、骑司马吕马童、郎中吕胜、杨武，各得其一体。五人共会其体，皆是。故分其地为五：封吕马童为中水侯，封王翳为杜衍侯，封杨喜为赤泉侯，封杨武为吴防侯，封吕胜为涅阳侯。

> 项羽自刎之后，汉将相互蹂践争抢项王尸体，以图封侯。两相对比，更加凸显了项羽人格的光辉。

汉军席卷而去，亭长偕当地百姓收捡项王衣冠，在乌江岸边的凤凰山上垒土为墓，焚香以祭。

嗣后建祠，始于何时，因历史久远，无从稽考。但就其祠名先后为项亭、项王亭、项王祠、英惠庙、项王庙、项羽庙、霸王祠、西楚霸王灵祠、霸王庙来看，明礼部郎中汪佃碑记曰："意必代有之。"

据记载，霸王庙最兴盛时有厅、殿、厢、室九十九间半之多。1984 年、1992 年，政府两次投资 160 多万元在原址重新扩建，面积达 7.13 公顷，除恢复正殿、东西侧殿外，还扩建了"衣冠冢"，新建了 6 个祠外景点，恢复旧名"西楚霸王灵祠"。并列为省级文物保护单位。

项羽虽死犹生，他那威武勇猛的英雄形象不可磨灭，永远镌刻在人们的心坎里。历朝历代文人墨客在此留下无数诗篇，洒下无数感慨之叹。

唐于季子《咏项羽》：北伐虽全赵，东归不王秦。空歌拔山力，羞作渡江人。

唐孟郊《题项羽庙》：碧草凌古庙，清尘锁秋窗。当时独宰割，猛志谁能降。鼓气雷作敌，剑光电为双。新悲徒自起，旧恨空浮江。

唐李贺《咏项羽神骓》：催榜渡乌江，神骓泣向风。君王今解剑，何处逐英雄。

唐杜牧《题乌江亭》：胜败兵家事不欺，包羞忍耻是男儿。江东子弟多才俊，卷土重来未可知。

唐胡曾《乌江》：争帝图王势已倾，八千兵散楚歌声。乌江不是无船渡，耻向东吴再起兵。

宋徐兢《项亭》：图秦争汉两无成，霸势先随玉斗倾。惟有乌江夜深浪，至今犹作楚歌声。

南宋李清照《夏日绝句》：生当作人杰，死亦为鬼雄。至今思项羽，不肯过江东。霸气震神州，凌云志未酬。乌江夜若渡，两汉不姓刘。

清郑板桥《悲项羽》：玉帐深宵悲骏马，楚歌四面促红妆。乌江水冷秋风急，寂寞野花开战场。

清吴本锡《项王亭》：萧瑟江东远树青，江声呜咽入江亭。西风渡口朦胧月，不唱虞兮也涕零。

此外，每年的农历三月初三（即清明时节），都有一个盛况空前的民间祭祀活动——霸王庙会。"三月三霸王庙会"形成规模的历史，可追溯到初唐时期。这天，来自江苏、安徽的祭拜群众数以万计，就连江上往来的商船路过此地，也会停船登岸参加叩拜。现在的庙会除了举行祭拜之外，还搭台连唱三天大戏，同时，周边的群众也自发组织龙灯队、高跷队、跑旱船等民间娱乐活动，将庙会气氛烘托得隆重而又热烈。随着社会的发展，"三月三霸王庙会"进而成为苏、皖两省边境文化、旅游、商贸交流的载体，其影响也将逐渐波及到国内外。2006 年，和县"三月三霸王庙会"被确立为安徽省第一批非物质文化遗产项目。

每次庙会，乌江老百姓都会向祭台呈上入选安徽省第五批非物质文化遗产的民间小吃"霸王酥"，此时的"霸王酥"不仅仅是一种祭品，而更多的是对项羽膜拜的一种象征。

与"霸王庙会"同时的，还有绰庙"虞姬庙会"。人们为纪念虞姬，在阴陵山上建了座虞姬庙。后来山上竟生长出一种叶碧如洗、花白似玉的幽兰，传说是虞姬的兰花簪所变。每当春日，幽香四溢，山石皆馥。农历三月三，周围乡民来虞姬庙祭拜，后来便成了庙会。一南一北，遥相呼应。它反映出和县民众对霸王和虞姬的爱戴。2012 年，"绰庙三月三虞姬庙会"入选马鞍山市第三批非物质文化遗产代表性项目名录。

四、结 论

综上所述，阴陵山为霸王迷道处，四溃山乃东城快战场，乌江是项羽自刎地。两山一江，因项羽垓下溃围南驰经此，而为历代历史地理书籍所记载，《史记》为首记，《汉书》为再书，都是历史的实录，是信史，千年无异议，毋用置疑。

浅谈项羽文创的研究与开发

＊本文作者沈俊苗。南京市浦口区文化产业联合会副会长。

项羽是中国著名的历史人物，不仅在国内家喻户晓，而且在国际上也享有盛誉。项羽作为中国历史上唯一的"西楚霸王"，在中国文旅产业大改革、大发展、大繁荣的背景下，有着独一无二的文创研究价值。本文结合南京浦口区项羽文化资源状况，重点对此进行相应的研究和探索。

一、浦口项羽文化研究的现状分析

项羽文化的研究开发应用，具有重大的意义，名人效应作为地方独特的文化资源，近年来已经从单纯的名人旅游向全方面的名人主题文化创意产业进行转型发展。项羽作为中华文化史上唯一的"霸王"，自身有着独一无二的文化价值和产业价值。在中国文化产业大发展大繁荣的背景下，分析项羽文化创意产业发展现状和存在突出问题，进而对项羽文化创意产业未来发展进行对策研究，对提升当地文化产业内容大有裨益。

近年来，浦口区不断强化项羽文化的考证挖掘与弘扬，特别是发表于2017年史记论丛第十四集的《项羽"阴陵迷道"考证与浦口项羽文化地名分布解析》一文，对项羽垓下溃围南驰败走浦口至乌江自刎进行了全新考证，一方面确认项羽自刎乌江证据确凿，毋庸置疑，另一方面结合史料查证、实地考察、诗文佐证、地形地貌分析、以及模拟推演等，对"阴陵"的位置进行了详细分析，明确指出项羽迷道处应为江浦、和县交界的阴陵山。近年来，围绕项羽文化研究考证与挖掘，浦口区已经已经开展了《垓下溃围驰战线路图》等相关课题研究，制定了《项羽与浦口的地名传说文化创意规划方案》。《项羽垓下溃围南驰路线验证及文化产业应用研究》也已作为江苏省社会科学基金省市协作项目批准立项。目前，浦口还在影视演艺、动漫制作、展览展陈等多个方面，强化项羽文化的文创应用，为下一步项羽文化产业的大力推进和发展奠定了坚实基础。

二、项羽精神剖析与文创思路

项羽作为氏族贵族，具备贵族精神，也是他的英雄主义面貌特征的核心，项羽虽然具有残暴的一面，常常攻下一城便屠一城，这其实是奴隶制留下的残余，然而对待江东子弟，对待盟约，对待贵族，却能报以宽忍和爱护，这便是贵族精神的体现，如果割开奴隶社会残余下的等级思想，那么他的贵族精神可以说是真正符合真善美的精神，所以开发项羽，除了千篇一律地宣扬他的勇猛之外，他为什么不肯过江东，可以做一个深度剖析。他具有个人的信仰，坚守着高尚，高雅，高贵，毫不动摇，这也是这位英雄人物被推崇之处，而非仅仅因为他的勇武。所以借由项羽挖掘其现代版贵族精神，可以作为一个文化的切入点，产生巨大的影响力，并且更区别于其他的项羽文化。

同时，项羽对爱情的至死不渝也是一段佳话，需要强调，自古英雄配美人，因为有虞姬这位死生相随的美人，项羽的英雄形象才更加丰满。除此之外，我们还可以把历史上文人墨客对项羽有一些中肯的评价，作为项羽人物形象文创研发的参考：比如：

题乌江亭　（唐）杜　牧

胜败兵家事不期，包羞忍耻是男儿。

江东子弟多才俊，卷土重来未可知。

题乌江亭　（宋）王安石

百战疲劳壮士哀，中原一败势难回。

江东子弟今虽在，肯为君王卷土来？

绝句　（宋）李清照

生当作人杰，死亦为鬼雄。

至今思项羽，不肯过江东。

这三首诗观点不同，杜牧认为胜败乃兵家常事，要能够忍辱含垢，学习越王勾践卧薪尝胆，王安石认为就算项羽豪情仍在，但老百姓打了这么多年仗，也渴望和平，这里谈的是民心，外界条件已经不适合项羽了，而李清照认为项羽是个英雄人物，英雄人物的结局自然是悲壮的，正是因为他是英雄，所以他不肯过江。

三、如何开发项羽文创

上述对项羽人物的剖析与研究分析可以作为项羽文创研究开发基础，项羽故事具备文创IP的开发元素，从游戏到动漫均有类似开发产品，具体可以分为以下几个层面。

1. 项羽与虞姬的动漫IP、动画片、电影、电视剧等开发

（1）动漫IP、动画片、动画电影：

围绕项羽自垓下被刘邦军团合围至乌江自刎的故事，叙述项羽败逃过程中与浦口 30 个历史文化景点之间的联系，以及发生的一系列的事情，重点体现他败逃的过程中，所体现的气概，所发生的逸事，所展现的柔情，将这一段英雄末路，霸王别姬的历史原汁原味地呈现出来，同时打破传统的虞姬面貌，着力塑造一个文武双全，柔情似水的虞姬。

（2）戏剧创作

创作同名的《霸王之战》的戏剧、舞台剧、依托动漫影视剧本的创作思路，转变为戏曲故事及现代剧故事。就好像昆剧《牡丹亭》改编而成的新版青春版《牡丹亭》。我们也可以依托现有的影视故事来创作各种曲种的戏曲故事，比如昆曲、越剧、京剧等《新霸王之战》。并且可以带动戏曲爱好者的关注及参与，对品牌宣传是极为有利的。

（3）绘本、书刊创作

绘本以项羽虞姬的爱情故事为主线，重新设定新的适合绘本及书刊的形象。将项羽垓下之战及涉及的浦口 30 处景点改编成绘本的形式展现：角色形象参考原画设计，角色风格定位为半写实风格，年龄定位为二十多岁女性。在原有基础上进行适当的夸张处理，由于虞姬这个角色本身富有很多传奇色彩，是个绝色佳人，所以在处理裙角、衣摆和衣带上会处理得更仙一些，所以也并不能太写实。而是要给读者视觉上一种飘逸迷离梦幻之感。也要凸显出女性的柔美，金属质感的发饰，侧面强调了虞姬的外柔内刚，并不是普通的柔弱女子，在危及时刻，虞姬也能拾起长剑向敌人挥舞。如图：

《霸王之战》的小说可以同步上架，同时吸粉。在影视剧上映前或者同时宣发都是可行的。目前网上读者的市场占有率可以达到 90% 之多。积累了一定的粉丝群再同步发行《霸王之战》的画本海报，并且在互联网上进行众筹式的宣发，增加话题。

（4）歌曲创作

以项羽及虞姬为原型，以霸王别姬的爱情故事为基础，创作影视剧的同名歌曲，曲风以古典加现代的风格，加入诗词的旁白，磅礴之气展现霸王的英勇气概，古韵阶段展现霸王之爱，整体曲调委婉动听，配乐因以丝竹等空灵质地。在影视剧作品上映之前网络先预热，通过电台打榜、微信转载。并在浦口举办《霸王之战》同名影视剧的原创歌曲大赛等，同步宣传该项目。

（5）雕塑创作

文化背景和收藏传统是影响中国雕塑市场发展的重要原因。国内国外收藏历史的延续性是形成较为完善的艺术市场的重要原因。而项羽文化做雕塑创作具有深厚的文化故事内容。项羽所处的年代也是具有收藏雕塑的意义。雕塑的艺术性、装饰性特殊的实用性，市场性也是日益精进。我们可以在公园举办项羽文化的雕塑作品展览。并且评选优秀的作品，而入选的雕塑作品可以放到我们的书刊、绘本，影视剧中。

也可以以项羽时代的历史背景来创作，进行拍卖，雕塑个展、联展、巡回展等进行推广。伴随着雕塑的发展，进入当代视野之后，雕塑的创作方法使用材料及表现观念也会越来越多元化。雕塑作品完成，我们还可以进行影像，摄影等延续性的宣传。

2. 项羽文创元素研发

具体来说，就是开发设计动漫化的项羽与虞姬形象，围绕上述分析的项羽精神进行设计，完成动漫形象设计后，对形象进行商品化设计，设计出 LO-GO、代表字体、标准的动漫形象，可以广泛运用到文创生活用品、文旅商品、工艺品等产品中。

目前我们开发研究设计的项羽品牌，想与市场上或之前的一些构思区别开来，我们设计了一个古典的字体、一个现代版的，一个水墨风格的。在品牌名称的创作中，我们最终选定了"霸王之战"。这个名称。任何的项目策划首先，一定要将品牌名称确定才能进行下一步的所有环节。之所以确定的是这个，一是凸显主角立场。二是可以体现后续创作的所有环节的核心。让人一目了然的知道，这个品牌所要表达的含义。三是在传播中易于传扬，容易记住。

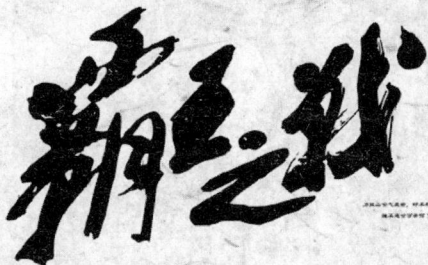

（1）旅游商品开发规划（部分）：

扑克牌——历史景点系列：按照 30 处景点（瓢儿井、点将台、饮马池、高望、兰花塘、红绣鞋、失姬桥、胭脂井、魂落铺、九头亡、勒马想、霸王泉、驻马河、滚马滩、霸王庙、御祭庵、鬼门关、晾甲庙、下马石、霸王鞭、四马山等），设计出动漫或者风格化场景。

瓷器类商品开发：历史场景故事、人物，在碗、盘等瓷器上展示出来。

扇子、茶具开发：折扇、团扇、茶具上面，对项羽和虞姬等呈现。将霸王别姬的场景及诗词展示给现代人了解。而虞姬的形象完全适合订制"美人扇"并且可以加入南京非遗云锦和金箔的艺术。

项羽虞姬的手办公仔：随着"二次元""三次元"的人群日益增多，目前全国收藏手办的粉丝也是日益增长，所以开发同名同形象的公仔是绝对有市场。

"虞美人"油纸伞：可以将故事中的情节，包括在浦口发生的 30 处景点刻画在油纸伞上，既有观赏效果，又很实用，更有利于传播。

（2）生活服务类商品开发规划（部分）：

冰箱贴旅游产品开发：设计以项羽虞姬为原型的冰箱贴，在冰箱贴的基础之上加入啤酒扳手。

手机壳系列：适合目前各类主流手机的手机壳，精美图案，历史的画卷。

移动小风扇系列：目前热销商品的开发。

鼠标垫等 IT 生活产品配套开发：精美的鼠标垫、杯子、美人皂，钥匙扣等。

"霸王""虞美人"四件套毛巾系列：分男女不同粉丝群，有各自相应的目标客户群。

行李箱系列：

（3）儿童类商品开发规划（部分）：

手工黏土玩具开发：将各类形象做成儿童类黏土模具，适用于各大商场儿童游玩区。

玩具系列：项羽兵器、战马等，可开发塑料、智能玩具系列。

儿童拼图：将项羽虞姬在浦口经历的 30 处景点，每一个景点设定一个场景吧，做儿童拼图，不仅有趣味性、益智性，还可以教育儿童通过拼图了解项羽虞姬的历史故事及流传在浦口的各个景点。

（4）服装商品开发：

项羽与虞姬 T 恤等系列开发：可以开发多种，甚至亲子系列。

项羽与虞姬服饰的开发：汉服是近几年流行的服饰，可以进行系列开发，形成独立品牌。"虞美人"独特的首饰系列、珠宝系列。

"虞美人"丝巾系列：也是可以结合影视剧故事进行重点开发。

中华书局点校本《史记》修订工作回顾

* 本文作者赵生群，王永吉。赵生群南京师范大学文学院教授。

点校本《史记》修订是中华书局点校本"二十四史"及《清史稿》修订工程中率先完工出版的项目。点校本《史记》修订工作由南京师范大学文学院赵生群教授主持，前后耗时近八年时间，精装本于 2013 年 8 月出版，平装本于 2014 年 8 月出版，目前已发行 8 万 5 千多套。2018 年初，第四届中国出版政府奖获奖名单正式公布，点校本《史记》（修订本）获得提名奖。在此对《史记》修订本的学术渊源和具体的修订工作做一回顾，或将有助于对这一凝聚四五代学者心血的重要典籍整理本的深入认识和正确利用。

一、《史记》修订本的学术渊源

《史记》居二十四史之首，成书以来，递经传抄翻刻，流传至今的古代抄本、刻本有 60 多种。清末浙江学者钱泰吉曾费时三十余年，多方搜求《史记》旧本，校勘文字异同，"点画小殊，必详记之"（张文虎《校刊史记集解索隐正义跋》），前后校勘十余种版本。

及至咸丰末年，太平军纵横浙江。钱泰吉辗转兵间，由江西到达安庆，投靠在曾国藩幕中的次子钱应溥。同治二年（1863）十一月钱泰吉客死异乡。所幸钱氏《史记》校本并未佚失，与钱应溥同在曾国藩幕下的周学浚借得钱校本，过录诸本异同。

同治年间曾国藩设立金陵书局，周学浚为书局提调，提议刊刻《史记》，由张文虎、唐仁寿负责校刊工作。张、唐二人参订体例，依据周学浚过录的钱泰吉校本，采取"不主一本，择善而从"的处理方法，历时四年，刊成三家注《史记》一部，是为"金陵书局本"。金陵本正文及《集解》注以明末毛晋汲古阁"十七史"本《史记集解》为主，《索隐》注以汲古阁单刻本《史记索隐》为主，《正义》注以明王延喆本为主，同时充分吸收钱泰吉积三十余年的《史记》校勘成果，使得金陵本《史记》博采各本之长，文字远胜当时流行的武英殿本、汲古阁本、凌稚隆本等。张文虎还撰有《校刊史记集解索隐正义札记》五卷，交待文字去取缘由。金陵本《史记》刊印以后迅速风行，影响深远。此后如日本泷川资言着《史记会注考证》，顾颉刚、徐文珊标点《史记》（白文之部），都以金陵本为底本，也可见金陵本的价值为学界公认。

二、顾颉刚、宋云彬与《史记》点校本

20 世纪 50 年代，时任文化部副部长的郑振铎先生在《人民日报》撰文，首次提出整理出版"面貌全新、校勘精良的中华人民共和国版的'二十四史'"的建议（《谈印书》）。在毛泽东、周恩来等国家领导人的指示下，中华书局组织人力、订出规划，集全国之力对"二十四史"及《清史稿》进行第一次点校，几经波折，直到 1978 年才完成这一庞大的文化工程。顾颉刚、白寿彝、唐长孺等众多学者为此做出了贡献。

据《顾颉刚日记》，1954 年顾先生即有意以黄善夫本为主校正《史记》。1956 年 1 月起在贺次君帮助下正式以金陵书局本为底本标点，由贺次君初标，顾颉刚审校后交给古籍出版社（1957 年 3 月并入中华书局），书局方面则请聂崇岐覆校。1958 年，毛泽东指示整理"前四史"，"中华书局因即以贺标顾校之本充数"（聂崇岐《史记点校本题识》）。后来由于顾先生的标点整理体例过于细致，而出版社又急于"献礼"，时间紧张，于是书局领导金灿然通过中组部从浙江调来宋云彬先生。根据《宋云彬日记》，他接手以后，调整了工作流程和体例，另取一部金陵本《史记》，参考顾校本重新标点。1958 年 9 月正式开始标点工作，至 1959 年 4 月即完成《史记》正文及三家注的全部点校工作。

1959 年 10 月《史记》点校本正式出版。这是第一次运用现代新式标点对《史记》三家注本全文进行整理，具有里程碑意义。《史记》点校本由于其分段合理，标点规范，成为半个多世纪以来最为通行的《史记》权威整理本，泽被学林。

按照顾颉刚先生的《史记》整理计划，汇校众本也是工作内容之一。顾先生先前也请贺次君到北京图书馆校勘了不少版本。但由于出版时间紧迫，这次点校没有全面展开校勘工作，主要根据张文虎的《校刊史记集解索隐正义札记》，参照武英殿本，采用夹注方圆括号的方法，改正了部分文字，没有撰写

校勘记。原拟将张文虎的《札记》作为校勘记附上，也没有实现。《史记》点校本成为"二十四史"及《清史稿》点校本中唯一没有校勘记的一部，留下了不小的遗憾。1982 年，中华书局点校本《史记》重新排印，发行第二版，对第一版的文字和标点讹误做了部分修订，但数量有限，而由于工作不慎，又新添了不少排印讹误。

三、赵生群与《史记》点校修订本

2005 年初，中华书局开始着手点校本"二十四史"及《清史稿》大规模修订的前期调研工作，引起了学界广泛、热烈的响应。2005 年 11 月，在著名学者季羡林、任继愈、何兹全、冯其庸等先生的倡议下，时任总理温家宝同志对修订工作做了重要批示，要求重视和支持古籍整理出版事业，解决资金和人力问题。同月，中华书局总编徐俊先生到南京与赵生群教授商谈《史记》修订事宜。2006 年 4 月，修订工程正式启动。中华书局集合全国数十所高校和研究机构的力量，从 2007 年起，全面展开点校本"二十四史"及《清史稿》修订工程。

2007 年 12 月，以安平秋先生为组长的评审组，在北京讨论通过了点校本《史记》修订方案，确定由南京师范大学文学院赵生群教授主持点校本《史记》修订工作。2010 年 1 月，温家宝总理、刘延东国务委员对修订工程提出了进一步要求，指示文化部和新闻出版总署给予支持。2010 年，这项出版工程被列入国家"十一五"重点图书出版规划，列入国家出版基金重大项目管理。

《史记》修订组接到任务以后，主要从全面的版本校勘和修订标点两个方面入手展开工作。具体来说，有以下几个方面：

1. 复核底本

修订组认可此前点校工作的基础，认为以金陵书局刻本为底本是合适的，因此修订工作没有改换底本。为求稳妥，修订组安排王华宝覆校原点校本与底本金陵书局本，摸清了原点校本与底本的关系，查明了原点校本以方圆括号出校以及径改的情况，为修订工作提供了基础平台。

2. 复核张文虎《札记》

张文虎《校刊史记集解索隐正义札记》五卷是金陵本的校勘记，约 9000 条，50 万字。修订主持人赵生群对《札记》做了逐条梳理，重新判断取舍。基本弄清了金陵本的版本形成过程，同时也对原点校本的校改有了独立的判断。在此基础上，系统参考了张照《殿本史记考证》、张元济《百衲本二十四史校勘记》等相关资料，这为修订本校勘记的撰写打下了基础。这项工作花了一年多时间。

3. 汇校众本

修订组系统校勘了北宋以来有代表性的 10 种《史记》版本。确定通校本为：景佑本、绍兴本、黄善夫本、汲古阁本、武英殿本；参校本为耿秉本、彭寅翁本、柯维熊本、凌稚隆本、泷川资言《会注》本。实际上，对原定各参校本也都做了通校。这其中，现藏台湾傅斯年图书馆北宋景佑监本《史记集解》有"世间乙部第一善本"之称，日本国立历史民俗博物馆藏南宋建安黄善夫刊《史记》三家注合刻本号为日本国宝。此外对传世的10余种日本古钞本、敦煌写本也逐一校勘。可以说，此次修订工作选用善本之精，校勘范围之广，超过前人。

版本校勘的工作量极大，因此修订组内部分工，每人至少负责一个版本，与金陵本通校，记录异文，将重要异文过录到工作本上，并撰写了少量校勘记。在实际工作中，所选的十种版本都做到了通校。有的版本如景佑本、《索隐》本各校了两遍。有的组员校勘了不止一个版本。扎实细致的版本校勘工作是整个修订工作的基础和保证。

4. 多种手段并用，博采众长

在版本校勘之外，修订工作还运用了本校、他校等校勘方法，将《史记》与《尚书》《左传》《国语》《战国策》《汉书》等典籍中的相关内容作了较为系统的比对，此外适当参考了旧注引文、类书、出土文物和文献等资料，发现和解决了不少的问题。

修订主持人赵生群运用检索数据库，较为全面地复核了三家注引文，成果丰硕。一是解决了一些版本对校没有发现的问题，二是为三家注引文的标点断限提供了依据，纠正了之前标点的不少错误。

《史记》的研究成果汗牛充栋。修订组选取钱大昕《廿二史考异》、梁玉绳《史记志疑》、王念孙《读书杂志》、张照等《殿本史记考证》、张元济《百衲本二十四史校勘记》、日本泷川资言《史记会注考证》、王叔岷《史记斠证》、施之勉《史记会注考证订补》、日本水泽利忠《史记会注考证校补》作为主要参考文献，斟酌去取，部分收进校勘记。

此外对于点校本《史记》出版以后在各类期刊上发表的相关点校研究成果，由苏芃搜集汇总，装订成册，供修订主持人参考吸收。

5. 撰写校勘记

版本校勘的工作结束以后，修订主持人根据汇总的版本异文逐一考订，判定校勘价值，做出是否出校，以何种方式出校，是否改字等决定，将初步校勘成果汇成长编，并撰写校勘记。校勘记的撰写是本次修订工作的重中之重。为保证质量和前后标准统一，全部校勘记由主持人赵生群亲自撰写。校勘记初稿完成以后，先在修订组内部讨论修改。王永吉、苏芃逐条核对了引文。最后提交修订审稿专家及书局编辑组审阅，开会讨论，修改定稿。《史记》修订工作还约请了天文、历法、礼制、中西交流等领域研究名家参与修订，提供意见。在审稿过程中，诸位审稿专家和中华书局二十四史修订办的各位编辑也提出了许多宝贵的意见，为校勘记的最终定稿做出了贡献。

校勘修订工作的最终成果，是新撰校勘记 3400 余条，附在各卷之后。这从根本上弥补了顾颉刚、宋云彬等先生此前工作未尽的遗憾，为读者提供了可资参考的版本异文及相关研究成果。此外还改正原点校本排印错误 300 余处。

6. 修正标点

在标点修订方面，主要由吴新江协助修订主持人对《史记》正文和三家注标点逐一审读，纠正误读，并根据现行的标点规范，对部分标点符号使用作了统一。修订主持人利用检索数据库对三家注引文的核对工作，也纠正了不少引文起讫的问题。标点修订工作也充分吸收了点校本《史记》出版以后的标点研究成果。此次修订改动标点 6000 余处，大大提高了标点的准确性。

7. 完善三家注本内容

《史记》三家注中，《史记索隐》别具特色，也别有价值。《史记索隐》原本三十卷，前二十八卷"注《史记》"，第二十九、三十卷"补《史记》"。据《史记索隐》前后序所记，司马贞并未完成"补《史记》"的工作。根据现存唯一的《索隐》单刻本——明毛晋汲古阁本，"补《史记》"的内容包括《索隐述赞》、《补史记序》《补史记条例》和《三皇本纪》。其中，《补史记条例》反映了司马贞的史学观点和对《史记》体例的批评，对《史记》研究极有意义。

张文虎在校刊金陵本时，有意删去了司马贞"补《史记》"的内容，仅保留了《索隐述赞》，造成《史记索隐》内容上的缺失。这一处理也与历代合刻本相违背，成为金陵本的一大缺憾。原点校本沿袭金陵本，未作增补。

我们认为《补史记序》《补史记条例》和《三皇本纪》是《史记索隐》不可或缺的组成部分。从保存文献和方便读者出发，修订本将《补史记条例》据其它古本补入相应篇目，将《补史记序》和《三皇本纪》作为附录收录，方便阅读参考。

《史记》修订本出版以后，读者最为关心的是修订本与原点校本的关系，尤其是对原点校本用方圆括号改字部分的处理上。原点校本校勘的部分主要依据张文虎《札记》，对《札记》中疑误、疑衍、疑脱之字做进一步判定，认为应当删改增补的，用方圆括号的方式加以校改。

这次修订，对原点校本用方圆括号校改的地方逐一审订。审订的结果有两种：一是保留校改，二是改回到金陵本原貌，也即不认同原点校本的校改。决定予以保留的，则出校勘记说明。改回底本的地方，一般也在校勘记中附列了张文虎《札记》的意见。

例如《夏本纪》："又歌曰：'元首丛脞哉，股肱惰哉，万事堕哉！'"

金陵本句首有"舜"字。张文虎《札记》引梁玉绳《史记志疑》云一本无"舜"字，当衍。原点校本据此删去了"舜"字。我们认同原点校本的处理，通过对校众本，发现清武英殿本即无"舜"字，在校勘记中补充了删字的版本依据。

又如《五帝本纪》"淳化鸟兽虫蛾"《索隐》："一作'豸'。豸。"

张文虎《札记》说"此下失音"。原点校本用圆括号删去了下"豸"字。我们也认为张文虎的意见是对的，并且从本书《司马相如列传》中找到了《集解》《索隐》为"豸"字注音的材料。但在这里诸本皆同，删补都没有版本上的依据。因此我们没有补字，更没有删字，因为不是多了一个"豸"字，而是脱漏了"豸"后面的文字。可见原点校本删去下"豸"字是不妥当的。我们把下"豸"字单独标作一句，虽然读不通，但读者对看校勘记就能明白缘由。我们新找到的本书中为"豸"字注音的材料也写在了校勘记中。

有的时候，虽然没有版本依据，但我们认为张文虎的说法有道理，原点校本也已经校改了，我们也只好保留旧校，继承下来。例如《楚世家》："于是灵王使疾杀之。"

底本"疾"上原有"弃"字。张文虎《札记》引王念孙《读书杂志》说"弃"字是因下文"公子弃疾"而误衍，《左传》作"速杀"可证。这是完全正确的。原点校本据此改了，我们认为是可以保留的，不便改回底本，就在校勘记中列出王念孙的意见，以使读者明白校改的原因。

此外我们通过核对底本还发现原点校本有少数径移、径改、径增、径删而未加括号的地方，对此也做了相应处理。例如《卫康叔世家》："以戈击之，割缨。子路曰：'君子死，冠不免。'结缨而死。"

底本脱漏了"割缨子路曰君子死冠不免"十一字，并且连句中《集解》"服虔曰不使冠在地"一整条注文也脱漏了。原点校本径补这十一个字和《集解》注，没有加方括号。我们加了校勘记，注明了补字的版本依据。

除此之外，校勘记中大量的是我们新校出的重要异文和改正的错误。修订本的新校改，我们较为严格地贯彻了"无版本不改字"的原则。有版本异文作为依据，并且有充分理由证明其优于底本的，我们则作校改处理。有时明知底本有讹误，但诸本皆同，没有版本可以依凭，我们只好在校勘记中说明意见，而不加校改。

也有少数地方虽然没有版本依据，但我们认为他校、本校和理校的理由充分，结论可靠，因而校改底本的，这种情况极少。例如《秦本纪》"魏入南阳以和"《正义》引《括地志》："怀州获嘉县即古之南阳。"

底本没有"州"字，诸本皆同。《殿本史记考证》说"怀"下宜有"州"字。检本书《魏世家》"秦固有怀、茅、邢丘"《正义》引《括地志》称"怀州获嘉县"，又《曹相国世家》"下修武"《正义》也称"怀州获嘉县"。由此我们判定这里底本"怀"下脱"州"字，就在原文中补上了，并出校记说明。

由上可见，修订本对待新旧校勘的标准略有不同：对旧校的态度较为宽容，有不少无版本依据而改字的情况被保留下来；而新校则遵循"无版本不改字"的原则，极少破例。但在修订本中，如果不与原点校本对照，就无法知道某处校改属于旧校还是新改，进而引发对修订本所持标准的怀疑。这对我们是无何如之的事，只好在平装版的修订后记中加以说明，这里算是重申，以提醒读者留意。

还有一点要说明的是，《史记》版本众多，异文浩繁，历代研究成果汗牛充栋，修订本校勘记不是校勘长编，无法包罗所有版本异文、他校材料和前人的校勘意见，只能有所选择地吸收。而选择的标准各人把握不一，可能造成有些读者认为当校未校的情况。我们承认修订本校勘记有不完善甚至错误的地方，但也不能不说，要区别校史与考史，有些问题不属于校勘的范畴，有些文字异同或前人的意见我们不认为有写入校勘记的必要，对这部递经名家整理的经典，我们的态度是谦恭而谨慎的。

《史记》列"二十四史"之首，点校本《史记》修订本也是中华书局点校本"二十四史"及《清史稿》修订工程中第一部完成修订、首先出版发行的史书，具有示范意义，出版以后，反响很大。国务院前总理温家宝同志及海内外学者纷纷发来贺信表示祝贺。温总理在贺信中说："《史记》修订本收到了，甚为高兴。谨向参与这项伟大工程的文化界、学术界的专家、学者表示祝贺！点校本'二十四史'及《清史稿》的修订，不仅是传承我国历史文化的基础性工程，而且是民族复兴、国家昌盛的标志。我衷心希望大家再接再厉，精益求精，不负重托，全面、高质量地完成这一任务，为继承和发扬中华文明，实现中华民族伟大复兴作出贡献。"

美国普林斯顿大学余英时教授在贺信中说："这部新版《史记》代表了当前中国史学研究的最高水平，我们相信，新版《史记》是一个可靠的信号，指示我们修订本'二十四史'全部完成之后，必将取代原本，在21世纪通行全世界。"

修订工程学术顾问饶宗颐题辞："嘉惠学林，功德无量"。修订工程审定委员安作璋题辞："传承历史，延续文脉，精益求精，嘉惠学林。"

《史记》点校修订本此前还获得第七届高等学校科学研究优秀成果奖一等奖（人文社会科学2015）、第十三届江苏省哲学社会科学优秀成果一等奖（2014）、"致敬国学—2014首届全球华人国学大典""（2013）年度卓越传播奖"、中国出版协会第五届中华优秀出版物（图书）奖（2015）、2014年度全国优秀古籍图书二等奖、中国出版集团公司2015年度出版特别贡献奖等多个重大奖项，同时获得中国出版集团公司"中版好书榜"2013年度优秀图书奖、2014年度优秀图书奖、中华书局2014年度双十佳图书、首届宋云彬古籍整理奖（2017）。

《史记》修订本征求意见本印行以后，不少专家提出了意见和建议，我们一一研究，适当吸收。正式出版以后，也陆续收到一些读者的意见。同时我们新获了较为重要的版本，本着精益求精和为读者负责的精神，在精装本二印和平装本出版时，我们增补了部分校勘记，少数校勘记做了改写或改正文字上的讹误，标点也有小的改动，这是要跟读者说明的。

张文虎曾说:"古书本难校,而莫难于《史记》。"(《张文虎日记》)亲身经历《史记》校勘工作,对张氏此语感受尤深。《史记》修订本只是对这部古老经典进行现代整理的阶段性成果,未来还有很长的路要走。年初我们收到了辛德勇先生的大作《史记新本校勘》,对《史记》修订本提出了不少进一步修订的意见。相信还会有更多的专家读者提出宝贵意见。对此我们将本着感激与敬畏之心,视学术为公器,谨慎研究,为《史记》的文本整理工作再尽薄力。

《五帝本纪》文本研究

＊本文作者朱枝富。江苏省产业海外发展和规划协会副会长兼秘书长。

导　言

　　《史记》文本研究，是《史记》研究中的一项重要内容，也是一项带有基础性、根本性的研究。只有将《史记》文本研究深透，解决其中的文字讹衍脱误问题、各种疑难问题，以及历史事实讹误问题，才能正本清源，将司马迁与《史记》研究引向深入，取得实质性进展。

　　历代以来，学者们致力于《史记》文本的校勘、整理、研究，形成了许多带有里程碑性质的研究成果，出版了不少比较经典的通行文本，取得了巨大的成就。这是应当充分肯定的。历史发展到今天，时代在不断向前，对于《史记》文本的研究，是就此止步，视前人的研究巅峰为巅峰，停滞不前，望而生畏，还是继续深化，不断开掘，继续攀登新的研究高峰？回答应当是后者。应当说，《史记》文本研究无尽时，无止时。要弘扬司马迁精神，综合前人研究成果，以全新的视角、立体的思维、开放的观念来创新思考，深化研究，形成脱颖于前人、无愧于时代的研究成果。

　　不可讳言，《史记》文本仍然还有许多问题需要深入研究。这主要是十个方面：一是讹、误、脱、衍问题。对此，前人已有很多研究，可以说硕果累累，但也是鱼龙混杂，良莠不齐，而有不少具有真知灼见的研究成果没有体现到文本中来。二是理解歧义问题。历代的注疏很多，同一字、词、句，可能作出很多不同的解释，见仁见智，仔细琢磨，其中有许多不妥之处，甚至是错误之处，需要综合辨析，提出最佳解释。三是史实考订问题。一些记载和表述，与历史事实不够吻合，甚至有严重误差，需要纠正、修改。四是自相抵牾问题。细研深读，这方面的问题很多，同一个字、词，正、假混用，异、讹同存，有些甚至啼笑皆非，而在历代研究中则缺少横向思考，对这一问题视而不见，重视不够，要统筹考虑，予以订正。五是格式编排问题。尤以'八书'为多，横排简体文本生吞活剥竖排繁体文本，不合规范要求，需要统一思考，规范处理。六是疑案、疑难问题。如司马迁生年问题、卒年问题、父子著书问题、文本残缺问题、补续问题、断限问题、篇名问题等，需要继续深入研究思考，形成定论。七是"三家注"问题。"三家注"与《史记》正文合成刊出，其中需要研究的讹误问题、错位问题、文不对题问题、误解错释等，也是很多，需要下大功夫研究。八是段落分析问题。或标准不一，或含义不清，或主次混同，或长而无当等，需要在前人研究的基础上逐篇研究思考，予以正确分段。九是标点符号问题。如简体文本中不符合规范问题、使用不当问题、遗缺疏漏问题等，需要进行认真的推敲，施以正确的符号。十是文本修正问题。就目前的简体文本来说，无论是内容还是形式，都存在着这样那样的问题，急需进行统筹研究，予以集校和修正。以上十个问题，是《史记》文本研究中需要深入研究解决的问题。在研究方法上，要广泛汇集前人的研究成果，逐字、逐句、逐段、逐篇进行疏校综考，形成符合司马迁精神的、具有时代意义的、比较规范和科学的简体修正文本。

因此，在新的形势下，我们在前人研究的基础上继续深化思考，需要从六个方面予以攻关研究：一是文本疏证研究。从题评、句释、研讨、语译、集说等方面作立体思考，犹有司马迁撰著《史记》创立五体的重大意义。二是疑难考辨研究。将司马迁与《史记》研究中的疑难问题，如司马迁生年问题，以及《史记》遗缺、增补、断限以及每一篇中的疑难问题等，逐一进行梳理研究，提出结论性意见。三是文本校正研究。系统综合前人研究成果，对文本字、词、句、段、义、句读等方面存在的问题，以及文本内容与历史事实不符的问题，逐一弄通弄透，提出修正意见，并解决文本与研究"两张皮"现象，将研究成果应用到文本的修订中来。四是简体规范研究。对正文的分段、文字、标点以及"三家注"的文字、标点进行统筹思考，系统考虑段落划分，按照文字、标点使用规范，一律使用规范简体文字、规范标点符号，形成简体规范文本。五是等译白话研究。按照去繁就简、等字替换原则，对文本的字、词、句、段、标点进行系统梳理，形成等译白话文本。这是一项前无古人的创新性研究，对于《史记》研究的深入与普及具有非常重要的意义。六是历代注疏通汇。将历代关于《史记》文本研究的成果，按照《史记》篇目顺序，系统地汇集整理，形成文本注疏的文献资料集成汇编，便于深化研究思考。以上六个方面的内容，是《史记》文本研究的综合思考、立体推进，既有共同的研究要求，又有各自的研究目标，可称之为《史记》文本研究的六种样式，抑或六大任务。

这里，有一个观点需要说明的，就是对于《史记》文本中所出现的问题，一般都认为是在辗转传抄中出现的问题，要纠正其中的讹误，恢复到《史记》原本之初。这实际上是一种不切实际的臆想。这怎么可能呢？《史记》流传了两千多年，原本究竟是什么模样，谁能说得清楚？司马迁在撰写中就不可能有讹误？加之古今语言文字的变化、书写版式的变化，要想弄清《史记》文本的真正面貌，无异于异想天开。持有这样的观点，反而阻碍了《史记》文本的研究，让研究者进入狭隘的"胡同"，而不能解决文本中存在的根本问题和真正问题。我们说，研究《史记》文本，不管是否是《史记》原本存在的问题（司马迁原文中肯定有讹误和失实问题），还是传抄中出现的讹误问题，都需要进行研究修正，形成比较科学的、符合历史真实的、符合语言文字规范的、经得起历史推敲的简体修正文本。

这几年，本人有幸在中国史记研究会会长张大可先生的指导下，开展对《史记疏证》《史记梳理》等的研究思考，将《史记》130篇、50多万字从头到尾、斟字酌句研究下来，弄懂弄通全文的字、词、句之义；参阅自《史记》"三家注"以来的20多部注疏研究文献，进行集注考辨，溯源寻踪，比较优劣；同时，还广泛参考现代学者的研究成果，兼收并蓄，吸取精华，以寻求《史记》文本的最佳修正方案，有志于将《史记》文本从以上所说六个方面进行全方位的深入研究思考，以形成多种形式的研究成果。

本文，即是以《史记》开篇《五帝本纪》为研究对象，将校勘、考证、集校、辨析、评判、求真融为一体，汇集历代学者对《史记》文本研究中提出的问题和研究的成果，进行深入思考，断以己意，解决其脱、衍、讹、误等文字问题，系统研究考订存在的历史事实问题，以及进行疑难问题辨析，寻求正确的答案。同时，按照国务院颁发的《通用规范汉字表》以及标点符号、数字的标准用法，系统梳理《史记》原文。这里，对《五帝本纪》原文中38处认为有讹误的文本问题进行集校，对45处文本疑难问题进行辨析，并以修订本《史记》为基准，形成简体修正文本，请各位专家学者不吝指教。

一、《五帝本纪》集校

1. 徇，非"侚"字之讹

原文：幼而徇齐。

裴骃《集解》曰："徇，疾。"泷川《考证》引查得基曰："徇，当作'侚'，《说文·人部》：'侚，疾也。'"张文虎《札记》曰："徇，《群书治要》《说文系传》引，并作'侚'，与《集解》训'疾'义合。然如《索隐》所云，则相承作'徇'久矣。"修订本《校勘记》曰："张说是。敦煌本 S. 388 号《字样》：'徇，行示。侚，疾也，即《史记》'幼而侚齐'字。"

按：考其词典，侚（xùn），有疾速之义，又古同"徇"。而"徇"，本意是指迅速，敏捷，引申之义是对众宣示。可知，"徇"与"侚"，皆有"疾速"之义。张氏不知"徇"字其本义即是"疾"；修订本引敦煌本解为"徇，行示"，则是用其引申之义。"徇"与"侚"，为同义字，而"徇"为本字。徇，非"侚"字之讹。《史记》作"徇"，不误矣。徇齐，迅疾、敏捷的意思。徇，通"迅"；齐，通"疾"，均为疾速的意思。故此句宜改为"幼而迅疾"。

2. 欲，疑为"数"字

原文：炎帝欲侵陵诸侯。

李人鉴《校读记》曰："'欲'字似本作'数'，传抄讹为'欲'。《秦本纪》

有‘周幽王数欺诸侯，诸侯叛之’，与此所云类似。”

按：欲，本为想要、打算的意思，即有此考虑，但还没有实施。而观此下文“诸侯咸归轩辕”，说明炎帝已经有了具体的行动，而不仅仅是“欲”的问题了。至于讹为“数”，可能两字以形近致讹。要之，作“数”比作“欲”的文义要好。而司马迁是否就是用“数”字，则是未可知。而从文义妥帖的角度考虑，则宜改之，为“炎帝数侵陵诸侯”。

3. “得”后无须有“行”字

原文：三战，然后得其志。

泷川《考证》曰：“庆长本引古钞本、枫山、三条、南化本，‘得’下有‘行’字。”施之勉《订补》曰：“《御览》三百八引，‘得’下有‘行’字。《大戴礼·五帝德》《金楼子·兴王篇》，‘得’下亦并有‘行’字。”

按：三战，然后得其志，其含义已经明了，即能够得其所愿，打败炎帝。而“得”下有“行”字，则是“得行其志”，“得”字本为动词，有“行”字，则成为副词，反而不及“得其志”三字简洁有力。故“得”后无须有“行”字，仍宜用“得其志”三字。

4. 八字非衍文；“帝”字宜改为“其”字

原文：蚩尤作乱，不用帝命。

李人鉴《校读记》曰：“蚩尤作乱，不用帝命，八字与上文‘蚩尤最为暴，莫能伐’复重。此八字不当有，为后人所增入也。下文始云‘代神农氏，是为黄帝’，则此处不得称‘轩辕’为‘帝’也。”

按：李氏认为，此八字有重复之嫌，疑为衍文。其实，前面的“蚩尤最为暴，莫能伐”，是点明黄帝“修德振兵”的因由，是因为炎帝侵凌、蚩尤暴虐的缘故，必欲修德以得民心，而兴兵讨之。此句是写轩辕出兵的缘由，是“蚩尤作乱”。相对于前句而言，前句只是说“最为暴”，是指暴虐无道，并没有反叛；而这句则说是“作乱”，有叛乱行为，性质有所不同，故不能视为重复，此句是上句的加重申说，两者缺一不可。

又，至于认为“帝”字不宜用，则是望文生义。这时候，轩辕已经打败了炎帝，代替炎帝为诸侯部落盟主，成为实际上的“帝”了，并不因为有蚩尤的存在而就不是“帝”，只是还没有明确的称号而已。这就如同秦末时项羽杀掉宋义，率军攻下巨鹿，“为诸侯上将军，诸侯皆属焉”，成为事实上的“霸王”；而真正意义上的霸王，则是从“项王自立为西楚霸王，王九郡，都彭城”算起；而项羽的“霸王”之称，则是从救巨鹿而后开始。故此处用“帝”字并无大碍，只是不够十分严谨而已。话又说回头，从行文严谨的角度来看，此“帝”字宜予以回避为佳，可用“其”字予以替代。故此句宜改为“蚩尤作乱，不用其命”。

5. 黄帝，宜改为“轩辕”

原文：黄帝乃征师诸侯。

李人鉴《校读记》曰："本《纪》下文始云'而诸侯咸尊轩辕为天子，代神农氏，是为黄帝'，疑此处尚不得有'黄帝'之称，'黄帝'二字当作'轩辕'。"

按：李氏所说此处的"黄帝"二字，乃为"轩辕"之误。其实，此时的轩辕已经打败了炎帝，得其志，取代神农氏，主宰天下，是实际上的天子，只是蚩尤还在"作乱"，"不用帝命"而已，故称为"黄帝"，是名至实归，没有什么不妥。后面说"是为黄帝"，则是在名分上进一步明确而已。但在文字表述上，因下文云："而诸侯咸尊轩辕为天子，代炎帝，是为'黄帝'。"从逻辑顺序的角度来看，这里用"黄帝"二字似乎不太妥当，因为下文才说尊为天子，代为黄帝，故这里仍然用"轩辕"二字为宜。这样就无懈可击，挑不出什么毛病来了。故此，此句宜改为"轩辕乃征师诸侯"。

6. 前"神农氏"宜为"神农后炎帝"；后"神农氏"宜为"炎帝"

原文：……*神农氏弗能征*。……*代神农氏，是为"黄帝"*。

泷川《考证》引崔述曰："前文言'衰弱'，凡两称'神农氏'，皆不言'炎帝'，后文言'征战'，凡两称'炎帝'，皆不言'神农氏'。然则与黄帝战者，自炎帝，与神农氏无涉也。其后又云'诸侯咸尊轩辕为天子，代神农氏'，又不言'炎帝'。然则帝于黄帝之前者神农氏，与炎帝无涉也。《封禅书》云：'古者封泰山、禅梁父者七十二家，而夷吾所记者十有二焉。神农封泰山，禅云云；炎帝封泰山，禅云云。'夫十有二家中，既有神农，复有炎帝，其为二人明甚，乌得以炎帝为神农氏也哉？"

按：崔适所说，是"神农氏"与"炎帝"的概念问题。历史上关于"神农氏"与"炎帝"的传说很多，记载也很不一致。司马迁在此段中，有五处说到"神农氏"与"炎帝"。我们按照司马迁的行文思路，来作通盘的思考：轩辕之时，神农氏世衰，指到了轩辕的时代，神农氏的后代衰弱了。此"神农氏"，当指中国上古时期姜姓部落集团的首任首领，即"神农"。神农是部落联盟的开创者和首任首领。神农氏弗能征，此"神农氏"，当指神农氏部落集团的末代首领炎帝，与黄帝并世。也有称其为"榆罔"。"神农氏"与"炎帝"不是一个人，而是首任部落联盟首领与末代部落联盟首领。后面的"炎帝欲侵凌诸侯""以与炎帝战于阪泉之野""代神农氏"，亦均指"炎帝"。我们在阅读和理解中，应当弄清楚这种关系。至于说"神农氏"与"炎帝"是同一个人，那不是司马迁的观点，不在这里的讨论范围之内。如果将两处改动一下，一是"神农氏弗能征"，改为"神农后炎帝弗能征"，指明"炎帝"乃为"神农后"；二是"代神农氏"，很明确地说是"代炎帝"，则没有任何容易混淆的地方。当然，这是理想化的说法，改动史文需要慎重。而如果从文从字顺、含义明晰的角度来考虑，宜将此两处作改动，丝毫不影响原文文义，而且文义更加明晰。

7. 占，疑为"故"字

原文：*顺天地之纪、幽明之占、死生之说、存亡之难*。

李笠《订补》曰："占，疑是'故'字之烂文。"王叔岷《斠证》曰："占，盖'古'之误。古，犹'故'也。《尔雅·释诂》曰：'古，故也。'"《全注》曰："占，'故'字之残，《大戴礼》《孔子家语》均作'故'。"韩兆琦《笺证》曰："'占'字，似应依《大戴记》作'故'。"

按：顺天地之纪、幽明之占、死生之说、存亡之难，此四句从文法的角度来看，"纪""占""说""难"四字，应当是表达大致相同的含义，均指规律、法则、道理、缘由之类的意思，均用作名词。而"幽明之占"的"占"字，则不表达这样的意思，与前后文之解的含义不相关联，故知此字为误字，而作"故"，则指缘故、缘由，引申为道理，句意为探究阴阳变化的道理，则是非常允恰的。故知"占"为讹字，宜改为"故"字。

8. "水波"二字疑有讹误

原文：旁罗日月、星辰、水波、土石、金玉。

王叔岷《斠证》曰："水，疑'亟'之坏字。波，当从一本作'沃'。'沃'之作'波'，由'水'之联想而误耳。亟，借为'极'字。极，穷。《大戴礼》作'极'，是也。润泽，谓之'沃'。亟沃土石、金玉，犹言'穷润土石、金玉'，谓土石、金玉无不受其润泽也。"泷川《考证》曰："百谷草木、鸟兽虫蛾、日月星辰、土石金玉、心力耳目、水火林物，皆物；时播、淳化、旁罗、水波、劳勤、节用，皆事。水波，未详。或云：水，坏字偏旁存者；波，当从徐氏，一本作'沃'。"《全注》曰："水波，《大戴礼》作'极畋'。极，罗致。畋，取用。此句'水波'与上下文'时播''淳化''旁罗''劳勤''节用'相对举，皆为动词。'水波'于此句义不可解，当为传写之误。"韩兆琦《笺证》曰："'水波'二字，《大戴记》作'极畋'，透出此二字是动词。张家英以为'水波'意同'水播'，'水播者，水中播荡之谓也'。"

按：以上诸说，对"水波"二字提出疑义。从文法的角度来看，司马迁在这里所作"时播百谷、草木，淳化鸟兽、虫蛾，旁罗日月、星辰，水波土石、金玉，劳勤心力、耳目，节用水火、材物"数句，均是六字为一句，前两字为动词，作谓语，后四字为两个名词词组，作宾语。但出现了异常现象，即中间"旁罗日月、星辰、水波、土石、金玉"十二字，如果断作二句，则"水波"应为动词，甚为不妥，因为"水波"与"土石、金玉"为性质相同的名词词组，且各有所指。或许"水波"就是名词词组，此十二字为一句，有别于其他数句。有的学者认为"水波"宜与"旁罗"对应，其二字有误，或为坏字，或为通假，或另有版本。但问题是，无论是作"亟沃"，还是作"极畋"，感觉都是非常勉强，其解释也拐弯太多，非常生硬，似乎有"钻牛角"之嫌，且司马迁也不会用这么生奥的词语。当然，如果推测司马迁当时的用意，则当是以六字为一句，"水波"二字绝非原来作为动词的文字，也绝非现在作为名词的"水波。"而辗转传抄，出现了讹误，变成了"水波"，并且与"土石、金玉"词性一致，成为名词，故十二字成为一句，用"旁罗"二字来统领。既然现在的版本如此，在文义上也能说得非常通畅、圆润，何不就将十二字作为一句来理解呢？只是有些不合文法，在文章句法上不太完美，但又何妨呢？我们在古文注释和理解上，应当以追求文义完美为上。当然，如果有新的发现，确实证明"水波"二字另有其词，用作动词，则是殊为允当，而此又另当别论。

9. "西陵"下疑脱"氏"字

原文：而娶于西陵之女。

王念孙《杂志》曰："下文'昌意娶蜀山氏女''帝喾娶陈锋氏女'，皆有'氏'字，《御览》之《皇王部》《皇亲部》引此，并作'西陵氏'，《大戴礼·帝系篇》亦作'西陵氏'。"韩兆琦《笺证》曰："泷川本作'西陵氏'，乃据古钞本、枫山本、三条本及《御览》引《史记》补，应从之。"

按：其说是。西陵，则是指部族；而"西陵氏"，则是指部族首领，两者略有区别，当然也可以指代、替代，以地名代人名，但一般不宜混用。观其下文"昌意娶蜀山氏女""帝喾娶陈锋氏女""娶娵訾氏女"，均有"氏"字，故可知，"西陵"下脱"氏"字，宜补之，为"而娶于西陵氏之女"。

10. 制，非"劗"也

原文：依鬼神以制义。

司马贞《索隐》曰："劗，古'制'字。"王念孙《读书杂志》曰："'制'与'劗'，声不相近，无缘通用。篆文'制'与'劗'相似，因讹为'劗'，非古字通用也。"

按：劗，据辞典解释，有两义，一是读"duān"，切断使之整齐；二是读"zhì"，古同"制"，如制作，制定；制约，节制。故"劗"与"制"，有相通之义。王氏只说了其中的一种用法，而用来否定司马氏所说的另一种用法，实为不妥矣。受王氏影响，一般学者都认为《索隐》所说不妥，非"好学深思"，也是不究所以，人云亦云矣。此处原文当为"制"，故仍宜用"制"字；《索隐》所说不误。

11. 教化，非"教民"也

原文：治气以教化。

王叔岷《斠证》曰："教化，疑本作'教民'。《索隐》'教化万人'，正以释'教民'之义。《大戴礼》作'教民'。《家语》作'教众'，犹'教民'也。今本'民'作'化'，盖涉《索隐》'教化'字而误。"

按：此句与下句"洁诚以祭祀"为对句，"祭祀"为并列动词词组，故知此句仍宜用"教化"二字，亦是并列动词词组，而非是动宾词组的"教民"二字。

12. 崩，非衍字

原文：帝挚立，不善，崩。

司马贞《索隐》引卫宏曰："挚立九年而唐侯德盛，因禅位焉。"张守节《正义》引《帝王纪》曰："帝挚之母于四人中班最在下，而挚于兄弟最长，得登帝位。封异母弟放勋为唐侯。挚在位九年，政微弱，而唐侯德盛，诸侯归之，挚服其义，乃率群臣造唐而致禅。唐侯自知有天命，乃受帝禅。乃封挚于高辛。"张文虎《札记》曰："《索隐》本无'崩'字。据《注》及《正义》，盖后人妄增。"修订本《校勘记》曰："孔颖达《尚书正义》曰：'《史记》诸书皆言尧帝喾之子、帝挚之弟，喾崩挚立，挚崩乃传位于尧。然则尧以弟代兄，盖逾年改元。'则唐初孔颖达等所见《史记》亦有'崩'字。"

按：帝挚不善，崩，唐尧即帝位，究竟是因为挚之"不善"而让位得之，还是因为挚的去世而继之，抑或是挚既"不善"，又去世而唐尧即之，又或是唐尧夺之，名曰"帝挚不善"？存在着四种可能性。故至于唐尧究竟是如何代挚而立，是禅让，是夺取，还是兄终弟及？说法纷纭。司马贞《索隐》谓挚执政"不善"，为"微弱"，而禅位唐尧；泷川《考证》谓"不善"，应作本字解，即政治不良，挚死而兄终弟及。司马迁将执政九年的挚排除在"五帝"之外，与以德治天下的五帝无缘，故可知"禅让说"非其本义。《史记》原有"崩"字，是说挚治政无方，没有政绩，又很快去世，据说是执政九年而死，然后由唐尧即位。故可知"崩"字非衍字，仍宜予以保留。

13. "放勋"前"名曰"二字，可省也

原文：帝尧者，放勋。

崔适《探源》曰："各本无'名曰'二字，脱也。今依《舜本纪》'名曰重华'、《夏本纪》'名曰文命'补。彼有'名曰'二字，此不当无也。"李人鉴《校读纪》曰："只言'帝尧者，放勋'，与上下文例不合。下文云：'帝舜者，名曰重华。'又，《夏本纪》云：'夏禹，名曰文命。'《周本纪》云：'周后稷，名弃。'则此处似当云'帝尧，名曰放勋'；作'帝尧，名放勋'，亦可。今无'名曰'二字，则与《本纪》下文及《夏》《周》叙次之法不合。此《纪》之旧究如何，似未易知，然其有缺文，则无可讳言者也。"泷川《考证》曰："此承上文'弟放勋'而言，与《舜本纪》《禹本纪》异，不必补'名曰'二字。"

按：尧与舜，并列于《五帝本纪》，若依《舜纪》同一句法，崔、李二氏之言可取，应补"名曰"二字，此句当为"帝尧，名曰'放勋'"。不过，无此二字，亦不害义，泷川氏之言亦可取。当然，观《史记》全文，追求文章的多样性、生动性，不刻意为同一模式，也是显而易见的，不必强求统一。如作改动，则是"削足适履"了，似不可取。故此，此句宜仍保留原文风格，将"名曰"二字作省略处理，而不影响文义的表达。

14. "乘"字宜删去

原文：彤车乘白马。

王叔岷《斠证》曰："《大戴礼》《金楼子》并无'乘'字。'彤车、白马'与'黄收、纯衣'，相对为文"。

按：司马迁在这里的句式，是为四字一句，这句与上句"黄收、纯衣"为对句。上句为两组名词，省略动词，名词用作动词，指戴着黄色的帽子，穿着

黑色的衣服。这里也应当是如此，即驾着红色的车子，骑着白色的马儿。因上句和此句前半句的动词都省略，这里有"乘"字，句式非常不协调，总觉得有点怪怪的。而删去"乘"字，则文句干净利落。故此句宜将"乘"字删去，为"彤车、白马"。

15. 夷，疑为衍字

原文：其民夷易。

泷川《考证》曰："《尚书》无'夷'字，史公以'易'代'夷'。今本'夷'字，后人旁注误入正文，'夷''易'义复。"并引《博士家异字》云："中彭、中韩、南化本，无'易'字。"

按：与此句相关的其他几句，分别是"其民析""其民因""其民墺"，均为三字，而此句为四字，故知此句有讹误。夷，有平、平易的意思。《尚书·尧典》作"厥民夷"。此句疑为"其民易"，也是三字，司马迁以"易"训"夷"。而后人依照《尚书·尧典》，又把"夷"字加上去，故成了"其民夷易"，与其他几句不相协调。宜将"夷"字删去，为"其民易"。

16. 汤汤，为司马迁之文矣

原文：汤汤洪水滔天，浩浩怀山襄陵。

李人鉴《校读记》曰："汤汤，二字殆后人所加。《夏本纪》云：'当帝尧之时，鸿水滔天，浩浩怀山襄陵。'此《纪》及《夏本纪》所云，殆皆本于今《尚书·皋陶谟》'洪水滔天，浩浩怀山襄陵'。《集解》只引孔安国'怀，包；襄，上也'之语而不及'汤'字，是裴骃所见本尚无'汤汤'二字。而《正义》所云，与《本纪》不尽吻合，而与《尧典》颇相近。故段玉裁谓《五帝纪》张守节本作'汤汤洪水，荡荡怀山襄陵，浩浩滔天'，其说自有可取处。然此或张守节据《尧典》妄改《史》文耳，此《纪》之旧不当如《正义》本所云，而当与《夏本纪》所云同。'汤汤'二字，《本纪》之旧必不得而有之也。"

按：《正义》所云，即"言水襄上乘陵，浩浩盛大，势若漫天"。李氏所说，有失偏颇，颇有武断之嫌。司马迁参照《尚书》等历史文献撰写《史记》，并不等于就一定全文照搬，这其中自有他自己的考量，有时删繁就简，有时训诂替代，有时增添新义。就此处而言，"汤汤"二字，疑为司马迁所增之。司马迁非常注意文法与修辞，加"汤汤"二字，句为"汤汤洪水滔天"，与下句"浩浩怀山襄陵"相对成文，非常富有文学上的美感。这其实也是司马迁的一种创造。研究《史记》，千万不能用原来的文献资料来框束，认为古文怎样，《史记》之文就一定怎样，如此，则谬矣！

17. 乃，疑为衍字

原文：乃遍入百官，百官时序。

李人鉴《校读记》曰："上文'乃使舜'三字直贯下文，'遍入百官'上不当复有'乃'字。此《纪》下文有'于是，尧乃试舜五典、百官，皆治'句，与此对照，此处'乃'字乃衍文，当删。"

按：此《纪》曰："乃使舜慎和五典，五典能从。乃遍入百官，百官时序。宾于四门，四门穆穆，诸侯远方宾客皆敬。"其实，此为一长句，"乃使舜"三字贯穿全句，故句中两个句号均宜改为分号；句中"乃"字为衍字，宜删去。当然，句中有"乃"字，也与文义无害，只是文法不够严谨。权衡考虑，还是以删去为宜。故此句改为："乃使舜慎和五典，五典能从；遍入百官，百官时序；宾于四门，四门穆穆，诸侯远方宾皆敬。"

18. "望"下不宜有"秩"字

原文：望于山川。

李人鉴《校读记》曰："望于山川，《汉书》之《郊祀志》《王莽传》及《说苑·辨物篇》引《尚书·尧典》，并作'望秩于山川'。今《尚书》'望'下无'秩'字，必非汉人所见《尚书》之旧。此《纪》'望'下无'秩'字，则又后人据《尚书》删之也。"

按：此《纪》下文有'望秩于山川'。此作'望于山川'，在前后数句"类于上帝，禋于六宗，望于山川，辩于群神"中为并列句，即"类""禋""望""辩"，均为祭祀名。故"望"下不宜有"秩"字。或许司马迁所引《尚书·尧典》作"望秩于山川"，司马迁从文法修辞的角度考虑，将"秩"字删去。李氏不解于此矣，故有此说，不妥矣。

19. 辟位，疑为"得舜"之讹

原文：尧辟位凡二十八年而崩。

张守节《正义》引皇甫谧云："尧即位九十八年，通舜摄二十八年也。"李人鉴《校读记》曰："尧辟位凡八年而崩，'二十'二字乃后人所妄加，当删。此下文云：'舜得举，用事二十年，而尧使摄政。摄政八年而尧崩。'又云：'舜年二十以孝闻，年三十尧举之，年五十行天子事，年五十八尧崩。'此言'尧立七十年得舜'，即谓舜年三十时尧举之也；言'尧得舜二十年而老，令舜摄行天子之政，荐之于天'，即谓舜年五十行天子事也；言'尧辟位凡八年而崩'，即谓舜年五十八尧崩也。'八年'二字上不当有'二十'二字。殆无可疑者。《尚书·尧典》叙尧立七十年得舜，下文言'二十有八载，放勋乃殂落'，言尧得舜二十八年崩，不言尧得舜二十年之后令舜摄行天子之政，舜摄政八年尧崩，与此所云微有不同。后人未加深考，乃以为尧举舜后即辟位，而舜即摄政，尧辟位非八年，乃二十八年，遂于此'八年'上妄增'二十'二字，于是上下文乃牴牾而不可通矣。'二十'二字当删去，以复史公之旧也。"

按：此两句确实有矛盾和抵牾的地方。如果说是舜摄政，尧辟位，则是"八年"无疑，观其其他几处记叙，有的明写"（舜）摄政八年而尧崩"，则此处"二十"二字为衍文无疑。而仔细揣摩此句及前后文，司马迁是通言尧得舜之后二十八年的情事，而不是单言尧辟位、舜摄政之后八年的史实。故此，并不是单单改"二十八"为"八"就能完事的。这样，虽然在文字上看来没有讹误了，但并不符合司马迁的原意。此文的讹误，不在于"二十八年"，而在于

"辟位"二字。司马迁用"凡",即是总共的意思,包括舜辅政和摄政两层意思在内,前句即是如此表述,曰:"尧立七十年得舜,二十年而老,令舜摄行天子之政,荐之于天。"故此,"辟位"二字宜改为"得舜"二字,为"尧得舜凡二十八年而崩",则前后相符,文顺义畅矣。

20. 虞舜,当为"帝舜"

原文:虞舜者,名曰"重华"。

李人鉴《校读记》曰:"此处'虞舜',当作'帝舜'。'帝'字作'虞',乃后人所妄改。上文'是为帝颛顼',下承以'帝颛顼高阳者'等语;是为帝喾,下承以'帝喾高辛者'等语;是为帝尧,下承以'帝尧放勋'等语,无例外皆曰'帝某'。然则此承'是为帝舜'一语,下者固当为'帝舜者,名曰重华','帝舜'二字不得改作'虞舜'也。《集解》'虞'字下无注,至篇末'帝舜为有虞'句下始为作注,裴骃所见本尚作'帝舜',不作'虞舜'。然《索隐》《正义》于'虞'字皆有注,是唐人所见本'帝舜'二字已为后人妄改为'虞舜'矣。"

按:根据前后文,此"虞舜"二字当为"帝舜",宜改之。根据古人的称呼惯例,某人一旦登上帝位,便称为"帝某",观其《夏本纪》《殷本纪》等便可知。当然,这里作"虞舜",也不害文义,只是前后文不协调而已。至于是否是后人改"帝"为"虞",则未可知,或是原文即是"虞舜",裴氏视而无注矣,而不可武断地认为就是"后人所妄改"。此句宜改为"帝舜者,名曰'重华'"。

21. 瞽叟,不宜作"瞽瞍"

原文:重华父曰"瞽叟"。

修订本《校勘记》曰:"叟,殿本作'瞍'。"张文虎《札记》曰:"《尧典疏》《御览》一三五、《元龟》二七引,并作'瞍'。今作'叟',疑非。又,《书传》'配字曰瞍,瞍无目之称',今《正义》引,并作'叟',皆误也。"

按:瞍(sǒu),指没有眼珠的瞎子。《说文》曰:"瞍,无目也。""瞽瞍"二字,从文义而言,作"叟"为是。瞽,本义是指瞎眼,引申为没有识别力,如"瞽说",即是瞎说;瞽言,即是妄言,并非是指真正意义上的瞎子。而来一个"瞍",则是瞎子,还怎么去做坏事,去坑害儿子舜?不妥也。瞽叟,则是不明事理的老头。此称为"瞽叟",则是指他千方百计去陷害儿子舜,是指他的行为之"瞎"。而历来的注释,几乎都将"瞽"释为"眼瞎",则是失为肤浅和疏略矣。而"叟",含有对年长者尊称的意思,因为他毕竟是舜的父亲啊!当然,"瞽"还有一种解释,即指古代乐师。古代以目盲者为乐官,但也是瞎子,没有史料证明舜的父亲当过乐官,故不取。故此,仍以作"瞽叟"为是。

22. 兄弟孝慈,宜为"友于其弟"

原文:舜顺适不失子道,兄弟孝慈。

梁玉绳《志疑》曰:"兄弟孝慈,此句与上下文义不相接实,疑是衍文。"

泷川《考证》曰："兄，疑当作'友'。"施之勉《订补》曰："《越绝书·吴内传》：'舜父顽，母嚚，兄狂，弟傲。'是舜又有一狂兄矣。"

按：此为传说而已，怎么坏人都弄到舜的一家去了？舜倒是成了坏人管理站的"站长"了！"兄弟孝慈"承上，仍言舜事，但不够准确。这句话按照字面理解，则是兄和弟都很"孝慈"。而孝慈，则是对上孝敬，对下慈爱，指孝敬父母，亲善兄弟。上句"不失子道"，已经写舜对其父母；此句则是指舜对其弟弟，不当指兄弟两人。"孝慈"二字与"顺适不失子道"文义重复，故梁氏认为"义不相接实"。而且，此句文字有讹，当为"友于其弟"，谓舜友爱其弟，比较准确。故此，宜改之。《古文尚书·君陈篇》有"孝乎惟孝，友于兄弟，施于有政"，可为本句作参考。

23. 雷泽上人，宜为"雷泽之人"

原文：渔雷泽，雷泽上人皆让居。

李笠《订补》曰："雷泽上人，'上'当作'之'，以'历山之人'句例之，可知也。……'之''上'二字易误也。"

按：上人，可作为名词，指父母或祖父母，或是对持戒严格并精于佛学的僧侣的尊称。而"雷泽上人"，则是指雷泽上的人。上句为"历山之人"，此句与上句句式相同，宜为"雷泽之人"，故宜改之。

24. 得其利，非为衍文

原文：世得其利，谓之"八恺"。

梁玉绳《志疑》曰："《左传》无'得其利'语，以下文'世谓之八元'例观，疑'得其利'三字当衍。"

按：两句的文法不协调，上句为"世得其利，谓之'八恺'"，下句为"世谓之'八元'"。上句多"得其利"三字。此三字是否是衍字？则根据不足，或是实有之，承上句而省。如果去掉此三字，则不足以反映"八恺"的优秀之处，故宜予以保留。

25. 倕，乃尧之工匠之名

原文：……夔、龙、倕、益、彭祖，自尧时而皆举用。

王叔岷《斠证》曰："景祐本、黄善夫本、殿本，'倕'并作'垂'。《尧典》同。"

按：此《纪》后文"皆曰：'垂，可。'于是，以垂为共工""垂主工事，百工致功"，皆作"垂"字。同一人名，用字不同。"倕""垂"二字，必有一误，或是通用，或是通假。从严谨的角度来看，在同一篇文章中，同一个人只应用同样的名字，那么，正字究竟是"倕"还是"垂"呢？从"几率"的角度来看，此文中用一个"倕"字，三个"垂"字。"垂"的"几率"是75%。而考其字源，汉字以象形字、形声字为主体，"倕"有"人"旁，或许，这个工匠就叫作"倕"，而"垂"只是沿袭《尚书·尧典》中的写法，通假而已。通假，即讹误也。再看《古代汉语词典》的解释："倕：古代传说中的巧匠名。"

《辞源》的解释："倕：人名。"并引《吕氏春秋》注曰："倕，尧之巧工。"又曰："《书·尧典》作'垂'。"而"垂"字的注释，在辞典中则没有这样的义项。故可知，"垂"为"倕"的通假字，而"倕"是古代工匠的名字。而从简便的角度考虑，可用假字代替正字，即将"倕"改为"垂"字，此句改为"……夔、龙、垂、益、彭祖，自尧时而皆举用"，使上下文一致起来，则也是一种可行的选择。

26. 彭祖，非衍文

原文：彭祖。

泷川《考证》曰："彭祖之名，不见于《尚书》；《大戴礼·五帝德》，亦但言帝尧举舜、彭祖，而不言舜用彭祖，下文亦无彭祖分职。"郭嵩焘《札记》曰："世传彭祖八百岁，或谓彭祖即老聃，《小戴记》有孔子问老聃之文，则下及衰周之世矣，史公于'禹、皋陶、契、后稷、伯夷、夔、龙、倕、益'之次增入彭祖，是亦好奇之过。"李人鉴《校读记》曰："此《纪》下文历叙伯禹为司空等，九人皆有分职，而独不及彭祖，亦本之《尚书·尧典》也。据此，则此'彭祖'二字非史公之旧，乃后人所窜入。殿本《考证》疑'彭祖'二字为衍文，是也。此'彭祖'二字，《集解》无注，至《楚世家》言'彭祖'，始为作注，是裴骃所见此尚无'彭祖'二字。而《索隐》《正义》于'彭祖'二字皆有注，则唐人所见本已有此二字矣。旧传彭祖最寿，为神仙家所托，且有谓'彭祖'即老聃者，唐代崇奉老子，故于此妄增'彭祖'二字。"

按：此"彭祖"，非长寿之彭祖。张守节《正义》曰："彭祖，自尧时举用，历夏、殷，封于大彭。"文中没有具体写明彭祖的分职，盖略之也。后文云"二十二人咸成厥功"，二十二人，当指上文所列"禹、皋陶、契、后稷、伯夷、夔、龙、倕、益、彭祖"十人以及十二牧（四岳为四方诸侯首领，为十二牧之"领衔"者），故"彭祖"二字非衍文。再说，说"彭祖"为衍文，也没有版本依据，只是推测言之，故不予采信。李氏认为此"彭祖"二字《集解》无注，就认定是衍文，也太武断了，难道《集解》一定要在此对"彭祖"二字作注？如此推论，大前提不正确，其结论还能正确吗？

27. 论帝德，为"论帝道"，乃记事也

原文：命十二牧论帝德，行厚德，远佞人，则蛮夷率服。

梁玉绳《志疑》曰："《尚书》舜命十二牧，无'论帝德'之语，此三字疑衍。"泷川《考证》曰："'牧'下当补'曰'字。《尚书》有'曰'字。"徐仁甫《辨正》曰："《书·尧典》作'咨十有二牧曰'，'论帝德'四句，为舜命十二牧之词。史公决不至误言为记事。则此当时记言省'曰'字，'论帝德'四句，标点当加引号。"

按：论帝德，依上下文，应是"论帝道"，讨论为帝之道、为政之道，以及成败得失，贯行天下，而非如《正义》所说，是论帝尧之德。如果是"论帝德"，则与下句"行厚德"文义相重，故宜改之。

又，如梁氏所说，若删去"论帝德"三字，则文义不全。《史》文之增减有无，须有版本依据，不能单据《尚书》妄改，《尚书》原文只可作参照，而不是唯《尚书》是从。司马迁依《尚书》撰此文，而有自己的见解，不是照搬原文。梁氏之"疑衍"之说，乃是"刻舟求剑"之说，不可从之。

再又，泷川氏、徐氏依《尚书》，以为"论帝德"为记言，前面宜有"曰"字。细观司马迁之文，此则是由记言改为叙事，连同后文，即明令十二牧要"论帝德，行厚德，远佞人"，而十二牧已然行之，结果是"蛮夷率服"。故不宜用"曰"字，也无须将此四句加引号。此四句，只须将"论帝德"之"德"，改为"道"，为"命十二牧论帝道，行厚德，远佞人，则蛮夷率服"，则是非常完美。

28. 朕，宜删之

原文：以益为朕虞。

梁玉绳《志疑》曰："《书》所谓'朕虞'，舜自言之也，此连文为官名，非。"泷川《考证》曰："'朕'字，后人从《汉书》误补。"韩兆琦《笺证》曰："《尚书》原文作：'舜曰：俞，咨益，汝作朕虞。'今司马迁改为史家叙述，曰'以益为朕虞'，用语不当，疑用《尚书》文而剪裁未尽者，'朕'字应削。"

按：以益为朕虞，是司马迁对当时情景的通俗化记录，意即就让伯益担任我的虞官吧。朕虞：即朕之虞官，并非官名即是"朕虞"。而用"朕"字，似与上下文不协调，故宜删之，为"以益为虞"。

29. 诸臣，疑为衍字

原文：益拜，稽首，让于诸臣朱虎、熊罴。

泷川曰："《尚书》无'诸臣'二字，盖注文窜入。"

按：诸臣朱虎、熊罴，直接称"朱虎、熊罴"即可，与上下文比较协调，而用"诸臣"二字，从文义来说，并无不妥；而从文法来说，则是多余。既然"朱虎、熊罴"称为"诸臣"，而其他大臣则称不称为"诸臣"？行文不统一，故宜删之，此句宜为"益拜，稽首，让于朱虎、熊罴"。

30. "直"前宜有"曰"字

原文：舜曰："然。以夔为典乐，教稚子，直而温，宽而栗……"

韩兆琦《笺证》曰："直而温，句上应增'曰'字。此以下数句，皆舜教导夔之语。《尚书》原作'帝曰：夔，命汝典乐，教胄子，直而温，宽而栗'云云，一气贯下，今史文改作'以夔为典乐，教稚子'，为史家叙述，则'直而温'云云，上必须另加'曰'字读。今中华本乃将两个叙述句混同在舜的说话之内，殊欠明了。"

按：按《笺证》所说，此句宜改为：舜曰："然。"以夔为典乐，教稚子，曰："直而温，宽而栗，……"前舜所"曰"，只是一个"然"字；以夔为典乐，教稚子，为叙述句，不作为舜所曰的内容；直而温，宽而栗……是舜所教导夔的内容。此说诚然有理，故从之。

31. 分北，疑为"分化"

原文：分北三苗。

施之勉《订补》引孙星衍曰："此三苗，似非'窜三危'者，尧时三苗已窜三危。此有苗不服在楚荆州之地，是舜时三苗，非尧时所窜者也。故《吕氏春秋·召夷》云：'舜却有苗，更易其俗。'《淮南·兵略训》云：'舜伐有苗。'《修务训》云：'舜南征三苗，道死苍梧。''分北'者，即《吕氏春秋》所为'却'也。"韩兆琦《笺证》曰："分北三苗，亦见于《尚书》原文，然与上下文无关，疑为衍文或错简，史公亦姑妄照抄之。"

按：分北三苗，非衍文，当是舜时的一个政治举措，即如张大可《新注》所说，"指分化治理三苗"。而置于此段段末，似乎与此段两不相属，故以为窜入，疑为衍文。实际上，此句是与以上所说用人之事是并列关系，是为两层意思。如果严格地分段，则是分为两段，此句另为一段。

又，分北三苗，含义不明，甚至不知所云，将"北"作通"背"解，是说分开三苗，其文义也是非常勉强，拐弯抹角，不够直接。疑"北"为"化"之讹字，句为"分化三苗"。"北"与"化"，盖因字形相近而讹，故宜改之，为"分化三苗"，仍然与前文合为一段。

32. 大理，宜为"士"字

原文：皋陶为大理，平。

泷川《考证》曰："大，当作'士'，字之讹也。故《正义》以作'士'解之。"韩兆琦《笺证》曰："大理，《大戴礼记·五帝德》及《夏本纪》，均作'皋陶作士'，是'大'实'士'之讹，'理'则应属下。依此，则本句应断作'皋陶作士，理平'。理，审判案件。理平，谓断案公平，即《正义》所解'正平天下罪恶也'。"王叔岷《斠证》曰："大理，即'士'。上文'汝作士'，郑玄注曰：'有虞氏曰士，夏曰大理。'史公此文以'大理'说'士'，《正义》引'皋陶作士'以证之，正得其旨。《考证》乃以'大'为'士'之误，失之远矣。"

按：大理，作为司法官，是舜帝以后的事情，当时则称为"士"。此作"大理"，与上句"汝作士"相对应。用"大理"来指代"士"，名称上有些不统一，但含义则是相同的。置于说"大"为"士"之讹，而"理平"为一个词组，虽然含义可以，但比较勉强，似不可取。而"大理"是后来之词，在当时并未出现，故宜将"大理"改为"士"字，此句为"皋陶为士，平"，以吻合舜时实际。

33. 北发，疑为"北户"

原文：南抚交阯、北发。

司马贞《索隐》曰："北发，当云'北户'，南方有地名北户。'北发'是北方国名，今以北发为南方之国，误也。"张大可《新注》曰："北发：据《秦始皇本纪》载，秦疆域'南至北向户'，此'北发'，即北向户，指极南之地，门户向北，在今越南境。"韩兆琦《笺证》曰："北发：应作'北户'，即'北向户'，指今广东、广西的北回归线以南，窗户向北开的地方。"

按：以上所言是，北发，宜改为"北户"。此句宜改为"南抚交阯、北户"。或许，司马迁可能原来就是作"北户"，或是后来在传抄中出现讹误，但不管怎么说，要本着实事求是的精神，既然是错了，就应当将原文予以改正，这才是比较科学的治史态度。

34. "西" "北" "东" 字后，宜增 "抚" 字

原文：西戎、析枝、渠廋、氐、羌；北山戎、发、息慎；东长、鸟夷。

司马贞《索隐》曰："'西戎'上少一'西'字。'山戎'下少一'北'字，'长'字下少一'夷'字。"张大可《新注》曰："西戎：即'西抚戎'之省，以下句式同此。"

按：此长句写舜的国之四境，其中"西" "北" "东" 后，承前省"抚"字。抚，即安抚，引申为管理。从文本的角度来说，西戎，本有"西戎"之名，指西方的少数民族，而这里则是"西抚西戎"，省"抚"字，脱"西"字，容易引起混淆和误解。北山戎，可以理解为北部的山戎，实际上是"北抚山戎"。"东长"亦是如此，实际上是"东抚长夷"，省"抚"字，脱"夷"字。《索隐》所说的几个脱字，皆有道理。故宜将此长句改为"西抚西戎、析枝、渠廋、氐、羌；北抚山戎、北发、息慎；东抚长夷、鸟夷"。作如此改动，则文义非常清晰、明白。

35. 乃，疑为衍字

原文：三年丧毕，禹亦乃让舜子。

泷川《考证》曰："禹亦乃让舜子，枫、三、南本无'乃'字。"李人鉴《校读记》曰："'乃'字衍，当删。"王叔岷《斠证》曰："'乃'字盖涉上文'舜乃'字而衍。"

按：亦乃，即同样是的意思，可作合成副词，在文义上没有什么不妥。而去掉"乃"字，为"禹亦让舜子"，则文义比较直接，似乎更好一些，故此句"乃"字宜删去。

36. 姓、氏，宜区别开来

原文：帝禹为夏后，而别氏，姓姒氏；契为商，姓子氏；弃为周，姓姬氏。

裴骃《集解》引众仲曰："天子建德，因生以赐姓，胙之土而命之氏。"并曰："姓者，所以统系百世，使不别也。氏者，所以别子孙之所出。"梁玉绳《志疑》曰："姓，一定而不易，虽百世而不改。氏，迭出而不穷，即再传可变。史公承秦、项焚毁之余，谱学已紊，'姓' '氏'遂混。有以'姓'为'氏'者，如夏之'姒'、商之'子'，姓也，非氏也，而连'氏'于其下，曰'姒氏' '子氏'；有以'氏'为'姓'者，如秦之'赵'、汉之'刘'，氏也，

非姓也，而加'姓'于其上，曰'姓赵''姓刘'。"韩兆琦《笺证》曰："帝禹的国号曰'夏后'，改了姓，姓姒。契的国号曰'商'，姓'子'。弃的国号曰'周'，姓'姬'。"

按："姓"与"氏"，有比较严格的区分界限，不宜予以混淆。而司马迁往往将"姓"与"氏"混为一说，宜予以区别开来。此文将"姓""氏"并用，实际上均是指"姓"，故宜改之，为："帝禹为夏后，而别姓，姓姒。契为商，姓子。弃为周，姓姬。"

37. 及，宜删之

原文：孔子所传《宰予问五帝德》及《帝系姓》。

郭嵩焘《札记》曰："下文'予观《春秋》《国语》，其发明《五帝德》《帝系》，章矣'，诸本皆无'及'字。此'及'字，疑衍。"

按：及，连词，以及的意思，相当于顿号，但略有不同，"及"字后的内容，与"及"字前的内容，并不完全表示并列关系，只是表示顺及还有的意思。《宰予问五帝德》，可省称为"《五帝德》"，与《帝系姓》为并列关系，都是《大戴礼记》篇名。故此，"及"字宜删去。此句为"孔子所传《宰予问五帝德》《帝系姓》"。

38. "至"字不可少

原文：至，长老皆各往往称黄帝、尧、舜之处。

泷川《考证》曰："枫、三、南本无'至'字。"王叔岷《斠证》曰："'至'字盖涉上文'西至空桐'而衍。枫、三、南本是也。"

按：王氏所说"至"字是涉上文"西至空桐"而衍，则是根据不足，或是没有完全理解。至，指前文所说的"西至空桐，北过涿鹿，东渐于海，南浮江淮"而所到的每一个地方，是总括性文字，故不可少。

二、《五帝本纪》释疑

1. 司马迁撰史，为何从黄帝写起

原文：黄帝者，少典之子。

司马迁撰写《史记》，第一个把历史传说构建为人文历史。传说炎、黄并称，并有三皇、五帝，而司马迁从黄帝写起。苏辙曰："孔子删《诗》及《书》，起于尧、舜、稷、契之际，以为自是以上其事不可详矣。至司马迁纪《五帝》，首黄帝，遗牺农而黜少昊，以为帝皇皆出于黄帝，盖纪其世，非纪其事也。然黄帝本神农之后少典之子，神农岂非五帝世耶？盖黄帝、高阳、高辛，子孙代有天下，而少典之后不传，《周礼》"六乐"无少昊之乐，《易》叙古帝王，亦不道也，迁由是黜而不纪。后世多以迁为非者，于是作《三皇本纪》，复纪少昊于五帝首。"（《古史》卷一）司马迁为什么不写三皇，不写炎帝、少昊，而叙述古史从黄帝开始呢？

按：华夏民族源于黄河黄土地，最早以农业著称于世。炎帝教民耕种，黄帝统一华夏，所以炎、黄并称。炎帝、黄帝，都是中华民族的始祖，中华民族都是炎、黄子孙。但是，司马迁写《史记》，只着重写黄帝，文化源头从黄帝起，所以，黄帝的影响盖过了炎帝。远古时代的三皇也罢，五帝也好，都是传说人物，它只能反映一定的史影，但都不可据为信史。传说的史影是互相矛盾的。例如，司马贞《三皇本纪》记载了炎、黄的世系。神农氏八传生帝榆罔，榆罔生轩辕氏黄帝。据此，黄帝是炎帝神农氏的第十代孙。但《道藏·轩辕黄帝》则说："伏羲生少典，少典生神农及黄帝。"这就是说，炎帝与黄帝为兄弟，都是少典之子，炎帝为兄，黄帝为弟。可是，《国语·晋语》又说："昔少典娶于有蟜氏，生黄帝、炎帝。"这里，又是黄帝为兄，炎帝为弟了。炎、黄为兄弟的说法，史籍还有多处记载。如《新书》的《制不定》和《益壤》，也说炎、黄为兄弟。这种种传说，互相矛盾，出入很大，使得司马迁非常困惑。于是，司马迁到全国各地考察，到处都有黄帝的传说，有的还有黄帝编年（即黄帝的大事记），认为百家典籍和许多传说的具体事迹都不可靠，只根据《大戴礼记》中《五帝德》《帝系姓》的记载，参证各地的口碑传说，肯定黄帝其人，只记载可信的史影，所以只写五帝，不写三皇。司马迁认为，从传说的黄帝时代起，中华民族开始形成。于是，着重写黄帝战蚩尤，平乱世，统一华夏各部族，草创国家，以此宣扬大一统精神，以印证秦汉大一统，巩固中央集权政治。司马迁打破儒家述史起于尧的传统，赞扬以武力平定乱世的黄帝，便于构建大一统的历史观。所以，司马迁将《史记》上限起于黄帝。

2. 黄帝，姓公孙，还是姓姬？

原文：姓公孙，名曰"轩辕"。

崔述曰："公孙者，公之孙也，公族未及三世则无氏，氏之以公孙，非姓也，况上古之时，安有是哉？"（《补上古考信录》）梁玉绳《志疑》曰："公孙，非姓也，黄帝乃少典国君之后，故称'公孙'，'轩辕'是其号。《汉书·律历志》：'黄帝始垂衣裳，有轩冕之服，故天下号轩辕氏。'然则黄帝何姓？曰'姓姬'。《国语》晋胥臣云：'黄帝以姬水成。'盖炎帝之所赐也。黄帝何名？曰：'不可考已。'《路史·后纪》载帝名字，皆谶纬杂说，不足信耳。"泷川《考证》曰："《大戴礼·五帝德》无'姓公孙'三字，未详史公所本。"

按：公孙，盖指黄帝是少典的子孙，故以"公孙"来称呼，亦以"公孙"为姓。后来，黄帝以姬水成，改为姬姓，并不排除他原来之姓"公孙"。郑樵《通志》曰："公孙氏，春秋时诸侯之孙，亦以为氏者，曰'公孙氏'，皆贵族之称。或跟黄帝姓公孙，因以为氏。"按照周朝制度，国君一般由嫡长子继位，即位前称为"太子"，其他的儿子便称为"公子"，公子的儿子则称"公孙"。他们的后代便有不少人以"公孙"为姓。疑司马迁用周朝的制度来诠释黄帝之姓。这也说明，黄帝为少典国君之后，非是嫡子。

3. 黄帝，继神农氏统领天下

原文：轩辕之时，神农氏世衰。

邹衡曰："在古代传说中，通常把炎帝和所谓'三皇'中的神农氏等同起来。《世本·帝系》认为'炎帝即神农氏'。《汉书·古今人表》也称'炎帝神农氏'。其实，炎帝和神农氏是两个人，他们事迹有些相同，混同了，成了一个人。年代也很不同，神农要早一些，炎帝晚一些，最终混成一个人。"（《炎帝的原生地究竟在哪里?》）《全注》曰："炎帝，是传说时代姜姓部族的宗祖神。据《国语·晋语》，知该族生息在今陕西渭水流域，是在今甘、青地区的羌族分支。以炎帝为宗祖神的姜族与以黄帝为宗祖神的姬族世通婚烟。《周本纪》记述姬姓周部族的先祖曰：'周后稷，名弃，其母有邰氏女，曰姜原。'《说文》云：'邰，炎帝之后，姜姓，封邰，周弃外家。'著名的周太王古公亶父之妃太姜，也是姜姓部族的女子。在周武王伐纣之战中指挥大军，灭殷后第一个受封并负责镇守东方的，是姜姓的师尚父，以及有周一代，周王及姬姓贵族不断同姜姓联姻，都反映了自远古以来姬、姜两族亲密的关系。尊奉炎帝、黄帝为华夏全族的始祖，实属周人对自己母系远祖炎帝、父系远祖黄帝的独尊和神化。"

按：综合古史传说与现代考古，炎帝与黄帝是生活在今陕、甘、青大地上并立的两个相邻部族领袖，炎帝族为神农氏，姜姓；黄帝族为轩辕氏，姬姓。两族世代联姻。炎帝是神农氏后代的部族首领，与黄帝同时。黄帝并灭衰世神农氏之炎帝，融合为一个大部族，故古史才有炎、黄为兄弟的传说。从历史的角度来看，神农氏集团比轩辕氏集团诞生要早，在黄帝统领天下前，是神农氏统领天下；而黄帝兴起时，则是"神农氏世衰"之时，这也应当是非常明确的。

4. 炎帝，乃"神农氏"之末代首领

原文：炎帝欲侵陵诸侯。

李人鉴《校读记》曰："史公为文，上下皆称'神农氏'，有'神农氏世衰''神农氏弗能征''代神农氏'等语，上下贯串，则中间不合有'炎帝'之称。且所叙者二事，其一曰'诸侯相侵伐，暴虐百姓，而神农氏弗能征。于是，轩辕乃习用干戈，以征不享，诸侯咸来宾从。'其二曰：'蚩尤最为暴，莫能伐。于是，黄帝乃征师诸侯，与蚩尤战于涿鹿之野，遂禽杀蚩尤。'一指征服诸侯，二指禽杀蚩尤，文法绝无二效，绝不容有'炎帝欲侵陵诸侯'等语侧于其间也。"

按：关于神农、黄帝的这段历史，由于历史悠久，传说的版本很多，甚至有些互相矛盾，而司马迁采取的是"疑则传疑"，没有刻意去将各种传闻版本统一起来，用现今的话说，这就是一种科学的态度，应当予以肯定。那么，我们分析此《纪》所记载的这段历史，应当按照司马迁的阐述去分析研究，而不宜用其他的说法来予以否定。因为，其他的说法也同样是传闻而已，不具有绝对的真实性，故只可作为参考而已，不可予以采信。从司马迁的记载来看，"神农氏"比"轩辕"要早出，轩辕当"神农氏世衰"之时。那么，此时的神

农氏，则是"炎帝"无疑。其文有省略和跳跃。神农氏世衰，当理解为神农氏的世系，一代一代相传，到了衰败的时候；神农氏弗能征，此"神农氏"则当指"世衰"时的神农氏首领，根据下文，当是指炎帝。此句"炎帝欲侵陵诸侯"，则是明确点出此时的神农氏首领是"炎帝"。再后面的"代神农氏"，则是神农氏代指炎帝，即是"代炎帝"。如此理解，则"神农氏"与"炎帝"两个概念就不会有抵牾和矛盾了。读史，关键在于善读和深思而已，不可只看"皮毛"，而不去深究其实质性的内容。至于神农氏的末代首领，《帝王世纪》认为是神农氏传八代而至榆罔，其实这也并不矛盾，即"榆罔"即是"炎帝"，只是司马迁在此段文中没有出现"榆罔"这个概念而已，不可视作"矛盾"之说。

5. 阪泉之战，非"涿鹿之战"也

原文：以与炎帝战于阪泉之野。

梁玉绳《志疑》曰："阪泉之战，即涿鹿之战，是轩辕勤王之师，而非有两事，故《逸周书·史记解》称'蚩尤'曰'阪泉氏'，斯为确证。始缘炎帝世衰，诸侯不享，轩辕征之而来宾，为炎帝征也。既因蚩尤蒙尘，轩辕征师以诛之，为炎帝诛也。而天与人归，尊为天子，乌知非炎帝让德逊位哉？盖记中两'炎帝'字，俱'蚩尤'之误。其初三战于阪泉而后胜之，犹作乱不用命，继战于涿鹿而乃杀之耳。……所谓炎帝者，疑即指蚩尤。"《全注》曰："黄帝族与九黎、三苗族首领蚩尤之争，《尚书·吕刑》已有反映，是一由来已久的历史传说，当有史实为背景。至于黄帝与赤帝有阪泉之战，始见于《五帝德》，到《五帝本纪》中改'赤帝'为'炎帝'，以炎为南方赤，是阴阳五行说盛行以后之事，可见这一传说之后起甚明。炎、黄（即姜与姬）是相互婚姻之族，同自西北发展到中原，患难与共，无自相火并之理，正如周之姬与姜、辽之耶律氏与审密氏，阪泉之战只能是涿鹿之战一事在传说中的分化。《水经·漯水注》：'涿水出涿鹿山'，'又东北与阪泉合'，《魏土地记》曰：'下洛城东南六十里有涿鹿城，城东一里有阪泉，泉上有黄帝祠。'下洛，即今涿鹿。是阪泉与涿鹿实即一地，而蚩尤又有阪泉氏之称，都可证阪泉之战即涿鹿之战。"

按：涿鹿，黄帝所都，阪泉在其附近。阪泉之战，黄帝并灭炎帝，占有涿鹿，其后蚩尤来争，战于其地，有别于"阪泉之战"，而称"涿鹿之战"，两战皆有所归，岂可因为在同一地域发生就合二而一，论断为一次战争？黄帝以征伐取天下，正是司马迁本意。梁氏认为"阪泉之战"即"涿鹿之战"，又说黄帝只与蚩尤作战，不仅未与炎帝作战，而且还捍卫炎帝以败蚩尤，与此文义完全不符。梁氏又说《纪》中两"炎帝"，俱是"蚩尤"之误，也毫无依据，殊不可取。《全注》认为炎、黄是互通婚姻之族，不可能发生战争，亦失于迂腐。司马迁明确指出，黄帝时代，"神农氏世衰"，是一个乱世，而黄帝正是平定乱世的圣王，当时是炎帝统领天下，黄帝不与之战，怎么可能代炎帝统领天下？失此大前提，则不可与之论黄帝矣。

6. 神农氏"世衰"，还需"三战"乃成？

原文：三战，然后得其志。

泷川《考证》引崔述曰："《五帝纪》曰：'轩辕之时，神农氏世衰，诸侯相侵伐，暴虐百姓，而神农氏弗能征。'又曰：'炎帝欲侵陵诸侯，轩辕乃修德振兵，以与炎帝战于阪泉之野，三战，然后得其志。'夫神农氏既不能征诸侯矣，又安能侵陵诸侯？既云'世衰'矣，又何待三战而然后得志乎？"

按：崔氏说神农氏炎帝既已衰弱，就没有能力侵陵诸侯，则是想当然的推论。请看晋灭吴、隋灭陈：孙皓与陈叔宝，皆衰世之君，尚在强敌边境挑起事端；而晋与隋，长期准备，倾国以征，方能统一。炎帝是神农氏数世衰微之后欲要奋起之君，能与黄帝并称，并非平庸之主，只因"世衰"，未能成功罢了。至于说"何待三战而然后得志"，则是忽视了炎帝集团的实力。黄帝之前，是神农氏世代为天子，前后相承数百年，根基非常牢固，只是此时黄帝部族兴起，而自己有所衰微而已。新兴的黄帝部族要想取代炎帝的统治地位，岂是轻而易举的事情？必然要经过数次生死搏斗，方能成功。崔氏望文生义，不足说矣。

7. 黄帝战胜炎帝，统一天下

原文：轩辕之时，……然后得其志。

梁玉绳《志疑》曰："此段，由前言之，帝室衰而藩国暴；由后言之，共主虐而列辟离。半幅之内，遽相抵牾。同兹炎帝，而或仅守府，或辄耀兵；同兹黄帝，而忽则翼君，忽又犯上。顿成矛盾，莫识所从。炎帝其榆罔乎！虽典籍无征，未必若桀纣，安得侵陵群后而制之？轩辕固圣帝也，何至日寻干戈，习用军旅？孔子系《易》称'黄帝、尧、舜垂衣裳而天下治'，倘依《史》所载，则征伐而得天下，当自黄帝始矣。"

按：梁氏认为，这段史文有讹误，有诸多矛盾。其实，梁氏的所谓"矛盾"之说不能成立。所谓"由前言之，帝室衰而藩国暴"，系指"神农氏世衰，诸侯相侵伐"等句；"由后言之，共主虐而列辟离"，系指"炎帝欲侵陵诸侯，诸侯咸归轩辕"等句，认为前后自相矛盾。梁氏之意，既然神农氏世衰，又何得以侵陵诸侯？前言诸侯暴虐，后言炎帝侵陵诸侯，到底是诸侯暴虐，还是炎帝暴虐？梁氏又谓，同一个黄帝，"乃习用干戈，以征不享"，是"忽而翼君"，护卫炎帝；却又"修德振兵"，以与炎帝战，并灭了炎帝，是"忽又犯上"，因而"顿成矛盾，莫识所从"。梁氏所说的矛盾，既是历史观视角的错误带来的误断，亦是想当然的推论。其以先入为见，认为黄帝是仁德圣君，不应习用军旅。而司马迁恰恰是塑造一个"修德振兵"而平定乱世的英雄黄帝，黄帝就是一个"征伐而得天下"的古代圣帝。按照这一历史观视角，梁氏所言"矛盾"，顿然冰释。

再说，读《史记》，应当遵照司马迁行文之意。传说时代，往往一人一事有多种说法，欲求整齐划一，则是钻牛角，谬甚。司马迁综合多种典籍，勾勒黄帝时代的史影。黄帝之前，神农氏主天下，到黄帝时已经"世衰"，衰落几代了，于是天下大乱，此时神农氏的首领炎帝，欲有一番作为，要重振雄风，"欲侵陵诸侯"而遭遇黄帝，于是黄帝灭了炎帝，而后又灭了蚩尤，前后序列相承，何矛盾之有？在黄帝并灭炎帝之前，黄帝与蚩尤，均是神农氏炎帝时代治下的众诸侯之一，黄帝兴起，要一统天下，首先要攻打之敌，恰恰是统治者炎帝，而不是诸侯首领蚩尤。说黄帝犯上可以，说黄帝"忽而翼君"又"忽又犯上"，乃是想当然之辞，不符合司马迁的行文逻辑和撰史宗旨。

8. 行文之妙：总起、双承、总收、分述、归一

原文：轩辕乃修德振兵……遂禽杀蚩尤。

李人鉴《校读记》曰："此段文字，矛盾殊甚。上云'诸侯相侵伐，暴虐百姓，而神农氏弗能征'，下云'炎帝欲侵陵诸侯'，数行之间，立说矛盾，未有若斯之甚者也。"

按：司马迁此段行文并无矛盾，亦无不合文法之说。李氏有如此之说，是用"一线贯穿"的习惯思维来看待司马迁的这段史文，而没有真正领会其精妙的结构安排，其说非矣。司马迁的这段史文，采用了"总起、双承、总收、分述、归一"的表现方法，看似有些凌乱，但实则精心构思，别具匠心。所谓"总起"，是写轩辕在"神农氏世衰"时，代替神农氏"征不享"，诸侯归服，意即历史进入了轩辕时代。所谓"双承"，即双线承上，指"诸侯咸来宾从"后，出现了两方面的情况：一是蚩尤继续暴虐，莫能伐；二是原来的万国统领炎帝坐不住了，侵陵诸侯，欲夺回统治地位。所谓"总收"，指轩辕面对以上两种情势，不是就此屈服，而是毅然采取"修德振兵"等措施，来使自己迅速强大起来。所谓"分述"，是分别叙述轩辕与炎帝战、与蚩尤战的情况，结果都取得了决定性胜利。所谓"归一"，即轩辕战胜炎帝、蚩尤后，真正成为"天子"，取代神农氏，称为"黄帝"。当然，其后黄帝还要继续征讨"不顺者"。如此精妙的结构安排，怎么能认为是"矛盾殊甚"呢？而有此认识，真是不善读《史记》也！至于文中的个别字词问题，则是另当别论。

9. 熊，乃与湘山相近之熊耳山

原文：南至于江，登熊、湘。

司马迁所说"登熊、湘"，熊，即熊耳山。关于熊耳山，有多种说法：一是《集解》引《封禅书》曰："南伐至于召陵，登熊山。"认为熊耳山是齐桓公至召陵而登之的熊耳山。召陵，在今河南郾城县东三十五里。二是《正义》引《括地志》云："熊耳山，在商州上洛县西十里，齐桓公登之，以望江汉也。"认为熊耳山在商州上洛县西，即今陕西商县西北。三是《荆州记》载弘农亦有熊耳山，即在今河南卢氏县南。

按：以上三说，均是不妥。所谓"熊耳山"，即是形状象熊耳的山，应是各地皆有，并不是某山的专名。那么，黄帝所登临的熊耳山究竟在什么地方？泷川《考证》引成孺曰："黄帝所登熊耳，与湘山相近，自当以在益阳者为

是。"而湘山，在长沙益阳县，即在今湖南洞庭湖中，又称君山、洞庭山。韩兆琦《笺证》曰："文称'南至于江，登熊、湘'，《封禅书·索隐》引《荆州记》曰：'耒阳、益阳二县东北有熊耳，东西各一峰，状如熊耳，因以为名。'此与湘山相距不远。"故可知，黄帝所登临的熊耳山，则是湖南耒阳、益阳二县东北的熊耳山。《集解》《正义》在此处所注，以及《荆州记》所载，皆误矣。

10. 釜山，究在何处？

原文：合符釜山。

釜山的地址，有多种说法。《注译》曰："釜山：一说在今河北徐水县西，一说在今河南灵宝县境，又一说在今河南偃师县南。"《全注》曰："釜山：传说在今河北涿鹿一带。"

按：《五帝本纪》曰："（黄帝）北逐荤粥，合符釜山，而邑于涿鹿之阿。"这三句话的关联度很高，黄帝是在攻打匈奴获胜后大会诸侯，而后又在涿鹿山下建造都城，釜山当在今河北地区，不会是在很远的地方。而历史上称为"釜山"的山很多，只要像釜形，均可称之为"釜山"，并不是专名。而黄帝"合符"之釜山，则只有一处。据载，今河北徐水县的釜山，山形如釜，俗称"锅顶山"，位于县城西北 22.5 公里处，相传为黄帝"合符"之处，山上遗迹众多，有轩辕黄帝庙基址、黄帝台、黄帝泉、古井、古碑等，疑此处即是。

11. 云师，以云名官也

原文：官名皆以云命，为云师。

裴骃《集解》引张晏曰："黄帝有景云之应，因以名师与官。"李笠《订补》曰："张说非也。《左传·昭十七年》《家语·辨物篇》并云：'昔黄帝以云纪官，故为云师而云名。'王肃云：'师，长也。云纪其官长，而为官名也。'王说是。《竹书纪年》亦云'以云纪官'，不闻复以云名师也。师，即为官，不云'云官'者，避字复也。且必如王说，与《史文》乃洽。张氏误涉上文'以师兵为营卫'句，以'师'为'兵'，迁矣。"泷川《考证》曰："《左传·昭公十七年》引郯子言曰：'昔者，黄帝氏以云纪官，故为'云师'，而云名，史公所本。"杨伯峻注曰：'师：长也，意谓各官之长皆以云为名。'"

按：根据前后文义，上句"以师兵为营卫"，是写军队；此句"官名皆以云命，为云师"，文义很明显，是指官名为"云师"，即为官之名是云官，为写其官职而言。云师，当指黄帝时的官名，犹言"云官"，而非指军队而言。而将"云师"释为军队，存在双重误读，一是存在惯性思维，上句是"以师兵为营卫"，则误认为此句是承上，其官名是"师兵"之官，是军队将帅；二是对"师"字的古今词义变化不够理解，望文生义，以为"师"字就是前句"师兵"之"师"，是指军队，故有以上误解。

12. 封禅，非方士所编造

原文：而鬼神、山川、封禅，与为多焉。

泷川《笺证》引徐孚远曰："此皆武帝时方士附会，本《纪》略举其远。"梁玉绳《志疑》曰："此言封禅山川，获宝鼎神策，乃秦汉方士语。盖以蚩其妄，而独信之，岂得谓'择言尤雅者著于篇'乎？"

按：三代以来，祭祀与戎事，都是国家大事。秦汉时举行封禅大典，更是巩固中央集权的一种实际举措，是国家重中之重的大政。司马谈参与封禅典礼创制，司马迁亲历其事，创为《封禅书》，其中讥评讽刺亦皆纪实，而非其主旨。秦汉方士推波助澜有之，而谓"封禅"为方士所造，过矣。徐氏、梁氏之评，非为正论。

13. 难，学说、道理也

原文：存亡之难。

《注译》曰："存亡之难，即国家存亡的道理。难，犹'说'。"韩兆琦《笺证》曰："难：论辨，诘难，这里即指有关其事的各种说法。"杨燕起《全译》曰："难：不容易，意指道理。"《全注》曰："难：变故。"

按：难（nàn），有以上几种解释，当以作"难""说"同义，指学说、道理之解为佳。因为"顺天地之纪、幽明之占、死生之说、存亡之难"，四句是一个整体，其遣词立意含义基本一致。故知"难"字，非指辩难之"难"，也非指变故之"难"。

14. 土德之瑞，后人之附会矣

原文：有土德之瑞，故号"黄帝"。

崔述曰："近代纂史者咸云伏羲以木德王，神农以火德王，黄帝以土德王，少皞以金德王，颛顼以水德王，帝喾、尧、舜以降，皆以五行，周而复始。"泷川《考证》曰："各本中云'有土德之瑞，故号黄帝'，此非太史公言也。是时尚无五德之说。土德之言，依《三统历》窜入也。帝王之兴，果以五行终始，则此乃天下之大事也。二帝之典，三王之誓诰，必有言之者。即不言，若《易》《春秋传》穷阴阳之变，征黄、炎之事，述神怪之说，详矣，犹绝无一言及之，然则是战国以前原无此说也，明矣。"《吕氏春秋·应同》曰："黄帝之时，天先现大螾、大蝼，黄帝曰：'土气胜。'土气胜，故其色尚黄，其事则土。"韩兆琦《笺证》曰："《封禅书》中亦有所谓'黄帝得土德，黄龙、地螾见'之语，'阴阳五行'与'五德终始'之说，起于战国的邹衍；而将其施诸朝廷政令，则在秦并天下之初，春秋以前无此语。因此，有关黄帝'土德'的说法，定为战国时人所编造无疑。然五德终始之说，自秦以来相衍成风，不可骤改，汉初卓然如贾谊者，尚热衷此语，则他人可知。故史公虽屡斥邹衍等为'怪迂阿谀苟合之徒'，而于此等已成为朝廷政令之事，亦不得不屡屡及之。"

按：崔氏谓此"有土德之瑞，故号黄帝"非司马迁原文，乃好事者窜入。其以《易》《春秋传》不言黄帝之事以为证，更以司马迁述史之时尚无"终始五德"之说，断言好事者依《三统历》窜入，其言非也。儒家尊崇古圣王起于尧，《五经》不言黄帝事迹是正常的。"五德终始"理论创立于战国时邹衍。

《汉书·艺文志》阴阳家有《邹子》四十篇，《邹子终始》五十六篇，并非始于刘歆仿造。《史记》断限起于黄帝，乃是史公的创作。《笺证》之综述，得之矣。

15. 黄帝子孙之姓与氏

原文：黄帝二十五子，其得姓者十四人。

崔述曰："上古之时，人情朴略，容有未受姓者，故因锡土而遂赐之，所以《禹贡》有锡土姓之文，非每人皆赐之以姓也，安有同父而异姓者哉！姓也者，生也；有姓者，所以辨其所由生也。苟同父而各姓其姓，则所由生者无可辨，有姓曷取焉？且十二姓之见于传者，姬、祁、己、任、姞五姓而已，然皆相为婚姻。后稷取于姞，王季取于任，春秋时晋之栾与祁婚，鲁之孟与己婚，而姬、刘、祁、范，乃世为婚姻，皆无讥者，果同祖也，可为婚乎？若同祖者易其姓而即可为婚，则吴之孟子何讥焉？《春秋传》云：'任、宿、须句、颛臾，风姓也，实司太皞与有济之祀。'又云：'炎帝为火师，姜姓其后也。'观其文，皆似古帝王之子孙，世守其姓而不改者，唯虞后本姚姓，而陈乃妫姓，故晋史赵以为周之所赐，盖偶然之事，时或有他故焉。要之，'妫'犹'姚'耳，非姚与妫遂可以相为婚也。自《国语》始，有一人子孙分为数姓之说，而《大戴记》从而衍之，《史记》又从而采之，遂谓唐、虞、三代共出一祖，而帝王之族姓遂乱杂而失真矣。然则是诬古圣而惑后儒者，皆《国语》为之滥觞也。"

按：崔氏批评司马迁所书"黄帝二十五子，其得姓者十四人"，是取资《国语》而演义出唐、虞、三代共出一祖的说法，遂使古帝王之族姓杂乱失真，似可商榷。崔氏以周代礼法，封土为姓、同姓不婚的标准去绳墨传说时代的姓氏婚姻，方法不妥。司马迁塑造黄帝为华夏民族的人文始祖，天下百姓都是黄帝子孙，宣扬大一统历史观，这正是司马迁的伟大创造，也是以黄帝为述史开端的根本原因，崔氏不明此旨，故有是论，非矣。

16. 玄嚣、青阳，疑乃二人也

原文：其一曰"玄嚣"，是为"青阳"。

此句有两个疑问：其一，玄嚣与青阳，是一人还是两人？其二，青阳是否即是少昊？此谓玄嚣即青阳，为一人，但未言为少昊，孰是孰非？梁玉绳曰："青阳，固别一子，《国语》谓帝妃方雷氏所生，则玄嚣、青阳实是二人，史公合而一之。《大戴礼》盖以玄嚣为青阳，《史》仍其误。……先儒皆以少昊帝为黄帝子，而少昊即青阳，此皇甫谧之徒妄论也，而其误实自《潜夫论·五德志》来。《史》不纪少昊，因属脱漏，然史之失在以玄嚣、青阳为一人，未尝以玄嚣、青阳为少昊帝也。……《汉书》引《考德》云：'少昊曰清，黄帝之子清阳，其子孙名挚立，为金德，天下号金天氏。'魏曹植《陈思王集·少昊赞》云：'祖自轩辕，青阳之裔。'少昊，乃清阳之胄。"施之勉《订补》引雷学淇曰："《晋语》：'黄帝子有两青阳，一与夷鼓同为己姓，一与苍林同为姬姓。'姬姓者，黄帝元妃西陵氏之女嫘祖所生，即玄嚣也，不得在帝位，降居江水。己姓者，黄帝次妃方雷氏之女女节所生，名质，即清阳也。其裔孙代轩辕氏有天下，即帝挚已。帝子质，初居少昊而邑于清，即春秋时晋之清邑也。故《逸书》谓之'少昊清'，国在清之阳，故曰'清阳'。青、清，古字通。故质与玄嚣，同为青阳也。"董重光曰："《帝王世纪》曰：'少昊帝名挚，字青阳，姬姓也。母曰女节。黄帝时有大星如虹，下流华渚。女节梦接意感，生少昊，是为玄嚣。'少昊是帝王，玄嚣不是帝王，因此，少昊与玄嚣是两个人。《世本·帝系篇》曰：'考《国语》，有两青阳，皆黄帝子。一为姬姓，西陵氏之女嫘祖所生，即玄嚣也。《史》谓其降居江水，不得在帝位，其后裔是为高辛。一为己姓，《逸书》谓其名曰质，因继蚩尤而寓于少昊，故又曰'少昊清'，其裔孙是为帝挚。自汉以后，言古系者，多误合两青阳为一。《五帝本纪》说'嫘祖生玄嚣青阳'，《帝王世纪》说'女节生少昊青阳'，很明显是两个人。也就是说，《国语·晋语》的前一个青阳是玄嚣青阳，后一个青阳则是少昊青阳，是不同的两个人。司马光《稽古录》中黄帝后有昌意、玄嚣、少昊金天氏，玄嚣与少昊就为两个人。"（《黄帝二十五子得姓考》）

按：传说之史，存在各种异说，是正常现象，可以存异，不可求同，必欲是此非彼，以正司马迁之误，乃庸人自扰，钻牛角矣。读《五帝本纪》，须切记司马迁之言，曰："《书》缺有间矣，其轶乃时时见于他说。非好学深思，心知其意，固难为浅见寡闻道也。"至于世所流传的关于玄嚣、青阳、少昊的几种说法，无法也无须强求一致的结论，疑则传疑，求同存异。故两种观点可以并存，即一是玄嚣即青阳，为一人；二是玄嚣、青阳为两人，青阳即少昊金天氏。

17. 黄帝升天，乃传说矣

原文：皇帝崩，葬桥山。

徐日辉曰："黄帝到底葬于何处，至今还是个谜，因为司马迁当时就两传存疑。《封禅书》曰：'黄帝采首山铜，铸鼎于荆山下。鼎既成，有龙垂胡髯，龙髯拔，堕，堕黄帝之弓。百姓仰望黄帝既上天，乃抱其弓与胡髯号，故后世因名其处曰鼎湖，其弓曰乌号。'这段记载说的是黄帝在浙江缙云升天的故事，而不是崩葬于桥山。所以缙云的荆山、鼎湖自古便与黄帝活动有关。如南北朝名士谢灵运的《名山志》就称：'缙云山旁有孤石，屹然干云，高二百丈，三面临水。周围二百六十丈；顶在湖，生莲花，有岩石近名步虚，远而望之，低于步虚，近而视之，步虚居其下。……中岩下有峰，高数十丈，或如莲花，或如羊角。古老云：黄帝练丹于此。'今缙云有鼎湖峰，一峰兀突，形如春笋，拔地而起，高达 170.8 米，实为天下一大奇观，而谢氏所言孤石者，正是指此。又刘宋《东阳记》亦称：'缙云山，一名丹峰山，孤石撑云，高六百尺，世传轩辕游此升天。'另有《太平御览》称：'《郡国志》曰：括州括苍县缙云山，黄帝游仙之处，有孤石特立，高二百丈，峰数十，或如羊角，或是莲花，谓之天子之都。有龙须草，云群臣攀龙须所堕者。'而龙须草者，又名龙须、龙修、龙华、龙珠、悬莞、草续断、缙云草等，属于草部。所谓'缙云草'者，是缙云'仙都山产此草，因以名之'。因此，浙江的缙云作为祖国东南地区的黄帝仙都，与陕西黄陵形成了南庙北陵的历史格局，而且是香火鼎盛，绵长无穷。"（《黄帝考疏》）

按：黄帝崩，葬桥山，此为司马迁非常明确的结论，写于《黄帝纪》，为正说、正论，不存在"两传存疑"的问题。司马迁将黄帝升天之说，记于《封禅书》，且为方士公孙卿所说，其目的是蛊惑汉武帝信神求仙，乃虚妄之说，是当不得真的。至于缙云的荆山、鼎湖，乃是传说而已，是一段美好的神话故事而已。若用此来求证黄帝的归宿，则是虚妄矣。

18. 溉，即"既"也；遍，遍及也

原文：帝喾溉执中而遍天下。

溉，裴骃《集解》引徐广曰："古'既'字，作水旁。"《全注》曰："溉：通'既'。"泷川《考证》引沈涛曰："'既'之作'溉'，是史迁书古字之仅存者。"引洪颐煊曰："溉，古通作'概'字。概，平也，言执中以遍及于天下。"杨燕起《全译》曰："溉：似水灌溉，公平如一。"王叔岷《斠证》曰："张守节《论字例》云：'既字作溉，缘古字少，通共用之。'是此'既'字作'溉'，正存《史记》之旧。而《正义》乃以'灌溉'字释之，岂非望文生训者邪？"

按：以上所说，"溉"字有三解：一是作古字"既"解，作连词，使此句形成"既……又……"的句式，句意即既公正无私而又恩遍天下。"而"后省略连词"又"字。二是作本字"溉"解，言治民如水之灌注，公平均一；三是作借字"概"解，指量米粟时刮平斗斛（hú）用的木板，引申为公平。权衡比较，三解皆可通，而当以第一解为优，比较通畅而不牵强附会。"溉"字如作灌溉解，则"溉执中"三字是指"执中如溉"，而"执中"已经是表示持正、公平，无须再用形容词来形容了，反而显得重复、多余。再说，一般说是水之平，而灌溉、浇灌，加上了人为的因素，就一定能公平均一吗？也是过于理想化了。可见，"溉"字作灌溉之义解，不甚妥当，而宜作古字"既"来解。

又，遍，遍及之义也

遍，原文为"徧"，异体字，现改为正字。《考证》引孙诒让曰："遍，《大戴》作'获'，'获'当为'护'。护，犹云'辨护'。"王叔岷《斠证》曰："遍，借为'辩'。《说文》：'辩，治也。'"李笠曰："遍，即'辨'之假音，古字通。"

按："遍"字也有三解：一是如字，全面，普遍，遍及，言恩德遍施于天下。二是为"辨"之假借，辨天下，即治理天下。三是依《大戴礼》作"获"，再转为"护"，即监治之义。三解比较，当以本字解为佳。读解《史记》，当尽可能用本字解，简洁明快；如本字无解，当从他义。切忌舍近求远，穿凿附会，故作艰深。此例诸家之说，可为借鉴。

19. 尧即位，是代挚而立，还是兄终弟及？

原文：帝挚立，不善，崩。

泷川《考证》引吴裕垂曰：“尧嗣挚统，兄弟相及也。尧即帝位，经无明文，于是滋生异说，有谓挚服义而致禅者，有谓挚荒淫而见废者，此皆乱贼之徒欲饰篡为禅，附会其说以自文耳。太史公所谓‘百家之言，其文不雅驯’者，莫甚于此。故博采群书，择其尤雅者著为本纪，以为帝挚不善，既崩而后放勋立，可谓折中至正，亿万世人臣无所借口也。”马骕曰：“挚荒淫无度，诸侯废之，而推尊尧为天子。”（《绎史·高辛纪》引）泷川《考证》曰：“帝挚或崩，或禅，或废，诸说各不同也。”梁玉绳《志疑》曰：“少昊帝名挚，此喾之胄亦名挚，盖族远不嫌同名也。《路史后纪》注谓《世纪》本卫宏云‘唐侯德盛，挚微弱而致禅焉。’《皇王大纪》谓‘袭位未久而殂’，《通鉴外纪》谓‘荒淫无度而废之’。诸说各异，疑莫能明。据《人表》在上中，则不得如后世所言。”

按：裴氏谓挚执政“不善”为“微弱”，而禅位唐尧；泷川氏谓“不善”，应作本字解，即政治不良，挚死而兄终弟及。司马迁将执政九年的挚排除在五帝之外，与以德治天下的五帝无缘，故可知禅让说非其本义。原文宜有“崩”字。至于尧究竟是如何代挚而立，是禅让，还是兄终弟及，说法纷纭，无法辨明，宜作“存异”处理。

20. 尧，是否谥号？

原文：帝尧者，放勋。

裴骃《索隐》曰：“尧，谥也。”后世对此引起讨论。郑樵《通志·氏族略》曰：“唐、虞、夏、商，有国号，天子世世称名，至周而后讳名用谥。”梁玉绳《志疑》曰：“以尧、舜、禹是谥，非名者，妄也。三代以降，从未闻有谥‘黄’‘尧’‘舜’‘禹’‘汤’及‘桀’‘纣’者。若以为谥，则《尚书》帝曰‘格汝舜’‘格汝禹’、四岳曰‘虞舜’‘伯禹’，岂生而称谥耶？”郭嵩焘《札记》曰：“尧、舜、禹，皆名。上古质，所传皆名也。四岳荐舜曰‘虞舜’，虞者，国也；舜，其名也。若颛顼，若喾，皆名也。放勋、重华、文命，史臣赞词。史公据以为名，谥法乃创为尧、舜、禹之谥。《礼记》曰：‘古者生无爵，死无谥。’所谓‘爵’者，《周礼》‘九命之数’是也，殷以前无有也。《左传》言‘周人以讳事神，名终将讳之’。因讳而重其名，谥法以兴，尧、舜之时，安得有谥也？自史公以放勋、重华为尧、舜之名，于是转而以尧、舜为谥，其误甚矣。”崔适《探源》曰：“名曰‘放勋’，此名字非自命之名，犹号也，谥也。是时，虽无谥法，而有其意。尧、舜、禹皆名，放勋、重华、文命，犹后世之徽号也。《集解》以尧、舜、禹为谥，则《论语》‘尧曰“咨尔舜”’、《尚书》‘舜曰“禹，女平水土”’，岂生而有谥耶？舜、禹皆名，则尧可知矣。”

按：诸氏以为上古无谥号，论之详矣。裴骃《集解》引《谥法》，以尧、舜、禹为谥，以后世拟古而为意，正如崔氏所言，"是时虽无谥法，而有其意"是也。崔氏以尧、舜、禹为名，以放勋、重华、文命为徽号，与司马迁之意不合。司马迁以单字为谥号之意，双字为名号，更合于礼法。此为司马迁以传说之史进行历史化创作，与诸氏之考证并行不悖。

21. 驯德，非"峻德"也

原文：能明驯德。

驯德，《尚书·尧典》今文本作"峻德"；古文本作"俊德"。对此，如何理解？王叔岷《斠证》曰："《广雅·释诂》：'驯，善也。'驯德，犹美德。《尧典》之'俊德'，犹此文之'驯德'。史公以'驯'说'俊'耳。"韩兆琦《笺证》曰："《尚书》作'克明峻德'，即能发挥、弘扬其崇高的美德。顺德，即顺天应人的美德。"泷川《考证》曰："《尚书》作'俊德'，《大学》作'峻德'，即大德。大德光明，可以睦九德，可以便章百姓，可以和合万国。"故此，《全注》曰："'驯'与'峻''俊'，音近通假，义为高大。"梁玉绳《志疑》曰："史公之于《尚书》，兼用今古文，复旁搜各本，荟萃成一家言，《索隐》所谓博采经纪而为此史，不必皆依《尚书》是也。而古人引用旧籍，不拘定本文，则增损窜易，诚所不免。"

按：驯德，《史记》之文，不必转为《尚书》《大学》的"俊德"或"峻德"来理解。既然司马迁作"驯德"，肯定有他的道理，是用通俗来替代生奥。在文义上，也很有可能是表达自己的想法，而不与所参照的原文含义完全相同。如此句，峻德、俊德，当指大德，"俊"通"峻"，高大之义。而"驯德"，则指美德。驯，一般作通"顺"解，和顺之义，而不作通"峻"解。故《全注》所解，有些牵强。而梁氏此言，是为通达之论，不必强求用所参照之文的含义来解释。

22. 九族，诸多部族也

原文：以亲九族。

《全注》曰："九族：汉代今文家释为'父族四、母族三、妻族二'，即有血缘婚姻关系的氏族。汉古文家释为'自高祖至玄孙凡九族，皆同姓'。这是针对封建王朝族刑而发，可以缩小杀戮范围。本篇所谓'九族'，当指氏族时期的同部族的各支族。"韩兆琦《笺证》曰："九族：泛指自己的宗族与外戚。具体所指，诸说不一，有人以为指父之三族，己之三族，子之三族；也有人以为指上至高祖、下至玄孙的九代人；也有人以为指父族四，母族三，妻族二。其他不录。"

按：尽管"九族"的解释很多，但大都从尧本人或亲戚的角度，数其九族，上下左右数到底，其实不妥，不符司马迁之义。司马迁"以亲九族"的本义，就是亲近、和睦当时众多的诸侯、族姓。九，即众，言其多也。观其《禹贡》中大禹治水，全用"九"字，就可知矣。难道每个"九"都要落到实处？如此理解，则迂也。

23. 羲、和，乃羲氏、和氏四人也

原文：乃命羲、和。

张大可《新注》曰："羲（xī）和：羲氏、和氏，掌天文历法之官。"《全注》曰："羲和，隋、唐以前注疏家释为羲氏、和氏两家，为重、黎之后。其实，重黎是楚民族古神话中的宗神，与羲和不相干。原始的羲和，在《山海经》神话中是上帝的妻子，是生太阳的女神。到《楚辞》中演化为太阳的驾车者，到《吕氏春秋·勿躬》等篇中，她和另一生月亮的女神常仪演化为黄帝手下司日、司月的两位男性官员。到《尧典》中，羲、和演化成了天文官四人（羲仲、羲叔、和仲、和叔，此为今文家说）或六人（羲氏、和氏及两仲、两叔，此为古文家说）。到《夏本纪》所录《胤征序》中，又变为夏仲康手下天文历法官员一人。在相当长的时期里，'羲和'一词成了天文历法官员的代称。"韩兆琦《笺证》曰："据史公文义，'羲和'在这里应是一个人，而不是两个人。"

按：羲和，究竟是指羲和一人，还是指羲、和二人，抑或是羲仲、羲叔、和仲、和叔四人？观其下文，"乃命羲仲""申命羲叔""申命和仲""申命和叔"，则是指四人无疑。这里是总说，不可能把四人都说出来，而用"羲、和"二字指代。如果笼统地说，则是指羲氏、和氏。《新注》之释，是也。

24. 字微，非"孳尾"也

原文：鸟兽字微。

《全注》曰："字微，《尧典》原作'孳尾'。'字微'与'孳尾'，同音通假。孳（zī）尾：动物交配繁殖，后多指交尾。孔《传》曰：乳化曰'孳'，交接曰'尾'。"现代一般都是按照这一思路来注释"字微"二字。而李笠《订补》提出不同看法，其曰："凡《尚书》古字，史公恒以训诂字代之，以明其义。……若'尾'训'交接'，则史公用'微'字，使其义转晦矣。今考《说文》：'尾，微也。'《释名·释形体》训同。则以'尾'训'微'，非以'微'训'尾'可知。伪孔《尚书传》云'交接曰尾'，其失甚远。裴氏所引，即涉彼文致误也。尾、微，盖古通用字。鸟兽孳尾，言中春之时，胎卵群生，尚细微也。若《注疏》之言，将谓天下之物先乳化而后交接矣，天下安有是理乎！"

按："字微"二字，按照词义顺序，则是先生育而后交配，似乎不妥。李氏将"微"字用本义解，指微小、微细，而"字"字，则是代指生育的幼鸟幼畜，意即春天繁殖的小鸟小畜尚是幼小、微弱。按照时令季节，仲春则既是鸟兽交配的时节，又是繁殖幼鸟幼畜而尚细微的时候。故"字微"，当是鸟兽交配与繁殖而幼鸟幼畜细小微嫩的意思。微，宜用本字解。司马迁已经改造了古文《尚书》，所要表达的含义并非一定和《尚书》原文相同，其中亦有自己的见解。故此，用《尚书》之义来解释司马迁之文，把司马迁改造过的文字，再捣鼓到《尚书》中去解释，则是方枘圆凿，谬误矣！

25. 南交，南方也

原文：居南交。

司马贞《索隐》曰："南方地有名'交趾'者，或古文略举一字名地，南交则是'交趾'不疑也。"张大可《新注》曰："南交：南方交趾。"《全注》曰："南交：指古交趾。《韩非子·十过篇》说：'尧治天下，南抚交趾。'"杨燕起《全译》曰："南交：或谓南方极远之地。"

按：交：是汉代对交趾的略称。古代是指代南蛮人所居的中原以南的区域，泛指南方极远之地。《史》文中写四边之地，东是"郁夷"，南是"南交"，西是"西土"，北是"北方"。南交，即是"南方"。从句式看，东有"曰旸谷"，西有"曰昧谷"，北有"曰幽都"，唯独此句没有。此句亦当有，或是缺失而已。考其《尚书·尧典》，其有"曰明都"三字。明都，当是尧时南方的一个具体的地名。《夏本纪》亦有"道菏泽，被明都"之说。故"南交"，只宜作南方交会之处、南方极远之地理解，而无须指"交趾"而言。当然，解为"交趾"，也差不离，因为交趾就是在当时的南方极远之地。而"曰明都"三字，亦宜加之，这样，文中"四境"之地，有四"曰"，则是非常完美。

26. 此事，犹治水之事也

原文：谁可顺此事？

"谁可顺此事"之"此事"，究竟指代何事？由于文中没有明言，注释者则任意阐说，一般认为是指继承帝位之事，也有的认为是辅佐治国之事。而亦有人认为乃是治水之事。施之勉《订补》引徐文靖认为，在鲧治水之前是共工治水。其曰："《竹书纪年》：'帝尧十九年，命共工治河。六十一年，命崇伯鲧治河。'则鲧未治水以前四十一年中治河者，皆共工也。时帝问谁顺予事，而欢兜美共工之功，帝谓其貌若恭顺，而洪水仍致滔天。'"

按：此下文"似恭漫天"，《尚书》作"象恭滔天。"据徐氏所解，"漫天"当同"滔天"，指洪水滔天。故"似恭漫天"，则是指共工表面上看来是非常谦恭，但长时间的治水，没有实际效果，故不能再予以任用。而此段，前说"顺此事"，即治理洪水之事，先是推荐朱丹、共工继续治理，被尧一一否定后，又推荐鲧，结果鲧还是不行。说明治理洪水是当时第一要务，其治理的难度非常大。作如此理解，则前后文义非常顺当。如果将"此事"理解为"继承帝位"，则前后文略不连贯。前面说，大臣推荐朱丹、共工，都被尧帝否决了。而后面则转到治水之事了，则前面"此事"，没有找到合适的人来担任，不了了之。只有连贯起来理解，将"此事"贯于此段始终，于文于义，皆比较完整，故将"此事"理解为"治水"为宜。

27. 凶，可用本义解

原文：尧曰："吁！顽凶，不用。"

张守节《正义》曰："凶，讼也。言丹朱心既顽嚚，又好争讼，不可用之。"张大可《新注》曰："凶，通'讻'，争论。"

按：凶，《尚书·尧典》作'讼'，故一般解为"好争辩"。而好争辩，难道是坏事吗？怎么就成了不被尧帝"不用"的理由呢？《尚书》是如此，司马迁就一定按照《尚书》的文义来撰写吗？其实不一定。顽凶，宜作为一个词来理解，即愚顽不顺。凶，可用本义解，即凶恶的意思。

28. 四岳，非一人也

原文：尧又曰："嗟！四岳，……"

裴骃《集解》引郑玄曰："四岳，四时官，主方岳之事。"泷川《考证》曰："四岳，郑说为是，下曰'皆曰'，非一人也，与羲、和四子异。"张守节《正义》引孔安国曰："四岳，即上羲、和四子也。分掌四岳之诸侯，故称焉。"张大可《新注》曰："四岳：四方诸侯首领。"施之勉《订补》曰："《夏本纪》，尧求能治水者，群臣四岳皆曰：'鲧，可。'则此'皆曰'，是群臣与四岳，非四岳有四人也。四岳诚有四人，则下文尧曰：'嗟，四岳，汝能庸命践帝位。'尧何得禅位于四人？而四岳曰：'鄙德忝帝位。'又是何人之言也？故四岳只是一人。《周官》言'内有百揆四岳'者，百揆是朝廷官之长，四岳乃管领十二牧者。四岳通九官十二牧为二十二人，则四岳为一人矣。又，《国语·周语》云：'共之从孙四岳佐之。祚四岳，国命以侯伯，赐姓曰姜，氏曰有吕。'是四岳封于吕，只一国，则是一人。"

按：施氏所说，不能完全令人信服。此文有四岳"皆曰"云云，当理解为四方诸侯之长，即四人为宜。如果不是为四人，则为什么称为"四岳"？这是最简单的问题，恐怕难以自圆其说。至于说"四岳通九官十二牧为二十二人"，则乃是仁智之说。所谓"二十二人"，是指十二牧和禹等十位大臣而言。而"四岳"，当包含在十二牧之内，为十二牧的统领者。犹同现今中央政治局委员与常委的关系，常委当然是政治局委员。如此而已。

29. 异哉，非有排他性

原文：岳曰："异哉！试，不可用而已。"

张守节《正义》引孔安国曰："异，已；已，退也。言余人尽已，唯鲧可试，无成乃退。"《全注》曰："异哉：不是这样啊！此谓四岳认为鲧并不像尧说的那样坏。"韩兆琦《笺证》曰："异哉：除了鲧，再也找不出别的人了。近人多以'不同'训'异'，意即我们觉得鲧不是像你说的那个样子啊。王骏图引《集韵》释'异哉'为感叹词，意同'吁嗟'。"王安石曰："鲧之治水虽'负命毁族'，而其才则群臣皆莫及，然则舍鲧而孰使哉？当此时禹盖尚少，而舜犹伏于下也。"（《史记评林》引）

按：异哉，以上有三解，其一，解"异"为"不同"，谓不是这样的。其二，解"异"为"止"，意谓余人尽已，唯鲧可试。其三，解"异哉"为感叹词。三解各有其道理。而当以解为"不是像尧说的这样的"更为直接和贴切一些。四岳都看好鲧能够担任治水大任，而尧认为不行，并说出鲧的不是之处，四岳不予认同，认为鲧不是这样的人，故认为应当试一试，如果确实不行，再废去也不迟。而用排他法解，解为唯有鲧而已，则是含有更深一层意思，就是四岳推荐了鲧，自然是认为没有比鲧更为合适的了。从尧的评论来看，他并没有否认鲧的才能，而是讥评他的德行。说明君臣看人的标准不一样。至于解为感叹词，表示惊异，认为尧的想法怎么与我们不一样呢？亦有道理，在于各人的阅读感受。仔细推敲，"异哉"一词似乎不具有排他性，不是认为其他人都不行，只有鲧才行，而只是相对而言，认为鲧更具有其治水才能。故凡事不可作绝对化的理解。

30. 璇玑玉衡，乃北斗七星也

原文：舜乃在璇玑玉衡，以齐七政。

韩兆琦《笺证》曰："璇玑玉衡，旧注皆以为是观测天文星象的仪器，即浑天仪。近人夏鼐以为是北斗七星，因为北斗星自斗魁顺数，第二星名'天旋'，第三星名'天机'，故斗魁亦称'璇玑'，第五星在斗柄，名'玉衡'。"《全注》曰："即北斗。一说'璇玑'指北极，'玉衡'指北斗，恐不确。古文家误释此为浑天仪，是全错的。浑天仪至汉代洛下闳等始创制，自非《尧典》时所有。"

按：尧时无观天仪，司马迁所述以后世拟古，假想尧时已有。陈直曰："《古玉图考》，有璇玑图，汉世以来，谓之'浑天仪'。"今人之考证，可以提高人们对古代历史的认识，也加深对于司马迁人文历史建构的认识。璇玑玉衡，所表达的是观测天文的含义是肯定的，那么，究竟是用浑天仪来观察天文，还是直接通过北斗七星来观察？则在理解上存在着分歧。此处当指利用北斗七星的定位来观测天文现象，用来作为治理人事的依据。

31. 舜之巡狩，疑在当年进行

原文：岁二月，东巡狩，至于岱宗，柴。

裴骃《集解》引马融曰："舜受终后五年之二月。"认为舜之东巡狩为受终后五年之二月。孙星衍曰："知为'受终后五年'者，据下经文'五载一巡守'而言。"

按：五年一巡狩，这确实是古代帝王即位后的巡狩定制，那么，是否受任后待到第五年才开始巡狩？则是不一定，也很有可能在受任当年就开始巡狩，然后隔五年再予以巡狩。故此，疑为舜受任当年就进行巡狩，而不是在五年后。张守节《正义》曰："既班瑞群后，即东巡者。"疑是。

32. "官刑""教刑"之说

原文：鞭作官刑，扑作教刑。

张大可《新注》曰："鞭作官刑：官府治事用鞭刑。扑作教刑：学校管理用扑刑。扑，打学生的戒尺。"韩兆琦《笺证》曰："即官场上对犯错误的官吏，用鞭子抽。学校里对犯错误的学生用板子打。扑：用板子或荆条打人。"

按：官刑：有两解，一是指古代惩戒官吏的刑罚之一，即鞭刑。孔颖达疏《书·舜典》"鞭作官刑"曰："若于官事不治，则鞭之。"即鞭打官事不治者。二是官府治事所用之刑具。对于犯罪者，在判刑前蛮横抵赖的，只能用荆楚鞭子抽打，而不能施以其他严刑，以防屈打成招。两者或兼而有之，当以第二解为佳，即"官之用刑"。教刑：亦有两解：一是以戒尺责打不遵守教令的人；二是指学校之用刑。孔颖达疏《书·舜典》"扑作教刑"曰："教刑惟扑而已，古属扑于教。"《蔡沉集传》曰："扑作教刑者，学校之刑也。"按：教刑，当以第二解为是，即为教之刑。

33. 权，乃权柄也

原文：于是，乃权授舜。

司马贞《索隐》曰："求贤而禅，权道也。"《全注》曰："权：权变，变通。"

按：司马贞所谓"权道"，指因时因地制宜的临时措施。以上解"权授"二字，都认为是授政于舜，是权宜之计，抱着试试看的态度。此为一解。还有一解是：以权授之，"权"前增"以"字读，则"权"字为国家之权柄，非权宜之"权"。此解则说明尧将天子之位让给舜，非常果敢、坚决，没有丝毫的拖泥带水、犹豫不决。当以第二解为优。

34. "历山""雷泽"之所在

原文：舜耕历山，渔雷泽。

崔述曰："虞乃冀州境，舜不应耕稼、陶渔于二千里外，则以冀州者近是。"《全注》曰："舜耕之历山传说有数地，主要有河东说和濮州说两种。前者指今山西南部之中条山，后者指今河南濮阳县至山东西部地区。传说在今山西永济县及山东历城县皆有历山。观下文雷泽、河滨、寿丘、负夏，皆在濮州一带，加以舜为东夷人之说，当以濮州说为可信。"

按：历山、雷泽，均有多处说法。历山，山东、山西、河南、河北、浙江、安徽、湖南均有。条分缕析，正如《全注》所释，主要有两说。舜为东夷之人，指其出生地，舜青年时期，以及摄政初期，主要活动地在山东鄄城一带；舜为冀州之人，指舜继尧执政，居于国都蒲城，主要活动在山西永济一带，舜的活动传说也带到永济。随着舜后裔的扩散，更带到了全国各地。而舜之耕历山，渔雷泽，当是年轻时所为，则在今在山东鄄城一带。

35. 非"重复"者，强化也

原文：舜父瞽叟顽，母嚚，弟象傲，皆欲杀舜。

李人鉴《校读记》曰："《尧纪》述四岳答尧问，已有'盲者子，父顽，母嚚，弟傲，能和以孝'等语，此姑不论。此《舜纪》，上文已云'瞽叟更娶妻而生象，象傲。瞽叟爱后妻子，常欲杀舜，舜避逃；及有小过，则受罪'，而此复云：'舜父瞽叟顽，母嚚，弟象傲，皆欲杀舜。舜顺适，不失子道，兄弟孝慈。欲杀，不可得；即求，尝在侧。'则与上文复重。此三十五字，必后人所妄增，非史公之旧也。"

按：尧、舜事迹有多种传说异闻，《风土记》云："舜，东夷之人。"此《纪》谓："舜，冀州之人也。"各地传说一事有详有略。史公重复叙事，并存异说，或反复增强语势，或叙事角度不同，不得以重复叙事而删减史文。李氏往往以《史》文重出，或《史》文所据原典无某字某句，就认为是后人妄增。这种无版本依据的推论，则也是一种妄说，信口开河而已，不可从矣。李氏谓"舜父"以下有重复之嫌而应删，其说非也。牛运震《评注》对此有精妙的评说，其曰："前云：'舜父瞽叟盲而舜母死，瞽叟更娶妻而生象，象傲，瞽叟爱后妻子，常欲杀舜，舜避逃，及有小过则受罪，顺事父及后母与弟，日以笃谨，匪有懈。'后又云：'舜父瞽叟顽，母嚚，弟象傲，皆欲杀舜，舜顺适不失子道，兄弟孝慈，欲杀，不可得，即求，常在侧。'前云：'舜耕历山，渔雷泽，陶河滨，作什器于寿丘，就时于负夏。'后又云：'舜耕历山，历山之人皆让；渔雷泽，雷泽上人皆让居；陶河滨，河滨器皆不苦窳。'此皆先虚后实，先略后详之法。他史之妙，妙在能简，《史记》之妙，妙在能复。盖他史只是书事，而《史记》兼能写情。情与事并，故极往复缠绵长言不厌之致，不知者以为冗繁，则非也。一部《史记》，佳处正在此。"

36. 耕稼、陶渔，系重出，非错简也

原文：舜耕历山，历山之人皆让畔；渔雷泽，雷泽上人皆让居。

郭嵩焘《札记》曰："《舜纪》兼采周秦诸子，遂叙耕历山、渔雷泽、陶河滨于娶二女之后。是时，尧已举舜而用之矣，安得复使之耕且渔且陶也？史公于此所叙最为不伦。"梁玉绳《志疑》曰："耕稼、陶渔，乃舜微时事，在尧妻舜前。疑当移'舜耕历山'至'苦窳'三十一字置上文'舜，冀州之人也'下，而衍上文'舜耕历山，渔雷泽，陶河滨'十字；再移'一年'至'成都'十五字置上文'就时于负夏'之下。盖史文之复出错见者也。"泷川《考证》引崔适曰："'三年成都'以上皆四岳荐舜之辞，当移至上文'四岳咸荐舜，曰可'之下。"

按：诸氏之说皆非。《史》文重复，并非赘语错见，或叙次不伦，乃视角不同，各有意境，特重出以增语势。舜微时耕稼、陶渔在历山、雷泽、河滨，因贤名四达而为尧所举用，略述舜之平民身份矣。舜被举用之初期，尧妻之二女，使九男以处，舜仍在历山、雷泽、河滨耕稼、陶渔，兢兢业业，保持其贤德与平民本色不变，影响更大，此重复叙述且详之义也，何为不伦！司马迁此文如此错杂而出，如山势逶迤，江海扬波，更有气度，更有生气，如果平铺直叙，则是一潭死水，了无生气。如果将此文改易，则就不是司马迁之文了，也就了然无趣了。此说"重出"，乃加重出之，而非指重复出现也。

37. 象乃先舜而入舜宫

原文：象曰："我思舜，正郁陶！"

张大可《新注》曰："我思舜，正郁陶：这是象惭愧得无地自容而撒的谎话，意谓：'我想念你，正在难过呢！'郁陶，忧伤愁闷的样子。"韩兆琦《笺证》曰："《孟子·万章上》叙此事，为象与其父母瓜分舜的遗产后，乃往舜宫，不料舜早已回家，正在家里悠闲地弹琴。象见此情景，乃'忸怩'，较此更为生动。"

按：《孟子·万章上》万章与孟子问对中有言曰："象往入舜宫，舜在床，琴。象曰：'郁陶，思君尔。'忸怩。"象落井下石欲害死舜，为的是霸占二位嫂嫂，当急不可耐地入住舜宫。果有此一事，象当然先于舜进入舜宫。舜返回时，正见象调戏二嫂，象见舜没死而返回，惊愕而忸怩，其尴尬之情跃然纸上，史公的改写，合于历史，更富戏剧性，也更为生动。孟子论道，以象衬托舜的伟大，象只是一个道具，男女授受不亲，不可以玷污二位嫂嫂，故在孟子眼里，舜一定是先回到了家，象慢一步赶来，只是尴尬，而未见其"生动"。从实际情形来看，象做完坑害舜的坏事后，首先要做的就是处理舜的妻子和财产，直奔舜家，是完全符合情理的；而舜被填塞在井下，需要从井中逃出来，很是需要时间啊！怎么可能先于象到家呢？如果是这样，则象并没有害舜的欲望啊！而从这句话看出，象善于应变，在得意洋洋、悠然自得的时候，舜突然回来，一下子愣住了，但很快又反应过来了，说了这么一句话，虽然有些匪夷所思，但也是很得体的一句假话。象也是一个"活宝"啊！

38. 服四罪，非"惩四凶"也

原文：四罪而天下咸服。……乃流四凶族。

王若虚曰："《舜典》称'四罪而天下咸服'，言刑之当而已。《尧纪》云：'舜言于帝，请流共工于幽陵，以变北狄；放欢兜于崇山，以变南蛮；迁三苗于三危，以变西戎；殛鲧于羽山，以变东夷。'至《舜纪》，则引《左传》所载浑沌、穷奇、梼杌、饕餮之事，云'流四凶族，迁于四裔，以御魑魅'。文虽差殊，其为'四罪'一也。一则曰'变四夷'，一则曰'御魑魅'，舜之意果安在哉？二者皆陋说，不足取焉。且此事止当作《舜纪》，而复见于《尧》；止当从经，而反取于传、纪之语，不亦冗而杂乎？"梁玉绳《志疑》曰："尧之放'四罪'，共、欢、苗、鲧也，事出《尚书》；舜之流'四凶族'，不才子也，事出《左传》太史克语。事既各出，时亦相悬，史公分载尧、舜两《纪》，未尝谓'四罪'即'四凶族'。后儒罔察，见人数之同，遂并八憝为一案，岂非谬哉？"泷川《考证》曰："四凶之投裔，在舜宾四门之时；四罪之咸服，在舜摄位之后，时殊人异，经传可据。"

按：《尚书·舜典》有"四罪"，为欢兜、共工、鲧、三苗。《左传·文公十八年》太史克言浑沌、穷奇、梼杌、饕餮为"四凶"。服四罪，而后又惩其不才子四凶，非同一时之事，合"四罪""四凶"而为一，始于杜预，《左传注》将二者合一，谓浑沌为欢兜，穷奇为共工，梼杌为鲧，饕餮为三苗，均解为形容品德恶劣。"三家注"继而衍之，引申为是传说的四种恶兽名，用为四凶之混号，形容四凶品德如同恶兽。其实，四罪，不宜与"四凶"画等号，司马迁并没有表达这样的意思。四罪，只是有罪之人而已，被流放，以变化四夷风俗，继续为帝王效力。而"四凶"，则是凶神恶煞，是彻底的坏人，虽然也被流放"四裔"，而是以恶制恶，"以御魑魅"。梁氏、泷川氏之言是也。王氏未达《史》文之义而辨惑，妄也。

39. 尧、舜之举贤与惩恶

原文：昔高阳氏有才子八人，……至于尧，尧未能举。舜举"八恺"，……

韩兆琦《笺证》曰："孙明复曰：'舜起微陋，世德弗耀，四岳、十二牧未尽服其德，四海九州未尽蒙其泽，未可遽授以大位也，于是，潜神隐耀，厥用弗彰，以观于舜，故八元、八恺虽善而不举也，四凶虽恶而不去也。若尧先去之，则舜有何功于天下耶？故尧不举，而俾舜举之；尧不去，而俾舜去之。俟其功著于天下，四岳、十二牧莫不共臣之，四海九州莫不共戴之，而后授以大位，此帝尧微意也。'史公为突出舜，无形之中降低了尧，孙氏又巧为尧说解，可谓用心良苦。"

按：司马迁有言："尧虽贤，兴事业不成，得禹而九州宁。"（《匈奴列传》）尧用禹治水，天下无水害；尧用舜，舜举贤惩恶，天下明德，此正尧之为圣王之道也，恰如刘邦用张良、萧何、韩信三杰而定天下也。孙氏巧为尧说解，迂腐可笑；而谓司马迁为了突出舜而贬低了尧，亦非正论。

40. "举用"与"分职"

原文：自尧时而皆举用，未有分职。

《全注》曰："司马迁用后世国家的职官给尧、舜时的部族首领分职，显然是不符合当时的氏族社会的历史事实的。虽然如此，我们从这些传说中看出，当时的社会已进入了一个更高级的历史阶段。即由部族间单纯的生存斗争关系转为既有部分生存斗争关系，更有相互联合、相互融汇的关系。大禹治水有多个部族首领协助，这是关于他们相互联合的传说。而这一部族善农（如后稷），那一部族善工（如垂），则是反映他们相互融汇、相互取长补短的传说。当时的社会进入了部落之间大联盟的历史时期。经过尧、舜、禹相互禅让联盟首领的阶段以后，终于走上了传说中的世袭王朝（夏王朝）的新时期。"梁玉绳《志疑》曰："既曰'举用'，又曰'未分职'，语意戾矣。若谓'遇事共理，不分职守'，岂尧朝如是之无纪律乎？"

按：五帝时期，国家草创，制度与分权，初始混沌不明，而后日益走向完善。尧时已举用贤人，但未有分职，舜乃进一步制度化，使职责分明，完善国家制度，故此文结语曰："天下明德，自虞舜始。"司马迁打破儒家传统观念，尧并非为最高圣王。梁氏未达此意，苛刻尧帝，故有"语意戾矣"之叹。

41. "时播"与"播时"

原文：汝后稷，播时百谷。

前文写黄帝"时播百谷"，这里写舜令后稷"播时百谷"。"时播"与"播时"，其含义略有区别。时播，按时播种，"时"用作副词，按本字解。播时，"时"可作代词"是"解，也可作动词，通"莳（shì）"解，则是播种之义。对此，韩兆琦《笺证》曰："播时百谷：播种这些五谷。时：是；这些。《集解》引郑玄曰：'时，读曰'莳'。'莳，谓栽种，亦通。《正义》谓'顺四时而种百谷'，意思好，但原文未作'时播'，似与原文相差较远。"

按：播时百谷，作"播种百谷"解，比较直接；作"播种这些百谷"解，比较绕弯。时，当作通"蒔"解为宜。

42. 共工，"司工"也

原文：以垂为共工。

韩兆琦《笺证》曰："共工：官名，意思是供职于工程之事。马融以为共工即'司空'。"引徐孚远曰："是时禹为司空，宅百揆，垂何得亦为'司空'？抑禹自宅揆，解司空之职以授垂邪？将'共工'别为一官，与'司空'分职，而马说误邪？"孙星衍曰："冬官供百工之事，禹为之。既升宅百揆，此官又当求贤也。"

按：共工，犹言"司工"，管理工程、建造，是否是称为"司空"，则非也。司空，是西周始设置的官职，掌水利之事，金文皆作"司工"。而禹之作"司空"，主要职责是"平水土"，与任垂为"共工"的职责不同，故不宜混为一说。此共工，为官职名，非前文所说之人名。

43. 拊，抚抹也

原文：予击石拊石。

"击石拊石"之"拊"，究作何解？张守节《正义》引孔安国曰："拊，亦击也。"蔡沉《集传》曰："重击曰'击'，轻击曰'拊'。"因此，一般都将"拊"解为敲击。

按：其实，拊，是用手去抚抹。拊石，是一种不同于击石的动作词，正像现代人敲锣的动作一样，防止上下音节串音，而用手拊之。石音长，不拊之而音久不绝，影响音准，乐声杂乱也，故用"拊"，抚抹其石而使音之停息。拊，当作抚抹之解为宜。

44. 二十二人，所指何人？

原文：舜曰："嗟！女二十有二人，……"

裴骃《集解》引马融曰："稷、契、皋陶皆居官久，有成功，但述而美之，无所复敕，禹及垂已下，皆初命，凡六人，与上十二牧四岳，凡二十二人。"张大可《新注》曰："二十有二人：十二牧、四岳，以及禹、垂、益、伯夷、夔、龙六人，共二十二人。舜代尧摄政后，任用二十二人各有分职，草创国家，向前迈进了一大步。"韩兆琦《笺证》曰："崔适曰：'自禹至彭祖，共为十人，加以十二牧，乃为二十二人也。'蔡沈曰：'二十二人，谓四岳、九官、十二牧也。'泷川以为'在《尚书》，则当如蔡说；在史，则崔说近是'。"李人鉴《校读记》曰："所云'二十二人'，究何所指，各家之说不一。《集解》云云，数四岳，而九官不数稷、契、皋陶，此一说也。崔适《探源》谓自禹至彭祖共为十人，加以十二牧，乃为二十二人。崔氏据此《纪》为说，并彭祖计入，而亦不数四岳。然《尧典》未尝及于彭祖。此又一说也。下文有'此二十二人咸成厥功'一语，其下言及皋陶、伯益、垂、益、弃、契诸人，则马融、郑玄于九官中不数稷、契、皋陶，亦必不可通。此究何所指，殊难言之，存疑则可。"

按：二十二人，有数种说法，根据文义，以上所列"禹"至"彭祖"十人当包括在内，其余十二人，当是四岳以及十二牧？或十二牧中包含着四岳，亦有很大的可能性。观其前文，曰："谋于四岳，……命十二牧论帝德"，则知四岳为核心层，事先与他们谋划，故文中多写"四岳"或"岳"如何，而十二牧，乃是重要人物，再集中他们进行讨论并予以实施。犹如现今之中央的权力构架，中央常委乃是中央政治局委员。如是而已。

45. 同姓而异其国号

原文：自黄帝至舜、禹，皆同姓而异其国号。

梁玉绳《志疑》曰："黄帝至禹诸帝王并非一族，安得同姓？《史》于五帝之姓多缺不具，而夏之姓姒，下文已明书之，何云同姓哉？此《史通》所谓'连行接句，顿成乖角'者也。"崔述曰："姓者，生也，有姓者，所以辨其所有生也。苟同父而各姓其姓，则所由生者无可辨，有姓曷取哉？自《国语》始有一人子孙分为数姓之说，而《大戴记》从而衍之，《史记》又从之采之，遂谓唐、虞、三代共出一祖，而帝王之族姓遂乱杂而失其真矣。"韩兆琦《笺证》曰："司马迁既然将颛顼、帝喾、尧、舜、禹都说成是黄帝的后代，因此说他们'皆同姓'，这当然是对的，然而前文乃采《国语》而有所谓'黄帝二十五子，其得姓者十四人'之说，于是遂自相矛盾。"《全注》曰："我国古代（秦以前）'女子称姓，男子称氏'。氏，表示地位的高低贵贱和所任职官或封地；姓，则表示出身的血缘族属以别婚姻（古人同姓不相婚配）。远古由母系氏族社会发展而来，故'姓'皆从母系。本篇所述自黄帝至舜、禹的历史，相当于考古学的新石器时代后期，称为'龙山时期'，属于父系氏族社会时期。考古类型学的研究告诉我们，前述各部族所生息的地区的考古文化内涵之间，有着明显的差异，他们不会都源于同一个母系血缘集团，因而也不可能都是同一'姓'的部族集团。迄今为止，这个时期的历史没有直接文字可资稽考，只有口耳相传的传说。而这些传说又难免被人们添改和删节。司马迁撰写《五帝本纪》所依据的材料，主要是战国时期遗留的文献，而战国时人出于当时政治斗争的需要，往往恣意篡改历史为其所用。因此，从黄帝至舜、禹，这些源自不同母系的部族便都成了同'姓'者。"

按：氏族理论，是近代人类学家考察原始部落人群总结出来的科学理论，运用于中国古代史研究，应当毫无疑义。黄帝，是中华民族的共同祖先，因而，五帝三王皆同姓。既然黄帝是中华民族的共同祖先，百家姓氏又如何而来？乃黄帝子孙受封而得姓，异其国号而得姓，故同父而各姓其姓，何矛盾之有？正如郭沫若所说："五帝三王是一家，都是黄帝的子孙，那便完全是人为。那是在中国统一前后（即嬴秦前后）为消除各种氏族的畛域起见，所生出的大一统要求。"（《中国古代社会研究》）

三、《五帝本纪》简体横排文本

黄帝者，少典之子，姓公孙，名曰"轩辕"。生而神灵，弱而能言，幼而迅疾，长而敦敏，成而聪明。

轩辕之时，神农氏世衰。诸侯相侵伐，暴虐百姓，而神农后炎帝弗能征。于是，轩辕乃习用干戈，以征不享，诸侯咸来宾从。而蚩尤最为暴，莫能伐。炎帝数侵凌诸侯，诸侯咸归轩辕。轩辕乃修德振兵，治五气，艺五种，抚万民，度四方，教熊、罴、貔、貅、豹、虎，以与炎帝战于阪泉之野。三战，然后得其志。蚩尤作乱，不用其命。于是，轩辕乃征师诸侯，与蚩尤战于涿鹿之野，遂擒杀蚩尤。而诸侯咸尊轩辕为天子，代炎帝，是为"黄帝"。天下有不顺者，黄帝从而征之，平者去之，劈山通道，未尝宁居。

东至于海，登丸山，及岱宗。西至于空桐，登鸡头。南至于江，登熊、湘。北逐荤粥，合符釜山，而邑于涿鹿之阿。迁徙往来无常处，以师兵为营卫。官名皆以云命，为云师。置左右大监，监于万国。万国和，而鬼神、山川、封禅，与为多焉。获宝鼎，迎日推策。举风后、力牧、常先、大鸿以治民。顺天地之纪、幽明之故、死生之说、存亡之难。时播百谷、草木，淳化鸟兽、虫蛾，旁罗日月、星辰、水波、土石、金玉，劳勤心力、耳目，节用水火、材物。有土德之瑞，故号"黄帝"。

黄帝二十五子，其得姓者十四人。

黄帝居轩辕之丘，而娶于西陵氏之女，是为"嫘祖"。嫘祖，为黄帝正妃，生二子，其后皆有天下：其一曰"玄嚣"，是为青阳，青阳降居江水；其二曰"昌意"，降居若水。昌意取蜀山氏女，曰"昌仆"，生高阳。高阳有圣德焉。黄帝崩，葬桥山。其孙昌意之子高阳立，是为"帝颛顼"也。

帝颛顼高阳者，黄帝之孙，而昌意之子也。静渊以有谋，疏通而知事；养财以任地，载时以象天，依鬼神以制义，治气以教化，洁诚以祭祀。北至于幽陵，南至于交趾，西至于流沙，东至于蟠木。动静之物，大小之神，日月所照，莫不砥属。

帝颛顼生子曰"穷蝉"。颛顼崩，而玄嚣之孙高辛立，是为"帝喾"。

帝喾高辛者，黄帝之曾孙也。高辛父曰"蟜极"，蟜极父曰"玄嚣"，玄嚣父曰"黄帝"。自玄嚣与蟜极，皆不得在位，至高辛即帝位。高辛于颛顼，为族子。

高辛生而神灵，自言其名；普施利物，不与其身；聪以知远，明以察微；顺天之义，知民之急；仁而威，惠而信，修身而天下服；取地之财而节用之，抚教万民而利诲之，历日月而迎送之，明鬼神而敬事之。其色郁郁，其德嶷巍。其动也时，其服也士。帝喾既执中而遍天下，日月所照，风雨所至，莫不从服。

帝喾娶陈锋氏女，生放勋；娶娵訾氏女，生挚。帝喾崩，而挚代立。帝挚立，不善，崩，而弟放勋立，是为"帝尧"。

帝尧者，放勋。其仁如天，其智如神；就之如日，望之如云；富而不骄，贵而不舒；黄收纯衣，彤车白马；能明顺德，以亲九族。九族既睦，辨彰百姓。百姓昭明，合和万国。

乃命羲、和，敬顺昊天，数法日月、星辰，敬授民时。分命羲仲，居郁夷，曰"旸谷"。敬导日出，辨程东作。日中，星鸟，以正中春。其民析，鸟兽字微。申命羲叔，居南交，曰"明都"。辨程南为，敬致。日永，星火，以正中夏。其民因，鸟兽希革。申命和仲，居西土，曰"昧谷"。敬导日入，辨程西成。夜中，星虚，以正中秋。其民易，鸟兽毛毨。申命和叔，居北方，曰"幽都"。便在伏物。日短，星昴，以正中冬。其民燠，鸟兽氄毛。岁三百六十六日，以闰月正四时。申饬百官，众功皆兴。

尧曰："谁可顺此事？"放齐曰："嗣子丹朱开明。"尧曰："吁！顽凶，不用。"尧又曰："谁可者？"欢兜曰："共工旁聚布功，可用。"尧曰："共工善言，其用僻，似恭慢天，不可。"尧又曰："嗟！四岳：汤汤洪水滔天，浩浩怀山襄陵，下民其忧，有能使治者？"皆曰："鲧，可。"尧曰："鲧负命毁族，不可。"岳曰："异哉，试不可用而已。"尧于是听岳，用鲧。九岁，功用不成。

尧曰："嗟！四岳：朕在位七十载，汝能用命，践朕位？"岳应曰："鄙德忝帝位。"尧曰："悉举贵戚及疏远隐匿者。"众皆言于尧曰："有鳏，在民间，曰'虞舜'。"尧曰："然，朕闻之。其何如？"岳曰："盲者子。父顽，母嚣，弟傲，能和以孝，烝烝治，不至奸。"尧曰："吾其试哉。"于是，尧妻之二女，观其德于二女。舜饬下二女于妫汭，如妇礼。尧善之，乃使舜慎和五典，五典能从；遍入百官，百官时序；宾于四门，四门穆穆，诸侯、远方宾客皆敬。尧使舜入山林、川泽，暴风、雷雨，舜行不迷。尧以为"圣"，召舜，曰："汝谋事至，而言可绩，三年矣。汝登帝位。"舜让于德不怿。正月上日，舜受终于文祖。文祖者，尧大祖也。

于是，帝尧老，命舜摄行天子之政，以观天命。舜乃在璇玑玉衡，以齐七政。遂类于上帝，禋于六宗，望于山川，遍于群神。辑五瑞，择吉月、日，见四岳诸牧，班瑞。岁二月，东巡守，至于岱宗，柴，望秩于山川。遂见东方君长，合时月正日，同律、度、量、衡，修五礼，五玉、三帛、二生、一死为挚，如五器，卒乃复。五月，南巡守；八月，西巡守；十一月，北巡守：皆如初。归，至于祖祢庙，用特牛礼。五岁一巡守，群后四朝。遍告以言，明试以功，车服以用。肇十又二州，决川。象以典刑，流宥五刑，鞭作官刑，扑作教刑，金作赎刑。省灾过，赦；怙终贼，刑。钦哉，钦哉，惟刑之静哉！

欢兜进言共工，尧曰："不可。"而试之工师，共工果淫僻。四岳举鲧治洪水，尧以为"不可"。岳强请试之，试之而无功，故百姓不便。三苗在江淮、荆州，数为乱。于是，舜归而言于帝，请流共工于幽陵，以变北狄；放欢兜于崇山，以变南蛮；迁三苗于三危，以变西戎；殛鲧于羽山，以变东夷。四罪而天下咸服。

尧立七十年得舜，二十年而老，令舜摄行天子之政，荐之于天。尧得舜，凡二十八年而崩。百姓悲哀，如丧父母。三年，四方莫举乐，以思尧。尧知子丹朱之不肖，不足授天下。于是，乃权授舜。授舜，则天下得其利而丹朱病；授丹朱，则天下病而丹朱得其利。尧曰："终不以天下之病而利一人。"而卒授舜以天下。尧崩，三年之丧毕，舜让避丹朱于南河之南。诸侯朝觐者，不之丹朱而之舜；狱讼者，不之丹朱而之舜；讴歌者，不讴歌丹朱而讴歌舜。舜曰："天也夫！"而后之中国，践天子位焉，是为"帝舜"。

帝舜者，名曰"重华"。重华父曰"瞽叟"，瞽叟父曰"桥牛"，桥牛父曰"句望"，句望父曰"敬康"，敬康父曰"穷蝉"，穷蝉父曰"帝颛顼"，颛顼父曰"昌意"，以至舜，七世矣。自从穷蝉以至帝舜，皆微，为庶人。

舜父瞽叟盲，而舜母死，瞽叟更娶妻而生象，象傲。瞽叟爱后妻子，常欲杀舜，舜避逃；及有小过，则受罪。顺事父及后母与弟，日以笃谨，非有懈。

舜，冀州之人也。舜耕历山，渔雷泽，陶河滨，作什器于寿丘，就时于负夏。舜父瞽叟顽，母嚚，弟象傲，皆欲杀舜。舜顺适，不失子道，友于其弟。欲杀，不可得；即求，常在侧。

舜年二十以孝闻。三十，而帝尧问"可用者"，四岳咸荐虞舜，曰："可。"于是，尧乃以二女妻舜，以观其内；使九男与处，以观其外。舜居妫汭，内行弥谨。尧二女不敢以贵骄事舜亲戚，甚有妇道。尧九男皆益笃。舜耕历山，历山之人皆让畔；渔雷泽，雷泽之人皆让居；陶河滨，河滨器皆不苦窳。一年而所居成聚，二年成邑，三年成都。尧乃赐舜缔衣与琴，为筑仓廪，予牛羊。

瞽叟尚复欲杀之，使舜上涂廪，瞽叟从下纵火焚廪。舜乃以两笠自捍而下，去，得不死。后瞽叟又使舜穿井，舜穿井为匿空，旁出。舜既入深，瞽叟与象共下土实井，舜从匿空出，去。瞽叟、象喜，以舜为已死。象曰："本谋者象。"象与其父母分。于是，曰："舜妻尧二女与琴，象取之；牛羊、仓廪，予父母。"象乃止舜宫，居，鼓其琴。舜往见之。象愕，不怿，曰："我思舜，正郁陶！"舜曰："然，尔其庶矣！"舜复事瞽叟，爱弟，弥谨。于是，尧乃试舜五典、百官，皆治。

昔，高阳氏有才子八人，世得其利，谓之"八恺"。高辛氏有才子八人，世谓之"八元"。此十六族者，世济其美，不陨其名。至于尧，尧未能举。舜举八恺，使主后土，以揆百事，莫不时序；举八元，使布五教于四方，父义、母慈、兄友、弟恭、子孝，内平外成。

昔，帝鸿氏有不才子，掩义隐贼，好行凶慝，天下谓之"浑沌"。少昊氏有不才子，毁信恶忠，崇饰恶言，天下谓之"穷奇"。颛顼氏有不才子，不可教训，不知话言，天下谓之"梼杌"。此三族，世忧之。至于尧，尧未能去。缙云氏有不才子，贪于饮食，冒于货贿，天下谓之"饕餮"。天下恶之，比之三凶。舜宾于四门，乃流四凶族，迁于四裔，以御螭魅。于是，四门辟，言"毋凶人"也。

舜入于大麓，烈风、雷雨不迷，尧乃知舜之足授天下。尧老，使舜摄行天子政，巡守。舜得举，用事二十年，而尧使摄政。摄政八年而尧崩。三年丧毕，让丹朱，天下归舜。而禹、皋陶、契、后稷、伯夷、夔、龙、垂、益、彭祖，自尧时而皆举用，未有分职。于是，舜乃至于文祖，谋于四岳，辟四门，明通四方耳目，命十二牧论帝道，行厚德，远佞人，则蛮夷率服。

舜谓四岳曰："有能奋用美尧之事者，使居官相事?"皆曰："伯禹为司空，可美帝功。"舜曰："嗟，然! 禹，汝平水土，维是勉哉!"禹拜，稽首，让于稷、契与皋陶。舜曰："然，往矣。"舜曰："弃，黎民始饥，汝后稷，播时百谷。"舜曰："契，百姓不亲，五品不顺，汝为司徒，而敬敷五教，在宽。"舜曰："皋陶，蛮夷猾夏，寇贼奸宄，汝作士，五刑有服，五服三就; 五流有度，五度三居。惟明，能信。"舜曰："谁能训予工?"皆曰："垂，可。"于是，以垂为共工。舜曰："谁能训予上下草木、鸟兽?"皆曰："益，可。"于是，以益为虞。益拜，稽首，让于朱虎、熊罴。舜曰："往矣，汝偕。"遂以朱虎、熊罴为佐。舜曰："嗟! 四岳，有能典朕三礼?"皆曰："伯夷，可。"舜曰："嗟! 伯夷，以汝为秩宗，夙夜维敬，直哉，惟静洁。"伯夷让夔、龙。舜曰："然。"以夔为典乐，教稚子。曰："直而温，宽而栗，刚而毋虐，简而毋傲; 诗言意，歌长言，声依永，律和声，八音能谐，毋相夺伦，神人以和。"夔曰："於! 予击石拊石，百兽率舞。"舜曰："龙，朕畏忌谗说殄伪，震惊朕众，命汝为纳言，夙夜出入朕命，惟信。"舜曰："嗟! 女二十又二人，敬哉，惟时，相天事。"三岁一考功，三考黜陟，远近众功咸兴。分化三苗。

此二十二人咸成厥功: 皋陶为士，平，民各服，得其实; 伯夷主礼，上下咸让; 垂主工师，百工致功; 益主虞，山泽辟; 弃主稷，百谷时茂; 契主司徒，百姓亲和; 龙主宾客，远人至; 十二牧行，而九州莫敢僻违; 唯禹之功为大，劈九山，通九泽，决九河，定九州，各以其职来贡，不失厥宜。方五千里，至于荒服。南抚交趾、北户，西抚西戎、析枝、渠瘦、氐、羌，北抚山戎、北发、息慎，东抚长夷、鸟夷。四海之内，咸戴帝舜之功。于是，禹乃兴《九招》之乐，致异物，凤凰来翔。天下明德，皆自虞帝始。

舜年二十以孝闻，年三十尧举之，年五十摄行天子事，年五十八尧崩，年六十一代尧践帝位。践帝位三十九年，南巡守，崩于苍梧之野，葬于江南九疑，是为"零陵"。

舜之践帝位，载天子旗，往朝父瞽叟，夔夔唯谨，如子道。封弟象为诸侯。舜子商均亦不肖，舜乃预荐禹于天。十七年而崩。三年丧毕，禹亦让舜子，如舜让尧子。诸侯归之，然后禹践天子位。尧子丹朱、舜子商均，皆有疆土，以奉先祀；服其服，礼乐如之；以客见天子，天子弗臣，示不敢专也。

自黄帝至舜、禹，皆同姓而异其国号，以彰明德。故黄帝为有熊，帝颛顼为高阳，帝喾为高辛，帝尧为陶唐，帝舜为有虞。帝禹为夏后，而别姓，姓姒。契为商，姓子。弃为周，姓姬。

太史公曰：学者多称"五帝"，尚矣，然《尚书》独载尧以来，而百家言"黄帝"，其文不雅顺，缙绅先生难言之。孔子所传《宰予问五帝德》《帝系姓》，儒者或不传。余尝西至空桐，北过涿鹿，东渐于海，南浮江淮矣，至，长老皆各往往称黄帝、尧、舜之处，风教固殊焉。总之，不离古文者，近是。予观《春秋》《国语》，其发明《五帝德》《帝系姓》，彰矣，顾第弗深考，其所表现皆不虚。《书》缺有间矣，其佚乃时时见于他说。非好学深思，心知其意，固难为浅见寡闻道也。余并论次，择其言尤雅者，故著为《本纪》，书首。

附：《五帝本纪》修正统计

（一）异体字：14 组（20 组次）

（脩）〔修〕³；（蓺）〔艺〕五种；推（筴）〔策〕；（惪）〔德〕²；（絜）〔洁〕²；（徧）〔遍〕²；（讙）〔欢〕兜²；（璿）〔璇〕玑；眚（栽）〔灾〕过；（彊）〔强〕请；（驩）〔欢〕兜；四（皋）〔罪〕；（扞）〔捍〕而下；（稺）〔稚〕子。

（二）通假字：43 组（65 组次）

幼而（徇）〔迅〕（齐）〔疾〕；侵（陵）〔凌〕；（禽）〔擒〕杀；（披）〔劈〕²；养（材）〔财〕；不（于）〔与〕其身；（溉）〔既〕执中；其（知）〔智〕如神；（驯）〔顺〕³；（便）〔辨〕⁴；（章）〔彰〕³；敬（道）〔导〕²；以（殷）〔正〕中春；（信）〔申〕饬；（漫）〔慢〕天；（庸）〔用〕³；有（矜）〔鳏〕；（女）〔汝〕²；（辩）〔遍〕于群神；（揖）〔辑〕五瑞；巡（狩）〔守〕⁷；（有）〔又〕²；（辟）〔僻〕²；（鸿）〔洪〕水；（辟）〔避〕；（匪）〔非〕有（解）〔懈〕；尝〔常〕在侧；象（鄂）〔愕〕；播（时）〔莳〕；（驯）〔训〕²；汝（谐）〔偕〕；（维）〔惟〕²；（振）〔震〕惊；（绌）〔黜〕陟；民各（伏）〔服〕；凤（皇）〔凰〕；（豫）〔预〕荐；（荐）〔缙〕绅；顾（弟）〔第〕；所表（见）〔现〕；其（轶）〔佚〕。

（三）特殊字：7 组（8 组次）

（貙）〔豹〕；交（阯）〔趾〕²；（紫）〔柴〕；（眚）〔省〕灾过；（倕）〔垂〕；少（暤）〔昊〕氏；奸（轨）〔宄〕。

（四）修正字：29 处，删 33 字，增 34 字，净增 1 字

神农（氏）〔后〕〔炎帝〕；炎帝（欲）〔数〕侵陵诸侯；不用（帝）〔其〕命；（黄帝）〔轩辕〕乃征师诸侯；代（神农氏）〔炎帝〕；幽明之（占）〔故〕；娶于西陵〔氏〕之女；居南交，〔曰"明都"〕；其民（夷）易；（乃）遍入百官；尧（辟位）〔得舜〕，凡二十八年而崩；（虞）〔帝〕舜者；（兄弟孝慈）〔友于其弟〕；雷泽（上）〔之〕人；以益为（朕）虞；让于（诸臣）朱虎、熊罴；〔曰〕：直而温……；命十二牧论帝（德）〔道〕；分（北）〔化〕三苗；皋陶为（大理）〔士〕；北（发）〔户〕；西〔抚〕〔西〕戎；北〔抚〕山戎、〔北〕发；东〔抚〕长〔夷〕；禹亦（乃）让舜子；而别（氏）〔姓〕，姓姒（氏）；契为商，姓子（氏）；弃为周，姓姬（氏）；孔子所传《宰予问五帝德》（及）《帝系姓》。

（五）分段：原为 28 段，增加 3 段，现为 31 段；分为五个部分

原"舜年二十以孝闻，三十而帝尧问可用者"段、原"舜入于大麓"段、原"舜年二十以孝闻，年三十尧举之"段，各分为两段。

全文分为五个部分，各部分之间各空一行。

（六）标点符号：增 223 个，减 33 个，净增 190 个

与中华修订本比较：标点符号增 223 个，减 33 个，净值 190 个。

【说明】

1. 本文在张大可先生的指导下完成，并采用了张大可先生《五帝本纪疏证》的研究成果，在此表示谢意！

2. 文中所引用的历史文献，均用简称，一般是人名加文献的简名。例如：张文虎《校刊史记集解索隐正义札记》，简称"张文虎《札记》"；施之勉《史记会注考证订补》，简称"施之勉《订补》"。余此类推。

《史记》"西域"诂

* 本文作者曾志雄。香港能仁专科学院中文系教授。

一、问题缘起

国家"一带一路"的倡议，不但触发了世人的经济梦，也牵动了国人的历史感。尤其是"一路"，很自然让大家想起历史上的丝绸之路，同时也令人联想到昔日的西域风情。

"西域"一词，最早见于《史记》，但今天回头检视历史，却发现《史记》中的"西域"是一个仍在尘封、未被正式理解的词语。以目前资料所见，《史记》三家注①没有给予解释，泷川龟太郎（1865—1946）的《史记会注考证》不曾措意，而现今大型辞书或权威专业的词典，对"西域"一词首见于《史记》的事实也讳莫如深，绝口不提。例如《汉语大词典》"西域"条的释义云：

> 汉以来对玉门关、阳关以西地区的总称。狭义专指葱岭以东而言，广义则凡通过狭义西域所能到达的地区，包括亚洲中、西部，印度半岛、欧洲东部和非洲北部都在内。后亦泛指我国西部地区。《汉书·西域传序》：⋯⋯19世纪末建立新疆省后，西域一名渐废弃不用。②

大型地理工具书《中国历史地名大辞典》这样解释"西域"：

> 西汉以后对玉门关以西地区的总称。始见于《汉书·西域传》。⋯⋯19世纪末建立新疆省后，西域一名渐废弃不用。③

而专书词典《史记辞典》则云：

> 西域，我国自汉以后对玉门关（今甘肃敦煌西北）以西地区的总称。⋯⋯十九世纪末年以后，"西域"一词渐废不用。④

---

① 即裴骃《史记集解》、司马贞《史记索隐》、张守节《史记正义》。

② 汉语大词典编辑委员会编纂：《汉语大词典》，上海：上海辞书出版社1986年版，第八册第747页。

③ 史乐为主编：《中国历史地名大辞典》，北京：中国社会科学出版社2005年版，第939 - 940页。

④ 仓修良主编：《史记辞典》，济南：山东教育出版社1991年版，第163页。

以上的释义，令人感到意外，除了不提《史记》之外，在说明"西域"概念时，不是从"汉以后"入手，就是从"西汉以后"着眼，不但遗漏了《史记》中的"西域"，解释的历史切入点也有所失误，实在让人觉得遗憾。尤其是《史记辞典》，更叫人费解，作为《史记》的专书词典，该书"西域"词条竟然从汉以后的角度阐释，把《史记》内容完全置诸不顾，这样的处理方式显然不是专书词典的应有做法。而《汉语大词典》以《汉书》作为"西域"的首见书证，不仅有违辞书实事求是的原则，还有误导读者之嫌。

众所周知，"西域"一词出于汉武帝（前141—前87在位）统治时代的西向政策，也是武帝一生用力经营的重要功业。司马迁（约前135—前90）的《史记》在同步记述武帝一朝的事迹之余，也记录了当时开通西域的情况，是公认最早记述西域的历史著作。由于《史记》成书之后没有实时流传，[①] 书中"西域"一词因而无法引起人们及时探讨，致使它的历史源头的含义也埋藏未露。今天，当我们面对大量累积下来的西域文献和遗迹时，限于时空阻隔，"西域"给予我们的历史影像是十分模糊的。我们所了解的"西域"，无非是层迭的隔代历史概念和残留的考古学片段。但这些都是事过境迁，以今视昔的历时（diachronic）感知，并非当时司马迁所记述的"西域"。

本文之作，旨在通过"西域"的训诂意义，追溯它在《史记》里头原来的共时（synchronic）用法，借此还原它本来的义蕴——后来一切的"西域"概念源头，从而提醒大家，研究历史文献，不要忘记还有传统的训诂学一途，可以把隔代文字，带回到原来的语境现场来了解它。

二、意义偏移

《史记》"西域"一词共有以下三次记录，按篇章次序列出如下：

(1)（元狩六年）四月戊寅，奏未央宫。"丞相臣青翟、御史大夫臣汤昧死言：臣青翟等与列侯、吏二千石、谏大夫、博士臣庆等议：昧死奏请立皇子为诸侯王。……高皇帝拨乱世反诸正，昭至德，定海内，封建诸侯，爵位二等。皇子或在襁褓而立为诸侯王，奉承天子，为万世法则，不可易。陛下……内褒有德，外讨强暴。极临北海，西凑〔溱〕月氏，匈奴、西域，举国奉师。舆械之费，不赋于民。……百蛮之君，靡不乡风，承流称意。远方殊俗，重译而朝，泽及方外。"（《三王世家》，第2108－2109页）

(2)（元狩二年秋）于是天子嘉骠骑之功曰："骠骑将军（霍）去病率

────────────

① 《史记》写成之后，没有实时流传，最初由他的外孙杨恽（？—前54）在宣帝（前74—前50在位）时发布。见安平秋等《史记通论》479页，收入于张大可主编：《史记研究集成（第2辑）》，华文出版社2005年版。

师攻匈奴西域王浑邪，王及厥众萌咸相犇，率以军粮接食，并将控弦万有余人，诛獟駻，获首虏八千余级，降异国之王三十二人，战士不离伤，十万之众咸怀集服，仍与之劳，爰及河塞，庶几无患，幸既永绥矣。以千七百户益封骠骑将军。"（《卫将军骠骑列传》，第2933页）

（3）（司马）相如为郎数岁，会唐蒙使略通夜郎西僰中，……用兴法诛其渠帅，巴蜀民大惊恐。上闻之，乃使相如责唐蒙，因喻告巴蜀民以非上意。檄曰："告巴蜀太守：蛮夷自擅不讨之日久矣，时侵犯边境，劳士大夫。陛下即位，存抚天下，辑安中国。然后兴师出兵，北征匈奴，单于怖骇，交臂受事，诎膝请和。康居西域，重译请朝，稽首来享。……"（《司马相如列传》，第3044页）

在《史记》五十多万字的记述中，"西域"只出现三次，数量之少，实在出乎意料之外。这三次"西域"，虽是凤毛麟角，但地位重要，它们除了是历史源头之外，更出自汉武帝统治期内的官方文书，并且记录了明确的出现时间：第（1）例为朝廷大臣启奏，第（2）例为当时天子诏令，第（3）例为使臣的檄谕。由于是官方文书，这三次"西域"的用法应该是当时最高规格的公文规范，意义具有代表性。按时序来说，第（3）段最早，为建元六年（前135）；① 其次为第（2）段，为元狩二年（前121）；第（1）段最晚，为元狩六年（前117）。最早和最晚的相距不超过20年，可以说是同一个世代的事。② 按道理说，在短短20年内，又属于同一朝代的上层公文，三者的意义是应该相当一致而稳定的。

这三例"西域"，即使没有注释帮助，它与今天所理解的西域应该是同一内容。但把三例中的"西域"直接理解为"当时玉门关以西地区的总称"，③ 在解读时就有点格格不入。细察原文，这些"西域"都出现在同一语境中——在一些国名"月氏、匈奴、康居"之后和人格化动词"奉师、相犇、请朝"之前。这种语境，意味着"西域"不是"地区总称"，因为"地区总称"没有生命或人格的语义特征，在汉语语法中无法出现在国名（匈奴、康居）之后和一些人格化动词（奉师、重译请朝）之前；相反，这三例"西域"，倒像某些称号（类似"先生、小姐"一类）的指称用法，并与其前面的国家名称构成语法地位相等的复指关系。"西域"这种用法，是我们今天感到模糊而陌生的。其

① 据《史记·西南夷列传》"建元六年……蒙乃上书说上曰：'……诚以汉之强，巴蜀之饶，通夜郎道，为置吏，易甚。'上许之。"推算。见《史记》（北京：中华书局1959年版，第2993—2994页），本文之《史记》文本均为此本。

② 许慎（58—147）《说文解字》以三十年为一世。班吉庆、王剑、王华实点校：《说文解字校订本·十部》："世，三十年为一世。"（凤凰出版社（原江苏古籍出版社）2004年版，页63。按这个说法，司马迁的《史记》是在写成之后的两个世代才由他的外孙传布的。下引《说文解字》均为此本。

③ "西域"始见于《史记》，当时就是指汉武帝时代。

中最冲击我们语感的是第（1）例"月氏、匈奴、西域"的并列用法，显示"月氏""匈奴""西域"三者是国家称号的等位关系，而不是以下班固（32—92）《汉书》"西域车师后王"那种我们一向习惯理解的大类概括小类的包含关系：

> （4）（元寿二年）会西域车师后王句姑、去胡来王唐兜皆怨恨都护校尉，将妻子人民亡降匈奴。（《汉书·匈奴传》，第3818页）[①]

例（4）"西域车师后王"是个短语结构，"西域"位于"车师、去胡来"国名之前，与"月氏、匈奴、西域"的并列方式不同，"西域车师后王"肯定不是等位的复指关系而是修饰关系，因为"西域"不是人称代词，"车师后王"是人称代词，二者无法复指。

上引《史记》各例中，值得注意的是第（1）例的并列用法，它有力排除了"西域"作为"地区总称"这样的含义；其次，我们又发现《史记》全书还没有"玉门关"这个地名，而玉门关之设，据《汉书》所记，始于太初元年（前104）（见下文），已落在例（1）至例（3）年代之后，如果把"地区总称"的涵义套在《史记》"西域"的用法中，就觉得圆凿方枘，格格不入。这大概是引致历代学者和当今辞书回避了《史记》的"西域"的原因。因此我们不得不对"地区总称"的用法产生怀疑，认为司马迁引用的"西域"，不应该和上引《汉书》用例一样，含有"玉门关以西"这样的地界概念。

第（4）例《汉书》"西域车师（后王）"大类包小类的包举用法或修饰用法，正好是我们今天"西域"一词的"地区总称"用法。实际上，《汉书》的"西域"除了含有"玉门关以西地区的总称"的义项之外，书内还给"西域"划出了《史记》所没有的明确地界：

> （5）西域以孝武时始通，本三十六国，其后稍分至五十余，皆在匈奴之西，乌孙之南。南北有大山，中央有河，东西六千余里，南北千余里。东则接汉，阸以玉门、阳关，西则限以葱岭。（《汉书·西域传上》，第3871页）

上例的"西域……东则接汉，阸以玉门、阳关"写在《西域传》的开头，无疑是"开宗明义"的定义笔法，意义上相当于"玉门关以西"的另一提法。《汉书·西域传》之所以能够成篇，多少有赖于这种地界概念的设定。今天看来，《汉书》的"西域车师"不但为"西域"标举了"地区总称"的用例，而《西域传》的开篇也为"西域"一词提供了〔＋地区界限〕义素的依据。可以说，现代意义的"西域"概念最早形成于《汉书》，这是《史记》全书所没有的。这大概是今天工具书解释"西域"时只引述《汉书》而绝口不提《史记》的另一原因。

---

① 本文之《汉书》文本根据点校本《汉书》，中华书局1962年版，后同。

训诂学告诉我们，词义是变动不居的，而且变化多端。① 《汉书》"西域"一词的用法与《史记》不同，固然是隔代差异造成，同时也是语义嬗变的结果，属训诂学词义转移的典型例子。《汉书》的"西域"一词具有"地区总称"的概念而《史记》没有，间接也解释了为什么《汉书》里头有《西域传》而《史记》没有。②

三、《史记》"西域"释义

与班固同时的许慎（约58—约147）的《说文解字·土部》："或，邦也。从口，③ 从戈，以守一。一，地也。域，或又从土。"④ 《广雅·释诂四》："域，国也。"⑤ 清代小学家朱骏声（1788—1858）《说文通训定声》把这些意思贯串整合为："按：经传凡泛言国家者，实皆'域'字；专言国中者，'国'之正字。"⑥ 可见"域"为"或"的或体，义为"邦"，同于"国"字。照这样看，"西域"可以理解为"西国"。事实上，司马迁在《史记》的记述中也真有两次把"西域"称为"西国"的。例如：

（6）自博望侯开外国道以尊贵，其后从吏卒皆争上书言外国奇怪利害，求使。……其使皆贫人子，私县官赍物，欲贱市以私其利外国。……而楼兰、姑师小国耳，当空道，攻劫汉使王恢等尤甚。而匈奴奇兵时时遮击使西国者。（《大宛列传》，第3171页）

又：

（7）（卫青）直曲塞，广河南，破祁连，通西国，靡北胡。作《卫将军骠骑列传》第五十一。（《太史公自序》，第3317页）

我们认为《史记》这两次的"西国"即"西域"，是因为《汉书》里头也有七次的"西国"都可以理解为"西域"，其中两次的语例更可以和上述《史记》的用例对照。例如：

（8）先是时，汉数出使西域，多辱命不称，或贪污，为外国所苦。

---

① 传统训诂学所指出的典型意义变化，包括（1）词义扩大；（2）词义缩小；（3）词义转移三种。见毛远明：《训诂学新编》（成都：巴蜀书社2002年版，第218－219页。）

② 按：《汉书·西域传》的大部分内容在《史记》里命篇为〈大宛列传〉，即《史记》把西域诸国系于〈大宛列传〉下。

③ "口"音"围"。《说文解字·口部》："口，回也，象回帀（匝）之形。"见《说文解字（校订本）》174页。

④ 《说文解字（校订本）》第371页。

⑤ 徐复主编：《广雅诂林》，江苏古籍出版社1992年版，第335页。

⑥ 朱骏声：《说文通训定声·颐部第五》，武汉市古籍书店临啸阁藏版影印本1983年版，第222页。

（《汉书·冯奉世传》，第3294页）

（9）赞曰：孝武之世，图制匈奴，患其兼从西国，结党南羌，乃表河，列郡，开玉门，通西域，以断匈奴右臂。（《汉书·西域传下》，第3928页）

第（8）例《汉书》的"出使西域"，例同第（6）例《史记》的"使西国"，均为《列传》中的叙事用语；第（9）例《汉书》的"通西域"，例同第（7）例《史记》的"通西国"。无独有偶，此二例又同为两书序赞中所表达的个人意见文字。马、班二人在"西域"一词的用字上虽不完全相同，但作为史家笔法和个人历史观点而言，二者的含义是同指的。尤其值得注意的是，第（9）例中"西国""西域"兼用，更是文章换字之法；从文章脉络看，该例两词的意义全等。至此，第（6）至（9）例中"西域"即"西国"、"西国"即"西域"就不言而喻了；而《说文解字》和《广雅》更以训诂学的角色证实"西域"即"西国"。不过，还要注意，《史记》书中虽然"西域"和"西国"并用，但二者出现的语境却壁垒分明，截然不混。《史记》作为与武帝同时代的作品，我们认为《史记》引述的"西域"是官方公文用语，而"西国"则属于非官方用语。①

其实，司马迁的"西国"，并非自创，乃有其历史渊源。早在秦汉之前，中原诸侯通常把四邻小国称为"方国"。例如：

（10）厥德不回，以受方国。（《诗经·大雅·大明》）

郑玄（127—200）《笺》："方国，四方来附者。"《毛诗正义》云："言'受方国'，故知四方之国来附之。"② 有时，先秦典籍也会按方国的具体方位称之为"南国""北国""东国"。例如：

（11）滔滔江汉，南国之纪。（《诗经·小雅·四月》）

（12）王锡韩侯，其追其貊，奄受北国，因以其伯。（《诗经·大雅·韩奕》）

（13）（楚灵王）不修方城之内，逾诸夏而图东国。（《国语·吴语》）

例（11）《小雅》的"南国"，郑玄以为即南方吴、楚旁侧小国。《毛诗正义》："《笺》云：江也，汉也，南国之大水，纪理众川，使不壅滞。喻吴、楚之君，能长理旁侧小国，使得其所。"③

例（12）《大雅》的"北国"，马瑞辰（1782—1853）谓："'其追其貊'下

---

① 司马迁自称：《史记》是"一家之言"的著述，见《史记·太史公自序》页3319。这些"西域"也有可能是他"一家之言"的个人用语。

② 十三经注疏委员会整理：《毛诗正义（十三经注疏）》，北京大学出版社2000年版，第1135页。

③ 《毛诗正义（十三经注疏）》第928页。

云'奄受北国',则追与貊当为北狄。惟追于经典无征。"①

例（13）《吴语》的"东国"，韦昭（204—273）以为即"徐夷、吴、越"等东方小国。《国语》韦昭注："东国，徐夷、吴越。"②

可见，司马迁作为一代伟大史家，他笔下的"西国"，虽是仿照先秦各种方国之称，实际是继承了中原诸侯一向鄙夷邻小异族的"外夷狄"心态。③

同时，非独先秦典籍有"南国""东国"，即便在西周的铜器铭文之中，也有这样的称呼。例如：

（14）唯王令南宫伐反虎方之年，王令人先省南或（国）贯行。（《集成》2751《中方鼎》，西周早期）④

（15）三年静东或（国），亡不咸斁天威。（《集成》4341《班簋》，西周中期）⑤

例（14）的"南或（国）"就是"虎方"，为当时方国。可见自西周早期以来，周人即习称周边异族方国为"南国"。金文的"南或""东或"，典籍写作"南国""东国"，只不过是古今文字的演变（汉人所谓"古今文"）。上引《说文解字》和《广雅》对"或、域、国"等字的关系正作了清楚的解说。可见《史记》把官方所用的"西域"称为"西国"，一方面传了长远的传统态度，另一方面也是贯通古今之变的识见。⑥

《史记》引述的官方文书为什么不把西边境外少数民族国家称为"西国"而称为"西域"，我们认为主要原因是汉朝从开国起即实行郡国双轨制，⑦ 在国体上有必要避免把西邻方国和境内封国混为一谈，并且有意识地把这种内外之辨贯彻在官方文书上。⑧ 对此，上引朱骏声"专言国中（国内）者，'国'之正字"的说法正好提供了精审的"内、外"之辨的训诂诠释。如果朱氏的说

---

① 马瑞辰著、陈金生点校：《毛诗传笺通释》，中华书局1989年版，第1015页。

② 上海师范大学古籍整理组点校：《国语》，上海古籍出版社1978年版，第598页。

③ "外夷狄"心态大概由春秋以来诸侯"尊王攘夷"的长期意识所积渐形成，但当时未见有人明言。真正把"外夷狄"这种心态以文字清楚表述出来的，第一人就是司马迁。他在《史记·天官书》中说："太史公曰：'自初生民以来，世主曷尝不历日月星辰？及至五家、三代，绍而明之，内冠带，外夷狄，分中国为十有二州。……'"（页1342）因此我们认为司马迁的"西国"虽然摹仿先秦的"北国、东国、南国"而来，其背后实有"内冠带，外夷狄"的含义，这应该是司马迁在观察和总结先秦历史之后的史笔取态。

④ 中国社会科学院考古研究所编：《殷周金文集成释文》，香港中文大学中国文化研究所出版2001年版，第二卷，第341－342页。）

⑤ 《殷周金文集成释文》第三卷，第479页。

⑥ 《史记·太史公自序》中称为"略协古今之变。"（第3304页）

⑦ 《史记·高祖本纪》："丙寅，葬（高帝）。……太子袭号为皇帝，孝惠帝也。令郡国诸侯各立高祖庙，以岁时祠（高祖）。"（第392页）可见刘邦时已有"郡国"之制。从文字演变角度看，"域、国"之异也可能存有当时的古今文之辨。本文暂不讨论这点。

⑧ 秦汉时期官方文书定出很多用语规范，例如天子称"皇帝"，命令称"诏、制"等。见《史记·秦始皇本纪》。

法可信，那么武帝朝廷所用的"西域"，便属于严"内外"之分的官方态度，并且也是承袭了"方国"词语鄙称色彩的传统。因此，如果说"西国"带有〔—官方〕〔＋方国〕〔＋传统鄙称〕等项义素的话，那么武帝时代的"西域"则带有〔＋官方〕〔＋方国〕〔＋鄙称〕等现实性义素。①《史记》作为武帝同时的作品，书中的"西国"可以说是"西域"一词最贴切的共时诠释，两者共同的抽象概念都相当于今天语言的"（境外）西方国家"或"西邻诸小国"。

只要明白《史记》"西国"是个人用语，不同于一成不变的官文用语，就不难想象司马迁在记述"西域"时容许有其他用字的可能。准此，我们在《史记》中找到了"西域"尚有"西北国"（2例）和"西北外国"（1例）的别称：②

（16）乌孙使既见汉人众富厚，归报其国，其国乃益重汉。其后岁余，骞所遣使通大夏之属者皆颇与其人俱来，于是西北国始通于汉矣。（《大宛列传》，第3169页）

（17）而汉始筑令居以西，初置酒泉郡以通西北国。（《大宛列传》，第3170页）

（18）是时上方数巡狩海上，乃悉从外国客，……西北外国使，更来更去。宛以西，皆自以远，尚骄恣晏然，未可诎以礼羁縻而使也。（《大宛列传》，第3173页）

这些别称，同时都符合"（境外）西方国家"的意思。由此，我们也可以看到司马迁"一家之言"的用语特点，除了"通古今之变"而自铸新词、不拘一格之外，③ 同时也善于融合传统和现实。

四、从歧义回归单义

从《史记》到《汉书》，前后约一百年，相隔差不多三个世代，"西域"词义发生变化，《史记》的"西域"只有"西邻方国"义，而《汉书》则具有"西邻方国"和"地区总称"两歧意义。主要原因是玉门关设置之后，汉朝西方边境出现了有形的内外地区界限，并投射在"西域"一词身上，使它载负一个〔＋地区界限〕的新义素。但玉门关不是东汉设置的。据《汉书·地理志》所记，玉门关为酒泉郡下的九县之一，开设于武帝太初元年（前104年）：

（19）酒泉郡，武帝太初元年开。……县九：禄福，……表是，……，玉门，……干齐。（《汉书·地理志下》，第1614页）

---

① 为方便阅读和讨论，本文只列出有特征性的义素，而且不采用行列式。

② "西北国"的2例《西域传上》原文照录保留在《汉书》中。

③ 司马迁在《史记》中引用《尚书》时经常按原意改写原文词句，更是《史记》读者熟知的事。

其次，武帝开设玉门关之后，成为了汉人出使西方和进击匈奴的重要补给站，朝廷反制匈奴操控西域的政策自此变得有效，结果西邻诸国归顺汉朝的越来越多，西方境外的军事冲突开始变得缓和。最后"百蛮之君，重译而朝"，①外族亲附，边境的汉夷关系渐趋友好而进贡内化。这些民族关系的变化，一方面模糊了"西域"一词词义原有的内外之分，同时也淡化了该词的"鄙称"色彩。"西域"的〔＋官方〕义素在"鄙称"色彩淡化之后，"官腔"语态开始变得空泛，导致"西域"一词内部的意义结构发生变化，甚至由色彩浓重的官方用语淡化为一般语词。至此，"西域"和"西国"原有语用上的公私之别不再清晰，官方文书不自觉地消融了"西域"和"西国"的差异，最后，全篇使用"西国"而不用"西域"的公文也开始出现。试看《汉书》所录武帝后期征和（前92—前89）年间的一篇奏事：

> （20）征和中，贰师将军李广利以军降匈奴。……搜粟都尉桑弘羊与丞相御史奏言："故轮台（以）东捷枝、渠犁皆故国，地广，饶水草，有溉田五千顷以上，处温和，田美，可益通沟渠，种五谷，与中国同时孰。……臣愚以为可遣屯田卒诣故轮台以东，置校尉三人分护，……就畜积为本业，益垦溉田，稍筑列亭，连城而西，以威西国，辅乌孙，为便。臣谨遣征事臣昌分部行边，……愿陛下遣使使西国，以安其意。臣昧死请。"（《汉书·西域传下》，第3912页）

该奏大约作于征和二年（前91），距离武帝太初元年（前104）设置玉门关不过14年。文中两次皆用"西国"而不用"西域"，大异于前，这是整个汉朝官方文书少有的一例。②结合班固上文第（9）例的非公文"西国、西域"并用不分的文例来看，它们除了证实《史记》的"西域"义同于"西国"之外，还说明了"西域"一词语用色彩在《汉书》所出现的变化。

词汇的发展和变化跟现实状况是息息相关的。"西域"一词意义的变化，是由汉人开发和对待"西域"的现实状况决定的。武帝以后匈奴势力的消长，汉夷互动态度的变化，都是"西域"词义衍化嬗变的关键因素。宣帝地节二年（前68），郑吉攻破车师，受命护卫天山南道；宣帝神爵二年（前60），匈奴内部分裂，日逐王投降汉朝，③朝廷顺势任命郑吉为西域都护。这时"匈奴益

---

① 见上文例（1）。

② 另一个"西国"可能是出现于诏书的用例："匈奴闻车师降汉，发兵攻车师，……车师王恐匈奴兵复至而见杀也，乃轻骑奔乌孙，（郑）吉迎其妻子置渠犁。东奏事，至酒泉，有诏还田渠犁及车师，益积谷以安西国，侵匈奴。"（《汉书·西域传下》，第3923页）但由于这例是间接引述，无法肯定是否为诏书原文。

③ 敦煌悬泉汉简（简四）也记录了神爵二年八月御史大夫到敦煌、酒泉迎接日逐王投降的情形："神爵二年八月甲戌朔□□，车骑将军臣□□谓御史□□，制诏御史□□侯□□□敦煌、酒泉迎日逐王。为驾一乘传，别□载……"

弱，不得近西域"，① 汉朝于是把"西域"地区纳入了朝廷管治的范围。这是导致"西域"词义丕变的历史大事。据《汉书》所记：

> (21)（郑）吉既破车师，降日逐，威震西域，遂并护车师以西北道，故号都护。都护之置自吉始焉。上（按：宣帝）嘉其功效，乃下诏曰："都护西域都尉郑吉，拊循外蛮，宣明威信，迎匈奴单于从兄日逐王众，击破车师兜訾城，功效茂着。其封吉为安远侯，食邑千户。"（《汉书·傅常郑甘陈段传》，第 3006 页）

所谓"都护"，据引文所述，就是"并（并）护"，意谓把西域的南北通道合并，由朝廷设官统一管治。又据《汉书》"西域都护"一职云：

> (22) 西域都护加官，宣帝地节二年初置，以骑都尉、谏大夫使护西域三十六国，有副校尉，秩比二千石，丞一人，司马、候、千人各二人。（《汉书·百官公卿表》，第 738 页）

《汉书》所述"西域都护"的官职名称、职责和待遇应该是宣帝一朝原来的法定文字。文中"西域三十六国"意思明显就是"西域地区的三十六国"。可见至迟在宣帝地节二年初置西域都护时，西域各国已经纳入汉朝官员的护治范围之内，"西域"的"地区总称"含义开始非常清晰。

至此，继武帝太初元年出现"玉门关"地理界限之后，神爵二年"并护车师以西北道"的举措，把零散的西邻诸国统一在汉朝的管护之下，这些境外地区无疑成为汉帝国一个行政区的概念。这些形势变化，先后为"西域"的"地区总称"提供了充分的语义因素，"西域"一词的语义变化因而水到渠成。"西域都护"官职设立之后，一方面使"地区总称"的整体概念因官职名称而得到固定，一方面在"西域"一词公文语用色彩淡褪之后，重新为"西域"一词换上了更鲜明的官治色彩，使得"西域"一词不至于被"西国"取代，继续成为官方用语。最后，"西域"词形与强势得时的"地区总称"概念在时局变化机缘下结合为一，在原有词义结构基础上，衍生出一个崭新的"地区总称"义项，长久以来成为我们今天觉得是理所当然的含义。

不过，"西域"这个崭新的"地区总称"含义，已经是武帝时代以后产生的新概念，绝对不是《史记》书内"西域"一词的合理解释了。

---

① 见《汉书·西域传上》第 3874 页。

《史记》三家注引《诗》及相关问题

* 本文作者李小成。西安文理学院文学院教授。

　　《史记》三家注为南朝宋裴骃的《史记集解》、唐司马贞的《史记索隐》和唐张守节的《史记正义》，是后世影响最为深远的《史记》研究成果，其注释中征引了大量与《诗经》有关内容，这样引《诗》入史，不仅为《史记》增加了论据和史料的丰富性，还使其文章生动活泼。当初，司马迁撰《史记》时，对《诗经》内容多有征引。今人在探讨《史记》与《诗经》关系方面涉猎很多，如陈桐生的《史记与诗经》一书，① 较为全面地叙述了二者的关联以及司马迁的《诗》学观点。孙亮的《〈史记〉引〈诗〉考》一文，② 叙述了《诗经》的史料价值，即司马迁在编写《史记》时汲取了《诗经》不少的史料和素材，对《诗经》进行了很大比例的征引。陈虎的《试论〈诗经〉对〈史记〉的影响》一文，③ 主要从《诗经》与《史记》的天人观、《诗经》与《史记》的原始察终和见盛观衰以及引《诗》入史等五个方面叙述了《诗经》对《史记》的重要影响。

　　当今学者对《史记》三家注与《诗经》的研究上，主要集中在以下几方面。如吕冠南所写《〈史记〉三家注的〈诗经〉文献学价值》一文，④ 主要叙述了三家注在保存前代经籍方面的价值，而其在《韩诗》文献方面的价值不容忽视。冯洁在《〈史记〉三家注的校勘内容及特点》一文中，⑤ 主要研究了《史记》三家注的校勘内容，其中有人名、地名等专有名词居多。三家注的校勘，不仅对《史记》版本的流变有重要影响，并且总结发展了校勘学理论。郑梅的《〈史记〉三家注的文学价值》一文，⑥ 另辟蹊径，从一个独特的视角对三家注的文学价值进行研究，文章主要叙述了三家注征引内容的文学价值、文章的气势以及感情色彩等。应三玉所著《〈史记〉三家注研究》，⑦ 此书对《史记》三家注研究比较深入，主要集中在版本和注释方面，并对这些问题进行了

---

①　陈桐生：《史记与诗经》，人民文学出版社 2000 年版。

②　见《黑龙江教育学院学报》2008 年第 5 期。

③　见《晋阳学刊》2002 年第 3 期。

④　见《渭南师范学院学报》2017 年第 1 期。

⑤　见《渭南师范学院学报》2016 年第 9 期。

⑥　见《文教资料》2016 年第 24 期。

⑦　应三玉：《〈史记〉三家注研究》，凤凰出版社 2018 年版。

必要的考证，该书是自《史记》产生之后独有的一部系统、全面地研究《史记》三家注的著作。总之，随着《史记》研究的深入和范围的扩展，三家注受到学界重视是理所当然的。

一、《史记》三家注引《诗》分类

《史记》三家注三种书都征引了比例很大的《诗经》内容，所引内容除涉及《诗经》中风、雅、颂各个部分外，还涉及到《传》著的征引，如《诗注》《诗谱》《诗小序》《诗传》《毛诗》等内容，共计20项，130余例，引用广泛而内容丰富。据不完全统计，涉及内容较多的为"风"23例；"雅"42例（大雅16例，小雅26例）；"颂"13例；毛诗15例，其他项则涉及较少。

1. 风

《仲尼弟子列传》："卜商，字子夏。少孔子四十四岁。子夏问：'巧笑倩兮，美目盼兮，素以为绚兮，何谓也？'子曰：'绘事后素。'曰：'礼后乎？'孔子曰：'商始可与言诗已矣。'"

《集解》："马融曰：'倩，笑貌。盼，动目貌。绚，文貌。此上二句在《卫风·硕人》之二章，其下一句逸诗。'"卜商，卫国人，他对儒家经典的整理和传播起着重要作用。此处所引《诗经·卫风·硕人》篇"巧笑倩兮，美目盼兮"，原意是赞叹齐庄公的女儿、卫庄公的夫人庄姜姿容娇美，卜商引《诗》发问，孔子则以素绢和绘画的先后顺序来启发学生，意在使其领悟到仁的重要性，即仁在前而礼在后。孔子有云："人而不仁，如礼何？"他认为仁是礼的根本，如果不施行仁义那么礼制就没有用处，这也如孔子云"克己复礼为仁"。

《秦始皇本纪》："缪公享国三十九年，天子致霸葬雍。缪公学著人。"

《索隐》："著音宁，又音贮，著即宁也。门屏之间曰宁，谓学于宁门之人。故《诗》云：'俟我于著乎而'是也。"此处《索隐》引《诗经·齐风·著》为爱情诗，主言周代的结婚仪式，诗写新娘到男方家看到丈夫的情形，此处的"著"通"宁"，在周代家世显赫的人家中正门内有屏风，而正门和屏风之间则称为著，"缪公学著人"则指缪公曾向宫殿的侍卫学习，用法相同。

《孔子世家》："孔子学鼓琴师襄子，盖师襄子鲁人，论语谓之'击磬襄'是也。十日不进。师襄子曰：'可以益矣。'孔子曰：'丘已习其曲矣，未得其数也。'有间，曰：'已习其数，可以益矣。'孔子曰：'丘未得其志也。'有间，曰：'已习其志，可以益矣。'孔子曰：'丘未得其为人也。'有间，有所穆然深思焉，有所怡然高望而远志焉。曰：'丘得其为人，黯然而黑，几然而长，眼如望羊，如王四国，非文王其谁能为此也！'师襄子辟席再拜，曰：'师盖云文王操也'。"

《集解》："徐广曰：'《诗》云顾而长兮。'"孔子习琴坚持不懈，学习一首曲子，不仅仅要会弹，还要有更深层面的领悟。即使师襄子说可以继续学习新内容了，而对于孔子而言，还不算真正的掌握。对于他来说，学琴不仅仅要会弹还要有一定的技巧，从而进一步到了解它的意蕴，最后还要理解曲中展现的人物。孔子领会到了曲中所颂之人为身材修长、皮肤黝黑的周文王。此处《集解》引《诗·齐风·猗嗟》，意在说明文中"几然而长"与《诗》句"顾而长兮"意思相同即形容人身材强壮高大。

2. 雅

《五帝本纪》："尧曰：'共工善言，其用僻，似恭漫天，不可。'尧又曰：'嗟，四岳，汤汤洪水滔天，浩浩怀山襄陵，下民其忧，有能使治者？'皆曰鲧可。尧曰：'鲧负命毁族，不可'。"

《正义》："负音佩，依字通。负，违也。族，类也。鲧性很戾，违负教命，毁败善类，不可用也。诗云'贪人败类'也。"尧认为共工空有一张巧嘴，心术不正，看似毕恭毕敬，实则欺瞒上天，不能任用；又认为鲧违反天命，毁败本族，亦不能任用。而《史记正义》则将共工和鲧的行为用《诗·大雅·桑柔》中"贪人败类"一句概括。意为贪婪之人当政，危及国家。可见，尧和鲧并未有所作为，因此不能得到任用。

《夏本纪》："黑水西河惟雍州，弱水既西，泾属渭汭。漆、沮既从。"

《正义》："括地志云：'漆水源出岐州普润县东南岐山漆溪，东入渭。沮水一名石川水，源出雍州富平县，东入栎阳县南。汉高帝于栎阳置万年县。'十三州志云'万年县南有泾、渭，北有小河，即沮水也。'诗云'古公去邠度漆、沮'，即此二水。"雍州位于黑水与黄河西岸间，弱水经过治理后流向西方，泾水注入了渭水，漆水、沮水跟着也汇入渭水。《绵》是周人记述其祖先的诗，"民之初生，自土沮漆"，意为周人地处杜水、沮水和漆水之间。此处《夏本纪》中提到的漆、沮二水和《诗经·大雅·绵》中所述漆、沮二水本意相同。

《天官书》："尾为九子，曰君臣；斥绝，不和。箕为敖客，曰口舌。"

《索隐》："诗云：'维南有箕，载翕其舌。'又《诗纬》云：'箕为天口，主出气。'是箕有舌，象谗言。《诗》曰：'哆兮侈兮，成是南箕'，谓有敖客行谒请之也。"南箕"最早在《诗经·小雅·巷伯》里指簸箕星，而《天官书》所写"敖客"基本意思是箕星，箕星一词最早出现于《诗经》。《诗经·小雅·谷风之什·大东》中言："维南有箕，不可以簸扬。维北有斗，不可以挹酒浆。维南有箕，载翕其舌。维北有斗，西柄之揭。"

《夏本纪》："其草惟夭，其木惟乔，其土涂泥。田下下，赋下上上杂。贡金三品，瑶、琨、竹箭、齿、革、羽、旄。"

《正义》："《周礼·考工记》云：'犀甲七属，兕甲六属。'郭云：'犀似水牛，猪头，大腹，庳脚，橢角，好食棘也。亦有一角者．'按：西南夷常贡旄牛尾，为旌旗之饰，书诗通谓之旄。故尚书云'右秉白旄'，诗云'建旐设旄'，皆此牛也．"《诗经·小雅·车攻》言周宣王于东都与诸侯狩猎之事。"旄"的原意是用牦牛尾装饰旗杆顶的旗子。而"建旐设旄"则与其意思相同，表现出了狩猎场面的壮观。

3. 颂

《殷本纪》："契兴于唐、虞、大禹之际，功业著于百姓，百姓以平。契卒，子昭明立。昭明卒，子相土立。相土卒，子昌若立。昌若卒，子曹圉立，曹圉卒，子冥立。"

《索隐》："相土佐夏，功著于商，《诗·颂》曰：'相土烈烈，海外有截'是也。《左传》曰：'昔陶唐氏火正阏伯居商丘，相土因之'，是始封商也。"相土是殷商始祖契之孙，昭明之子，一作乘杜。《竹书纪年》记载："帝相十五年，商侯相土作乘马，遂迁于商丘。"《史记索隐》引用《诗经·商颂·长发》原句则是用来歌颂相土的丰功伟绩，意说明相土的国土辽阔，疆域一直延伸到了东海一带，这也正说明了他对殷商的重要贡献即"功著于商"。

《殷本纪》："夏德若兹，今朕必往。尔尚及予一人致天之罚，予其大理女。女毋不信，朕不食言。女不从誓言，予则帑僇女，无有攸赦。以告令师，作汤誓。于是汤曰'吾甚武'，号曰武王。"

《集解》："《诗》云：'武王载旆，有虔秉钺。'《毛传》曰：'武王，汤也。'"这里的武王非周武王，而为商汤。因商汤勇敢，而封号武王。诗言夏王暴虐，不可容忍，故而决心讨伐。《史记集解》所引诗句出自《诗经·商颂·长发》篇，诗中有"武王载旆，有虔秉钺"指一句，则刻写武王伐夏之战的激烈场面。

4. 对研究《诗》的传著之征引

《三王世家》："匈奴、西域，举国奉师。舆械之费，不赋于民。虚御府之藏以赏元戎。"

《集解》："诗云：'元戎十乘，以先启行。'韩婴《章句》曰：'元戎，大戎，谓兵车也。车有大戎十乘，谓车缦轮，马被甲，衡鸽之上尽有剑戟，名曰陷军之车，所以冒突先启敌家之行伍也。'《毛传》曰：'夏后氏曰钩车，先正也。殷曰寅车，先疾也。周曰元戎，先良也。'""元戎十乘，以先启行"一句写了大军出发。"元戎"一词出处在《诗经·小雅·六月》篇，意为将士、士兵。《史记集解》引用的《诗韩婴章句》则对该词进行了进一步的解释说明。

《高祖本纪》："高祖，沛丰邑中阳里人，姓刘氏，字季。父曰太公，母曰刘媪。其先刘媪尝息大泽之陂，梦与神遇。是时雷电晦冥，太公往视，则见蛟龙于其上已而有身，遂产高祖。"

《索隐》按："《诗含神雾》云'赤龙感女媪，刘季兴'。又《广雅》云：'有鳞曰蛟龙。'"司马迁要把刘邦的降生神秘化，赋予他"感天而生说"，《史记索隐》则引入《诗含神雾》中"赤龙感女媪，刘季兴"一说，进一步神而化之。汉自董仲舒始，儒学有神秘色彩，而后有纬书盛行，六经各有纬书，敷衍更甚。于《诗》则有《诗纬》，具体篇目为：《诗推度灾》《诗汜历枢》《诗含神雾》《诗纬图》。唐李贤《后汉书·樊英传》注中罗列有汉代纬书三十五篇。

《孟尝君列传》："齐襄王立，而孟尝君中立于诸侯，无所属。齐襄王新立，畏孟尝君，与连和，复亲薛公。文卒，谥为孟尝君。诸子争立，而齐魏共灭薛。孟尝绝嗣无后也。"

《索隐》按："孟尝袭父封薛，而号曰孟尝君，此云谥，非也。孟，字也；尝，邑名。《诗》云：'居常与许'，郑《笺》云：'常或作尝，尝邑在薛之旁'是也。""居常与许"出自《诗·鲁颂·閟宫》："天锡公纯嘏，眉寿保鲁。居常与许，复周公之宇。鲁侯燕喜，令妻寿母。宜大夫庶士，邦国是有。既多受祉，黄发儿齿。"《史记索隐》引《郑笺》以说明"尝"为邑名，而《诗经》中的"居常与许"，常是地名。可见，"尝"也通"常"，《郑笺》明之。

《魏世家》："献公之十六年，赵夙为御，毕万为右，以伐霍、耿、魏，灭之。以耿封赵夙，以魏封毕万，为大夫。"

《正义》："魏城在陕州芮城县北五里。郑玄《诗谱》云：'魏，姬姓之国，武王伐纣而封焉。'"《史记正义》引《诗谱》，是对"魏"作进一步说明，并无他意。《诗谱》今已亡佚，唐孔颖达撰《毛诗正义》，将《诗谱》文字分列于书中各部分之首，之后，单行本逐渐失传，但宋至清，学人多有补辑。此处言晋献公十六年，赵夙负责驱车，毕万为守卫，去征伐霍、耿、魏，并消灭了它们。献公将耿作为奖赏分给了赵夙，而毕万则得到了魏，他们两个人也因此成了大夫。

《天官书》："前列直斗口三星，随北端兑，若见若不，曰阴德，或曰天一。紫宫左三星曰天枪，右五星曰天棓，后六星绝汉抵营室，曰阁道。"

《索隐》："棓音皮，韦昭音剖。又《诗纬》曰：'枪三星，棓五星，在斗杓左右，主枪人棓人。'《石氏星赞》云：'枪棓八星，备非常'也。"紫宫的前边与斗口相对，这里有三颗星，是椭圆形，尖朝向北边，星光忽明忽暗，名叫阴德，或叫天一。在紫宫的左边有三颗星名叫天枪，右边的五颗星称曰天棓，后面有六颗星跨天汉直至营室，可名为阁道。《史记索隐》引用《诗纬》对枪、棓进一步解释说明。关于《石氏星经》，战国时石申所著《天文》八卷，西汉后被尊为《石氏星经》。《隋书·经籍志》载："《石氏星占》一卷，吴袭撰。"《新唐书·艺文志·天文类》："《石氏星经簿赞》一卷石申、《甘氏四七法》一卷甘德"。隋前出现的《石氏星簿经赞》，唐代其名为《石氏星经簿赞》。

《司马相如列传》:"历吉日以齐戒,袭朝衣,乘法驾,建华旗,鸣玉鸾,游乎六艺之囿,骛乎仁义之涂,览观春秋之林,射貍首,兼驺虞,弋玄鹤,建干戚,载云䍐,悲伐檀,乐乐胥,修容乎礼园,翱翔乎书圃。"

《索隐》:"《诗》云:'君子乐胥,受天之祜。'言王者乐得贤材之人,使之在位,故天与之福禄也。胥音先吕反。"此言乐胥,出自《诗经·小雅·桑扈》:"交交桑扈,有莺其羽。君子乐胥,受天之祜。交交桑扈,有莺其领。君子乐胥,万邦之屏。"《诗》原句意为君子多快乐,因此应受到善待,此处引《毛诗》进一步对其解释说明。

《史记》引《诗》,与三家注引《诗》存在一定的联系,但有时情况还未尽相同,从表象看,三家注引用风、雅、颂、毛诗传中内容较为频繁,有的甚至多次重复引用。

二、《史记》三家注引《诗》剖析

三家注征引《诗经》相关内容累计一百三十次,注中多以称《诗》,这其中不仅包括直接引用《诗》中诗句,也包括对一些《诗经》研究传著的征引,还有关于《诗》的理论学说,如"孔子删诗"等。不难看出,三家注对《诗》之重视以及两部著作关系之密切。《史记》三家注对《诗》的采择、征引主要有以下两种方式:

1. 直接引用

《诗经》为《史记》的编纂提供了重要的历史依据,而为其作注依然也离不开《诗经》的理论支撑。这一方法直接在文章中引用了《诗经》的诗句,一般是注者陈述自己的观点或他人观点在前,引用诗句在后,从而用诗句印证观点,在三家注中很常见,以下举几例加以说明:

《夏本纪》:"其草惟夭,其木惟乔,其土涂泥。田下下,赋下上上杂。贡金三品,瑶、琨、竹箭、齿、革、羽、旄。岛夷卉服,其筐织贝,其包橘、柚锡贡。均江海,通淮、泗。"

《集解》:"孔安国曰:'织,细缯也。贝,水物也。'郑玄曰:'贝,锦名也。'《诗》云'成是贝锦。'凡织者,先染其丝,织之属百济。此处所引内容为《诗经·小雅·巷伯》中的诗句,原句意是用"贝锦"来说明谣言总是披着一层华丽的衣裳,不易被识破。而此处则用来阐述"织""贝"的物质属性和社会功用。

《匈奴列传》太史公曰:"世俗之言匈奴者,患其徼一时之权,而务税纳其说,以便偏指,不参彼己,将帅席中国广大,气奋,人主因以决策,是以建功不深。"

《集解》："《诗》云：'彼己之子。'"《索隐》："彼者，犹诗人讥词云：'彼己之子'是也。"此处虽是引其一句，但比较特殊，因为《诗经》中"彼己之子"共出现了14次，分别是在《王风·扬之水》《郑风·羔裘》《魏风·汾沮洳》《唐风·椒聊》《曹风·候人》这五首诗中，意为"那个人啊"。"彼己"，亦作"彼记"。今本作"彼其"。《左传·僖公二十四年》引作"彼己"。《礼记·表记》引为"彼记"。后以"彼其""彼己"讥功德不称其位者，司马迁文中即用此意。

> 《周本纪》："周后稷，名弃。其母有邰氏女，曰姜原。姜原为帝喾元妃。姜原出野，见巨人迹，心忻然说，欲践之，践之而身动如孕者。居期而生子，以为不祥，弃之隘巷，马牛过者皆辟不践；徙置之林中，適会山林多人，迁之；而弃渠中冰上，飞鸟以其翼覆荐之。姜原以为神，遂收养长之。初欲弃之，因名曰弃。"

《索隐》："已下皆《诗·大雅·生民》篇所云'诞寘之隘巷，牛羊腓字之；诞寘之平林，会伐平林；诞寘之寒冰，鸟覆翼之'是其事也。"司马迁《周本纪》开始就写了这一段周民族的历史，他不过是把《生民》篇用西汉的话重说了一遍而已，此处《索隐》则是直接征引姜原弃子的过程，意在说明周氏始祖后稷——弃这个名字的来历。

2. 虽未引用而间接言《诗》

司马迁撰《史记》，从《诗经》中汲取了大量历史材料来丰富其著作，在文章并未直接出现《诗经》原句。三家注引《诗》也无非承袭了这一方法。如：

《伯夷列传》之《索隐》："按：'《孔子世家》称古诗三千余篇，孔子删三百五篇为诗，今亡五篇。又《书纬》称孔子求得黄帝玄孙帝魁之书，迄秦穆公，凡三千三百三十篇，乃删以一百篇为《尚书》，十八篇为《中候》。今百篇之内见亡四十二篇，是《诗》《书》又有缺亡者也。'"此处并未提及《诗经》中的具体诗句，只提到了"孔子删诗"这一行为，司马迁在《史记》中提出了"诗书虽缺"，而此处三家注索隐对其进行进一步解释，作为我国先秦文化代表的"孔圣人"其"删诗说"对后世影响深远，给人们研究《诗经》以及孔子提供了价值。

《伯夷列传》之《正义》："《太史公序传》云：'先人有言，自周公卒五百岁而有孔子，孔子卒后至于今五百岁，有能绍名世，正易传，继春秋，本诗书礼乐之际，意在斯乎，小子何敢让焉。'作述六经云：'《易》著天地阴阳四时五行，故长于变。《礼》经纪人伦，故长于行。《书》记先王之事，故长于政。《诗》记山川谿谷禽兽草木牝牡雌雄，故长于风。《乐》书所以立，故长于和。《春秋》辨是非，故长于治人。是故《礼》以节人，《乐》以发和，《书》以道事，《诗》以达意，《易》以道化，《春秋》以道义。拨乱世反之正，莫近于

《春秋》。'"此处征引内容并未直接引用《诗经》中的诗句，而是论述"六经"各有所长，而《诗》的最显著特点则为表情达意。

三、《史记》引《诗》与三家注引《诗》
本身的研究价值

《史记》三家注中引《诗》很多，不仅说明了文史不分家，也在一定程度上体现了司马迁的诗学观点。三家注引《诗》说明在后世人们研究《史记》中，涉及相关问题时采取文献取证研究的方法，同时也说明《诗经》在当时传承接受的情况以及广泛影响。

1.《诗经》文本本身的经典作用和它的彰显力

其一，《诗经》内容丰富，用途广泛，既有修辞之美，又兼修身养德的功能，且具备韵律美和音乐美，其中的一些千古名句更是被人为广为传唱。征引《诗》句可以丰富史学著作的文彩，使著作更具有文学色彩。三家注征引《诗》，首先是为了释文，对《史记》中涉及《诗》的地方作进一步的阐释，明了期关系。其次，也是为了补充必要的材料，为《史记》研究提供某些历史依据。《史记》中的诸多观点都需要经学的内容做理论依据和材料支撑，这也在一定程度上彰显了《史记》三家注的史学价值和研究价值。除引用《诗经》之外，三家注中也引用了其他先秦文献材料，例如《夏本纪》中的"东至砥柱"，裴骃对"砥柱"的注解引了孔安国的话："砥柱，山名。河水分流，包山而过，山见水中，若柱然也。在西虢之界。"

其二，《诗经》中的"天人感应观"对司马迁《史记》的编写有着不可忽视的影响。《诗经》中的名篇例如《生民》《玄鸟》等，在歌颂了殷、周氏族始祖的丰功伟绩时，也记叙了他们各自的先人降生的传说，就是"应天而生"的传说。例如，"浚哲维商，长发其祥。洪水芒芒，禹敷下土方。外大国是疆，幅陨既长。有娀方将，帝立子生商。"再有"厥初生民，时维姜嫄。生民如何？克禋克祀，以弗无子。履帝武敏歆，攸介攸止，载震载夙，载生载育，时维后稷。"这都直接反映了天人感应说，"感生"说对司马迁的天人宇宙观也产生了十分重要的影响，并直接表现在他的作品中。例如：司马迁在《殷本纪》《周本纪》和《三代世表》中追述了殷、周氏族的起源，就直接采用了《诗经》中有关殷、周的记载，不仅记叙了殷周氏族早年的父系血统，又反映了圣人"应天而生"之说。司马迁当时为太史令，其职亦有浓厚的宗教色彩，而这正与他的观点相符合。另外当时汉武帝神圣武功，帝国繁荣，国家的意识形态领域开始向宗教神学回归，董仲舒力倡天人感应说，他又曾为司马迁之师，受其影响，理所当然。而早期的儒家经典《诗经》中包含的天人感应，君权神授思想，对司马迁世界观的形成有着十分重要的影响，这一思想在《史记》的撰写中无不体现，在《秦本纪》和《高祖本纪》中也与《诗经》中的思想相一致。

如对秦人始祖诞生的传说，亦与《诗经》追述周人先祖一样，司马迁道："秦之先，帝颛顼之苗裔，孙曰女修，女修织，玄鸟陨卵，女修吞之，生子大业……舜赐姓嬴氏。"秦人先祖大业的降生与《诗经》中讲上周祖先的降生同样的神异。关于嬴姓之源，《左传》中也是这样的写法。司马迁又模仿《诗经》中曾经提到过的感生传说，又神化了高祖刘邦，他的降生是其母与神龙相交而生。以此来说，汉之开国者就为龙子，这一思想是受到自《周易》以来龙文化的影响，《周易》第一卦《乾》之六爻，皆以龙为喻，从"潜龙""见龙""飞龙"到最后的"亢龙"，所以人们以第五爻为皇帝的位子，以"九五之尊"而言。因此，圣人的降生，均与神、龙有关，是上天所赐，是无父感应而生的，汉高祖刘邦降生的降生与契、后稷、大业的降生均为一理。

2. 《史记》三家注引《诗》，对《史记》和《诗经》有着双重贡献

一是，三家注各自代表着那一段历史时期《史记》研究的最高水平。南朝宋裴骃《史记集解》是在班固以后，杂采诸家之说汇集而成，故言"集解"。主要以东晋徐广的十三卷《史记音义》为基础，列其异同，兼述训解，散入百三十篇，还采集了《汉书音义》，正如裴骃所言："以徐为本，号曰《集解》。"[1] 它是《史记》研究的第一部著作。唐司马贞《史记索隐》，是在《史记集解》的基础上深化研究。裴骃之后，贞观年间刘伯庄撰《史记音义》二十卷，司马贞认为其书是"虽知独善，不知旁通。"[2] 司马贞为开元中官朝散大夫、弘文馆学士。司马贞之所以要撰注《史记》，如《四库提要》本所载司马贞："病褚少孙补司马迁书多伤踳驳。又裴骃《集解》旧有《音义》，年远散佚。诸家《音义》延笃音隐、邹诞生、柳顾言等书亦失传，而刘伯庄、许子儒等又多疏漏。乃因裴骃《集解》，撰为此书。"其目的在于"探求异闻，采摭典故，解其所未解，申其所未申者，释文演注，又重为述赞，凡三十卷，号曰《史记索隐》。"[3]《索隐》三十卷，在《史记》研究上最大的贡献，是保存了丰富的历史文献，同时在文献考证方面也取得丰硕成果，考证《史记》中的人名、史实、司马迁生平等等。唐张守节《史记正义》，也是《史记》研究的重要著作，它的贡献主要在对历史地名的考订。张守节在《史记正义序》中说："守节涉学三十余年，六籍九流地理苍雅锐心观采，评《史》《汉》，诠众训释而作正义，郡国城邑，委曲申明，古典幽微，窃探其美，索理允惬，次旧书之旨，兼音解注，引致旁通，凡成三十卷名曰《史记正义》。"[4] 张守节与司马贞是同时代人，均为唐玄宗时期的学者，但在其书中均未提及对方，但各有所长，均有贡献。

二是，三家注引《诗》多是与《史记》引《诗》相关联的。司马迁引

① 见《史记》三家注本后所附裴骃《史记集解序》。

② 见《史记》三家注本后所附司马贞《史记索隐序》。

③ 见司马贞：《史记索隐序》。

④ 见《史记正义序》。

《诗》或为历史材料，或为一种论据，体现了对先秦典籍史料的继承和发展。三家在注解《史记》的过程中，其引《诗》较多，其中有些著作也亡佚已久，幸亏有三家注的记载才得以保存。三家注继融历史为训诂的史籍注释传统，征引了许多具有文学价值的史料，如《孟子》《尚书》《汉书》等其中内容，亦体现了一定的文学性。三家注还引用了一些如徐广、应劭、郑玄、马融、孔安国等人的注释，这些旧注有的已佚，其文字与今本有异，但有些因被三家注征引而得以保存，为后人的研究提供了珍贵的史料参考。对照《十三经注疏》本的《毛诗正义》和顾颉刚校点的《史记》注本，三家注所引与《毛诗正义》本，文本基本相同，就是顾颉刚点校本有些缺字，如缺文后的"也"字等，但基本不差。

四、《诗经》在南北朝至唐的接受研究与三家注

两汉经学时代，立经学博士官，传授今文《诗》学的齐、鲁、韩得以繁荣。这应得益于董仲舒"罢黜百家，独尊儒术"的建议，客观上使得这一时期的儒学达到了史无前例的崇高地位。《诗》由此而始尊为"经"。而赵国毛公传授的《诗》，因文字版本不同，为战国文字书写，与时行的隶书本不同，是为《诗》古文学，一直在民间流传。西汉末，古文经学逐渐受到重视，东汉就盛誉于今文，直至汉末郑玄注《毛诗》而成《毛诗传笺》，之后今文《诗》学逐渐没落不传。如皮锡瑞所言："经学盛于汉，汉亡而经学衰。"[1]从汉朝末年开始，道家思想逐渐兴起，儒学的主导地位渐渐消失，儒家思想的地位也不断下降，经学也自此慢慢衰落。

魏晋玄学虽为主流，《诗经》等经学仍然是学问核心。王肃是郑玄之后三国时期的《诗》学大家，《魏志》本传说他"善贾、马之学而不好郑学"，其实王肃兼通今古文。王肃的诗学著作见之于《隋书·经籍志》的有《毛诗注》二十卷，《毛诗义驳》八卷，《毛诗奏事》一卷，《毛诗问难》一卷。这些书在宋代已佚，马国翰辑有《毛诗王氏注》四卷，这就是今人研究王肃之学的依据，这些多出自于《正义》。南北朝时期，经学发展为义疏之学，《毛诗》之学，于江左则主毛公，北朝则《毛传》《郑笺》兼用。在其治学风格上，如《隋书·儒林传》所说："南学约简，得其英华。北学深芜，穷其枝叶。"就其《诗经》研究来说，南北朝就无一本著作流传下来。南朝当时研究《诗》的人有：雷次宗、周续之、崔灵恩、何胤、伏曼容等。北朝治《诗》有名的学者：徐遵明、刘献之、刘芳、李铉、沈重等。[2]南北朝时期社会发生巨大的变化，思想意识主流由玄学而转入佛学，人们改变了对文学旧的认识，开始从文学的角度来研

---

① ［清］皮锡瑞：《经学历史》，中华书局1959年版，第141页。
② 洪湛侯：《诗经学史》，中华书局2002年版，第222-223页。

究《诗经》了。张启成在《〈诗经〉研究史论稿》中说:"据《世说新语·文学篇》载,谢公因亲属子弟聚集,就提问《毛诗》中哪些诗句最佳,谢玄回答说:'昔我往矣,杨柳依依;今我来思,雨雪霏霏。'"① 由此可见,东晋人已认同《诗经·小雅·采薇》里的这四句诗是《诗经》中的佳句。

魏晋时期,伴随着道家思想的抬升,儒家经学的崇高地位和权威性随之削弱,它的社会地位不断被贬低,其政治功能也被人们忘却。汉代以经学为基础立博士和任免官职,而此时经学的服务功能也被弱化。两汉《诗经》成为士人生活的一部分,被频繁地引用学习,而此时魏晋则不见其盛况了。熟通经学不再是魏晋人入仕的必要条件和途径,而代之以门阀制度。因此,经学的功利性被淡化,人们不再把经学与政治看做密不可分的一部分。论经可以作为兴趣爱好在闲暇时消遣取乐,也可以成为有才华的标志。这一时期的经学家如王肃、郭璞等人,继承和发展两汉经学,成果颇丰,且形成了自己的特色。由此《诗经》在文学方面的价值也得到了关注,这一时期研究《诗经》著作很多,如王肃所著《毛诗义驳》《毛诗奏事》等,王基的《难孙氏毛诗评》,陈统的《毛诗履》,沈重的《毛诗沈氏义》等等,数目之多足以超过两汉。唐代著名经学家陆德明在其所著的《释文序录》中,总括了两汉以及魏晋时期的经学研究成果。书中写到流传于后世的《诗经》著作中,除马融的《诗注》和郑玄的《诗笺》是汉人所为外,其余皆魏晋人所作,足见魏晋时期经学家们的巨大贡献。但令人惋惜的是,这些作品并没有完整地保留下来,大多数都在流传中消失殆尽,只有少数保留了下来,但从那些少量保存下来的书目中,我们仍然可以看见,即使是在玄学兴盛的时期,人们对《诗经》的研究也并没有止步不前。

隋唐代国家统一,政治稳定,经济繁荣,还有统治者开明的政策,这些都成为了文化根植的丰富沃土。与汉代统治者不同,唐太宗好文而朝廷内也有很多文人雅士,所以唐王朝一开始就十分重视"文治"。魏徵常用《诗》启发唐太宗,教他如何做一代明君,更好地治国安民。据《贞观政要》卷一君道所载:"贞观二年,太宗问魏徵曰:'何谓为明君暗君?'徵曰:'君之所以明者,兼听也;其所以暗者,偏信也。《诗》云:'先人有言,询于刍荛。'昔唐、虞之理,辟四门,明四目,达四聪。是以圣无不照,故共、鲧之徒,不能塞也;靖言庸回,不能惑也。秦二世则隐藏其身,捐隔疏贱而偏信赵高,及天下溃叛,不得闻也。梁武帝偏信朱异,而侯景举兵向阙,竟不得知也。隋炀帝偏信虞世基,而诸贼攻城剽邑,亦不得知也。是故人君兼听纳下,则贵臣不得壅蔽,而下情必得上通也。太宗甚善其言。"② 卷三纳谏,贞观三年,李大亮为凉州都督,发现了一只名鹰,李大亮密献太宗,太宗下书,赞其忠诚:"有臣

① 张启成:《诗经》研究史论稿,贵州人民出版社 2003 年版,第 230 页。
② 〔唐〕吴兢:《贞观政要》,其书十卷,分论君道、政体、任贤、求谏、纳谏、直谏、君臣鉴诚、择官、封建、仁义、公平、文史、礼乐、务农、安边、畋猎、灾祥、慎终等四十个方面的问题,其书引《诗》之处很多。

若此，朕复何忧！宜守此诚，终始若一。《诗》云：'靖恭尔位，好是正直。神之听之，介尔景福。'古人称一言之重，侔于千金，卿之所言，深足贵矣。"连太宗皇帝也能谙熟经典，恰切地引用《诗经》。卷三择官："贞观元年，太宗谓房玄龄等曰：'致治之本，惟在於审。量才授职，务省官员。……《诗》曰：'谋夫孔多，是用不就。'又孔子曰：'官事不摄，焉得俭?'且'千羊之皮，不如一狐之腋。'此皆载在经典，不能具道。"卷六杜谗邪引言《诗》云："恺悌君子，无信谗言。谗人罔极，交乱四国。"卷六贪鄙，太宗又引《诗》，"《诗》云：'大风有隧，贪人败类。'固非谬言也。"卷七"太宗初即位，谓侍臣曰：准《礼》，名，终将讳之，前古帝王，亦不生讳其名，故周文王名昌，《周诗》云：'克昌厥后。'……况《诗》云：'哀哀父母，生我劬劳。'奈何以劬劳之辰，遂为宴乐之事!"作为帝王，明《诗》如此，一方面说明李世民的学行修养不凡，非平常人所能比肩；一方面也说明作为儒家经典的《诗经》的继承与传扬的普及。亦可见出《诗经》对巩固统治有着重要作用，统治者亦认同《诗经》的社会价值和教化作用。

唐代儒学的正统地位进一步得到巩固，在唐太宗时期，孔颖达等人奉敕编纂《五经正义》，以正经学之源，使以前南北经学的歧义归于一途。至唐高宗时期，官方钦定的《五经正义》版本发行，这一举措使得儒学的正统地位再一次达到了高峰，此时儒学蓬勃发展，《诗经》作为其中重要的一部分，其地位毫无疑问也得到了巩固和提高。《毛诗正义》是这一历史时期《诗经》研究的压卷之作，是《诗》学研究的集大成者，它汇集了汉魏以来学者们对《诗经》研究的各种成果，保存了诗学研究的各个流派的学说，疏解部分也对于一些问题提出了独到的见解，如对"孔子删诗说"的怀疑等。其内容取材广泛，影响深远，体现了唐代《诗经》研究的最高成就，也是《诗经》研究史上的一个里程碑式的著作。开元时期司马贞和张守节注《史记》，《五经正义》无不受其影响。

除此之外，初唐研究《诗经》的本子还有著名经学家陆德明所著的《经典释文》。陈子昂在其《与东方史虬修竹篇序》中，"高举'风雅比兴'的现实主义旗帜，要求端正诗歌正确的发展方向"①，这对后世有很重要的影响。还有后来元稹和白居易领导的新乐府运动，提出了"文章合为时而著，诗歌合为事而作"的著名理论。由于唐代学校制度的完善发展和科举制度的繁荣兴盛，一些赋家也开始接受了《诗经》，他们不仅倡导《诗经》精神，而且也将其风格和精神运用到文学创作中。此时唐赋家们对其引《诗》的形式则非常多样化，有直接引用《诗经》篇名、语句作为赋名，也有引用《诗经》中篇名、语句作为赋中的语句。如唐代陈仲师所做的《鹊始巢赋》其名就来源于《诗经·召南·鹊巢》篇。《诗经》经过了在先秦和两汉的迅速发展，虽然其在魏晋南北

---

① 张启成：《〈诗经〉研究史论稿》，贵州人民出版社 2003 年版，第 8 页。

朝时期地位有所动摇，但却并没有停止发展，南北朝时期仍有经学家对《诗经》进行接受和研究。因为唐代南北统一，经济、政治、文化的空前发展，为《诗经》研究的发展打下了基础。此时期《诗经》的被接受程度进一步增强，统治者不仅可以用《诗经》来教化民众，而且用《诗经》来反思自身行为。唐代文学家也将《诗经》和自身文学创作相结合。《史记》三家注，有两家就出现于唐的开元时期，虽然他们释解的角度不同，其中都不同程度地吸收了汉唐《诗经》的研究成果。

总之，三家注是研究《史记》不同历史阶段的重要成果，其中征引了大量的文献，它和《诗经》的联系十分紧密。虽然《诗经》和《三家注》所隔年代久远，但庆幸的是它们都能得以传承至今。《诗经》对司马迁撰写《史记》产生着直接而重要的影响，也能看出司马迁的《诗》学观以及天人感应观。后继者为《史记》做注时，仍然征引了很大比例的《诗经》内容，不仅在无形中保存了那个时代的《诗经》文本，也为后人研究《史记》与《诗经》开辟了一条新的路子。

《史记》注臆解三札

＊本文作者孙利政。南京大学文学院古典文献 2018 级博士研究生。

一、李陵以天汉二年败也

《孝武本纪》：

> 其后五年，复至泰山修封，集解徐广曰："天汉三年。李陵以天汉二年败也。"还过祭常山。

司马迁为汉武帝所作传记名为《今上本纪》，但早已亡佚，今本《史记》里的《孝武本纪》除了开头一部分外，几乎是照抄《封禅书》而成。《封禅书》：

> 其后五年，复至泰山修封，集解徐广曰："天汉三年。"还过祭恒山。

《孝武本纪》和《封禅书》主要记载了汉武帝即位后四十多年间祭祀天地山川鬼神的活动。徐广注"天汉三年"是汉武帝"其后五年，复至泰山修封"的时间，但《孝武本纪》"李陵以天汉二年败也"九字未详所注，通篇也没有与此对应的正文，疑为他篇错简。

笔者认为：此九字本在《太史公自序》"七年"徐广注末，即：

> 于是论次其文。七年集解徐广曰："天汉三年。[李陵以天汉二年败也。]"正义案：从太初元年至天汉三年，乃七年也。而太史公遭李陵之祸，幽于缧绁。

司马迁开始纂修《史记》（即"论次其文"）是在太初元年（前104），天汉三年（前98），因在汉武帝面前为李陵败降匈奴辩解、求情而惹怒武帝，入狱受刑（即"遭李陵之祸，幽于缧绁"），二者相距正好七年。

笔者认为，徐广在注释"七年而太史公遭李陵之祸"的时间是"天汉三年"后，又以"李陵以天汉二年败也"补充说明李陵败降匈奴的时间在天汉二年（前99），前后相属，若合符契。后人盖因"天汉三年"而误移"李陵以天汉二年败也"于《孝武本纪》注下，遂与正文不相应，《封禅书》注无此九字，甚是！

二、史有泄私

《张耳陈馀列传》"中大夫泄公曰"《正义》：

> 泄，姓也。史有泄私。

泷川资言《史记会注考证》："《史记幻云钞》引《正义》作'泄，姓也。秦时卫有泄姬'。"① 施之勉《史记会注考证校补》："《通鉴》胡注引《正义》作'泄音薛。泄，姓也。秦时［卫］有泄姬'。"②

据泷川资言、施之勉所引《史记幻云钞》及《通鉴》胡注，此条《正义》异文差异较大，即今传诸本"史有泄私"四字或作"秦时卫有泄姬"六字。

《资治通鉴·汉纪四》"中大夫泄公曰"胡三省注："班《表》：郎中令之属有太中大夫、中大夫，皆掌论议。泄，音薛。泄，姓也；秦时卫有泄姬。"③ 胡注"泄，音薛"云云未言引自《正义》，且胡注"泄，姓也。秦时卫有泄姬"与幻云钞本引《正义》完全相合，王叔岷《史记斠证》已生疑窦，云："'泄音薛'三字，乃本《汉书》师古注。然而幻云钞所引，或伪托《通鉴》胡注为《正义》与？惟胡注亦往往暗用《正义》之文，此未敢遽断也。"④

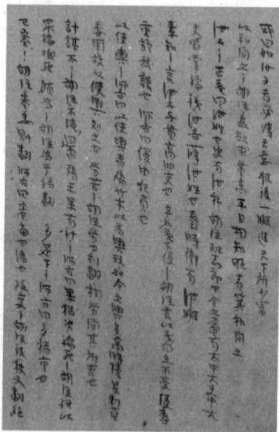

（日本米泽文库藏《史记幻云钞》）

今查《史记幻云钞》引《正义》与今诸本同，又全引《通鉴》胡注。泷川资言节引并曲解了《史记幻云钞》，造成了《正义》的"版本异文"。

那么，施之勉谓胡注"秦时卫有泄姬"引自《正义》是否有依据？笔者认

① 泷川资言：《史记会注考证》，杨海峥整理，上海古籍出版社 2016 年版，第 3360 页。
② 施之勉：《史记会注考证订补》，华冈出版有限公司 1976 年版，第 1374 页。
③ 司马光撰、胡三省注：《资治通鉴》，卷 12，中华书局 1956 年版，第 384 页。
④ 王叔岷：《史记斠证》，中华书局 2007 年版，第 2669 页。

为，施之勉是误信了泷川资言所引的《正义》异文，而他显然发现幻云钞《正义》异文与胡注完全契合，从而推断胡注即本《正义》。换言之，施之勉所谓的胡注引《正义》异文其实是由幻云钞逆推而来。而现今我们见到了幻云钞原文，就知道该《正义》并无版本异文。

但是，正如王叔岷所疑，胡注"秦时卫有泄姬"是否暗引《正义》？如果是，那么施说恰巧歪打正着。

笔者认为，胡三省确实注意到了《正义》，但是只用了"泄，姓也"三字，"秦时卫有泄姬"是其自注。至于为何舍弃《正义》"史有泄私"四字不用而自注，笔者认为胡三省察觉到《正义》"史有泄私"可能有误。"泄私"之名，遍检典籍，均无记载。胡三省虽博学多识，也不知"泄私"其人，因而他只好另寻一个泄姓之人替代，于是改注成"秦时卫有泄姬"，注解比《正义》更加细致。

因为"泄私"其人不知所出，后人便有对《正义》进行篡改的。比如王幼学《资治通鉴纲目集览》卷三"泄公"引《正义》"史有泄私"，元刻本、明内府刻本、明弘治十一年（1498）书林慎独斋刻本同，但是文渊阁和文津阁《四库全书》本《资治通鉴纲目》卷三上"春正月赵王敖废，徙代王如意为赵王"《集览》引《正义》却作"史有泄庸"。"泄庸"是吴王勾践时的重要大臣，又作"洩庸"①，《左传》《吴越春秋》等多载其事。《四库》本《集览》"泄私"作"泄庸"，是后人疑"泄私"有误而径改作"泄庸"，不能视为版本异文。

笔者认为，"私"并非"庸"的讹字，而是"钧"的讹字。我的依据是《赵世家》"泄钧为之谓文信侯"《正义》："（泄钧）人姓名也。"彼传《正义》举泄姓之人时即举《赵世家》之"泄钧"，只是辗转传抄，"钧"残泐成"私"，遂衍生出"泄私"之人，遗惑后学。

三、如韩嫣也

《佞幸列传》：

"孝景帝时，中无宠臣，然独郎中令周文仁，仁宠最过庸，乃不甚笃。索隐宠最过庸。案：庸，常也。言仁最被恩宠，过于常人，乃不甚笃，如韩嫣也。"②

---

① 改"泄"作"洩"，可能是唐时因避李世民讳改。

② 司马迁：《史记》，卷125，第3880页。（笔者按：检同治间金陵书局本《史记集解索隐正义》合刻本此条《索隐》实在"仁宠最过庸"下，明崇祯毛晋汲古阁《史记索隐》本、中华书局1959年点校本《史记》同；南宋淳熙三年张杅刊八年耿秉重修《史记集解索隐》本、南宋庆元建安黄善夫《史记》三家注合刻本、元至元二十五年彭寅翁《史记》三家注合刻本、明万历年间李光缙增补凌稚隆《史记评林》、清乾隆四年武英殿《史记》三家注合刻本均在"乃不甚笃"下。盖因《索隐》虽摘"宠最过庸"四字为注，而"乃不甚笃"显涉下文，故修订本《史记》据别本径移至"乃不甚笃"下。）

《索隐》"庸，常也。言仁最被恩宠，过于常人"云云释"宠最过庸"四字，"乃不甚笃"未释，而末"如韩嫣也"四字，似与正文无涉。李笠《史记订补》云标点当作"宠最过，庸，乃不甚笃"，谓"仁宠最过，然亦平庸，乃不甚笃，所以见景帝无宠臣，如邓通、韩嫣辈也。"①李笠似将"如韩嫣也"四字作为《索隐》申发"宠最过庸乃不甚笃"之语，而又增"邓通"为释，聊备一说。

笔者认为，"如韩嫣也"四字是本篇错简，原在下文"请得归国入宿卫，比韩嫣"《索隐》末，即：

> 既过，江都王怒，为皇太后泣曰："请得归国入宿卫，比韩嫣。索隐谓还爵封于天子，而请入宿卫。[如韩嫣也。]"太后由此嗛嫣。②

《索隐》以"谓还爵封于天子，而请入宿卫"释正文"请得归国入宿卫"，而以"如韩嫣也"释正文"比韩嫣"三字，前后相属，若合符契。后人盖误移"如韩嫣也"于上文《索隐》末，致正文"比韩嫣"三字无释，故明崇祯毛晋汲古阁《史记索隐》本、同治间金陵书局本《史记集解索隐正义》合刻本将《索隐》移至"请得归国入宿卫"下，使正文与注文完全相合，实非。

由于《史记》三家注原本各自单行，摘字为注，与今传的《史记集解》、《史记》二家注本、三家注本包括汲古阁单《索隐》本都有一定的差异，其原貌如何已难得碻证，本文也仅对三处注文提出一种臆解。

---

① 李笠：《史记订补》，卷 8，《史记订补文献汇编》影印民国十三年刻本，北京图书馆出版社 2004 年版，第 324 页。

② 司马迁：《史记》，卷 125，第 3881 页。（笔者按：同治间金陵书局本《史记集解索隐正义》合刻本此条《索隐》实在"请得归国入宿卫"下，明崇祯毛晋汲古阁《史记索隐》本、中华书局 1959 年点校本《史记》及修订本《史记》同；南宋淳熙三年张杅刊八年耿秉重修《史记集解索隐》本、南宋庆元建安黄善夫《史记》三家注合刻本、元至元二十五年彭寅翁《史记》三家注合刻本、明万历间李光缙增补凌稚隆《史记评林》、清乾隆四年武英殿《史记》三家注合刻本均在"比韩嫣"下。为论述方便，今据别本暂移至"比韩嫣"下。）

谈谈《史记》人名中"辟"的读音[①]

＊本文作者王麦巧。渭南师范学院人文学院教授。

人名是一种标识，人名用字应尽量简洁明了，避免使用多音字。《史记》人名中有不少多音字，给人们的称呼带来很多不便，让人感到无所适从，"辟"就是其中之一。《汉语大字典》列出了辟字的三种读音：一是 bì，"《广韵》必益切，入昔帮。又房益切。锡部。"二是 pì，"《广韵》芳辟切，入昔滂。锡部。"三是 mǐ，"《集韵》母婢切，上纸明。"辟不只读音多，还是一个典型的多义字。在《汉语大字典》中，辟有 47 个义项，其意义有三类：本义、引申义、假借义。除了本义和引申义之外，"辟"的大部分义项都是假借义。或借为僻，或借为避，或借为壁，或借为璧，或借为睥，或借为譬，或借为襞。多音多义的存在加重了人们理解的难度。据笔者统计，《史记》人名中带"辟"字的有 14 位，所谓人名中带"辟"字分为三种情况：或是名中带"辟"字，如河间文王刘辟强、樊侯蔡辟方、游侠韩无辟、河间王刘辟强、济南王刘辟光、齐宣王田辟强、宋辟兵、王辟方、张辟强、朱辟强；或是号中带"辟"字，如辟侯刘朋、辟节侯刘壮、辟阳侯审食其及审平。或是字中带"辟"字，如周孝王姬非，字辟方。这些人名中的"辟"到底读什么音，作何理解呢？

一

汉语里有很多多音字，多音字一旦进入具体的语境里，根据意义即可断定其读音，一般不会影响正常的交际行为。人名中的多音字可以根据名从主人的原则来确定，但是《史记》人物都已作古，古人口语已无从得知，因此，要解决这样的问题，就必须从姓名的构成入手。古代人的姓名一般由四大部分构成：姓、名、字、号。名与字、号在内容上是有所关联的，或互为表里，或同义互训，或反义相对，诸多关联有助于判断人名中多音字的读音。

名与字互为表里。人名用字往往有特定的寓意，其寓意通过表字而彰显，故《白虎通德论》曰："闻名即知其字，闻字即知其名"。即使时代久远，循着字与名的关联性，也可推知人名的读音。河间王刘辟强，字少卿。西汉诸侯

---

① 本文为渭南师范学院教育科学研究课题，项目编号为 2017JYKX014。

王，汉高祖中子赵幽王刘友之子。辟强，按现在的读音，有人读为 bìqiáng，有人读为 pìqiáng，还有人读为 pìjiāng。颜师古曰："辟彊，言辟御彊梁者，亦犹辟兵辟非耳。辟音必亦反。彊音其良反。一说辟读曰闢，彊读曰疆。闢疆，言开土地也。贾谊《书》曰：'卫侯朝于周，周行人问其名，卫侯曰辟彊。行人还之曰："启彊、辟彊，天子之号也，诸侯弗得用。"更其名曰燬。'则其义两说并通。他皆类此。"按颜师古的看法，辟强既可以读 bìqiáng，也可以读 pìjiāng，哪个更合理呢？首先，刘辟强所出生的特定环境决定了辟强应该读为 bìqiáng。辟强之父刘友，汉高祖十一年，受封淮阳王。汉惠帝元年，改封为赵王。吕后七年（前 181 年），"太后召赵王友。友以诸吕女为后，弗爱，爱他姬，诸吕女妒，怒去，谗之于太后，诬以罪过，曰：'吕氏安得王！太后百岁后，吾必击之'。太后怒，以故召赵王。"吕后八年，刘友被吕后幽禁饿死。生活在吕后的高压专制下，其战战兢兢、小心谨慎之态可想而知，哪敢取名"辟彊"触犯禁忌？只要儿子能够"辟御彊梁"，就已经满足了。第二，《史记·汉兴以来诸侯年表》孝文前元二年"……辟强，赵幽王子"条下，司马贞《索隐》注曰："辟音璧。"龙膺曰："辟强，人名。一为张子房子，名辟强；一为顾氏名辟强，有名园。即古人镇恶、弃疾、去病意也。多有读'强'为'疆'者，误。"[1] 进一步证明辟强读音为 bìqiáng。第三，刘辟强，字少卿，少训小，惟其小，才期望其"辟御彊梁"。综上所述，辟强音 bìqiáng。

《史记》名为辟强的人很多，如齐宣王田辟强、张良之子张辟强、都昌侯朱辟强。与河间王刘辟强不同，齐宣王田辟强是齐威王之子，齐威王在位期间文治武功，称雄天下。要想使齐国长期称霸，就得不断开疆辟土，于是就寄希望于辟强（pìjiāng）。事实也证明了田辟强不虚此名。在他执政期间，齐国得到快速发展，文化繁荣。张辟强是张良之子，张良贵黄老之术，淡泊名利，又兼其深悟"狡兔死，走狗烹；飞鸟尽，良弓藏；敌国破，谋臣亡"的哲理，害怕韩信等人的命运落到自己身上，因此，摒弃人间万事，专心修道养精。关于辟强之名当以"辟御彊梁"之义为当。朱辟强为西汉都昌庄侯朱轸玄孙，西汉都昌恭侯朱偃之子。大约出生于文帝时，政治开明，律法宽松，取名辟疆已没有什么顾忌，因此，辟强既可以取开疆辟土之意，读为 pìjiāng，也可取"辟御彊梁"之意，读为 bìqiáng。但是，一个人的姓名不可能两读。按照当时的风俗，小儿起名"辟强"者，有"辟御彊梁，亦犹辟兵辟非耳"之意。如楚元王交，为其长子制名"辟非"，颜师古注曰"辟非者，犹辟邪辟兵之类也。……辟音璧。"其孙亦名"刘辟彊"，由"辟非"之义可知"辟彊"当类此。再者，对父母来说，小儿身体平安吉祥是首要的，至于开疆辟土之类则是其次，辟强读为 bìqiáng 更符合父母的美好期望。鉴于此，朱辟强还是读 bìqiáng 为宜。

名与字的关系也可以是反义相对，这是希望人不要过与不及，取其制衡之

---

① ［明］龙膺撰、梁颂成、刘梦初校点：《龙膺集》，岳麓书社 2011 年版，第 299 页。

意。例如周孝王姬辟方，本名姬非，字为辟方。非即违背，不合。《说文》曰："违也。从飞下翅，取其相背。"辟方，意为悖理。《史记·秦始皇本纪》："〔六王〕阴通闲使，以事合从，行为辟方。"辟，同僻；方，通放。辟方即僻放，形容行为怪僻放纵。表面来看，名与字意义相同，其实不然。辟方作"行为怪僻放纵"理解，这跟人们取名的心理相悖。孩子的名字，往往寄托着父母的美好愿望，因此取名时多选具有吉祥、美善之意的字词。姬辟方是周穆王姬满之子，父母不可能不知道这个道理。那么，辟方另有他意？章太炎《春秋左传读·僖公二十五年》云："卫侯本名辟疆，疆即疆。《管子》卫公子开方，盖与辟疆为兄弟。辟、开同义，疆土、方域亦同。"① 辟训开，方训方域、疆土，辟方意即辟疆，取开疆辟土之意，这种理解符合周孝王作为一国之君的身份，而且与其名"非"意义相对，相互制衡。辟方当读 pì fāng。以辟方为名的人还有蔡辟方、王辟方，蔡辟方是樊侯蔡兼的曾孙，汉武帝元鼎四年袭祖先爵位。王辟方为西汉安国武侯王陵曾孙，安国终侯王游之子，西汉武帝建元元年封为安国侯。二人皆出身王侯世家，家人同样期望儿子长大后有所作为，取名辟方，正是辟疆之意。

古人除姓名外，还有号，号有两种情况，一种是别称。所谓别称，就是在本名之外另取一名，也称别号，这种名外之名是本名的延伸，也是人们对社会上著名人士含有敬意的称呼，如《周礼·春官·大祝》中所言："号为尊其名，更为美称焉。"西周政治家姬旦被称为周公，李耳被称为老子，教育家孔丘被称为孔子，范蠡先后自称"鸱夷子皮""陶朱公"，百里奚是秦穆公用五张羊皮从楚国赎回来的，号曰"五羖大夫"，吕不韦为相国，秦王政称他为"仲父"。另一种号指封号，是古时帝王封授的爵号或称号。如朱辟强被封为都昌侯，又称都昌侯；刘辟强被封为河间王，因此，又名河间王。赵佗被封为南越王……一般来说，号与本名并无关联，如辟阳侯是审食其（shěn yìjī）与其子审平的封号。高祖六年（前 201 年），审食其以功封辟阳侯。审食其死后，其子审平袭封辟阳侯。辟阳即辟阳县，汉代时设置，属信都国，东汉废，在今河北省冀县东南。《汉书·地理志》："信都国有辟阳县。"颜师古注："辟音壁。"辟阳侯当读 bìyánghóu。

有些别称与本名却有着千丝万缕的联系。如刘壮又名辟土侯，辟土侯是他的封号。壮，大也。辟土即开疆辟土之意，名与别名互相印证。不用说，辟音pì。刘壮死后，其子刘朋袭封辟土侯，又称辟（pì）侯。宋辟公，即宋桓公，战国时宋国君，又名辟兵。辟公之辟，当读何音？《史记·宋世家》"休公田二十三年卒，子辟公辟兵立"。"辟公辟兵"《纪年》作"桓侯璧兵"。古代，辟通璧，故《释名》曰："璧，辟也，所以辟御风寒也。"因此，辟当读璧（bì）。从辟公名字的来源也可推知辟的读音。《索隐》曰："《庄子》云：'桓侯行，未

---

① ［唐］颜师古著、刘晓东平议：《匡谬正俗平议》，山东大学出版社 1999 年版，第 147 页。

出城门，其前驱呼辟，蒙人止之，后为狂也'。司马彪曰'呼辟，使人避道。蒙人以桓侯名辟，而前驱呼"辟"，故为狂也。"辟、避音同字通，应读为避（bì）。辟公的别名辟兵也可以帮助我们推知辟的读音。陈直云："辟兵即避兵之义。《急就篇》云'高辟兵'。歙县黄氏庄有'辟兵龙蛇'玉印，西安汉城所出'除凶去央，辟兵莫当'压胜泉皆是也。"① 春秋时期，群雄争霸，战争频繁，你方唱罢我登场。争霸战争加剧了各国的阶级矛盾和新旧势力之间斗争的发展，因此，曾出现过几次所谓结束大国争霸的"饵兵"（止息战争）。弭兵共有两次，分别在周简王七年（前 579 年）和周灵王二十六年（前 546 年），宋国执政华元、向戌两次召集晋、楚两国在宋会盟，平分霸权。当时的饵兵其实是不可能的，只不过是势均力敌的争霸双方施展的一个缓兵之计。弭兵与辟兵意义相近，辟也可读为弭，如《礼记·郊特性》："祭有祈焉，有报焉，有由辟焉。"郑玄注："辟读为弭，谓弭灾兵远罪疾也。""辟兵"一词正反映了这一时期的历史特点和思想意识。饱受战争创伤的人们盼望着避免战祸，停止战争，就寄希望于名字、乐舞、辟兵符等，因此，辟兵即避兵，是避灾兵远罪疾之义。不论辟同璧，还是辟为避道之避，或是为避兵之避，辟都读为 bì。

二

《史记》中有些人只有姓名，而字不见经传，可借助其他资料来推断其姓名读音。有些《史记》人物，没有史料可推断其姓名读音，可取美善词义之音。名字寄托着父母的期望，或吉祥安康，或美丽善良，或鹏程万里，或报效国家……因此，姓名用字多取美善之意。刘辟光，西汉诸侯王，齐悼惠王刘肥之子。辟，师古注曰"辟音璧，又音闢，其义两通。"② 辟音璧者，取辟除义。音闢者，取闢开义，辟光即辟开光明之义。二者相较，后者寄寓了美好的期望，更为合理。辟当读为 pì，不可用璧音。

韩无辟，西汉时游侠。《礼记·曾子问》中有关于无辟的记载："三年之丧卒哭，金革之事无辟也者，礼与？"《礼记·丧大记》曰："既卒哭，弁绖带，金革之事无辟也。"③ 无辟，不逃避，辟音避。人遭父母之丧，又遇金革战伐之事，君有遣，不敢辟。君有遣，不逃避正是游侠精神的写照。游侠一般具有强势的武力和勇气，他们看重朋友，以义气为道德，路见不平拔刀相助。作为游侠的韩无辟以无辟（音 bì）为名，是他最好的身份名片。

① 陈直：《史记新证》，天津人民出版社 1979 年版，第 90 页。
② ［宋］王观国，［宋］罗璧：《学林识遗》，岳麓书社 2010 年版，第 259 页。
③ 钱玄、钱兴奇：《三礼辞典》，江苏古籍出版社 1998 年版，第 520 页。

结语

　　人名是一种符号，符号是人们约定俗成用来表示某种意义的记号。"名无固宜，约之以命，约定俗成谓之宜，异于约则谓之不宜。名无固实，约定俗成谓之实名。"这是荀子对"名""实"关系的精辟论断。"约定俗成"揭示了"名""实"关系的本质，该论断告诉我们，人名的读音与它所指称的对象之间并没有必然的关系，二者经过"约定"，再加以"俗成"，其关系就得到了认可。其次，姓名读音一旦确立下来，个人一般不能随意改变它。通过以上讨论，我们知道刘辟强、张辟强之辟强音 bìqiáng，姬辟强之辟强音 pìjiāng，但不明就里的人却把它们读成一个音，长此以往，积非为是。既然姓名读音与它所指称的对象并无必然的联系，那就不妨将错就错，并非一定要引经据典，去确定哪一个正确，哪一个错误。

《史记正义》之"光静"献疑①

* 本文作者芮文浩。安庆师范大学文学院副教授。

《史记·司马相如列传》"椒桂木兰"《正义》:"今诸寺有桂树,叶若枇杷而小,光静,冬夏常青,其皮不中食,盖二色桂树。"

按:清末张文虎在金陵书局校刊《史记》时,认为《史记正义》此处之"静"疑作"淨",②日本学者泷川资言《史记会注考证》本《正义》则径作"淨"。③本例中"光静"之"静"与"淨",哪个更为合理呢?

就桂叶而言,桂树品种甚多,仅就李时珍《本草纲目》而言,其中"木部"即载有桂树数种:"牡桂,叶长如枇杷叶,坚硬有毛及锯齿,其花白色,其皮多脂。菌桂,叶如柿叶,而尖狭光净,有三纵文而无锯齿,其花有黄有白,其皮薄而卷","皮赤者为丹桂,叶似柿叶者为菌桂,叶似枇杷叶者为牡桂",④而"岩桂"之叶不似柿叶,"亦有锯齿如枇杷叶而粗涩者,有无锯齿如栀子叶而光洁者"。⑤由此可知,桂叶表面或有茸毛,或无茸毛而光净者。

从字形与字义来看,今通行"洁净"之"净"于古籍多作"淨",《墨子·节葬下》:"若苟贫,是粢盛酒醴不净洁也。"⑥《国语·周语中》"净其巾幂",韦昭注:"淨,洁也。"⑦而"静"与"淨"则形、义均有别。《说文·水部》:"淨,鲁北城门池也。"段玉裁注谓因鲁国城门名曰争门,故其其池称淨,认为"淨"字后来俗用为"瀞"字,"释为无垢秽"。⑧"瀞"见于《说文·水部》:"瀞,无垢秽也。"段玉裁引《韵会》所收《楚辞》"收潦而水清"古注作"瀞",认为"瀞"是"今之淨字也,古瀞今淨,是之谓古今字,古籍少见"。⑨而"静"则见于《说文·青部》:"静,审也。"段玉裁注:"采色详审得宜谓之

---

①　本文为安徽省社科规划项目AHSKYG2017D157相关成果。

②　[清]张文虎:《校刊史记集解索隐正义札记》,北京:中华书局1997年版,第679页。

③　[汉]司马迁著、[日]泷川资言会注考证:《史记会注考证》,北岳文艺出版社1999年版,第4716页。

④　[明]李时珍著,刘衡如、刘山永校注:《本草纲目》,华夏出版社2002年版,第1294页。

⑤　同上,第1298页。

⑥　吴毓江撰,孙启治校点:《墨子校注》,中华书局1993年版,第266页。

⑦　上海师范大学古籍整理组:《国语》,上海古籍出版社1978年校点本,第64页。

⑧　[清]段玉裁:《说文解字注》,上海古籍出版社1981年版,第536页。

⑨　同上,第560页。

静”，正如画缋之事，“分布五色，疏密有章，则虽绚烂之极，而无渶涩不鲜”。①

　　由上所述并结合日常所见的桂树可知，桂叶罕有五彩绚烂者，因而“详审得宜”之“光静”便无从谈起，所谓“光净”者，实为桂叶表面无茸毛而呈现出的光滑洁净之态。上例中《史记正义》之“静”疑系“瀞”《史记》古本在传写时笔误，或系《史记》后来流传过程中字迹漫漶致误，故“静”当作“淨”，即今通行之“净”。

---

① ［清］段玉裁：《说文解字注》，上海古籍出版社 1981 年版，第 215 页。

《史记论赞》考论[①]

＊本文作者李月辰。陕西师范大学文学院博士。

　　《史记论赞》为晚明学者沈国元所辑《二十一史论赞》的一部分。《二十一史论赞》三十六卷，是沈国元分别辑集《史记》《汉书》《后汉书》《三国志》《晋书》《宋书》《南齐书》《梁书》《陈书》《魏书》《北齐书》《北周书》《隋书》《南史》《北史》《新唐书》《新五代史》《宋史》《辽史》《金史》《元史》等二十一部正史中纪、表、志、传末的史家所撰论赞，又辑录前人或同时人针对这些论赞所撰评语，以及沈氏本人的评语和旁批而所成之书。书前有《二十一史总目》，极为简略，是他对二十一部正史的介绍。而在每部史书之前则有一篇小序，如《史记小引》《汉书小引》《后汉书小序》等等，小序后又有依据各部史书中纪、表、志、传原次序编排的目录。可知原本是分别编撰，独自成书，至刻印时，则经整合集中而成为合刻本，并总其名曰《二十一史论赞》，但各书仍具有相对的独立性。

一、沈国元生平

　　沈国元，字飞仲，后改名常，字存仲，生卒年不详。其书前有三篇序言，其中两篇后分别落款"崇祯丙子之夏豫章涂必泓题于茂苑之署"[②]"崇祯十年小春谷旦古吴沈国元飞仲漫书于翠涛阁"[③]，由此可知，沈氏生活的时代应该在崇祯一朝及其前后数年。关于沈氏的籍贯，有两种说法。一说其为吴县人，如《续文献通考》："国元字飞仲，吴县人。"[④] 又如《四库全书总目》中《二十一史论赞》解题："明沈国元编。国元字飞仲，吴县人。"[⑤] 另外，同治年间所修的《苏州府志》卷一三六《艺文一》"吴县"条下列有"沈国元《归湖馀

---

　　① 本文为国家社会科学基金重大项目"中外《史记》文学研究资料整理与研究"（13&ZD111）阶段性成果。

　　② ［明］凌迪知、沈国元辑，李云飞、李月辰整理：《太史华句·史记论赞》，陕西师范大学出版社2015年版，第238页。
　　③ 同上，第240页。
　　④ ［清］嵇璜：《续文献通考》，浙江古籍出版社2000年版，第4179页。
　　⑤ ［清］永瑢等：《四库全书总目》，中华书局1965年版，第901页。

草》"① 一条；一说为秀水人，如《存砚楼二集》："此出明小品，秀水沈国元亦尝书于《崇信录》，可备馆中故事，当入词林记。"又如《明史例案》卷八《朱竹垞书〈两朝从信录后〉》："其籍无完书，论世者颇以《两朝从信录》是征，斯编为秀水诸生沈国元所纂。"② 明代吴县隶属苏州府，秀水隶属嘉兴府，并非一处，即两种说法必有一种为误。《二十一史总叙》落款中有"古吴沈国元飞仲题"③ 字样，春秋时期吴国都城曾一度为"吴"，即明时的苏州府，因此"古吴"二字很可能是苏州及附近区域，沈国元为吴县人的可能性似乎更大。

据《明史例案》记载，沈氏为"秀水诸生"。据崇祯年间《嘉兴县志》记载，沈氏为"府经历"。鲁迅《且介亭杂文附集·立此存照六》中说："崇祯八年（1635 年）新正，张献忠之一股陷安徽之巢县，秀水人沈国元在彼地，被斫不死，改名常，字存仲，作《再生记异录》。"④ 可知沈国元一生仕宦不显，只做过知府主管出纳文书事的属官，并且有可能在崇祯八年时经历动乱，九死一生，然而这并未影响到他在学术方面的兴趣。《中国古籍总目》录有"史记一百三十卷 汉司马迁撰 明钟惺评 明天启五年沈国元大来堂刻本"⑤ "二十一史文抄五十八卷 明沈国元辑 明崇祯十二年大来堂刻本"⑥，《中国古籍善本书目》录有"史记一百三十卷 汉司马迁撰 明钟惺评 明天启五年沈国元大来堂刻本"⑦，《香港所藏古籍书目》录有"史记 130 卷 10 册 汉司马迁撰 明钟惺评 明天启五年（1625 年）沈国元大来堂刻本"⑧。可见除《二十一史论赞》之外，沈国元的大来堂还曾刻印《二十一史文抄》和钟惺评《史记》两部书，可知他对史学著作，尤其是《史记》一书有极大的兴趣，也有一定程度的研究。另外，沈氏虽然身在乱世，但笔耕不辍，著述颇丰，除《二十一史论赞》外，著有《皇明从信录》四十卷、《两朝从信录》三十五卷、《甲申大事纪》六卷、《暨四大录》、《十三经广义》、《再生记异录》、《杞史》、《归湖馀草》等书。其中前三部书详细记录了明代末期的重要历史事件，涉及明王朝与后金的冲突，作者虽然本着存信的原则，只客作观记录而无意于主观创作，但是身为明代文人，沈氏必然心向明朝，著书记事的原则明显偏向于明朝而对

① ［清］吴元炳：《苏州府志》，清光绪九年刊本。

② ［清］刘承干：《明史例案》，民国嘉业堂刻本。

③ ［明］凌迪知、沈国元辑，李云飞、李月辰整理：《太史华句·史记论赞》，陕西师范大学出版社 2015 年版，第 234 页。

④ 鲁迅：《且介亭杂文末编》，北京联合出版公司 2014 年版，第 148 页。

⑤ 中国古籍总目编纂委员会：《中国古籍总目》，中华书局、上海古籍出版社 2006 年版，史部第 1 册，第 21 页。

⑥ 同上，第 427 页。

⑦ 中国古籍善本书目编纂委员会：《中国古籍善本书目》，上海古籍出版社 1991 年版，上册，第 16 页。

⑧ 贾晋华：《香港所藏古籍书目》，上海古籍出版社 2003 年版，第 53 页。

后金采取敌对鄙夷的态度，称金人为"虏""夷"，称金兵的军事行动为"犯""陷"，称努尔哈赤为"逆奴""狡奴""奴酋""奴贼"，并且在书中大量记载金兵的烧杀抢掠之暴行。清朝统治者认为这三部书多忤逆之语，遂列为禁书。

二、《史记论赞》版本概述

此书与其他二十部正史论赞合刻，现有明崇祯十年（1637）大来堂刻本传世，属于晚明时期标准的软写刻本，故在书前的《二十一史总目》后有三行半识语，特别提示写样书手为张问政，雕版刻工是刘志仁，颇具版本学史的研究价值。今《四库全书存目丛书》即据此以影印收入。此本每半叶九行，每行二十五字，白口，无鱼尾，四周单边。正文行间无界格，每篇自为起讫，前后不相连接，正文旁有小字批注及"○""、""△"三种标记符号。全书前的总目既无卷数，各部史书前的目录亦无卷数，却在版心上标有卷数，这些都显得比较特殊。

三、《史记论赞》的价值

《史记论赞》一书的价值，大致可归纳为以下几点：

1. 只录论赞，简洁明了

论赞是历史著作的作者对人物或事件进行的品论，最早可追溯到《左传》《战国策》中的"君子曰"，其后又有《史记》的"太史公曰"，《汉书》中的"赞曰"等形式。论赞可谓史书中的精华部分，正如毕懋康在《序》中说：

> 乃若古人生脉骎骎，浮动乎楮间，时有发潜德之光，使衮褒不致溢美，抉摘奸之隐，使钺诛不至含诬者，即不必董狐之笔，南史之简，而权衡所在，往往于论赞中可以领取，诚千古得失之林也。[①]

修史的目的在于"资治"，即辅助政治，而论赞往往对人物事件做出精准的评价，篇幅虽小，但"文约而意见"，包含千古得失之理，故历来为史学家所重。而正史中文章一般较长，我们要想仅查阅论赞会有诸多不便，此书"去其本纪冗文，止录断制"，清晰直观，意义正在于方便后人对诸史论赞进行阅读与研究。

2. 旁搜博采，罗列史评

古代书目中的史部有"史抄"与"史评"二类，各为一种史学体裁。而《史记论赞》却将"史抄"与"史评"有机地统一起来，合为一个整体，读者可通过相互观照，对比阅读，既获得先辈史家原始创意，又知晓后代学人观史

---

① ［明］凌迪知、沈国元辑，李云飞、李月辰整理：《太史华句·史记论赞》，陕西师范大学出版社 2015 年版，第 236 页。

见解，相辅相成，相得益彰，可收事半功倍之效。如《屈原贾谊》一篇后罗列
四家评论：

> 杨用修曰："赞意凡四转而语奇峻。"
>
> 茅顺甫曰："转折幽渺。"
>
> 李卓吾曰："予读《渔父》之词，而知屈大夫非能言之而不能行也，
> 盖自不肯行也。人固有怨气横臆，如醉如梦，寻死不已者，此等是也。宗
> 国颠覆，姑且勿论，彼见其主夕愚羹于贼臣之手，安忍坐视乎？势之所不
> 能活者，情之所不悉活也，其与顾名义而死者异矣。虽同在节义之列，初
> 非有见于节义之重，而欲博一死以成名也，其屈大夫之谓与？"
>
> 王元美曰："《贾子》上下二篇，其上篇皆诵说时务，其事与辞，皆载
> 《治安策》中，不知其书成自择而上之邪？抑以其书上之而为班固之所裁
> 节邪？下篇则兼论德政，援据古昔，然论德则弗足矣。人言文帝不能用贾
> 生者，妄言；贾生不能用文帝者，亦妄。梁，大国也，怀王上爱予也，以
> 贾生居之，盖非久而入为公卿矣。生死而文帝次第形其言，孰谓贾生不用
> 哉？贾生用而不相，陆贽相而不用，则其君有昏读也。"①

杨用修（即杨慎，字用修，号升庵。）与茅顺甫（即毛坤，字顺甫，号鹿
门。）二人的评语主要着眼于此篇论赞的语言，认为其语言风格奇骏，语意转
折幽眇。而李卓吾（即李贽，字宏甫，号卓吾。）在其评语中盛赞屈原德行，
认为他怨气在胸，愤懑难平，宗国颠覆，佞臣当道，因此不愿苟活于世。李氏
认为，屈原自沉并非为"节义"二字束缚，以一死来成就美名，而是深深绝望
中的"寻死不已"。王元美（即王世贞，字元美，号凤洲。）则对贾谊之事阐发
了自己的观点，他认为"文帝不能用贾生"与"贾生不能用文帝"两种说法值
得商榷，贾谊并非怀才不遇，文帝任命其为梁怀王太傅已经充分体现对他的信
任与重用。这四段评语出自明代四位大家之手，兼及语言与内容，立意独到。
此外还有不少评语出自前代史学家之手，如《高帝》录有唐代陈子昂评语，
《魏世家》录有唐代刘知几评语，《韩世家》录有北宋苏轼评语，《项羽》录有
南宋刘辰翁评语，《景帝》录有南宋真德秀评语。由此可以看出编者沈国元搜
集资料用功之深，正如其子沈琦所云"至其检阅之精，纂集之劳，则家严之苦
心不敢忽也"。这些历代史评不仅为后世学者研究论赞提供了直接的资料，免
去了翻阅检索之苦，而且可集中反映各时期史学家们的学术观点，方便学者做
出对比研究。

3. 发表议论，阐述个人观点

沈国元对于历史有浓厚的兴趣，也有相当的造诣。在《二十一史论赞总
叙》中说："余既褒集《皇明通纪》《两朝崇信录》《暨四大录》《十三经广义》

---

① ［明］凌迪知、沈国元辑，李云飞、李月辰整理：《太史华句·史记论赞》，陕西师范大学
出版社 2015 年版，第 306 页。

等书，每于息屏梦回之际，旁搜古史，录其嘉言、善行、积帙、盈笥。"① 而实际上，《二十一史论赞》并非仅仅"旁搜古史"的史抄类书籍，篇目之中多有编者的议论之语，其学术价值如下：

首先，对论赞语言做出精妙分析。如《赵世家》中："语意所匝，一丝不乱，亦一点不漏。茅顺甫谓于其立论，读前段便可识后段结按处，读后段便可追前段起按处，于中欲损益一句一字，便如于匹练中欲抽一缕，自难下手。"② 引用茅坤之语称赞司马迁行文简介有条理，不可增损一字。又如《季布栾布》一篇："赞反复发明，以'重其死''不自重其死'二句相应，盖有所为而言也。《汉书》削去'不自重其死'，便觉少力。"③ 指出《史记》论赞中相应之句，又以《汉书》论赞相似之文做比较。

其次，对人物事件做出巧妙评判。如《汉兴以来诸侯年表》中："汉初同姓诸王，无战功而有分土；唐初同姓诸王，有战功而无分土。代吏制异，所谓损益以时也。"④ 把汉初和唐初两种截然不同的分封方式归结为形势的不同和吏制的差异，颇有道理。又如《萧相国世家》篇中："萧相国人杰也，岂愚于秦而智于汉哉？时国有用与不用耳，录录正是善藏其用处。"⑤ 对论赞中所说萧何在秦时碌碌无为，而在汉史功勋卓著一事作出回答，他认为原因不在于萧何自身，而在于时代差异，秦时的碌碌无为是他韬光养晦之举。

再次，对正史未尽之事做出翔实补充。如《景帝》："错为家令时，曾言削诸侯事，及法令可更定者，书数十，上孝文，不听，独太子善错计策。及景嗣位，错用事，则为之不以渐，非独错失也，言外隐然。"⑥ 补充晁错曾为削弱诸侯之事多次上书文帝而未被采纳之事，说明景帝时政令的失误并非晁错一人之过，而与文帝的不以为然和景帝的急于求成有很大关系。又如《平原君虞卿》："末一转太史公自寓救车陵之意，亦几于穷愁矣。"⑦ 补充太史公救李陵一事。

四、从目录书看《史记论赞》的传播与影响

目录书俱有"辨章学术，考镜源流"之功用，且自古以来就被视为治学之门径，颇受学人重视。通过书目对《史记论赞》的著录情况，便可在一定程度

---

① ［明］凌迪知、沈国元辑，李云飞、李月辰整理：《太史华句·史记论赞》，陕西师范大学出版社 2015 年版，第 240 页。

② 同上，第 282 页。

③ 同上，第 321 页。

④ 同上，第 260 页。

⑤ 同上，第 286 页。

⑥ 同上，第 252 页。

⑦ 同上，第 301 页。

上了解该书的传播与影响。翻检查阅《中外书目著录〈史记〉文献通览》可知，目录书中有关《史记论赞》（《二十一史论赞》）的条目如下：

书目	条目
《续通志·艺文略》卷一五八，史类别史史抄附	《二十一史论赞》三十六卷。明沈国元编①
《续文献通考·经籍考》卷一六七，史部史抄类	沈国元《二十一史论赞》三十六卷国元，字飞仲，吴县人②
《中国古籍善本书目》史部卷五，史部纪传类断代	二十一史论赞三十六卷　明沈国元辑明崇祯十年大来堂刻本③
《中国古籍总目》史部史抄类丛编之属	二十一史论赞三十六卷首一卷　明沈国元辑 明崇祯十年大来堂刻本 北师大　南京浙江　湖北④
《培林堂书目》史部正史	沈国元二十一史论赞　十六册⑤
《八千卷楼书目》卷五史部史钞类二十八	二十一史论赞三十六卷明沈国元撰刊本⑥
《各省进呈书目》第三册，浙江省第十二次呈送书目	廿一史论赞三十六卷明沈国元辑十六本⑦
《浙江采集遗书总录》闰集，史学类	廿一史论赞三十六卷　刊本。 右明秀水沈国元撰。崇祯间徐必泓序云："止录断制，敏中手汇，搜隐招微，事取已然，义多未发。"⑧

---

① 赵望秦、王璐等：《中外书目著录〈史记〉文献通览》，陕西师范大学出版社 2017 年版，第 63 页。

② 同上，第 71 页。

③ 同上，第 127 页。

④ 同上，第 155 页。

⑤ 同上，第 309 页。

⑥ 同上，第 386 页。

⑦ 同上，第 673 页。

⑧ 同上，第 678 页。

续表

书目	条目
《四库全书总目》卷六五，史部诗抄类存目	《二十一史论赞》三十六卷 浙江巡抚采进本 明沈国元编。国元字飞仲，吴县人。是书摘录"二十一史"《论赞》，加以圈点评识，全如批选时文之式。以为评史，则《纪传》所载，非《论赞》所能该，事无始末，何由信其是非；以为论文，则《晋书》以下八史以及《宋》、《辽》、《金》、《元》四史岂可以为文式哉，真两无取也。①
《四库存目标注》卷二十二，史部十一史钞类	二十一史论赞三十六卷 明沈国元编 浙江巡抚采进本（总目）。○《浙江省第十二次呈送书目》："《廿一史论赞》三十六卷，明沈国元辑，十六本。"○《浙江采集遗书总录》闰集："《廿一史论赞》三十六卷，刊本，明秀水沈国元撰。"○《武英殿第二次书目》："《二十一史论赞》十五本。"○湖北图书馆藏明崇祯十年大来堂刻本，半叶九行，行二十五字，白口，四周单边，无直格。版心下刻"大来堂"三字。封面刻"金蕤阁定本""大来堂藏板"。首毕懋康序，次崇祯九年丙子涂必泓序，次崇祯十年沈国元序，男沈琦《凡例》。次《总目》，题："古吴沈国元飞仲阅，弟沈映日、沈瞻日、子沈琦、沈玠较。"写刻甚精。刻工：刘元卿刻。钤有"冯恕读过"朱文印。《存目丛书》据以影印。北京师大、浙图等亦藏是刻。②
《日藏汉籍善本书录》史部史抄类	二十一史论赞三十六卷 （明）沈国元编 明崇祯十年（1637年）大来堂刊本 内阁文库 尊经阁文库藏本 ［按］内阁文库藏此同一刊本两部。一部原系枫山官库旧藏，共二十册。一部原系尾藤二洲、昌平坂学问所旧藏，共二十册。尊经阁文库藏本，原系江户时代加贺藩主前田纲纪等旧藏，共二十册。③

① 赵望秦、王璐等：《中外书目著录〈史记〉文献通览》，陕西师范大学出版社2017年版，第702页。

② 同上，第719页。

③ 同上，第802页。

　　以上著录《史记论赞》(《二十一史论赞》)的书目,从条目内容上看,既有仅著录卷数、作者姓名籍贯、馆藏地等简单信息的,又有在解题中介绍此书内容与价值的,甚至还有详细介绍版本情况的;从编撰者来看,既有官修目录,又有私撰目录;从时代来看,既有古代目录,也有现当代目录;从地域上来看,既有国内书目,又有域外书目。可见,《史记论赞》一书,引起了从古至今诸多学者的关注,在中国南北广为流传,在邻邦日本也颇受重视。

　　自明代《史记评林》刻印以来,各种评点本《史记》相继问世,蔚为大观。与这些评点本类似,《史记论赞》也搜辑了各家的评语。但与大部分评点本不同的是,《史记论赞》并没有收录《史记》的原文和三家注,而是只录论赞,体现了明末学者沈国元对论赞部分的理解和重视,在众多评点本《史记》中独树一帜,有特殊的价值。

《史记·孔子世家》老子临别
赠孔子语试释

＊本文作者周敏华。台湾东吴大学中文系助理教授。

鲁昭公二十五年（前 517 年），孔子于洛阳问学完老子，正准备返鲁。临行前，老子对寄予厚望的孔子，再度提出了临别赠言；这与前来时之三训①，皆对孔子的道统，有着极深厚的影响。无论是前三训或临别赠予的二训，老子皆严厉棒喝孔子；但出人意料的是，孔子对此五训不仅铭记在心，还成了他终身力行及道统建立的根基。显然这五训，是认知孔子言行和其道统的关键，也是理解儒、道两家融合的极重要内容。本文拟试析老子临别所赠二训，及其对孔子道统的建立和影响，并借此以连结《老子》所建构出死入生的崇高智慧。

一、返鲁后对老子的具体评论

自洛阳返回鲁国后，孔子立即和门生谈起这趟问学之行。论到老子，孔子特别做了如下的陈述：

> 鸟，吾知其能飞；鱼，吾知其能游；兽，吾知其能走。走者可以罔，游者可以为纶，飞者可以为矰；至于龙，吾不能知，其乘风云而上天。吾今日见老子，其犹龙邪②！

孔子给老子的是超越常人的最高赞誉。龙最大的特质是"能幽能明，能细能巨，能短能长，春分而登天，秋分而潜渊③。"龙最具超越性和灵活性，完全不受任何时空所困，开启《周易》大门的《乾》卦，才会以六龙的龙德，做为达成"元亨利贞"的关键。孔子虽年仅三十五，还未及"不惑"之龄，但却在老子的棒喝下，给了老子最高赞誉。足见孔子已悟出"道"之真谛，也明白

---

① ［西汉］司马迁："子所言者，其人与骨皆已朽矣！独其言在耳。且君子得其时则驾，不得其时，则蓬累而行。吾闻之，良贾深藏若虚，君子盛德，容貌若愚。去子之骄气与多欲，态色与淫志，是皆无益于子之身。"《史记·老子韩非列传》，北京：中华书局，1965 年版，卷 63，第 2140 页。

② ［西汉］司马迁：《史记·老子韩非列传》，卷 63，第 2141 页。

③ ［东汉］许慎著，［清］段玉裁注：《说文解字·龙部》，卷 11 下，第 31 页。

唯有返回于道，才能出"死"而入"生"。返鲁后，"弟子稍益进①"，孔子的私学不仅办得更好，对道统的完整建立，也奠定了厚实根基。

二、临别赠言要义

孔子来时，老子已给了三训棒喝，即将离去，仍是厚爱地再予赠言：

> 辞去，老子送之曰：……聪明深察，而近于死者，好议人者也。博辩广大，危其身者，发人之恶者也。为人子者，毋以有己；为人臣者，毋以有己。②"

这段临别赠言虽有两点，但主要仍是想更集中地教导孔子，欲导回于道，就得更彻底地除去导致人离道的偏执。下文将依此二点，解析老子思维，及其对孔子所引发的影响。

（一）杜绝议人

老子对眼前这位年仅三十五，正充满理想抱负，一心想拨乱反正的孔子，非但不助他剖析当今乱相，还更严峻地棒喝，劝其杜绝议人。老子说：看似聪明深察，却将己送往死地，是因太好议人；看似知识广博，又具雄辩之能，却陷己于危难，是因太好攻人之恶。欲解此危难，就得破除所自诩的"聪明深察"及"博辩广大"；否则非但不能救世，还更陷己于死地。

1. 返回于道才是救世根源

老子特别以"近于死者"及"危其身者"来凸显：议人全是将己送往"死"地；唯有返回于道，才能出死而入生。但孔子此番前来，原是为挽救礼崩乐坏，既要拨乱反正，岂能毫不议人？

老子并非不解孔子救世之心切，但既要救世，就当把天下从死地带回生地。因此，老子不仅要孔子从根源上找出救世的生路，还要他自身先返回并坚守在能出死入生的"道"里。

"议人"何以就是偏离出"道"？《老子·第二十章》谈得最透彻：

> 绝学无忧。唯之与阿，相去几何？善之与恶，相去若何？人之所畏，不可不畏。荒兮其未央哉！众人熙熙，如享太牢，如春登台，我独泊兮其未兆，如婴儿之未孩。傫傫兮若无所归，众人皆有余，而我独若遗，我愚人之心也哉！沌沌兮！俗人昭昭，我独昏昏；俗人察察，我独闷闷③。

---

① ［西汉］司马迁：《史记·孔子世家》，卷47，第1909页。
② ［西汉］司马迁：《史记·孔子世家》，卷47，第1909页。
③ ［春秋］老聃著、［晋］王弼注：《老子》，武英殿聚珍本，东京文求堂印行，上篇，第18-20页。

老子不仅反对离道之"学"，第十九章也主张"绝圣去智"，因"学、智、圣"全是偏离道后，由极局限的思维所理出的产物。道是创生万物的源头，造物全是为成就万物，自然不会对所造之物，默认任何价值论断。故《老子》在第二章便首要破除偏离道后，由情欲而导出的优劣判定①："天下皆知美之为美，斯恶矣！皆知善之为善，斯不善矣！"

"唯"（认可、赞许）、"阿"（反对、批判）尽管不同，但既已皆是偏离道后所形成的产物，已与道相违，便全不足取。因此，志于道者便绝不可遇"唯"则喜；遇"阿"即怒。

求道者若要专一立于道，就得先将目光抽离出世俗的价值论断，只专注在道中思想及精进，素朴本性才可重新返回，不再随世俗盲从，便会如"婴儿之未孩"。

何谓如"婴儿之未孩"，此即《老子·第三章》所言："虚其心，实其腹，弱其志，强其骨，常使民无知无欲。"除了温饱，婴儿从无多余情欲，也就没因情欲所导致的妄为（有为）。离道者则"昭昭、察察"，尽可能地扩展才智，只为能满足一切情欲。求道者却"愚人之心也哉"，单以纯净的素朴本性，达到"荒兮其未央"，便能进入至辽阔地无以言喻，完全找不到边际，"澹兮其若海，飂兮若无止"的无限量供应，无限量创造，还能突破一切局限，与道一同翱翔的绝对超越。

以道为尊不仅对孔子影响极深，也成为其建构道统的根基。《论语·雍也》："子曰：谁能出不由户，何莫由斯道也。"孔子强调："道"是一切立身行事的准则，就如同有谁出入能不经门户？孔子甚至还更将闻"道"，视为生命中最宝贵的福分，故曰："朝闻道，夕死可矣！"（《论语·里仁》）

孔门中，以颜回体"道"最深，以致"一箪食，一瓢饮，在陋巷，人不堪其忧，回也不改其乐。"（《论语·雍也》）孔、颜之乐，已是人人耳熟能详，但其究竟为何？孔子回答的最妙："乐以忘忧，不知老之将至。"（《论语·述而》）

何谓"乐以忘忧"？孔门一行人被重兵困于陈、蔡，导致"绝粮七日，外无所通，黎羹不充，从者皆病"，孔子竟毫不受影响，仍"愈慷慨讲诵，弦歌不衰"。子路、子贡皆已沉不住，子贡甚至向夫子提出，何不将所坚守的"道"降低标准？颜回却与他二人观点完全不同：

> 夫子之道至大，天下莫能容。虽然，夫子推而行之，世不我用，有国者之丑也，夫子何病焉？不容，然后见君子②。

---

① ［战国］庄周著、［清］郭庆藩集释："吾所谓无情者，言人之不以好恶内伤其身。"《庄子集释·德充符》，北京：中华书局，2016年4月，第202页。显然由欲望所形成的好恶，必然使人情绪波动，伤及天性。

② ［三国魏］王肃编撰：《孔子家语·在厄第二十》，台北市，华藏净宗学会2013年9月版，卷5，第221-225页。

颜回和孔子理念一致，志于道不是为求天下能容，反倒是要将生命自世俗的桎梏中抽离。这场陈、蔡受困，最富豪的子贡与最勇猛的子路竟皆承受不了，年近七十的孔子及一向体弱的颜回，反倒毫无丁点惧色；这是"大曰逝，逝曰远，远曰反"的"道"，才能给予他们的超越视野。显然回归于道，是让自己在任何时空都能超越；不是要求环境改变，而是自我的眼界已超凡，已无任何因素可局限。子贡、子路只有求容的极小视野，就把自己给困住；孔、颜却因已持守于道，眼界便不断被开展，以致障碍都在心中被缩小或排除，自然乐以忘忧。

2. 最上层智慧在洞察自己

欲救世得先拯救自己，欲拯救自己还得先认知自己；这既是返回于道，也是出死入生的必经路径。最上层智慧，并不在多能洞察他人，而是能审察自己，还愿战胜自己。《老子·第三十三章》：

> 知人者智，自知者明；胜人者有力，自胜者强。知足者富，强行者有志。不失其所者久，死而不亡者寿①。

"智"是有限思维所能发挥的极致，与从无限量的"道"而产生之智慧——"明"，自是远远不及。即便如此，能知人就已是人中之能了，若还能知己，就会成为更超越的人中之智。"自知"并非是只着眼在深察自身的局限，更大程度则是能诚实地自觉内在已潜藏的情欲。情欲是导致妄为的关键，若连情欲都不能辨识，便肯定无法分辨真理，甚至还会扭曲真理。

因此，唯有能诚实观照自身的情欲，才可能进一步地去战胜情欲。志于道者会专一地导正自己，迫切地想从离"道"的迷宫抽离，岂有余暇去评议和战胜他人？孔子极赞赏卫国大夫蘧伯玉，说他是"君子哉"！因蘧伯玉平日最专注在"欲寡其过"（《论语·宪问》）。蘧伯玉时时在改过，《庄子·则阳》形容："昔蘧伯玉当二十岁时，已觉前日之非而尽改之矣。至二十一岁，乃知前之所改未尽也；及二十二岁，回视二十一岁，犹在梦中。岁复一岁，递递改之，行年五十，而犹知四十九年之非。"由孔子对蘧伯玉的赞赏，便知他早已将"自胜者强"化入至生命。

志于道者既意在"自知"和"自胜"，眼目就必会从向外关注导回于自身；所议绝非他人，只在自己。因此子贡方人，孔子才会说："赐也贤乎哉？夫我则不暇！"（《论语·宪问》）孔子更期望门生，都能"躬自厚而薄责于人"只反求诸己，而非求诸人。

只反求诸己，眼目所聚焦便不再是外境，而在己身；外境就会如同隔层墙，入侵不了内心。内心已断绝干扰，又能"自知""自胜"，将情欲一一格除，就可进到非倚赖外物的绝对自主和逍遥，这便是"知足者富"。已尝到

---

① ［春秋］老聃著、［晋］王弼注：《老子·第三十三章》上篇，第34－35页。

"知足"的甜美，会更受鼓舞，而更想在道中坚守，就会进到"强行者有志"。

人人若皆以"自知""自胜"为目标，便能"己所不欲，勿施于人"，又何需用"议人"和"博辩"来救世？显然最根本的救世之道，乃在"反求诸己"。孔子以"修身、齐家"作为"治国"和"平天下"的根基，与《老子·第五十五章》："修之于身，其德乃真。修之于家，其德乃余。修之于乡，其德乃长。修之于邦，其德乃丰。修之于天下，其德乃普。"理念几乎一致。

老子最终总结：志于道者，既已能做到最艰难的"自胜"，便再无任何情境可令人与道偏离，如此即可长久立于道，就是"死而不亡者寿"。因"以其无死地"，故可从"死"地抽离，而进入"生"地。孔子七十"从心所欲，而不逾己"，便是达到"不失其所者久，死而不亡者寿"。

3. 以寡言效法大道

《老子·第四十章》："不言之教，无为之益。"其实就是治世之道。治世并不在非得做什么，反倒更强调尽量不做什么。何以如此？《老子·第四十九章》："圣人无常心，以百姓心为心。……圣人在天下歙歙焉，为天下浑其心。百姓皆注其耳目，圣人皆孩之。""无常心"就是除去情欲，只以造就百姓为务。君位不是用来操控权欲，乃是九五飞龙之德的力行者；因此，老子主张最好的君王，当是"太上不知有之"(《老子·第十七章》)，百姓丝毫未感君王存在，才是最安定和理想的社会。

但春秋末了天下早已大乱，各国无不期待有道之君，岂能做到"不知有之"？其实老子意在强调，君王只能与天地合其德，而非脱离天道，任凭己意的理出政策或法令。毕竟"天下多忌讳，而民弥贫；……法令滋彰，盗贼多有"(《老子·第五十七》)。君王当如"橐钥"(风箱)，"虚而不屈，动而愈出。多言数穷，不如守中"(《老子·第五章》)。橐钥虽中空，但在一挤一拉之间，却能生机无限；倘其中置物，便无法"动而愈出"。天地生养亦皆如此，治理天下又岂能悖离天理？故老子强调：唯有谨守虚静无为的天道，才是"太上不知有之"。上位者"不欲以静"，即可"天下将自定"(《老子·三十七章》)，又何需多余的去"议人"和"博辩"？

寡言是志于道的必然反映。一次孔子对门生说："予欲无言。"子贡很忧心，夫子若无言，门生将如何记述及传承这道统？孔子则说："天何言哉！四时行焉，百物生焉，天何言哉！"(《论语·阳货》)"道"超越在"言"之上，岂是语言所能道尽？况生养万物的天，又何曾说了什么？君子只要专一落实道，便能参赞天地化育，又何需在言语上费心？一次，有人批评冉雍："雍也，仁而不佞。"华而不实的佞言，竟为当时所推崇，有人才会对冉雍话语的平实，给予负面评价。孔子为拨乱反正，便说："焉用佞！御人以口给，屡憎于人，不知其仁，焉用佞。"(《论语·公冶长》)显然别了老子后，孔子便已彻底除去"议人"和"博辩"，并以此教授弟子，迷失的世俗，才会将冉雍形容为"仁而不佞"。

（二）务去偏执

才刚要孔子杜绝议人，老子接着又说："为人子者，毋以有己；为人臣者，毋以有己。""毋以有己"就是务去偏执，因"为者败之，执者失之"（《老子·第二十九章》）。"为人子"和"为人臣"是孝、弟之道的落实；在家是为人子或兄弟，出外便有了朋友及君臣。孝、弟是与生俱来的情感，是人性最真诚的流露；若离道，就会升起自以为是的偏执，体贴和柔顺的孝、弟之情，便会不自觉地流失。一流失，就必忘却长幼之序，而落入妄议尊长的骄纵和任性。

1. 偏执必刚强

偏执是内在刚强的反映，只会令人迈向"死"地，故老子曰："坚强者死之徒，柔弱者生之徒。"志于道者必有自知之明，才能正视情欲所带来的伤害，而愿朝着"欲不欲""学不学"（《老子·第六十四章》）的大道迈进。

与刚强相反的是柔弱，柔弱非但不是懦弱，还是将置死地的刚强，移转至生地的关键，故老子曰："守柔曰强。"但如何才是真正地守柔？《老子·第五十六章》言：

> 知者不言，言者不知。塞其兑，闭其门，挫其锐，解其纷，和其光，同其尘。

在《庄子·大宗师》里，颜回向孔子陈述了所体悟的"坐忘"："堕肢体，黜聪明，离形去知，同于大通①。""肢体"泛指感官的直接感受，"堕肢体"是收敛感官，不放纵耳目，便不放纵情欲，这便是老子所说的"塞其兑，闭其门"。"黜聪明"是把一切的心机和执着去除，就能达到老子的"挫其锐，解其纷"；绝不与人争胜，就能免去一切的对立。将引出"道"外的情欲和执着都战胜了，心灵便可彻底回归于道，就可"同于大通"。同于大通，是已与道合一，心灵及眼界都已超越，只会返朴归真，绝不想彰显自己，便会"和其光，同其尘"。能"和其光、同其尘"，心必已谦逊而寂静，岂能不"毋以有己"。

能做到"毋以有己"，才是真正地掌握自己。一切外境，已完全不能剥夺内在的宁静，心才会安住而不躁动，活出"知其雄，守其雌""含德之厚，比于赤子"的生命质量。

《老子·第三十章》："以道佐人主者，不以兵强天下。"即是"为人臣者，毋以有己"的极佳写照。人臣切不可为贪功，便教唆或辅佐上位者兴兵征战。季康子早已贪得无厌，如今又想发兵，将一向忠于鲁的附庸国颛臾给占领。冉求、子路皆为季氏家臣，不知及时劝阻，冉求竟还借故："今夫颛臾，固而近于费，今不取，后世必为子孙忧。"（《论语·季氏》）季氏之富早已超过周公，冉求未能以道辅之，却还"为之聚敛而附益之"。孔子虽屡次劝导，冉求非但

---

① ［战国］庄周著，［清］郭庆藩集释：《庄子集释·大宗师》，第 259 页。

不愿悔悟，甚至还更助纣为虐。孔子再也无法忍受，便气急败坏，曰："非吾徒也，小子鸣鼓而攻之，可也！"（《论语·先进》）

《论语·子罕》："子绝四：毋意，毋必，毋固，毋我。"孔子这四绝，其实就是"毋以有己"的落实。能战胜情欲和偏执，便不会主观、偏见、固执和自我。一次孔子自述："吾有知乎哉？无知也。有鄙夫问于我，空空如也！我叩其两端而竭焉！"（《论语·子罕》）即便是文化低者来求教，孔子也绝不贸然给意见；只将问题两端详尽陈说，使问者能充分理解其中关键。这是启发自性的教学，非强制地给予答案，但却已充分让求教者能返回自性，以理出最不失素朴本性的价值论断。孔子不仅充分体现何谓"毋以有己"，也想借着教化，使人人皆能在"道"中行事，便可将偏执给逐渐消解至无形。

2. 离道才会伦常偏离

伦常出自天性，只要内在的真诚未丢失，就一定可自然开展。这个道理孔子当然理解，老子却还特意教导，无非是想深刻地告诫孔子：人性的迷失，才是导致乱世的根源；欲治其根源，与其疾呼再多的道德教化，不如先返回于道。《老子·第十八章》对此便做了关键性说明：

> 大道废，有仁义；智慧出，有大伪；六亲不和，有孝慈；国家昏乱，有忠臣。

大道若没偏废，人人只有素朴本性，内在就必会自然拥有人伦之爱，这便是"人之初，性本善"。上位者若不抓住这根源，却还另提出仁义之道，就会走向"大道废"，使最完备的道无法全面开展，反倒把百姓的视野，只引至"道"中所包含的极小内容。《庄子·马蹄》对此已有深入体悟，故曰："道德不废，安取仁义！性情不离，安用礼乐①！"显然是因大道废、性情离，上位者才得另立制度。但制度非但无法治本，还使人的素朴本性更流失，为争名逐利，便用尽聪明才智，以使尽更多的欺伪和狡诈。

本来"孝子不谀其亲，忠臣不谄其君"（《庄子·天地》），但大道一废，各项大伪反成了主流，六亲便再也不和，国家也跟着陷入昏乱。于是《老子·第十九章》才又再呼吁："绝圣弃智，民利百倍。绝仁弃义，民复孝慈。绝巧弃利，盗贼无有。"

《庄子·外物篇》载演门有人死了双亲，因善于哀伤毁容，而被授予官爵；乡里见之，无不争相仿效，竟导致死去大半。这就是大道废后，所形成的假孝慈和真大伪。为了身外名利，不仅素朴本性可死，就连性命也可不顾。

老子对孔子所给予的棒喝，使孔子在伦常教育上有了更明确的根基——人性真诚的自然流露。孔门中，宰我看似与时俱进的提出："君子三年不为礼，礼必坏；三年不为乐，乐必崩。旧谷既没，新谷既升，钻燧改火，期可已矣！"

---

① ［战国］庄周著，［清］郭庆藩集释：《庄子集释·马蹄》，第307页。

以反对三年之丧。孔子先不论三年如何，只问宰我："食夫稻，衣夫锦，于女安乎？"孰料宰我竟毫不迟疑地回复："安！"

宰我满心只求效率，眼目只关注名利，却假礼崩乐坏之名，以反对三年之丧。孔子则将三年之丧的根源导出："子生三年，然后免于父母之怀。"守丧是出于对父母之爱的回馈，何况每个孩子至少都得在父母怀里褓褓三年。宰我只担心错失功名，对父母竟丝毫不怀感恩之情，才会对最根本的伦常之爱丧失耐心。

《孔子家语·始诛第二》载孔子任大司寇，有对父子竟闹上公堂相互提告。孔子便将这对父子关在一处，长达三个月都不审理；之后这父亲终于提出撤诉，孔子便将二人给释放。季孙氏听闻后相当不悦，直说司寇欺我！他曾说治国必当以孝为先，如今我正准备杀一不孝以教化百姓，司寇却将他给放了。冉求将这话转告孔子，孔子十分感慨，曰："呜呼！上失其道而杀其下，非理也①。"显然这儿子所以不孝，根源出在上位者早已丧失道统，百姓才会随之上行下效。孔子非但不治其罪，还特意将这父子一同监禁，便是想让这父子于患难中能重见真情。果然父亲先谅解儿子了，儿子也在苦难中，深刻体会父爱，而反省自己。这对父子终于找回素朴本性，孔子当然要将二人释放。

由这则诉讼，即可见孔子无论身兼何职，都是以"道"做教化，也以"道"而论事。这对父子是因离道才偏离伦常，孔子便让二人可更集中地体会伦常之爱；三个月后，这对父了终于都"毋以有己"，已失丧极久的亲子之爱，才终于被找回。

三、结论

孔子本为救世而至洛阳问礼，老子却从不在礼上着墨，只完全集中地欲引导孔子返回于道。临别赠言上，老子虽以杜绝议人及务去偏执来教育孔子，但根源却还是为重申：返回于道，才是救世的唯一之途。

整体而言，老子将"道内"与"道外"划分了两个方向：在"道内"的必得"生"路，偏出"道外"，就必走向"死"路。因此，救世绝无他法，只要返于道，便可柳暗花明，而重现生机。

---

① ［三国魏］王肃编撰：《孔子家语·始诛第二》，卷第1，第33页。

《史记·老子韩非列传》所见老聃告诫孔子语

＊本文作者周美华。台湾东吴大学中文系助理教授。

公元前 5 世纪，先秦史上开创儒、道思维的两大圣哲，在河南洛阳会面，所谈内容，竟成了影响整个儒家思想奠立的重要基石。鲁昭公二十四年（前518 年），孔子三十四岁，与南宫敬叔前往周都洛阳，欲问礼于老聃；但老聃非但未传授其礼，还当头棒喝了孔子。这段内容，太史公分载于两处：一在《孔子世家》，是老子送行孔子的赠语；另一在《老子韩非列传》，为孔子初来乍到时所给予的规劝。两次对话都有相当连贯性，是理解儒、道家两家思想的重要辅助，亦可视为老子对孔子的五训。可贵的是，这五训不仅令孔子传授的道统能更有真理根基，也让孔子的成圣之路，有了更全备的思想依据。下文将就《老子韩非列传》中之三训，既解析其内涵，亦归纳对孔子所发挥的重要影响。

一、初来乍到之三训

孔子远从山东赴洛阳，与老子的初次会面，却是在棒喝中，奠立了其道统的最重要根基：

> 老子曰："子所言者，其人与骨皆已朽矣！独其言在耳。且君子得其时则驾，不得其时，则蓬累而行。吾闻之，良贾深藏若虚，君子盛德，容貌若愚。去子之骄气与多欲，态色与淫志，是皆无益于子之身①。

这七十二字看似三层内容，主旨却只有一点：老子非但不认为礼乐能救世，还期望孔子能返回至内在的生命。因为内在的生命就是"道"；救世的唯一办法，也是返回于"道"。

1. 治乱得回归于道

孔子十五志于学，就是为解救世衰道微及周文疲弊。春秋末期，礼崩乐坏

---

① ［西汉］司马迁：《史记·老子韩非列传》，北京：中华书局，1965 年版，卷 63，第 2140页。

已到极点，春秋史上几乎多是"臣弑其君""子弑其父"；为重建礼乐文明，孔子遂决心问礼于老聃。孰料老子一见到这满怀壮志的孔丘，非但不将礼传授与他，还大力挫其锐气。一起始，老子便给了个闭门羹："子所言者，其人与骨皆已朽矣！独其言在耳。"这是直接击打孔子，制礼之人全都死了，礼岂不也与之一道死去，何必要再钻研？世上还有比礼更宝贵的。

何者比礼还更宝贵？由"去子之骄气与多欲""是皆无益于子之身"，知老子想助孔子对准的救世方向，乃是返回于"道"。但返回于"道"以前，得先返回自身，将一切偏出"道"外的思维脱去，使心灵保持寂静，才能悟出救世的智慧。《老子·第四十七章》："不出户，知天下；不窥牖，见天道。"《第四十八章》："为学日益，为道日损。"表达的都是这概念。

返回于"道"何以如此重要？因："反者道之动，弱者道之用。"（《老子·第四十章》）"反"是将我们的心思意念，从道外给转回。沉于道外，会只局限在以眼目做判别，主观成分浓厚，也易受情欲摆布。返回道内，才会弃绝主观执着，纯以"道"做根基，让言行只单由"道"来指引。能从向外追逐返回于"道"，便能打破任何局限，重新开展生机，这即是"反者道之动"。

"道"何以能打破任何局限？因："谷神不死，是谓玄牝，玄牝之门，是谓天地根。绵绵若存，用之不勤。"（《老子·第六章》）道是创生一切的根源，源源不绝地创生，从没止息，也毫无耗损。"道"不仅能"蔽而新成"，还能"独立而不改，周行而不殆"，既永远超越一切，也永远循环不已，从没终止，便绝无死地。

由此我们便能理解，老子为何反对孔子习礼了。原来老子是要将其目光，导向令人出死入生，进入毫无死地的"道"。天下所以混乱，根源都在偏离于道，才会由"生"入于"死"地。孔子若真要救世，便该彻底的釜底抽薪，建立一完善道统。

上位者偏出"道"外，便会用一己好恶施政，自然就形成"民好径，朝甚除，田甚芜，仓甚虚，服文彩，带利剑，厌饮食，财货有余"[1]的盗夸之风。盗夸是"精神转向身外之物，目光盯住了利和器，逐利而忘身"[2]，天下岂能不乱。因此治乱之根源，与其是在礼上用心，倒不如率先去除盗夸之风；人人皆返回于道，所关注只在找回并持守固有的素朴本性，盗夸之风被抑止，天下自然就太平。

2. "礼"离"道"最远

《老子·第三十八章》："故失道而后德，失德而后仁，失仁而后义，失义而后礼。夫礼者，忠信之薄，而乱之首。"老子认为："道"被弃置，才会用

---

① ［春秋］老聃著，［晋］王弼注：《老子·第五十三章》（下篇），第18－19页。
② 贡华南：《道与盗之辩——〈老子〉的价值取向》，《社会科学》2012年第1期，第129－130页。

"德、仁、义、礼"等去治理天下。四者中，"礼"离"道"又最远，会使人的素朴本性更分化，真诚更流失，忠信更淡薄，导致天下也更混乱。

"礼"为何离道最远？因"礼"与"法"一贯，都是用赏善罚恶来规范言行；但最纯粹的良善却是超越礼法，只受内在的真诚和良知驱使，便能自发地约束言行。因此，与其去探究更多礼法，不如将人心导回于"道"，使真诚和良知都不流失，才是正本清源。

以"道"为尊的理念，对孔子影响极深，使孔子一生所建构的君子之学，全都根植于"道"。子曰："志于道，据于德，依于仁，游于艺。"（《论语·述而》）孔子认为：君子一生所立志向，都要以道为尊；能以道为尊，才会将成就天地万物，作为人生的最主要目标，这就是"据于德"。能"据于德"，便会是个"仁以为己任"的君子；成君子后，所发挥的才学（游于艺），对世界才会形成最大效益。

孔子虽也主张遵行周礼，但不同的是，孔子已对制度进行反思，更侧重的是礼在人心上所发挥的实质。《论语·八佾》："人而不仁，如礼何？人而不仁，如乐何？"没有真诚的爱人之心，礼即便落实得再周延，也只是流于形式。同理，少了仁德，内在便无真诚，即便才华再洋溢，也无法创作和奏出可供教化人心的乐曲。显然孔子认为，少了真诚和良善，便不足以为"礼"。

《论语·先进篇》孔子还更直率地说："先进于礼乐，野人也；后进于礼乐，君子也。如用之，则吾从先进。"上古时期礼、乐都很质朴，落实起来较近于乡野之人；愈到后来，质朴流失，只重形式，便成了徒有其表，却无实质内涵。孔子于是感慨，对礼他情愿追随往更质朴的世代。

由此可理解，老子反对"礼"，是因"后进于礼乐，君子也"。真诚的爱人之心一丧失，"礼"便会只成了统治者的利用工具；下层百姓若不遵循，上位者就必会震怒的"攘臂而扔之"。礼于是便从"野人也"，转成赏善罚恶的工具，与人性中的真诚良善毫不相干。孔子已深刻体悟其弊，才会将"礼"重新建构，以"道"做根基，以回复人性中的真诚。

礼的更大作用，绝非为约束人，而是管束自己。"克己复礼"是管住自我情欲，使能"非礼勿视，非礼勿听，非礼勿言，非礼勿动"，这便是《老子·第四十八章》所言"损之又损"。要不断地拆解自我偏执，以道做准则，最终才能迈向"从心所欲"却绝"不逾矩"。

3. 顺应自然以拆解执着

孔子虽已成饱学之士，也已过而立之年，但在鲁国却始终无从政良机；更糟的是，天下已大乱，上位者却仍只忙于争夺和滥兴杀戮，导致百姓更陷入水火。因太想救世，孔子便终于理出：追述上古圣贤之道，辅以周礼约束言行，便能迈向天下为公的大同世界。然上古圣贤之道，还能从典籍中梳理；礼崩乐坏却已太过，想恢复周礼，只能遍访名师。于是，孔子才借南宫敬叔向鲁昭公提出，欲前往洛阳问礼于老聃。

　　至洛阳终于见到知礼闻名的老子，孔子当然迫不及待想拜师；但老子除了劈头便反对他习礼，还说："君子得其时则驾，不得其时，则蓬累而行。"这话颇令人费解，对孔子的迫切救世之志，似乎又如浇了盆冷水。

　　满腹理想的孔子，已在鲁国创办私学，极力想培植以天下为己任的仁人志士。当时设私学并非只有孔子，唯世人办学只为获取名利①，孔子却是为救世。此外，他人求学多只把学问当成晋升工具；孔子却要门生成为"以道事君，不可则止"的"大臣"。可见孔子所办私学，既是春秋末期"学而优则仕，仕而优则学"的最佳摇篮；也是开启"为天地立心，为生民立命，为往圣继绝学，为万世开太平"的示范和先驱。孔子既视周礼为救世的一味良方，专程来向老子问学，便是希望能更提升他与门生的从政素养。因孔子坚信："一日克己复礼，天下归仁焉"。最佳的施政，是起风行草偃之效，他和门生既皆有志于从政，就当先把从政的品格和根基扎稳。

　　孔子的远大抱负，老子当然欣赏，但令老子更忧心的，是孔子正值年轻气盛，眼里只有目标，却不知天命也会主导事物的成败和进展。老子更想教会孔子：装备是人人应尽的本分，但面对时运和发展，却要顺其自然；只要能持守于道，最终就必会在道中成就一切。

　　时运若来临，又有明君召己，君子便可驱车前往为天下谋福；若时运不济，不见明君，君子也切莫气馁，当如蓬草般顺其自然。没有无谓的执着，就不会兴莫名的失意；只要能在道中坚定地培育自己，便一定能在适当时机，发挥"以正治国"之效。

　　老子似乎有着透视命运的先知卓见，眼前这位三十四岁前来求教的孔子，竟迟至五十岁才正式从政②；更令人遗憾的是，孔子只从政四年，就得走出鲁国政坛。鲁定公十三年③，齐人"选齐国中女子好者八十人，皆衣文衣而舞康乐，文马三十驷，遗鲁君"，鲁定公沉醉其中"三日不听政，郊又不致膰俎于大夫"④，孔子只得领门生离去，周游天下以宣扬仁政。

　　告别老子后，孔子整整沉寂十五年，才终于有从政机会。这十五年，不仅令孔子深切体悟何谓"天命"；也使他在周游列国和人生旅途，无论遇上多大逆境，都能坚定地以"志于道"，作为一切抉择的依据。

　　孔子周游至卫国，虽颇受卫灵公尊敬，但夫人南子却故意召见，想借孔子

---

　　① 《吕氏春秋·审应览第六·离谓》："（邓析）与民之有狱者约，大狱一衣，小狱襦袴。民之献衣襦袴而学讼者不可胜数。以非为是，以是为非。是非无度，而可与不可日变。"第1178页。

　　② ［西汉］司马迁："定公九年，阳虎不胜，奔于齐，时孔子年五十，公山不狃以费畔季氏，使人召孔子。……其后，定公以孔子为中都宰，一年四方皆则之。"《史记·孔子世家》，卷47，第1914页。

　　③ 钱穆："齐归女乐在鲁定公十二年之冬，……孔子犹不欲急去，且待春祭，由于不送大夫祭肉，乃始行，此应在定公十三年。孔子自定公九年出仕，至是已四年。"《孔子传·孔子去鲁周游》，北京：三联书店，2002年9月，第38页。

　　④ ［西汉］司马迁：《史记·孔子世家》，卷47，第1918页。

之名壮大声威。王孙贾虽想拉拢孔子，却还语带讥讽："与其媚于奥，宁媚于灶。"周柄中《四书典故辨正》："奥者室中深隐之处，以比南子。灶是明处，盖谓借援于宫闱之中，不如求合于朝廷之中。"王孙贾意在告诫孔子，投靠南子，还不如与朝中大臣结盟；但孔子却回复："不然，获罪于天，无所祷也。"① 王孙贾以祭祀为喻，孔子便同样以祭祀回复；但孔子的视野却更超越，他既不投靠南子，也不与朝中大臣联合，只选择对上天负责。因孔子本不是为名利而从政，他所背负的乃是天命所赋予的职责②。因此，他绝不担心得罪谁，唯一只怕得罪天。

孔子面对"天命"之态度，以《庄子·让王》所载"孔子穷于陈蔡之间，七日不火食，藜羹不糁，颜色甚惫，而犹弦歌于室"一则最具代表。当时连最勇猛的子路与最富应变力的子贡都已沉不住气，满心疑惑的议论："夫子两次被驱逐鲁国，在卫国被禁止拘留，在宋国又遭伐木之辱，也不得志于商、周，如今又于陈、蔡受困。想杀害夫子的全都无罪，凌辱夫子的也未被禁止，今夫子却还自在地弹琴歌唱，难道竟不觉受辱？"子路甚至还更直接说："如此者，可谓穷矣！"子路是就眼前遭遇，界定已陷入穷境，但孔子却说：

> 是何言也！君子通于道之谓通，穷于道之谓穷。今丘抱仁义之道以遭乱世之患，其何穷之为！故内省而不疚于道，临难而不失其德，大寒既至，霜雪既降，吾是以知松柏之茂也。陈蔡之隘，于丘其幸乎！

孔子教导子路，"穷、达"不是看处境，当视我们的内心是否已通达于"道"；已通于"道"即是"达"，否则便为"穷"。孔子抱持仁义之道，却遭逢乱世，岂能视为穷困？内省无愧于道，深陷困境仍坚守其德，便会如大寒来临、霜雪降落，亦始终坚毅苍劲的松柏。今在陈、蔡所遇困阨，正是最好的考验，"君子固穷，小人穷斯滥矣"，只有艰巨环境，才能真检验出，我们是否已备妥君子的坚毅品格。

虽历经无数的困境和考验，孔子竟丝毫未感"穷"困，只在意自我是否已通达于道；因孔子早已深切体悟，他所担负的乃是天命赋予的职责。周游至卫国仪地，守封疆官吏想求见孔子；与孔子会面后，对其弟子说："二三子，何患于丧乎？天下之无道也久矣，天将以夫子为木铎③。"这位仪封人已有比孔门更超越的眼界，与孔子谈话后，便深信周文疲弊绝对可被逆转；老天并未断绝这道统，传承的重责早落于孔子，孔子乃是上天派来宣告道统的。

仪封人将孔子所承载的天命，谈得最到位！也正因"天将以夫子为木铎"，才使孔子在求学和人生路途，得历经更多的试炼和考验。这些试炼，非但不是

---

① 《论语·八佾》，卷第3，第28页。

② 《论语·子罕》："子畏于匡，曰：'文王既没，文不在兹乎？天之将丧斯文也，后死者不得与于斯文也；天之未丧斯文也，匡人其如予何？'"卷第9，第77页。

③ 《论语·八佾》，十三经注疏本，卷第3，第31页。

想让孔子穷困，反倒是让他能熬炼出更通达于"道"的坚毅志向和品格。与长沮、桀溺相遇，孔子才会语重心长地说："鸟兽不可与同群，吾非斯人之徒与而谁与？天下有道，丘不与易也①。"孔子从不看环境，只在意所行是否与大道相合；正因如此，石门守门人才会对子路脱口说出，孔子乃"知其不可而为之者与②！"

时运来临，孔子便致力做以道事君的大臣；不得其时，也绝不气馁，终其一生只专注在力行和推行大道。孔子的生命历程，岂不正深切体现老子所教导："得其时则驾，不得其时，则蓬累而行。"孔子三十四岁，老子便教他认知"天命"，使一回到鲁国，便面临鲁昭公被迫奔齐的孔子③，非但未丧志，还更坚定地执守于"道"。终于四十便再也不惑，无论三家如何把持朝政，孔子都能端正地立于"道"，令三桓有所顾忌，而不敢凌驾君权。即便"政逮于大夫，四世矣"，孔子也从不改其志，只更坚定的为天下捍卫道统。孔子虽谦逊地说五十才知天命，但由他对大道的持守，便足以说明："不惑"以后，孔子便既已体悟天命，也早已肩负起天命所赋予的重责。

4. 救世更当持守于道

教孔子以道为尊、顺应自然后，老子接着更直捣要害，劝孔子"良贾深藏若虚，君子盛德，容貌若愚。去子之骄气与多欲，态色与淫志，是皆无益于子之身"。为何要如此严厉地棒喝孔子？正是太深爱其才，才会唯恐他偏出"道"外。

偏出"道"外又会如何？《老子·第十三章》说的就很透彻：

> 宠辱若惊，贵大患若身。何谓宠辱若惊？宠为上，辱为下，得之若惊，失之若惊，是为宠辱若惊。何谓贵大患若身？吾所以有大患者，为吾有身，及吾无身，吾有何患。故贵以身为天下，若可寄天下；爱以身为天下，若可托天下。

老子一针见血地点出：跑出"道"外，必会陷入宠辱若惊，因为眼目所关注的已全都错误。"道"之创生，全在成就万物；我们的潜能亦当如此仿效天道，才能发挥得最为合宜；否则便会错将自身的价值，交由已偏出道外的世界去评论，而陷入患得患失的迷津。

"若身"本指身体，引申为世人对我们的价值论断。"道"之创生，本无贵贱之别④，但人偏离道后，就会用一己之偏执，订出与道相违的价值标准；既是与道相违，就必会漠视掉万物固有的素朴本性。上位者为达到自身目的，也

---

① 《论语·微子》，十三经注疏本，卷第 18，第 165 页。
② 《论语·宪问》，十三经注疏本，卷第 14，第 130 页。
③ 《史记·孔子世家》："孔子年三十五，而季平子与郈昭伯斗鸡故，得罪鲁昭公。昭公率师击平子，平子与孟氏、叔孙氏三家共攻昭公，昭公师败，奔于齐。"卷 47，第 1910 页。
④ ［战国］庄周著，［清］郭庆藩集释："以道观之，物无贵贱。"《庄子·秋水》，第 512 页。

会格外在赏罚上用心，下层百姓就得被迫将眼目移转至赏罚的网罗。尤其是名利的引诱，更会令逐利之徒，终日只为探索上位者之好恶，而被搅得患得患失。

若连自身都无法掌握，终日只在宠、辱间周旋，即便曾有再完美的初衷，也会难以持守。孔子的救世抱负，老子必然十分肯定，但老子更希望是将孔子的眼目，能更集中地导入至"道"；因唯有如此，孔子才会终身皆能以道为尊，所抱持的完美初衷，才能"造次必于是，颠沛（也）必于是"。

同理，能返回"道"中，才是最好的执政者，这才是救世的根源。于是老子便总结："贵以身为天下，若可寄天下；爱以身为天下，若可托天下。"这是"与道合一"后，必会出现的超越情怀；人人不再只图自身利益，反倒会以珍爱一己的态度去关爱世界。因为"道"是一体，"道"所创生的万物，自然也是一体。孔、孟皆深受影响，故主张："己欲立而立人，己欲达而达人。"（《论语·雍也》）孟子也提出："禹思天下有溺者，由己溺之也；稷思天下有饥者，由己饥之也"的"人溺己溺""人饥己饥"思想。

此时的孔子，道德和学问都已相当卓越，既已赢得世人认可，也在天下享有盛名。若未专注于"道"，便易陷入"宠辱若惊"，非但无法成为道统的传承者，还可能不自觉地助长"道"的偏离。其门下已有三千弟子，能否成为"志于道"的"仁人志士"，将会成为扭转历史发展的重要关键。老子棒喝孔子，更大的原因是看重孔子的资质和影响力，故想彻底地奠定其根基，使孔子在继承和发扬道统上，都能始终不偏出道外。如此孔子才能终其一身，皆坚定地去完成"天将以夫子为木铎"的重责大任。

5. 守柔虚己方能天下太平

落实"道"的最明确表现，便是守柔虚己，故《老子·第四十三章》："天下之至柔，驰骋天下之至坚，无有入于无间。"虚己、守柔才能收敛情欲；情欲被克制了，才不"妄作凶"。不"妄作凶"就不会破坏万物的和谐和秩序，这便是"以正治国"，也是令天下能太平的最具体做法。

"良贾深藏若虚，君子盛德，容貌若愚"，所强调的都在守柔和虚己。良贾持有的是天下最丰富的物资，君子所具备也是内在最丰厚的美德；但良贾绝不会以握的物资而自负，君子也当"广德若不足"，才能"海纳百川，有容乃大"。

骄气、多欲、淫志和态色，全与守柔、虚己相违，只会步向"坚强者死之徒"，与"反者道之动，弱者道之用"，更是背道而驰。今孔子既为救世而来，就当转向"柔弱者生之徒"，岂能同俗人，以"昭昭""察察"而自负，当以"昏昏""闷闷"如"愚人之心也哉"，方能"含德之厚"，"修之于天下，其德乃普"。

当然，孔子若真骄气、多欲、淫志和态色，老子根本不会见他，更别说要教导他返回于道了。老子就是见孔子已与他行走在同一道上，求学的目的，也纯是为"爱民治国";只是担忧他年轻气盛，又恐其根基不稳，才会格外地严厉棒喝。

这场棒喝对孔子影响至深，使孔子终其一生，都能不被环境左右，坚定地落实出"有之以为利，无之以为用"（《老子·第十一章》）。孔子一生虽都在求仕途发展，但与常人不同的：是他纯为救世，非为名利。因此，为官不过是为了要便于行道，这就是"有之以为利"。行道既是孔子为官的最主要原因，他当然必坚持"以道事君，不可则止"。因孔子非常明白，唯有"志于道"，才能落实出"据于德、依于仁"和"游于艺"，这即是"无之以为用"。若非有道之君，他情愿领着弟子驱车离去，也绝不眷恋任何官位，这亦符合了《老子·第三十二章》："朴虽小，天下莫能臣。"

二、结论

初次见面，老子非但不传授礼，还对孔子予以严厉棒喝，这是对孔子寄予厚望，故想打通其脉络，直捣治乱的根源——得返回于道。因凡是偏出道外，都必入于死地，只有返回于道，才能出死人生。

以道为尊，方能拆解由情欲而引发的执着和破坏，使心灵转为寂静、守柔、虚己、谦逊；内在的智慧便能源源不绝，既可识得万物的根源，也能体悟天命所赋予的职责。孔子离开洛阳后，更深切体悟以道为尊的重要，不仅以"志于道"建构其儒学道统，还使礼能重新返回至人性的真诚。虽说老子未曾传授其礼，但孔子却在其教导下，反倒将礼给重新导回于道；这既是促成儒、道融合的重要枢纽，也是建构我中华道统的重要根基。儒、道并行于同一大道，皆尊道而行；唯道家更注重在入道根基，儒家则将这根基予以全面地落实和开展。

初次见面的三训，便将孔子的学术和道统给完全导回于道，使孔子能深切地体悟，君子当"志于道，据于德，依于仁，游于艺"；这与《老子》的"人法地，地法天，天法道，道法自然"，显然已不谋而合。

解压缩《李斯列传·谏逐客书》

＊本文作者刘锦源。台湾清华大学博士，马偕学校财团法人马偕医护管理专科学校助理教授。

一、前　言

《李斯列传·谏逐客书》，是一篇铺陈排比，气势奔放的"文言文"经典名篇，选材非常典型，用事高度概括，行文整饬而又富于变化，在《史记·李斯列传》中将其全文收录；同时，《谏逐客书》也是一般教师在从事"文言文"名篇选读时必教的教材，在台湾几乎各个版本的教科书都会选录这篇佳作，在笔者任教的学校，它是作为五年制专科生三年级第一学期的授课单元之一。

其次，谈到"文言文"，它是令当代多数学生见了就退避三舍的文字，细究学生之所以对它如此害怕，主要原因是看不懂，觉得它很难。其实，考察"文言文"的诞生，它是书写工具还不发达时代，所产生的一种简明扼要来记载数据、传递讯息的方式，它可以缩短数据长度，减少书写时间，降低储存空间；用现代的计算机语言来说，它是被"压缩"过的文字，是书写工具还不发达时代人们为了记录，群体共识共用取得的一套"压缩技巧"，用它来书写他们心中所要记录的，可以说好处多多，这就是"文言文"产生的原因之一。因为"文言文"是被"压缩"过的文字，所以不懂压缩原理的人根本看不懂它，觉得它很难。

《李斯列传·谏逐客书》作为"文言文"的经典名篇，若要使学生对其学习不排斥，进而对其感到兴趣，在笔者的教学经验中，发现教师习得"解压缩"这篇文章的技巧很重要。教师在教学之先，若能了解这篇文章的"压缩"原理，进而技巧性地将其"解压缩"，在教学现场必能非常流畅地引导学生进入这篇文章的堂奥，进而使学生喜欢阅读这篇文章。

因此，笔者拟以《李斯列传·谏逐客书》为研究对象，应用"解压缩"计算机档案的原理，逐步"解压缩"这篇"文言文"的经典佳构，并将"解压缩"的技巧在教学现场传授学生，有系统地引导其学习"解压缩"的技巧，并进一步指引其应用李斯的书写策略来创作，将古文创作与现代文创作结合，使二者产生更紧密的连结。冀望经由这样的方式，能让《李斯列传·谏逐客书》等"传统经典"于当代产生更高的"活化"与"应用"价值，更为当代学子所接受。

二、解压缩步骤一：破题、寻绎写作背景

标题"谏逐客书"本身即概括全文内容。因此，笔者解压缩的第一个步骤，即拟自"破题"着手。虽然此标题为后人所加，但在解压缩文本时，先自"破题"着手，笔者以为将令学习者有一种"一目了然"的效果。其次，标题中的字词解释，也是解压缩必然的步骤："谏"者，劝也；"逐客"者，驱逐客卿也；"书"者，信也。统合起来，"谏逐客书"，顾名思义，即是某人劝某某人取消逐客之意，此"某人"即李斯，"某某人"即秦王嬴政。

至于李斯为什么要劝秦王嬴政取消逐客的命令？据《史记·秦始皇本纪》记载，故事要追溯到秦王嬴政十年（前237年），韩王派水工郑国至秦国帮忙开凿泾水，名为发展水利，实欲消耗秦之国力。《史记·李斯列传》说：

> 会韩人郑国来间秦，以作注溉渠，已而觉。秦宗室大臣皆言秦王曰："诸侯人来事秦者，大抵为其主游间于秦耳，请一切逐客。"李斯议亦在逐中。斯乃上书。曰：

韩国此一阴谋后来被秦国宗室大臣发现，秦国宗室大臣遂群情激愤，议论要逐客卿。李斯因是楚国人，也在被驱逐之列，乃上此书，向秦王陈说纳客之利与逐客之害。

文中，李斯一方面动之以利害，一方面明之以事理，尤其从"昔缪公求士"到"此非所以跨海内、制诸侯之术也"一段：

> 昔缪公求士，西取由余于戎，东得百里奚于宛，迎蹇叔于宋，来邳豹、公孙支于晋。此五子者，不产于秦，而缪公用之，并国二十，遂霸西戎。孝公用商鞅之法，移风易俗，民以殷盛，国以富强，百姓乐用，诸侯亲服，获楚魏之师，举地千里，至今治强……今陛下致昆山之玉，有随和之宝，垂明月之珠，服太阿之剑，乘纤离之马，建翠凤之旗，树灵鼍之鼓。此数宝者，秦不生一焉，而陛下说之，何也……今弃击瓮叩缶而就郑卫，退弹筝而取韶虞，若是者何也？快意当前，适观而已矣！今取人则不然，不问可否，不论曲直，非秦者去，为客者逐。然则是所重者在乎色乐珠玉，而所轻者在乎民人也。此非所以跨海内、制诸侯之术也。

从人才说到玩物，层次分明，文气畅达，举证确当。再加上昔今对比：从前缪公、孝公、惠王、昭王四位贤君任用客卿，使秦国由弱转强，证明任用客卿对秦国的发展有利；今天秦王嬴政若只珍爱外国来的诸般珍珠宝物，对于人才却极其排斥，这对于秦王嬴政想要完成"跨海内、制诸侯"是极其不利的。由于李斯的言词极其犀利，使那些主张逐客者无所置答，最后终于说服秦王嬴政取消逐客的命令。

三、解压缩步骤二：探析作者

《孟子·万章上》说："颂其诗，读其书，不知其人可乎？"笔者以为孟子此"知人论世"的概念，可作为诠释学的解释原则，亦即读者想要深入了解作品，必须要对作者所处的历史环境及作者的行迹作全面而深入的考察，方能有深入的理解。依此原则类推，读者若想要深入理解《李斯列传·谏逐客书》文本，即必须对李斯所处的历史环境及其行迹有进一步的探究。

李斯所处的环境及其行迹，在《史记·李斯列传》中有详细而完备的记载。因限于篇幅，本文在探究李斯所处的环境及其行迹时，仅选择李斯上《谏逐客书》"以前"者叙述，至于上《谏逐客书》"以后"者，则暂时略去。《史记·李斯列传》首先说：

> 李斯者，楚上蔡人也。年少时，为郡小吏，见吏舍厕中鼠食不絜，近人犬，数惊恐之。斯入仓，观仓中鼠，食积粟，居大庑之下，不见人犬之忧。于是李斯乃叹曰："人之贤不肖譬如鼠矣，在所自处耳！"

> 乃从荀卿学帝王之术。学已成，度楚王不足事，而六国皆弱，无可为建功者，欲西入秦。辞于荀卿曰："斯闻得时无怠，今万乘方争时，游者主事。今秦王欲吞天下，称帝而治，此布衣驰骛之时而游说者之秋也。处卑贱之位而计不为者，此禽鹿视肉，人面而能强行者耳。故诟莫大于卑贱，而悲莫甚于穷困。久处卑贱之位，困苦之地，非世而恶利，自托于无为，此非士之情也。故斯将西说秦王矣。"

> 至秦，会庄襄王卒，李斯乃求为秦相文信侯吕不韦舍人；不韦贤之，任以为郎。李斯因以得说，说秦王曰："胥人者，去其几也。成大功者，在因瑕衅而遂忍之。昔者秦穆公之霸，终不东并六国者，何也？诸侯尚众，周德未衰，故五伯迭兴，更尊周室。自秦孝公以来，周室卑微，诸侯相兼，关东为六国，秦之乘胜役诸侯，盖六世矣。今诸侯服秦，譬若郡县。夫以秦之强，大王之贤，由灶上骚除，足以灭诸侯，成帝业，为天下一统，此万世之一时也。今怠而不急就，诸侯复强，相聚约从，虽有黄帝之贤，不能并也。"秦王乃拜斯为长史，听其计，阴遣谋士赍持金玉以游说诸侯。诸侯名士可下以财者，厚遗结之；不肯者，利剑刺之。离其君臣之计，秦王乃使其良将随其后。秦王拜斯为客卿。

> 会韩人郑国来间秦，以作注溉渠，已而觉。秦宗室大臣皆言秦王曰："诸侯人来事秦者，大抵为其主游间于秦耳，请一切逐客。"李斯议亦在逐中。斯乃上书曰云云：

由《谏逐客书》可知，李斯原是楚国上蔡人，出身闾巷布衣。年少时曾担任小吏（管仓库的吏），某日见"厕中鼠"与"仓中鼠"，便感慨地说：一个人是贤能或不肖，就如"厕中鼠"与"仓中鼠"一样，关键在于他能不能给自己找到一个足以飞黄腾达的位置；能够找到一个足以飞黄腾达的位置，就可以成为贤人。因此，找一个飞黄腾达的位置，是李斯一生奋斗的动力来源。再从"诟莫大于卑贱，而悲莫甚于穷困"，我们更加可见李斯自年少即怀有飞黄腾达的雄心大志，他不甘心于贫贱，更蔑弃流俗。

于是，在"不甘心于贫贱，蔑弃流俗"的心理作用下，他辞去了小吏的工作，拜当时的儒学大师荀卿为师，从荀卿学帝王之术。学成之后，见六国皆不足以有为，遂入秦国。值秦国庄襄王薨，遂投靠秦相吕不韦，吕不韦很欣赏他的才干；在吕不韦的保举下，李斯担任了郎官，因此有机会见到秦王嬴政，在秦王嬴政身边担任客卿。之后，以"并吞六国"之策游说秦王嬴政重用他。后因"郑国事件"，秦国宗室大臣群情激愤要驱逐客卿，李斯因也在被驱逐的行列，于是很紧张地上《谏逐客书》，希望秦王嬴政取消逐客的命令。秦王嬴政得书之后，遂罢逐客令。可见，《李斯列传·谏逐客书》在劝谏技巧、写作艺术上，一定有诸多足供读者学习的地方。以下即拟分层解压缩《李斯列传·谏逐客书》的写作艺术和劝谏技巧等。

四、解压缩步骤三：解读文本

本节拟针对各段文本压缩档案，予以解压缩。首先从分段开始，将全文分成五小段，各段施以新式标点符号断句。其次，《李斯列传·谏逐客书》中罕用字、通同字特多，常造成读者的阅读障碍；倒装句的使用，也令一般读者雾里看花。是以笔者此处拟采用的解压缩方式，包括：罕用字、通同字的处理；倒装句的还原；关键字词的解析；段落重点的提示；写作技巧的讨论；说服术的说明等。

文章第一段非常短，只有二句，"臣闻吏议逐客，窃以为过矣"。开头就将文章的主旨点明，采用的是"开门见山法"，目的是要以简洁有力的方式，让读者一看就明白作者的主张——逐客的举动是错误的。

紧接着"逐客的举动是错误的"主张之后，第二段开始要证明，唯有"纳客才是正确的"。李斯说：

> 昔缪公求士，西取由余于戎，东得百里奚于宛，迎蹇叔于宋，来邳豹、公孙支于晋。此五子者，不产于秦，而缪公用之，并国二十，遂霸西戎。孝公用商鞅之法，移风易俗，民以殷盛，国以富强，百姓乐用，诸侯亲服，获楚魏之师，举地千里，至今治疆。惠王用张仪之计，拔三川之地，西并巴蜀，北收上郡，南取汉中，包九夷，制鄢郢，东据成皋之险，割膏腴之壤，遂散六国之从，使之西面事秦，功施到今。昭王得范雎，废穰侯，逐华阳，强公室，杜私门，蚕食诸侯，使秦成帝业。此四君者，皆以客之功。由此观之，客何负于秦哉！向使四君却客而不内，疏士而不

用，是使国无富利之实，而秦无疆大之名也。

此处，他历举了缪公任用五个客卿——由余、百里奚、蹇叔、邳豹、公孙支；孝公任用商鞅；惠王任用张仪；昭王任用范雎。这八位客卿帮助这四位贤君：对内，改变秦国的风俗；废除穰侯和华阳君等权臣的势力。对外，瓦解了诸侯国"合纵"的盟约，获得诸侯国广大的土地，向四面极力扩张。由这四位贤君任用客卿使秦国"由弱转强"的历史事实，证明客卿有利于秦国，并暗示逐客之非。"西取由余于戎，东得百里奚于宛，迎蹇叔于宋，来邳豹、公孙支于晋"，由西写到东，强调人才来自各个诸侯国。其次，"取、得、迎、来"四字强调缪公对客卿采取"求"的态度，而当今的秦王嬴政却采取"逐"的态度，作鲜明的对照。再者，秦至缪公、孝公、惠王、昭王，立国已经历时百余年，其间也历任了二十多位国君，为何李斯仅举缪公、孝公、惠王、昭王四位国君来谈呢？主要是因为这四个在秦国历任二十多位国君中，最有作为，最有成就，也最有代表性。

前言关键字词解析，是解压缩的必然步骤。是以本段解压缩步骤——关键字词解析，含括：1. "缪"公：通"穆"。2. 商鞅之法：商鞅废井田、开阡陌、奖励耕战、树立秦国法律的威信。3. 乐用：乐于被国家所用。4. 治疆：安定强大。疆，通"强"。5. 张仪之"计"：指张仪的连横策略，即游说六国以事秦。6. 制鄢郢：控制楚国。鄢，水名。郢，楚都。此运用"借代法"。7. 散六国之"从"：合纵盟约，意即联合六国以抗秦。8. 施：延及。9. 私门：权臣之门。此指穰侯和华阳君。10. 蚕食：逐渐并吞。11. 何负于秦："于秦何负"的倒装句。12. 向：往昔。13. 内：通"纳"。接纳。

第三段，李斯犀利指出，今日秦王嬴政所喜爱诸多宝物，如昆冈美玉、随侯珠、和氏璧、太阿剑等，皆来自异国，但用人却独斥客卿，如此"重色乐珠玉"而轻人才，对"统一天下"是不利的。他说：

> 今陛下致昆山之玉，有随和之宝，垂明月之珠，服太阿之剑，乘纤离之马，建翠凤之旗，树灵鼍之鼓。此数宝者，秦不生一焉，而陛下说之，何也？必秦国之所生然后可，则是夜光之璧，不饰朝廷；犀象之器，不为玩好；郑卫之女，不充后宫；而骏良駃騠，不实外厩；江南金锡不为用，西蜀丹青不为采。所以饰后宫、充下陈、娱心意、说耳目者，必出于秦然后可，则是宛珠之簪，傅玑之珥，阿缟之衣，锦绣之饰，不进于前；而随俗雅化，佳冶窈窕，赵女不立于侧也。夫击瓮叩缶，弹筝搏髀，而歌呼呜呜快耳者，真秦之声也。郑卫桑间，韶虞武象者，异国之乐也。今弃击瓮叩缶而就郑卫，退弹筝而取韶虞，若是者何也？快意当前，适观而已矣！今取人则不然，不问可否，不论曲直，非秦者去，为客者逐。然则是所重者在乎色乐珠玉，而所轻者在乎民人也。此非所以跨海内、制诸侯之术也。

"跨海内、制诸侯"是秦王嬴政一生努力的目标,李斯技巧性地针对秦王嬴政所在意的点提出,此必然能深深打动秦王嬴政的心,最终说服秦王嬴政取消逐客的命令。前段李斯铺写历史上缪公等四位国君任用客卿成功的事实,目的就是为了要暗示当前秦王嬴政逐客之非。因此,本段文章很自然地由写缪公等四位国君的作为过渡到写当今国君的作为。一开头即用"今陛下"与前段的"昔缪公"相对照。先从正反两面极写秦王嬴政所喜爱的诸多珍珠宝物、后宫佳丽均来自外国。"此数宝者,秦不生一焉",技巧性地隐含一个"客"字。再有力地转出六个"不"字句,"则是夜光之璧,不饰朝廷;犀象之器,不为玩好;郑卫之女,不充后宫;而骏良駃騠,不实外厩;江南金锡不为用,西蜀丹青不为采",作反面推论,强调秦王嬴政重视外国的珍宝美女,轻视外国的人才,暗示这与昔日缪公等四位贤君的作为恰恰相反,对"跨海内、制诸侯"的目标是有妨碍的。

本段关键字词解析,含括:1. 纤离:良马名。2. 駃騠:良马名。3. 丹青:彩绘的涂料。4. 宛珠之簪:用宛地珍珠镶饰的发簪。5. 傅玑之珥:镶嵌珍珠的耳饰。6. 随俗雅化:随着时髦而高雅化自己。7. 佳冶窈窕:容貌娇艳,体态美好。8. 击瓮叩缶:击瓦瓮,敲瓦盆。9. 弹筝搏髀:弹着筝,拍着腿。10. 郑卫桑间:郑卫二国的音乐。11. 韶虞武象:虞舜的韶乐,周武王的象舞。

以上从珍宝、美色、音乐三方面大肆铺写,如果再写下去,就会显得累赘。于是作者恰到好处地用"今取人则不然"六个字一笔收尽,急转直下,再以生动而贴切的比喻从理论上阐明逐客和纳客的利害关系。第四段说:

> 臣闻地广者粟多,国大者人众,兵强者则士勇。是以泰山不让土壤,故能成其大;河海不择细流,故能就其深;王者不却众庶,故能明其德。是以地无四方,民无异国,四时充美,鬼神降福,此五帝三王之所以无敌也。今乃弃黔首以资敌国,却宾客以业诸侯,使天下之士,退而不敢西向,裹足不入秦,此所谓藉寇兵而赍盗粮者也。

本段先从正面论证。"臣闻地广者粟多,国大者人众,兵强者则士勇"连用三个比喻,暗示人才众多对国家有利。前二个比喻从数量上强调,后一个比喻从质量上彰显。以下再推出三组双句成排的对偶句:"泰山不让土壤,故能成其大;河海不择细流,故能就其深;王者不却众庶,故能明其德",以高山、大海为喻,引出"王者不却众庶,故能明其德",重点落在"王者不却众庶,故能明其德"上,暗示秦王嬴政应该要罗致客卿,不拒绝客卿的依附。"地无四方,民无异国,四时充美,鬼神降福,此五帝三王之所以无敌。"说明五帝、三王之所以无敌于天下的原因,正是因为他们接纳四方客卿的依附。接着转入反面论述:"今乃弃黔首以资敌国,却宾客以业诸侯",从五帝、三王的作为转到今天陛下的作为。末了用"此所谓藉寇兵而赍盗粮者也"作结束,用了两个既形象又概括的比喻,清楚说明问题的本质。逐客的本质就是以人才资敌,削弱自己，壮大敌人。秦王嬴政读了一定坐立难安。

本段关键字词解析，含括：1. 让：排斥。2. 择：挑剔。3. 黔首：百姓。引申指客卿。4. 业：此处作动词用。指帮助诸侯国成就事业。5. 裹足：缠裹其足。引申指止步。6. 藉寇兵而赍盗粮：借武器给敌寇，送粮食给盗贼。藉，通"借"。兵，兵械。赍，赠送。

最后一段，收结前三段的内容，申明利害，总结全文。他说：

> 夫物不产于秦，可宝者多；士不产于秦，而愿忠者众。今逐客以资敌国，损民以益雠，内自虚而外树怨于诸侯，求国无危，不可得也。

"夫物不产于秦，可宝者多"，收结"今陛下致昆山之玉"一段；"士不产于秦，而愿忠者众"，收结"昔缪公求士"一段；"今逐客以资敌国，损民以益雠，内自虚而外树怨于诸侯"，收结"臣闻地广者粟多"一段。二、三、四段，三大段文字，李斯仅用此数句即全部尽收，概括无余，真是非凡之笔。其次，"士不产于秦，而愿忠者众"，正是李斯在向秦王嬴政表白心迹，表明他虽是楚国人，但若秦王嬴政愿意用他，他一定会对秦国忠心耿耿。再者，"今逐客以资敌国，损民以益雠，内自虚而外树怨于诸侯"，前二句是因，后一句是果，进一步说明"却宾客以业诸侯"的危害。这样就必然得出"求国无危，不可得也"的结论，与开头的"臣闻吏议逐客，窃以为过矣"相呼应，进一步凸显文章的主题。

五、结　语

综合前述研究可知：《李斯列传·谏逐客书》，是一篇铺陈排比，气势奔放的"文言文"经典名篇。因其为"文言文"，所以许多读者对它经常望而生畏。细究读者之所以对它如此害怕，主要原因是不了解文章的"压缩"原理。其实"文言文"文章虽是被"压缩"过的作品，但只要经过层层的"解压缩"之后，它也可以变得如白话文文章一般亲切近人。因此，笔者拟运用"解压缩"计算机档案的原理，逐步"解压缩"这篇"文言文"的经典佳构，并将"解压缩"的技巧在教学现场传授学生，有系统地引导其学习"解压缩"的技巧，并进一步指引其应用李斯的书写策略来创作，将古文创作与现代文创作结合，使二者产生更紧密的连结。

笔者拟运用的解压缩方式含括：1. 破题。2. 写作背景寻绎。3. 作者所处历史环境及其行迹探析。4. 文章分段。5. 各段施以新式标点符号断句。6. 罕用字与通同字处理。7. 倒装句还原。8. 关键字词解析。9. 段落重点提示。10. 写作技巧讨论。11. 说服术说明等。冀望经由上述层层解压缩之后，能使《李斯列传·谏逐客书》等"传统经典名篇"于当代产生更高的"活化"与"应用"价值，更为当代学子所接受。

《史记》思想文化研究

论刘邦的精神世界

＊本文作者赵国华。华中师范大学历史文化学院教授，博士生导师。

刘邦作为汉朝的开国君主，自从司马迁修成《史记》以后，受到历代文人学者的广泛关注，引发出各种各样的评议。最近数十年间，学术界仍很重视刘邦研究，涌现出一系列新的论著①。本文拟从个人品质和智慧的角度，探讨刘邦的思想和文化根基，剖析刘邦的精神世界的内涵和特点，以期有裨于秦汉史研究。

一

周赧王五十九年（前256年），亦即楚考烈王七年，刘邦出生在楚国泗水郡沛县②，是一个地道的楚国人。这时的楚国遭受秦国的逼迫，已经把都城迁到陈郢。也就在这一年，楚考烈王参与合纵伐秦失利，又被迫迁都到寿春。这

---

① 近时研究刘邦的著作，主要有李开元：《汉帝国的建立与刘邦集团——军功受益阶层研究》，三联书店2000年版；安作璋、孟祥才著《汉高帝大传》，中华书局2006年版；黄中业著《汉高祖刘邦传》，吉林人民出版社2006年版；傅幼冲著《汉高祖研究》，花木兰文化出版社2016年版。

② 关于刘邦的生年有两种记述：一是《史记·高祖本纪》集解引皇甫谧曰："高祖以秦昭王五十一年生，至汉十二年，年六十二。"二是《汉书·高帝纪》注引臣瓒曰："帝年四十二即位，即位十二年，寿五十三。"按：《高祖本纪》集解又引徐广曰：秦二世元年，"高祖时年四十八"。依此前推，刘邦生于秦昭王五十一年。本文取皇甫谧、徐广说。

样一来，楚国丧失西部大片地区，逐渐变成了一个弱国。

从区域地理来看，沛县位于楚文化和齐鲁文化、中原文化的交汇处，拥有多元文化融合的优势。特别是沛县邻近鲁地，与以儒家思想为核心的鲁文化有着密切的联系。刘邦的精神世界的形成和发展，就受到各种地域文化的浸润和熏陶，其中以孔子、孟子为代表的儒家思想则有着深刻的影响。依照司马迁的记述，有关刘邦的个人品质最先出自萧何的评议："刘季固多大言，少成事。"① 这是说刘邦平常好说大话，办不成什么事情。萧何应该比较了解刘邦，相信他说出这句话，应该有一定的根据。

刘邦说过什么大话呢？现在能够找到的是，他曾经到秦都咸阳服役，看到秦始皇时说："嗟乎，大丈夫当如此也！"② 而在类似的情景下，这样说话的还有一个人，那是项羽。项羽流亡吴地期间，看到秦始皇时说："彼可取而代也。"③ 这两句看似平常的话，却道出两种不同的心声。明代凌稚隆评论说："高祖观秦帝之言，较之项羽曰'彼可取而代也'，气象自是迥别。"④ 究其区别在于：刘邦在秦朝担任亭长，无疑属于体制中人，做一个大丈夫是他的人生志趣；项羽则不然，因为他的祖父和父亲为楚国战死，被迫流亡到吴地，对秦朝怀有家仇国恨，所以想要取代秦始皇。

刘邦怀着这样的一腔壮志，登上了秦汉之际的历史舞台。这一"大丈夫"的说法，作为刘邦随口吐露的"大言"，与儒家思想有一定的关联。因为在战国诸子中间，首先提出"大丈夫"的概念并赋予精神内涵的人，是孟子。孟子曾经与景春谈话，因为景春重视纵横家而称赞公孙衍、张仪是"大丈夫"，就从儒家的人生观出发，反驳了景春的看法，进而深刻地解释了"大丈夫"的概念。

> 居天下之广居，立天下之正位，行天下之大道；得志，与民由之；不得志，独行其道。富贵不能淫，贫贱不能移，威武不能屈，此之谓大丈夫。⑤

孟子从正反两面解释"大丈夫"的精神内涵，正面说是"居天下之广居，立天下之正位，行天下之大道"，反面说是"富贵不能淫，贫贱不能移，威武不能屈"。刘邦吸纳了孟子的观点，以做"大丈夫"为人生志趣，并且把秦始皇当作"大丈夫"，表明这时他并不反对秦朝，还以秦始皇为个人偶像。

从个人经历来看，楚王负刍五年（前 223 年），秦将王翦攻破楚国，占领

---

① 《史记》卷八《高祖本纪》，中华书局 1959 年版，第 344 页。

② 《史记》卷八《高祖本纪》，第 344 页。

③ 《史记》卷七《项羽本纪》，第 296 页。

④ 凌稚隆辑校，李光缙增补：《史记评林》册二《高祖本纪》，天津古籍出版社 1998 年版，第 79 - 80 页。

⑤ 杨伯峻译注：《孟子译注》卷六《滕文公下》，中华书局 1960 年版，第 141 页。

了泗水郡，刘邦从楚人变成了秦人。他在秦朝仅做过亭长，但关注天下形势的演变，是一个有大志向的人。在山东六国人的眼中，秦国被视为虎狼之国，秦国的军队是虎狼之师，秦国人被称为虎狼之人。因为秦国统一天下主要是靠残酷的战争手段，楚人非常不服气，就在暗地里反抗秦朝的统治，流传说"楚虽三户，亡秦必楚"①。这样一种社会舆情碰上陈涉起义造成的时势，就促使刘邦走上了反秦的道路。

值得注意的是，楚地反秦的社会舆情竟然被秦始皇察觉，秦始皇为了应对这一社会舆情，开启了他称帝后的第五次巡游，即到东南地区视察。

> 秦始皇帝常曰"东南有天子气"，于是因东游以厌之。高祖即自疑，亡匿，隐于芒、砀山泽岩石之间。②

刘邦自以为得"天子气"，就隐藏到芒、砀山之中。这恰好说明他出身卑微，却怀有超乎常人的志向，即有着深厚的帝王思想。这一思想建立在反秦的基础上，同样映衬出楚地的社会舆情。

当然，刘邦有一定的文化修养，并不像唐代诗人所谓"刘项元来不读书"③。他和卢绾是同里人，又是同年同月同日生，刚出生就受到邻里的祝贺。"及高祖、卢绾壮，俱学书，又相爱也。"④ 邻里看到这一情形，又带着羊酒来两家祝贺。这说明刘邦少时读过书，似乎读得还不错，否则，若是一个顽皮孩子，怎能再次受到邻里致贺。

秦二世元年（前209年），刘邦在沛县起兵，被推举为沛公，随即举行隆重的仪式，"祠黄帝，祭蚩尤于沛庭，而衅鼓旗。"⑤ 这一活动把远古传说中的英雄当作神灵，无非是借助黄帝、蚩尤的名义，沿用民间习俗，赋予沛县起兵以合理性，以提高政治号召力。明代凌约言评论说："高祖起兵时，规模即与诸公不同。"⑥ 这是从文化的视角看到了刘邦的政治远见。

从外在作用来看，刘邦的精神世界的发展和演变，还受到他身边一批名士谋臣的影响。刘邦起事之初，任用张良为厩将，"良数以《太公兵法》说沛公，沛公善之，常用其策。良为他人言，皆不省。良曰：'沛公殆天授。'"⑦ 在楚汉战争中，张良辅佐刘邦，屡次出谋献策，决定军事和外交行动，直接改变着刘邦的战略思路。

汉王朝建立之后，陆贾担任太中大夫，时常给刘邦谈论《诗》《书》，遭到

① 《史记》卷七《项羽本纪》，第300页。
② 《史记》卷八《高祖本纪》，第348页。
③ 章碣：《焚书坑》："竹帛烟销帝业虚，关河空锁祖龙居。坑灰未冷山东乱，刘项元来不读书。"见《校编全唐诗》，湖北人民出版社2001年版，第3487页。
④ 《史记》卷九十三《韩信卢绾列传》，第2637页。
⑤ 《史记》卷八《高祖本纪》，第350页。
⑥ 《史记评林》册二《高祖本纪》引凌约言语，第89页。
⑦ 《史记》卷五十五《留侯世家》，第2036页。

刘邦的责骂。但等陆贾解说"居马上得之，宁可以马上治之乎"的问题之后，刘邦竟然"不怿而有惭色"，要求陆贾总结一下秦汉兴亡和历朝成败的原因。正是在这种政治气氛中，陆贾写出 12 篇政论文章。

> 每奏一篇，高帝未尝不称善，左右呼万岁，号其书曰《新语》。①

这一朝廷上出现的热烈场面，在中国古代史上并不多见。陆贾的政治理论触动了刘邦的精神世界，促进了秦汉之际统治思想的转变，给汉王朝提供了新的统治思想，开启了新的国家治理模式。

此外，汉高帝七年（前 200 年）十月，经过叔孙通制定朝仪，诸侯群臣前来贺岁，朝会时采用新的礼仪，刘邦竟情不自禁地说："吾乃今日知为皇帝之贵也。"② 这一句较为庸俗的话，恰好反映出刘邦的内心感受，即对现行朝仪的认可和对众臣朝拜的心理满足，体现着一种典型的帝王观念。

二

透过刘邦的自我表现和时人对他的评议，我们来看刘邦的精神世界，其中蕴涵着几个核心要素：智、仁、勇，这正体现出刘邦的个人素养。

先说刘邦的"智"。

秦末是一个风起云涌、波澜壮阔的时代，刘邦作为一位基层小吏，怎样才能实现他的大志向呢？这不只是一个价值取向的问题，而是一个价值实现的问题。从刘邦反秦灭楚兴汉的过程来看，在他的精神世界里充斥着一个"智"字；或者说他夺得天下和治理国家，在很大程度上依靠的是智谋。

刘邦崇尚和依靠智谋，既表现在统兵作战、处置危机时刻，又反映在治国理政、识人用人方面，可以说是无处不有。汉王四年（前 203 年）十月，楚汉战争的紧要关头，刘邦和项羽对峙于广武，项羽想跟刘邦决斗，满怀豪气地声称："天下匈匈数岁者，徒以吾两人耳。愿与汉王挑战，决雌雄，毋徒苦天下之民父子为也。"刘邦自知拼不过项羽，竟然笑着回答说：

> 吾宁斗智，不能斗力。③

这一句话掷地有声，是刘邦崇尚智谋的明证。在这次阵前对话中，刘邦怒斥项羽十大罪状，最后说到："吾以义兵从诸侯诛残贼，使刑余罪人击杀项羽，何苦乃与公挑战！"④ 项羽听了这番话，愤怒地扣动弩机，一箭射中刘邦。这一举动表明，楚汉战争是一场智谋与力量的比拼，而刘邦最终战胜项羽，可以

---

① 《史记》卷九十七《郦生陆贾列传》，第 2699 页。
② 《史记》卷九十九《刘敬叔孙通列传》，第 2723 页。
③ 《史记》卷七《项羽本纪》，第 328 页。
④ 《史记》卷八《高祖本纪》，第 376 页。

说是智谋对力量的胜利。

刘邦称皇帝之后，在洛阳南宫与群臣聚会，谈到他成功的经验和项羽失败的原因，自以为是依靠萧何、韩信和张良三个人。

> 夫运筹策帷帐之中，决胜于千里之外，吾不如子房。镇国家，抚百姓，给馈饷，不绝粮道，吾不如萧何。连百万之军，战必胜，攻必取，吾不如韩信。此三者，皆人杰也，吾能用之，此吾所以取天下也。①

这段评论颇为精彩，充分说明刘邦既有自知之明，又有知人善任之能。张良、萧何、韩信分别为汉王朝的建立贡献了战争决策、军事后勤、作战指挥诸方面的智谋，这是刘邦战胜项羽的关键因素。仅就《高祖本纪》而言，明代凌稚隆总结说："纪中凡言用计者五，从计者一，皆以见高祖善用人也。"②

刘邦善于识人用人，在他的部属谈话中都有一定的反映。汉王二年（前205年）三月，陈平弃楚归汉之后，对刘邦说："项王不能信人，其所任爱，非诸项即妻之昆弟，虽有奇士不能用，平乃去楚。闻汉王之能用人，故归大王。"③高帝六年（前201年）十二月，韩信被贬为淮阴侯，软禁在京城，曾经与刘邦交谈，谈及他们才智上的差异。

> 上常从容与信言诸将能不，各有差。上问曰："如我能将几何？"信曰："陛下不过能将十万。"上曰："于君何如？"曰："臣多多而益善耳。"上笑曰："多多益善，何为为我禽？"信曰："陛下不能将兵，而善将将，此乃信之所以为陛下禽也。且陛下所谓天授，非人力也。"④

这时候，韩信知道刘邦忌惮他的才能，经常称病不上朝，不愿意与周勃、灌婴等人为伍，所以跟刘邦论长短时，就说刘邦带兵不过十万人，而他自己"多多益善"，这实在有一点自负。不过，所谓"将兵"和"将将"的说法，倒也说明了韩信和刘邦的差别。由此可知，刘邦作为一个政治领袖，能保持知人善任的优势，同样带有崇尚智谋的特征。

不仅如此，刘邦作为一位开国皇帝，在治国理政方面也施展出一些政治智谋。高帝五年（前202年）五月，刘邦称帝之后，决定遣散士兵，因而颁布诏令："诸侯子在关中者复之十二岁，其归者复之六岁，食之一岁。"⑤清代王夫之认为"汉起巴蜀、三秦之卒，用九江、齐、赵之师，不战其地，不扰其人，无闾井之怨，归斯安矣"，所以评论说："高帝甫一天下，而早为之所。国不糜，农不困，兵有所归。下令于流水之源，而条委就理，不谓之有大略也

---

① 《史记》卷八《高祖本纪》，第381页。
② 《史记评林》册二《高祖本纪》，第104-105页。
③ 《史记》卷五十六《陈丞相世家》，第2054页。
④ 《史记》卷九十二《淮阴侯列传》，第2628页。
⑤ 《史记》卷八《高祖本纪》，第380页。

得乎!"①

高帝八年（前 199 年）三月，刘邦颁布诏令规定："贾人毋得衣锦绣、绮
縠、絺纻、罽，操兵，乘骑马。"② 这一禁止商贾活动的措施，看似没有多大
意义，其实与重建社会秩序有着密切的关系。王夫之又评论说："国无贵人，
民不足以兴；国无富人，民不足以殖。任子贵于国，而国愈偷；贾人富于国，
而国愈贫。任子不能使之弗贵，而制其贵之擅；贾人不能使之弗富，而夺其富
之骄。高帝初定天下，禁贾人衣锦绮、操兵乘马，可谓知政本矣。"③ 这与上
述评议一致，称道刘邦的政治智谋，确实独具慧眼。

此外，刘邦对身后的人事安排，也凸显出知人善任之明。高帝十二年（前
195 年）三月，刘邦在临终之前，与吕后谈及丞相人选。

> 吕后问："陛下百岁后，萧相国即死，令谁代之？"上曰："曹参可。"
> 问其次，上曰："王陵可。然陵少戆，陈平可以助之。陈平智有余，然难
> 以独任。周勃重厚少文，然安刘氏者必勃也，可令为太尉。"④

汉惠帝继位、吕后称制的那段历史，再度验证了刘邦知人善任的政治远
见。刘邦出身于平民阶层，却能够开创一个新时代，其中的关键因素是善用智
谋。诚如韩兆琦先生所论，"刘邦的确是一个雄才大略，有智谋，有远见，能
用人，尤其是能驾驭人的政治家。"⑤ 因此，透视刘邦的精神世界，可以看到
一个夺目的亮点，就是崇尚和依靠智谋。

三

次说刘邦的"仁"。

按照心理学的观点，一个人的品质大抵形成于青年时代，并且影响到人的
一生。司马迁编修《高祖本纪》，在叙述刘邦的出生和身世之后，特意写出刘
邦的为人特征。

> 高祖为人，隆准而龙颜，美须髯，左股有七十二黑子。仁而爱人，喜
> 施，意豁如也。⑥

这前一句是说刘邦的外貌特征，后一句是说刘邦的内在品质，显然在司马
迁的笔下，刘邦是一个外貌奇特、内心仁爱的人。然而，过去人们评价刘邦的

---

① 王夫之：《读通鉴论》，中华书局 1975 年版，第 16 - 17 页。

② 《汉书》卷一下《高帝纪下》，第 65 页。

③ 王夫之：《读通鉴论》，第 21 - 22 页。

④ 《史记》卷八《高祖本纪》，第 391 - 392 页。

⑤ 韩兆琦：《史记评议赏析》，内蒙古人民出版社 1985 年版，第 176 页。

⑥ 《史记》卷八《高祖本纪》，第 342 页。值得注意的是，这里"仁而爱人"的记述，到了
司马光的笔下，就被删除"仁而"二字。见《资治通鉴》卷二《秦纪二》，第 261 页。

个人素养，主要依据《史记》记述的一些特殊生活情景和彭城战败逃亡的特殊经历，以及枉杀韩信和彭越等行径，断定刘邦带有流氓习气，甚至就是一个流氓无赖①。难道是司马迁的笔下出错了吗？不是。与刘邦共事者的各种评价可以证明，在刘邦的精神世界里，的确有着"仁而爱人"的一面。

秦二世二年（前208年），楚怀王迁都彭城之后，从战略上决定两路出兵：一路北上援救赵国，一路西征夺取关中，同时与诸将约定：谁先夺取关中，即为关中王。诸将畏惧秦军强大，不利于到关中作战，只有项羽愿与刘邦领兵西征。楚怀王与诸将商议，那些老将以项羽和刘邦作比较说：

> 项羽为人僄悍猾贼。……不如更遣长者扶义而西，告谕秦父兄。秦父兄苦其主久矣，今诚得长者往，毋侵暴，宜可下。今项羽僄悍，今不可遣。独沛公素宽大长者，可遣。②

这里称刘邦为"宽大长者"，与一再说项羽"僄悍""僄悍猾贼"相对应，应该是较客观的评价。刘邦被视为"宽大长者"，较项羽更适合"扶义而西"，使楚怀王作出决定，没有同意项羽的请求，而指派刘邦领兵西征。于是，刘邦踏上西征之路。

秦二世三年（前207年），刘邦西征途中，进至陈留高阳。郦食其在高阳作监门，见过一些路过的部队，"闻其将皆握龊，好苛礼自用，不能听大度之言"③，就隐藏不露。等听说刘邦到高阳，郦食其却要进见刘邦，并颇有感慨地说：

> 诸将过此者多，吾视沛公大人长者。④

郦食其是一个有见识的人，称赞刘邦是"大人长者"，因而主动求见刘邦。刘邦接见了郦食其，还特意款待他。郦食其给刘邦献策说："夫陈留，天下之冲，四通五达之郊也，今其城又多积粟。臣善其令，请得使之，令下足下。即不听，足下举兵攻之，臣为内应。"⑤刘邦采纳这一计策，一举夺取了陈留。这表明刘邦的长者风度，是郦食其求见和归附的主要缘故，而郦食其的归附和献策，则是刘邦夺取陈留的关键因素。

汉王元年（前206年）八月，在楚汉战争中，刘邦攻取关中。王陵率部归附刘邦，他的母亲遭到项羽的扣留，被用来要挟王陵。王陵派使者去救母亲。王母私下送别使者，竟然流着眼泪说：

---

① 当然，对于刘邦的一些生活情景，亦有分析者提出不同的看法，如凌稚隆评论"贺万钱"之事说："自古英雄不规规于小节，类如此。"（《史记评林》，第80页。）
② 《史记》卷八《高祖本纪》，第357页。
③ 《史记》卷九十七《郦生陆贾列传》，第2691页。
④ 《史记》卷八《高祖本纪》，第358页。
⑤ 《史记》卷九十七《郦生陆贾列传》，第2693页。

> 为老妾语陵，谨事汉王。汉王，长者也，无以老妾故，持二心。妾以死送使者。①

令人震惊的是，王母说完这番话，当即挥剑自杀，表现出一副决绝的气概。然分析王母的用意，这样决绝的行为只是以自己的生命为代价，劝说王陵追随刘邦。因为在她看来，刘邦是一位非凡的长者，终究能够夺得天下。

那么，秦汉之际的长者是什么样的人呢？一般学者认为，长者作为一种敬称，主要指年长者、位尊者、有德者②。换句话说，长者就是年龄较大，并有一定的权势和德行的人。刘邦被人们称为长者，除了年长、位尊、有德之外，还有任侠仗义的品格。从具体事例来看，在刘邦的心目中，也有一个长者的形象，其中一条重要的标准就是待人厚道。

> 始高祖微时，尝辟事，时时与宾客过巨嫂食。嫂厌叔，叔与客来，嫂详为羹尽，栎釜，宾客以故去。已而视釜中尚有羹，高祖由此怨其嫂。及高祖为帝，封昆弟，而伯子独不得封。太上皇以为言，高祖曰："某非忘封之也，为其母不长者耳。"于是乃封其子信为羹颉侯。③

刘邦早年推崇信陵君，任侠仗义，广交朋友，就带朋友去大嫂家吃饭。但这大嫂为人不厚道，给朋友玩难看，所以刘邦一直抱怨大嫂，即使他称帝之后，仍不给他的侄子封爵。等到太上皇过问此事，刘邦还在说大嫂不像长者，虽然给他的侄子封侯，却要加上一个不雅的称号。这表明刘邦终其一生，都难以放下长者的心胸。

更有甚者，刘邦作为一名显赫的长者，在进入关中后采取了一系列举措，其中体现出"仁而爱人"的精神。汉王元年十月，刘邦进兵至霸上，秦王子婴被迫出降，诸将请诛杀子婴，刘邦却不同意，就对诸将解释说："始怀王遣我，固以能宽容，且人已服降，又杀之，不祥。"④ 于是将子婴交给属吏，而后进入咸阳。刘邦没有辜负楚怀王的重托，正如凌约言所云，"此即老将等遣沛公之意，亦即其语沛父老之意。"⑤ 仅从这一点来看，刘邦能在关中站稳脚跟，除他善于用人之外，就是得到了关中吏民的拥护。

秦朝的暴政让民众遭受苦难，有什么办法能改变这一现状，从而广泛地收取民心呢？从政治领袖的高度来说，最有效的办法是关爱民众，消除暴政，也就是实行所谓"仁政"。刘邦在沛县起兵时，就劝告沛县父老，说"天下苦秦

---

① 《史记》卷五十六《陈丞相世家》，第 2059 - 2060 页。

② 参见侯海英《史记中的长者与汉初社会》，《史记三题》，吉林文史出版社 2011 年版。

③ 《史记》卷四十九《楚元王世家》，第 1987 页。

④ 《史记》卷八《高祖本纪》，第 362 页。

⑤ 《史记评林》册二《高祖本纪》，第 106 - 107 页。

久矣"①；后来遇见郦食其，仍说"天下同苦秦久矣，故诸侯相率而攻秦"②；等进入关中之后，又召见诸县父老豪杰说：

> 父老苦秦苛法久矣，诽谤者族，偶语者弃市。吾……与父老约，法三章耳：杀人者死，伤人及盗抵罪。余悉除去秦法。诸吏人皆案堵如故。凡吾所以来，为父老除害，非有所侵暴，无恐！③

刘邦进入咸阳，之所以急于"约法三章"，废除秦朝严酷的法令，一是顾及此前"怀王遣我，固以能宽容"，二是念及此后做关中王，必须收取民心。实际上，这样做的效果不错，关中吏民争持牛羊酒食，前来犒劳将士，唯恐刘邦不在关中称王。刘邦作为一位"宽大长者"，在一定程度上得到了社会认同。所以，明代张之象论及司马迁对这段历史的叙述，"先言秦人喜，后言秦人大喜，后又言人又益喜，连用喜字，斯可以观人心矣。"④ 这一说法颇为中肯。

总括而言，在刘邦的心目中，始终保持着一个长者形象，成为他待人处事的标准。秦汉之际对长者的社会评价，成为当时的一个公共话题。刘邦用这一标准对待别人，时人也用这一标准评议刘邦。所以，刘邦被时人赞许为长者，表明他具备宽大仁爱、任侠仗义等品质。这种品质投射到政治行为上面，就有了不杀子婴、"约法三章"等举措，由此造就了民心所向的政治环境。

四

再说刘邦的"勇"。

汉末刘劭撰著《人物志》，从理论上阐发"英雄"的概念，提出了独到的英雄观。英雄是"英"和"雄"的结合，"英"是有智谋，指智谋过人；"雄"是有胆略，指胆略超人。只有那些有智谋，有胆略，并把两者结合起来，创造非凡功业的人，才称得上是英雄。

依据这一"英雄"标准，刘邦既有过人的智谋，又有超人的胆略，是一位智勇兼备的英雄。从具体的事例来看，刘邦超人的胆略，主要表现在敢于冒险、挑战、担当重任和大无畏的拼搏精神。这从他反秦起事说起：

> 高祖以亭长为县送徒郦山，徒多道亡。自度比至皆亡之，到丰西泽中，止饮，夜乃解纵所送徒。曰："公等皆去，吾亦从此逝矣！"徒中壮士愿从者十余人。⑤

---

① 《史记》卷八《高祖本纪》，第350页。
② 《史记》卷九十七《郦生陆贾列传》，第2692页。
③ 《史记》卷八《高祖本纪》，第362页。
④ 《史记评林》册二《高祖本纪》，第108页。
⑤ 《史记》卷八《高祖本纪》，第347页。

刘邦奋起反秦的第一步，就是押送刑徒去修骊山陵，从沛县出行没多远，因为有人逃跑，就索性把所有刑徒释放。刘邦身为一名亭长，自然属于体制中人，这样做要丢掉公职，还要面对法律惩处，可以说是自毁前程。但在这一非凡决定中，散发出刘邦的担当精神。有些刑徒受到这种精神的感召，决意追随刘邦。于是就有一支10余人的队伍，游荡在芒、砀山之间，走上了反秦的道路。

秦二世元年（前209年）九月，刘邦率部返回沛县，沛县父老杀掉沛令，把刘邦迎进城里。"萧（何）、曹（参）等皆文吏，自爱，恐事不就，后秦种族其家，尽让刘季。"① 刘邦在众人拥戴下，被尊称为沛公，随后收编本地子弟二三千人，开始攻城略地。这种挺身举义的行为，体现着敢为人先的精神。

在反秦灭楚的过程中，刘邦总是率军作战，时常亲临阵前拼杀。根据刘敬的说法，刘邦从沛县起兵，"收卒三千人，以之径往而卷蜀汉，定三秦，与项羽战荥阳，争成皋之口，大战七十，小战四十"② 在这上百次战斗中，刘邦时常遭到失败。如彭城之战，刘邦兵败后狼狈逃窜，差一点被楚军俘虏；荥阳之战，刘邦被项羽射中心窝，差一点丢掉性命。但是，刘邦从未放弃拼搏的信念，坚持奋战到底，彰显出百折不挠的意志。

等到汉王朝建立，刘邦为了维护国家统一，不但要应对燕王臧荼、韩王信、陈豨等人相继发动的叛乱，还要反击匈奴的侵扰。高帝七年（前200年）十月，刘邦率军击破韩王信，韩王信逃入匈奴。匈奴冒顿单于派兵南侵，直逼晋阳。

> 高祖自往击之，会天寒，士卒堕指者什二三，遂至平城。③

这里只是说"天寒"，《匈奴列传》则称"大寒雨雪"。在这种恶劣气候下，刘邦统领30万军队，先是进驻晋阳，继而追击匈奴，抵达平城。这时候，冒顿单于亲率40万骑兵，把刘邦围困于白登山。经过七天七夜，最终依靠陈平巧用秘谋，刘邦才脱离险境。

高帝十一年（前196年）七月，英布在淮南反叛。刘邦已经年过花甲，身体尚且有病，本想让太子刘盈领兵平叛，但由于吕后从中作梗，还是亲自出征。次年十月，刘邦率军进至蕲县，开始与叛军对峙。

> 布兵精甚，上乃壁庸城，望布军置阵如项籍军，上恶之。与布相望见，遥谓布曰："何苦而反？"布曰："欲为帝耳。"上怒骂之，遂大战。布军败走，渡淮，数止战，不利，与百余人走江南。④

---

① 《史记》卷八《高祖本纪》，第350页。
② 《史记》卷九十九《刘敬叔孙通列传》，第2716页。
③ 《史记》卷八《高祖本纪》，第385页。
④ 《史记》卷九十一《黥布列传》，第2606页。

这是刘邦的最后一战。他拖着老病的身躯，从长安到蕲县，长途跋涉千里，前来与英布决战。在双方交战之际，他依然亲临阵前，怒斥英布的反叛行径，随后指挥大军拼杀，却不幸中箭负伤。这些险恶的作战经历，都表现出刘邦的勇敢精神。

纵观刘邦的后半生，凭借过人的智谋和胆略，创造出非凡的功业，照理说他是一位英雄，不会有人质疑。可是到了魏晋之际，阮籍曾经出游广武，参观楚汉相争的战场，禁不住感叹道："时无英雄，使竖子成名！"① 这究竟是感叹秦汉之际没有英雄，还是嘲笑魏晋之际"竖子成名"？似乎很难说清楚。不过，后世不少文人确信阮籍针对刘邦而言，总是藉此评议刘邦，认为他算不上什么英雄。这有异于刘劭的英雄观，缺少历史事实的佐证，显然是一种情绪化的论调。

五

最后说刘邦的"大度"。

在刘邦的精神世界中，除上述智、仁、勇之外，另一个突出的人格特质，就是豁达大度的性情。针对刘邦的个人素养，司马迁明确地写到：

> 仁而爱人，喜施，意豁如也。常有大度，不事家人生产作业。②

这里所谓"喜施"，即喜欢施舍；"意豁如也"，指性情豁达。因为喜欢施舍、性情豁达，刘邦才有"大度"。所谓"大度"，即与一般人相比较，具有更大的气度。刘邦出身于乡村，从一介亭长跃升为一代君主，即有赖于这种气度。明代董份评论说："'意豁如也'四字，最善状高祖。"③ 刘邦豁达大度的性情，在他一生的各种言行中，主要表现为以下几点：

一是对待人际关系，表面上不注重礼节，却能坦诚相待。前引郦食其见刘邦之前，刘邦麾下的骑士进住高阳，郦食其听说刘邦要来，就去见这位骑士，跟他说：

> 吾闻沛公慢而易人，多大略，此真吾所愿从游，莫为我先。④

郦食其是一位长者，既然知道刘邦"慢而易人"，又很想与他交往，实在是看好刘邦。刘邦接见郦食其时，正叉开两腿坐在床边，让两个女子洗脚，也

① 《晋书》卷四十九《阮籍传》，中华书局 1974 年版，第 1361 页。
② 《史记》卷八《高祖本纪》，第 342 页。
③ 《史记评林》册二《高祖本纪》，第 78 页。
④ 《史记》卷九十七《郦生陆贾列传》，第 2692 页。按：刘邦待人粗鄙，亦曾招致祸乱。如汉王二年八月，刘邦派郦食其前往平阳，游说魏王豹。魏王豹不肯归降，谢绝郦食其说："人生一世间，如白驹过隙耳。今汉王慢而侮人，骂詈诸侯群臣如骂奴耳，非有上下礼节也，吾不忍复见也。"（《史记》卷九十《魏豹彭越列传》，第 2590 页。）刘邦遂派韩信领兵渡过黄河，进击魏豹。

确实是"慢而易人"。郦食其见此情景，只是作揖而后说："足下必欲诛无道秦，不宜踞见长者。"① 刘邦听了这句话，连忙起身向郦食其道歉，把他请到上座 。经过一番交谈，郦食其决定追随刘邦，当即献策夺取了陈留。

楚汉战争中，与郦食其遭遇相似的，还有英布。英布本是项羽的部将，因为战功卓著，被封为九江王。汉王三年（前 204 年）十二月，英布与项羽决裂，被楚军击败，前来投奔刘邦。"上方踞床洗，召布入见，布大怒，悔来，欲自杀。出就舍，帐御饮食从官如汉王居，布又大喜过望。"② 这里一怒一喜的转变，完全决定于刘邦。唐代颜师古、张守节作注解，都说是刘邦耍弄权谋。但从给英布配置帷帐、饮食和随从官吏来看，刘邦仍有恳切的用心。

二是处理具体事务，能接受别人的劝谏，改正自己的错误。汉王元年（前206 年）十月，秦王子婴投降之后，刘邦引兵进入咸阳，眼见宫中帐幕、珍宝、妇女、犬马数以千计，就想住进宫中，却遭到樊哙、张良的反对。

> 樊哙谏曰："沛公欲有天下耶，将为富家翁邪？凡此奢丽之物，皆秦所以亡也，沛公何用焉？愿急还霸上，无留宫中！"沛公不听。张良曰："秦为无道，故沛公得至此。夫为天下除残贼，宜缟素为资。今始入秦，即安其乐，此所谓助桀为虐。且忠言逆耳利于行，毒药苦口利于病，愿沛公听樊哙言。"沛公乃还军霸上。③

这是一个典型的事例，表明刘邦尚未脱离物质享受的诱惑，差一点犯下致命的错误。但经过樊哙、张良的劝谏，他仍能从大局考虑，及时地改变初衷，率军返回霸上。这样做使刘邦免受关中吏民的怨言，没给对手留下不良的把柄，可以说是明智的抉择。

三是面临生死问题，能保持达观心态。高帝十二年（前 195 年）二月，刘邦在征讨英布时，被流矢射中，行军途中发病。等返回京城后，他无视病情加重，拒绝接受治疗，仅仅过了两个月，就病逝于长乐宫。司马迁记述此事说：

> 吕后迎良医，医入见，高祖问医，医曰："病可治。"于是高祖嫚骂之曰："吾以布衣提三尺剑取天下，此非天命乎？命乃在天，虽扁鹊何益！"遂不使治病，赐金五十斤罢之。④

在人生临近终点时，刘邦似乎没有什么恐惧，自以为受到上天眷顾，仅凭

---

① 《史记》卷八《高祖本纪》，第 358 页。

② 《史记》卷九十一《黥布列传》，第 2602 页。

③ 《资治通鉴》卷九《汉纪一》，中华书局 2012 年版，第 300－301 页。按：《史记》《汉书》未载樊哙的谏言，《史记集解》引徐广曰："一本'哙谏曰："沛公欲有天下邪？将欲为富家翁邪？"沛公曰："吾欲有天下。"哙曰："今臣从入秦宫，所观宫室帷帐珠玉重宝钟鼓之饰，奇物不可胜极，入其后宫，美人妇女以千数，此皆秦所以亡天下也。原沛公急还霸上，无留宫中。"沛公不听'。"《通鉴》当据此补入。

④ 《史记》卷八《高祖本纪》，第 391 页。

一介平民提三尺之剑，就能够取得天下，而今将要告别人世，同样决定于上天，所以，他不寄希望于医治，断然把医生辞退。这样做难免讳医忌病的差评，但较之那种企求长生不死的做法，又何尝不是一种达观心态呢！

诚如林聪舜先生所论，刘邦豁达大度的人格特质，使他的政治才华能充分发挥，顺应秦汉之际的大趋势，制定正确的政策和策略；"使他能抛弃琐细的礼仪、虚伪的排场，与属下君臣相得，又能用度外之人；使他能承认自己不如人之处，承认自己犯下的错误，因而能调整脚步，掌握瞬息万变的形势。"① 这种人格特质不但成就了刘邦"大丈夫"的志向，还给后世留下了一道人生况味。

六

综观刘邦的精神世界，虽然有些模糊不清的地方，但根据以上叙述和论证，仍能窥见它的基本内涵，即以"大丈夫"为楷模的人生志趣，以智、仁、勇"三达德"为核心的个人素养，以豁达大度为底色的人格特质。这不但改变了刘邦的政治命运，还影响到秦汉之际的历史进程。

司马迁记述秦汉之际的历史，极力表彰陈胜、项羽和刘邦的功绩，颇有感慨地说："初作难，发于陈涉；虐戾灭秦，自项氏；拨乱诛暴，平定海内，卒践帝祚，成于汉家。五年之间，号令三嬗，自生民以来，未始有受命若斯之亟也。"② 接下来，他论述夏、商、周三代的兴替和秦朝的衰亡，特别关注汉朝的崛起，更加感慨地说：

> 此乃传之所谓大圣乎？岂非天哉，岂非天哉！非大圣孰能当此受命而帝者乎？③

这里，司马迁称刘邦为"大圣"，是对刘邦作出的整体评价，应该统括他的精神世界。依照孔子的说法，"所谓大圣者，知通乎大道，应变而不穷，辨乎万物之情性者也。"④ 这是说只有那种通晓大道、应变无穷，并且辨识万物的人，才称得上"大圣"。刘邦从一介亭长起步，顺应历史发展的大趋势，完成了秦汉之际的政治转折，所以得到司马迁的称赞。

从思想文化上来看，刘邦的精神世界的形成和发展，既受到楚文化的浸润，也得到鲁文化的熏染；既吸纳儒家、道家的理想，又兼容兵家、法家的智谋。特别是儒家思想的深刻影响，使刘邦对孔子表现出极度的尊崇。司马迁记

---

① 林聪舜：《"意豁如"所呈现的生命风姿与政治能力——刘邦的性格与政治才华的结合》，《史记的人物世界》，三民书局 2003 年版，第 97 页。

② 《史记》卷十六《秦楚之际月表》，第 759 页。

③ 《史记》卷十六《秦楚之际月表》，第 760 页。

④ 王先谦撰：《荀子集解》卷二十一《哀公篇》，中华书局 1988 年版，第 541 页。

述说：

> （孔子）所居堂、弟子内，后世因庙，藏孔子衣冠琴车书，至于汉二百余年不绝。高皇帝过鲁，以太牢祠焉。诸侯卿相至，常先谒，然后从政。①

其后，班固记述此事说：

> （高帝十二年）十一月，行自淮南还。过鲁，以大牢祠孔子。②

据此可知，刘邦是在平定英布之后，亲自到曲阜祭祀孔子。这次祭祀活动采用太牢的礼制，即以牛、羊、豕三牲为祭品，其规格相当于以往君主的社稷祭祀。这一高规格的祭祀活动，不但表达了刘邦对孔子的敬意，更对汉代文化和教育事业的发展产生了深远的影响。

与司马迁相一致，历代不少帝王将相、文人学者论及刘邦，也总是给予高度的评价。曹植撰写《汉二祖优劣论》，其中评价刘邦说："昔汉之初兴，高祖因暴秦而起，官由亭长，身自亡徒，招集英雄，遂诛强楚，光有天下，功齐汤武，业流后嗣，诚帝王之元勋，人君之盛事也。"③ 后赵国主石勒与群臣会谈，拿他本人与刘邦作比较，自愧弗如地说："朕若逢高皇，当北面而事之，与韩彭竞鞭而争先耳。"④ 苏辙认为："汉高祖、唐太宗，是以智勇独过天下而得之者也。""夫古之英雄，唯汉高帝为不可及也夫！"⑤ 明太祖朱元璋称道："惟汉高祖皇帝除嬴平项，宽仁大度，威加海内，年开四百"，与汉武光帝、隋文帝"皆有君天下之德而安万世之功者也。"⑥ 这些评价尽管有着不同的视角和认识深度，但都在一定程度上肯定了刘邦的精神世界。

最后必须指出，刘邦的精神世界在其形成和发展过程中，也不可避免地存在着这样那样的缺陷，也就是通常说的局限性。如刘邦为人"好酒及色"⑦，总是贪图物质享受，具有享乐主义的本性；他待人不顾礼节，不是称自己"而公""乃公"，就是骂别人"竖儒""腐儒"，满口污言秽语，带有草莽英雄的秉性；他始终自命非凡，有时不顾别人的死活，只为保全自己的性命，带有自我中心的特性。这些人性的弱点和行为的缺陷，经过司马迁的直书实录，都生动地呈现在人们的面前。于是人们论述刘邦的精神世界，就会发出无穷的揶揄和嘲讽。

---

① 《史记》卷四十七《孔子世家》，第 1945-1946 页。
② 《汉书》卷一下《高帝纪下》，中华书局 1962 年版，第 76 页。
③ 曹植撰，赵幼文校注：《曹植集校注》，人民文学出版社 1984 年版，第 102-103 页。
④ 《晋书》卷一〇五《石勒载记下》，中华书局 1962 年版，第 2749 页。
⑤ 苏辙：《栾城应诏集》卷二《三国论》，四部备要本。
⑥ 胡广等：《明太祖实录》卷九十二，上海书店 1982 年版。
⑦ 《史记》卷八《高祖本纪》，第 343 页。

论清华简《管仲》篇所塑造的
齐桓公形象
——兼与《史记》中的齐桓公形象的比较

　　《管仲》篇是《清华大学藏战国竹简（陆）》中的一篇重要文献。学术界对此篇文献的研究主要集中在三个方面：一是简文的释读。如李学勤主编的《清华大学藏战国竹简（陆）》①，清华大学出土文献读书会的《清华六整理报告补正》②，子居的《清华简〈管仲〉韵读》③，简帛网中的《清华六〈管仲〉初读》④等等，这些研究成果对于深入理解《管仲》篇原文提供了很大便利。二是《管仲》篇的字迹研究。如李松儒的《〈清华大学藏战国竹简〉（陆）之〈管仲〉字迹研究》，认为《管仲》篇与《清华大学藏战国竹简》（伍）〈汤处于汤丘〉〈汤在啻门〉》为同一抄手所写⑤。三是对《管仲》篇介绍与研究。这以刘国忠《清华简〈管仲〉初探》为代表，他在整体介绍《管仲》篇的基础上，对《管仲》篇所蕴含的治国理念如"为君与为臣孰劳"及其所含的阴阳五行思想等问题进行了研究，并认为《管仲》篇虽然与《管子》在体例、思想方面有相通之处，但所探讨的具体内容完全不同，"应当是属于《管子》一书的佚篇"，并且"可能是刘向本人未曾见过的一篇文献"⑥。

　　本人在上述研究基础上，认为《管仲》篇通过齐桓公问、管仲答的形式为我们塑造一个典型的喜好学习的儒家明君形象，这可从君主重视学习、学习起

---

　　① 李学勤：《清华大学藏战国竹简（陆）》（下册），上海：中西书局 2016 年版。

　　② 清华大学出土文献读书会：《清华六整理报告补正》，清华大学出土文献研究与保护中心网，（2016－04－16）［2017－07－17］．http：//www.ctwx.tsinghua.edu.cn/publish/cetrp/6831/2016/20160416052940099595642/20160416052940099595642 ＿．html．

　　③ 子居：《清华简〈管仲〉韵读》，中国先秦史，（2017－01－14）［2017－07－17］．http：//xianqin.byethost10.com/2017/01/14/363．

　　④ 《清华六〈管仲〉初读》，简帛网，（2016－04－19）［2017－07－17］．http：//www.bsm.org.cn/bbs/read.php? tid＝3348&page＝4．

　　⑤ 李松儒：《〈清华大学藏战国竹简〉（陆）之〈管仲〉字迹研究》，《书法研究》2016 年第 4 期。

　　⑥ 刘国忠：《清华简〈管仲〉初探》，《文物》2016 年第 3 期。

于"人道"、学习的特殊性以及学习的典范等四个方面得到证明。而以《史记》为代表的传世文献所记载的齐桓公则是有血有肉的明君典范。他一方面在生活上有着种种道德缺陷，另一方面又是一位成功的政治家。他在管仲的辅佐下，建立了首霸中原的不朽功业。

一、《管仲》篇塑造的齐桓公是一位典型的儒家明君形象

《管仲》篇的内容虽然非常丰富，但其核心内容就是回答作为君主的齐桓公怎样学习这一问题。《管仲》篇从君主重视学习、学习起于"人道"、承辅的设置以及有道之君、无道之君等四个方面进行论证。

1. 君主重视学习

重视学习是儒家学说的重要特征。先秦儒家的重要典籍《论语》首章为《学而》篇。对此，梁皇侃在《论语集解义疏》中说："自《学而》至《尧曰》凡二十篇首末相次无别科，而以《学而》为最先者，言降圣以下皆须学成。故《学记》云：'玉不琢，不成器；人不学，不知道。'是明人必须学乃成。此书既遍该众典以教一切，故以《学而》为先也。"[1] 这说明《学而》虽因篇首为"学而"两字而得名，但就其内容而言，全部为怎样提升道德修养而展开的，南怀瑾将此篇的内容概括为"个人作学问的内在修养"[2]。除《论语》外，《荀子》首篇也与"学"有关。其首篇为《劝学》。对此，熊公哲解释说："劝学即勉人努力学问。荀子之学，以礼为归；故其论学，目的在为士，为君子，为圣人。方法在诵经读书。"[3]《礼记·学记》记载："古之王者建国君民，教学为先。"《论语》《荀子》将"学"放在首篇，《礼记》把"教"与"学"放在建立国家、治理民众的首要地位，这些都说明"学"在儒学中的重要地位。正因为如此，儒家才强调要时刻学习。《论语·学而》载："学而时习之，不亦说乎？"《荀子·劝学》载："学不可以已。"而《管仲》篇同样提出了重视学习这一问题。

《管仲》篇首段言："齐桓公问于管仲曰：'仲父，君子学与不学，如何？'管仲答曰：'君子学哉，学乌可以已？见善者墨焉，见不善者戒焉。君子学哉，学乌可以已？'"[4]

"君子学与不学"，意谓：齐桓公作为齐国君主，向其宰相管仲请教统治者

---

① 皇侃：《论语集解义疏》，王云五主编《丛书集成初编》，中华书局 1985 年版，第 1 页。

② 南怀瑾：《论语别裁》，复旦大学出版社 1996 年版，第 60 页。

③ 熊公哲：《荀子今注今译》，台湾商务印书馆 1977 年版，第 1 页。

④ 李学勤：《清华大学藏战国竹简（陆）》（下册），中西书局 2016 年版，第 111 页。

需不需要学习这个问题①。当然这个学习不是普通的学习，而是偏指加强道德修养而言。

"见善者墨焉，见不善者戒焉。""墨"，刘国忠释为"效法"；"戒"，刘国忠解释说："《说文》：'警也。'《论语·里仁》：'见贤思齐焉；见不贤而内自省也。'上博简《从政》：'君子闻善言，以改其言；见善行，纳其身焉。可谓学矣。'"②。可见"见善者墨焉，见不善焉戒焉"的意思是：看见善的东西加以效法，看见不善的事情要引以为戒。这说明《管仲》篇的"学"是以提高道德修养为主要特征。这与儒家的"学"有相通之处。

《论语·雍也》载："哀公问：'弟子孰为好学？'孔子对曰：'有颜回者好学，不迁怒，不贰过。不幸短命死矣，今也则亡，未闻好学者也。'"孔子把颜回作为好学的榜样，其原因是他"不迁怒，不贰过"。这很显然是具有很高的道德修养的标志。《礼记·大学》载："大学之道，在明明德，在亲民，在止于至善。"又载："自天子以至于庶人，壹是皆以修身为本。"《礼记》中的"大学之道"同样以"修身"为本。《论语·里仁》载："子曰：'见贤思齐焉；见不贤而内自省也。'"《论语·述而》载："子曰：'三人行，必有我师焉：择其善者而从之，其不善者而改之。'"《管仲》篇载："见善者墨焉，见不善者戒焉。"其内容虽然有所差异，但都以提高道德修养为中心。这说明《管仲》篇中的"学"属于先秦儒家学说的重要组成部分。

2. 君主的学习起于"人道"

《管仲》篇首段提出了作为国君的齐桓公如何需不需要学习的问题。之后，《管仲》篇又论述了从哪里起步进行学习的问题，即从"人道"开始。

《管仲》篇第二段言："齐桓公又问于管仲曰：'仲父，起事之本奚从？'管仲答曰：'从人。'"齐桓公问管仲做一件事从哪里开始？管仲回答说：从人道开始。

那么人道的内容是什么呢？《管仲》篇第三段载："桓公又问于管仲曰：'仲父，其从人之道可得闻乎？'管仲答：'从人之道，趾则心之本，手则心之枝，目、耳则心之末，口则心之窍。趾不正则心卓，心不静则手躁。心无图则耳、目野，心图无守则言不道。'"此段的大意为：齐桓公又问管仲："仲父，人之道能够闻见吗？"管仲回答说："人之道，足为心之根本，手为心的枝叶，耳、目为心末梢，口为心的孔窍。足不正则心动摇，心不静则手躁动。心中无所图谋则耳目怠惰，心中有所图谋但没有底限则不合道义。"

我们知道，重视"人道"是先秦儒家的重要区别之一。道家重天道，以人道效法天道。如老子主张"人法地，地法家，天法道，道法自然"③。《荀子·

---

① 子居：《清华简〈管仲〉韵读》，中国先秦史，（2017 - 01 - 14）［2017 - 07 - 17］. http：//xianqin. byethost10. com/2017/01/14/363.

② 李学勤：《清华大学藏战国竹简（陆）》（下册），中西书局 2016 年版，第 113 页。

③ 《老子·第二十五章》。

解蔽》则说"庄子蔽于天而不知人"。王先谦解释说:"天,谓无为自然之道。庄子但推治乱于天,而不知在人也。"① 这说明重天道、重视无为自然之道是先秦道家的重要特点之一。与道家不同,儒家则重人道轻天道。如孔子提倡仁德,主张"克己复礼"②;孟子主张人性善,提倡仁政和王道;荀子主张人性恶,提倡隆礼、重法及霸道。他们的思想主张虽然有所差别,但重人道是其共同点。先秦儒家重人道的特色在《郭店竹简·性自命出》中更有突出表现。《性自命出》载:"道者,群物之道。凡道,心术为主。道四术,唯人道为可道也。其三术者,道之而已。"③《管仲》篇认为做一件事情起于人道,这说明《管仲》篇的学习必然起于人道。这可从第三段的心术之论中得到证明。

战国后期心术成为当时探讨的热点问题之一,其中以儒、道最有代表性。道家心术是为自然无为之"道"服务的,这以《管子》四篇为代表。《管子·心术上》载:"心之在体,君之位也。九窍之有职,官之分也。心处其道,九窍循理。嗜欲充益,目不见色,耳不闻声。"后文又解释说:"心之在体,君之位也;九窍之有职,官之分也。耳目者,视听之官也。心而无与于视听之事,则官得守其分矣。夫心有欲者,物过而目不见,声至而耳不闻也。"《心术上》认为心与九窍应像君臣关系一样,各司其职。这种心与九窍的关系是为求"道"服务的。《心术上》载:"道不远而难极也,与人并处而难得也。虚其欲,神将入舍。扫除不洁,神乃留处。"道不远人,但普通人难以企及,其原因是内心被情欲或嗜欲所充满。只有摆脱物欲或嗜欲对人的束缚,"道"才能停留在人心。《管子·心术上》是《管子》稷下道家的代表作之一,其"道"与老子、庄子等早期道家提倡的自然无为之"道"是同一意思。可见以《管子·心术上》为代表的心术论是为自然无为之"道"服务的。

战国时期儒家代表人物同样论述心术,但他们的心术论则为人道服务的。《孟子·告子上》载:"体有贵贱,有小大。无以小害大,无以贱害贵。养其小者为小人,养其大者为大人……饮食之人,则人贱之矣,为其养小以失大也。"孟子认为体有大、小之分。人欲属小体,人心属大体,小体应该服从大体。孟子论述心与身体、九窍的关系是为人性善服务的,属于人道的重要内容之一。《马王堆汉墓帛书·五行》篇载:"'耳目鼻口手足六者,心之役也。'……而六者为心役,何也?曰:心贵也。……耳目鼻口手足六者,人□□,□人体之小者也。心,人□□,人体之大者也,故曰君也。"④ 上述引文无疑与孟子的大体、小体说内容密切相关,它们同属人道的重要内容。《管仲》篇第三段认为人道的主要内容是心术,其内容虽与《孟子·告子上》《马王堆汉墓帛书·五行》有些差异,但它们都为人道服务。而心术本身又是先秦儒家之学的重要组

---

① 王先谦:《荀子集解》,中华书局 1988 年版,第 393 页。

② 《论语·颜渊》。

③ 李零:《郭店楚简校读记(增订本)》,中国人民大学出版社 2007 年版,第 136 页。

④ 庞朴:《竹帛〈五行〉篇校注及研究》,万卷楼图书有限公司 2000 年版,第 76 - 77 页。

成部分。

另外，《管仲》篇的治国思想以人道为主，即使涉及天道，也多为人道服务。《管仲》篇自第四段至第十一段的内容都与治国密切相关。第四段、第五段论述设置承、辅的问题，以及施政之道的问题。第六段论述千乘之君在面对刑政已废、百姓懈怠、佞臣当政的情况下，如何治理国家。第七段讨论怎样守成的问题。第八段讨论有道之君怎样保邦？第九段、第十段分别讨论距离他们时代较远与较近的有道之君及无道之君的问题，第十一段讨论佞臣的特征。上述七段内容都是人道在治理国家方面的体现，这些内容很少涉及天道，即使有极少内容涉及天道，也多为人道服务。这在《管仲》篇章第五段"正五纪"和第七段守成之道时都有涉及，但其内容或强调天道中与人道密切相关的历法，或者通过岁、月、日天然的职责强调君臣职责分明，各尽其能。它们虽然与天道有关，但还是儒家外王之道的重要组成部分①。

3. 君主学习的特殊性——承、辅的设置

《管仲》篇探讨的学习并非普通的士人的学习，而是作为诸侯国的最高统治者——君主的学习。他的学习与其他人相比，有其特殊性，主要表现为有承、辅等机构加以辅助。

《管仲》篇第四段探讨了如何设置承、辅的问题。"齐桓公又问于管仲曰：'仲父，设承如之何？立辅如之何？'管仲答：'贤质不枉，执节缘绳，可设于承；贤质以抗，吉凶阴阳，远迩上下，可立于辅。'"齐桓公问管仲怎样设置承、辅？管仲回答说：不邪曲、依法执法的贤质之士可立为承，知识渊博极知吉凶、阴阳、远近、上下之事的贤质之士可立为辅②。

有关"承""辅"的问题，《大戴礼记》《尚书大传》等儒家经典中都有相关记载。李贤在注释《后汉书·伏湛传》"柱石之臣，亦居辅弼"时引《尚书大传》："古者天子必有四邻，前曰疑，后曰承，左曰辅，右曰弼。天子有问无以对，责之疑；可志而不志，责之承；可正而不正，责之辅；可扬而不扬，责之弼。"③依据《尚书大传》的记载："承""辅"与"疑""弼"同为辅佐的天子肱股之臣。其中"承"具有充天子之志的职责，"辅"具有矫正过错的职责。根据《大戴礼记》的记载："道""辅""充""弼"为辅佐天子的四种重要官职，分别由周公、太公、召公、史佚等贤臣担任。其中，"承"的职责为博闻

---

① 张杰：《试论〈清华大学藏战国竹简（陆）管仲篇〉塑造的齐桓公、管仲形象——兼以〈史为〉为代表的传世文献塑造的桓、管形象的比较》，见张大可、刘德奉、陈曦主编《史记论丛》，中国文史出版社 2016 年版，第 369—370 页。

② 清华大学出土文献读书会：《清华六整理报告补正》，清华大学出土文献研究与保护中心网，（2016—04—16）[2017—07—17]. http://www. ctwx. tsinghua. edu. cn/publish/cetrp/6831/2016/20160416052940099595642/20160416052940099595642_. html；子居：《清华简〈管仲〉韵读》，中国先秦史，（2017—01—14）[2017—07—17]. http://xianqin. byethost10. com/2017/01/14/363；张纯一：《晏子春秋校注》，中华书局 2014 年版，第 189 页。

③ 范晔：《后汉书》，中华书局 1965 年版，第 897 页。

强记、敏捷应对[①]。由上述可知，《管仲》篇中的承、辅的职责虽然与《大戴礼记》《尚书大传》的相关记载不同，但其性质一样，都是帮助君王充善、改过的官吏，这是儒家理想中的贤明君王才能够设置的官吏。而这一类官职的担任者如周公、太公、召公、史佚等，无不是德才兼备的贤臣，他们是君王纠正过错的重要帮手。

4. 学习的典范——有道之君、无道之君

《管仲》篇不仅论述了君主学习的特殊性，而且为君主设置了学习的正面典范与反面典范，此即其第九段和第十段描绘了古代以及近世的有道之君和无道之君的形象。

（1）*学习的正面典范——有道之君*。《管仲》篇第九段前半部分为我们列举了古代有道之君的典范。古代有道之君以商汤为代表。《管仲》篇载："桓公又问于管仲曰：'仲父，旧天下之邦君，孰可以为君？孰不可以为君？'管仲答曰：'臣闻之，汤可以为君。汤之行正，而勤事也，必哉于义，而成于度，小大之事，必知其故。和民以德，执事有棇，既惠于民，圣以行武，哉于其身，以正天下。若夫汤者，可以为君哉！'"齐桓公问古代的国君谁是君主的典范？管仲回答说：我听说汤是国君的典范。他行为正直，勤于政事。所做之事一定始于道义，成于法度，事情无论大小，一定合于旧典或成例。他以德和民，做起事情谨慎恭敬。施惠百姓之后，又以武力征伐天下而成圣。汤的言行始于修身，终于使天下合于正道。《管仲》篇认为汤能够成为古代有道之君的典范，是因为他既能修身于己，又兼能施惠百姓并给全天下人带来福祉。

《管仲》篇在第十段前半部分为我们列举了商汤之后有道之君的代表——周武王。"桓公又问于管仲曰：'仲父，亦微是，其即君孰彰也？'管仲答：'臣之闻之也，夫周武王其元以智而武以良，好义秉德，有攼不懈，为民纪纲，四国和同，邦以安宁，民乃保昌。凡其民人，畀务不偷，莫爱劳力于其王。若武王者，可以为君哉！"《管仲》篇认为周武王之所以成为商汤之后有道之君的代表，主要是因为具备善良、聪慧、勇武，尚义好德，恭敬而不懈怠等美德。正因为如此，在周武王的治理下，邻国和同，国家安宁，百姓繁荣昌盛。百姓为武王做事时自然不苟且偷懒，不吝惜自己的力量[②]。《管仲》篇认为周武王能够成为商汤之后有道之君的榜样，是因为他既具有善良、聪慧、尚义、恭敬等美德，又能够治理好天下，使百姓共享繁荣盛世。

（2）*君主学习的反面典型——无道之君*。《管仲》篇第九段后半部分为我们列举了古代无道之君的代表——商纣王。"及后辛之身，其动无礼，其言无

---

① 王聘珍：《大戴礼记解诂》，中华书局 1983 年版，第 54 页。

② 李学勤：《清华大学藏战国竹简（陆）》（下册），上海：中西书局 2016 年版，第 116 - 117 页；清华大学出土文献读书会：《清华六整理报告补正》，清华大学出土文献研究与保护中心网，（2016 - 04 - 16）[2017 - 07 - 17]. http：//www.ctwx.tsinghua.edu.cn/publish/cetrp/6831/2016/20160416052940099595642/20160416052940099595642_.html。

义，乘其欲而緟其过，既怠于政，又以民害。凡其民人，老者愿死，壮者愿行，恐罪之不竭，而刑之放，怨亦未济，邦以卒丧。若后辛者，不可为君哉！"商纣王，动而无礼，言而无义，放纵欲望而穷尽过错，既怠于政事，又戏虐百姓。商王朝的百姓，年老者希望早死，年壮者希望远行，惟恐罪及无辜。商纣王恣肆刑罚，不思民怨，最终丧失商王朝。像后辛一样者，不可为君王！①

《管仲》篇第十段后半部分为我们列举了商纣王之后无道之君的代表——周幽王。"及幽王之身，好使佞人而不信慎良。夫佞有利气，笃利而弗行。若幽王者，不可以为君哉！"根据子居解释，"佞人"指虢石父。根据《史记·周本纪》的记载，他为人的最大特点是"佞巧善谀好利"，周幽王重用此臣，导致民怨沸腾，社会各种矛盾激化。此段的大意为：周幽王喜好重用佞臣而不信任贞良之臣。佞臣有贪利之气，什么有私利的事不会去做呢？像周幽王者，不可为君王！②

《管仲》篇第九段、第十段为我们分别列举了两位有道之君和无道之君。有道之君为商汤和周武王，无道之君为商纣王和周幽王。商汤、周武王是儒家心目中的理想君王，在唐代以后更儒家道统的代表人物。《管仲》篇在塑造商汤和周武王有道之君的形象时，既注重他们的高尚品德以及以身作则的示范作用，又注重了他们治理天下的文治武功，这既是儒家内圣外王之道的明显体现，又是齐桓公应效法的榜样。与之相反，商纣王则是儒家无道之君的代表，他放纵私欲，懈怠政事，导致天怒人怨，身死国亡。而周幽王重用贪利之臣，更是违背了儒家重义轻利的宗旨。《管子》篇作者认为他们正是齐桓公引以为戒之处。

二、以《史记》为代表的传世
文献塑造的政治家齐桓公的形象

我们由以上四个方面可以看出，《管仲》篇通过君主如何学习这一问题，从四个方面即君主应重视学习、君主的学习起于人道、君主学习的特殊性及其典范可以看出，它为我们成功塑造了一位既应重视道德修养，又应率先垂范、勤政为民的儒家内政外王的贤君形象。然而以《史记》为代表的传世文献在论及齐桓公时则为我们塑造了一位有血有肉的政治家形象。他一方面精通治国之道，并在管仲等贤臣的辅佐下改革内政，使齐国国富兵强，最终建立了首霸中原的不朽功业；另一方面他在政治上又好大喜功并在生活方喜好声色等情欲享

① 子居：《清华简〈管仲〉韵读》，中国先秦史，（2017 - 01 - 14）［2017 - 07 - 17］. http：//xianqin. byethost10. com/2017/01/14/363；《清华六〈管仲〉初读》，简帛网，（2016 - 04 - 19）［2017 - 07 - 17］. http：//www. bsm. org. cn/bbs/read. php? tid=3348&page=4.

② 子居：《清华简〈管仲〉韵读》，中国先秦史，（2017 - 01 - 14）［2017 - 07 - 17］. http：//xianqin. byethost10. com/2017/01/14/363.

受，这埋下了齐国内乱的种子。

1. 《史记》塑造的成功政治家的齐桓公形象

西汉史学家在《史记·齐太公世家》中着重为我们塑造了齐桓公这一成功的政治家形象。这主要表现为：

（1）齐桓公能为治国的需要放弃私仇，重用政敌管仲。《齐太公世家》在记载齐桓公的事迹时，首先为我们叙述了齐襄公晚年的残暴无道被公孙无知弑杀，公孙无知又被雍林人袭杀，齐国处于无君的混乱状态。此时管仲、召忽辅佐公子纠，与鲍叔牙辅佐公子小白争夺君位。管仲为阻止公子小白争夺君位曾箭射小白，结果误中带钩，小白借此佯死。这导致了公子纠放松了回国争夺君位的步伐，而公子小白则日夜兼程，并在天子命卿国、高二卿的支持下顺利登上君位，是为齐桓公。齐桓公即位后通过齐鲁乾时之战，败鲁兵并迫使鲁人杀公子纠，并派人将管仲押送回国。在对待管仲这一问题上，齐桓公本意要杀管仲以泄私愤，但鲍叔牙劝齐桓公说："臣幸得从君，君竟以立。君之尊，臣无以增君。君将治齐，即高傒与叔牙足也。君且欲霸王，非管夷吾不可。夷吾所居国国重，不可失也。"结果齐桓公听从管仲的劝造，"佯为召管仲欲甘心，实欲用之。管仲知之，故请往"。管仲回国后，齐桓公重用管仲改革内政，富国强兵。《齐太公世家》载："桓公既得管仲，与鲍叔、隰朋、高傒修齐国政，连五家之兵，设轻重鱼盐之利，以赡贫穷，禄贤能，齐人皆说。"这说明齐桓公为了治国的需要，能够放私仇，重用并充分相信政敌管仲。这才有齐桓公、管仲这对明君贤臣风云际会，与其他大臣一起建立了首霸中原的不朽霸业。

（2）齐桓公得管仲之助称霸中原。《齐太公世家》中有很大的篇幅记载齐桓公称霸中原的过程，它通过齐鲁柯之盟、伐燕救燕、齐楚召陵之盟、葵丘之盟等事件反映了齐桓公称霸的历程。

其中柯之盟使齐国立信于诸侯国。柯之盟本是齐桓公在鲁国大臣曹沫的胁迫下订立的。《齐太公世家》载："桓公后悔，欲无与鲁地而杀曹沫。管仲曰：'夫劫许之而倍信杀之，愈一小快耳，而弃信于诸侯，失天下之援，不可。'于是遂与曹沫三败所亡地于鲁。诸侯闻之，皆信齐而欲附焉。"柯之盟既立之后，齐桓公想悔弃盟约，但经管仲的劝说，齐桓公以柯之盟立信于诸侯，诸侯都相信齐国并想要归附他。

伐燕救燕事件则集中反映了齐桓公对周礼的遵守。当山戎入侵燕国之时，燕国求救于齐国。齐桓公北伐山戎，至孤竹而还。燕庄公在送齐桓公的过程中进入齐境。"桓公曰：'非天子，诸侯相送不出境，吾不可以无礼于燕。'于是分沟割燕君所至与燕，命燕君复修召公之政，纳贡于周，如成康之时。诸侯闻之，皆从齐。"春秋时期列国争伐，其重要目的之一就是扩展疆土。齐桓公在国富兵强、伐戎胜利之时，在燕庄公送齐桓公误入齐国境内的情况下，遵守周礼之中"诸侯相送不出境"的规定，把燕君所至的齐国境内的土地割让给燕国，并命燕庄公复修其祖召公之政，并要求燕像周初成康之时那样纳贡于周。

这说明齐桓公在礼崩乐坏之际仍能谨守周礼，这赢得了诸侯国的尊重，这才出现"诸侯闻之，皆比齐"的盛况。

楚召陵之盟是齐桓公阻止楚国势力北上的重要事件。齐桓公联合诸侯盟国讨伐楚国，其理由就是"楚贡包茅不入，王祭不具，是以来责。昭王南征不复，是以来问"。齐桓公以武力为后盾，通过外交辞令与楚国订立召陵之盟，并迫使在一定程度上屈服，即一方面按时供给包茅，一方面在一定程度上阻止了其势力的北上。

葵丘之盟则记载了周天子对齐桓公霸主地位的承认。周襄王派使者宰孔赐给齐桓公"文武胙、彤弓矢、大路"等器物，这说明周天子对齐桓公中原霸主地位的承认。这说明《史记》成功塑造了一位建立首霸中原的不朽功业的成功政治家形象的齐桓公。

2. 《史记》塑造的有喜怒哀乐等个人情感的发泄与享受的政治家形象

《史记》所载的齐桓公是一位有血有肉的政治家，他既有其政治功绩，也有个人的喜怒哀乐等个人情感的发泄与享受，这在齐桓公称霸中原过程中有明显表现。

《齐太公世家》记载的齐桓公是一位个性鲜明的政治家，他有喜有怒。齐桓公在即位之初为报一箭之仇，曾想杀管仲以泄私愤，司马迁记之为"桓公之立，发兵攻鲁，心欲杀管仲"，后经鲍叔牙的劝谏，才放弃私仇重用管仲。齐桓公即位第二年，即公元前684年齐桓公灭郯，其原因就是齐桓公流亡过郯时，郯君对桓公无礼。司马迁记之为"二年，伐灭郯，郯子奔莒。初，桓公亡时，过郯，郯无礼，故伐之。"

召陵之盟、柯之盟是齐桓公称霸中原中的两年大事，它们最初都与齐桓公的个人喜怒有关。《史记·管晏列传》记载："其为政也，善因祸而为福，转败而为功……桓公实怒少姬，南袭蔡，管仲因而伐楚，责包茅不入贡于周室……于柯之会，桓公欲背曹沫之约，管仲因而信之，诸侯由是归齐。"齐楚召陵之盟的起因是齐桓公为发泄蔡君将其夫人蔡姬重新嫁给别人的私愤，南伐蔡国，幸赖管仲的引导才转伐楚；齐鲁柯之盟，齐桓公因怒曹沫的胁迫结盟，本想背弃盟约，幸赖管仲的提醒，齐桓公遵守柯之盟立信于诸侯盟国。

葵丘之盟齐桓公因尊王攘夷有功日益显露骄色。公元前651年，葵丘之盟中"周襄王使宰孔赐桓公文武胙、彤弓矢、大路，命无拜。桓公欲许之，管仲曰'不可'，乃下拜受赐"。此时齐桓公的骄色已开始显露。当年秋天，齐复会葵丘时齐桓公的骄色更为明显。"秋，复会诸侯于葵丘，益有骄色。周使宰孔会。诸侯颇有叛者。晋侯病，后，遇宰孔。宰孔曰：'齐侯骄矣，弟无行。'"此时的齐桓公的骄色表露无遗，乃至宰孔以此为理由劝说因病后至的晋献公不要参加此次盟会。

之后，齐桓公更以尊王攘夷之功欲封泰山。《齐太公世家》载："桓公称曰：'寡人南伐至召陵，望熊山；北伐山戎、离枝、孤竹；西伐大夏，涉流沙；

束马悬车登太行，至卑耳山而还。诸侯莫违寡人。寡人兵车之会三，乘车之会六，九合诸侯，一匡天下。昔三代受命，有何以异于此乎？吾欲封泰山，禅梁父。'管仲固谏，不听；乃说桓公以远方珍怪物至乃得封，桓公乃止。"管仲以封泰山需得远方珍怪之物为由劝止了齐桓公的封禅之行。

应该说，在管仲在世时，齐桓公虽然不时的发泄个人私欲，但得管仲劝谏没有造成严重的影响，然而管仲去世之后，齐桓公因不听管仲劝告放纵私欲，重用易牙、卫公子开方、竖刀（竖刁）等佞臣，却产生了严重的后果。《齐太公世家》载："四十一年……是岁，管仲、隰朋皆卒。管仲病，桓公问曰：'群臣谁可相者？'管仲曰：'知臣莫如君。'公曰：'易牙如何？'对曰：'杀子以适君，非人情，不可。'公曰：'开方如何？'对曰：'倍亲以适君，非人情，难近。'公曰：'竖刀如何？'对曰：'自宫以适君，非人情，难亲。'管仲死，而桓公不用管仲言，卒近用三子，三子专权。"易牙为满足齐桓公的口腹之欲亲烹其首子，卫公子开方为在齐国朝政十五年不探望双亲，竖刁自宫以替齐桓公管理错综复杂的后宫。《齐太公世家》记载："桓公病，五公子各树党争立。及桓公卒，遂相攻，以故宫中空，莫敢棺。桓公尸在床上六十七日，尸虫出于户。"齐桓公为满足私欲，最终酿成了身死国乱的苦果。

我们由《史记》记载的齐桓公的事迹可以看出，齐桓公是一位有血有肉的政治家的形象，他既精通治国之道，得管仲之助成就富国强兵、成就中原霸业，同时又喜好个人享乐，并最终造成了严重的后果。齐桓公这一形象在《管子》《左传》等典籍中都有一定的佐证。而清华简《管仲》篇为我们塑造了一位好学儒家明君形象，但这种形象没有传世文献的佐证，很有可能是《管仲》篇受战国儒家的影响造成的。

《史记·商君列传》中的儒法纠葛

＊本文作者林聪舜。台湾清华大学中国文学系教授。

商鞅变法打下的富强基础，是秦后来得以囊括四海、并吞八荒的关键，《史记·商君列传》生动地记载了商鞅变法的经过，也表达了司马迁的评价。

在理解史公以何种视角书写商君前，需有一基本认识，即秦自商鞅变法后，一直以商君之法治国，所以司马迁对奠定秦并六国基础的商君变法的评价，一定会受到日后秦帝国统治的成败影响。因此，史公对商君的评价，不但是以史学家的角度，呈现"俱见其表里"的"实录"；更是以经学家的角度，以追求王道政治的实现作为判准。

从叙述者的角度、立场而言，《商君列传》是反秦反法家时代的产物，但又不能不承认其贡献，于是在《商君列传》中，可以读出儒法对抗的纠葛。

一、初见秦孝公：帝道、王道、霸道至强国之术的步步沉沦的书写

商鞅在魏未受重用，闻秦孝公下令国中求贤者，乃遂西入秦，因孝公宠臣景监以求见。孝公接见商鞅的过程与对话，颇值得留意，《商君列传》载：

> 孝公既见卫鞅，语事良久，孝公时时睡，弗听。罢而孝公怒景监曰："子之客妄人耳，安足用邪！"景监以让卫鞅。卫鞅曰："吾说公以帝道，其志不开悟矣。"后五日，复求见鞅。鞅复见孝公，益愈，然而未中旨。罢而孝公复让景监，景监亦让鞅。鞅曰："吾说公以王道而未入也。请复见鞅。"鞅复见孝公，孝公善之而未用也。罢而去。孝公谓景监曰："汝客善，可与语矣。"鞅曰："吾说公以霸道，其意欲用之矣。诚复见我，我知之矣。"卫鞅复见孝公。公与语，不自知膝之前于席也。语数日不厌。景监曰："子何以中吾君？吾君之驩甚也。"鞅曰："吾说君以帝王之道比三代，而君曰：'久远，吾不能待。且贤君者，各及其身显名天下，安能邑邑待数十百年以成帝王乎？'故吾以强国之术说君，君大说之耳。然亦难以比德于殷周矣。"

这段记载历来多视为商鞅的游说策略，如董份云："盖先以迂阔久远之事，使秦王之心厌，以益坚其用伯之志。"邵宝云："商君之言帝王也，其亦若将以

为先者也，不然则将固孝公之心，而以是尝焉，再尝之而知其心之必在于富强也，故一语而辄合。"① 先说以帝道，次说以王道，再说以霸道，最后说以强国之术，此一历程若被视为一种游说策略，那么自然认为商鞅四见秦孝公，提出不同治国方略的记载是可靠的。

然而，此一书写可能是司马迁取自商鞅见秦孝公的传说，真实性极低。尚未得到信任的商鞅，不太可能在秦孝公初见后发怒的情况下，继续得到接见。法术之士难得一见君王的困境，韩非有很深的体悟，《孤愤》云：

> 法术之士，操五不胜之势，以岁数而又不得见。当涂之人，乘五胜之资，而旦暮独说于前。故法术之士，奚道得进，而人主奚时得悟乎？故资必不胜而势不两存，法术之士焉得不危？

《说难》云：

> 故与之论大人则以为闲己矣，与之论细人则以为卖重，论其所爱则以为藉资，论其所憎则以为尝己也。径省其说则以为不智而拙之，米盐博辩则以为多而交之，略事陈意则曰怯懦而不尽，虑事广肆则曰草野而倨侮。此说之难，不可不知也。

清楚商鞅这类法术之士的处境，知道他们难得一见君王展开游说，就可判断在初见后孝公发怒的情况下，几乎不可能得到四见孝公的机会。此一书写，反而应从崇儒贬法的角度去理解。

初见孝公，说以帝道，孝公时时睡，弗听；复见孝公，说以王道，益愈，然而未中旨。商鞅两度晋见，都以孝公责让景监收场，代表帝道、王道都不是孝公中意的治国目标，而帝道、王道都属于儒家的三代理想，所以商鞅将二者合并言之，谓："吾说君以帝王之道比三代。"泷川资言亦云："帝之与王，号异圣一。"复见孝公，说以霸道，其意欲用之矣；又复见孝公，说以强国之术，公与语，"不自知膝之前于席也"，生动描述孝公追求强国之术的渴望。

商鞅说君以帝王之道比三代，孝公回应："久远，吾不能待。且贤君者，各及其身显名天下，安能邑邑待数十百年以成帝王乎？"故商君转以强国之术说君，"君大说之。然亦难以比德于殷周矣。"这段记载背后呈现了崇儒贬法的价值判断，并透过商鞅之口，预言未来秦的整体政治成就无法与殷周相提并论。这是批评追求强国之术的法家政治有短效，但不是治国安邦的长远之道。孝公也清楚知道此一道理，只是碍于不能邑邑等待数十百年，渴望及身完成秦国强盛的大业，才放弃对帝王之道的追求。

那么，由帝道、王道，以至霸道及强国之术，正是政治上步步沉沦的过程。此一价值判断，背后反映了崇儒贬法或尊王绌霸的儒家政治价值，也反映

---

① 凌稚隆辑校，李光缙增补，有井范平补标：《补标史记评林》卷六十八《商君列传》，地球出版社 1992 年版，第 1814—1815 页。

了汉代人贬低法家的现实。

二、孝公座前大辩论：说服朝野上下的仪式

孝公既用商鞅，鞅欲变法，恐天下议己，于是展开座前的大辩论。变法派以商鞅为代表，循古派以甘龙、杜挚为代表，商鞅的主张得到孝公坚定的支持，卒定变法之令。商鞅为变法提出思想根据的有力论述，以及孝公的强力支持，可视为驳斥循古派的立场宣示，以及说服朝野上下的仪式，为后续的变法斗争做好思想准备。

商鞅主张，变法要以"独知之虑"对抗大多数人，以果断的行动，勇于对抗传统与既得利益者，没有犹豫不决的空间，更不可能与民众讨论，《商君列传》载商鞅强力宣示：

> 疑行无名，疑事无功。且夫有高人之行者，固见非于世；有独知之虑者，必见敖于民。愚者闇于成事，知者见于未萌。民不可与虑始而可与乐成。论至德者不和于俗，成大功者不谋于众。是以圣人苟可以强国，不法其故；苟可以利民，不循其礼。

这是变法思想的根本论述，宣示为了强国利民，变法要排除一切障碍，彻底执行下去。商鞅强力推动变法，绝无妥协空间的决心跃然纸上，并得到孝公曰"善"的强力支持。甘龙、杜挚的主张则显得薄弱无力，只能一再强调不变法则吏习而民安之，可以无过，变法则有很多后遗症等法古论调。此一维持现状的主张无法响应孝公"将修缪公之业，东复侵地"的国家目标，也无法面对战国群雄间兼并愈趋激烈的历史新局，因此无法对商鞅的论述构成强力挑战。商鞅面对的困难不在思想说服上，而是守旧集团盘根错节的庞大势力。

商鞅变法主张展现强大的企图心，能呼应孝公追求的国家目标，他批评甘龙："龙之所言，世俗之言也。常人安于故俗，学者溺于所闻。以此两者居官守法可也，非所与论于法之外也。"批评杜挚："治世不一道，便国不法古。故汤武不循古而王，夏殷不易礼而亡。反古者不可非，而循礼者不足多。"在变法与循古的国家路线之争中，由于商鞅的变法主张具有前瞻性，提出秦国未来强国利民的愿景，所以毫不费力驳斥了循古派维持现状，无法面对历史新局的主张。

商鞅与甘龙、杜挚的论辩，是变法与循古之争，也是反古与循礼的法儒之争，商鞅虽也引述三代、汤武，但内容却是改变传统的大变法，商鞅成功完成说服朝野上下的仪式，为后续的变法斗争铺路。

三、司马迁对商鞅变法的肯定

司马迁对商鞅变法与商鞅其人虽有不满，但对商鞅变法的政治成就是肯定

的，这显示司马迁著史可以超越他的情感，给历史人物所发挥的历史贡献较合理的评断。

对于变法的成效，司马迁不吝给予肯定，《商君列传》载：

> 行之十年，秦民大说，道不拾遗，山无盗贼，家给人足。民勇于公战，怯于私斗，乡邑大治。

这是一幅安居乐业、国富兵强的盛世图像，是何等成功的变法！《商君列传》也记载第二次变法令推动后的成效："居五年，秦人富强，天子致胙于孝公，诸侯毕贺。"这是强调秦变法成功，不但国内富强，国际地位也大幅提升。

凭借变法后增强的国力，商鞅将而伐魏。商鞅欺魏公子卬，会盟已，伏甲士而袭虏魏公子卬，因攻其军，尽破之以归秦，达成商鞅劝说孝公追求的战略目标："魏不支秦，必东徙。东徙，秦据河山之固，东乡以制诸侯，此帝王之业也。"

《史记·范雎蔡泽列传》借蔡泽之口，赞扬商鞅变法的贡献，蔡泽曰：

> 夫商君为秦孝公明法令，禁奸本，尊爵必赏，有罪必罚，平权衡，正度量，调轻重，决裂阡陌，以静生民之业而一其俗，劝民耕农利土，一室无二事，力田稽积，习战陈之事，是以兵动而地广，兵休而国富，故秦无敌于天下，立威诸侯，成秦国之业。功已成矣，而遂以车裂。

从"互见"的角度，这是肯定商鞅的功业，还他公平。由于司马迁肯定商鞅变法的政治成就，所以《太史公自序》云："鞅去卫适秦，能明其术，强霸孝公，后世遵其法。作《商君列传》第八。"

四、几则小故事呈现的义涵

《商君列传》中有几则小故事书写变法的精神风貌，生动呈现商鞅的果敢坚定，建立法令独一无二权威的过程。

徙木立信，以明不欺，是建立"赏厚而信"的法权威宣示，《商君列传》载：

> 立三丈之木于国都市南门，募民有能徙置北门者予十金。民怪之，莫敢徙。复曰"能徙者予五十金"。有一人徙之，辄予五十金，以明不欺。卒下令。

徙木北门，举手之劳也；五十金，厚赏也。这是不对称的奖赏，但出乎众人预料兑现了，代表商君之令既出，绝不打折，树立了法权威。此乃法家人物惯用的立信手法，吴起为西河守，曾以上田上宅赏赐移北门之车辕于南门者，又以上田上宅赏赐移东门之赤菽于西门者。商鞅变法前徙木立信，以明不欺，可能系师吴起故智。

太子犯法，刑其师傅，是建立"刑重而必"的法权威宣示，也是法家强调的"绳不挠曲"精神的体现，《商君列传》载：

> 于是太子犯法。卫鞅曰："法之不行，自上犯之。"将法太子。太子，君嗣也，不可施刑，刑其傅公子虔，黥其师公孙贾。明日，秦人皆趋令。

太子犯法，虽因君嗣不可施刑，仍刑其师傅，这在专制王权时代已是前无古人的惊人举动，不宜吹毛求疵，批评商鞅开启"法外有漏网之鱼"的大患，[①] 因即使在现代法治社会，仍很难完全达成"刑无等级"的理想。商鞅刑太子师傅，已达成"刑重而必"的法权威宣示，达到《商君书·赏刑》所强调的："所谓壹刑者，刑无等级。自卿相将军以至大夫庶人，有不从王令，犯国禁，乱上制者，罪死不赦。"在刑太子师傅树立法权威的大动作下，对新法持观望态度的人，再也不敢阻挠，"明日，秦人皆趋令。"

变法十年后，成效卓著，秦民对商君之法彻底改观，《商君列传》载："秦民大说……秦民初言令不便者有来言令便者，卫鞅曰'此皆乱化之民也'，尽迁之于边城。其后民莫敢议令。"秦民来言令便者，就传统的执政者而言，是对其施政的肯定，是值得欣喜的成就。商鞅却认为这是"议令"，亦即以其他的标准来议论法令，如此法令无法成为唯一的价值标准，唯一的权威，将妨碍商君之法的推动，所以把这批人视为"乱化之民"，放逐于边城。

透过几个小故事，生动呈现商鞅建立法令权威的过程，诸如：信赏必罚、法不挠曲，以及法令是唯一的价值标准，不容批评等，这几个小故事，诠释了商鞅变法的果断与彻底执行力，是变法成功的关键。而商君之法非人格化、不带感情的冷冰冰特质，与儒家温情脉脉的作风大相径庭，形塑其刻薄、寡恩的特色。

五、赵良求见：两种价值的对话

在商鞅事业的尾声，《商君列传》记载了赵良求见以及两人的长篇对话，为最后商鞅被车裂族灭做铺垫。两人的对话，占了全文约十分之三的比重，而且以赵良的话为主，看出司马迁"寓论断于叙事"的价值取舍，赵良的立场接近儒家的立场，他对商鞅的批评，是司马迁借以评断商鞅蓄祸之由。

对话开始，商鞅原本志得意满，夸耀变法的贡献，曰：

> 始秦戎翟之教，父子无别，同室而居。今我更制其教，而为其男女之别，大筑冀阙，营如鲁卫矣。子观我治秦也，孰与五羖大夫贤？

因为赵良劝行虞舜之道，商鞅特意强调变法的成果让秦国一改戎翟之教，向中原文化靠拢。但赵良却以五羖大夫百里奚的功业、德操与商鞅对比，认为

---

① 赵良树：《商鞅评传》，南京大学出版社 1998 年版，第 126 页。

商鞅远不能及，劝他效法百里奚，改弦易辙。而百里奚与商鞅的对比，简言之就是德与力的对比，仁政与法治的对比，或儒家价值与法家价值的对比，所以赵良引《诗》曰："得人者兴，失人者崩。"又引《书》曰："恃德者昌，恃力者亡。"最后认为商鞅的处境危若朝露，倘欲延年益寿，以别无选择，必须"归十五都，灌园于鄙，劝秦王显岩穴之士，养老存孤，敬父兄，序有功，尊有德，可以少安。"

赵良看出商鞅的危机，有其智慧，但立场属拥护旧秩序的立场，商鞅自然听不进去。因为接受赵良的建议，不就宣告变法失败，此时变法已近二十年，如何可能走回头路！何况，在变法已见功绩，秦民习于新法的形势下，即使商鞅想改弦易辙，大形势已非一人之力所能扭转了。

赵良求见商鞅，以及两人的长篇对话，反映的正是书写者的角度与立场，意即赵良的立场就是司马迁的立场，所以本传最后写商鞅的败亡以及"太史公曰"所言，正与赵良的谏言呼应。两人的对话，虽以汉代人心目中更高的儒家标准贬低了商鞅变法的功业及其行事为人，但跳出汉代尊儒贬法的历史时空，我们将其视为两种价值的对话，比较能平情评价双方的优劣。

六、余音：史公的最终评断

《商君列传》书写商鞅的败亡，着重写他咎由自取。支持商鞅的孝公卒，太子立。公子虔之徒告商君欲反，发吏捕商君。商君亡至关下，欲舍客舍，主人曰："商君之法，舍人无验者坐之。"商君喟然叹曰："嗟乎，为法之敝一至此哉！"此一书写是批评商鞅的严刑峻法，使他在逃亡过程无容身之处，亦即后人常说的作法自毙。逃到魏，魏人怨其欺公子卬而破魏师，弗受，送回秦国。这是批评商鞅欺诈无信，导致魏人不收容他，自食恶果。商鞅在走投无路下，逃回封地商邑，发邑兵北出击郑，做困兽之斗，被秦兵擒杀，车裂以徇，遂灭商君之家。史公书写商君最后的结局，聚焦在商君刻薄、少恩的天性与行事，导致被追捕时，竟如丧家之犬，无寸土之地可容身，也无外国愿接纳，等于骂他咎由自取。此一书写，呼应"太史公曰"的论断。《商君列传》太史公曰：

> 商君，其天资刻薄人也。迹其欲干孝公以帝王术，挟持浮说，非其质矣。且所因由嬖臣，及得用，刑公子虔，欺魏将卬，不师赵良之言，亦足发明商君之少恩矣。余尝读商君《开塞》《耕战》书，与其人行事相类。卒受恶名于秦，有以也夫！

如此批评商鞅，是反秦反法家气氛高涨下的产物，实则法术之士与旧势力、旧贵族对抗，旧势力中有名望的人自然不会推荐他，"所因由嬖臣"是形势使然，不得不尔。"刑公子虔，欺魏将卬，不师赵良之言"，是彻底推动变法，追求国家富强的冷冰冰举动，但这是另一种价值的呈现。如是，现代人对"天资刻薄""少恩"可以有不一样的理解，这是摆脱封建宗法的"亲亲"，是"一断之以法"，这正是法家与儒家大相径庭处，不必赋予"少恩"一辞负面的评价。至于"卒受恶名于秦"，观本传所载，变法十年后，"秦民大说"，则商鞅所受的恶名，不是他推动的新法，而是被整肃后官方加给他的罪名罢了。

《商君列传》叙述传统派与商鞅的斗争，所呈现的儒法纠葛，同时蕴含叙述者司马迁的诠释观点与反映的汉代人立场，不可不察。秦自商鞅变法后，一直以商君之法治国，所以司马迁对商君变法的评价，一定会受到日后秦帝国统治的成败影响。因此，史公对商君的评价，不但是以史学家的角度，更是以经学家的角度，以追求王道政治的实现作为判准。

读《刺客列传》札记

＊本文作者李伟泰。台湾大学中国文学系教授。

一、本传叙曹沫事不足信

（一）"与齐战，三败北。"不合事实。梁玉绳（乾隆贡生，生卒年不详，乾隆四十八年［1783］著成《史记志疑》）说：

> 庄公自九年败乾时后，至十三年盟柯，中间有长勺之胜，是鲁祇一战而一胜，安得有三败之事？[①]

按：鲁庄公于九年（前685年），派兵护送公子纠入齐争立，后于公子小白，故小白得先立，发兵距鲁，战于乾时，鲁兵败走。事详《齐太公世家》。长勺之战，事在鲁庄公十年（前684年），曹刿（曹刿即曹沫）表现不俗，《左传》详载此役之谋画及过程：

> （庄公）十年春，齐师伐我。公将战。曹刿请见。其乡人曰："肉食者谋之，又何间焉？"刿曰："肉食者鄙，未能远谋。"乃入见，问何以战。公曰："衣食所安，弗敢专也，必以分人。"对曰："小惠未徧，民弗从也。"公曰："牺牲玉帛，弗敢加也，必以信。"对曰："小信未孚，神弗福也。"公曰："小大之狱，虽不能察，必以情。"对曰："忠之属也，可以一战。战，则请从。"
>
> 公与之乘，战于长勺。公将鼓之，刿曰："未可。"齐人三鼓，刿曰："可矣。"齐师败绩，公将驰之，刿曰："未可。"下视其辙，登轼而望之，曰："可矣！"遂逐齐师。
>
> 既克，公问其故。对曰："夫战，勇气也。一鼓作气，再而衰，三而竭。彼竭我盈，故克之。夫大国难测也，惧有伏焉，吾视其辙乱，望其旗靡，故逐之。"[②]

（二）"乃献遂邑之地以和"，遂非鲁地，不能说鲁献之。梁玉绳说：

[①] 《史记志疑》卷三十一，鼎文书局1977年版，第1241页。

[②] 杨伯峻：《春秋左传注》，源流文化事业有限公司1982年版，第182-183页。

齐桓会北杏，遂人不至，故灭之。遂非鲁地，何烦鲁献？①

庄公十三年《春秋经》载：

十有三年春，齐侯、宋人、陈人、蔡人、邾人会于北杏。②

《左传》说：

十三年春，会于北杏，以平宋乱。遂人不至。夏，齐人灭遂而戍之。③

（三）"齐桓公许与鲁会于柯而盟"一段，曹沫劫齐桓公事不足信。据《左传》，庄公于十年长勺之胜后，又于同年大败齐、宋联军于乘丘。④至十三年（前681年），始与齐言和。⑤《史记》所载曹沫劫齐桓公事，不见于《春秋经》与《左传》，而始见于庄公十三年《公羊传》，乃庄公与曹沫之预谋行为，非曹沫个人突发之行动：

庄公将会乎桓。曹子进曰："君之意何如？"庄公曰："寡人之生，则不若死矣。"曹子曰："然则君请当其君，臣请当其臣。"庄公曰："诺。"于是会乎桓。庄公升坛，曹子手剑而从之。管子进曰："君何求乎？"曹子曰："城坏压竟，君不图与。"管子曰："然则君将何求？"曹子曰："愿请汶阳之田。"管子顾曰："君许诺。"桓公曰："诺。"曹子请盟，桓公下，与之盟。已盟，曹子摽剑而去之。要盟可犯，而桓公不欺；曹子可雠，而桓公不怨。桓公之信著乎天下，自柯之盟始焉。⑥

《史记》屡载此事，除《刺客列传》外，又见于《十二诸侯年表》《齐太公世家》《鲁周公世家》《管仲列传》《鲁仲连列传》《自序》，而以《刺客列传》所叙为最详。梁玉绳辨此事为"诬诞"：

劫桓归地一节，年表，齐、鲁世家，管仲、鲁连、自序传皆述之，此传尤详。《荆轲传》载燕丹语，仍《国策》并及其事，盖本《公羊》也。《公羊》汉始著竹帛，不足尽信。即如归汶阳田，在齐顷公时，当鲁成二年，乃《公羊》以为桓公盟柯，因曹子劫而归之，其妄可见。况鲁未尝战败失地，何用要劫？曹子非操匕首之人，春秋初亦无操匕首之习，前贤谓战国好事者为之耳。仲连《遗燕将书》云"亡地五百里"，《吕览·贵信》云"封以汶南四百里"，《齐策》及《淮南·泛论》云"丧地千里"，鲁地

① 《史记志疑》卷三十一，鼎文书局1977年版，第1241页。
② 杨伯峻：《春秋左传注》，源流文化事业有限公司1982年版，第193页。
③ 杨伯峻：《春秋左传注》，源流文化事业有限公司1982年版，第194页。
④ 杨伯峻：《春秋左传注》，源流文化事业有限公司1982年版，第183-184页。
⑤ 杨伯峻：《春秋左传注》，源流文化事业有限公司1982年版，第194页。
⑥ 《春秋公羊传注疏》卷七，艺文印书馆1976年版，第15页下-17页上。

安得如此之广，汶阳安得如此之大？不辨而知其诬诞矣。①

齐桓公在位时间在前 685 至前 643 年，顷公在位时间在前 598 至前 582 年，鲁成公二年当前 589 年。齐归鲁汶阳田既在齐顷公九年，即鲁成公二年时，自与齐桓公无涉，所以梁玉绳说：《公羊传》将此事作为"桓公盟柯，因曹子劫而归之"，"其妄可见"。杨伯峻说："司马迁不取《左传》曹刿论战，而取其劫齐桓，已载之《年表》与《齐世家》《鲁世家》，复为之作《刺客列传》，盖亦好奇之过。"② 韩兆琦说："此事仅可做故事读，不必当信史看。"③

二、专诸与吴公子光（即后之吴王阖闾）的关系

决定由专诸刺杀吴王僚时，公子光对专诸顿首说："光之身，子之身也。"意谓将来必将负起照顾专诸家人的责任。专诸行刺成功后，也当场被王僚的左右所杀。公子光乘乱"出其伏甲以攻王僚之徒，尽灭之，遂自立为王，是为阖闾。阖闾乃封专诸之子以为上卿。"

司马迁不著一字评语，即将专诸与公子光一笔成功的交易生动地映现在我们眼前。

三、豫让与智伯的关系

（一）豫让以为智伯是他的"知己"：

> 嗟乎！士为知己者死，女为说己者容。今智伯知我，我必为报雠而死，以报智伯，则吾魂魄不愧矣。

（二）豫让回报智伯，也就异于其回报范、中行氏：

> 于是襄子乃数豫让曰："子不尝事范、中行氏乎？智伯尽灭之，而子不为报雠，而反委质臣于智伯。智伯亦已死矣，而子独何以为之报雠之深也？"豫让曰："臣事范、中行氏，范、中行氏皆众人遇我，我故众人报之。至于智伯，国士遇我，我故国士报之。"

（三）贾谊举此事为例，谏文帝应体貌大臣而厉其节（师古注："体貌，谓加礼容而敬之。"）：

> 豫让事中行之君，智伯伐而灭之，移事智伯。及赵灭智伯，豫让衅面

---

① 《史记志疑》卷三十一，鼎文书局 1977 年版，第 1241－1242 页。
② 杨伯峻：《春秋左传注》，源流文化事业有限公司 1982 年版，第 194 页。
③ 《史记选注》，里仁书局 1994 年版，第 715 页。

吞炭，必报襄子，五起而不中。人问豫子，豫子曰："中行众人畜我，我故众人事之；智伯国士遇我，我故国士报之。"故此一豫让也，反君事雠，行若狗彘，已而抗节致忠，行出虖列士，人主使然也。故主上遇其大臣如遇犬马，彼将犬马自为也；如遇官徒，彼将官徒自为也。顽顿亡耻，奰诟（师古注："奰诟，谓无志分也。"）亡节，廉耻不立，且不自好，苟若而可，故见利则逝，见便则夺。主上有败，则因而挺之矣；主上有患，则吾苟免而已，立而观之耳；有便吾身者，则欺卖而利之耳。人主将何便于此？群下至众，而主上至少也，所托财器职业者粹于群下也。俱亡耻，俱苟妄，则主上最病。①

（四）贾谊的议论，显然受到孟子思想的影响：

孟子告齐宣王曰："君之视臣如手足，则臣视君如腹心；君之视臣如犬马，则臣视君如国人；君之视臣如土芥，则臣视君如寇雠。"王曰："礼，为旧君有服，何如斯可为服矣？"曰："谏行言听，膏泽下于民；有故而去，则君使人导之出疆，又先于其所往；去三年不反，然后收其田里。此之谓三有礼焉。如此，则为之服矣。今也为臣，谏则不行，言则不听；膏泽不下于民；有故而去，则君搏执之，又极之于其所往；去之日，遂收其田里。此之谓寇雠。寇雠何服之有？"②

（五）王安石（1021－1086）质疑豫让之才是否够称之为"国士"，不过只是"不欺其意者"而已：

予独怪智伯国士豫让，岂顾不用其策耶？让诚国士也，曾不能逆策三晋，救智伯之亡，一死区区，尚足校哉！其亦不欺其意者也。③

豫让仰赖一己之力用行刺的手段企图为智伯报仇，对照伍子胥利用吴国的力量攻入楚国的郢都，鞭平王之尸来为父兄复仇，二人才具之高下立判。

（六）何孟春（1474—1536）之说与王安石相近而较明白：

今之论让者曰："人惟无所为而为者，其善必诚，其忠必尽。而让非其人也。让不能知韩、魏之必反，无贵于让；知而不言，非所以望让。言而智伯弗听，则智伯之遇让也，不过利禄之优异于范、中行氏之所遇耳。让之为之报仇之深也，其义诚是，其心亦特不忘其利禄之优异而有激于义耳。让之言曰：'吾所为将以愧天下后世之为人臣怀二心以事其君者'，兹岂非为名誉而为善之人哉？刺客传让，吾无用议子长之失矣。"④

---

① 《汉书》卷四十八，北京：中华书局1975年版，第2256－2257页。

② 见《孟子·离娄下》。

③ 《临川集·书刺客传后》卷七十一，台湾商务印书馆1983年版，第16页下。

④ ［明］凌稚隆编，［明］李光缙增补，［日本］有井范平补标：《补标史记评林》，台北兰台书局1968年版，卷八十六，第13页上。

四、聂政与严仲子的关系

（一）聂政本为魏人，因杀人避仇，与母、姊客居于齐，以屠宰为业。曹丕诗说："客子常畏人。"聂政必然曾经受到当地同行的排挤，要不是他武术高强，恐怕难在市屠中立足，故其处境之艰辛与心情之抑郁不难想象。

（二）严仲子本韩之贵臣，与韩相侠累有隙，因恐诛而亡去，周游列国寻找能够刺杀侠累的刺客。他和聂政交往，即是怀着寻找刺客之意，而他也毫不讳言因此种特定目的与聂政订交，聂政也很清楚严仲子的意向：

> 仲子奉黄金百镒，前为聂政母寿。聂政惊怪其厚，固谢严仲子。……严仲子辟人，因为聂政言曰："臣有仇，而行游诸侯众矣；然至齐，窃闻足下义甚高，故进百金者，将用为大人粗粝之费，得以交足下之驩，岂敢以有求望邪！"聂政曰："臣所以降志辱身，居市井屠者，徒幸以养老母；老母在，政身未敢以许人也。"严仲子固让，聂政竟不肯受也。然严仲子卒备宾主之礼而去。

（三）聂政母死，既葬除服之后，聂政决定为严仲子效死。其中有两点很可注意：

1. 聂政有很深的阶级观念，以诸侯之卿相与市井之人交往为屈尊，完全没有孟子"人皆可以为尧舜"，① 杰佛逊等"人皆生而平等"（All men are created equal）的观念。②

> 嗟乎！政乃市井之人，鼓刀以屠；而严仲子乃诸侯之卿相也，不远千里，枉车骑而交臣。

2. 聂政竟将与己订交的目的是在收买刺客的人视为"知己"，可以想见其人长久以来困居下层社会，"不为人知"的抑郁心情：

> 臣之所以待之，至浅鲜矣，未有大功可以称者，而严仲子奉百金为亲寿，我虽不受，然是者徒深知政也。夫贤者以感忿睚眦之意而亲信穷僻之人，而政独安得嘿（默）然而已乎！且前日要政，政徒以老母；老母今以天年终，政将为知己者用。

从"然是者徒深知政也""政将为知己者用"二句，聂政渴求赏识自己的人，以致饥不择食的心情，两千多年之后，还是令人为之备感怜惜！司马迁为

---

① 《孟子·告子下》："曹交问曰：人皆可以为尧舜，有诸？'孟子曰：'然。''交闻文王十尺，汤九尺，今交九尺四寸以长，食粟而已，如何则可？'曰：'奚有于是？亦为之而已矣。……尧舜之道，孝悌而已矣。子服尧之服，诵尧之言，行尧之行，是尧而已矣；子服桀之服，诵桀之言，行桀之行，是桀而已矣。'"

② 见《美国独立宣言》。

聂政等人树碑立传，为之津津乐道，明显是借他人酒杯，浇自己块垒。换言之，文字表层底下，反映的是司马迁内心深处的"不遇情结"。①

五、荆轲与燕太子丹等人的关系

（一）荆轲生平所遇到的"非知己者"

1. 卫元君："荆卿好读书击剑，以术说卫元君，卫元君不用。"

2. 盖聂："荆轲尝游过榆次，与盖聂论剑，盖聂怒而目之。荆轲出，人或言复召荆卿。盖聂曰：'曩者吾与论剑，有不称者，吾目之；试往，是宜去，不敢留。'使使往之主人，荆卿则已驾而去榆次矣。使者还报，盖聂曰：'固去也，吾曩者目摄（慑）之！'"

3. 鲁句践："荆轲游于邯郸，鲁句践与荆轲博，争道，鲁句践怒而叱之，荆轲嘿（默）而逃去，遂不复会。"

4. 燕太子丹："久之，荆轲未有行意。秦将王翦破赵，虏赵王，尽收入其地，进兵北略地至燕南界。太子丹恐惧，乃请荆轲曰：'秦兵旦暮渡易水，则虽欲长侍足下，岂可得哉！'荆轲有所待，欲与俱；其人居远未来，而为治行。顷之，未发，太子迟之，疑其改悔，乃复请曰：'日已尽矣，荆卿岂有意哉？丹请得先遣秦舞阳。'荆轲怒，叱太子曰：'何太子之遣？往而不返者，竖子也！且提一匕首入不测之强秦，仆所以留者，待吾客与俱。今太子迟之，请辞决矣！'遂发。"

芑田氏（生卒年不详，康熙六十年〔1721〕编成《史记菁华录》）说：

> 大丈夫为知己者死，一腔热血本不求表暴于天下，而无如荆卿之于太子丹，疏莽猜嫌，实算不得知己，七尺之躯，浪付竖子，殊为可惜。②

（二）荆轲的知己

1. 狗屠、高渐离及田光："荆轲既至燕，爱燕之狗屠及善击筑者高渐离。荆轲嗜酒，日与狗屠及高渐离饮于燕市，酒酣以往，高渐离击筑，荆轲和而歌于市中，相乐也，已而相泣，旁若无人者。荆轲虽游于酒人乎，然其为人沈深好书；其所游诸侯，尽与其贤豪长者相结。其之燕，燕之处士田光先生亦善待之，知其非庸人也。"荆轲与燕太子丹结交，即由于田光之引介。

2. 高渐离也曾举筑谋杀秦始皇："（秦并天下后，高渐离亡命于宋子，以

---

① 《艺文类聚》卷三十载司马迁《悲士不遇赋》，王国维《太史公行年考》说："其辞义殊未足与公他文相称。"疑其恐非司马迁所作。按：即使此赋非司马迁所作，我们也可在《史记》的其他篇章察觉司马迁怀有浓烈的"不遇情结"。

② 《史记菁华录》，联经出版事业公司1982年版，第140页。

善击筑闻名。）宋子传客之，闻于秦始皇。秦始皇召见，人有识者，乃曰：'高渐离也。'秦皇帝惜其善击筑，重赦之，乃矐其目。使击筑，未尝不称善。稍益近之，高渐离乃以铅置筑中，复进得近，举筑朴秦皇帝，不中。于是遂诛高渐离，终身不复近诸侯之人。"

六、易水送别的场景可疑

易水送别的场景虽然极其感人，却与此行外似致送降书，真实目的却在行刺，必须绝对保密，丝毫不能露出可疑迹象，以免为秦国间谍察觉的原则相抵触，恐怕不是当日实况，而是司马父子渲染之笔。

七、《荆轲列传》当为司马谈之手笔，司马迁至多增补润色而已

赞文说："始公孙季功、董生与夏无且游，具知其事，为余道之如是。"按：荆轲刺秦王，事在秦王政二十年（前227年），下距司马迁之生年（景帝中元五年，前145年）八十三年，假使当时公孙季功、董生已与夏无且游，且年仅三十而已，至司马迁出生时亦已一百一十三岁；至司马迁十五岁时，且已至一百二十八岁，故公孙季功、董生恐必不及见司马迁道荆轲事。除非二人与夏无且为逮及的忘年之交，二人与司马迁又为相接的忘年交，司马迁才有可能从二人游。所以王国维、顾颉刚、赵生群等人都以为此处"余"字应指司马谈，不可能是司马迁。①

八、刺客的行径，难称其为"义举"

司马光（1019—1086）说："荆轲怀其豢养之私，不顾七族，欲以尺八匕首强燕而弱秦，不亦愚乎！故扬子论之，以要离为蛛蝥之靡，聂政为壮士之靡，荆轲为刺客之靡，皆不可谓之义。又曰：'荆轲，君子盗诸。'善哉！"②

---

① 见王国维著：《太史公行年考》，收入《观堂集林》，世界书局1964年版，第509页。顾颉刚著，《司马谈作史》，收入《史林杂识初编》，北京：中华书局1963年版，第226页。赵生群著，《司马谈作史考述》，收入《太史公书研究》，陕西人民出版社1994年版，第84-86页。

② 《资治通鉴》，北京：中华书局1956年版，第232页。汪荣宝《法言义疏》引其弟东宝说："靡、美声义略近，凡训美善者，皆有雄长之义。"北京：中华书局1987年版，第439页。

"父权大于夫权"

——谈《史记》女性与政治婚姻

＊本文作者杨宁宁、朱玉纯。杨宁宁，广西民族大学文学院教授；朱玉纯，广西科技师范学院文化与传播学院教师。

司马迁在《史记》中描写了多种形象类型的女性，她们各具不同身份地位，不同的性格和不同的境遇，可谓是众生百态、形形色色，她们共同构成了《史记》女性群像。通过梳理文献，不难发现过去学界对《史记》女性人物的研究多徘徊于表层，成果多为重复性工作；女性个案研究仍多集中于吕后、窦太后等人，较少涉及其他女性；同时，对社会现象和思想意识的发掘多关注于女性地位方面，缺乏其他方面的研究。

《史记》中出现女性316人，其中有114人的出场与她们的婚姻相关①，可见《史记》女性的事迹记载多与她们的婚姻生活有直接或间接的关联，从婚姻角度入手研究《史记》女性的生存状态是必要的，本文即深入分析《史记》女性，力求发掘和展现当时的社会风貌和思想意识。《史记》女性的婚姻大多与政治联姻、政治权谋和战争失败有关，由此也引发了我们对当时社会现象的思考：从家族利益出发，联姻女性的行为多受"父权大于夫权"观念主导。

一、政治联姻中女性的责任

在《史记》出场事迹与个人婚姻有关的114位女性中，有47位出身于贵族，她们中绝大多数人的婚姻都是"父母之命，媒妁之言"②，其目的就是进行政治活动。因此有必要从政治婚姻这一角度出发，探究这些女性的生存状态。

政治联姻通常是男女双方利益集团出于政治利益的目的而安排男女结合的包办婚姻，带有双方亲善和结盟的默认因素，男女个人在婚前则大多没有感情基础。这种婚姻关系从利益角度出发，往往忽略个人感情因素。

政治联姻在古代对统治阶级具有非常重要的政治作用，统治阶级重视婚

---

① 朱玉纯：《〈史记〉女性人物的历史解读与文学描写》，硕士学位论文，广西民族大学，2018年。

② 万丽华，蓝旭译注：《孟子》，中华书局2006年版，第127页。

姻，在战争年代表现得尤为突出。如《国语》记臧文仲对鲁庄公说："夫为四邻之援，结诸侯之信，重之以婚姻，申之以盟誓，固国之艰急是为。"① 记晋公子夷吾因骊姬之难出奔，冀芮劝他去梁国，说："梁近于秦，秦亲吾君。"②秦国与晋国亲近，正是因为夷吾的姐姐秦缪姬是秦缪公的夫人。周襄王想娶狄国女子为王后，富辰劝阻道："夫婚姻，福祸之阶也。由之利内则福，利外则取祸。"③ 对统治者们来说，政治婚姻最重要的作用就是双方结为同盟，这种同盟关系可以巩固己方力量，维护和稳定双方关系，有时甚至可以达到干预对方内政的效果。

联姻活动中至少有一位女性角色出现，《史记》中相当一部分女性都有这样的经历，她们出身贵族，享受平民女子没有的物质生活，也担负着家族赋予的责任，在此选取秦缪姬和平原君夫人作为典型代表分析。

秦缪姬的事迹主要表现在骊姬之难后，晋国和秦国发生矛盾的过程中，她作为两个国家的缓冲人物出现。秦缪姬是晋献公的女儿，晋国太子申生的同母姐姐，晋惠公、晋文公的异母姐姐，通过联姻，她嫁给了秦缪公，成为秦国夫人。"自从秦晋结为政治联姻关系后，晋献公的后代便倚重于秦国。"④ 晋国发生内乱，秦国以夫人秦缪姬的关系，先后扶持了晋惠公、晋文公两位晋国国君。秦国先是支持公子夷吾，"秦穆（缪）公以夫人入公子夷吾为晋君"⑤ 送流亡的夷吾回晋国即位，成为晋惠公。晋惠公回到晋国便忘了秦国的帮助，甚至在秦国饥荒时发兵攻打秦国，"秦大怒，发兵亦伐晋。"⑥ 晋国战败，晋惠公被俘虏，"秦将以祀上帝"⑦，秦缪姬得知晋惠公将被处死的消息，"衰绖涕泣"⑧，身穿着丧服哭泣哀求，希望秦缪公可以放过自己的弟弟，秦国君臣考虑到秦晋两国的政治情况，最终决定放晋惠公回国。晋惠公过世后，他的儿子子圉即位成为晋怀公，因为晋怀公曾在秦国为质，私自逃回晋国，所以秦国"怨之"⑨，决定支持秦缪姬的另一个弟弟重耳归国即位，"以宗女五人妻重耳，故子圉妻与往"，将秦宗女嫁给重耳，其中甚至包括晋怀公在秦国的妻子。重耳本不愿娶自己曾经的侄媳，与重耳一道流亡的司空季子劝他说："其国且伐，况其故妻乎！且受以结秦亲而求入，子乃拘小礼，忘大丑乎！"重耳这才同意。双方的这一婚嫁行为表明了秦国与晋怀公断绝关系的决心，以及重耳与侄子争

① 陈桐生：《国语》，中华书局 2013 年版，第 163 页。
② 陈桐生：《国语》，中华书局 2013 年版，第 317 页。
③ 陈桐生：《国语》，中华书局 2013 年版，第 52 页。
④ 崔明德：《先秦政治婚姻史》，山东大学出版社 2004 年版，第 152 页。
⑤ 韩兆琦译注：《史记》，中华书局 2010 年版，第 2537 页。
⑥ 韩兆琦译注：《史记》，中华书局 2010 年版，第 2988 页。
⑦ 韩兆琦译注：《史记》，中华书局 2010 年版，第 2990 页。
⑧ 韩兆琦译注：《史记》，中华书局 2010 年版，第 2990 页。
⑨ 韩兆琦译注：《史记》，中华书局 2010 年版，第 2995 页。

夺晋国的决心，"秦缪公乃发兵与重耳归晋"，帮助重耳归国继位成为晋文公[1]。在这一系列事件中，秦缪姬的存在维护了秦晋两国的关系，在双方发生冲突时作为一个缓冲人物，使两国关系没有发展到无法挽回的境地；秦国也以秦缪姬为秦国夫人的名义，干涉晋国的内政，有选择地扶持了对秦国有利的君主。

另一位平原君夫人，是魏昭王的女儿，魏公子信陵君的姐姐，她嫁到赵国，成为平原君赵胜的夫人。《魏公子列传》中，秦国攻打赵国，"已破赵长平军，又进兵围邯郸"，危急之时，平原君依托夫人的关系，数次写信给魏王和信陵君，"请救于魏"[2]，魏王迫于秦国威胁，虽然发兵却仍在观望，不敢救援赵国，平原君在这危急时刻，直接派使者责备信陵君说：

"胜所以自附为婚姻者，以公子之高义，为能急人之困。今邯郸旦暮降秦而魏救不至，安在公子能急人之困也！且公子纵轻胜，弃之降秦，独不怜公子姊邪？"[3]

平原君直言自己之所以娶信陵君的姐姐，就是看中信陵君为人高尚，可以"急人之困"，希望在危难时能够得到信陵君的帮助，又说即使看在姐姐的份上，也应该救助赵国，难不成信陵君要让自己的姐姐一起投降秦国吗？平原君这是在提醒信陵君，双方存在联姻关系，如果信陵君不想办法救助赵国，即是背弃了双方约定俗成的联盟关系，后果将是赵国被破，信陵君也会失去信用，日后难以再取信于其他政治伙伴。信陵君听说之后果然非常焦急，"约车骑百余乘，欲以客往赴秦军，与赵俱死"[4]，宁死也要维护自己的信用，最后信陵君突破重重阻力，窃符救赵，使赵国暂时解除了危机。在这个故事中，赵国和魏国有共同的敌人，抗击敌人是两国共同的利益所在，因此两国可以通过政治联姻的方式结为同盟，平原君夫人就是两国结盟的桥梁和标志，当赵国受到攻击时，平原君通过平原君夫人来请求魏国帮助，两国以这样的方式巩固了己方的政治力量。

无论男女，婚姻都是人生大事，而对于联姻的贵族女性来说，她们在婚姻中的角色却有些微妙，她们可以很重要，因为联姻活动中必须有一位女性的角色，然而她们也可以很轻微，因为联姻的双方并不在意是哪位女子，只要能够代表某个政治集团就可以。春秋时期的女诗人许穆夫人对此有清晰的认识，她说："古者诸侯之有女子也，所以苞苴玩弄，系援于大国也。"[5] 联姻女性不过是用来馈赠的礼物，她们被送出和被接受展现出了双方结盟的诚意和决心，与之相比，其余的东西都不必在意，甚至她们自己也这样认为。在大多数情况

① 韩兆琦译注：《史记》，中华书局 2010 年版，第 3008 页。
② 韩兆琦译注：《史记》，中华书局 2010 年版，第 5083 页。
③ 韩兆琦译注：《史记》，中华书局 2010 年版，第 5083 页。
④ 韩兆琦译注：《史记》，中华书局 2010 年版，第 5083 页。
⑤ 刘向撰：《古列女传》，上海三联书店，2014 年版，第 112 页。

下，联姻女性个人本身的政治影响力并不大，是她们背后的政治集团以她们的名义进行政治活动，有时她们甚至成为各方政治权谋活动的牺牲品，并没有因为出身贵族而受到优待。

二、作为政治博弈牺牲品的女性

政治联姻是古代统治者筹谋政治利益的一种常用手段，但这些贵族女性在被利用后，并不一定都能有一个安稳的结局。例如《鲁周公世家》中的哀姜：

（鲁）文公有二妃：长妃齐女为哀姜，生子恶及视；次妃敬嬴，嬖爱，生子俀。俀私事襄仲，襄仲欲立之，叔仲曰不可。襄仲请齐惠公，惠公新立，欲亲鲁，许之。冬十月，襄仲杀子恶及视而立俀，是为宣公。哀姜归齐，哭而过市，曰："天乎！襄仲为不道，杀適（嫡）立庶！"市人皆哭，鲁人谓之"哀姜"。鲁由此公室卑，三桓强。①

哀姜出身齐国，是鲁文公的长妃，生下了两个嫡子，按照通常的发展，她将养育这两个孩子，让其中一个成为新的鲁公。然而鲁国的权臣亲近其他公子，齐惠公为了得到鲁国权臣的支持，不惜牺牲同样出身齐国的齐姜和她的两个孩子。哀姜虽是为两国联姻而来到鲁国，却被父国和夫国同时抛弃，她的遭遇得到了鲁国百姓的同情，鲁国公室从此衰落，三桓逐渐掌握了鲁国的权力。

再如《赵世家》的代王夫人，她的悲剧正是来自亲人的野心和阴谋：

（赵）襄子姊前为代王夫人。简子既葬，未除服，北登夏屋，请代王。使厨人操铜枓以食代王及从者，行斟，阴令宰人各以枓击杀代王及从官，遂兴兵平代地。其姊闻之，泣而呼天，摩笄自杀。代人怜之，所死地名之为摩笄之山。②

代王夫人出身赵氏，嫁予代王，她的弟弟赵襄子一直有吞并代国的野心，他先以联姻的手段取得了代王的信任，又在他为父亲赵简子服丧期间邀请代王来到赵地，最后在宴会上，在这位客人最没有防备的时候将他一举击杀，终于吞并了代国。代王夫人知道自己的丈夫竟然被自己的弟弟杀死，已经无力挽救，想明白了前因后果，悲痛的她选择"摩笄自杀"，用自己的生命发出最后的抗议，因此代地的人们不仅没有怨恨她，反而同情、怜悯她，将她的死地改名为"摩笄之山"来纪念她。

这些联姻女性牺牲自己来为家族换取一个较为有利的政治环境，然而一旦双方政治立场发生了改变，她们的存在和她们的婚姻就失去了原有价值，甚至成为一些利益的阻碍，这时她们面临的命运将是悲惨的，幸运的人或许能够回到家中，而不幸的人甚至连自己的性命都无法保全，如《孙子吴起列传》中吴

---

① 韩兆琦译注：《史记》，中华书局 2010 年版，第 2657 页。
② 韩兆琦译注：《史记》，中华书局 2010 年版，第 3395 页。

起的妻子，她出身齐国，随吴起居住在鲁国，齐鲁两国发生战争，吴起身为鲁国将领，为取得鲁国的信任，"遂杀其妻，以明不与齐也"①。

《史记》中还有一些女性是国家战争失败的牺牲品。《史记》多战争记载，战败的诸侯国通常只有两种结果，被吞并或是议和，而这两种结果都伴随着一定的代价，战败国要向战胜国献出自己的土地和财物，有时也要献出一些妇女。这些妇女就成为了国家战争失败的牺牲品，她们的婚姻虽然也是联姻，却并非是双方平等条件下利益互换的联姻，而是战败国向战胜国的屈服的证明。她们或是通过联姻，或是作为俘虏来到另一个国家，境遇之艰难可想而知。不过，一些女性在面对这样的困境时做出了不同的选择。

《晋世家》中的重耳妻选择了顺从战胜国的安排，她原本生活在咎如部落，重耳在狄国避难时，狄国攻打咎如部落，将她带了回来，嫁给重耳。重耳妻并没有进行什么反抗，甚至在重耳离开狄国前对她说："待我二十五年不来，乃嫁。"她仍笑曰："犁二十五年，吾冢上柏大矣。虽然，妾待子。"② 表示愿意等重耳来接她，她也的确是这样做的。

《齐太公世家》中的鲁国季姬通过联姻，使得自己的国家能够在战败的情况下仍然获得好处：

悼公元年，齐伐鲁，取讙、阐。初，阳生（齐悼公）亡在鲁，季康子以其妹妻之。及归即位，使迎之。季姬与季鲂侯通，言其情，鲁弗敢与，故齐伐鲁，竟迎季姬。季姬嬖，齐复归鲁侵地。③

季姬通过联姻的方式，使齐国归还了鲁国的失地。

《周本纪》中的褒姒以自己独特的方式为自己的国家进行了复仇。"褒人有罪，请入童妾所弃女子者于王以赎罪。弃女子出于褒，是为'褒姒'"④。褒国因为某些事情得罪于周国，为了赎罪才将她献给了周幽王，这种赎罪其实就是褒国向周国变相的求和，希望以此避免自己被强大的周王室讨伐。褒姒到了周国三年后才被周幽王见到，"王之后宫见而爱之，生子伯服"，周幽王十分宠爱这位褒姒，为了她，"竟废申后及太子，以褒姒为后，伯服为太子"⑤。然而褒姒生活的并不快乐，"幽王欲其笑万方，故不笑"，也因此有了历史上著名的典故"烽火戏诸侯"：

褒姒不好笑，幽王欲其笑万方，故不笑。幽王为烽燧大鼓，有寇至则举烽火。诸侯悉至，至而无寇，褒姒乃大笑。幽王说之，为数举烽火。其后不信，诸侯益亦不至。⑥

① 韩兆琦译注：《史记》，中华书局 2010 年版，第 4503 页。
② 韩兆琦译注：《史记》，中华书局 2010 年版，第 2999 页。
③ 韩兆琦译注：《史记》，中华书局 2010 年版，第 2589 页。
④ 韩兆琦译注：《史记》，中华书局 2010 年版，第 280 页。
⑤ 韩兆琦译注：《史记》，中华书局 2010 年版，第 280 页。
⑥ 韩兆琦译注：《史记》，中华书局 2010 年版，第 282－283 页。

周幽王因耍弄各位诸侯而失去人心，周幽王原配王后的父亲申侯便借机起兵，"遂杀幽王骊山下，虏褒姒，尽取周赂而去"①，从此西周覆灭。与褒姒经历相似的还有骊姬，《晋世家》记晋献公通过"伐骊戎"②得到骊姬，同样对她十分宠爱，在骊姬生下儿子后有意改立太子，让其他公子都离开国都居住。骊姬通过多次向晋献公进谗言，使得太子申生自杀，公子夷吾、重耳出奔，从而引发了各个诸侯国间一系列的大事件，这就是骊姬之乱。

战败国向战胜国进献自己国家的女性，必然是十分屈辱的，这样的屈辱也深深地印刻在了这些女性的心中。这样的条件下，《史记》中的一些女性选择了顺从战胜国的安排，如咎如出身的重耳妻；一些女性通过联姻，使得自己的国家能够在战败的情况下仍可获得好处，如鲁国的季姬；还有一些女性，以她们独有的方式为自己的国家进行了复仇，如褒国的褒姒和骊戎的骊姬，这样的报复多是在她们与战胜国联姻后，通过自己对丈夫的影响力完成的。然而无论怎样，她们都是国家间战争失败的牺牲品。

三、"父权大于夫权"观念下的女性

"父权"和"夫权"，都意指以男性为中心的权力，这种以男性为中心的权力运作形式又引发出一系列的以男性为中心的思想和维持权力运作的社会制度。"父"和"夫"都是家庭构成的重要因素，他们既是家庭成员的重要角色，又是与女子有着重要关系的两个人，从一个古代女性视角来说，"父"和"夫"是两个操控她、决定她一生命运的人。"父权"意味着父亲对女儿的掌控权力、女儿对父亲的顺从义务；"夫权"也意味着丈夫对妻子的掌控权力、妻子对丈夫的服从义务。陈顾远在《中国婚姻史》中谈及古代婚姻效力时说："既以夫妻为一体，使妻无独立人格之存在"③。无论是奴隶制社会还是封建制社会，"父权"和"夫权"一直支配着女性的生活，《仪礼·丧服》曰："妇人有三从之义，无专用之道，故未嫁从父，既嫁从夫，夫死从子。"④可见在古代的礼教思想和社会观念中，女子出嫁后就要遵从自己丈夫的意愿，要将丈夫的意愿排在父亲和儿子之前，也就是说，对于出嫁的女子而言，"夫权"是要优先于"父权"的。但在先秦这段时期则有一定的不同，这时的"父权"是要大于"夫权"的，而且这在联姻女性的身上表现得尤为明显。《郑世家》的雍纠妻是郑国权臣祭仲之女，郑厉公对专权的祭仲十分不满，于是派雍纠去杀掉祭仲，雍纠的妻子知道后内心十分的纠结：

厉公四年，祭仲专国政。厉公患之，阴使其婿雍纠欲杀祭仲。纠妻，祭仲

① 韩兆琦译注：《史记》，中华书局 2010 年版，第 284 页。
② 韩兆琦译注：《史记》，中华书局 2010 年版，第 2959 页。
③ 陈顾远：《中国婚姻史》，商务印书馆 2014 年版，第 131 页。
④ 杨天宇撰：《仪礼译注》，上海古籍出版社 2004 年版，第 308 页。

女也，知之，谓其母曰："父与夫孰亲?"母曰："父一而已，人尽夫也。"女乃告祭仲，祭仲反杀雍纠，戮之于市。①

无奈之下，雍纠妻问自己的母亲，父亲与丈夫中哪一个对自己来说更加亲近、更加重要呢? 母亲回答说，自然是父亲更加重要了，因为这天下间能作你父亲的只有一人，而天下男人都可以作你的丈夫。女子的父亲不能被其他任何人取代，而丈夫却不是唯一的。听了母亲的话，雍纠妻不再纠结，将郑厉公与丈夫的阴谋告知了父亲祭仲，祭仲果然将雍纠杀死了。在丈夫和父亲的冲突中，雍纠妻选择站在父亲一方。

《晋世家》的文嬴是秦缪公的女儿，与晋国联姻成为晋文公夫人，也是晋襄公的嫡母。晋襄公时，晋军大败秦军，将秦国的三位将领俘虏回国，文嬴出面使晋襄公释放了这三人:

文公夫人秦女（即文嬴），谓襄公曰："秦欲得其三将戮之。"公许，遣之。先轸闻之，谓襄公曰："患生矣。"轸乃追秦将。秦将渡河，已在船中，顿首谢，卒不反。②

文嬴在这里表现出来的才智，就像一位纵横家一样，简单一句话就为自己的父国保留了三位将才，"后三年，秦果使孟明伐晋，报崤之败，取晋汪以归。"③ 文嬴能够让晋襄公相信自己的话，想必平日里晋襄公是十分尊重和信任这位嫡母的，然而经过这次愚弄，晋襄公对她的态度一定会有所改变，寡居的文嬴在晋国的日子也一定大不如前。文嬴在行动之前就知道结果，但为了父国，她仍然要这样做，在父国和夫国之间，文嬴选择了倾向自己的父国。前文提到的秦缪姬也是一个典型的例子，她在夫国（秦国）多次出面维护自己的父国（晋国）的利益。这些例证足以说明，当父权与夫权发生冲突时，《史记》中这些联姻女性在选择倾向上与后世的"既嫁从夫"的观念完全不同。

这种现象产生的原因与当时社会环境有密不可分的关系。第一，与政治联姻的目的有直接的关系。春秋战国时期的社会环境较为特殊，各诸侯国之间纷争不断，强大的诸侯国想要成为霸主、吞并其他国家，而相对弱小的诸侯国也要努力挣扎求生，联姻是这些国家处在这样的环境中必不可少的交往手段。联姻女性不同于平民百姓之家的女性，她们大多是出身社会上层的贵族，联姻行为是家族出于利益的需要，她们带着任务和责任嫁到另一个家族或国家。诸侯之间的嫁娶之事，就是为了维系诸侯国之间的联盟关系，统治者们自然会给自己家族中的女子从小灌输要以父国利益为重的观念，在父国与夫国发生冲突时，一定要主动维护自己的父国，这样自然就造成了联姻女性们"父权"大于"夫权"的观念。

---

① 韩兆琦译注：《史记》，中华书局 2010 年版，第 3295 页。
② 韩兆琦译注：《史记》，中华书局 2010 年版，第 3037 页。
③ 韩兆琦译注：《史记》，中华书局 2010 年版，第 3039 页。

第二，与当时的社会风气有关。先秦时期，人们对男女关系的看法较为开放，"当时收继婚姻广泛存在，息妫二嫁、宣姜再醮都有依可循。春秋时期的伦理观念并不如后世守贞、守节观念严重。"① 《战国策·秦太后爱魏丑夫》的故事也说明"当时贵族们对婚外恋存在着颇为宽容的浪漫情怀。"② 孟尝君夫人与舍人相爱，孟尝君还大度地说道"睹貌而相悦者，人之情也，其错之勿言也。"③ 孟尝君此言一方面是为了招揽门客，另一方面也表现出时人对婚外情的宽容态度。婚内尚且如此，更何况是女子在离异或夫亡后再嫁呢。由此可见，春秋战国时期的女性受婚姻和礼教的束缚相对较小，这就为"父权大于夫权"现象产生创造了有利的社会条件，当夫权与父权发生利益冲突时，联姻女性选择维护父权利益，个人受到的损害也较轻，部分女性甚至无需顾忌。

结　语

本文从婚姻角度入手，以《史记》中联姻女性为主要对象，研究和分析了她们的生存状态，再透过她们的生存状态体察当时社会的政治变化和思想变化。对贵族女性来说，她们的婚姻背负着复杂的利益关系，甚至是家国兴亡的大事；联姻女性牺牲了个人幸福为父国换取一个有利的政治环境，但在双方政治立场发生了改变时，她们的存在就变得颇为尴尬，她们个人的安危也往往得不到联姻双方的重视；而对于出身战败国的女性，她们是战争失败的牺牲品，她们的婚姻也带有一层屈辱的含义，面对这样的境地，一些女性选择顺从，一些女性想方设法为父国谋得好处，还有一些女性则是以特殊的方式向战胜国进行了报复。

春秋战国时期，在这个急剧变化的历史环境下，《史记》女性的事迹也理所当然地体现出了当时社会思想的转变。贵族女性的婚姻背负着复杂的利益关系，她们牺牲个人为父国换取有利的政治环境，联姻后必须把父国的利益放在夫国之前，在这一时期也相应地产生了"父权大于夫权"的思想观念与其他历史时期相比较为特殊。

历来能够被载入史书的人绝大多数都是统治者和贵族，女性更是如此，然而统计表明，《史记》中有出身记载的女性 156 人，其中皇族或贵族出身的有78 人，官眷 19 人，富户 5 人，平民 54 人，其他没有出身记载的，则多以诸侯、贵族或官员的夫人妻妾等身份出现。由此可见，《史记》涵盖了社会各个阶层的女性，且平民女性占有相当比例，在人物记载的全面性上已经超越了常规。

---

① 胡优优：《试述〈左传〉女性在"女儿－妻子"角色中的两难抉择》，《文艺生活》，2012年第 6 期。

② 缪文远，缪伟，罗永莲译注：《战国策》，中华书局 2012 年版，第 130 页。

③ 缪文远，缪伟，罗永莲译注：《战国策》，中华书局 2012 年版，第 294 页。

司马迁编辑思想对现代期刊的启示

＊本文作者朱正平。渭南师范学院报刊社副编审。

司马迁在《左传》编年体、《国语》国别体的等史学著作的基础上，以独创的纪传体模式，以十二本纪、三十世家、七十列传、八书、十表等五种体例把 130 篇编纂在一起，完成了新的史学巨著《史记》，也形成了自己的丰富、博大、科学、严谨的编辑思想。面对 21 世纪期刊迅猛发展的严峻形势，期刊数量剧增，分类领域越来越科学细分，社会评价体系越来越复杂，但是司马迁的编辑思想依然对现代期刊的编辑出版有着重要的现实意义。

一、司马迁的编辑思想

司马迁的编辑思想体现在《史记》中，他的编撰宗旨、体例归类、实录精神，主体抒情化以及辩证客观、兼容并包的辩证、超前、进步的思想体系，形成了司马迁丰富、博大、科学、严谨的编辑思想。

（一）编辑宗旨："究天人之际，通古今之变，成一家之言"的形而上意义

司马迁在《报任安书》中提出了他的撰史宗旨："网罗天下放失旧闻，考之行事，稽其成败兴坏之理，凡百三十篇，亦欲以究天人之际，通古今之变，成一家之言。"[①] 他在《太史公自序》中也指出："罔罗天下放失旧闻，王迹所兴，原始察终，见盛观衰，论考之行事。"[②]"厥协六经异传，整齐百家杂语"[③]，从而形成继《春秋》之后的"一家之言"。

司马迁先祖曾"典天官事"，其父曰："余先周室之太史也。自上世尝显功名于虞、夏，典天官事。"[④] 司马迁有着"绝地通天"的家族传统，就是协调与沟通天、人关系，这也是史官的原始职责。《史记》是我国历史上第一部网罗百代、贯通古今的通史，司马迁研究人与人类社会以及与社会个体的关系，对史料的选取是贯通古今的立体、全方位的研究，从而形成了自己的独特的哲学

---

① 班固：《汉书》，中华书局 1962 年版，第 2735 页。
② 司马迁：《史记》，中华书局 2013 年版，第 4027 页。
③ 司马迁：《史记》，中华书局 2013 年版，第 4027 页。
④ 司马迁：《史记》，中华书局 2013 年版，第 4000 页。

思想。司马迁总结古今一切社会历史，考治乱之源，梳理剔抉，增补订正考信六经及其他典籍的资料，研究天道与人道的普遍规律，把历史事件和历史人物放到特定的历史环境中，考察弄清历史发展变化的奥秘，从而构建起富有创造精神的哲学思想体系。

司马迁的撰史不是历史资料的堆积，他对资料的整理、利用有着高明的技巧，同样的材料在不同的场合使用时，他有着详与略，角度不同，互见法等的艺术手法，从而使历史资料的叙写中表现出个人的情感倾向，对历史人物的成败得失、盛衰治乱甚至总结出历史的发展规律，著史以明道，著史以治世，以史立言，从而形成司马迁的"一家之言"。这也是司马迁空前绝后的历史功绩。

（二）体例归类：五体独具的立体、统一、和谐、有机的整体结构

《史记》是我国第一部纪传体通史，这种体例的发凡起例之功首推司马迁。《史记》上包天文，下括地理，总括人间的一切社会史事，司马迁确定了本纪、世家、列传、书、表五种体例。"本纪"记载历代帝王的兴衰和重大历史事件；"世家"是历朝诸侯贵族的活动和事迹；"列传"为历代各阶层有影响人物的传记，有少数篇章记载少数民族等的历史；"书"是关于天文、历法、水利、经济、文化等方面的专题史；"表"是以表格形式呈现的各个历史时期的大事记。杨丁友指出："《史记》的五体结构，是司马迁划时代的伟大创造，是司马迁对古代文化创新所构建的新体式。五体结构在《史记》中既有独立性，各自独为一体，又相互配合，具有内在联系，形成一个完整的统一的体系。《史记》的五体结构，成为了后世修史的典范体式。"①

在司马迁之前已有本纪、表、书、世家、列传的体例，论者指出，"本纪"名称源自《禹本纪》，"表"源自"周谱"及其他"谱牒"，"书"源自《尚书》，"世家"是取法于古《世家》，列传是古代《史传》的发展。司马迁的五体体例受古代天官学、历法与"五德终始"观念的影响，司马贞在《补史记序》中说："观其本纪十二，象岁星之一周，八书有八篇，法天时之八节，十表放刚柔十日，三十世家比月有三旬，七十列传取悬车之暮齿，百三十篇象闰余而成岁。"② 张守节在《史记正义·论史例》中说得更为详尽具体："作纪十二，象岁十二月也。作表十，象天之刚柔十日，以纪封建世代终始也。作书八，象一岁八节，以纪天地日月山川礼乐也。作世家三十，象一月三十日，三十辐共一毂，以记世禄之家辅弼股肱之臣忠孝得失也。作列传七十，象一行七十二日，言七十者举全数也，余二日象闰余也，以记王侯将相英贤略立功名于天下，可

---

① 杨丁友：《文化创新构建的新体式——〈史记〉体例的文化解读》，《玉林师范学院学报》2004 年第 6 期，第 43 - 48 页。

② 杨燕起、陈可青、赖长扬主编：《历代名家评〈史记〉》，北京师范大学出版社 1986 年版，第 102 页。

序列也。合百三十篇，象一岁十二月及闰余也。"①

《史记》的人物传记体例有三种，本纪、世家、列传，但哪些人物收入本纪，哪些人物收入世家，哪些人物收入列传，后来的班固就批评司马迁没有严格按照自己确定的标准选入，甚至有些破例和变通。《后汉书·班彪传》中班彪说："司马迁序帝王则曰本纪；公侯传国则曰世家；卿士特起则曰列传。又进项羽、陈涉，而黜淮南、衡山，细意委曲，条例不经。"② 或有人认为司马迁自存褒贬，寓意深刻。但实际上，司马迁是根据历史人物对历史演进，国家盛衰所起作用的大小来决定取舍的。舒习龙指出："《史记》立例而又破例，开创了传统历史编纂学破例现象的先河。"③《史记》的人物传记有独传、合传、附传、类传这样几种类型，但这些形式体例也都是围绕着历史人物的历史位置以及对社会的影响来确定的。其他的表、书体例是人物传记的辅助与补充，经纬贯通全书，集中展现了司马迁的历史通变思想。虽然它们不是纪传体格式，但它们与人物传记相互呼应，彼此之间纵横联系。《史记》五体各有各的作用，又互相制约，互相补充，关系极为密切，形成立体、统一、和谐、有机的整体结构。五体结构的核心是司马迁创制的以人物为中心的纪传体叙写体例，从而确立了人在历史中的价值，标志着司马迁的人文意识的觉醒，从而确立了司马迁以人为本体的哲学思想。

（三）材料真实：其文直，其事核，不虚美，不隐恶的实录精神

扬雄对《史记》的评价核心就是"实录"两个字，班固的《汉书·司马迁传》指出："扬雄博极群书，皆称迁有良史之材，服其善序事理，辨而不华，质而不俚，其文直，其事核，不虚美，不隐恶，故谓之实录。"④ 之后实录成为中国史官的一个优良传统。

实录是司马迁取材的重要原则，就是考而后信。第一，司马迁通过走访、调查，搜集传说故事，感受民俗民风，实地考察古战场，查看山川地理，获得第一手资料。《史记》里这样走访游历的记述很多：

余尝西至空桐，北过涿鹿，东渐于海，南浮江淮矣，至长老皆各往往称黄帝、尧、舜之处，风教固殊焉，总之不离古文者近是。（《五帝本纪》）

余南登庐山，观禹疏九江，遂至于会稽太湟，上姑苏，望五湖；东窥洛汭、大邳，迎河，行淮、泗、济、漯洛渠；西瞻蜀之岷山及离碓；北自龙门至于朔方。（《河渠书》）

---

① 杨燕起、陈可青、赖长扬主编：《历代名家评〈史记〉》，北京师范大学出版社1986年版，第103页。

② 范晔著，许嘉璐分册主编：《二十四史全译后汉书》，汉语大词典出版社2004年版，第911页。

③ 舒习龙：《〈史记〉编纂学中的破例问题》，《东方论坛》2011年第1期，第9—13页。

④ 班固：《汉书》，中华书局1962年版，第2738页。

《太史公自序》也有记述游历的文字：

> 二十而南游江、淮，上会稽，探禹穴，窥九疑，浮于沅、湘；北涉汶、泗，讲业齐、鲁之都，观孔子之遗风，乡射邹、峄；厄困鄱、薛、彭城，过梁、楚以归。

奉使西征巴蜀以南，南略邛、笮、昆明。

还有之言半语有提到自己游历的记述："适鲁，观孔子庙堂车服礼器。"（《孔子世家》）"余以为其人计魁梧奇伟，至见其图，状貌如妇人好女。"（《留侯世家》）"吾过大梁之墟，求问其所谓夷门，夷门者，城之东门也。"（《魏公子列传》）"吾适丰沛，问其遗老，观故萧曹樊哙滕公之家，及其素，异哉所闻！"（《樊郦滕灌列传》）"吾尝过薛，其俗闾里率多暴桀子弟，与邹鲁殊。问其故。"（《孟尝君列传》）"余适长沙，观屈原所自沉渊，未尝不垂涕，想见其为人。"（《屈原贾生列传》）"吾适故大梁之墟，墟中人曰：'秦之破梁，引河沟而灌大梁，三月城坏，王请降，遂灭魏。'"（《魏世家》）

第二，查阅各种典籍，考订校核，鉴别甄选，增强史料的真实性与可信性。司马迁多次提到自己阅读皇家的档案图书："迁为太史令，䌷史记石室金匮之书。"（《太史公自序》）《五帝本纪》明确说他阅读《春秋》《国语》，《殷本纪》采于《诗》《书》，《三代世表》提到《谍记》，《十二诸侯年表》提到《春秋历谱谍》，《六国年表》提到《秦记》，《吴太伯世家》提到《春秋古文》，《管晏列传》提到《牧民》《山高》《乘马》《轻重》《九府》及《晏子春秋》，《司马穰苴列传》提到《司马兵法》，《商君列传》提到《开塞》《耕战》，《郦生陆贾列传》提到《新语》，《儒林列传》提到《功令》，《惠景间侯者年表》提到《列封》，等等。也就是说资料有依据，但更重要是勘误校核，甄选订正。

第三，就是秉笔直书，实事求是。司马迁继承了前代史学家秉笔直书的良史传统，书法不隐，不虚美，不隐恶。司马迁是从历史发展与社会推进的进程的整体大势中确定传记叙述的脉络，详略的剪裁，人物的褒贬，不管是当权者还是司马迁所推崇的悲剧英雄，司马迁不是为尊者讳，他以历史的互见法巧妙地处理了篇章中的材料，既表现了司马迁的思想观念，又不割裂历史与人物的的完整性。比如对汉朝的创建者刘邦的缺点叙写就不是出现在《高祖本纪》中，而是出现其他篇章中，《项羽本纪》写刘邦的残忍自私，《郦生陆贾列传》写刘邦的流氓品行，《樊郦滕灌列传》写刘邦的自私虚伪，《萧相国世家》写刘邦的猜忌寡恩，《淮阴侯列传》写刘邦的冷酷无情，《周昌列传》写刘邦的贪财好色，等等。就这样，把《高祖本纪》与其他传记结合起来阅读才能形成立体、丰富、完整的刘邦形象。

（四）主体抒情化：寓褒贬于叙事的主体抒情化及爱奇风格

在二十四史中《史记》有着鲜明的特色，它没有后代那些"官史"鲜明的阶级思想与时代观念，它是司马迁的创造，全书有着鲜明的情感褒贬及爱奇风格。

刘德煊指出，《史记》不朽的艺术生命艺术魅力，除了实录之外，就是"《史记》文章的浓郁抒情性，以及在此基础上所采用的浪漫主义的夸张手法，是形成《史记》艺术魅力的根本要素"①。司马迁选择撰写的人物的标准，既有着历史价值的考虑，也有着传情的作用。他重视这些人物的历史功过，也关注人物的品行的审美价值，研究这些人物对历史的启示作用。比如忍辱发愤者系列：管仲、吴员、孙膑、范雎、韩信、季布、苏秦等；比如崇高道德者：伯夷、叔齐、鲍叔、晏婴、信陵君、侯嬴、蔺相如、鲁仲连、张释之、汲黯等；才大功著者：军事家孙武、乐蒙、田单、韩信等，政治家管仲、商鞅、李斯等，外交家张仪、苏秦、张骞等，思想家孔子、孟子、董仲舒等。司马迁对历史人物的评价不是直白的褒贬，而是"寓论断于叙事"之中，司马迁通过人物自己的动作、语言、神态等白描式叙写，寓褒贬，别善恶，寄托自己的爱憎与理想，就把人物形象烘托得活灵活现，栩栩如生。

扬雄对《史记》的评价除了"实录"之外就是"爱奇"，爱奇就是"旁搜异闻"，表现在《史记》里就是历史事件的进步性、人物的反传统性、材料的特异性等、品性的特立独行、故事的曲折生动等方面，这也形成《史记》奇幻多姿、斑斓多彩的叙事景观。《史记》的"奇"就是特出、神异、怪诞，选取的人物标准是多元的，比如范蠡、侯嬴、蔺相如这些人物先秦史籍都是没有记载的。事件选择也有着奇幻的标准，比如写曹沫（《左传》中写作"曹刿"），不是选取《左传》的论战事例，而选取其劫持齐桓公置于《刺客列传》。

（五）辩证客观、兼容并包：司马迁辩证、超前、进步的思想体系

司马迁是一个朴素的唯物主义者，他思想的辩证、超前、进步性的表现就是辩证客观、兼容并包。司马迁的主导思想是儒家思想，但他又不囿于汉儒的迂腐，对汉儒多有批判，批判儒家的重义轻利，对儒家合理的经济思想有进行了继承和发展，《伯夷列传》批判儒家温柔敦厚的诗教和唯心主义的天道观，《货殖列传》嘲弄那些既"无岩处奇士之行"，又不会安排经济生活，饿瘪了肚子而"好语仁义"的俗儒。他"厥协六经异传，整齐百家杂语"，思想具有开放性、多元性、进步性、辩证性的特点。他认同黄老的清静无为，在经济上提出了工农商虞四者并重，以及"善者因之"的宏观管理理论，但是对其小国寡民思想进行了批判。继承了荀学的"法后王"思想，赞同法家的改革思想，在重利上与墨家是相通的。总之，司马迁的思想不是源自某一孤立的思想，而是融合前代各家思想因素，形成自己兼收并蓄、辩证统一的独立思想。

---

① 刘德煊：《〈史记〉的抒情特征》，《西南师范大学学报（人文社会科学版）》1985年第3期，第102－107页。

司马迁的人文思想是他的思想核心,他以人为本,重视人的价值,肯定人性的合理性。使对义利的认识进入平民化、世俗化的境界,既符合了时代精神,又引领了思想潮流。司马迁的民族思想宽容博大,核心思想是民族平等。在《朝鲜列传》《南越列传》《东越列传》《西南夷列传》《大宛列传》《匈奴列传》等少数民族列传中,比较集中第表现了司马迁的民族思想。朱枝富认为:"司马迁认为,中华民族是一个统一的整体,华夏周边各民族都是中国的一个重要组成部分,民族与民族之间应当是平等的、互相尊重的,各民族的优秀传统和民族精神是值得肯定和发扬光大的。这是司马迁民族思想的重要内容。"①司马迁一反儒家的重义轻利的思想,开始重视商业,既重利,又重义,二者有机统一,认为财富、经济状况对国家兴衰有着重要作用,对社会的道德状况、风尚习俗都有重要影响。司马迁选取的人物既有力挽狂澜、惊天动地的英雄,也有身份卑微、品德高尚的下层人物,还有一些反传统的才德偏离的人物。司马迁反对儒家的男尊女卑的思想,看到女性独立的个性,倡导夫妻之间和谐一致,表现了许多积极、有益的观点和主张。司马迁的思想在继承、发展的基础上,有所创新,他的整个视野是开阔的,立场是客观的,思想是辩证的,认识是合理的,从而形成了司马迁辩证、超前、进步的思想体系。

二、司马迁编辑思想对现代期刊的启示

司马迁虽然是朴素的唯物主义,但他辩证、超前、进步的思想体系同样表现在他的编辑思想上,从而形成司马迁鲜明、系统、科学、严密的编辑思想。现代期刊是按照一定的编辑方针,将众多作者的作品汇集装订成册,定期或不定期的连续出版物。虽然现代期刊多是单位、团体创办,有着严格的审批程序,但同样更需要先进、科学的编辑思想指导。司马迁的编辑思想虽然有着一定的历史局限,但他不自觉的辩证思想使他的编辑思想有了超越时代的价值,从而对现代期刊的发展也有着重要的启示。

(一) 准确科学、有着传承优秀文化的办刊宗旨

《史记》不是史料的堆积,它最伟大的一点就是司马迁确立的撰史宗旨,"究天人之际,通古今之变,成一家之言",就是以史立言。研究纷繁杂乱的史料中蕴含的历史趋势、事件规律、个体感受、人生理想,能够以史为鉴。司马迁的撰史宗旨启示现代期刊首先要有明确的期刊宗旨,以刊传声显志。

期刊要成为名品牌,要有较大的社会影响,首先要确立期刊的宗旨,就是要有明确的定位,宗旨要准确科学,要以传递社会正能量为主,传承我国的优秀文化为己任。期刊的功能主要有社会功能、教育功能、心理功能、交流功

① 朱枝富:《论司马迁的民族思想》,《中央民族学院学报》1986 年第 3 期,第 13 - 18 页。

能、信息功能、文化功能等等。具体到某一种期刊不可能兼具多种功能，只能确定其中心功能，而且之后要有长远的规划与实践，持之以恒，可能需要几代编辑长期的累积，逐渐形成期刊的品牌形象与期刊文化。而有些期刊没有明确的宗旨，或趋时媚俗，或一味模仿，或像开杂货铺，文章游离于期刊宗旨之外，这样的期刊迟早会被市场淘汰。美国的学术期刊《科学》的宗旨是："发展科学，服务社会。"发表重要的原创性科学研究和科研综述，成为世界顶级的科学期刊。国内知名期刊《读者》以"博采中外、荟萃精华、启迪思想、开阔眼界"的办刊宗旨，融思想性、知识性、趣味性为一体，被誉为"中国人的心灵读本""中国期刊第一品牌"。

（二）体例形式各异、错综变化的组织结构

《史记》依据古文的一些史书体例，创造性地确立了本纪、世家、列传、书、表这五体结构，体例的变化能够有效地完善单一体例撰史的不足，各种体例相互配合、呼应，形成《史记》的立体结构。

而现代期刊也同样要有体例的变化，有主有次，有庄有谐，有长有短，有图有表，相互配合，协调布局。而学术期刊的体例较少，但也要适当考虑体例的变化，除了学术论文之外，可以有学术会议记录、笔谈，学术人物采访，新书评介等体例。同时，期刊会依照文章的内容的科学性、编排的逻辑性、作者的层次性、体例的形式化等特点，把期刊的众多文章分若干栏目，并确定相应的栏目名称，从而使期刊更有层次性、逻辑性、条理性，显得疏密有致，多姿多彩。栏目设定后，尽量要保持栏目的相对稳定性，从而形成特色栏目以至名栏，而著名栏目主持人组稿点评等又会使整个期刊熠熠生辉。特色栏目是期刊的眼睛，要把特色栏目与其他一般栏目兼顾配合，既有期刊的整体形象又有特色栏目的灵动耀眼。比如北京鲁迅博物馆主办的《鲁迅研究月刊》，刊发的文章体例就灵活多变，既有学术论文栏目"作品与思想研究""比较研究""新文化研究""同时代人研究""翻译研究""影响研究""学术争鸣""鲁迅研究之研究""域外鲁迅研究"等，还有推出学术新人的"青年论坛"以及"研究资料""拾遗补正""书讯""随笔""书评序跋"等小栏目，期刊既有富有深度的学术论文，还有清新淡雅的随笔散文，既有宏文大论，也有小豆腐块的资料与拾遗补正，体例形式灵活多样，期刊显得丰富多彩。

（三）用例真实文献核实的严谨科学的编辑态度

《史记》的"其文直，其事核，不虚美，不隐恶"的"实录"，使司马迁有着清醒、独立、无畏、叛逆、批判的信史精神。他实地调查，寻访遗踪，收集民谣，考察山川，他查阅皇家档案典籍，对文献进行勘误校核，而最重要的使他的"不虚美，不隐恶"的信史精神，成就了伟大的司马迁。

司马迁的这种求真务实、严谨科学的撰史态度对现代期刊也有着重要的启

示。现代期刊更新频次加快，案例材料数据更多，资料来源更复杂，编辑配合程序更纷杂，因而要保持严谨科学的编辑态度，务求学术观点的新颖、独创，坚决反对学术不端行为以及编造伪造实验数据，对案例、文献、数据、人名、地名等要核实，务求真实。美国著名贝尔实验室的德国物理学家舍恩被发现有大量伪造重大实验结果，舍恩的研究领域是凝聚态物理和纳米技术，在大约三年间，他共参与发表了 90 多篇论文，特别是在 2001 年，平均每 8 天就有一篇有他署名的论文发表，这些论文多数发表在顶级学术刊物上。舍恩在《科学》发表的 8 篇论文，在《自然》发表的 7 篇论文，在《物理评论》发表的 6 篇论文都已在 2003 年被撤销，之后康斯坦茨大学也撤销了他的博士学位。[①] 这种求真较真的严谨的科学态度，是学术期刊对公众与社会应负的责任。不过这只是事后消除负面影响，是补救措施。但要真正杜绝这种学术造假，却要在刊发前编辑要有火眼金睛，遇案例、文献、数据、人名、地名等敏感信息多核实多查验，决不能想当然、臆想、想象。

（四）特色鲜明风格浓郁的期刊品牌知名形象

司马迁对历史人物的爱憎褒贬，他选取材料的好奇爱奇取向，从而使《史记》有着强烈的主体抒情性以及爱奇的风格特色，都使《史记》有着鲜明的司马迁的烙印。这也是《史记》吸引读者的主要原因。

现代期刊要在期刊林立之中有一席之地，也应有它的风格。期刊的风格一般认为是指它表现出来的独特的、统一的、一以贯之的个性、思想和艺术特点。期刊的风格表现在刊物的宗旨、内容选题、形式体例、字体印刷、装帧设计等，而且是在较长时间内逐渐在公众视野中形成的期刊整体形象。如果千刊一面，没有风格特色就会泯然众刊矣。专业性的学术期刊容易办出特色，是因为期刊研究的领域有着独特、异质化的特点。而高校学报要办出特色，除了文章本身就有很高的学术水平外，期刊一定要利用高水平的学术资源，办出特色栏目。比如教育部名栏的《渭南师范学院学报》的"司马迁与《史记》研究"栏目、安阳师范学院主办的《殷都学刊》的"殷商文化研究"栏目、曲阜师范大学《齐鲁学刊》"孔子·儒家·齐鲁文化研究"栏目、《许昌学院学报》的"魏晋史研究"栏目、《滨州学院学报》的"孙子研究"栏目、《衡阳师范学院学报》的"船山研究"栏目、《闽江学院学报》的"闽文化研究"栏目、《邯郸学院学报》的"赵文化研究"、《赤峰学院学报（哲学社会科学版）》的"红山文化·契丹辽文化研究"栏目等，都是地方高校利用地域文化的特色优势，传承中华优秀文化从而做强栏目的。同时，司马迁的爱奇观念，启示期刊要注重那些创新性、特异性的选题，增强期刊文章的趣味性，能够更吸引读者。

---

① 方舟子：《科学史上著名公案——舍恩浮沉记》，《经济观察报》2009 年 1 月 5 日。

（五）客观中立辩证严谨的观点立场

司马迁是朴素的唯物主义者，他秉持着辩证客观、兼收并蓄的思想立场，对诸子思想既不全盘接受，也不一概否定，他的思想构成是非常复杂的，以儒家思想为主导，但他吸收了其他一些学派的合理、客观、辩证、先进的观念，整齐百家杂语，因而他思想也有道家、荀学、墨学、法家等思想倾向。正是基于这样的立场观念，司马迁的人才思想、社会治理思想、法制思想、经济思想、政治思想、女性思想、民族思想等都有了辩证的光芒，甚至有了一定的先进性、超前性与科学性。

现代期刊要站在时代的前沿，引领社会发展的方向，传递社会正能量，因而立场观念非常重要。在遵守国家政治纪律与宣传纪律的同时，尊重知识产权，鼓励文化创新，杜绝学术不端、捏造数据、弄虚作假等现象出现。司马迁有着自己的情感倾向，虽然他同情项羽，但他不会情绪化地改变历史事实，他用互见法在其他篇章写出了项羽的种种缺点。虽然他厌恶刘邦，写出刘邦种种人性的卑劣，但依然赞扬了他反秦抗暴、建国创制之功。期刊编辑也可能有着一定的立场倾向，但决不能因自己的好恶删改稿件，也不能以片面、绝对化、先入为主、以偏概全等态度处理稿件，要始终秉持着客观、公正的公心，能够兼容并蓄，尤其是对于争鸣性的论题，要注意刊发两方面观点的文章，使期刊真正成为学术讨论的公平博弈的平台。司马迁的重商业发展经济的思想启示期刊要站在社会经济发展的潮头，期刊文章要有助于推进经济发展，要重点系列推出能产生社会效益的文章。司马迁的民族平等思想也契合了我国政府提出的"一带一路"倡议，旨在借用古代丝绸之路的历史符号，也是强调国家平等，包容互让，共同打造政治互信、经济融合、文化包容的利益共同体、命运共同体和责任共同体。它启示现代期刊要有广阔的国际视野，他坚守国家平等、民族平等，要坚守文化自信、保护民族文化，对外来文化要辩证接受，不崇洋媚外，使现代期刊有着厚重的文化底蕴与开放先进的时代价值。

司马迁的编辑宗旨、体例归类、实录精神，主体抒情化以及辩证客观、兼容并包的辩证、超前、进步的思想体系，形成了司马迁丰富、博大、科学、严谨的编辑思想。司马迁虽然是一个朴素的唯物主义者，但他不自觉的编辑实践使《史记》获得了巨大成功，之后《史记》五体结构成为后世史书范式，影响深远。司马迁的编辑思想启示现代期刊也要有准确科学、传承优秀文化的办刊宗旨，要有体例形式各异、错综变化的组织结构，要有用例真实文献核实的严谨科学的编辑态度，要有特色鲜明风格浓郁的期刊品牌知名形象，要有客观中立辩证严谨的观点立场。

三代魔咒・死非其罪・阿意兴功

——论《史记·蒙恬列传》

＊本文作者曲景毅。新加坡南洋理工大学中文系助理教授、博士生导师。

一、难以逃脱的三代魔咒

西方谚语有云："三代才能培养一个绅士。"① 中国俗语有云："富贵传家，不过三代。"② 培养绅士需要三代，这个过程需要大量的财力（当然遗传基因、家庭教育等不可或缺），但让人玩味的是绅士家族却很难三代保全富贵。这仿佛扩展为中国历史的一种"三代"规律（为将三世必败、三世为相稀见、富不过三代等）。本文的研究对象——蒙氏家族——正印证了这一"历史的魔咒"。

1. "诸将相莫敢与之争"

蒙氏是秦代非常显耀的家世，秦国攻伐天下，蒙氏居功至伟，与王翦王氏家庭比肩并立，同频共振，史称"（秦国）尽并天下，王氏、蒙氏功为多，名施于后世"③。蒙骜、蒙武、蒙恬蒙毅兄弟三代，威名不减。据《史记·蒙恬传》记载，蒙骜攻伐韩、赵、魏，战功卓著。始皇二十三年，蒙武为秦裨将军，与王翦攻楚，大破之，杀项燕。次年，蒙武攻楚，俘虏楚王，这是其人生最显赫的功勋。至蒙恬、蒙毅这一代，更胜一筹。《蒙恬传》云："是时蒙恬威振匈奴。始皇甚宠蒙氏，信任贤之。而亲近蒙毅，位至上卿，出则参乘，入则御前。恬任外事而毅为内谋，名为忠信，故虽诸将相莫敢与之争焉。"④ 兄弟

---

① 原文为：It takes three generations to make a gentleman."（James Fenimore Cooper，*The Pioneers*，1823）这则谚语被盛传为"三代才能培养出一个贵族"，语出莎士比亚（Shakespeare），原文为："One night，we can build a nouveau riche，three generations to cultivate an aristocrat."但这被认为是中国人伪造的沙翁语录（fake Chinese Shakespeare quote），美国汉学家 Victor Mair 有论证，参见：http://languagelog.ldc.upenn.edu/nll/? p=24344.

② 完整的说法是："道德传家，十代以上，耕读传家次之，诗书传家又次之，富贵传家，不过三代。"源自《孟子》之"君子之泽，五世而斩"，语言的演变可见一斑。三代也好，五代也罢，思于历史，亦思于当下。

③ 修订本《史记》，卷七三，中华书局 2013 年版，第 2828 页。

④ 修订本《史记》，卷八八，第 3096 页。本文所引《蒙恬传》文字，均出自该书第 3095 - 3101 页，不再一一出注。

二人文武双全，蒙恬为将在外，征伐匈奴，收复河南，修筑长城，弟弟蒙毅为上卿，出谋划策，得到嬴政的恩宠与信任，这在残暴不仁、刻薄寡恩的秦始皇颇为难得，所以蒙毅后来在辩白中才说自己少事始皇，顺旨蒙恩，幸至始皇没世，可谓知上意。

兄弟二人内外呼应，忠信受宠，本应高枕无忧，蒙氏三代看似比同为战将世家的王翦、王贲、王离三代要强（王氏三代一代比一代弱，至王离终败于项羽，应了为将三世必败的规律①），但"将相莫敢与之争"的背后恐怕潜藏着危机，蒙氏家族并未能逃出将不过三世的恶运（虽然他们"积功信于秦三世"），兄弟二人在秦始皇在世时飞黄腾达，却最终断送于始皇死后，死于胡亥、赵高、李斯之手。

2. 蒙氏兄弟缘何而死

（1）死于二世胡亥之手

扶苏是秦始皇的长子，司马迁笔下的扶苏贤明仁厚，刚毅武勇，信人而奋士，经常劝谏乃父，如果由他继承皇位，秦国的历史自是另外一番景象。扶苏后因坑术士一事，触怒始皇，被派到上郡协助蒙恬修筑长城，抵御匈奴。想必蒙氏兄弟有他们的如意盘算，蒙恬在外辅佐扶苏，并掌握兵权，蒙毅在内侍奉始皇，把控内政，有朝一日，始皇驾崩，扶苏继位，蒙家依然可以得到尊宠。客观上来说，扶苏虽被"发配"边境，但守位边疆仍是重任，安排深受信任的大将蒙恬在其身边，这说明始皇对扶苏还是信任的。只是沙丘之变彻底改变了历史的走向。非正常继位的胡亥自然视扶苏为大敌，既然扶苏要被赐死，蒙恬自然不会有好下场。

（2）死于"敦于事"的赵高之手

胡亥继位之后尚欲释放蒙恬，但赵高却一定"毁恶"直至"灭蒙氏"而不休。可以说，蒙氏之难乃蒙毅"判高罪死"的前仇。所以在《蒙恬传》讲述蒙氏兄弟尊宠之后，突然插入赵高的家世及其有罪一段，看似有些突兀，但实则点出蒙毅之死是出于赵高"怨蒙毅法治之而不为己"，赵高本犯大罪，蒙毅秉公执法，判处其死刑，可是秦王却因赵高做事勤勉而赦免其罪，并官复原职。前人称此段"所以著蒙氏之祸，实本于此"②，甚为有理。当扶苏自尽后，胡亥本想释放蒙恬，赵高恐蒙氏"复贵而用事"，所以在胡亥面前诽谤说，在秦

---

① 景毅按：王离率军击赵，围赵王及张耳巨鹿城。有人说："王离，秦之名将也。今将强秦之兵，攻新造之赵，举之必矣。"客曰："不然。夫为将三世者必败。必败者何也？以其所杀伐多矣，其后受其不祥。今王离已三世将矣。"（修订本《史记》，卷七三，第2828页）王离后果败于巨鹿，为项羽俘房。其子王元、王威避祸逃难，为琅琊王氏、太原王氏之祖。王氏虽败于三代，但并非"三代无名"（索隐述赞语），其后代仍绵延不绝，有声名。反观蒙氏三代之后则凋零，真是此一时也，彼一时也。

② 明·李光缙增补、明·凌稚隆辑校、于亦时整理：《史记评林》，卷八八，第五册，天津古籍出版社1998年版，第681页。

始皇立太子问题上，蒙毅对胡亥不利。在赵高不断的谗言毁恶之下，蒙氏兄弟在劫难逃。《蒙恬列传》这样描述赵高的出身："赵高者，诸赵疏远属也。赵高昆弟数人，皆生隐宫，其母被刑僇，世世卑贱。秦王闻高强力，通于狱法，举以为中车府令。高即私事公子胡亥，喻之决狱。"赵高的出身极其卑贱，生于"隐宫"，即父亲犯宫刑后，妻子没为奴婢，与人野合之后所生的私生子，承赵姓而入宫。他有两个长处，其一是孔武有力，其二是通于狱法，所以得到秦王的赏识。赵高私事胡亥，为后来的两相勾结理下伏笔。

（3）死于李斯之手

太史公没有正面讲述李斯对蒙氏兄弟的迫害，而是通过三次侧面描写。第一，李斯参与沙丘密谋，是受到赵高"五者皆不及蒙恬"的蛊惑①，出于保全富贵的自私心理而杀蒙恬，事在《李斯传》中。第二，当胡亥派遣御史历数蒙毅之过时，说"丞相以卿为不忠，罪及其宗"，可见李斯加害蒙毅的险恶用心，他当然知道蒙毅、蒙恬是忠的。第三，李斯以其舍人看护蒙恬，勿使生变。在杀蒙恬的叙述中，有这样一句值得注意："使者以蒙恬属吏，更置。胡亥以李斯舍人为护军。"②文义不易理解，修订本《史记》较之于1959年版《史记》，句读、文字均没有变化，也没有校记③。《资治通鉴》此处无"胡亥以"三字，有学者认为"胡亥"二字为衍文④，此处应出校记。吴汝纶曰："案：更置，即《李斯传》所谓：以兵属裨将王离。"这种说法有误。王离为王翦之孙、王贲之子，王氏权位本在蒙氏之上，但自蒙恬、蒙毅这一代，王离根本无法与之抗衡。王离与蒙恬有隙合于逻辑，所以赵高、李斯让王离代蒙恬为将，但王离当然不是李斯舍人，更非什么护军。李斯对王离也不是绝对放心，所以让其舍人看护蒙恬才合乎逻辑。"胡亥已闻扶苏死，即欲释蒙恬"，所以胡亥不会处心积虑的更换李斯的舍人看护蒙恬，舍人就是李斯派去严加看护蒙恬的。

二、死非其罪，终难自救：乏力的事典辩白

蒙毅、蒙恬被杀之前，"异口同声"，二人都反复辩解自己"无罪""无辜""无过"，死非其罪，何罪于天。这对难兄难弟的辩白是《蒙恬传》的着力处。他们的辩词有何意味？这是需要细读文本，详加体会的，特别是两兄弟在辩词中所举的历史典故尤为耐人寻味。

---

① 五者即"君侯自料能孰与蒙恬，功高孰与蒙恬，谋远不失孰与蒙恬，无怨于天下孰与蒙恬，长子旧而信之孰与蒙恬"（《史记·李斯列传》，卷八七，第3087页）。

② 修订本《史记》，卷八八，第3097页。

③ 依笔者看来，修订本《史记·蒙恬列传》的校勘记尚存较多遗漏。再如"公旦自揃其爪"之前应脱"周"字、"身死则国亡"别本作"则身死国亡"（更顺）、"此其中不能无绝地脉哉"中"哉"字衍。

④ 王叔岷：《史记校证》，卷八八，中华书局2007年版，第2651-2652页。

1. 蒙毅死前"无罪""无辜"的申诉

蒙毅在被二世使者杀死前举前代和别国君王的例子为自己辩白:

> 昔者秦穆公杀三良而死,罪百里奚而非其罪也,故立号曰"缪"。昭襄王杀武安君白起。楚平王杀伍奢。吴王夫差杀伍子胥。此四君者,皆为大失,而天下非之,以其君为不明,以是籍于诸侯。故曰"用道治者不杀无罪,而罚不加于无辜。"

所举的春秋战国时期的三国五组君臣,两组为别国,三组为秦国,分别是:秦穆公与子车氏、秦穆公与百里奚,秦昭王与白起,楚平王与伍奢,吴王夫差与伍子胥。其中,楚平王杀伍奢,恐不能与夫差杀伍子胥相提并论(揣测蒙毅如此举例是因为伍奢、伍子胥为父子,同遭被杀的命运,故连类而述),但同秦穆公以子车氏"三良"殉葬,秦昭王杀武安君白起,皆是功未就而君主犯下枉杀功臣的"大失",造成国家动荡衰败,声名狼藉,"天下非之"。特别是"罪百里奚而非其罪,故立号曰'缪'"一句颇为耐人寻味。"谋无不当,举必有功"的楚人百里奚,他的结局史书虽无明确记载[1],"罪百里奚而非其罪"道出他虽为秦穆公霸业、秦国富强立下汗马功劳,仍不能得到其最终的信任,这与秦昭王战败迁怒赐死"死而非其罪"[2]的白起颇相类似,更凸显秦国历代君主一贯的寡恩薄情,特意指出秦穆公的谥号,有提醒二世考虑自己身后声名的意味。蒙毅列举前代四君的例证希望自己不要无罪无辜被罚,提醒胡亥诛杀大臣的恶果,语言无华丽修饰,但意味深长。

2. 蒙恬死前"无过而死"的自辩

蒙恬在吞药自杀之前,喟然叹息曰:"我何罪于天,无过而死乎?"在辩词中他向二世使者臆造了一个周公与成王的故事:

> 昔周成王初立,未离襁褓,周公旦负王以朝,卒定天下。及成王有病其殆,公旦自揃其爪以沉于河,曰:"王未有识,是旦执事。有罪殃,旦受其不祥。"乃书而藏之记府,可谓信矣。及王能治国,有贼臣言:"周公旦欲为乱久矣,王若不备,必有大事。"王乃大怒,周公旦走而奔于楚。成王观于记府,得周公沉书,乃流涕曰:"孰谓周公旦欲为乱乎!"杀言之者而反周公旦。

梁玉绳认为成王襁褓及周公祷河,皆为虚妄[3],即便是真,将之比于蒙恬与胡亥也不相宜,蒙恬既无沉书,也未出奔,有学者解释这种写作手法,云:

---

① 按:《风俗通·皇霸篇》云:"缪公杀贤臣百里奚,以子车氏为殉,故立号曰'缪'。""穆""缪"通用。关于秦穆公谥号,可参见晚唐人皮日休《秦穆谥论》。

② 修订本《史记》,卷七三,第2824页。

③ 梁玉绳:《史记质疑》,卷二八,中华书局1981年版,第1323页及卷一八《鲁世家》,第867—868页。

"古人立言多为时事而设，言故事以喻之，详《序证传记·寓言节》。此于周公祷疾事，不言为武王，而言为成王者，蒙氏自喻其忠于二世也。……揆之事理，相去绝远，皆非事实故也。"① 为时事假托历史人物而设喻，本不失为一种进谏手段，许多文学巨匠、思想巨擘之寓言故事往往发人深省，且有奇效。有学者称此乃"叙陈事而作新语"②，但观蒙恬这则"新语"实在不算高妙，用之于危急存亡之时，自喻忠于二世，更是难以奏效。何况，即如蒙恬之自造语，忠贞的周公旦尚且懂得"走而奔于楚"的权宜之计，终于换得自身周全，而蒙恬却没有这样做，他只是希望二世"参而伍之"，反复申言"功信于秦三世""宗世无二心"，微言"是必孽臣逆乱内陵之道"，暗讽赵高，身处如此危境之中说出这样的话，多少有些不智。蒙恬在这段的小结中，除了"成王失而复振则卒昌"，又举"桀杀关龙逄，纣杀王子比干而不悔，身死则国亡"，一方面希望二世能像成王一样失而复振，重用自己，另一方面借桀纣杀忠臣而国亡的例子，警示二世不可做桀纣。这样的劝谏，真可谓书生之言，看不出是出自杀场征战的大将之口，实在让人感叹蒙恬缺乏自救的智慧与能力。蒙恬真不知二世与赵高矣！

蒙恬之死表面上还是受蒙毅之连坐，二世的使者云："君之过多矣，而卿弟毅有大罪，法及内史。"蒙恬之"过"，应是手握重兵，功勋卓著，复贵而用事，对赵高是威胁。蒙毅有大罪，于史无征，恐为托辞。"法及内史"很有讽刺意味，蒙恬当初破齐之后即拜为内史（京城最高行政长官）。蒙恬确实当得起"贤之""忠信"的赞誉，因为他完全有反抗的能力，他在自辩的一开始就说："今臣将兵三十余万，身虽囚系，其势足以倍畔，然自知必死而守义者，不敢辱先人之教，以不忘先主也。"读此一段，无限唏嘘。蒙氏世无二心，蒙恬能不辱先人，不忘先主，确乎当得起死而守义，以节操而论，比起乃弟蒙毅胜出一筹。蒙氏之蒙难，有某种必然性，后世子孙又何必批评蒙恬不能圆滑世故、明哲保身呢？

三、阿意兴功的蒙恬与"以客形主"的《蒙恬传》

蒙恬（约公元前259—公元前210），西汉人称之为"蒙公"③，可见时人对他的尊崇。相较于《史记》的其他列传，《蒙恬传》的记述文字非常简略，全文不足两千字。关于蒙恬的早期活动，司马迁仅有短短五个字："书狱典文学。"索隐曰："学狱法，遂作狱官，典文学。"可见蒙恬虽以武将闻名，但精通法律，且有文才，当然《史记》中不见他有狱官经历。明人茅坤在此加以解

---

① 崔适《史记探源》，卷七，中华书局1986年版，第196页。

② 《史记评林》，卷八八载陈沂语，第679页。

③ 《淮南子·人间训》云："使蒙公、杨翁子将筑修城。"（按：可知，其一，修长城非蒙公一人之功；其二，"筑修城"很明确，是既有新筑也有修缮，包括连续六国长城）

释云："秦法以吏为师，名臣往往从书狱出。"① 这点出了秦代为官的重要特征。蒙恬之弟蒙毅"位至上卿"，即精于狱法，始皇才会命他法治赵高。

1. 人生四阶段

（1）参与秦统一的最后一战

与王贲击齐，虏齐王建（蒙恬的先祖是齐人），六国灭。《蒙恬传》对此记载颇为简略："始皇二十六年，蒙恬因家世得为秦将，攻齐，大破之，拜为内史。"可是，清人张照曰："纪、表，攻齐者，将军王贲，皆不言有蒙恬者，或恬此时亦从军，非大将。"② 可见，伐齐之战蒙恬应该是作为王贲的副手出征，他并非秦统一的主要功臣。

（2）击匈奴，收河套，修长城

蒙恬一生最重要的功绩，《蒙恬传》的记载同样非常简短。秦统一后，始皇派蒙恬"将三十万众，北逐戎狄，收河南。筑长城，因地形，用制险塞，起临洮，至辽东，延袤万里余"。蒙恬手握重兵，暴师于外十余年③，征伐匈奴，收复河南（今内蒙古河套南鄂尔多斯一带），这是有功的，汉代的贾谊《过秦论》云："蒙恬北筑长城而守藩篱，却匈奴七百余里；胡人不敢南下而牧马，士不也行弯弓而报怨。"至于修筑长城，后人的评价有分歧。一方面，长城非独蒙恬所筑，大半为七国时所筑，蒙恬将之修缮增设，使万里连属。长城在客观上起到了保护边疆的作用，也成为中华民族留给世界的文化遗产和建筑奇迹。另一方面，修筑长城，耗费大量人力物力财力，死者不计其数。《水经·河水注》引杨泉《物理论》云："秦始皇使蒙恬筑长城，死者相属，岂歌曰：生男慎勿举，生女哺用脯，不见长城下，尸骸相撑住。"

（3）修直道，终未就

《蒙恬传》云："始皇欲游天下，道九原，直抵甘泉，乃使蒙恬通道，自九原抵甘泉，堑山堙谷，千八百里。道未就。"始皇游天下，当然不只是游山玩水，更多是为了便于巡查治理，在当时通讯不发达的状况下，修直道是有必要性的，解决了帝国交通闭塞的困境，促进了北方各族的交流与整合。可是要完成直道一千八百里，工程浩大，劳民伤财，伤绝地脉，至始皇死也没有完成，此事与蒙恬之死直接相关。

（4）悟罪吞药自杀

蒙恬临终前，先是喟然太息曰："我何罪于天，无过而死乎？"良久，徐

---

① 《史记评林》，卷八八，第 679 页。

② 引自《史记会注考证》，第 3978 页。

③ 按：梁玉绳《史记质疑》质疑此处记载有误，以为征匈奴始于始皇三十二年，至三十七年始皇死，首尾仅六年，与《主父偃传》、《匈奴传》同误。实际上，征匈奴始于"已并天下"的始皇二十六年，至始皇死，前后十二年，正合"十余年"之数，与《李斯传》、《汉书》中的记载都符合。真正应质疑的是《始皇本纪》中三十二年"使将军蒙恬发兵三十万人北击胡"，《资治通鉴》的记载亦随之有误。详见《史记校证》，第 2650－2651 页。

曰："恬罪固当死矣。起临洮之辽东，城堑万余里，此其中不能无绝地脉哉？此乃恬之罪也。'乃吞药自杀。"① 这是蒙恬最后的醒悟，修长城，通直道，绝了地脉，这就是他的"罪过"（回应之前的"何罪于天，无过而死"）。这话背后是饱含辛酸的无奈，他只是忠于始皇，认真完成始皇交待的任务而已。掘地通道，有损于大地精气，焉能持久不败。后世关于蒙恬绝地脉之说有不少评论，近来亦有学者专论②，此处无需赘论。仅引南宋刘克庄《杂咏》一首作评："绝漠功虽大，长城怨亦深。但知伤地脉，不悟失人心。"

2. 阿意兴功的蒙恬

太史公曰：夫秦初灭诸侯，天下心未定，夷伤未瘳，而恬为名将，不以此时强谏，救百姓之急，养老存孤，务修众庶之和，而阿意兴功，此其兄弟遇诛，不亦宜乎？何乃罪地脉哉？

司马迁对蒙恬无疑是有非议的，他并不认同蒙恬绝地脉的言辞，而是从两个层面对这位名将加以批评。可是，如果以现实的角度而言，说蒙恬应强谏始皇，这有点强人所难，因为这根本是行不通的，且看长子扶苏进谏尚且被贬，何况蒙恬。东汉王充、晚清郭嵩焘皆对此苛责有所不满，以为太史公"非蒙恬非""不亦过乎"。不过，司马迁说蒙恬"阿意兴功"，则切中要害。此举两位史学家的观点以为佐证。明人于慎行云："殊不知三世为将，道家所忌。自蒙骜为将，伐韩赵魏，取七十余城；蒙武破武，灭之；恬、毅兄弟又更将兵，孤人之子，寡人之妻，不知其几矣，岂俟修筑长城始结怨百姓哉！不知咎此，而曰'自吾先人至子孙，积功信于秦三世'，岂知积功正所以积怨哉！"③ 此以道家的观点解释了本文第一部分所探讨的"三代"魔咒。"积功正所以积怨"，真乃有识之见。清人邵晋涵云："轻百姓力易见也，阿意兴功难见也，深文定案，使贤者不能以才与功自解其罪，此史家眼力高处。"④ 对一个人物的评价我们很容易陷入"以其才与功而解其罪"的误区，古今皆然，作为史家，秉笔直书，有时真是需要冷血残酷，不近人情。蒙恬（包括蒙毅）有才有功，但在顺从始皇，追求、保全功名的过程中，无论主动还是被动，所犯下的罪过是不能功罪相抵的。

笔者以为，关于蒙恬的历史定位，司马贞《索隐述赞》的评价最为精当：

蒙氏秦将，内史忠贤。长城首筑，万里安边。赵高矫制，扶苏死焉。

---

① 按：此情节与名将白起临终的情节何其相似，这显示了司马迁的史家笔法。《史记·白起王翦列传》云："武安君引剑自刭，曰：'我何罪乎天而至此哉？'良久，曰：'我固当死。长平之战，赵卒降者数十万人，我诈而尽坑之，是足以死。'遂自杀。"（卷七三，第2824页）

② 王子今：《蒙恬悲剧与大一统初期的"地脉"意识》，《首都师范大学学报》（社会科学版），2016年第4期，第1—10页。

③ 《读史漫录》卷二，引自杨燕起、陈可青、赖长扬编：《历代名家评史记》，北京师范大学出版社1986年版，第632页。

④ 《史记辑评》卷七《蒙恬列传》，引自《历代名家评史记》，第632页。

绝地何罪？劳人是怨。呼天欲诉，三代良然。

3. "以客形主"的《蒙恬传》

明人茅坤说《蒙恬传》"通篇以客形主"①，确实，除传主蒙恬外，蒙毅、赵高、秦子婴、秦始皇都在《蒙恬传》中有或详或略的描写。

就传中内容而言，《蒙恬传》是蒙恬、蒙毅的合传，明人王维祯认为《蒙恬传》"见蒙氏世将，世有功，不宜杀二兄弟"②，具体的分析已见上文。但是，明人李景星解释了《蒙恬传》缘何单以蒙恬为名："《蒙恬传》极写其兄弟权势之盛，故篇中于恬、毅之事，不用并提，即用对叙。看似恬、毅合传，实则以恬为主。"③ 司马迁采用"并提""对叙"的手法，叙述兄弟二人在秦始皇去逝之后，遭受迫害至死的事迹，看似是合传，但实际上以蒙恬为主。盖蒙恬击匈奴、修长城名声更甚，且蒙恬是司马迁着意讽咏的对象（从"太史公曰"可见），故曰《蒙恬传》。

赵高在《蒙恬传》中的分量不轻。他视蒙氏兄弟为死仇，《蒙恬传》"首尾详赵高所以贼杀蒙氏本末，此是太史公极力着意处"④。司马迁厌恶赵高这等小人祸国殃民，不会为其单独列传，而是将赵高的"罪秦本末"放在《李斯传》中，将赵高的"出身本末"放在《蒙恬传》中，开创了一人之事附引两传之中的独特笔法，关于此点，笔者已有述及⑤。这里想补充的是，蒙恬的事迹故然主要在《蒙恬传》（另外在《秦始皇本纪》《匈奴传》《主父偃传》中也有提及），但在《李斯传》中，蒙恬虽没有正面出场，却成为赵高说服李斯的重要参照。司马迁在这两篇传记中特别记了两次对话，一次是《李斯传》中赵高与李斯密谋的对话，以蒙恬作为李斯地位的重要威胁，一次是《蒙恬传》中蒙恬与二世使者的对话，而他的辩词成为这位名将留给后世的唯一言语。

历史中最早记载秦子婴事迹的就是《蒙恬传》。在赵高"日夜毁恶蒙氏，求其罪过"之时，他向二世胡亥进谏："臣闻故赵王迁杀其良臣李牧而用颜聚，燕王喜阴用荆轲之谋而倍秦之约，齐王建杀其故世忠臣而用后胜之议。此三君者，皆各以变古者失其国而殃及其身。"所举三事中，燕用荆轲刺秦，不可与赵、齐君主杀忠臣而国亡的例子相比，刺秦背约，不是"变古失其国"，只是刺秦事败后，秦国大举攻燕，燕王被迫缢死燕太子丹。子婴接着说"诛杀忠臣而立无节行之人"，这自然是对胡亥、赵高的指责，忠臣当然是指蒙氏兄弟，"无节行之人"有人以为是暗指赵高，但诚如明人董份所言："子婴此谏可谓甚

① 《史记评林》，卷八八，第679页。

② 《史记评林》，卷八八，第679页。

③ 李景星著，韩兆琦、俞樟华校点：《四史评议》，岳麓书社1986年版，第81页。

④ 《史记评林》，卷八八，第681页。

⑤ 参见笔者：《"成也李斯，败也李斯"——论史记对李斯的书写》，《史记论丛》第14辑，中国文史出版社2017年版，第391页。

正，然倘触高之忌，而不免于虎口，无以成讨逆之功矣。"① 令人怀疑子婴是否有此当面进谏？或者，此时赵高对胡亥还没有形成完全的控制，所以此言并未流到赵高的耳边？无论如何，面对胡亥与赵高，恐怕任何劝谏都于事无补。

司马迁透过《蒙恬传》描述了秦始皇犯下的两个致命错误。其一是当蒙毅判处赵高死刑时，"帝以高之敦于事也，赦之，复其官爵"，从而让这个小人得以改变秦国的历史走向。其二是当始皇临终生病时，"使蒙毅还祷山川"，让我们不禁感叹，此乃"天之亡秦"②！假使秦始皇不派出蒙毅，蒙毅留在沙丘，则沙丘阴谋成功的概率可能甚低，而忠信的蒙恬、蒙毅兄弟辅佐扶苏，改弦易辙，与民休息，历史的进程又不知会朝哪个方向发展？可惜历史从来没有如果。

---

① 《史记评林》，卷八八，第 683 页。
② 《史记评林》，卷八八载余有丁语，第 679 页。

《史记四言史徵》研究芹献

＊本文作者黑金福。陕西师范大学文学院博士生。

《史记四言史徵》（以下简称《史徵》）是抽出《四言史征》中与《史记》相关部分并加以整理后的选本。已由陕西师范大学出版社出版。《史徵》是《诗史》的注本，最早见载于《四库全书总目》，曰："《诗史》十二卷，浙江鲍士恭家藏本，国朝葛震撰。震字星岩，句容人。是书于历代帝王各以四言韵语括其始末，起自盘古，终于有明。"对《史徵》也有记载："《四言史徵》十二卷，内府藏本，国朝葛震撰。即葛氏《诗史》，曹荃为之注释，改题此名也。"① 由此得知，《史徵》是葛震所作、曹荃作注的一部咏史诗集。现就是书有关问题探究如下。

一、葛震、曹荃生平

《诗史》作者葛震的生平，由于现有文献资料不足，很难详悉。《国朝耆献类征初编》卷一一六有其小传，对其生平事迹有比较详细的记载。

> 按状公讳震，字勇之，元末，徙凤阳府定远县。始祖载阳公青，从明高帝起淮泗，以军功官彭城卫指挥使。至三世祖伯寅公敬，于宣德六年辽东备边，始调宁远卫，遂为卫人焉。……本朝定鼎，随翁迁陕西巩昌之徽州，攻举子业。进西安辽学博士弟子员，历试高等有声于庠。康熙二年癸卯，南迁。……五年丙午，中云南乡试，文章议论为一榜之冠。……至三十一年癸酉七月二十二甲子终，年五十有七。……公少而好学，至老不倦，研穷经史百家悉能究其指归源流，以故发为文章，上下千古自成一家。……著有《种松堂文集》四卷，《诗集》八卷，《史赞》十六卷，《北行纪行录》一卷，《律陶诗》一卷，选定古《唐诗玉林》六十卷。其余宋、元、明诗选等集，尚未脱稿。葬于顺天府昌平州之松园从治命也。②

据此可知，葛震字勇之，原籍为明朝辽东宁远卫（今辽宁兴城），清朝定鼎后，其家迁居陕西巩昌（今甘肃陇西）。康熙五年（1666）中举人，二十

---

① ［清］永瑢等撰：《四库全书总目》，中华书局1965年版，第767页。

② ［清］李恒辑：《国朝耆献类征初编》，明文书局，第245页。

年（1683）受召入京，供奉武英殿。其生于明崇祯十年（1637），卒于清康熙三十二年（1693），享年五十七岁。有《种松堂诗文集》《诗赞》《北巡纪行录》等著作。按：此处并没有提及葛震有《诗史》之作，但是有所谓的《史赞》，抑或是《诗史》的别称。又据陈廷敬《诗史序》所记："星岩，辽西籍，丹阳句容（今江苏句容）人，长于秦（今陕西关中及甘肃陇东），而寓于滇（今云南地区）。余未接其风采言论……"① 按此序文撰于康熙二十七年（1688），当时葛震还健在，可陈廷敬撰此序文时两人还未曾谋面。根据陈廷敬生卒年即明崇祯十四年（1641）至清康熙五十一年（1712）可知，葛震与其为同时代人，且陈廷敬曾担任《明史》馆总裁官、《康熙字典》总裁官、文渊阁大学士等要职，其序言应当可信。再据钟国玺《刊诗史志》所述："余与葛君同奉监刻御书者有年，声气相投，故知其父子也深，而知其《诗史》也切。葛君讳震，字星岩，其嗣君讳用霖，字泽商，祖籍句容，殆潜心于古者也。星岩公与余共事时，年近六旬"②。

综合以上三条文献所言，可知葛震字"勇之"，又称"星岩"，其祖籍句容（今江苏句容），后因其祖迁至辽东宁远卫（今辽宁兴城），遂又为宁远卫人。但《诗史》的卷首题署为"顿丘葛震星岩甫著"，《史徵》的卷首题署为"顿丘葛震星岩甫编辑"，意指葛震为顿丘人。顿丘，按《史徵·颛顼高阳氏》注："颛顼冢，在东郡濮阳顿丘城门外广阳里中。"③ 又《帝喾高辛氏》注："亳，今河南府偃师县。顿丘，山名，在大名府清丰县。"④ 由此可知，顿丘应是指今河南境。但据现有文献来看，葛震并没有到过河南，至于其书卷首题署为顿丘，不知何据。

《史徵》的注释及刻印者曹荃，其生平也很模糊。现就所见文献简释如下。

《史徵》卷首题署"长白曹荃芷园甫注释"，以及《芷园叙》末题署"康熙三十三年岁次甲戌孟秋长白曹荃书于漱艺山房"，题署下有阴阳两印章，阴文为"曹宣今名荃。"阳文为"芷园字子猷"由此可知曹荃原名曹宣，其籍贯为长白即以长白山代指的今辽宁地区，又知其字子猷，号芷园，并知其书斋名为漱艺山房，生活时代主要在康熙年间。

曹宣其人生平不见史书记载，按曹寅《栋亭集》收录了其与弟曹荃酬唱、寄怀、悼念之作，有《人日和子猷二弟仲夏喜雨原韵》《黄河看月示子猷》《十八夜对月与子猷作》《十五夜射堂看月寄子猷二弟》《闻芷园种柳》《和芷园消

---

① ［清］葛震撰，曹荃注：《史记四言史徵》，陕西师范大学出版社，2015 年 10 月，第 13 页。

② 四库全书存目丛书编纂委员会：《四库全书存目丛书·史部二九一》，齐鲁书社，1996 年影印本，第 584 页。

③ ［清］葛震撰，曹荃注：《史记四言史徵》，陕西师范大学出版社，2015 年 10 月，第 27 页。

④ 同上，第 28 页。

夏十首》等三十余首。有学者据《十五夜射堂看月寄子猷二弟》"侍香班散联吟去，疏柳长窗坐卯君。"之句，因苏轼《子由生日以檀香观音像……为寿》："缭绕无穷合复分，东坡持是寿卯君。"注："卯君，子由也。子由己卯生，故云。"[①] 因苏辙字子由与曹荃字子猷音近，且生年都是癸卯年，所以就此认为曹寅仿此指称其弟曹荃，可知曹荃生于康熙二年（1663）癸卯。这种推断未必信实，仅凭字号音近且同称"卯君"就可断定其年，未免武断。曹寅在这里很可能是用典，通过其与仲弟的唱和诗可以看出他兄弟二人情谊深厚，称"卯君"很可能是通过苏轼来比拟自己对胞弟的手足之情。所以，对其生年有待进一步考证。此外，对于曹宣为何改名曹荃，有学者认为避康熙帝之"玄"讳，凡此种种皆为推断，没有确凿的证据，有待商榷。

二、《诗史》与《史徵》

葛震《诗史》以四言诗的形式从三皇五帝写到明代，以朝代为纲，以帝王为目，将历史人物和历史事件概括叙写，阐幽发微，集叙事、抒情、议论为一体。以帝王为篇首，每个帝王下将其在位时期所发生的重要事件以及出现的主要人物隐括无余，也有的帝王没有吟咏，只是标出帝王名号以及简单的注释。其语言极为简练，而内容讯息极为丰富，又谱以韵律，则极易吟诵记忆。另外，凡是涉及的朝代，在其国家名下有简要的说明，凡吟咏的帝王，在其名号下有或详或略的介绍，而在一些诗句下亦有简略注解。曹荃在《芷园叙》里说到：

> 予一日相与衡论古今之际，出此稿以示予。予览竟，喜其琢句之工、命意之善也。然亦微有因简致疏之处，乃不揣请而为之注，取诸本纪、世家、列传，详以记之，庶使读句者记其要领，览注者得起纤悉，去多而寡，去难而易，使无罣漏，足可信传。

注释主要是就四言诗所描写的内容，征引史料，详说其由，遂改《诗史》书名为《四言史徵》。通过对《诗史》和《史徵》两部书中的四言诗仔细勘比对读后，发现二者有很多的不同之处，，应是曹荃在对《诗史》作注释时对原诗又作了删补修改，这缘于曹荃对吟咏对象的认识与葛震有所不同，故加以修改。如商汤以夏桀无道，灭夏后流放桀之南巢一事，二书有着不同的记载。《诗史》言"成汤伐桀，放于南巢。归有惭德，口实惧招。……惜也放君，自汤始焉。"而《史徵》言："成汤伐桀，放于南巢。把钺俘宝，维武孔昭。……以臣放君，自汤始焉。"《诗史》中表达了商汤对流放夏桀的无奈和愧疚，用"惜"字以叹商汤之德。同一事件，同一结果，《史徵》却没有过多地哀叹商汤

① ［清］曹寅著，胡绍棠笺注：《楝亭集笺注》，北京图书馆出版社，2007 年 11 月，第 67 页。

败德，而是赞美汤之孔武，陈说事实。不难发现，二书在字里行间表现出程度不同的思想倾向性。再如《诗史》将周文王与周武王合二为一，题为《武王》，《史徵》则将周文王与周武王分为二题，各题为《文王》《武王》。此外，二书对文王遭纣王囚禁一事，也有着不同的观点。《诗史》对此曰："始囚羑里，忧患于中。臣罪当诛，天王圣明。"即便自己受囚禁之苦，饱受冤屈，但并没有怪责之言。不仅如此，还对自己所做深愧不已，责己同时还要颂扬纣王之圣明。而《史徵》对此曰"始囚羑里，秉义履屯。"语言简练，对文王受囚一事轻描淡写，也没有对文王的为臣之道进行过多评说。通过上述比较不难发现，《史徵》虽为《诗史》注本，但对原诗作了大量修改增补，体现出二者不同的史学思想。

此外，《史徵》虽遵循《诗史》原本卷帙之数，仍为十二卷，但各卷所划分的时代也不尽一致。为了更清晰地比照二书卷数划分的异同，现将其卷数悉数列出。《诗史》卷数划分为：第一卷，三皇纪到周纪；第二卷，秦纪到汉纪；第三卷，东汉纪到后汉纪；第四卷，晋纪到附两晋之际十六国；第五卷，宋、齐、梁、陈纪；第六卷，北魏、西魏、东魏、北周和隋纪；第七卷，唐纪；第八卷，后梁、后晋、后汉、后周和附五代之际十国；第九卷，宋纪；第十卷，南宋纪和附西夏；第十一卷，辽纪、附西辽、金纪和元纪；第十二卷，明纪。《史徵》卷数划分为：第一卷：三皇纪到周纪；第二卷，秦纪到汉纪；第三卷，东汉纪、后汉纪、附魏、吴纪和晋纪；第四卷，附两晋之间十六僭国、宋纪和齐纪；第五卷，梁纪、陈纪、北魏、东魏、北齐、北周和隋纪；第六卷，唐纪；第七卷，后梁纪、后唐纪、后晋纪、后汉纪、后周纪、附五代之际十国；第八卷，宋纪；第九卷，南宋纪和附西夏；第十卷，附辽纪、附西辽纪、金纪和元纪；第十一卷和第十二卷皆为明纪。

之所以《史徵》与《诗史》在诗句和时代划分上有所不同，是因为曹荃不以葛震之见解为然，于是以个人之见解另行改作。再次体现出《诗史》与《史徵》不同的史学观。

关于《诗史》与《史徵》的版本，皆收入《四库全书存目丛书》，其底本为清华大学图书馆藏"清康熙四十二年刻本"，但是卷一"王命之胤侯"以及卷九"赵氏匡胤"之"胤"字，均缺末笔，且无铲板痕迹。而卷四"石弘""永弘"和"建弘"之"弘"字均不缺笔，只为雍正皇帝避讳，不为乾隆皇帝避讳，由此可以推知是书应当在雍正年间刊刻。至于卷首题署"清康熙四十二年刻本"，应是当时未刊，到雍正时才予以刊刻。其未刊之由，尚不得其因，有待进一步探究。此本每半叶九行，每行二十四字，白口，四周单边。版心由上至下依次为"诗史"、单黑鱼尾、卷数、小字各朝国名、叶数。《四言史徵》，其底本为辽宁大学图书馆藏"清雍正曹氏芷园刻本"，与《诗史》相同，书中"胤"字缺笔而"弘"字不缺笔，应当也是在雍正时期刊刻。《四库存目标注》卷三一"四言史徵十二卷"条有详细的记载。

《四言史徵》十二本，辽宁大学藏清雍正曹氏芷园刻本，卷一题"长白曹荃芷园甫注释，顿丘葛震星岩甫编辑，古歙程麟德蔚窑甫校订"。半叶八行，行二十二字，白口，四周双边，版心下刻"芷园"二字。前有康熙二十七年九月陈廷敬序，康熙三十九年宋荦序，康熙三十三年曹荃序。封面刻"芷园藏板"，钤"御赐萱瑞堂"印。卷内钤"静远斋果郡王图书记"，"果亲王府涂书记"等印记。[①]

三、《史徵》所取史料并非完全出自《史记》

《史记四言史徵》是从《四言史徵》中选取与史记相关的部分加以整理的选本，故名为《史记四言史徵》。经过笔者将《史徵》与《史记》对读后发现，《史徵》所取史料并非完全出自《史记》，据《史徵》所引史料来看，葛震并非完全信服司马迁观点，上至"三皇五帝"下迄武帝本人。现就相关史料出处进行具体探析。希冀从中能管窥其史学思想一二。

1. "三皇五帝"认同不一

对"三皇"之说，多有分歧。古人将人类生活过的历史时期以不同的氏族来划定。在《庄子》《遁甲开山图》《汉书·古今人表》《金楼子·兴王篇》、《路史》等书中都有相关记载。这段历史在诸史书里被认为是神话时期，对"三皇"其人的界定也不完全统一。《史记·三皇纪》认为"三皇"为太皞庖牺氏、女娲氏和炎帝神农氏。在其后又备一说，是为天皇、地皇和人皇。但是《史徵》在《三皇纪》里并没有完全按照《史记》的说法排序。其首位是盘古氏，其后是天皇氏、地皇氏和人皇氏，随后是有巢氏、燧人氏、葛天氏、无怀氏和女娲氏。由此可见，《史徵》的"三皇"并不只是三位，而是九位。而这九位皆属于中国古代神话系列，比如盘古开天辟地和女娲炼石补天。这些原型并没有出现在《史记·三皇本纪》里，所以《史徵》并没有采取《史记》的"三皇"之分法，更多的是将"三皇"定义为一个历史时期即上古神话时期。

"五帝"说在先秦时期有两个系统，一说为黄帝、颛顼、帝喾、尧、舜，此说见于《国语·鲁语》《礼记·祭法》《吕氏春秋》"古乐"和"尊师"。另一说为太昊、炎帝、黄帝、少昊、颛顼，见于《吕氏春秋》"十二纪"和《淮南子·时则训》。《史记·五帝本纪》持前一说。《史徵·五帝纪》为太昊伏羲氏、炎帝神农氏、黄帝有熊氏、少昊金天氏、颛顼高阳氏、帝喾高辛氏、帝尧陶唐氏和帝舜有虞氏。《史徵》不仅"三皇"不三，且"五帝"不五，在《五帝纪》里列了八位，其中的太昊和炎帝在《史记》里被列为"三皇"之位。由此可见，《史徵》所采史料和所持观点，并非完全出自《史记》，由此可见一斑。之所以有这种认识上的不同，是因为当时没有足够的文献可征，无法统一划定。

---

① 杜泽逊编：《四库存目标注·史部·二》，上海古籍出版社 2007 年版，第 1400 页。

司马迁在《史记·五帝本纪》里说："学者多称五帝，尚矣。然《尚书》独载尧以来；而百家言黄帝，其文不雅训，荐绅先生难言之。"① 现今我们能看到的"五帝说"有数种，但在汉代就有"百家言黄帝"之说，可见当时对"三皇五帝"之认识要远复杂于今日。

2. 所引史料非《史记》举列

《史徵·周纪·武王》"道访箕子，《洪范》推陈。丹书儆戒，各为箴铭。"武王问箕子一事，在《史记》里所记甚略，"武王已克殷，后二年，问箕子殷所以亡。箕子不忍言殷恶，以存亡国宜告，武王亦丑，故问以天道。"② 至于推陈《洪范》一事，并未提及。又"丹书儆戒，各为箴铭。"一事，《史记》中也没有相关记载，其载详见于《大戴礼记·武王践阼》。其文曰："武王践阼……然后召师尚父问曰：'黄帝、颛顼之道存乎意，亦忽不可得见与？'师尚父曰：'在丹书。王欲闻之，则齐矣。'……王闻书之言，惕若恐惧，推而为戒书。于席之四端为铭焉，于机铭焉，于∅为铭焉，于盥盘为铭焉，于楹为铭焉，于杖为铭焉……"③ 又"皇风远畅，王路迢遥。肃慎贡矢，西旅致獒。"武王克商以后，其德远及多国，西方旅国贡献当地的大犬。此事见载于《尚书·旅獒》，《史记》中没有相关记载，而《史徵》以此来歌咏武王之美德。可见《史徵》与《史记》在甄选史料方面存在着相当的差异。

再如，《史徵·世宗孝武皇帝》中评骘汉武帝一生功过时说道"穷奢极欲，秦续几蹈。"这种大胆放肆地评价武帝，把建立了大汉伟业的雄略天子，与暴虐无道的秦始皇相提并论，作为秉笔直书的司马迁是万万不敢的。又"悔心之萌，轮台之诏。"这位具有雄才大略的君主，到了晚年，大搞顶礼膜拜，并且靡费巨资，多次封禅出游，令大批人入海求蓬莱真神。并任用江充，最终酿成"巫蛊之祸"，逼死太子刘据和卫皇后，受株连者数万人。《史徵》对此描写到武帝对所为的上述种种心生悔意，于是下了这道"轮台诏"自我反省，重启汉初"黄老"思想，无为而治，与民休息。但是此条文献并没有出现在《史记》里，最早出自司马光《资治通鉴·世宗孝武皇帝》④。可见《史徵》所选用的史料更为丰富，并非只取《史记》。

3. 本纪因循原则不一

《史记》是我国第一部纪传体史书，其体例被后代沿用，成为正史之例。作为帝王本纪更是历代沿袭。至于何人能入本纪，何人不能入本纪，著史者意见不一。对"本纪"一词解释最早且被后世首肯的当推唐人司马贞《索引》，

---

① ［汉］司马迁撰，［宋］裴骃集解，［唐］司马贞索隐，［唐］张守节正义：《史记·五帝本纪第一》，中华书局 1982 年版，第 54 页。

② ［汉］司马迁撰，［宋］裴骃集解，［唐］司马贞索隐，［唐］张守节正义：《史记·五帝本纪第一》，中华书局 1982 年版，第 168 页。

③ ［清］王聘珍撰：《大戴礼记解诂》，中华书局 1983 年版，第 103 页。

④ 详见［宋］司马光编著，［元］胡三省注：《资治通鉴》，中华书局 1956 年版，第 738 页。

其书云："纪者，记也。本其事而记之，故曰本纪。又纪，理也，丝缕有纪。而帝王书称纪者，言为后代纲纪也。"又裴松之《史目》"天子称本纪，诸侯曰世家。"由此可知，"本纪"是记录帝王故事的一种体例。在《史记·帝王本纪》里，没有把汉惠帝列入本纪，而将项羽本纪，其缘由司马迁在其本纪里有交代。

"夫秦失其政，陈涉首难，豪杰蜂起，相与并争，不可胜数。然羽非有尺寸，乘执起陇亩之中，三年，遂将五诸侯灭秦，分裂天下，而封王侯，政由羽出，号为"霸王"，位虽不终，近古以来未尝有也。"①

司马迁并没有因循成王败寇之道，而是把其功勋与历史影响作为首要因素，吕后入本纪亦如是。《史徵》在对代项羽地位时，并没有因循《史记》的观点。项羽不但没有以帝王形式列标题而吟咏，其生平故事散见于《秦纪·二世皇帝》和《汉纪·高祖皇帝》。《史徵》据《史记》叙述项羽事，但没有对项羽予以评价，更没有对其卓著勋业予以礼赞。可见二书对"本纪"因循原则也不一。

四、《史徵》的影响

中国是诗歌的国度，自第一部诗歌总集《诗经》迄今，已有两千多年的历史。悠长的历史长河里，诗歌形式从四言发展到五言、七言等，内容上从写史抒情到论事议政等方面。诗歌作为一种重要的文学样式，被历代文人学士所青睐。而咏史诗，作为诗歌题材之一种，与田园山水诗、边塞诗等同样占有重要地位。

咏史，最早对其定义的是唐六臣注《文选》，如王粲《咏史诗》，吕向解题曰："谓览史书，咏其行事得失，或自寄情焉"。②其定义咏史诗比较明确，一则以诗咏史，二则以史咏怀。依此定义，《史徵》当为咏史诗之范畴。不仅如此，《史徵》应是咏史诗之集大成者。

古人以诗咏史，首推《诗经》。以四言形式记述历史，从后稷、公刘等到文王武王，生动地再现了周朝的建国历史。《史徵》上承《诗经》四言形式之体，从三皇五帝吟咏至明代，从所咏历史范围来看，远胜历史上任何一首咏史诗或咏史组诗。在史料取舍方面不囿于一朝之正史，涉列书目广泛，观点新颖，所持史观，自成一家。此外，中国历史悠久，史书浩瀚，如不研习史学，常人皓首不能穷尽。而《史徵》的出现，正能弥补此缺憾。如《史徵·宋荦叙》所言："今夫史乘之多，汗牛充栋，黄吻呀唔，白首不能罄其词。于是畏

① ［汉］司马迁撰，［宋］裴骃集解，［唐］司马贞索隐，［唐］张守节正义：《史记·五帝本纪第一》，中华书局1982年版，第338页。

② 详见［唐］六臣注：《文选》卷二一"咏史"类，上海古籍出版社影印《四库文学总集选刊》，1993年。

难而阻者，反借口宋儒玩物丧志之说，高束不观，往往不知自古至今帝王几统，南北几朝，制度文章，蒙然云雾，学问日入于荒陋。岂若于毁齿就傅时？即授以此编读之，有韵之言，寻行朗诵，既易于成熟而先入之所睹记，又可历久而弗忘，其有功蒙养不小也。况芷园之注，又复精详，乃尔乎昔裴松之注《三国》、刘孝标注《世说》、郦道元注《水经》，世称三奇注，今得芷园而四矣。"① 宋荦不仅对诗之正文予以肯定，对曹荃注也给予了很高的评价，其影响可见一端。

《史记》，既是一部伟大的史学巨著，也是极具魅力的文学名著。作为《四言史徵》的选本《史记四言史徵》，选取与《史记》相关部分整理出版，为我们系统地认识《史记》文学在清代的接受与影响方面，有着举足轻重的作用。

---

① ［清］葛震撰，曹荃注：《史记四言史徵》，陕西师范大学出版社，2015 年 10 月，第 15 页。

司马迁的教育思想及其当代价值①

＊本文作者曹祎黎。陕西师范大学文学院博士。

《史记》作为一部纪传体的史学和文学巨著，并未将"教育"作为独立的观察对象。但从司马迁对历史人物的褒贬，并结合其在《太史公自序》中所透露的自身教育经历，我们可以从侧面了解他的教育思想、教育内容和教育方法。

一、司马迁本人的教育背景

首先，司马迁从很早就接受了语言文字能力的训练。在《太史公自序》中，司马迁称自己："年十岁则诵古文。"② 唐代司马贞《索隐》按："迁及事伏生，是学诵古文《尚书》。刘氏以为《左传》《国语》《系本》等书，是亦名古文也。"③ 从时间上来看，司马迁与伏生不太可能产生交集；而《左传》之名不见于《史记》，其成书时间也众说纷纭，因此司马贞之说并不准确。班固在《汉书·儒林传》中提及："安国为谏大夫，授都尉朝，而司马迁亦从安国问故。迁书载《尧典》《禹贡》《洪范》《微子》《金縢》诸篇，多古文说。"④ 似乎表明司马迁曾经求教于西汉大儒孔安国。但此说未知所从来，疑点颇多，如真有此事，那么司马迁本人为何并未在《太史公自序》中提及？更重要的是，在司马迁的时代，经书确有今文、古文之分，可是尚未形成今文经学和古文经学针锋相对的流派之争，因此，司马迁所说的"古文"，未必就是特指古文经学典籍，而更应该是泛指先秦的各类著作。

这种阅读和学习无疑是十分必要的，因为司马迁不仅由此获取了大量历史知识，还借此接受了系统的语言文字训练，这是他考察古代史料的一把钥匙，也是他"通古今之变"的一块基石。

其二，司马迁非常重视知识的全面性。我们虽然无法列出一个详细的书

---

① 本文为国家社会科学基金重大项目"中外《史记》文学研究资料整理与研究"（13&ZD111）阶段性成果。

② ［汉］司马迁：《史记》，中华书局1982年版，第3293页。
③ ［汉］司马迁：《史记》，中华书局1982年版，第3294页。
④ ［汉］班固：《汉书》，中华书局1962年版，第3607页。

单，说这就是司马迁所读之书，但不难想象，有了父子二人相继出任太史令、"百年之间，天下遗闻古事，靡不毕集太史公"的便利条件，司马迁强烈的好奇心和求知欲必会不断驱使着他驰骋书海，博采众长。在《史记》的很多文字中，他都透露了自己的阅读范围，其知识面之广，令人惊叹。

他读孔、孟：

> 余读孔氏书，想见其为人。（《孔子世家》）
>
> 太史公曰："余读孟子书，至梁惠王问"何以利吾国"，未尝不废书而叹也。曰：嗟乎，利诚乱之始也！"（《孟子荀卿列传》）

读老、庄、申、韩：

> 太史公曰：老子所贵道，虚无，因应变化于无为，故著书辞称微妙难识。庄子散道德，放论，要亦归之自然。申子卑卑，施之于名实。韩子引绳墨，切事情，明是非，其极惨礉少恩。皆原于道德之意，而老子深远矣。（《老子韩非列传》）

读管子、晏子：

> 太史公曰：吾读管氏牧民、山高、乘马、轻重、九府，及晏子春秋，详哉其言之也。既见其著书，欲观其行事，故次其传。至其书，世多有之，是以不论，论其轶事。（《管晏列传》）

甚至还读兵家：

> 世俗所称师旅，皆道《孙子三十篇》《吴起兵法》，世多有，故弗论，论其行事所施设者。（《孙子吴起列传》）

至于《诗》、《书》、《礼》、《乐》、《易》、《春秋》、屈原之赋、贾谊之文、商鞅之书、地志史料、公文档案等等，更是全部收入眼中。而这也不过是他在《史记》中所提及的一部分罢了，我们有理由相信还有许多他曾经读过、用过的书目未被一一写出。他甚至还在汉武帝太初元年，同公孙卿、壶遂等进行了"太初历"的制订工作。这一切都表明，司马迁对于阅读和学习的内容，并不局限在儒家经典的范畴内，而是要求兼容并包，博采众家之长，这也是他拥有高超"史才"的基础。

第三，司马迁并不是仅仅从书本中获取间接经验，而是将自己的一生始终和现实生活紧密地联系着。

在十岁以前，司马迁生活在老家韩城，夹杂在牧童和农民中间，充分见证了百姓生活的悲欢疾苦。十岁之后，他来到长安，开始更加系统的学习文化知识。历史是偏爱司马迁的，在他最富朝气的少年时代，也正是国家最为昂扬的时代，他十二岁那一年，卫青大胜匈奴；三年之后，张骞奉命出使西域；十六岁时，汉武帝设立乐府，由当世最伟大的文人司马相如和最重要的音乐家李延年领衔；十七岁时，曾与司马家有过交往的李广自尽；次年，司马相如病逝；

而此时司马迁已经十八岁了。何其有幸,司马迁的少年时期与一个大一统帝国的少年时期完全重合在了一起,更别说他还生活在当时政治、经济、文化、军事中心的长安。这样的生活给了他超出常人的眼界,为他高屋建瓴的"史识"做了准备。

他的少年时光,实在是过得充实精彩。"读万卷书,行万里路"是司马迁脑海中一个很坚定的信念,于是他在二十岁那一年开始了一场壮游。他先是到了江淮地区,考察韩信的逸闻;又南上江西庐山,"观禹疏九江",继而到了浙江的会稽山,实地参观了大禹遗迹;既然看了大禹之陵,则舜所葬之地便不能不看,于是又从浙江到了湖南宁远,踏访九嶷山;九嶷山在湘水上游,司马迁便顺流而下,来到长沙,凭吊投水的屈原和早逝的贾谊;感受了楚文化的遗风余韵之后,他再次北上,来到五湖和姑苏,观览了阖闾和夫差大兴王业的旧地;之后,就到了儒家的根据地齐鲁。他在齐鲁之地大概盘桓了很长时间,一方面深深地体会孔子的教化之遗风,另一方面亲身学习孔子所教导的学习内容,在邹鲁之间学习乡射之礼。最后,他来到了彭城——这个西汉的龙兴之地,——探访汉初名人们的生活轨迹,然后回到长安,开始了他的仕宦生涯。

从以上非常简略的梳理中,可以看出司马迁在创作《史记》之前,已经建立了极为全面系统的知识体系,并且对祖国的名山大川、风土人情、历史遗迹、古今趣闻都有了亲身的感受和见闻,基本具备了成为一名优秀史学家的史才和史识。

二、司马迁的教育思想

作为一位伟大的历史学家和文学家,毋庸讳言,司马迁的确没有留下关于教育的系统论述,他在史学、文学方面的巨大成就似乎也掩蔽了他在教育方面的思考。可是,在《史记》中,司马迁用他擅长的人物传记,对各种人物的言行进行叙述与褒贬时,皆或直或曲地表达了他的教育观念。

首先,司马迁认为物质是教育的基础。

司马迁的教育思想中含有不少朴素唯物主义的成分。在如何看待教育的基础这一问题上,他继承了孔子"富而后教"的理念,在西汉初年特定的社会环境下,提出了经济地位决定人们的思想观念的唯物主义思想。认为教育既与物质条件相联系,又受着一定的社会和政治环境的制约。他以"通古今之变"为指导思想,对各种纷纭复杂的历史现象和各种人物进行了深入观察分析,指出:"'仓廪实而知礼节,衣食足而知荣辱'。礼生于有而废于无。故君子富,好行其德;小人富,以适其力。渊深而鱼生之,山深而兽往之,人富而仁义附焉。"(《货殖列传》)认为经济财富是道德观念产生的物质基础,而道德问题的实质是教育问题,所以经济财富也是教育产生的物质基础,道德观念只能依附于其上,"经济基础决定上层建筑"的认识在司马迁教育思想中得到了体现。

第二，司马迁还认识到社会政治环境制约着教育的发展。

值得注意的是，司马迁对影响教育的各种因素的探索并未停留在经济基础的层面上，他进一步指出，教育还要受一定社会政治环境的影响和制约。他在《儒林列传》中叙述儒家思想变迁时曾谈到：

> 周室衰而《关雎》作，幽厉微而礼乐坏，诸侯恣行，政由强国，故孔子闵王路废而邪道兴，于是论次诗书，修齐礼乐。

又在《礼书》中说：

> 周衰、礼废乐坏，……孔子……于卫所居不和。仲尼没后，授业之徒沉湮而不举，或适齐、楚，或入河海，岂不痛哉！

政治的混乱，使从事教育事业的人们感到惶惶不可终日，左右为难，无所适从。于是风流云散，沉沦的沉沦，隐居的隐居，不可避免地造成了教育的衰落，令人痛心疾首。司马迁通过历史事实，点明了社会、政治的大环境也是文化教育发生发展、兴衰变迁的重要基础。

社会政治的变革和教育思想的转变并不总是同步进行。司马迁在《儒林列传》中对这一历史现实做了如实记载。他指出汉兴以后，汉高祖刘邦"未暇遑庠序之事"，即没来得及处理教育问题，汉惠帝和汉文帝时期，有"好刑名之言"重视刑法律令，到了汉景帝，"又好黄老之术"，崇尚无为而治。汉兴七十余年，教育事业基本上是汉承秦制。到了汉武帝时，西汉的教育才发生了新的变化，"令礼官劝学……崇乡里文化，以广贤才"，即朝廷提倡教育，广泛招纳贤士。司马迁以自己亲历的历史事实又一次充分说明，只有国家实现统一，政治环境相对稳定，教育受到统治者重视之时，它才会有较大的发展。[①]

第三，司马迁在他所处的时代非常难能可贵地意识到了教育对于社会的反作用。

根据"物质决定意识，同时意识对物质起反作用"的客观规律，教育作为一种上层建筑，不仅受到一定社会政治、经济制度的制约，而且还对一定社会政治、经济制度起反作用。由于历史的局限性，司马迁本人在当时是不可能自觉、理性地认识到这个规律的，但他在总结历史经验的过程中，已经感性地意识到了这一问题。《礼书》中说：

> 天地者，生之本也；先祖者，类之本也；君师者，治之本也。无天地恶生，无先祖恶出，无君师恶治，三者偏亡，则无安人。故礼上事天，下事地，尊先祖而隆君师，是礼之三本也。

在这里，司马迁把尊师看成是治理国家的根本之一，与天地、先祖和君王并列，缺少任何一方，都不会造就出本阶级所需要的"安人"者。后世所谓

---

① 杨生枝：《司马迁教育思想述略》，陕西人民教育出版社 1995 年版，第 146 页。

"天地君亲师"的排位，在此已然初露端倪。

在《乐书》中他又引用《礼记·乐记》说：

> 天地之道，寒暑不时则疾，风雨不节则饥。教者，民之寒暑也，教不时则伤世。

气候反常，人民就容易生病；水旱之灾，人民就要忍受饥馑。而教育就像"民之寒暑"，若不合时宜就会"伤世"，从而造成严重的社会后果。司马迁借用这一生动形象的比喻，说明了教育对治理国家的重大作用。

在《儒林列传》中，他又借汉初儒家代表人物公孙弘之口，表明教育在敦化社会道德风尚中的作用：

> 闻三代之道，乡里有教，夏曰校，殷曰序，周曰序，其劝善也，显之朝廷；其惩恶也，加之刑罚。故教化之行也，建首善自京师始，由内及外……劝学修礼，崇化厉贤，以风四方，太平之源也。

他说教育人民学习知识礼仪，发扬贤者的楷模作用，以引领社会风气的良好发展，就是看到了教育与上层建筑之间的关系以及对维护社会稳定、人民和谐的直接作用。这些思想都是先秦儒家教育思想的延续，更恰恰反映了汉初儒家教育思想的逐渐兴起和统治者利用教育治理国家的迫切要求。

第四，司马迁认为教育的目的是培养"君子"。

教育作为一种按照一定社会的需要，培养人、造就人的社会实践活动，是有目的、有意识的。司马迁虽未直接表明他所赞同的教育目的是什么，但是透过他对历史人物的评价，可以看出他所理想的人格，即教育目的就是要把人培养成为"君子""安人者"。这一教育目的，也是继承自孔子。孔子在《论语》中提到很多种人格，如圣人、贤人、善人、士人等，但其中最具有代表性和普适性的人格当是"君子"。

《论语》全书共出现了"君子"一词107次。在《论语》中，"君子"一词，有时是指有德者，有时是指有位者，但无论哪一种，都至少可以确定，"君子"是社会的精英阶层。那么，孔子心目中的君子具有什么样的人格特征呢？简单来说，孔子对于君子看重两点一是"修己"，二是"安百姓"。在个人修养方面，孔子一门要求君子应当做到孝悌好学、博文知礼、择友谨慎、重义轻利，讷言敏行，坦荡内省、不忧不惧、团结友善但又不结党营私，不为人理解时能够不焦躁、不愤懑等。那么这些个人修养的最终目的是什么呢？当然是为统治阶级服务。要为统治阶级服务，思想上就必须与其保持一致，孔子一向提倡仁政，因此作为"君子"也必然要心怀"仁"道。

这种教育思想后来又被孟子所继承。孟子的理想人格是"大丈夫"："居天下广居，立天下之正位，行天下之大道，得志与民由之，不得志独行其道。富贵不能淫，贫贱不能移，威武不能屈，此之谓大丈夫。"① 在孟子的构想中，"大丈夫"既是自觉恪守社会规范的楷模，又是节制个人欲望一心为民的榜样。由此可见，孟子的"大丈夫"与孔子的"君子"在本质上并无多少区别。但孟子提出的教育目的有一点不同于孔子，就是他明确地提出了办学的目的在于"明人伦"。所谓"明人伦"，即"教以人伦——父子有亲、君臣有义、夫妇有别、长幼有序、朋友有信。"②孟子"明人伦"的教育目的决定了他的教育内容，是以伦理道德为主体。他说"居仁由义，大人之事备矣。"③ 从孔子到孟子，教育的内容逐渐从"仁"过渡到了"义"，进一步符合时代的需求。

而到了司马迁这里，对于"君子"有着他自己的标准，在《报任安书》中，他说道：

> 仆闻之，修身者，智之符也；爱施者，人之端也；取予者，义之表也；耻辱者，勇之决也；立名者，行之极也，士有此五者，然后可以托于世，而立于君子之林矣。(《汉书·司马迁传》)

司马迁在这里说得非常明确，要做一个"君子"，就必须"修身""爱施""取予""耻辱""立名"，只有达到了"智""仁""义""勇""行"这五者，才能够进入"君子"的行列。

由于"君子"这一理想形象清晰地存在于他的观念之中，因此《史记》的各篇传记中，他每每称赞的人物都是"君子"：

> 文帝时，会天下新去汤火，人民乐业，因其欲然，能不扰乱，故百姓遂安，自年六七十翁，亦未尝至市井，游敖嬉戏，如小儿状，孔子所称有德君子者邪？(《律书》)

> 延陵季子之仁心，慕义无穷，见微而知清浊。呜呼，又何其宏览博物君子也。(《吴太伯世家》)

> 蒯成侯周䌸，操心坚正，身不见疑，上欲有所之，未尝不垂涕，此有伤心者，然可谓笃厚君子矣。(《万石张叔列传》)

余与壶遂定律历，观韩长孺之义，壶遂之深中隐厚，世之言梁多长者，不虚哉！壶遂官至詹事，天子方倚以为汉相，会遂卒；不然，壶遂之内廉行修，斯鞠躬君子也。(《韩长孺列传》)

类似的表述，不胜枚举，司马迁正是通过对上述人物的赞誉，表明了他对"君子"应具有的品德的看法：君子要"有德"，善"博物"，能"笃行""深中隐厚""内廉行修"，描绘了一个有教养、有性情、有含蓄、有风度的理想人格。这种理想人格亦即他的教育目的。对照前文所说的孔子的教育目的和理想

---

① [清] 焦循撰，沈文倬点校：《孟子正义》，中华书局 1987 年版，第 419 页。
② [清] 焦循撰，沈文倬点校：《孟子正义》，中华书局 1987 年版，第 386 页。
③ [清] 焦循撰，沈文倬点校：《孟子正义》，中华书局 1987 年版，第 927 页。

人格，可以发现两者无疑有着非常紧密的"血缘关系"。

应当看到，司马迁所谓"君子"的培养目标与西汉政府所提倡的"仪状端正"（《儒林列传》）、"好文学，敬长上，肃政教，顺乡里，出入不悖所闻者。"（《儒林列传》）的教育目的是有所差别的。西汉朝廷的教育目的，完全是为了培养具有统治之术的忠实臣子。司马迁的观点虽然并未脱离封建统治者培养人才的范畴，但他所强调的重点却与官方有所不同，这在"独尊儒术"的当时，确实是非常难能可贵的。

三、《史记》中提倡的教育内容和方式

基于前文所说的教育目的，则司马迁提倡的教育内容必然不能过于脱离儒家经典的范畴。但作为一位具有远见卓识的思想家，司马迁在汉武帝实行"罢黜百家，独尊儒术"的文化政策之时，以自己那反潮流的气概，提出了不同于统治者教育内容的主张。

一是兼容并包，博采众长。在《太史公自序》中，他忠实地转载了其父司马谈的《论六家要指》，论述儒、墨、名、道、法、阴阳各家互有短长，并特别对汉武帝最为推崇的儒家和司马谈最为喜欢的道家做了深刻比较。虽然当时"罢黜百家，独尊儒术"的文化政策在全国大力施行，但司马迁因其渊博深厚的家学，受当时文化政策的影响比一般人要小得多。因此，在学习内容上，他主张学者要"载籍极博"（《伯夷列传》），称赞屈原"博闻强志"（《屈原贾生列传》）、贾谊"颇通诸子百家之书"（《屈原贾生列传》），更称颂孔子学识之渊博，不可企及。司马迁通过对这些善于博采各家之长的人物的称赞，表明了自己兼容并包的教育主张，打破了汉代儒家教育的一家之言，拓宽了教育的内容范围。

二是重视"六经"之学。在司马迁看来，"六经"代表着六种文化精神和六种文化教养的类型，是教育的基本内容。在《太史公自序》中，司马迁对"六艺"所起的作用做了高度评价：

> 夫《春秋》，上明三王之道，下辨人事之纪，别嫌疑，明是非，定犹豫，善善恶恶，贤贤贱不肖，存亡国，继绝世，补敝起废，王道之大者也。《易》著天地阴阳四时五行，故长于变；《礼》经纪人伦，故长于行；《书》记先王之事，故长于政；《诗》记山川溪谷禽兽草木牝牡雌雄，故长于风；《乐》乐所以立，故长于和；《春秋》辨是非，故长于治人。

除此之外，司马迁非常重视礼、乐相辅的教育功能，"礼由外入，乐自内出"。他主张"君子不可须臾离礼"、"不可须臾离乐"，礼义之教要从乐教入手，"正教者皆始于音"，通过"乐"的教育，使人达到"广大""好义""爱人""好施""好礼"。在礼乐之教中，司马迁主张寓教于乐，以美养性。他在

《乐书》中引用《乐记》说：

> 故曰"乐者乐也"。君子乐得其道，小人乐得其欲。……是故君子反情以和其志，广乐以成其教。

这里说的很清楚，音乐就是快乐。司马迁主张将"礼"的外在规范，内化为人的伦理情感的需求，要求将乐教所蕴含的审美情感与道德情感——进而与道德理论的学习、培养相结合，以实现人格的自我完善。

三是主张实地考察。正如前文所述，司马迁对"行万里路"的要求和向往，充分体现在他自己的教育经历中。他壮年时期就周游天下，后来又出使巴蜀，搜求了大量历史资料，如《五帝本纪》赞曰：

> 余尝西至崆峒，北过涿鹿，东渐于海，南浮江淮矣，至长老皆各往往称皇帝，尧、舜之处，风教固殊焉。

《封禅书》赞曰：

> 余从巡祭天地诸神名山川而封禅焉。入寿宫侍祠神语，究观方士祠官之意。

《伯夷列传》曰：

> 余登箕山，其上盖有许由冢矣。

等等。司马迁在实地考察中，了解和搜求了古代和当代的历史传说及各种史料，大至古战场形势，小至一个城门的名字，他都进行详细寻访。并且在这样的实地考察中，司马迁还广泛地接触到了普通百姓的生活，开拓了视野，扩展了心胸，增长了见识，这些见闻不仅补充了文献资料的不足，更孕育了他重视社会调查的教育思想，为后世树立了光辉典范。

四是丰富多样的教育方法。司马迁很欣赏孔子要求学生"德才兼备"的做法，在《孔子世家》中，他记述孔子教导弟子说：

> 德之不修，学之不讲，闻义不能徙，不善不能改，是吾忧也。

孔子将思想品德的培养放在了学习知识之前，认为一个人的德行比他的才学更重要。他还使用启发诱导的方式来引导学生自主思考，如《仲尼弟子列传》中记载：

> 子路性鄙，好勇力，志伉直，冠雄鸡，佩豭豚，陵暴孔子。孔子设礼稍诱子路，子路后儒服委质，因门人请为弟子。

孔子陈设礼乐来诱导子路，后来子路便穿起儒者的服装，立志向孔子学习。这是孔子启发教育的一个成功典范。孔子在教育中还特别重视因材施教。《仲尼弟子列传》也有这样的事例：

> 求问曰："闻斯行诸？"子曰："有父兄在，如之何其闻斯行之？"冉有

问："闻斯行诸？"子曰："闻斯行之。"子华怪之，"敢问问同而答异？"子曰："求也退，故进之；由也兼人，故退之。"

冉求和子路提出的同一问题，孔子却给出了完全相反的回答，正是因为孔子深知他们性格的不同而给出的针对性意见。

司马迁将这些事迹详细地记录在《史记》中，充分说明他对于这些教育方法的赞同和认可。

四、《史记》教育思想的现代价值

司马迁通过自身的人生体验，以及他在人物传记中对各种人物的褒贬传递出了自己的教育思想，这种思想其实已经超越了教育本身，变成了一种强大的精神力量。

司马迁对于礼乐的作用的肯定，使他把礼、乐与政、刑同样看作当成治国安邦的重要手段。认为"礼"能"宰制万物，役使群众"，"天下从之者治，不从者乱；从之者安，不从者危"，点明了礼的实质与意义。认为"乐""可以善民心，其感人深，其风移俗易"，即能对人的灵魂起一种净化作用。他认为乐与国家、社会关系密切："乐行而伦清，耳目聪明，血气和平，移风易俗，天下皆宁"。与此相反，乱世、亡国之音则会导致"其政散，其民流，诬上行私而不可止"。中华人民共和国成立之后，我国的教育方针历来提倡"德智体美劳"全面发展，其中所谓"美育"就包括音乐和美术的教育；而"明礼"更是我国"公民基本道德规范"中极为重要的一个组成部分，由此可见，司马迁的教育思想在今天依然具有深刻的现实意义。

司马迁还结合自己的身世，提出了一个人们经常遇到又不好处置的修身养性的课题，那就是处逆不忧，发愤磨炼，加深对社会、人生的思考。他认为，人们立身处世，总有"意有所郁结，不得通其道"的地方，总会遇到种种困难和障碍，总是逆境多于顺境，应该从积极的角度看待这些；认为逆境有时反是磨练才能的机会。在《报任安书》中，他认为人在困境、逆境中，可以加深对社会、人生的认识和思考，改造或利用逆境，发愤有为，增益自己原所不能的本领。在《史记》中，他以生动的笔触描写了许多在逆境中不甘屈服的感人事迹：越王勾践卧薪尝胆，艰苦自励，终于灭吴雪耻；张仪委屈受辱，仍好学不辍，终于成就了有名的纵横家……诸如此类的例子还很多，司马迁刻意记载，旨在激励自身，警示后人。

这也从侧面体现了司马迁的教育方法——强调榜样的作用。司马迁认为，榜样往往在教育中起着特殊的作用，因而强调"贤相良将，民之师表也"，并且指出教育者的言行表率会引起被教育者的反响："为人君者，谨其所好恶而已矣，君好之则臣为之，上行之则民从之"，进一步说明上行下效、榜样示范的教育作用。他的《史记》，从某种意义上说，就是一部为"贤相良将"立传，使仁人志士效法，又"使乱臣贼子惧"的历史教科书。如今，各类学校都要定期对表现优秀、贡献突出的学生进行表彰，对他们的出色成绩和先进事迹广泛宣传，这就是在用榜样的力量引导学生。

司马迁注重实践和博采众长的教育观也非常符合当代教育的发展趋势。如今很多学校都开设了形式多样、内容丰富的夏令营、访学、游学、文化考察、学术会议等活动，也将语文、数学、英语等基础学科安排为通识课程，要求各个专业的学生都必须学习。这些都是司马迁在《史记》中所表现出的教育思想在当下的反映。

总而言之，司马迁以他伟大的真知灼见和身体力行，有力地提醒我们"百年大计，教育为本"，其教育思想和他的其他思想一样，是一份珍贵的文化遗产，需要我们进一步研究、探讨和发扬。

《史记》文学艺术研究

《史记·项羽本纪》隐喻管窥

＊本文作者王炳社。渭南师范学院人文学院教授。

一部《史记》，就是写人的历史。司马迁让我们通过对他笔下的人物的了解，折射出历史人物的功与过、是与非。由此看来，"历史叙述本质上是隐喻的"①。毫不例外，《史记》也是一部"赋予过去以意义"②，因此《史记》是隐喻的，而《项羽本纪》就极其具有代表性。

司马迁笔下的项羽，是一个称得上英雄的人物，但他并不是一个成功的历史人物。尽管关于项羽的英雄壮举可谓是浓彩重墨，然而最终项羽却不得不乌江自刎。这是一个英雄的故事，也是一个美丽的故事，更是一个悲壮或者是悲哀的故事。因此，故事的走向也是沿着由壮向悲发展的。表面上看，它是历史的必然，然而却与项羽本身性格等诸多缺陷是脱离不了干系的。

一

既然历史是由社会形成的，而社会的核心又是人，因而富有眼光的历史学家都会将目光投注到货聚焦于历史人物身上，而首要的着力点又往往是人物的

---

① ［荷］F. R. 安克施密特：《历史与转义：隐喻的兴衰》，韩震译，北京出版社出版集团、文津出版社 2005 版，第 82 页。

② ［荷］F. R. 安克施密特：《历史与转义：隐喻的兴衰》，韩震译，北京出版社出版集团、文津出版社 2005 版，第 123 页。

性格，因为性格往往决定着人物的命运。而对于人物的描写，也往往体现着历史学家"某种标准的建议"①，这种建议本身就是隐喻，因为它往往是通过人物的行为和历史事件展示的，对这些行为和事件的选择和组合，甚至是符合历史逻辑的"虚构"，它往往都体现了历史学家的"意向性"，这"意向性"常常就蕴藏着某种"被给与"的东西，这种"被给与"实际就是隐喻。因此说，"对象只是意向的东西，它在认识中构造自身，同时也就构造着认识"②。司马迁构织历史的绝妙办法，就是仅仅围绕着人来进行，这就为他赋予历史以隐喻价值奠定了基础，因而他对项羽的性格的展示是在一种看似"历史真实"的描述中进行的，让人在不经意中便进入了他所构织的"网"中，被他的描述所感化，进而"信以为真"，坚信其历史撰写的"真实性"，这就使《史记》成为中国所有史书中最为感人的"作品"。应该说，《史记》是来源于历史，但他又是高于历史的。

项羽作为一个历史人物，如何将他的失败从其性格上展现出来，实现《项羽本记》隐喻价值的最大化，这是司马迁撰史的着力点所在。历史的事实是，项羽最后是一个失败者，也是一个悲剧人物，因而对于项羽及其事件的描述，就不得不站在历史真实的层面上。然而，失败就有教训，如何在一种体面的叙述中，既不伤及项羽作为英雄的形象，而又必须揭示其性格的弱点。在这种矛盾中，司马迁必须要建设一种历史解释标准，而又"没有关于这些标准的标准"③，这是一个历史难题。所以记述项羽的事迹和描写项羽的性格就像走钢丝一样充满危险和艰难。然而司马迁却没有让人们失望，甚至也经历住了历史的考验。

《项羽本纪》对项羽籍贯的记述是这样的：

> 项籍者，下相人也，字羽。初起时，年二十四。其季父项梁，梁父即楚将项燕，为秦将王翦所戮者也。项氏世世为楚将，封于项，故姓项氏。

从文字表面看，这一段记述很客观，毫无隐喻的因素。然而在一种"貌似客观"的文字中，它却给我们透露出三个隐喻信息：首先，项羽起事的时候是跟着他的叔父的，而且司马迁也未交待项羽父母的情况。按照常规，孩子要干事，父母不可能不出面，即使要让叔父将其带出去，起码也应该有父母的叮嘱或要求，显然项羽的父母已经不在人世了，项羽是一个孤儿，因而这是一个隐喻，隐喻项羽自身具有缺乏教育的一面，性格自然先天不足。其次，梁父项燕

———————————

① ［荷］F. R. 安克施密特：《历史与转义：隐喻的兴衰》，韩震译，北京出版社出版集团、文津出版社 2005 版，第 88 页。

② ［德］埃德蒙德·胡塞尔：《现象学的观念》，倪梁康译，上海译文出版社 1986 版，第 15 页。

③ ［荷］F. R. 安克施密特：《历史与转义：隐喻的兴衰》，韩震译，北京出版社出版集团、文津出版社 2005 版，第 88 页。

被秦将王翦所杀，项燕也就是项羽的叔爷，按照古人的家族观念，实际上他们就是一家人，项羽耳濡目染，当然对秦国充满着仇恨，所以形成了他的复仇心理，而他的复仇又是建立在家仇基础上的，自然有其局限性。再次，"项氏世世为楚将"其实也是一个隐喻，一是说明楚国在历史上的强大，人们当然不能够接受楚国灭亡的现实；二是正因为楚国物华天宝、人杰地灵、物产丰富，当然人们不愿意被人统治，必然要走上造反的道路；三是天下兴亡，匹夫有责，先辈都是英雄豪杰，战死沙场，作为后辈当然不能落于人后，因而后辈当然也都有习武的习惯和练武的基础。因而，司马迁在这里实际上是对历史的一种转喻式解释，在转喻中实现其隐喻意图的，这当然是很巧妙的行为，它避免了人们接受的过于直接性，而且在一种看似简洁的叙述中实现了文本蕴含的最大化，从而大大提升文本的隐喻价值。正如安克施密特所说："真正有兴趣的历史文本并不'把自己擦去'，而是与其自身有某种隐喻关系。"① 因此，"隐喻，它并不意味着其字面意义所说的东西"②。

正因为是那样的家庭背景，因而，"项籍少时，学书不成，去学剑，又不成"，这则隐喻项羽最终只能是一介武夫，只能是刚愎自用，虽有"万人敌"的雄心壮志，然而也是"略知其意，又不肯竟学"。任何事情他都不能善始善终，决定了他日后人生的缺乏果断、隐忍和事业的长远考虑。因为没有文化，他也必然鲁莽粗暴。然而，司马迁对此记述学表现得异常轻松，用了近乎儿童过家家式的叙述，这显然有一种"哀其不幸，怒其不争"的讽喻因素在里面。项羽的叔父项梁虽精通兵法，然而也难免被战死沙场，此则隐喻在兵法上远不能和叔父相比的项羽最终的结局必然是以悲剧收场，这其实与他好高骛远、不能脚踏实地的性格缺陷有某种内在联系。

当看到秦始皇出游的盛大场景时，项羽对项梁说："彼可取而代也。"虽然从表面上看是项羽认为项梁未来可以将秦始皇取而代之，但紧接着司马迁补充交代了"籍长八尺余，力能扛鼎，才气过人"，显然这是一种心理隐喻，实际上暴露了项羽的野心。但在此，司马迁是着力突出项羽"力"的一面，而所谓"才气"也是指其武才，而非文武双全之才。为了避免叙述的尴尬，司马迁有意将对项羽的交代碎片化，从而规避了事件和人物的矛盾，这样的"隐喻包含了某种信息"③，在一种简约、模糊性的叙述中，实现了隐喻的目的，这当然是一种很聪明的撰史方式。显然，在《史记》中，更多的是"隐喻意义先于句子意义而生成"④。模式。而杀会稽守，隐喻项梁、项羽不愿意寄人篱下，更

① ［荷］F. R. 安克施密特：《历史与转义：隐喻的兴衰》，韩震译，北京出版社出版集团、文津出版社 2005 版，第 87 页。

② ［荷］F. R. 安克施密特：《历史与转义：隐喻的兴衰》，韩震译，北京出版社出版集团、文津出版社 2005 版，第 87 页。

③ ［法］保罗·利科：《活的隐喻》，汪堂家译，上海译文出版社 2004 版，第 24 页。

④ 刘宇红：《隐喻的多视角研究》，世界图书出版公司 2011 版，第 54 页。

愿意做人上人，从此，项羽的杀性表露了出来，以此开始了无休止的"杀"。可以说，"杀"成就了项羽的英雄本色，但也断送了他的大好前程。以后，他们叔侄两个，"诛鸡石"、将襄城守军"皆坑之""斩李由""斩宋义"杀宋义子"坑秦卒二十余万人""屠咸阳，杀秦降王子婴，烧秦宫室，火三月不灭；收其货宝妇女而东""烹说者""群臣稍稍背叛之，乃阴令衡山、临江王击杀之""杀汉卒十余万人"、"烧杀纪信""烹周苛""杀枞公""烹说者""击杀义帝""杀韩王成……司马迁采取突显的隐喻方法，隐喻项羽头脑简单、杀戮成性的性格，最终必然是孤家寡人一个。其如此杀戮，最后身边已无谋事、大将可用，只能是自己一马当先，左杀右突，最后身边仅剩 28 个骑兵，身陷重围，不得不自刎乌江。这是非常感人而又悲戚的故事。鉴于"大多数隐喻都建立在类比的基础上"①，司马迁在一种"诛""杀""坑""烹"等残酷字眼连缀成的叙述中，实现了类比的隐喻，这是人类原始性的表现。

　　基于此，在项羽身上，司马迁更多关注他"向回转"的性格特征，而更多也是在叙述中实现隐喻蕴涵的。当秦二世元年"天亡秦"的机遇到来的时候，项梁、项羽杀了会稽守，项梁自己当上了会稽守，而后收编东阳军、秦嘉军，势力逐渐壮大，从而产生了为王的思想。而范增的前来劝说项梁复兴楚国，这就把项梁、项羽最终的"国家目标"定格在楚国这样一个狭隘的范围内。范增的劝说实际上是一个转借式隐喻，暗示着项羽（项梁）的目光短浅。而在破定陶后，项梁、项羽"益轻秦，有骄色"，而谋士宋义进谏，"项梁弗听"，导致项梁被秦大将章邯所杀。项梁被杀，既是项羽人生的转折点，也是其最终人生悲剧的一个隐喻（暗示），从此项羽的行动没有了约束，也没有了引导他、指挥他、出谋划策的关键人物。后来项羽因不满宋义"饮酒高会"，居然将宋义杀于帐中，这更是大错特错。军中无谋臣，项羽只能以赌博的心态破釜沉舟，这是一种军事冒险行为，胜败各半，如不是秦朝内部存在矛盾，项羽胜算的可能很少。显然，这是司马迁历史观念所发现的隐喻对象的意象，"不仅从意义延伸到意义，而且从一个意义领域延伸到另一个意义领域"②。这种巧妙的隐喻式叙述，给人以阅读的轻松，然而却给人心灵以极大的震撼，使接受者不得不驻足深究其深藏的隐喻蕴涵。小谋臣范增看出了刘邦的野心，出计说项羽杀了刘邦，以绝后患，后来居然被刘邦成功离间；而项羽叔父项伯更是成事不足，败事有余，说穿了无异于刘邦在想与身边的卧底。刘邦前来鸿门赴宴，本来项羽亦有机会杀之，然而却被张良一番好话所蒙蔽，再加上"白璧"、"玉斗"一番贿赂，早将大事置之脑后。而后灭秦之后，并未图谋建都咸阳，而是"烧秦宫室，火三月不灭，收其货宝妇女而东"，且杀了希望他建都咸阳的人，

　　① ［美］E. C. 斯坦哈特：《隐喻的逻辑——可能世界中的类比》，黄华新、徐慈华译，浙江大学出版社 2009 版，第 1 页。

　　② ［法］保罗·利科：《活的隐喻》，汪堂家译，上海译文出版社 2004 版，第 164 页。

一心只想着回到楚地。回到楚地后，项羽自立为王，"乃分天下"，且"立沛公为汉王"，其原因居然是"巴、蜀亦关中地也"，最终仍难阻刘邦并关中，且其余各王大多降汉。司马迁如此叙述，实现了叙述的隐喻化，也就是在表现项羽"勇"的同时，巧妙地是实现了字面意义以外的东西，这便是隐喻。这字面以外的东西便是项羽政治幼稚、盲目自信、优柔寡断、缺乏远见、近物远人性格缺陷。

二

为了历史地表现项羽这个带有神话传说性质英雄人物，在史料相当缺乏的情况下，司马迁更多采用了一种特殊的隐喻思维方式——侧面思维，这是一种思维方式上的替代、相邻性转化或假借。司马迁对项羽的表现采用了多种隐喻方式。

以项羽身边或与其有关系的人物来说，首先是他的叔父项梁。司马迁在介绍项梁身世的时候是这样的写的："其季父项梁，梁父即楚将项燕，为秦将王翦所戮者也。项氏世世为楚将，封于项，故姓项氏。"这一段话非常耐人寻味。它首先构成了楚国与秦国的非对称性，继而构成了项氏与秦将王翦的非对称性，同时构成了项羽与项梁的非对称性，而"非对称性是隐喻映射的本质特征"①，这就构成了叙述的隐喻性。因此这一段叙述有四层隐喻蕴涵：一是项氏家族与秦军的势不两立；二是楚国与秦国永远都是敌对国；三是项氏永远不可能离开故土；四是项梁智勇双全，项羽在其下只能为将。这就预示着项羽的起事首先是复仇；他的目光必然是狭隘的；它仇恨秦国，又依恋故土，故不可能在关中建都；项梁死后，项羽必然进入一种近乎疯狂的状态，其结局必然是悲剧性的。

会稽守的一段话则隐喻项氏叔侄的内心世界：

> 秦二世元年七月，陈涉等起大泽中。其九月，会稽守通谓梁曰："江西皆反，此亦天亡秦之时也。吾闻先即制人，后则为人所制。吾欲发兵，使公及桓楚将。"

会稽守殷通所说"先即制人，后则为人所制"恰好道出了项氏叔侄的心里话。作为他们来说，也算是有雄心大志的人，当然不可能寄身于会稽守麾下，于是杀了会稽守，梁自为守。但此事也隐喻项氏叔侄的心胸狭隘。这一段及其其他文字处理保留历史事实以外，更多采用的是文学描写的手法，其隐喻意图是明显的。正如阿恩海姆所说："隐喻从现实情境中蒸馏出生活的较为深层和

---

① 刘宇红：《隐喻的多视角研究》，世界图书出版公司 2011 版，第 57 页。

基本的方面，惟其如此，艺术才创造出现实的形象。"①

预言式的侧面表现也取得了很好的隐喻效果：

> 少年欲立婴便为王，异军苍头特起。陈婴母谓婴曰："自我为汝家妇，未尝闻汝先古之有贵者。今暴得大名，不祥。不如有所属，事成犹得封侯，事败易以亡，非世所指名也。"婴乃不敢为王。谓其军吏曰："项氏世世将家，有名于楚。今欲举大事，将非其人，不可。我倚名族，亡秦必矣。"于是众从其言，以兵属项梁。

司马迁在此借用陈婴母亲之口告诫陈婴"暴得大名，不祥"，虽为妇人之见，但却言之有理。也就是说，万事都要有基础，"一夜暴富"的事情不能做。陈婴已反秦，已经是杀头之罪，而陈母却没有阻止，只是不愿意让陈婴做"王"，这显然是一个隐喻，也就是他不愿意陈婴"树大招风"，不愿意陈婴站在反秦的风口浪尖，当然陈母知道，陈婴也没有"统帅"的能耐。事实证明，项羽也没有王者的才能。而陈母的"妇人之见"却在项羽最终的人生结局中得到了验证。这是一种侧面替代式的隐喻，因为"隐喻建构的过程是替代的过程"②。

同时，司马迁以楚军内部争斗侧面隐喻楚军最终的结局。

> 当是时，秦嘉已立景驹为楚王，军彭城东，欲距项梁。项梁谓军吏曰："陈王先首事，战不利，未闻所在。今秦嘉倍陈王而立景驹，逆无道。"乃进兵击秦嘉。秦嘉军败走，追之至胡陵。嘉还战一日，嘉死，军降。景驹走死梁地。项梁已并秦嘉军，军胡陵，将引军而西。章邯军至栗，项梁使别将朱鸡石、馀樊君与战。馀樊君死。朱鸡石军败，亡走胡陵。项梁乃引兵入薛，诛鸡石。项梁前使项羽别攻襄城，襄城坚守不下。已拔，皆阬之。还报项梁。项梁闻陈王定死，召诸别将会薛计事。此时沛公亦起沛往焉。

当天下大乱时，有时真假难辨、错对难分。然而项氏叔侄是典型的自我中心主义者，信奉的是"顺我者昌，逆我者亡"的理念，缺乏团结合作的精神。对此，司马迁以转换式隐喻的方式对其予以描述。此段文字说秦嘉"立景驹为楚王"，只是"欲距项梁"，尚有团结联合的空间，然而项梁即认为"逆无道"，于是"击秦嘉"，致秦嘉死。后又因为自己的别将朱鸡石战秦大将章邯而"军败"，便"诛鸡石"，又有项羽对襄城守军"皆阬之"，其实大大削弱了起义军的实力，也为以后项梁死和项羽败埋下了伏笔。但对此，司马迁没有任何关于起义军内斗的字眼，也没有予以评价，表面上只是"客观"叙述，却是实实在

---

① ［美］鲁道夫·阿恩海姆：《抽象语言与隐喻》，参见阿恩海姆、霍兰、蔡尔德等著《艺术的心理世界》，周宪译，中国人民大学出版社 2003，第 75 页。

② 刘宇红：《隐喻的多视角研究》，世界图书出版公司 2011 版，第 70 页。

在的隐喻，这也可以称为是"司马笔法"。而当项氏叔侄军队已达六七万人的时候，沛公才起事。沛公军与项梁军相比，实力悬殊。在这一场实力悬殊的较量中，项氏叔侄以杀戮为显著特点，而沛公则是广纳贤才，不以力胜，而以谋取，最终取得天下。所以，沛公也就与项氏叔侄形成了鲜明对比，这则是司马迁另外一种隐喻的方式。对比也就形成了文本的映射功能。

司马迁对楚人怀旧、本位、自我满足的心理也渗透于文本叙述中，范增作为一个七十岁的老者，他的一段话就很好地揭示了这种心理，也极具有代表性，故而对以项梁、项羽为代表的内心世界形成了替代式的隐喻说明。

> 居鄹人范增，年七十，素居家，好奇计，往说项梁曰："陈胜败固当。夫秦灭六国，楚最无罪。自怀王入秦不反，楚人怜之至今，故楚南公曰'楚虽三户，亡秦必楚'也。今陈胜首事，不立楚后而自立，其势不长。今君起江东，楚蠭午之将皆争附君者，以君世世楚将，为能复立楚之后也。"于是项梁然其言，乃求楚怀王孙心民间，为人牧羊，立以为楚怀王，从民所望也。陈婴为楚上柱国，封五县，与怀王都盱台。项梁自号为武信君。

楚国已经灭亡，六国也已经灭亡，而范增要复辟楚国，这是打楚国的小算盘，显然是不合时宜的。当时中国需要的是秦灭亡以后一个新的大帝国，而非所谓的楚国。试想，如果以楚国名义号令天下，其他原有诸侯国如秦、齐、赵、魏、韩、燕能答应吗？司马迁在此以范增之口突显隐喻的喻体和本体，显然"意味着某些另外的东西"[①]，也就是使喻体中的楚本位心理映射到本体怀旧、本位、自我满足的心理现实，从而达到了让人们从中认识以项梁、项羽为代表的"楚国心态"。这一种带有普遍性而又有极大局限性和负面效应的心理，也使项氏叔侄的反秦行为始终处在一种意识形态的混乱中，最终在无目的、无结果中宣告结束。

起义军内部的矛盾日益凸显，甚至像田荣一类的人物，随意废、立国王，此隐喻起义军内部的不团结和一盘散沙，也暗示项氏叔侄的号召力和领导力的局限。而项梁于雍丘大破秦军，又于定陶破秦军，便"益轻秦，有骄色"，且不听宋义谏言，致使项梁死。此乃隐喻起义军未来走向，已成大浪淘沙之势，自大、本位、骄横、贪欲者，必败无疑。关于此，司马迁以"项羽召军吏谋""项羽乃召黥布、蒲将军计"等，隐喻项羽军谋略之颓势。其结果是"坑秦卒二十余万人新安城南"，不仅残忍，削弱了起义军的战斗力，降低了个人的威望，而且为以后失败埋下了祸根。而"秦军降诸侯，诸侯吏卒乘胜多奴虏使之，轻折辱秦吏卒"，则说明项羽的军队仇秦心理严重，内部纪律不够严明，管理混乱。但此时的沛公却"今入关，财物无所取，妇女无所幸"，因此范增

---

① ［英］戴维·E·库珀：《隐喻》，郭贵春、安军译，上海科技教育出版社 2007 版，第 67 页。

认为"此其志不在小。吾令人望其气，皆为龙虎，成五采，此天子气也。急击勿失"。司马迁通过范增之口评价此时沛公，使刘邦与项羽形成鲜明对比，在对比中实现了隐喻，也预示项羽最终要败于刘邦之下。

三

司马迁在《项羽本纪》和《高祖本纪》中采用了大量的远距离对比式隐喻，从而揭示出项羽和刘邦最终不同结局的深层次原因。先看《项羽本纪》中对项羽的介绍：

> 项籍者，下相人也，字羽。……
> 项籍少时，学书不成，去学剑，又不成。项梁怒之。籍曰："书足以记名姓而已。剑一人敌，不足学，学万人敌。"于是项梁乃教籍兵法，籍大喜，略知其意，又不肯竟学。

再看对刘邦的介绍：

> 高祖，沛丰邑中阳里人，姓刘氏，字季。父曰太公，母曰刘媪。其先刘媪尝息大泽之陂，梦与神遇。是时雷电晦冥，太公往视，则见蛟龙于其上。已而有身，遂产高祖。
> 高祖为人，隆准而龙颜，美须髯，左股有七十二黑子。仁而爱人，喜施，意豁如也。常有大度，不事家人生产作业。及壮，试为吏，为泗水亭长，廷中吏无所不狎侮，好酒及色。常从王媪、武负贳酒，醉卧，武负、王媪见其上常有龙，怪之。高祖每酤留饮，酒雠数倍。及见怪，岁竟，此两家常折券弃责。

这一比较，自然明了。项羽没有文化，也不肯学习，学书不成，学剑不成，学兵法"又不肯竟学"。而刘邦且撇开其"龙子"之身不说，他"试为吏，为泗水亭长"，就足以说明他起码是认真学习、有文化的，且为人大度，不拘小节。这就自然具备了隐喻的条件，即不平衡的映射。而且这种比较是在两个单篇文本中分别出现的，是"各行其是"的，因而也符合斯泰宾的观点："隐喻是一种不明说的比较。"①

再看项羽和刘邦看到秦始皇出游时的态度：

> 秦始皇帝游会稽，渡浙江，梁与籍俱观。籍曰："彼可取而代也。"梁掩其口，曰："毋妄言，族矣！"梁以此奇籍。籍长八尺余，力能扛鼎，才气过人，虽吴中子弟皆已惮籍矣。
> 高祖常繇咸阳，纵观，观秦皇帝，喟然太息曰："嗟乎，大丈夫当如

---

① ［英］L. S. 斯泰宾：《有效思维》，吕叔湘、李广荣译，商务印书馆1997版，第93页。

此也!"

项羽所看到的,是秦始皇游会稽,也就是今天的浙江绍兴,那是乡下人看到了城里人,看到一次很不容易。而项羽第一次见到秦始皇,就对项梁说"彼可取而代也",显然这是狂言。而这其实是隐喻,恰好反映了项羽的内心世界。他口出狂言的资本居然是"长八尺余,力能扛鼎,才气过人",是想靠自己的力气来拿下秦国,显然这是很幼稚和自不量力的。司马迁这样的补叙,其实也是一个隐喻,给读者交代了项羽想取代秦始皇的浅薄资本。而刘邦就不一样了,他是在京城咸阳见到的秦始皇,其环境、氛围当然比乡下要宏达、壮阔得多,他感觉到的是震撼,从而也触发了自己的崇高理想,也就是自己要向秦始皇学习,要努力成为像秦始皇一样的人。而他看到秦始皇出游的场面,是"喟然太息"的态度,既很低调,又很有想法,其内心当然是自己也能够成为秦始皇一样的人物,这当然是暗下决心,而非项羽的口出狂言。在这种鲜明的对比中,司马迁实现了自己的隐喻思想,在极简短的文字中表现了人物极其复杂的内心活动,也暗示着事态发展的走向和历史的变迁。这一种隐喻方式,在中国其他历史著作中是很少见的,我们不得不为之赞叹。

而在表现两个人的军事才能的时候,司马迁主要抓住项羽"勇"和头脑简单的一面;而对刘邦,则主要抓住其谦逊、顾大局、目光远大的一面。从而在一种性格不平衡中实现了文本的隐喻价值。我们来看一看项羽和刘邦起事的情况:

> ……籍遂拔剑斩守头。项梁持守头,佩其印绶。门下大惊,扰乱,籍所击杀数十百人。一府中皆慑伏,莫敢起。梁乃召故所知豪吏,谕以所为起大事,遂举吴中兵。使人收下县,得精兵八千人。梁部署吴中豪杰为校尉、候、司马。有一人不得用,自言于梁。梁曰:"前时某丧使公主某事,不能办,以此不任用公。"众乃皆伏。于是梁为会稽守,籍为裨将,徇下县。
>
> 高祖以亭长为县送徒郦山,徒多道亡。自度比至皆亡之,到丰西泽中,止饮,夜乃解纵所送徒。曰:"公等皆去,吾亦从此逝矣!"徒中壮士愿从者十余人。高祖被酒,夜径泽中,令一人行前。行前者还报曰:"前有大蛇当径,愿还。"高祖醉,曰:"壮士行,何畏!"乃前,拔剑击斩蛇。蛇遂分为两,径开。行数里,醉,因卧。后人来至蛇所,有一老妪夜哭。人问何哭,妪曰:"人杀吾子,故哭之。"人曰:"妪子何为见杀?"妪曰:"吾,白帝子也,化为蛇,当道,今为赤帝子斩之,故哭。"人乃以妪为不诚,欲告之,妪因忽不见。后人至,高祖觉。后人告高祖,高祖乃心独喜,自负。诸从者日益畏之。

同样是写他人对英雄的"服",但众人对两人的态度却决然不同。项羽是因为杀了会稽守,又击杀其门下数十百人,因而"一府中皆慑伏",众人是怀着一种恐惧害怕的心理；而刘邦却是因为喝了酒，"夜乃解纵所送徒"，而"徒中壮士愿从者十余人"，后在其他人都害怕的情况下，勇斩白蛇，因而"诸从者日益畏之"，这是一种敬畏。在这里，司马迁以项羽和刘邦行为的巨大反差来写众人对他们的态度，从而构成了映射的隐喻。众人对项羽的"服"是一种"被给与"① 的，是一种内心并不愿意而又不得不服，是一种被动的服从；而众人对刘邦的"服"则是一种发自内心的、自觉自愿的服从，时代有一种强烈人格魅力的服从。所以说："人类的现实是由隐喻过程铸成的，而这些过程的信息见之于人的语言。"② 而且，司马迁为了使刘邦的形象更能够合情、合理、合史，甚至采用了寓言式的叙述，表现了刘邦斩白蛇的勇气，和项羽杀会稽守形成鲜明对比。项羽是一心想做人上人，不惜采用"杀""斩""击""烹"等残暴行为；而刘邦则是以释放役徒和斩杀白蛇的方式博得众人的信服，从而被推上领袖地位的，且在后来众人推他为"沛令"，"于是刘季数让。众莫敢为，乃立季为沛公"，可谓是德高望重，深孚众望。就历史而言，隐喻就是现实，所以说，"在历史的长河中，'现实'无关紧要，因为只有借助隐喻才能通向现实。隐喻才是至关重要的：它们才是现实"③ 司马迁充分运用了隐喻的手段，不仅真实地展现了历史，而且隐喻地揭示了历史。

刘邦善交朋友，对人大气，知人善用，其身边有张良、萧何、韩信等文臣武将，所以他的事业稳扎稳打，逐渐壮大；而项羽对身边的谋臣几乎不相信，甚至连自己的叔父项伯都不信任，从而导致他军事上连连失败，举措上连连失当。先看刘邦的态度：

> 郦食其（谓）〔为〕监门，曰："诸将过此者多，吾视沛公大人长者。"乃求见说沛公。沛公方踞床，使两女子洗足。郦生不拜，长揖，曰："足下必欲诛无道秦，不宜踞见长者。"于是沛公起，摄衣谢之，延上坐。食其说沛公袭陈留，得秦积粟。乃以郦食其为广野君，郦商为将，将陈留兵，与偕攻开封，开封未拔。西与秦将杨熊战白马，又战曲遇东，大破之。

刘邦善听他人言，从郦食其言，"得秦积粟"，粮草有了保障，解决了作战的最基本的后顾之忧，且为自己对郦食其的不恭敬表示道歉，并请郦食其上座，这足以说明刘邦的大气和谦逊，让人敬佩。

> 沛公引兵过而西。张良谏曰："沛公虽欲急入关，秦兵尚众，距险。今不下宛，宛从后击，强秦在前，此危道也。"于是沛公乃夜引兵从他道还，更旗帜，黎明，围宛城三匝。南阳守欲自刭。其舍人陈恢曰："死未

---

① ［德］埃德蒙德·胡塞尔：《现象学的观念》，倪梁康译，上海译文出版社 1986 版，第 58 页。

② ［英］特伦斯·霍克斯：《论隐喻》，高丙中译，昆仑出版社 1992 版，第 89 页。

③ ［英］特伦斯·霍克斯：《论隐喻》，高丙中译，昆仑出版社 1992 版，第 132—133 页。

晚也。"乃蹦城见沛公，曰："臣闻足下约，先入咸阳者王之。今足下留守宛。宛，大郡之都也，连城数十，人民众，积蓄多，吏人自以为降必死，故皆坚守乘城。今足下近日止攻，士死伤者必多；引兵去宛，宛必随足下后：足下前则失咸阳之约，后又有强宛之患。为足下计，莫若约降，封其守，因使止守，引其甲卒与之西。诸城未下者，闻声争开门而待，足下通行无所累。"沛公曰："善。"乃以宛守为殷侯，封陈恢千户。引兵西，无不下者。

此处用两人计，分别是张良和陈恢的计谋。用张良计，避免了失败；用陈恢计，取得了诸多胜利，更为率先顺利进入咸阳奠定了基础。

汉元年十月，沛公……遂西入咸阳，欲止宫休舍，樊哙、张良谏，乃封秦重宝财物府库，还军霸上。

此计连同"约法三章"，使项羽深得民心，威望大为提升。

或说沛公曰："秦富十倍天下，地形强。今闻章邯降项羽，项羽乃号为雍王，王关中。今则来，沛公恐不得有此。可急使兵守函谷关，无内诸侯军，稍征关中兵以自益，距之。"沛公然其计，从之。

可以说，刘邦是善于听取别人建议的人，可谓是"众人拾柴火焰高"，"三个臭皮匠顶个诸葛亮"，这不仅提升了刘邦在人们中的威望，而且大大增加了其军事的胜算。

八月，汉王用韩信之计，从故道还，袭雍王章邯。邯迎击汉陈仓，雍兵败，还走；止战好畤，又复败，走废丘。汉王遂定雍地。

对刘邦来说，没有韩信，也就没有他的天下。韩信智勇双全，是不可多得的人才。所以此时刘邦听从韩信之计，平定了雍地，为平定天下奠定了坚实基础。再看他用陈平计离间项羽和范增：

汉王军荥阳南，筑甬道属之河，以取敖仓。与项羽相距岁余。项羽数侵夺汉甬道，汉军乏食，遂围汉王。汉王请和，割荥阳以西者为汉，项王不听。汉王患之，乃用陈平之计，予陈平金四万斤，以间疏楚君臣。于是项羽乃疑亚父。亚父是时劝项羽遂下荥阳，及其见疑，乃怒，辞老，愿赐骸骨归卒伍，未至彭城而死。

在楚汉力量悬殊的情况下，且汉常受项羽侵扰，甚至割地退让求和、相遇也不听的情况下，刘邦采用陈平之计，有效离间了项羽和范增，从而消除了困扰。

项羽解而东归。汉王欲引而西归，用留侯、陈平计，乃进兵追项羽，至阳夏南止军，与齐王信、建成侯彭越期会而击楚军。至固陵，不会。楚击汉军，大破之。汉王复入壁，深堑而守之。用张良计，于是韩信、彭越皆往。及刘贾入楚地，围寿春，汉王败固陵，乃使使者召大司马周殷举九江兵而迎（之）武王，行屠城父，随（何）刘贾、齐梁诸侯皆大会垓下。立武王布为淮南王。

此二计虽未初见成效，但却召集到了各路诸侯，从而形成了垓下决战之势，从而为对项羽军最后致命一击奠定了基础。

高祖欲长都洛阳，齐人刘敬说，及留侯劝上入都关中，高祖是日驾，入都关中。六月，大赦天下。

刘敬和张良劝说高祖"入都关中"，因为关中土地肥沃，四面环山，易守难攻，且周、秦皆在此建都，其说是很有道理的，故刘邦采纳。

再看项羽的态度：

首先是项梁纵容了项羽的轻敌和骄横思想。

项梁起东阿，西（北）〔比〕至定陶，再破秦军，项羽等又斩李由，益轻秦，有骄色。宋义乃谏项梁曰："战胜而将骄卒惰者败。今卒少惰矣，秦兵日益，臣为君畏之。"项梁弗听。乃使宋义使于齐。道遇齐使者高陵君显，曰："公将见武信君乎？"曰："然。"曰："臣论武信君军必败。公徐行即免死，疾行则及祸。"秦果悉起兵益章邯，击楚军，大破之定陶，项梁死。

其次是不该杀宋义等人。项氏叔侄未听宋义言，直接导致了项梁的死，这不能不说是一种悲哀。常言道："骄兵必败。"然而项氏叔侄连这个简单的道理都不懂，可谓是愚蠢至极。

初，宋义所遇齐使者高陵君显在楚军，见楚王曰："宋义论武信君之军必败，居数日，军果败。兵未战而先见败征，此可谓知兵矣。"王召宋义与计事而大说之，因置以为上将军；项羽为鲁公，为次将，范增为末将，救赵。诸别将皆属宋义，号为卿子冠军。行至安阳，留四十六日不进。项羽曰："吾闻秦军围赵王钜鹿，疾引兵渡河，楚击其外，赵应其内，破秦军必矣。"宋义曰："不然。夫搏牛之虻不可以破虮虱。今秦攻赵，战胜则兵罢，我承其敝；不胜，则我引兵鼓行而西，必举秦矣。故不如先斗秦赵。夫被坚执锐，义不如公；坐而运策，公不如义。"因下令军中曰："猛如虎，很如羊，贪如狼，强不可使者，皆斩之。"乃遣其子宋襄相齐，身送之至无盐，饮酒高会。天寒大雨，士卒冻饥。项羽曰："将戮力而攻秦，久留不行。今岁饥民贫，士卒食芋菽，军无见粮，乃饮酒高会，不引兵渡河因赵食，与赵并力攻秦，乃曰'承其敝'。夫以秦之强，攻新造之赵，其势必举赵。赵举而秦强，何敝之承！且国兵新破，王坐不安席，埽境内而专属于将军，国家安危，在此一举。今不恤士卒而徇其私，非社稷之臣。"项羽晨朝上将军宋义，即其帐中斩宋义头……

宋义之言固然有其局限性，但就当当时天下未定来说，宋义之言亦有一定可取之处，且宋义谋略颇深，这是项羽此类粗人所不能看懂的，因而杀了宋义，项羽身边又少了一个高参，期以后的道路亦更加艰难。而在无谋士可用的情况下，项羽只能找账下军吏议事：

> 章邯使人见项羽，欲约。项羽召军吏谋曰："粮少，欲听其约。"军吏皆曰："善"。项羽乃与期洹水南殷虚上。

此类雕虫小技，项羽亦不能决断，足见其谋略肤浅。而军中无谋臣，项羽后来犯下了更大的错误：

> 到新安。诸侯吏卒异时故繇使屯戍过秦中，秦中吏卒遇之多无状，及秦军降诸侯，诸侯吏卒乘胜多奴虏使之，轻折辱秦吏卒。秦吏卒多窃言曰："章将军等诈吾属降诸侯，今能入关破秦，大善；即不能，诸侯虏吾属而东，秦必尽诛吾父母妻子。"诸将微闻其计，以告项羽。项羽乃召黥布、蒲将军计曰："秦吏卒尚众，其心不服，至关中不听，事必危，不如击杀之，而独与章邯、长史欣、都尉翳入秦。"于是楚军夜击坑秦卒二十余万人新安城南。

这可谓是惨无人道，可见项羽头脑简单到如此程度，令人瞠目。这也大大削弱了自己的力量。

其三是不应该气走亚父范增。

> 当是时，项羽兵四十万，在新丰鸿门，沛公兵十万，在霸上。范增说项羽曰："沛公居山东时，贪于财货，好美姬。今入关，财物无所取，妇女无所幸，此其志不在小。吾令人望其气，皆为龙虎，成五采，此天子气也。急击勿失。"
> 范增数目项王，举所佩玉玦以示之者三，项王默然不应。

然而对鸿门宴这样极好的机会，各种说语又使项羽陷入迷茫之中，乃至于对亚父范增"举所佩玉玦以示之者三""默然不应"，以致坐失良机，留下大患。其实后面还有一次机会：

> 居数日，项羽引兵西屠咸阳，杀秦降王子婴，烧秦宫室，火三月不灭；收其货宝妇女而东。人或说项王曰："关中阻山河四塞，地肥饶，可都以霸。"项王见秦宫室皆以烧残破，又心怀思欲东归，曰："富贵不归故乡，如衣绣夜行，谁知之者！"说者曰："人言楚人沐猴而冠耳，果然。"项王闻之，烹说者。

又是"烹说者"，且不说其残忍如何，而后谁还敢为其出谋划策？后来被陈平离间，怀疑亚父范增"与汉有私"，随后范增辞归而病死于途中。

在此比较中，我们已能看出司马迁的隐喻所在。当然，司马迁作为一个史官，他在行文中要尽可能做到"客观""公正"。而就是在这言辞的"客观"

"公正"中，就有了门道，也就是文本的隐喻所在。从历史的角度来看，"虽然过去是由人类当事人在过去的所做、所想或所写组成，而且知道过去没有超人的当事人，但历史学家的观点往往既创造也探究过去，过去是缺乏内在意义的"①。因而，历史本身就是某种隐喻的存在，这种隐喻需要历史学家去探究。探究历史，赋予历史以意义，这又是新的隐喻，因为"历史过程中隐藏着意义，即使历史当事人自己没有或未曾意识到它。就如行为有意义，因为它们是为了达到一定的目标而实施的，在其总体性上历史过程也是达到一定目标的工具，这个目标是绝对精神或无阶级的社会"②。项羽没有固化的面孔，刘邦也没有固化的面孔，我们只知道历史上项羽是失败者，刘邦是胜利者，仅此而已。我们得识项羽和刘邦，最主要的途径便是《史记》，所以司马迁是项羽和刘邦最完整形象的塑造者，而历史形成的过程，便是隐喻的过程。是隐喻把历史从未知带向了已知。而"'对于问题的真相是这样的，在每个讲故事者的各种面具背后没有可查明的面孔，他是历史学家、诗人、小说家或神话创造者，这是创造。'过去没有面孔，我们拥有的全部都是历史学家制造的面具"③，这就是历史，这就是《史记》。在对项羽和刘邦的对比过程中，我们不难看出项羽人性最大的弱点就是自以为是、刚愎自用，而项羽人性最大的优点则是知人善用、谦和礼让，虽然对两个人的表现在《项羽本纪》和《高祖本纪》中互有交叉，然而却各有侧重和简繁，在一种鲜明的对比中，司马迁赋予历史以意义，而且形成不平衡之隐喻意义是在历史推进的过程中逐渐显现的。对于项羽，司马迁不仅动用了历史"演义"的手法、文学的手法，而且还采用了行为的、心里的、侧面表现等多种手法。而刘邦历数项羽的"十大罪状"，可谓是一针见血，人木三分：

> 楚汉久相持未决，于壮苦军旅，老弱罢转饷。汉王项羽相与临广武之间而语。项羽欲与汉王独身挑战。汉王数项羽曰："始与项羽俱受命怀王，曰先入定关中者王之，项羽负约，王我于蜀汉，罪一。项羽矫杀卿子冠军而自尊，罪二。项羽已救赵，当还报，而擅劫诸侯兵入关，罪三。怀王约入秦无暴掠，项羽烧秦宫室，掘始皇帝冢，私收其财物，罪四。又强杀秦降王子婴，罪五。诈坑秦子弟新安二十万，王其将，罪六。项羽皆王诸将善地，而徙逐故主，令臣下争叛逆，罪七。项羽出逐义帝彭城，自都之，夺韩王地，并王梁楚，多自予，罪八。项羽使人阴弑义帝江南，罪九。夫为人臣而弑其主，杀已降，为政不平，主约不信，天下所不容，大逆无

---

① ［荷］F.R. 安克施密特：《历史与转义：隐喻的兴衰》，韩震译，北京出版社出版集团、文津出版社 2005 版，第 122 页。
② ［荷］F.R. 安克施密特：《历史与转义：隐喻的兴衰》，韩震译，北京出版社出版集团、文津出版社 2005 版，第 123 页。
③ ［荷］F.R. 安克施密特：《历史与转义：隐喻的兴衰》，韩震译，北京出版社出版集团、文津出版社 2005 版，第 123 页。

道，罪十也。

同样，刘邦与高起、王陵的对话，也正是刘邦最终拥有天下的真正原因：

> 高祖置酒洛阳南宫。高祖曰："列诸侯将无敢隐朕，皆言其情。吾所以有天下者何？项氏之所以失天下者何？"高起、王陵对曰："陛下慢而侮人，项羽仁而爱人。然陛下使人攻城略地，所降下者因以予之，与天下同利也。项羽妒贤嫉能，有功者害之，贤者疑之，战胜而不予人功，得地而不予人利，此所以失天下也。"高祖曰："公知其一，未知其二。夫运筹策帷帐之中，决胜于千里之外，吾不如子房。镇国家，抚百姓，给馈饷，不绝粮道，吾不如萧何。连百万之军，战必胜，攻必取，吾不如韩信。此三者，皆人杰也，吾能用之，此吾所以取天下也。项羽有一范增而不能用，此其所以为我擒也。"

张良、萧何、韩信，其实还有很多，刘邦都能对这些人才善待、善用；而项羽斩杀足智多谋的宋义、气死亚父范增、烹杀说者，最后身边无疑谋士。这种对比本身就是一种隐喻的方式，胜败不言自明。

《史记》笑的艺术论

＊本文作者魏耕原。西安文理学院文学院特聘教授。

《史记》原本属于历史悲剧的记述，其中充斥"哭"与"泣"应是题中应有之义，所以"哭"字用了 63 次，"泣"字用了 89 次，我们曾有讨论①。哭与笑原本是对立的，悲剧色彩极强。《史记》的"笑"肯定不会多于"哭"，然一经查寻，不料"笑"字用了 143 次②，仅仅次于"哭"与"泣"的总和，而且"笑"用得别有风味，可以焕发笑的艺术的光彩。对于叙述历史事件与刻画人物性格与心理有极大作用，特别是尚奇的审美趋向，得到了多方面的发展。

一、在笑声中叙述历史

现代的历史书主要记事，几乎没有人物的对话，更不会看到历史人物的哭与笑。即就是纪传体的"正史"，没有一本史书载述人物的对话多于《史记》。司马迁心目中的《史记》是以人物为中心，这是不同于《尚书》《左传》《国语》以及《战国策》。然记言是先秦史著的显著特点，《史记》继承发扬这一传统，在一部分"本纪""世家"，甚至还包括"表"，特别是"列传"，大量地记述了历史人物的喜怒哀乐，以对话刻画人物，尤为人盛称。笑和哭最能宣泄人的感情，其中的"哭"使人悲戚，也使人发笑，因在他手中是批判邪恶与卑鄙的利器；他笔下的"笑"，也使人开怀同欣，也同样是讽刺的投枪与匕首。"笑"在他来说，是历史的闪光焦点，放射出形形色色异样纷呈的光彩。比起哭来，司空见惯的笑更能多方面地展现司马迁丰富多彩的艺术光华与才能。笑的艺术使《史记》显示出异样的风光，这也是同班固《汉书》风采不同的一个方面③。

《史记》在记述历史事件时，有时在一段简略的记述中，却连续使用"笑"

---

① 拙文题目原为《哭在〈史记〉》，题目是受王蒙先生《雨在义山》的启发。李商隐诗朦胧，很喜欢用"雨"发抒情爱的苦闷，这或许是受了杜甫在夔州诗有许多雨诗的影响。然用意各别。不料被编辑改为《〈史记〉中的哭》，虽少却耐人寻味的含蓄，但也明了。见《渭南师院学报》2015 年第 15 期。

② 李晓光、李波：《史记索引》，北京：中国广播电视出版社 1989 年版，第 1331 页。

③ 《汉书》80 多万字，"笑"字出现了 102 次，《史记》比《汉书》少了 30 万字，"笑"字比《汉书》却多用了 41 次。

字，如《周本纪》说到周宣王崩，其子幽王宠幸褒姒，生子伯服，而废申后及太子宜臼，以褒姒为后，伯服为太子。然褒姒并不显得高兴：

> 褒姒不好笑，幽王欲其笑，万方故不笑①。幽王为烽燧大鼓，有寇至则举烽火。诸侯悉至，至而无寇，褒姒乃大笑。幽王说之，为数举烽火。其后不信，诸侯益亦不至。

"褒姒不好笑"，或者"为人不好笑"，似乎与性不喜笑有关。然观此段上文，褒姒有一段神奇经历，实际上西周因她而东迁，后人杜撰离奇的故事，说是龙的涎沫"漦"流使宣王宫女怀孕，生女而弃之，被路过之夫妇收养。宣王据宫中歌谣要抓捕这一对夫妇，他们只好逃到褒国。后来褒君有罪，就把收养的弃女进献幽王。"弃女子出于褒，是为褒姒"。她任人摆布，视幽王为仇敌，固"不好笑"。尽管幽王"悦之万方"，使尽各种招儿，她还是"不笑"。所以"幽王为烽燧大鼓"——这当然是她提出"笑"的条件——幽王这才燃起烽火鼓起大鼓，以谎报敌人来犯的警报，这才博得"褒姒乃大笑"。褒姒何以有如此奇癖，这又有什么值得可笑的呢？正如论者所言："此何以足笑，良是夙孽！"② 她要以她的方式——"粉红色的炸弹"——毁掉西周。结果申侯联合缯国、西夷攻击幽王。"幽王举烽火征兵，兵莫至。遂杀幽王骊山下，虏褒姒，尽取周赂而去。于是诸侯乃即申侯而共立故幽王太子宜臼，是为平王，以奉周祀。平王立，东迁于雒邑，辟戎寇"。自此周氏衰微，诸侯强大，政由方伯。烽火戏诸侯导致幽王送命与西周的结束。而这一小段61字，连续用了四个"笑"字：有叙述，有心理描写，有情节转折，最后还有描写。然文字冷淡，几乎不动声色，看不出叙述者情感的流露。却调动了乐以使用的反复，让"关键词"——笑，频频跳动在字里行间，这是对昏庸荒唐的周幽王的讽刺与讥嘲，也是以冷笑对亡国又亡身者的鞭挞。至于后来把褒姒看作"祸水"，这节文字似乎看不出如此端倪。

明人钱福说："齐妃笑跛而郤克师兴，赵姜笑躄而平原客散，幽王举火戏诸侯，以发褒姒一笑，而诸侯叛。自古妇人一笑虽微，而殆无穷之祸，人岂可以笑为轻而不致谨哉！"③ 把亡国亡身的"无穷之祸"都集矢于"妇人一笑"，起码是对褒姒的误解。所说的"齐妃笑跛"与"赵姜笑躄"分别见于《齐太公世家》与《平原君虞卿列传》。前者说在齐倾公六年："晋使郤克于齐，齐使夫人帷中而观之。郤克上，夫人笑之。郤克曰：'不是报，不复涉河！'归，请伐

---

① 1959年中华书局由顾颉刚标点《史记》，把"万方"属于上句，即"幽王欲其笑万方"，"万方"犹言万端，谓采取了各种手段，而"笑万方"不能成语，扞格不通。《太平御览》卷八十五首句"褒姒"下有"为人"二字，"万方"上有"悦之"。"悦之万方"即用各种方法讨她喜欢。参见王叔岷：《史记斠证》卷四，北京：中华书局2007年版，第148－149页。

② 程馀庆：《历代名家评注史记集说》，西安：三秦出版社2001年版，第58－59页。

③ 程馀庆：《历代名家评注史记集说》，西安：三秦出版社2001年版，第59页。

齐，晋侯弗许。齐使至晋，郤克执齐使者四人河内，杀之。"以后郤克总要设法报一笑之耻，直到顷公十年，齐伐鲁、卫，鲁、卫大夫到晋求援，就通过郤克才能使晋国出兵，于是就发生了晋与齐之鞌之战，晋国的统帅就是郤克。晋胜，"齐侯请以宝器谢，不听，必得笑克者萧桐叔子，令齐东亩"。鞌之战是晋国想恢复昔日文公的霸主地位，郤克不过借助了这次出兵的机会。前后两"笑"字事隔十年，所采用的顺序，中间又隔了近 300 字，只是起了遥相呼应的作用。因属世家编年体，记述亦为疏略：齐侯"使夫人帷中而观之"，"郤克上，夫人笑之"，其间的原因很难看清。因撮述之《左传》原本也没有叙写明白。《左传》记此为鲁宣公十七年，即齐顷公七年，《史记》则提前了一年。《公羊传》与《谷梁传》所记至微，后者说："季孙行父秃，晋郤克眇，卫孙良夫跛，曹公子手偻（驼背），同时而聘于齐。齐使秃者御秃者，使眇者御眇者，使跛者御跛者，使偻者御偻者。萧同侄子处台上而笑之，闻于客。"就很清楚说明，齐顷公心里卑微无聊到一种恶作剧。且如果"郤克眇"，远距离遥看的齐君之母怎能看出"眇"来？所以，《史记·晋世家》又说："使郤克于齐。齐顷公母从楼上观而笑之。所以然者，郤克偻，而鲁使蹇，卫使眇，故齐亦令人如之以导客。"这就涣然冰释，驼背与跛者上台阶自然吃劲不自在，这也是郤克特别感到羞辱恼怒而发誓报复的原因。《史记》两世家详略不同而可以互见，这也是《齐世家》简略的原因。

再看《平原君虞卿列传》"赵妾笑躄"的故事：

> 平原君家楼临民家。民家有躄者，槃散行汲。平原君美人居楼上，临见，大笑之。明日，躄者至平原君门，请曰："臣闻君之喜士，士不远千里而至者，以君能贵士而贱妾也。臣不幸有罢癃之病，而君之俊宫临而笑臣，臣愿得笑臣者头。"平原君笑应曰："诺。"躄者去，平原君笑曰："观此竖子，乃欲以一笑之故杀吾美人，不亦甚乎！"终不杀。

如此记述颇符合世态人情。然下接云："居岁余，宾客门下舍人稍稍引去者过半。平原君怪之，曰：'胜所以待诸君者未尝敢失礼，而去者何多也？'门下一人前对曰：'以君之不杀笑躄者，以君为爱色而贱士，士即去耳。'于是平原君乃斩笑躄者美人头，自造门进躄者，因谢焉。其后门下乃复稍稍来。"这一大转折就很带有"故事"性，似乎未免失实，然而下文又说："是时齐有孟尝，魏有信陵，楚有春申，故争相倾以待士。"这样看，似乎"杀笑躄者"就似乎不像是为了渲染而出于纯粹的杜撰。

而且在《孟尝君列传》里也有近乎同类的杀人事件："孟尝君过赵，赵平原君客之。赵人闻孟尝君贤，出观之，皆笑曰：'始以薛公为魁然也，今视之，乃眇小丈夫耳。'孟尝君闻之，怒。客与俱者下，斫击杀数百人，遂灭一县以去。"赵之平原君为争揽门客杀了自家美人，已够惊讶！而齐之孟尝君居然同样因一笑而杀了赵国"数百人"，还"遂灭一县"，居然在他国如此肆无忌惮，而赵国又无任何反应，这就真让人不解！梁玉绳说："邵氏《疑问》曰：'孟尝声闻诸侯，倾天下士，"眇小"一语，何至杀人灭县乎！'"① 而且用了"斫击杀"连续三个残酷的动词，"数百人"一刹那间便血肉横飞，这和赵人"皆笑"构成多么强烈的对比！

而平原君"杀笑躄者"，前后用了八个"笑"字，轻松的"笑"字却引发了血淋淋的结果，真可谓奇事。而文亦奇也，一连串的"笑"盘旋期间，有不由自主的笑，又让人发怵的"得笑者头"，有不以为然的"平原君笑应"与"笑曰"，有理智"以一笑"而杀人的质疑，也有因"不杀笑躄"为爱色而贱士的犹豫，还有"乃斩笑躄者美人头"而"自造门进躄者"的冷酷呼应。先是写得可笑，有转折到颤栗笑不出来。就叙事来看，故事的起因、矛盾、转折、结局写得摇曳生姿。清人徐与乔说此篇："写得生气勃然，使千载下、赫赫若当时情事，乃其传声像形，则在重沓用字、复句回顾间。"② 其中"毛遂自荐"就最具如此特点，其中"复句回顾"见于对话，而"重沓用字"则间见对话与叙述。而此节的"笑"亦复如是，再加上不杀美人"宾客门下舍人稍稍引去者过半"，使前面八个"笑"愈加活动起来。

有时把"笑"与"泣"对比起来，"笑"字显得更耐人寻味。《齐太公世家》说齐景公三十二年，彗星出现，景公忧虑而叹："堂堂，谁有此乎？"说是谁能赶上这样的倒霉。于是：

> 群臣皆泣，晏子笑，公怒。

三种差异悬殊的情态，"泣"与"笑"对比得又极为强烈，而"公怒"又把气氛一下激化起来。于是："晏子曰：'臣笑群臣谀甚。'景公曰：'彗星出东北，当齐分野，寡人以为忧。'"景公的话看似与晏子的话搭不上边，实际上是说：我以此为忧，群臣因此"皆泣"，陪我同忧，你为什么偏偏还要"笑群臣谀甚"？就又引出一番讨论。

> 晏子曰："君高台深池，赋敛如弗得（不得满足），刑罚恐不胜（不尽），茀星将出，彗星何惧乎？"公曰："可禳否？"晏子曰："使神可祝而来，亦可禳而去也，百姓苦怨以万数，而君令一人禳之，安能胜众口乎？"

晏子说国君厚敛重刑，这样折腾下去，兆示祸害更大的茀星将出，至于彗星那有什么可怕的。这一方面指出不思巨祸将至而以小害为忧，这不仅不是为国君担忧，而且是贡谀献媚的行为。至于"可禳否"，晏子认为无论怎样祷告神是不会来的，所以禳是无用的。再则民怨沸腾，而以一人禳之，是堵不住千万人之口。最后用表示补叙"是时"指出：当时"景公好治宫室，聚狗马，奢侈，厚赋重刑"，再揭示出"故晏子以此谏之"。晏子如果直谏，好奢侈的景公是不

---

① 梁玉绳：《史记志疑》卷三十，商务印书馆 1937 年版，第 11 册第 1206 页。

② 徐与乔：《经史辨体·史部·平原君虞卿列传》。

会听进去的；他也不相信什么"星灾"，就他和景公开了个"很严肃的玩笑"，以智慧的警示方式表达薄赋轻刑的政见，所以他的"笑"，实际上是一种很巧妙的"笑谏"。《晏子春秋》记此则为"直谏"："君民处无节，衣服无度，不听正谏，具事无已，赋敛无厌，使民如将不胜，万民恶怨。茀星又将见梦，宁独彗星乎！"司马迁把这种"正谏"改作了"笑谏"，带有诱导式一层层深入，即吻合其人之多智，又和历史本身出入不大，而高于《晏子春秋》若许，同时也看到对"笑"字特别的喜爱，而且使用又变化有方。

二、相面与各种不同的笑

《史记》在记述历史人物时，常常以人物的琐屑小事刻画性格，为人物的个性予以铺垫。诸如项羽学书、剑不成而学兵法，见出缺乏韧性；李斯见厕鼠而思仓鼠，显示出热衷富贵的本性；张汤掠鼠审劾，揭示出为人刻峭之"宿根"；陈涉佣耕时的"鸿鹄之志"叹息，亮出了要做一番大事业的雄心，而视人为"燕雀"又埋伏了骄横的个性；张良"圯上受书"的磨炼，使他由暗杀的冒险者而成为以柔克刚的道家智慧的典范。而且《史记》里好几个人物还写到了早年的相面，预占未来，到后来都一一兑现，而这些灵验的又都与"笑"连接在一起，每个故事都显得生动异常。

绛侯周勃的儿子周亚夫，其先于父卒代为侯，因杀人而除国。亚夫未出仕之先，"许负相之：'君后三岁而侯。侯八岁为将相，持国秉，贵重矣，于人臣无两。其后九岁而君饿死。'亚夫笑曰：'臣之兄已代父侯矣，有如卒，子当代，亚夫何说侯乎？然既已贵如负言，又何说饿死？指示我。'许负指其口曰：'有从理入口，此饿死法也。'"亚夫不相信，所以以"笑"表示不可信：一是其兄已代为侯，即就是兄过世，侄子当代为侯，他自己就谈不上侯不侯；二是假使果如其言，既为侯为什么能饿死？所以感到莫名其妙，要相面者"指示我"——给他说个清楚。相面者据司马贞《史记索引》所引应劭语，说是"老妪"，又引姚氏按语："《楚汉春秋》高祖封负为鸣雌亭侯。"一妇人能封侯，可见不是平凡人，亦见对当时时事有所熟悉。至于"三岁、八岁、九岁，历历如见，数语遂了亚夫一生"[1]，这当然据当时封废侯国情况的推测。所谓"从理"，《崇隐》谓读"从"为"纵"，又说"从理，横理"。纵向纹理，何以就是横纹，我不明白，以待高明。而既然横纹入口，也就是堵住了嘴巴吃不成饭，这是从面相推出的政治预言。

后三年，其兄有罪，选择周亚夫续侯，以太尉平定吴楚之乱，"五岁，迁为丞相，景帝甚重之"。因抗阻景帝废栗太子，由此被疏。又因反对王皇后之

---

[1] 程馀庆：《历代名家评注史记集说》，高益荣等标点，西安：三秦出版社 2011 年版，第 3 册，781 页。

兄封侯，处处与景帝格格不入，他只好推说有病而被免相。景帝还不解心，召他赐食却不给他筷子，恨恨地说他"此怏怏者非少主臣也"，说他是个不放心臣子。不久，其子为他置办甲楯五百具，一时无钱付给官方，就上告其子"盗卖"天子之物，牵连亚夫，法官审问，他不回答。景帝骂之曰："吾不用也。"想把他处死。让延尉以"纵不反地上，即欲反地下"定罪，亚夫怒怨绝食呕血而死。

亚夫的升迁与饿死遭遇，一一与许负之言相符。由此看来司马迁很信相面，有些迷信。实则是对《左传》占卜、梦验、预言皆为兑现的"借神设教"的手段，施之笔端。而这些文字神乎离奇，又确实昭示了选择材料与审美之尚奇的特征。所记亚夫事，不在于对相面相信与否，而是借此指示景帝是多么忌刻，以致于戮辱亚夫于死。正如方孝孺所说："彼景帝私刻忍人也！欲封其后之兄，而亚夫不从，其心固有杀亚夫之端矣，特未得其名耳。及降王而不封，其怒宜愈甚，特无以屈其说，故忍而未发。官甲盾之告，景帝方幸其有名以诛之，遂卒置之于死。求其所为事，确乎有大臣之封，景帝罪之者私恨也，为史者宜有以明之。"① 这正是周亚夫的"笑曰"的疑问，所引起的大疑问：为将相何饿死？"笑"于此起了引而不发的作用，牵动起他变幻不定的一生。至于"太史公曰"所批评"守节不逊，终以穷困"，颇有几分皮里阳秋意味，指窗子给门说，与其说是责备亚夫，还不如说景帝把一个"守节"大臣，搞到"终以穷困的地步"！"不逊"的应是景帝。司马迁是这样写这位刻薄皇帝：

> 景帝局禁中，召条侯，赐食。独置大胾（大块肉），又不置櫡。条侯心不平，顾谓尚席（主席者）取櫡。景帝视而笑曰："此不足君所乎？"条侯免冠谢。上起，条侯因趋出。景帝以目送之，曰："此怏怏者非少主臣也！"

赏臣子食，上的却是大块肉，偏偏又不放下筷子，这不是故意出人洋相，给人难堪。憨直的周亚夫以为忘记放筷子，"景帝视而笑曰"简直如猎人视猎物掉入陷阱，一"笑"字，露出无尽嘲弄，得意之情见于言外。所谓"此不足君所乎"——这难道不能满足你的希望吗？一怀怨怒之气出之嘲笑，阴狠刻毒浸透每一个字眼。所谓"此怏怏者非少主臣也"，看着帮自己平定吴楚之乱的大将军又是今时之宰相，恨得牙痒痒的，连索要筷子的"怏怏"都难以容忍，决心置国之重臣于死地，却说是"非少主臣也"——将来幼主驾驭不了——这不是非置人于死地不可？景帝的"笑"充斥一片杀机，而给周亚夫早年疑问的"笑"判处了你死定了的答案，景帝待大臣如姑嫂斗仗，刁钻无赖，刻薄忌恨，这不是"无逊"至极吗？至于司马迁说他"足已而不学，守节而不逊，忠以穷困。悲夫！"当是谓面对如此"足已""不逊"的景帝而不知保护自己，所以只

---

① 方孝孺：《条侯传论》，见《逊志斋集》卷五。

能有悲剧的结局，这又怎能不使司马迁"悲夫"！

英布在相面后发笑，却和周亚夫相反。《黥布列传》说：

> （英布）秦时为布衣。少年，有客相之曰："当刑而王。"及壮，坐法
> 黥。布欣然笑曰："人相我当刑而王，几是乎？"人有闻者，共俳笑（嘲
> 笑）之。

相者谓周勃先侯而后饿死，英布则是"当刑而王"。周之先福后祸与英布先祸后福，截然相反。周勃出身"富二代"，故对当侯而饿死有疑问。布衣英布对"当刑而侯"觉得当刑即然"灵验"了，而"封王"自然不是空话，所以他的"笑"那么"欣然"，只有自信而无迟疑。后来英布被逼起兵造反，年届晚年的刘邦只好亲自出马，见"布兵精甚"，"望布军置陈如项籍军，上恶之。与布相望见，遥谓布曰：'何苦而反？'布曰：'欲为帝耳。'上怒骂之，遂大战。"英布之反，是出于刘邦忌害功臣的逼迫，正如夏侯婴门客故楚令薛公所言："往年杀彭越，前年杀韩信，此三人者，同功一体之人也。自疑祸及身，故反耳。"而英布临阵对刘邦所说的"欲为帝耳"，只是一句笑骂话。英布出身刑徒，属于一介草莽，并无像陈涉欲为大事的"鸿鹄"之志。亦如薛公所言："布故骊山之徒也，自致万乘之主，此皆为身，不顾后为百姓万世虑者也。"也就是说他并没有与刘邦争当天子的野心，因被刘邦逼得无奈，只好用刘邦当年"大丈夫当如此也"的语意，径直说"欲为帝耳"，只不过以其人之言回骂其身而已，也不过是一句笑骂，因而惹激刘邦"怒骂之"。这节文字由"望布君"一长句领下八个短句，甚至在"布曰"中，硬是省掉一个"笑"字，不，分明让读者已闻听到其间的笑骂声。"意到而笔不到"，语少意长，原本即为史公所擅长[1]。比如英布自信"当刑而王"，而"人有闻者，共俳笑之"，不仅与英布的"欣然笑曰"形成对比，烘托出草莽英雄未得志前的过人英气，也引出以下一篇文字。《卫将军骠骑列传》卫青之笑，却与英布相反：

> 青为侯家人，少时归其父，其父使牧羊。先母之子皆奴畜之，不以为
> 兄弟数。青尝从入甘泉居室，有一钳徒相青曰："贵人也，官至封侯。"青
> 笑曰："人奴之生，得毋笞骂即足矣，安得封侯事乎！"

卫青出身奴隶，身处汉家第五代的盛世，不会有大起大伏的机会，所以觉得与"贵人"沾不上边，也绝不会"官至封侯"，所以他的"笑"属于自嘲。英布身遇秦乱，人皆思反，故虽为刑徒而相信"当刑而王"的机遇。而卫青正是凭借太平时外戚势盛的机会，才展现了自己才能。

《范睢蔡泽列传》中的蔡传一开头就推出相面中的"笑"，文字飞扬，颇值一观：

---

① 牛运震：《史记评注》曾多次指出，《史记》叙事"意到而笔不到""节短而韵甚长""句少意多，《史记》最长于此笔"。分别见于第229、236、225页。

　　　蔡泽者，燕人也。游学干诸侯小大甚众，不遇。而从唐举相，曰：
"吾闻先生相李兑，曰'百日之内持国秉'，有之乎?"曰："有之。"曰：
"若臣者何如?"唐举熟视而笑曰："先生曷鼻（鼻孔朝天），巨肩，魋颜，
蹙齃，膝挛。吾闻圣人不相，殆先生乎?"蔡泽知唐举戏之，乃曰："富贵
吾所自有，吾所不知者寿也，愿闻之。"唐举曰："先生之寿，从今以往者
四十三岁。"蔡泽笑谢而去，谓其御者曰："吾持梁刺齿肥，跃马疾驱，怀
黄金之印，结紫绶于要（腰），揖让人主之前，食肉富贵，四十三年
足矣!"

蔡泽其貌不扬：鼻如蝎而翘起，头低而肩耸，额头硕宽，而且鼻子蹙近眉间，
两膝拳曲不直，生理有很多缺陷，一看就是一残疾人，唐举无法给他相面，只
好"熟视"之，——想了一阵才说一句婉拒的话"圣人不相"。这句好听话蔡
泽自然不信，仍要求不看富贵看寿数。对于富贵蔡泽绝然自信，至于寿数则为
未知。蔡泽原本想预知几月内"持国柄"，唐举看他残疾不会成事而谢绝。至
于活的岁数，唐举可以给他个大数字。蔡泽"干诸侯小大甚众"，起码在而立
之年，若再加 43 年，至少超过了古稀之年，所以"笑"而"谢去"。

　　这段文字把相面写的有声有色，有景有态，这是有雄心有追求者与聪明人
的对话。"熟视"不仅把相貌特殊的蔡泽置于眼前，而且唐举的踌躇的心理活
动也抖出来了。光景活灵活现。而蔡泽"有之乎""若臣者何如"，热衷发迹的
迫切情态亦跃然纸上。唐举瞧他这般令人发笑模样，还问何日可持国秉，只好
把他端详了再端详——不知怎么回答，只好以好听话虚与委蛇。饥不择食的蔡
泽不依不了，不问官运问寿命，讨了个喜彩，这才有了满足的一"笑"，又引
发出"食肉富贵"可得的壮浪气色的豪语。浓墨重 如一支"富贵曲"，扬扬得
意的自信亦跃然纸上。把一次相面写得波浪起伏，引人入胜；人物性格栩栩如
生而呼之欲出。特别是唐、蔡的两笑，不同声色，不同心理，既相互映衬，又
互成对比，荡漾出若许机趣。至于蔡泽究竟活了多少岁，本传只说他"此后入
秦十余年事昭王、孝王、庄襄王，卒事始皇帝，为秦使于燕，三年而燕使太子
丹入质于秦"，前后凡 24 年①。以后再无记载，可见唐举所言 43 年并不灵验，
司马迁相信相面与否，也就不言而喻。

　　《史记》接二连三的记述相面，有相面引发的频频的"笑"。这些笑出于不
同人物，而又以不同的笑展示不同性格，并非是对相面有特殊的兴趣。蔡泽事
见于《战国策·秦策三》，并无相面一事，可能为史公所增饰，且《战国策》
并无唐举其人。而增叙蔡泽相面，确实看出"多爱""尚奇"（扬雄语），然所
述相面是为了"突出伟烈奇节士"（《欧阳文忠公集》卷六五《桑怿转》语）的

────────────

　　①　郭嵩焘：《史记札记》卷三十说"居秦十余年"："'十'字必'廿'字。《史》仍《策》
误。不然，蔡泽带相在昭王五十二年，至始皇五年燕太子入质时，凡二十四年，泽为秦使燕，何
云'十余年'乎?"

性格。用司马迁话来说是为"俶傥非常之人"立传载述。如李广找王朔相命正是为了侧见间出李广不封并不在面相与杀俘上，而是别有他指，即汉武帝不重用之所在，也正是这些小小的相面情节，读来饶有风趣，也使他笔下的人物一个一个"活"了起来。

三、生死关键的笑与直面嘲笑

《史记》中人物在生死关头时，往往有许多笑，他不像相面中的"笑"那样轻松，而是沉重、豪迈，或者是临死时的一搏，特别笑对死亡，闪动生命的最美火花；或是因"笑"而获生。这些悲喜剧的笑，给人留下最深刻的印记。

吴越争霸时，伍子胥曾扶助吴王阖闾称霸，又助其子夫差大败越王勾践。夫差志得意满而伐齐，子胥谏而不听。越看吴政骄，以贷粟试探，子胥谏又不听，越乃私喜。子胥言曰："王不听谏，后三年吴其墟乎！"太宰嚭与子胥政见不和，进谗陷害："王不备伍员，员必为乱。"夫差始不信，"乃使子胥于齐，闻其托子于鲍氏，王乃大怒，曰：'伍员果欺寡人！'役反，使人赐子胥属镂剑以自杀。子胥大笑曰：

> 我令而父霸，我又立若，若初欲分吴国半予我，已，今若反以谗诛我。嗟乎，嗟乎，一人固不能独立！
>
> 又告使者："必取吾眼置吴门，以观越兵入也。"于是吴王"专任嚭政"，后吴被越击败，夫差"遂自杀。乃蔽其面，曰：'吾无面以见子胥也！'越王乃葬吴王诛宰嚭。"

子胥遭谗冤死，是春秋时影响深远的冤案。他扶助父子两代称霸一时，以分国之功而被逼死。面对死亡而"大笑"，无所畏惧，临死对夫差充斥不尽的怨愤与遗憾，其中五"我"字与四"若"字对比紧俏。而他的遗嘱"必取吾眼置吴门，以观越兵入也"，确为死不瞑目，忠心可鉴，是真正的"烈丈夫"！而夫差兵败自杀，"乃蔽其面"，而谓"吾无面以见子胥也！"悔之不及的忏悔，形成多么强烈的对比。这桩春秋最大的冤案，见于《越王勾践世家》。而在《伍子胥列传》临命自杀时是"仰天叹曰"，合而观之，他的"大笑"，是怒笑，也是怨愤的笑；是遗憾的笑——是活着不能"以观越寇之入吴也"的遗憾，也是讥笑夫差将要铸成亡国之祸的大笑，感情之愤激万端，刚烈之性格跃然纸上。

项羽兵败垓下"乃欲东渡吴江"，恰逢乌江亭长以船靠岸迎救，并言："江东虽小，地方千里，众数十万人，亦是王也。愿大王急渡。"而且还说："今独臣有船，汉军至，无以渡。"这是很鼓舞人心的话，真是绝处逢生，而且临危求生是人的本能，即就是不能东山再起，亦可以逃之夭夭。然而在这生死关头项王却"笑曰：'天之亡我，我何渡为！且籍与江东子弟八千人渡江而西，今无一人还，纵江东父兄怜而王我，我何面目见之？纵彼不言，籍独不愧于心乎？"这一笑很让人琢磨，是绝望，是自愧；是对天的怨恨，还是对人生再无留恋。是经不起惨败，还是不能包羞忍耻。引起千古以来的深长思之。唐人于季子说他"羞做渡江人"，杜牧《题乌江亭》说："胜败兵家事不期，包羞忍耻是男儿。江东子弟多才俊，卷土重来未可知。"胡曾《乌江》与杜牧相反："争帝图王势已倾，八千兵散楚歌声。乌江不是无船渡，耻向东吴再起兵。"而王安石《乌江亭》更引人深思："百战疲劳壮士哀，中原一败势难回。江东子弟今虽在，肯与君王卷土来？"他的"笑"与"不肯过江东"紧连，也可以说他带着笑走向死亡，引发后人种种猜想。

《刺客列传》叙荆轲刺秦时，秦王拔剑"断其左股。荆轲废，乃引其匕首提秦王，不中，中柱。秦王复击轲，被八创。轲自知事不就，倚柱而笑，箕踞以骂曰：'事所以不成者，乃欲以生劫之，必得约契以报太子也。'"刺秦事见《战国策·燕三》，确实也写得惊心动魄。《史记》只在个别处略有增动。看来，以史公如此大手笔，对此文异常喜爱。荆轲被砍断大腿，受伤八处，仍然"倚柱而笑，箕踞以骂"，这一"笑"一"骂"划穿了历史的长空，带着耀眼的光芒。一尊鲜血淋漓的躯体尚仍大笑大骂，英风烈气，震撼历史穿空。建安诗人，左思，连平静的陶渊明以及追踪者柳宗元，还有陈子昂、骆宾王、李白、陈子龙、何景明、顾炎武、袁枚，都有歌咏，还有不著明者，可谓不绝如缕。陶诗的"其人虽以没，千载有余情"，代表了千古以下的共同呼声。荆轲虽然是一个亡命的杀手，然却代表着扶弱抑强的精神与力量。特别是逼近死亡的笑骂，气贯长虹，声薄云天，而激励后世多少发愤图强的仁人志士！

此篇的"太史公曰"说："世言荆轲，……始公孙季功、董生与夏无且游，具知其事，为余道之如是。"依次，则"荆轲传"出之史公之手。吴见思说："而此文反若从《战国策》中改出，何也？岂《国策》既缺，而刘向之徒，撷史公之文以附益之与，请以俟博雅君子。"[1]方苞亦言："盖《国策》本记言之书，中间序事多者不过数语，而亦未有殊绝者。余少读《燕策·荆轲刺秦王》篇，怪其序事类太史公，秦以前无此，乃见《刺客传赞》，乃知太史公文也。彼自称得之公孙季功、董生所口道，则非《国策》之旧文决矣。"[2]

在觐见秦王，荆轲还有一笑："荆轲奉樊於期头函，而秦武阳奉地图匣，以次进。至陛下，秦武阳色变振恐，群臣怪之，荆轲顾笑武阳，前为谢曰：'北蕃蛮夷之鄙人，未尝见天子，故振慑，愿大王少假借之，使得毕使于前。'"秦武阳为燕国勇士，"年三十，杀人，人不敢忤视"。而在秦王面前"变色振恐"，大殿上森严气氛到了一触即发的爆炸程度，荆轲却回过头"顾笑"，是那样的坦然从容，"前谢"之词又是那样的不慌不忙，胆魄过人到了无所畏惧。

---

① 吴见思：《史记论文》，中华书局，第 6 册第 31 页。

② 方苞：《书刺客传后》，见《方望溪先生文集》卷二，牛运震《评注史记》亦持同样看法。

他的"笑",前后辉映,光芒四照,雄姿英发,如在眼前。

面对别人的嘲笑,对被笑者是一种非常刺激的考验,这也是刻画性格的一个火候。《淮阴侯列传》的胯下之辱是个非常著名的故事:"淮阴屠中少年有侮信者,曰:'若(你)虽长大,好带刀剑,中情怯耳。'众辱之曰:'信能死,刺我;不能死,出我袴下。'于是信孰视之,俛出袴下,蒲伏。一市人皆笑信,以为怯。"在众目睽睽的围观中,韩信对此无赖"孰视之",然后"俛出""蒲伏"从胯下爬出,惹得"一市人皆笑"。叙至此便戛然而止,至于韩信面对满街人以为胆怯的哄笑,却无一字的叙述。他面对"屠中少年"怕死不怕死的挑衅,经过"孰视之"而选择了"怕死",面对世人哄笑也就不值一哂。而在韩信为楚王时:

> 信至国,召所从食漂母,赐千金。召辱己之少年令出胯下者以为楚中尉。告诸将相曰:"此壮士也。方辱我时,我宁不能杀之邪?杀之无名,故忍而就于此。"

对于侮辱与嘲笑,韩信能忍辱包羞,不念旧恶,而且以恩报怨。这在结构上也是对胯下之辱的"一市之人皆笑"的回应。吴见思说:"'出胯下'辱矣,下益'蒲伏'二字,写胯下之状极其不堪,然上有'孰视之'三字,而信之筹划已定,岂孟浪哉?"又谓"告诸将相"语:"又独注一段,承明'孰视之'之心事。"①而"孰视之",亦正是不顾人笑的原因已伏根于此。而回报恩怨,亦是回波荡漾"点逗生色"(牛运震语)之处。

如果说韩信一饭千金,以中尉封屠中少年,是对昔日笑辱君子式的回报,那么,商人对言语间的轻辱,就自以为得意。《吕不韦列传》说:

> 子楚,秦诸庶孽孙,质于诸侯,车乘进用不饶,居处困,不得意。吕不韦贾邯郸,见而怜之,曰:"此奇货可居。"乃往见子楚,说曰:"吾能大子之门。"子楚笑曰:"且子大君之门,而乃大吾门!"吕不韦曰:"子不知也,吾门待子门而大。"子楚心知所谓,乃引与坐,深语。

吕不韦为"大贾人",以商人眼光看到落难子楚是一件"奇货"。所谓"居即蓄积,买蓄可获巨利",这笔大买卖做成可以获利无数。所以抓住"奇货可居"的机会,一见子楚,就胸有成竹地说"吾能大子之门",语气自负,而带以强助弱意味。而作为大国的王孙公子,虽处异国窘困而"不得意",然见到一商人说什么能广大自己的门户,很不以为意,故反唇相讥:你还是好好光大自己的门户吧,说什么"大吾门"!"且"与"而乃"顿挫中带有讥讽与轻蔑。特别是一"笑"字,把轻视侮辱的神气展现无遗。然而这对获利为目的的商人,就算不上侮辱,并未引发出任何的不快,反而借水放船:"子不知也,吾门待子门而大。"如此暗示,表示商人要与落难王孙干出一番大事业,但却表示也需

---

① 吴见思:《史记论文》,中华书局,第6册第56、63页。

要得到对方援手，才能予以对方之尊重协助。于是如此"等价交换"生意，就一拍即合，即"深语"密谋起来。"笑"在这里起了转折作用，是对"吾能大子之门"的否定。然吕不韦"吾门待子门而大"，以求联袂合作，虽为引诱却极坦率，因而消除了对方的轻视与顾虑。不以轻蔑为侮辱与商人的机警获得了成功。

如果说"此奇货可居"，以及下文为子楚入秦游说，而"念业已破家为子楚，欲以钓奇"，是"真贾人口味"，那么，子楚的"笑"语"且子大君之门，而乃大吾门"，就洞然是大国王孙的语气，此番对话加上一"笑"，"机锋甚妙，如见深警人对面抵掌之神"①。此处一"笑"与反复的五个"门"字，轻捷警敏中，几番顿挫，荡漾起层层涟漪。隐语性之对话，双方神态如在眼前。

有时非纯粹的嘲笑，却能引发哭泣而流涕，而焕发出读者也应包含作者更大嘲笑。袁盎为人正直敢言，不避重臣显宦。宦臣赵同（即赵谈，司马迁避父讳，改为"同"）因受宠幸，"常害袁盎，袁盎患之。盎兄子种为常侍骑，持节夹乘，说盎曰：'君与斗，廷辱之，使其毁不用。'"于是：

> 孝文帝出，赵同参乘，袁盎伏车前曰："臣闻天子所与共六尺舆者，皆天下豪英。今汉虽乏人，陛下独奈何与刀锯余人载！"于是上笑，下赵同。赵同泣下车。（《袁盎晁错列传》）

"刀锯余人"即受过手术处理的阉宦。袁盎以与天子同乘者应为"天下英豪"，"刀锯余人"没有此资格，应把他赶下车。袁盎引国之大体，说的慷慨激昂。汉文帝似乎觉得同乘一车是件小事，而说得这么严肃，虽然觉得讲得有些道理，于是不由自主地"笑"了起来，使赵谈下车。这与其说笑袁盎过于认真，不如说客观上在众多随从目睹中起到了对赵谈的嘲笑。可以想见观者都会露出惬意的微笑，也正是在如此尴尬的氛围中，赵谈委屈地"泣下车"，这会更招致大家心中一笑。袁盎的慷慨驱逐，文帝轻轻一笑，赵谈吞声抽泣，三种不同神态表情，相映生辉，叙述娓娓有声有态，旋转出浓浓的喜剧气氛，让人心中一快！

袁盎的话悍直无忌，随口直出，简劲有力，而"一'笑'一'泣'点缀俊雅，两'下'字，作两样写，尤妙"②。这又是一次"笑"与反复配合叙写生色处。

总上所论，不过就其落落大端，而见出司马迁对历史人物的"笑"，特别注目，而且和他最擅长的对比、反复，或长短句的结合，叙写出形形色色人物各种不同的"笑"。用艺术的手段描述笑者的感情与人格，在笑声中，把人物彼此的个性刻画生动尽致，当时情景历历在目。给一部宏大厚重的悲剧史添上一笔笔亮丽的色彩。由此可见作者很会把握描写人物的一笑一言，善于选择捕

---

① 牛运震：《史记评注》，魏耕原等标点，三秦出版社2011年版，第213页。
② 吴见思：《史记论文》，中华书局，第7册第9页。

捉司空见惯的笑所体现的丰富而具有个性特征的内涵。《史记》还有许许多多日常生活的笑，展现了丰富多彩的场景，诸如冷笑、怒笑、讪笑、乖笑、微笑，以及幽默的、放浪的、轻松的、解嘲的、豪爽的异彩纷呈的笑，而展现在历史大小事件的进程之中，这就得需有另文再予以关注。

《史记》写心学研究刍论

＊本文作者张学成。临沂大学沂蒙文化研究院暨文学院教授。

作为正史之首，毫无疑问，《史记》是一部严肃的历史著作。史书自然有史书的撰写规范，它首先要遵循实录的原则，因为史书的最大生命就是真实客观。那么史家叙事传人一定要讲究其来有自，必须建立在前代的档案文书、现有的书籍篇章以及有关人员的实地考察的基础上才能下笔，否则只能信口开河，闭门造车，就失去了存在的意义和价值。史家在为人物作传时，只能借助人物自身的言行和场合进行极为有限的议论生发，借此表现人物行为，刻画人物的性格。而对于历史著作的科学性，史官工作的客观性，从一般意义上来说应完全排斥作者依靠心理分析去写那完全看不到的人物内心生活。正因此，文学和史学才成为两个不同的学科。从这个角度说，史书应该尽量减少甚至杜绝人物心理活动。

一、写心古已有之

现在我们所接触到的心理、心理活动、心理描写等名词概念，都来自西方的话语体系，属于西方心理学的范畴。其实在我们古老的文化语境中早有更准确的说法，那就是"写心"。《诗经·小雅》之《裳裳者华》："裳裳者华，其叶湑兮。我觏之子，我心写兮。我心写兮，是以有誉处兮。"① 《蓼萧》："蓼彼萧斯，零露湑兮。既见君子，我心写兮。燕笑语兮，是以有誉处兮。"② 《说文解字注》释"写"："置物也。谓去此注彼也。曲礼曰：器之溉者不写，其余皆写。注云：写者，传已器中乃食之也。小雅曰：我心写兮。传云：轮写其心也。按凡倾吐曰写，故作字作画皆曰写。"③ 朱熹注曰："写，输写也……既见君子，则我心输写而无留恨矣。"④ 这与我们今天的描写、抒发之义有了一定的联系。有人说，"心"作为心脏而言，它指的是身体五脏器官之一——心脏，指的是人体中的一种生理结构，它跟心理、心理活动又有什么关系呢？但实际

---

① ［宋］朱熹：《诗集传》，上海：中华书局1958年版，第159页。
② 同上，第111页。
③ ［清］段玉裁：《说文解字注》，杭州：浙江古籍出版社1998年版，第340页。
④ ［宋］朱熹：《诗集传》，上海：中华书局1958年版，第111页。

上，此"心"非彼"心"，"心"绝非只是一生理学的术语。《素问·灵兰秘典论》曰："心者，生之本，神之变也。"心用来表示不可见的"神"的变化。《医宗金鉴》云："动物之心者，形若垂莲，中含天之所赋，虚灵不昧之灵性也。""天之所赋"，犹如人的精卵之合成，在"心"的概念中，已是包含了个体的生成和发展，乃至人之为人的道理。①

在中国传统文化中，"心"的含义非常广泛，可用来表示思想、情感、意识，乃至态度、性格和意志。《四书章句集注·大学》："心者，身之所主也……意者，心之所发也。"②《周易·系辞上》："二人同心，其利断金；同心之言，其臭如兰。"③《诗经·小雅》："他人有心，予忖度之。"心还被称为智慧之所，《管子·心术》："心也者，智之舍也，故曰宫。"④ 这样一来，"心"就具有了西方"心理学"的含义，它超越了"心脏"，同时也超越了"大脑"。心理与生理各具有完全不同的意义，情感既不是单纯的"心跳"，也不仅仅是肾上腺素的分泌或植物神经的波动；思想固然非心脏的作用，但也并非只是大脑皮层的神经联系。古人用"心"来表示人的灵性、人的智慧，表示人的心理、心灵与精神世界。

我们之所以提"写心"，因为"写心"不是一个新名词，在我们中国古已有之。班固《汉书》："吏见者皆输写心腹，无所隐匿，咸愿为用，僵仆无所避。"⑤"输写心腹"可简省理解为"写心"。《文心雕龙》多次提到"写心"的问题，《物色》篇云："是以诗人感物，联类不穷。流连万象之际，沉吟视听之区。写气图貌，既随物以宛转；属采附声，亦与心而徘徊。"⑥ 文学创作中作者之心与创作对象密切相关，在很多时候文学创作就是写心的过程。《序志》篇专门提到了"文心"的问题。"夫'文心'者，言为文之用心也。"⑦ "生也有涯，无涯惟智。逐物实难，凭性良易。傲岸泉石，咀嚼文义。文果载心，余心有寄。"⑧ "为文用心""文果载心"都是"写心"的大致情状。

魏晋时候，"写心"一词正式出现在文人的笔下。张华《答何劭》二首之一："是用感嘉贶，写心出中诚。发篇虽温丽，无乃违其情。"⑨ 向秀的《思旧赋》更是明确地提到，"伫驾言其将迈兮，故援翰以写心"⑩，这跟我们现代的

① 申荷永：《中国文化心理学心要》，北京：人民出版社 2002 年版，第 17 页。
② ［宋］朱熹：《四书章句集注》，北京：中华书局 1983 年版，第 3 页。
③ 黄寿祺、张善文：《周易译注》，上海：上海古籍出版社 1989 年版，第 543 页。
④ 黎翔凤：《管子校注》，北京：中华书局 2004 年版，第 770 页。
⑤ ［东汉］班固：《汉书》，北京：中华书局 1997 年版，第 3201 页。
⑥ 陆侃如、牟世金：《文心雕龙译注》，济南：齐鲁书社 1995 年版，第 549 页。
⑦ 同上，第 602 页。
⑧ 同上，第 611－612 页。
⑨ 李善：《文选》（卷二十四），北京：中华书局 1977 年版，第 343－344 页。
⑩ ［唐］房玄龄等：《晋书》（卷四十九），北京：中华书局 1974 年版，第 1375 页。

"写心"基本同义，《辞源》解释"写心"为抒发心意，举了这个例子①。陶渊明在《赠长沙公族祖》中写道："遥遥三湘，滔滔九江。山川阻远，行李时通。何以写心？贻此话言。进篑虽微，终焉为山。"② 由此开始，在后来的文学作品中，"写心"这个词经常出现。

李白《酬岑勋见寻，就元丹丘对酒相待，以诗见招》有诗句云："黄鹤东南来，寄书写心曲。"王琦引郑笺注曰："心曲，心之委曲也。"③ 苏轼《答李知府启》（又名《答李宝文启》）中云："轼倦游滋久，寤寐怀归。空咏甘棠之思，莫展维桑之敬。怅焉永望，言不写心。"④ 南宋的陈郁在《藏一话腴》感慨道："写照非画科比，盖写形不难，写心惟难。"⑤ 这里是说画画，描绘人的心灵非常之难，文学创作自然也需要写出人的心灵，正因为难能，所以才可贵。陈郁进一步论述道："盖写其形必传其神，传其神必写其心。"⑥ 人物画要想打动人，必须描绘传达出这个人的神态风貌才算成功，文学创作更重视写心，写心的最高要求就是活灵活现，栩栩如生，形神毕肖。从唐开始，"写心"这个词就开始高频出现，成为对一个人的内在心理、心情、思想、精神等的全面概括。

在中国古代文献中，"写意"堪称"写心"的孪生兄弟，"写意"出现得比较早也比较多。《战国策》卷十九《赵二》："故寡人以子之知虑为辩足以道人，危足以持难，忠可以写意，信可以远期。"⑦ 忠诚可以表露心意，守信可以长久不变。这跟文学写作有些距离，但也是内在心意的一种表达。陈后主《与詹事江总书》："遗迹余文，触目增泫。绝弦投笔，恒有酸恨。以卿同志，聊复叙怀。涕之无从，言不写意。"⑧ 此处之"写意"与"写心"几无区别。因后来"写意"变成了中国画的一种技法，写意俗称"粗笔"，与"工笔"相对，它是通过简练放纵的笔致着重表现描绘对象的意态风神的画法。所以，我们还是采用"写心"这个术语。"写心"与西方心理学体系中的心理活动大不相同，"写心"不等同于心理活动描写，它们之间的关系属于包含和被包含的关系，心理活动描写更具体，而写心包括了心理活动，从含义及外延来说更广泛，它还包括心情、心志、情感、思想等内容。中国的小说戏剧繁荣时间较晚，而且小说中直接"写心"的成分较少，因此，"写心"这个概念在诗文中出现较多。

总体而言，"写心"重在心理描写，有一定抒情意味。《尚书·尧典》云：

---

① 《辞源》，北京：商务印书馆1979年版，第862页。

② 袁行霈：《陶渊明集笺注》，北京：中华书局2003年版，第18页。

③ ［清］王琦：《李太白全集》，北京：中华书局1977年版，第889页。

④ 孔凡礼：《苏轼文集》，北京：中华书局1986年版，第1366页。

⑤ ［南宋］陈郁：《文渊阁四库全书》（外编卷下，藏一话腴，子部，杂家类），第865-569页。

⑥ 同上，第865-570页。

⑦ 何建章：《战国策注释》，北京：中华书局1990年版，第697页。

⑧ ［清］许梿选编，骆礼刚译：《六朝文絜全译》，贵阳：贵州人民出版社2005年版，第186页。

"诗言志，歌永言，声依永，律和声，八音克谐，无相夺伦，神人以和。"①
《诗大序》说："情动于中而行于言，言之不足故嗟叹之。"陆机在《文赋》中
说："诗缘情而绮靡，赋体物而浏亮。"《诗经·氓》就是非常成功的写心名篇，
"送子涉淇，至于顿丘。匪我愆期，子无良媒。将子无怒，秋以为期。乘彼垝
垣，以望复关。不见复关，泣涕涟涟。既见复关，载笑载言。尔卜尔筮，体无
咎言。尔车来，以我贿迁。桑之未落，其叶沃若。于嗟鸠兮，无食桑葚！于嗟
女兮，无与士耽！士之耽兮，犹可说也。女之耽兮，不可说也。"作者以女主
人公的口吻，写出了自己热恋、失恋到被抛弃的心路历程，同时巧妙地表现出
了追求、热恋、变心的全过程。《离骚》也是非常典型的写心言志的名篇。中
国古代大量的抒情诗都是写心的典范，成熟较早。就写心与写人的关系来说，
写心是非常重要的写人手段，在一定程度上甚至可以说，写心就是写人，写人
重在写心，写心在表现人物性格、塑造人物形象方面有着极为重要的作用。我
们要建立自己的文学理论话语体系，老祖宗早就创造了属于自己的贴切表述，
我们要大力弘扬之。对于西方的文学理论，我们应该采取拿来主义，但绝非不
分青红皂白地拿来就用，这样往往驴唇不对马嘴，最后丧失自我，这种自贬自
低的做法不可取。我们要建立起具有中国特色、中国特征、贴近中国文学发展
现实的"写心学"理论体系。

　　"写心"在中国古代文学中虽一直存在，但其表现与西方差别非常之大。
西方文学中往往是大段大段地直接心理描写，这在中国古代文学中极其罕见，
东方文学的写心带有鲜明的民族性。法国小说家莫泊桑的《项链》、大仲马的
《茶花女》、司汤达的《红与黑》都有着篇幅不短的心理描写，有的地方动辄十
几页乃至几十页之多。雨果起初对此并不理解，且颇有微词："我想阅读这本
书，你怎能看到 40 页以上呢？"可是到了他的《悲惨世界》里，心理描写竟也
成为塑造主人公的重要手段。在这部小说中，雨果塑造男主人公让·瓦尔让的
一个重要手段就是心理描写，其他重要人物如吉尔诺曼老人、沙威和马里于斯
也有篇幅可观的心理描写。可以说，心理描写在展示人物的思想变化、揭示人
物的精神面貌和性格特点上起到了决定性的作用。②写心对文学作品而言非常
重要，即便东方文学中写心部分占比较少，但它与文学的关系也是极为密切
的，文学作品有没有写心，写心手段和水平的高低优劣往往决定着文学作品成
就的高低。虽然如此，但是"写心"怎么可以与历史著作联系到一起呢？它们
之间难道有什么必然的联系吗？鲁迅先生对《史记》的定评"史家之绝唱，无
韵之离骚"其实已经告诉了我们其中的答案，《史记》不仅仅是一部历史著作，
还是一部具有浓郁抒情特色的文学巨著，这里边一定少不了写心的成分。

　　司马迁的《史记》自然是历史上大大小小的历史人物的传记，由于特殊的

① 孙星衍：《尚书今古文注疏》，北京：中华书局 1986 年版，第 70 页。
② 郑克鲁：《论雨果小说的心理描写》，《上海师范大学学报》2002 年第 6 期，第 81－82 页。

时代，特殊的生平遭际，使得一部史书具有了抒情的内容。清人刘熙载言："太史公文，精神气血，无所不具。……第论其恻怛之情，抑扬之致，则得于《诗三百篇》及《离骚》居多。学《离骚》得其情者为太史公，得其辞者为司马长卿。"① 抒情的隐含意义其实就是写心，写的是谁的心？这个问题不难回答，自然是历史人物之心，还有自己之心，有学者甚至认为"司马迁的《史记》，不但为中华民族述史，而且为中华民族写心。他写历史，不只是进行历史的评价和裁判，而且继承和发扬'善善恶恶，贤贤贱不肖'的传统，把自己作为民族的良心。他在民族历史心灵的大海里遨游、巡礼，揭露不平，鞭挞罪恶，讽刺丑恶，赞美英雄，颂扬美德，追求崇高，追求光辉理想的人格，对于形形色色的人性，作出妍蚩必显的鉴镜。所以人们读《史记》，不仅可以读到历史，还能读到人的命运与人的心灵的历程"。②

二、借《史记》写自己之心

司马迁认为自己著史的宗旨就是为了"究天人之际，通古今之变，成一家之言"，言外之意是通过对历史人物命运、历史事件的记录，探究上天自然与普通人事之间的关系，打通古今历史发展变化的规律，最终像百家诸子一样著书立说，表达自己的政治、历史、人生的看法。从这个角度来讲，《史记》也成了一部子书。只不过，这部子书不是通过直接说理来宣扬自己的学说，而是通过历史的编辑记录来曲折表达的。此处所指，就是要探究天人之间存在着什么样的关系，自然更有人与人之间关系的把握。鲁迅先生认为《史记》是"史家之绝唱，无韵之离骚"，之所以说"无韵之离骚"，我们都知道，《离骚》是中国文学史上最早的文人独创的具有自叙传性质的长篇政治抒情诗，言外之意，《史记》同样是一部抒情之书，既然是抒情，抒发的首先是司马迁丰富复杂的感情。李晚芳认为："独惜其立意措词，多有愤怼不平之过……诸传诸赞，半借以抒其愤怼不平之气。"③ 李长之亦提醒说："我们更必须注意《史记》在是一部历史书之外，又是一部文艺创作，从来的史书没有像它这样具有作者个人的色彩。其中有他自己的生活经验、生活环境，有他自己的情感作用，有他自己的肺腑和心肠。"④ 我们之所以用"写自己之心"的概括，只是为了叙述方便，其实在写历史人物之心和互见法表现心理部分都有司马迁己心或多或少、或直接或间接的表现。

1. 对天地：敬畏和诘问杂糅

由于时代和职业的原因，司马迁不可能完全抛弃天人感应说，但是他却从

---

① ［清］刘熙载：《艺概》，上海：上海古籍出版社1978年版，第12页。
② 可永雪：《史记文学性界说》，《内蒙古师大学报》1995年第3期，第48页。
③ 杨燕起：《历代名家评史记》，北京：北京师范大学出版社1986年版，第32页。
④ 李长之：《司马迁之人格与风格》，北京：生活·读书·新知三联书店1984年版，第202页。

人物传记的缜密分析中表现出了大胆的怀疑。他强调天人相分，认为天道与人事是并不相感应的。好人不一定有好报，坏人也不一定会有恶报。他在《伯夷列传》中对现实社会这种好人遭殃、坏人享福的不公平世道提出了愤怒的责问：“或曰：‘天道无亲，常与善人。’若伯夷、叔齐，可谓善人者非邪？积仁洁行如此而饿死！且七十子之徒，仲尼独荐颜渊为好学。然回也屡空，糟糠不厌，而卒蚤夭。天之报施善人，其何如哉？盗跖日杀不辜，肝人之肉，暴戾恣睢，聚党数千人横行天下，竟以寿终。是遵何德哉？此其尤大彰明较著者也……余甚惑焉，傥所谓天道，是邪非邪？”① 汉代近世，“操行不轨，专犯忌讳”的人却能“终身逸乐，富厚累世不绝”；反之，正直公正奋发之人“遇祸灾者，不可胜数”。所以，司马迁发出了感慨，“余甚惑焉，倘所谓天道，是邪非邪？”司马迁对天道如此激愤、怀疑，不仅仅是因伯夷叔齐之遭遇而生发，更重要的还是借他人之酒杯浇自己内心之块垒，其实正是自己的遭遇使然。

在踏入政坛之初，司马迁认为自己应该做个奉公守法、鞠躬尽瘁、竭尽忠诚的臣子楷模，“仆以为戴盆何以望天，故绝宾客之知，忘室家之业，日夜思竭其不肖之材力，务壹心营职，以求亲媚于主上”。可就因为他为李陵说了几句公道话，竟然遭受腐刑，蒙受莫大耻辱。这种遭遇加深了他对天道的怀疑，因此就有了《伯夷列传》中的感慨。另如，他对项羽英雄一世但从不自察，临死之前还一再说“此天之亡我，非战之罪也”是持严肃批判态度的，司马迁批评项羽的认识“岂不谬哉”。司马迁还对汉武帝大肆挥霍搞封禅祭祀、祈求神仙的活动予以深刻的揭露，认为这种活动毒害了社会风气，“然其效可睹矣”，通过冷峻客观的叙述表达了强烈的讽刺和批评。

司马迁将自己介入到历史人物和历史事件中，采取夹叙夹议的方法以表明自己的见解。最有代表性的是《伯夷列传》和《屈原列传》，他采用叙事和议论相结合的方法写伯夷、叔齐和屈原，议论的部分占到全文的一半。前引《伯夷列传》即为明证。毫无疑问，在这篇传记中，伯夷叔齐是不折不扣的好人，却遭受了如此的命运，司马迁对这个是有自己看法的。姚苎田评论道：“宕过一笔，不觉畅发胸中之愤。此实借酒杯浇块垒，非传伯夷之本意矣。须分别思之。”② 所以明人茅坤说此篇是“以议论行叙事体”。这种独特的写法，究其原因，一是受史料稀缺的限制。关于屈原，除了《史记》的有关论述，直到现在我们也找不到多少有价值的史料。二是同病相怜、惺惺相惜的心态。通过夹叙夹议的写法，既介绍了屈原的基本史实，又赞美了屈原的爱国精神，同时又借屈原展示了自己的内心世界，对他的悲剧遭遇寄予了深深的同情。所以李景星感慨地说：“通篇多用虚笔，以抑郁难遏之气，写怀才不遇之感，岂独屈贾两

---

① ［西汉］司马迁：《史记》，北京：中华书局 2014 年版，第 2585 页。

② ［清］姚苎田选评，王兴康、周旻佳点校，谷玉注释：《史记菁华录》，上海：上海古籍出版社 2007 年版，第 84 页。

人合传，直作屈、贾、司马三人合传读可也。"① 干脆将这篇传记看成是三个人的传记，李景星的评价恰切而又深刻。这告诉我们在屈原传记里是作者的真实心理和思想感情的流露。

2. 对权贵：歌颂与揭露互见

皇帝自然是权贵中的权贵，司马迁用多种手法表达了自己对当代政治的看法。这无论是在当时还是在以后，都是需要极大勇气的，甚至会以付出生命作为代价的。司马迁之所以敢于这样做，原因之一是史官述史的职业要求，要编著一部信史，自然要"不虚美，不隐恶"，尽可能客观"实录"。通过互见法，我们可以清楚地知道，司马迁对刘邦进行了真实全面的再现，既肯定了他能抓住机遇，凝聚团队，屡败屡战，最终成功的雄才大略的坚韧的一面，同时也把他的流氓地痞作风以及滥杀功臣的罪恶暴行淋漓尽致地展现了出来。而对汉文帝这个带有平民情怀的理想皇帝，司马迁则更多的是肯定、赞美和毫不吝啬的歌颂。当然他也没有忘记其身上的缺点，在《淮南衡山列传》《佞幸列传》等传中对此都有恰到的揭示。汉景帝和汉武帝在他们本人的传记中到底是什么样子，我们并不知道，但是《三国志》中的一段记叙为我们提供了一定的信息。

《三国志·魏书·王肃传》载："帝（曹睿）又问：'司马迁以受刑之故，内怀隐切，著《史记》非贬孝武，令人切齿。'对（王肃）曰：'司马迁记事，不虚美，不隐恶。刘向、扬雄服其善叙事，有良史之才，谓之实录。汉武帝闻其述《史记》，取孝景及己本纪览之，于是大怒，削而投之。于今此两纪有录无书。后遭李陵事，遂下迁蚕室。此为隐切在孝武，而不在于史迁也。'"② 隐切，有隐忍、激切、尖刻意。在曹睿看来，司马迁因直言而遭受宫刑，所以怀恨在心，于是在史书中"非贬孝武"，说刘彻的坏话。而王肃之回答却告诉我们，司马迁为刘启、刘彻父子作传在受宫刑之前，所以，事实不是司马"隐切"，"隐切"之人恰恰是当今皇帝刘彻。"大怒，削而投之"，所以后世读者再也看不到《孝景本纪》《今上本纪》的真正面目了。"不虚美，不隐恶"的客观实录并不一定能够做到，但如实为刘彻作传应该是不争的事实，司马迁通过互见法把这父子俩的真实面目再现出来。《封禅书》《平准书》《外戚世家》《酷吏列传》《卫将军骠骑列传》《佞幸列传》等作品就是最好的说明，他们残忍、自私、冷酷、专断的真实一面也暴露无遗。对其他权贵的态度同样是赞美与批判并存，这在吕后、曹参、萧何、田蚡、公孙弘、周勃、周亚夫、韩信等人身上都能体现出来。

互见法的使用往往是由于两方面的原因，第一是因为畏，最高统治者的传记，对于其阴暗面、黑暗面的揭露是不得已而为之，如对刘邦、刘启、刘彻等人的处理。第二是因为爱，人无完人，金无足赤，对一些做出伟大功绩的功勋

① 李景星：《四史评议·史记评议》，长沙：岳麓书社 1986 年版，第 77 页。
② ［西晋］陈寿：《三国志·魏书·王肃传》，北京：中华书局 1997 年版，第 418 页。

人物，因为爱所以隐晦之，如廉颇、魏无忌、项羽、韩信、周勃等人。从文学的角度来看，这有利于文学性的增强、人物形象的塑造和人物性格的表现。这种做法当然也能够有效地避免不必要的重复。

3. 对自己：感恩与愤懑交织

《太史公自序》这篇传记非常特殊，绝非一普通序言，我们把这篇作品定性为司马家族的传记，它位于列传之中，是 70 列传的最后一篇，也是全书 130 篇的最后一篇，自然应该归于列传之类，当然它还承担了后来的"序"或"后记"的功能。在这篇传记中，司马迁自叙家世，简介父亲和自己的生平，重点写了自己创作《史记》的原因、过程和自己的感受。这里体现出来的首先是自己的感恩、歌颂之情："汉兴以来，至明天子，获符瑞，封禅，改正朔，易服色，受命于穆清，泽流罔极，海外殊俗，重译款塞，请来献见者，不可胜道。臣下百官力诵圣德，犹不能宣尽其意。且士贤能而不用，有国者之耻；主上明圣而德不布闻，有司之过也。且余尝掌其官，废明圣盛德不载，灭功臣世家贤大夫之业不述，堕先人所言，罪莫大焉。"应该说，如果在《史记》中写心的话，这篇自然是最合适的，但在我们仔细研读这篇作品之后就会看到，真正的写心主要体现在这一段，"七年而太史公遭李陵之祸，幽於缧绁。乃喟然而叹曰：'是余之罪也夫！是余之罪也夫！身毁不用矣。'退而深惟曰：'夫诗书隐约者，欲遂其志之思也。昔西伯拘羑里，演周易；孔子厄陈蔡，作春秋；屈原放逐，著离骚；左丘失明，厥有国语；孙子膑脚，而论兵法；不韦迁蜀，世传吕览；韩非囚秦，说难、孤愤；诗三百篇，大抵贤圣发愤之所为作也。此人皆意有所郁结，不得通其道也，故述往事，思来者。'"

当然，真正做到痛快淋漓写心的作品应该是《报任安书》，但此篇不见于《史记》，与本题不符，因此不作讨论。司马迁未遭遇李陵事件之前属于常态人生，在常态下司马迁跟很多人一样，打算做个"循吏"，想当知识分子中的劳动模范。"主上幸以先人之故，使得奉薄技，出入周卫之中。仆以为戴盆何以望天，故绝宾客之知，忘室家之业，日夜思竭其不肖之材力，务一心营职，以求亲媚于主上。"意即，幸而皇上由于父亲的缘故，使我能够贡献浅薄的才能，出入于宫禁之中。我以为戴着盆还怎么能去望天呢，所以断绝了与朋友的交往，忘记了家庭的事情，日夜都想竭尽自己并不很高的能力，专心致志尽力于职守，以便能够讨好皇上。司马迁忙于工作，无暇交游，可能没有良好的人际关系，所以灾难来临无法选择用钱赎罪的文明方式，"武帝用法刻深，群臣一言忤旨，辄下吏诛，而当刑者得以货自赎，迁之遭李陵之祸，家贫无财赂自赎，交游莫救，卒陷腐刑。"① 只能接受野蛮耻辱的宫刑"苟活"于世。

在许多传记的"太史公曰"部分，司马迁从幕后走向台前，往往能够比较直接地表达自己的情感。《管晏列传》"太史公曰"：吾读管氏牧民、山高、乘

---

① ［宋］晁公武撰：《四库全书·史部十四·郡斋读书志》。

马、轻重、九府，及晏子春秋，详哉其言之也。既见其著书，欲观其行事，故次其传。至其书，世多有之，是以不论，论其轶事。管仲，世所谓贤臣，然孔子小之。岂以为周道衰微，桓公既贤，而不勉之至王，乃称霸哉？语曰'将顺其美，匡救其恶，故上下能相亲也'"。岂管仲之谓乎？方晏子伏庄公尸哭之，成礼然后去，岂所谓'见义不为无勇'者邪？至其谏说，犯君之颜，此所谓'见义不为无勇'者邪？至其谏说，犯君之颜，此所谓'进思尽忠，退思补过'者哉！假令晏子而在，余虽为之执鞭，所忻慕焉。"司马迁在为晏子作传时抒发的是政治家的感慨，这正是政治家识人、得人、重用人的美好素质的体现。司马迁的为自己写心，当然不是直抒胸臆，而是借他人传记来曲折委婉地表达，即借他人之酒杯浇自己内心之块垒是也。《屈原贾生列传》，大段大段的议论赞美抒情，表达的是对于苏世独立、独立不迁、始终不改其志的虽九死其尤未悔的伟大思想和人格的由衷赞美。这与其说是赞美悲剧人物屈原，正可以说是屈原、贾谊、司马迁三个人物的传记。《魏公子列传》表达的是对礼贤下士如魏公子信陵君一样的理想政治家的赞美。秦汉以来的历史人物传记，因去古未远，司马迁对这一时代的人物事件具有深刻而清醒的认识，对其中的悲剧性人物和特殊事件往往感同身受，在这些历史人物身上，作者寄予了更多的身世之感。对传记人物理解深刻，与之相适应，作者之心表现得也更普遍，抒发的情感也更感人。

《伍子胥列传》"太史公曰"："向令伍子胥从奢俱死，何异蝼蚁。弃小义，雪大耻，名垂于后世，悲夫！方子胥窘于江上，道乞食，志岂尝须臾忘郢邪？故隐忍就功名，非烈丈夫孰能致此哉？"人生在世走一遭，一定要活出个人样来，要活他个轰轰烈烈，不要轻于鸿毛，要重于泰山，青史留名，要让自己的人生具有真正的意义和价值。司马迁在此将自己对历史人事的评价不加掩饰地表露出来，从正面充分肯定了伍子胥的选择，唯其如此才可能"弃小义，雪大耻"，报杀父之仇，成就了一世英名；自己选择了耻辱的宫刑刑罚，与伍子胥一样也是为了扬名后世，光宗耀祖。

《绛侯周勃世家》"太史公曰"对绛侯周勃从才能中庸的平民做到身居将相之位，后来吕氏家族谋反作乱，周勃抓住机会挽救国家于危难之中，司马迁认为即使伊尹、周公这样的贤人，也无法超过！对周亚夫的用兵，司马迁的评价也非常高，他认为即使司马穰苴那样的名将也难以超过。但是二人最终以穷途因窘而告终，真令人悲伤啊！司马迁肯定了周勃、周亚夫的历史功绩，同时对于他们的悲剧结局也表达了深深的同情。

《史记》详细记载了夏、商、周和秦、汉的兴亡，并揭示了各王朝兴亡变化的原因。"桀、纣失其道而汤武作，周失其道而《春秋》作。秦失其政，而陈涉发迹，诸侯作难，风起云蒸，卒亡秦族。天下之端，自涉发难。"（《太史公自序》）"陈胜称王凡六月而终"，其最终失败的原因之一是脱离人民群众，"涉之为王沉沉者"，远离了百姓的生活，失去了人民的支持，希望获得最后的胜利无异于痴人说梦。原因之二用人不当，这是主要的，也是致命的。"陈王以朱房为中正，胡武为司过，主司群臣。诸将徇地，至，令之不是者，系而罪之，以苛察为忠。其所不善者，弗下吏，辄自治之。陈王信用之。"陈胜竟然信任这样的人，所以司马迁最后下了如此断语："诸将以其故不亲附，此其所以败也。""得道多助，失道寡助"，脱离群众，失去了民心的支持，必将走向失败。在《郦生陆贾列传》中，陆贾时时在刘邦面前称说诗书，"高帝骂之曰：'乃公居马上而得之，安事诗书！'陆生曰：'居马上得之，宁可以马上治之乎？且汤武逆取而以顺守之，文武并用，长久之术也。昔者吴王夫差、智伯极武而亡；秦任刑法不变，卒灭赵氏。乡使秦已并天下，行仁义，法先圣，陛下安得而有之？'"刘邦对自己的臣子竟然称"乃公"，翻译过来，意为"你老子我""你爹"，此称呼暴露出刘邦素质之低下。而陆贾据理力争，终于说服了刘邦。这告诉我们：形势发生变化了，相应的管理治理策略也要发生变化。天下靠武力夺取，但是要守住自己的江山，却要靠仁义，靠文武并用，靠符合人民利益的政策措施，如果没有采取相应的变化了的策略措施，得之易，失之也易。依此道理继续推论下去，如果汉不顺从民意，用不了多久，也会重蹈秦短命的覆辙。这实际上也是发展观点的具体运用。

在《淮南衡山列传》一传中司马迁巧妙地运用了复笔手法，毫无疑问，复笔手法是文学艺术的手法。"所谓复笔，就是指反复使用完全重复或者基本相似的语句来描写同一件事情、同一个人物、同一种表情、同一个动作，从而加强表达的效果、抒情的成分和感染的力量"①。此传关键词是"计""发"，前边加了许多修饰限定语，如用了5次"欲发"，与之相关的有"未发""弗敢发""不发""遂发兵反，计犹豫，十余日未定""欲因以发兵""欲杀而发兵""王犹豫，计未决""王以非时发，恐无功""计未决"，这是非常典型的复笔手法的运用。那么这里复笔的作用和意义是什么呢？司马迁是不是有哀其不幸、怒其不争的感情心理呢？！几代人长期的处心积虑的准备，最后只落了个"反"名，家族没落，大丈夫当断则断，不断则乱，优柔寡断，难以成事，仔细研读这篇传记我们竟然能感受到司马迁的深深遗憾之情。

陈平绝对称得上是汉初政坛上的不倒翁，司马迁在《陈丞相世家》中的记载相对比较客观，但我们还是能读出蕴含其中的特殊情感。姚苎田在将陈平本传与《淮阴侯列传》等传作了比较之后，得出了这样的结论："《淮阴侯传》先载漂母及市中年少等琐事，后一一应之。此传亦先载伯兄之贤，张负之识，以后无一笔照顾，而独以阴祸绝世为一传之结。夫阴祸固与长厚背驰者也。削此存彼，史公之于平也岂不严哉！凡此须于文字处会之。"②的确，史公书法非常注重前后照应，商鞅、吴起、李斯、韩信、周亚夫等人传记都能做到前后照

---

① 俞樟华：《史记艺术论》，北京：华文出版社 2002 年版，第 129 - 130 页。

② 〔清〕姚苎田选评，王兴康、周旻佳点校，谷玉注释：《史记菁华录》，上海：上海古籍出版社 2007 年版，第 76 页。

应，而在陈平传记中"无一笔照顾"，说明陈平之为人"以阴祸绝世"，史公对这个人的评价自然不是很高，通过在韩信、周勃等人的传记中寄寓的赞美和同情，表达出的是对陈平为人的不屑态度，隐含了深深的批评之意。在司马迁看来，人要感恩，滴水之恩，涌泉相报，人要信实，说话算话，人要厚道，重情重义，但这些与精于谋划算计的陈平、刘邦等人是扯不上关系的。

在《曹相国世家》中，姚苎田认为曹参是"因信之力而参独擅其名"，在"及信已灭，而列侯成功，唯独参擅其名"后，姚氏点评道："非薄参也。正痛惜淮阴耳。"在"太史公曰"的总评中说："此《赞》言简而意甚长，不满平阳意最为显著。"①

三、借《史记》写他人之心

由于先秦历史人物的传记体现出的主要是司马迁的编辑整理之功，因此我们所论主要依据秦汉以来的历史人物传记。司马迁非常重视传主的"为人"，这说明他已经把历史人物作为人性的人、人的自身来看待，而且已经"把写人引向写心，引向人物的精神世界，这种自觉成了引导作者和读者进入人物心灵的通道"。②

关于写他人之心的问题，安平秋、张大可、俞樟华三先生主编的 2002 年出版的《史记教程》有专节叙述，认为《史记》人物心理描写方法主要有三种：第一，让人物自白表白心迹，让人物自白表白心迹就是为历史人物安排一些言词，让人物现身说法，通过其自言自语来表现其心理活动。第二，用心理动词直接揭示。通过一两个或多个表示心理状态的动词，直接揭示人物的内心世界，这是司马迁运用得最多的一种心理描写的方法。第三，借别人之言辞间接揭示。司马迁对有些人物的心理活动，有时不作直接描写，而是通过别人的话进行揭示，写得比较含蓄。③ 这几乎成为当时对这个问题的定评。该书 2011 年改由商务印书馆出版，有关提法基本没有变化。张新科先生主编的 2009 年出版的《史记概论》在"《史记》的写人艺术"一章中，在"善于通过心理描写刻画人物的性格"一节提到了心理描写的方法：一、通过拟言、代言等方式写心理，二、通过动作、行为刻画心理，三、通过一两个表示心理状态的动词直接揭示人物心理。④ 与 2002 年出版的《史记教程》相比较，区别也不明显。

其间，还有一些专家学者对这个问题进行了研究，但从总体上来说，并未

① ［清］姚苎田选评，王兴康、周旻佳点校，谷玉注释：《史记菁华录》，上海：上海古籍出版社 2007 年版，第 70 页。

② 可永雪：《从关注"为人"到"心灵"大师——司马迁对人心人性的探究》，《渭南师范学院学报》2005 年第 03 期，第 3 页。

③ 安平秋、张大可、俞樟华：《史记教程》，北京：华文出版社 2002 年版。

④ 张新科：《史记概论》，西安：陕西师范大学出版社 2009 年版。

超过上述研究的水平，只是在某一点上有所开掘。总体来讲，拟言、代言法直接明确，容易理解，无需多论，下面我们对其他几种重要的写心方法进行简单地整理概括。

1. 以行动来写心

《孙子吴起列传》，写吴起之为将，与士卒最下者同衣食。卧不设席，行不骑乘，亲裹赢粮，与士卒分劳苦。卒有病疽者，起为吮之。卒母闻而哭之。人曰："子卒也，而将军自吮其疽，何哭为？"母曰："非然也。往年吴公吮其父，其父战不旋踵，遂死于敌。吴公今又吮其子，妾不知其死所矣。是以哭之。"士兵父亲的已然行动就是士兵未来的未然行动，这个行动反映了士兵当时的心理活动变化，这既可以称为以行动来写心，又可以归入空白法写心的范畴。韩信的"俛出袴下"之行为，当然也是一般人更难忍受的。韩信能够选择从少年屠户的两腿之间钻过去，自然绝非一般人之所能为。就韩信来说，其实也是经历了一番痛苦的思索才作出这个艰难的决定的（《淮阴侯列传》）。司马迁在描写整个情节时，"特别突出了'孰视之'——盯住那个无赖打量了一番这个点睛的细节。有了这一笔，一下子就为韩信传了神，显出了韩信的深沉、气量，写出了是英雄受辱，如果缺了这一笔，韩信的受辱便成了胆怯鬼、窝囊废，就和武大郎的受辱没有什么区别了。"① 说明韩信虽然是武士，但并非一鲁莽之士。韩信能够用心思考，能够权衡利弊，知晓孰轻孰重。如果选择与少年斗气，要么两败俱伤，要么一死一逃，要么身陷囹圄，而这都与韩信的远大志向相违背，小不忍则乱大谋，这里体现出的是韩信大丈夫能屈能伸的可贵品质。

2. 通过补叙照应来写心

在当时并不写心，其人其时的心理活动我们仅能隔皮猜瓜，是否当事人之真实心理难以知悉，但司马迁却通过补叙照应的手段给我们把握历史人物的心理变化提供了有用的信息。《李将军列传》李广遭霸陵尉醉而呵止，"今将军尚不得夜行，何乃故也！"李广只能听从安排，夜宿亭下。对于李广的心理活动，我们有着明确的认知，但是，这只是一种猜测，司马迁又用补叙确证了我们的理解。"居无何，匈奴入杀辽西太守，败韩将军，后韩将军徙右北平。于是天子乃召拜广为右北平太守。广即请霸陵尉与俱，至军而斩之。"这里是补叙，是照应，更是空白法写心的妙用。

无独有偶，《张释之冯唐列传》对汉景帝小肚鸡肠、睚眦必报的揭露和批判，同样是用这种手法来完成的。"太子与梁王共车入朝，不下司马门，于是释之追止太子、梁王无得入殿门。遂劾不下公门不敬，奏之。薄太后闻之，文帝免冠谢曰："教儿子不谨。"薄太后乃使使承诏赦太子、梁王，然后得入。"当时太子、梁王、窦太后、文帝等人的心理活动变化，读者都有见仁见智的理解。但这种理解正确与否，却是靠后来汉景帝的所作所为的帮助完成的，"后

---

① 可永雪：《史记研究集成·史记文学研究》，北京：华文出版社 2005 年版，第 147 页。

文帝崩，景帝立，释之恐，称病。欲免去，惧大诛至；欲见谢，则未知何如。用王生计，卒见谢，景帝不过也。……张廷尉事景帝岁余，为淮南王相，犹尚以前过也。"这既是补叙照应的写心，也是空白法的运用，更是互见法的使用。

3. 善写集体人物之心

《孙子吴起列传》"吴宫教战"的故事带有鲜明的戏剧性，故事几乎都发生在两个相对固定的场景，极便于舞台搬演；故事的人物不很复杂，但人物的性格都较鲜明。故事的参与者主要有孙武、阖闾以及二宠妃为首的一百八十名宫中美女，这实际上形成了微妙的三角关系。作者通过这个故事来为孙武作传，这个故事中，有集体人物心理的描绘。妇人一贯受吴王宠爱，只将此次练兵看作是一个玩笑，她们眼中只有吴王，只知取悦吴王，妇人笑时，吴王等人也在笑，可能在场的人中只有一个不笑，即孙子，所以，在他（她）们眼中这只是一场笑剧，而非正剧。我们能够清晰地感受到当时集体人物的存在，感受到集体人物内在心理的变化与发展。

《司马相如列传》司马相如和卓文君的爱情故事更是写集体人物之心的经典案例。相如"家贫，无以自业"，到好友王吉处蹭吃蹭喝，"临邛令缪为恭敬，日往朝相如"，相如称病不见王吉，而王吉愈加恭敬，丝毫不敢懈怠，这样一来，就在一个地方小城制造了一条爆炸性新闻，引起临邛中富商卓王孙、程郑的兴趣和好奇之心，谁人这么大的架子？这到底是什么样的贵宾呢？他到底长了什么样的鼻子什么样的眼睛呢？于是二人设宴宴请县太爷和县太爷的贵宾，但相如却迟迟不至，"谢病不能往"，这让大家非常失望，而"临邛令不敢尝食"，大家自然不敢动筷子，于是，王吉"自往迎相如"，这十足吊足了大家的胃口。相如假作不得已，最后终于众星捧月般地请来了主人公。"一坐尽倾"，所有人都惊羡于相如风流典雅、落落大方的风采，为之倾倒的是地方众富豪，这当然不是司马相如的目的，其最重要的目的是"倾倒"一人，这人就是卓文君。所以前面司马相如与王吉密谋合作，假戏真演，达到了最佳的宣传效果，终于制造了轰动效应，引起了卓文君的注意和兴趣，通过席间的近距离接触、优秀的才艺表演和周密的工作，终于骗得佳人归，接下来还借阴暗手段赚取了大量物质财富。我们得出这个结论其实是有依据的，这一句泄露了天机，"是时卓王孙有女文君新寡，好音，故相如缪与令相重，而以琴心挑之"，所以说，司马相如扮演的角色并不光明正大，说是骗色骗财好像并不为过。清代的王鸣盛说得就很尖锐："若相如之事，轻薄文人自许风流，千载下犹艳羡不已，自知道者观之，则深丑其行而不屑挂齿牙间也。"[1]"卓王孙大怒曰：'女至不材，我不忍杀，不分一钱也！'人或谓王孙，王孙终不听。"在到成都之初，卓文君未尝不后悔这桩婚事："司马相如初与卓文君还成都，居贫愁懑，以所着鹔鹴裘就市人阳昌贳酒，与文君为欢。继而文君抱颈而泣曰：'我平生

---

[1] ［清］王鸣盛著，黄曙辉点校：《十七史商榷》，上海：上海书店出版社 2005 年版，第 39 页。

富足，今乃以衣赊酒。'"① 但一个新寡之女却只能接受这样的现实，因为生米已经做成熟饭，开弓没有回头箭，自己酿的苦酒只能自己喝了。文君想，与其在成都忍饥挨饿，不如杀回老家，老爹还是自己的财富之源啊。"文君久之不乐，谓长卿曰：'第俱如临邛，比昆弟假贷犹足以为生，何至自苦如此！'"于是夫妻俩回到临邛下海开了酒馆。

首富之女卓文君亲自当垆卖酒，这样的事即便放在今天也算是爆炸性新闻了。大家闺秀卓文君美若天仙，但她的美对许多人而言只是一个传说，平时只有耳闻，难得一见，现在竟然在服务台亲自为顾客服务，这样就为那些期望近距离接触大美女的包括胆小的胆大的尤其是有色心色胆的人制造了合理合法合情的机会。"相如身自著犊鼻裈，与保庸杂作，涤器于市中。"犊鼻裈，裈指裤子，犊鼻穴，又名外膝眼穴，在膝部位置。犊鼻裈就是覆盖到犊鼻穴处的大裤衩子。风流大才子——卓王孙的准女婿——司马相如，没有明媒正娶，通过不正当的手段欺骗了富家寡妇，所以叫准女婿，他竟然穿着大裤衩子与众打工者打成一片，在大街上刷盘子洗碗，这又成了临邛的一大爆炸性新闻。有了这样两个好卖点，酒馆的生意一定异常火爆，这样做的目的也非常明确，绝不是为了赚几个辛苦钱，司马相如通过开设酒馆，"以耻王孙"②，醉翁之意不在酒，在乎老丈人之巨额财富也。所以，日本的冈村繁认为："相如与文君如果仅仅为了克服贫穷的话，为什么不是在繁华郡城的成都开'酒舍'，而特别选择乡村的临邛呢？其目的显然是为使父亲卓王孙出丑。卓王孙假如不以此为耻，并且不宽恕女儿的放肆行径，那么相如与文君恐怕确实会沦落为乞食者而流浪于临邛街角的吧。"③ 酒馆生意越火爆，卓王孙就越生气，"王孙果以为病"④。面对如此丢人现眼的不成体统之事，"卓王孙耻之，为杜门不出"。这个故事用上帝之眼传达出了集体人物的心理活动变化。

再如关于世态炎凉主题的描写，主要集中在如下作品，《郑世家》《苏秦列传》《孟尝君列传》《廉颇蔺相如列传》《张耳陈馀列传》《袁盎晁错列传》《魏其武安侯列传》《卫将军骠骑列传》《平津侯主父列传》《汲郑列传》和《酷吏列传》，这都是对集体世态的集中描写，通过又传达出了个人的独特感受。

4. 用即景作歌来写心

司马迁有时让人物即兴作歌来表现人物的心理。易水饯别时荆轲的慷慨悲歌，表达的是荆轲将生死置之度外的大义凛然和悲壮气概；四面楚歌时的霸王别姬——《垓下歌》，反映出一代英豪项羽在穷途末路时的矛盾复杂的心理；刘邦在归家宴会上所歌咏的《猛士歌》，抒发了刘邦统一天下后为保持国家长治久安的希望，还有着如何发现人才、如何利用人才和如何控制人才的矛盾性

---

① ［晋］葛洪：《西京杂记》，北京：中华书局 1985 年版，第 11 页。
② ［晋］葛洪：《西京杂记》，北京：中华书局 1985 年版。
③ ［日］冈村繁：《周汉文学史考》，上海：上海古籍出版社 2002 年版，第 152 - 153 页。
④ ［晋］葛洪：《西京杂记》，北京：中华书局 1985 年版。

的思考。《鸿鹄歌》反映的是国家命运前途和个人利益感情之间的矛盾复杂心理，表达了对身后之事的担忧和无奈之情。这一切都是通过人物即兴作歌来表现人物的微妙婉曲的心理变化的。赵王刘友的作歌真实而生动地反映了赵王刘友的心声，分析了当时的朝政，歌中有对自我遭遇的回顾，有对吕妃的指责，有对吕后干政的痛斥，有对命运不能自主而被活活饿死的无奈和愤慨。

关于《史记》写心艺术的空白法问题，笔者已有专文论述，于兹不赘。

如此灵活巧妙、细致入微的心理描写出现在史书中，应该是《史记》对文学的一大贡献。司马迁为了完成父亲的临终遗命，为了立身扬名，隐忍苟活下去而发愤著书。从文学的角度而言，"发愤"强化了《史记》一书的个人色彩，加深了文学性，更增强了抒情色彩。在《史记》中，司马迁对政治、对各级官僚、对当时的世态炎凉作了细致的描绘，尤其是对最高统治者的真实面目进行了真实的再现和深刻的揭露、批判。《今上本纪》的本来面目我们已经难以看到，但通过《酷吏列传》《封禅书》《平准书》等作品却能窥一斑而见全豹。

综上所述，在《史记》这样一部史书中写心的篇幅并不多见，但是简要的"写心"对全书的意义却非常重大。没有为自己的写心，没有借助历史人物表达自己的主观思想评价，就不能"成一家之言"，司马迁就不可能成为一位伟大的思想家。

司马迁因为遭受到了不公平的命运，为了完成乃父的遗嘱，于是隐忍苟活，发愤著书，在《史记》中写心，写自己之心，写他人之心，终于成就了这样一部空前绝后的伟大巨著。刘跃进认为："(《史记》)所抒发的还不止是个人的郁愤，而是一种历史的郁愤，时代的郁愤。……司马迁的自身的遭遇更加不幸，只因为说了不合武帝旨意的几句话，就被处以'宫刑'，给他立身扬名的理想以毁灭性的打击。司马迁是以一种难以抑制的不平之气与现实社会相抗争，这就形成了《史记》悲壮昂扬、愤激苍凉的抒情格调。"① 借笔者另一篇文章的一段话，来结束这次探讨，"在文学作品中，行为动作反映心，语言谈吐表现心，外貌肖像隐喻心，写心的成功与否往往决定着文学创作的成败和文学作品成就的高低。"空白法"的大量使用标志着《史记》的写心艺术已经取得了极高的成就。我们要大力提倡对《史记》写心艺术的研究，加强对中国传记文学的写心研究；小说戏曲更离不开写心，诗词曲赋大多是抒情文学，我们也要从写心学的角度对这些文体重新审视和研究。作为读者来说，我们阅读欣赏评价一篇、一部文学作品，往往就是要看作者为文之心，作者在作品中所表达的作者之心，作品中的人物之心，等等，总而言之，从某种意义上来说，写心就是写人，笔者期望能够在不远的将来建立起我们自己的《史记》写心学，传记写心学，乃至中国文学写心学。"②

---

① 刘跃进：《中华文学通览》(汉代卷，雄风振采)，北京：中华书局1997年版，第143页。
② 张学成：《〈史记〉"空白法"写心艺术论》，《江淮论坛》，2017年第03期，第155 - 158页。

《史记》在心理描写上的开拓之功

＊本文作者可永雪。内蒙古师范大学文学院教授。

《史记》在写人上有一个新的开拓，这就是出现了广泛而全面的心理描写，在人物形象塑造上增加了一项重要的方法和手段。

在中国，史官载史，有所谓"君举必书"（《左传·庄公二十二年》）之说。据《礼记·玉藻》"动则左史书之，言则右史书之"和《汉书·艺文志》"左史记言，右史记事"的话来看，则史官所记只是"言"和"动"（事），至于君王的心理、心思——即君王之所以如此"言""动"的内心意图，他们无权过问，也不必记载，读者只能依据"言""动"推测。所以先秦史籍基本上没有或很少心理描写。

《国语》在性质上是"语"体，虽然按"记言""记事"两大类分的话它属于"记言"，但与《礼记》《汉书》所说史官的"记言""记动"已自不同。《晋语七》有晋悼公"知祁奚之果而不淫也，使为元尉。知羊舌职之聪敏肃给也，使佐之。知魏绛之勇而不乱也，使为元司马。知张老之智而不诈也，使为元侯"——即晋悼公对手下大臣性格才干的分析；《吴语》有董褐对吴王心理的分析："臣观吴王之色，类有大忧，小则嬖妾嫡子死，不则国有大难；大则越入吴。将毒，不可与战"。这里有了心理分析，但这个分析明确指明是由"观吴王之色"而来，是由董褐作出的。《晋语一》写优施为骊姬分析申生，说："其为人也，小心精洁。而大志重，又不忍人。精洁易辱，重债可疾。不忍人，必自忍也。辱之近行。"这里不但有了对人物的心理分析，而且分析的很精到。不过，这是作品中人物对人的心理分析，而不是作者的心理描写。

《左传》因为要交代事情的来龙去脉，展示事情的原委曲折，自然更多接触到人物的行为动机、性情态度等，于是自然写到人物的内心活动，譬如隐公元年"郑伯克段于鄢"一事所写郑庄公与其母姜氏，其弟共叔段的那场矛盾纠葛，就有了关于人物心理的直接描写，如姜氏对庄公"遂恶之"；"爱共叔段，欲立之"；庄公置姜氏于城颍，既誓之后，"既而悔之"等等。不过都是随文点染，而且数量有限。

《战国策》已非纯史，而且时代更晚，它所载多为纵横家、策士、说客的说辞。为取得游说的成功，他们苦心孤诣地揣摩进说对象的心理、脾性，因而文中不乏一些描写心理心性的精妙之作，像《邹忌讽齐王纳谏》刻画齐王左右媚王、谏王的心理，《触龙说赵太后》触龙对赵太后心理脾性乃至心气心绪的把捉。其中《邹忌讽齐王纳谏》"明日，徐公来。熟视之，自以为不如，窥镜自视，又不如远甚。暮，寝而思之，曰：'吾妻之美我者，私我也；妾之美我者，畏我也；客之美我者，欲有求于我也'"一段，可视为心理描写的先声，只是还没成为普遍的应用手法。

先秦史传作品描绘人物形象，一般来说，所使用的手法和手段固然多种多样，而最基本的，还是按照传统重点在写人物的"言"和"动"——即对人物的言行事迹进行白描，通过人物具体言行作为的外在表现，写出其性格特质和内心活动，而不怎么使用直接的心理描写。举例来说，《左传·宣公十四年》，楚王让申舟使于齐，过宋而不必假道，申舟怕因此被杀，楚王向申舟保证："杀女，我伐之!"结果，宋人果然杀死申舟。这时传文写："楚子闻之，投袂而起，屦及于窒皇，剑及于寝门之外，车及于蒲胥之市"——通过这些激烈的外在行动传达出内心的盛怒之情；《襄公二十六年》，写卫献公流亡多年后得以返国："大夫逆于境者，执其手与之言；道逆者，自车揖之；逆于门者，颔之而已"——用卫献公的三种姿态以展示其内心，活现出卫献公心胸的狭隘和为人的浅薄。

到《史记》情况不同了。第一，它的作者司马迁已经不是只管记言记事的史官，而是作为有全知视角的历史叙述者；第二，司马迁不但有明确的既为中华民族述史，又为中华民族传人的使命感，而且有对人的最深广的关怀和对人物"为人"的浓厚兴趣和特别关注；第三，司马迁对人的关注，不止关注人物的"功业"，更关注人物的"为人"，不只为人物塑像，更为人物立传、写心、捉魂，确立了"写人→写心→写魂"的指向。还有，司马迁一辈子和人打交道，在人的心灵的大海遨游，一辈子都在了解人、研究人，他称得上是中国历史上最懂人心的人。

因而，他的人物传记，写人、写心、写魂，便成了顺理成章的必然，心理描写在《史记》出现，成为写人的普遍手段，也就是很自然的事了。

打开《史记》，第一篇《五帝本纪》就有"尧知丹朱之不肖，不足以授天下，于是乃权授舜。授舜，则天下得其利而丹朱病；授丹朱，则天下病而丹朱得其利。尧曰：'终不以天下之病而利一人'，而卒授舜以天下"这样一段禅让当中尧的思想活动，心理描写；《夏本纪》又有"禹伤先人父鲧功之不成受诛，乃劳心苦思。居外十三年，过家门不敢入"关于禹的一段内心展示。前一例原史料素材《尚书·尧典》中是没有的，只是后来的《吕氏春秋·去私》有"尧有子十人，不与其子而授舜；舜有子九人，不与其子而授禹；至公也"的记载，看来，司马迁是参考《吕氏春秋》所记传说而想象加工的，属于司马迁对尧的"为人"风神的理解和把握。

《魏公子列传》窃符救赵一事，《史记》比《战国策》多出了信陵君"意骄矜而有自功之色""公子立自责，似若无所容者"两处心理活动的描写；而《鲁仲连邹阳列传》之"燕将见鲁连书，泣三日，犹豫不能自决。欲归燕，已有隙，恐诛；欲降齐，所杀虏于齐甚众，恐已降而后见辱。喟然叹曰：'与人刃我，宁自刃。'乃自杀。"这段燕将深微曲致的心理矛盾的描写，也是司马迁所加，原素材《战国策·齐策四》中关于此事的记载是没有的。凡此种种说明，心理描写已经成为司马迁写人艺术创作的重要天地。

《史记》心理描写的方式和手段

全面考察《史记》心理描写，可以看到它所采用的方式和手段大体有三种：

（一）叙述中随文点示。这是《史记》心理描写运用得最多最普遍的一种形式。例如：

《项羽本纪》："项王欲自王，先王诸将相。"《史记论文》批："点一句，项王心事。"

又，"项王、范增疑沛公之有天下，业已讲解，又恶负约，恐诸侯叛之。"《史记论文》批："写项王心事，四句四层，添出范增，其主谋也。"《史记菁华录》批："此段写羽、增心事如镜。"

又，"乃阴谋曰：'巴蜀道险，秦之迁人，皆居蜀。'乃曰：'巴蜀亦关中地也。'故立沛公为汉王，王巴、蜀、汉中，都南郑。"《史记论文》批："两乃曰，写阴谋，心口商度之词，妙。"《史记菁华录》批："'乃阴谋曰'、'乃曰'，一阴一阳，连缀而下，真绘水绘声手。"经两位评点家这么一批，便知这两句话，一表私下密议，一表公开宣布，所描绘的乃是要排挤和扼杀汉王刘邦的心思和伎俩。

《淮阴侯列传》："信知汉王畏恶其能，常称病不朝。信由此日夜怨望，居常鞅鞅，羞与绛灌等列。"《班马异同评》批曰："如此心事，写得到髓。"

《魏其武安侯列传》："是时上未立太子，酒酣，从容言曰：'千秋之后传梁王。'太后驩。"《史记论文》批："先写太后欢。"

又，"窦婴引卮酒进上，曰：'天下者，高祖天下，父子相传，此汉之约也，上何以得擅传梁王！'太后由此憎窦婴。"《史记论文》批："一欢一憎，紧照。"

又，"孝景三年，吴楚反，上察宗室诸窦，毋如窦婴贤，乃召婴。婴入见，固辞谢病不足任。太后亦惭。"《史记论文》批："一欢一憎，后又多一惭。"

又，"武安新欲用事为相，卑下宾客，进名士家居者贵之，欲以倾魏其诸将相。"《史记论文》批："后让相，今先提欲为相，写出武安心事。"《史记菁华录》批："用'欲'字写其心事。"

又，"武安者，貌侵，生贵甚，又以为诸侯王多长，上初即位，富于春秋，蚡以肺腑为京师相，非痛折节以礼拙之，天下不肃。"《史记论文》批："写武安腹中语，多少层折。"《史记菁华录》批："小人怙势肺腑，写得可畏可恨。"

又："灌夫家居虽富，然失势，卿相侍中宾客益衰，及魏其侯失势，亦欲倚灌夫引绳批根生平慕之后弃之者。(《史记菁华录》批："魏其假灌夫以形他人之薄，一团私意。")灌夫亦倚魏其而通列侯宗室为名高。(《史记菁华录》批："灌夫又假魏其以交通权贵，一发无谓。")两人相为引重，其游如父子然，相得驩甚，无厌，恨相知晚也。"

《司马相如列传》写："是时卓王孙有女文君新寡，好音，故相如缪与令相重，而以琴心挑之。"《史记论文》批："又起一头，插入文君，写鼓琴心事，即作鼓琴注脚。"又"及饮卓氏，弄琴，文君窃从户窥之，心悦而好之，恐不得当也……夜亡奔相如。"《史记论文》批："恐不得当，妙写文君倾慕相如，十分注念，便将倾城艳质自同等闲，千古情词，并未体贴至此。"

(二)一些段落集中刻画。在《史记》的心理描写中，也有一些写得相当细微曲折，具有心理分析性质，称得上是精彩的心理描写的段落。例如：

《齐太公世家》："五十八年夏，景公夫人燕姬适子死，景公宠姜芮姬生子荼。荼少，其母贱，无行。诸大夫恐其为嗣，乃言愿择诸子长贤者为太子。景公老，恶言嗣事，又爱荼母，欲立之，惮发之口。(《史记论文》批："写景公心事，曲折如见，是史公所长。")乃谓诸大夫曰：'为乐耳，国何患无君乎？'"《史记论文》批："写景公无可奈何，强忍支离，字字如见。不知三寸管何以体贴神妙至此。"就是在这里，依据《史记》中此类出色描写，吴氏作出了"善写心事，是史公所长"的概括，第一个确认了《史记》长于心理描写这个事实。

又，《赵世家》："四年，朝群臣，安阳君(按，即公子章)亦来朝。主父令王听朝，而自从旁观，窥群臣宗室之礼。见其长子章，儽然也，反北面为臣，诎于其弟。心怜之。于是乃欲分赵，而王章于代，计未决而辍。"又："主父初以长子章为太子，后得吴娃，爱之，为不出者数岁，生子何，乃废太子章而立何为王。吴娃死，爱弛，怜故太子，欲两王之，犹豫未决，故乱起，以致父子俱死，为天下笑，岂不痛乎！"这里写武灵王这位著名的改革家，在继承人问题上所遭遇的一场情感悲剧，展示了一代雄主的内心冲突——既黜又怜，先黜后怜，情感与理智之间的心理矛盾。武灵王从旁观礼一幕，大有伊凡杀子的味道，写的都是深层人性，人类亲情当中那种最为深潜隐微之处。

还有，《留侯世家》圮上老人的故事，不仅故事本身由于人物关系的张力构成很强的戏剧性，而且对于人物心理随着人物关系以及情景的推移而产生变化的轨迹，也刻画得极为细致、细腻、曲折、精到，堪称心理描写的妙品："良尝闲从容步游下邳圮上，有一老父，衣褐，至良所，直堕其履圮下。(《史记论文》批："事奇。'至良所'妙，写得有意无意。")顾谓良曰：'孺子，下取履！'良愕然，(《史记论文》批："一层，")欲殴之，(批："二层")为其老，(批："三层。")强忍，(批："四层")下取履，(批："五层，写张良心事，十四字作五层写。")父曰：'履我！'良业为取履，因长跪履之。(按：写出了情势。）父以足受，笑而去。（《史记论文》批："取履、履我、足受，写老父一段洒落风神，与人自别。"）良殊大惊，随目之。父去里所，复还，曰'孺子可教矣。后五日平明，与我会此。'良因怪之，跪曰：'诺！'（《史记论文》批："写张良一段鹘突，而不觉已为倾倒。"）五日平明，良往，父已先在，怒曰：'与老人期，后，何也？'去，曰：'后五日早会。'五日鸡鸣，良往，父又先在，复怒曰：'后，何也？'去，曰：'后五日复早来。'五日，良夜未半往。有顷，父亦来，喜曰：'当如是！'出一编书，曰：'读此，则为王者师矣，后十年，兴。十三年，孺子见我济北，穀城山下黄石即我矣。'遂去，无他言，不复见。旦日，视其书，乃太公兵法也。良因异之，常习诵读之。"

（三）以心理描写为主的篇章。《史记》的有些传记，整篇都以心理描写为主，这在先秦，无论史传还是诸子著作当中都是没有见到过的；《史记》之后也少见，特别是正史范围。当然，在《史记》里这样的篇章也不多，比较有代表性的是写谋反心理的《淮南衡山王列传》和《吴王濞列传》；还有一篇《李斯列传》，着重写他向上爬和被赵高拉下水的心路历程。

《淮南衡山王列传》写谋反心理更为典型，更为细腻，也更为入骨三分，它将笔触完全指向人的心理活动。

传里写了三个谋反者：淮南厉王刘长、淮南王刘安、衡山王刘赐。

刘长是刘邦少子。传中说"厉王早失母，常附吕后。孝惠吕后时，以故得亲幸，无患害，而常心怨辟阳侯（按，即审食其），弗敢发。"《史记论文》批："虚顿一笔，前写事势，后曲写心事。"

"及孝文帝初即位，淮南王自以为最亲，骄蹇，数不奉法。上以亲故，常宽赦之。三年入朝，甚横，从上入苑囿猎，与上同车，常谓上'大兄'。"

在文帝宽纵下，骄蹇的结果，先是"自袖铁椎，椎杀辟阳侯"，为其母报仇。文帝"伤其志，为亲故，弗治"，"厉王以此归国益骄恣，不用权法，出入称警跸，称制，自为法令，拟于天子。"终至干出勾结闽越、匈奴谋反的事来。汉大臣议，长罪当弃市，文帝不忍致法，赦长死罪，迁谪蜀郡。发配路上，长谓侍者曰："吾以骄故，不闻吾过至此。人生一世间，安能邑邑如此。"乃不食死。

刘安，是刘长的长子，是全传的中心人物。写刘长，在某种意义上是为写刘安做铺垫。刘安一方面对汉有积怨（怨其父刘长被汉谪罚至死），一方面怀有篡夺野心，其谋反欲图更为强烈也更具必然性。而写他谋反心计忽而如火，忽而如水，狐疑犹豫，更是微妙入骨。

传文从"淮南王安，为人好读书、鼓琴，不喜弋猎狗马驰骋，亦欲以行阴德，拊循百姓，流誉天下。时时怨望厉王死，时欲畔逆，未有因也"写起。《史记论文》批："'亦欲''时欲'、下'心怪''心以为'等字，一篇皆曲曲写淮南心事。"

接着，"建元六年，彗星见，淮南王心怪之。或说王曰：'先吴军起时，彗星出，长数尺，然尚流血千里。今彗星长竟天，天下兵当大起。'王心以为上无太子，天下有变，诸侯并争。愈益治器械攻战具，积金钱赂遗郡国诸侯游士奇才。诸辩士为方略者，妄作妖言谄谀王，王喜，多赐金钱，而谋反滋甚。"

淮南谋反阴谋被其郎中雷被告发，诏下其事河南廷尉，逮淮南太子。"王、王后计欲无遗太子，遂发兵反，计犹豫，十余日未定。"这时，淮南王与其相因是否逮遣太子事发生矛盾，王与太子谋，汉使如果逮王，便刺杀之。"汉中尉至，王视其颜色和，讯王以斥雷被事耳。王自度无何，不发。（《史记论文》批："淮南谋反，情事所逼，势且猝发矣。忽而潜消。既潜消矣，忽又起，凡作数番写。"）中尉还，以闻，公卿治者，以安阻拦奋击匈奴者雷被等，是废格明诏，罪当弃市。诏弗许，罚以削地"。

"其后自伤曰：'吾行仁义，见削，甚耻之。'（《史记论文》批："初恐诛，后幸免，事过又自伤，写王安不定心事如见。"）然淮南王削地之后，其为反谋益甚。"

他反心入魔，迷了心窍，"诸使道（从）长安来，为妄妖言，言上无男，汉不治，即喜；即言汉廷治，有男，王怒，以为妄言，非也。"完全以幻想代替现实，颠倒是非到了神经质的程度。

于是，"王日夜与伍被、左吴等案舆地图，部署兵所从入。王曰：'上无太子，宫车即宴驾，廷臣必征胶东王不即常山王。诸侯并争，吾可以无备乎！且吾高祖孙，亲行仁义，陛下遇我厚，吾能忍之。万世之后，吾宁能北面臣事竖子乎！'"（《史记论文》批："又虚写王安心上事。再四思量，决忍不住，势又将发矣。"）

"王坐东宫，召伍被与谋，曰：'将军上。'"（《史记论文》批："前虚写王安心事，此乃突出一句，正是以前心中算定拟定，故不觉口中脱出也。"）

以下写伍被广引历史和现实例证加以谏止，先针对他所说决计谋反的话是"亡国之语"，又以"今臣亦见宫中生荆棘，露沾衣也"之语以警醒之，但他根本听不进，"王怒，系伍被父母，囚之三月"，又逼伍被为他划策。伍被又以吴楚七国之乱为喻，指出"事必不成"，又说："臣闻微子过故国而悲……今臣亦窃悲大王弃千乘之君，必且赐绝命之书，为群臣先死于东宫也。"他听到之后，"气怨结而不扬，涕满匡而横流。即起历阶而去。"（《史记论文》批："多时算就，忽被伍被一番剀切，忽又潜消。……王气结三句，不是怨艾，不是感动，直是时势如此，计画空施，不觉垂首丧气，悲来填膺耳。何入情至此哉！"）

淮南王反谋潜消后，传文又叙淮南王孙建与审食其孙卿，一个衔怨告发，一个挟嫌穷治，"辞引淮南太子及党与"。（《史记论文》批："淮南寝谋，汉廷起畔，事会所际，不知其然，天下事真有如此者，可为一叹。"）

在此情况下，"淮南王患之，欲发。"问伍被汉廷治乱，伍被据实以告，"王默然"；又问吴兴兵是非，伍被为其剖析。又设想种种方案，也被伍被否定。他又提出："苟如公言，不可侥幸邪？"缠着伍被为他做了一个制造百姓怨气的荒唐计划，"于是王乃令官奴入宫，作皇帝玺……欲如伍被计。"

可是，到了行动的节骨眼儿上，"王欲发国中兵，恐其相、二千石不听。王乃与伍被谋，先杀相、二千石。伪失火宫中，相、二千石救火，至即杀之。计未决，又欲令人衣求盗衣，持羽檄，从东方来，呼曰：'南越兵入界。'欲因以发兵。乃使人至庐江、会稽，为求盗，未发。"（《史记论文》批："左不是右不是，写王安狐疑心事。"）

此时，"上遣廷尉监，因拜淮南中尉，逮捕太子。至淮南，淮南王闻，与太子谋，召相、二千石，欲杀而发兵。召相，相至。内史以出为解。中尉曰：'臣受诏使，不得见王。'王念独杀相，而内史、中尉不来，无益也。既罢相。王犹豫，计未决。（《史记论文》批："处处写王安狐疑以至于亡。"）太子念所坐者谋刺汉中尉，所与谋者已死，以为口绝。乃谓王曰：'群臣可用者，皆前系，今无足与举事者，王以非时发，恐无功。臣愿会逮。'王亦偷欲休（《史记论文》批："忽写得烈烈轰轰，刻谋定约；忽写得犹豫未决，偷欲休。王安妄人，一钱不值。"）即许太子，太子即自刭……"

《史记论文》总评评论说："淮南王安狐疑犹豫处，只在心上写，故用'欲'字、'畏'字、'恐'字、'念'字、'亦欲'、'时欲'、'偷欲'、'计欲'、'心怪'、'心以为'、'自伤'、'耻之'及'未决'、'未发'等字，模拟绝肖，忽而如火，忽而如水，真堪一笑。"心理描写，达到如此程度，简直可以拿来当谋反心理的标本！

（衡山王刘赐，略）

《李斯列传》没把重点放在写他辅佐秦始皇统一天下的功业方面，而是把笔力放在解剖和揭示他的为人和品性上。作品的前半部分，着重写的是他在以个人利害为转移的"自处"哲学指导下，怎样通过个人奋斗，步步成功的往上爬；后半部分，着重写他时时处处一切都为个人利害着想，根本没有道义，没有大局，正是这一点被赵高看穿，所以乖乖被赵高牵着鼻子走，一步步拉下水。全文就是由这两个过程贯穿，把李斯极端利己主义的心理揭示得既淋漓尽致又深刻精微。不过它这里刻画心理，在手法上与一般有所不同，多用人物的叹息、自白和对话，尤其是后一部分，主要是通过李斯和赵高两人之间的对话来表现。值得强调的一点是，此传在心理描写上取得了一个很有价值的进展，这就是从对心绪心境的点示推进到了展开来一步一步、一层一层集中笔墨来描写一个完整的心理过程（废立问题上怎样被赵高一步步牵着鼻子走），解剖一次完整的心理转变（从原想谏止作恶变为上《论督责书》以教唆作恶，来了个一百八十度的大转弯）。

从"叙述中的随文点示"，到"一些段落集中刻画"，再到"以心理描写为主的篇章"的出现，《史记》可以说是有了成熟的心理描写，心理描写在《史记》当中已经成为一种普遍的方法和手段，并且成为刻画人物得心应手的利器。所有这些都可以说是司马迁在《史记》心理描写上的开拓之功！

正因为比起先秦著作来，《史记》在心理描写人取得如此划时代的开拓，才使得《史记》的写人，从写人写心，深入到深层人性，为《史记》写人踏上中国写人史上第一座高峰提供了坚实的支撑。

"赵氏孤儿"书写中的情与理的两维考量^①

＊本文作者高益荣。陕西师范大学文学院教授，博士生导师。

"赵氏孤儿"故事在流传过程中，司马迁的《史记·赵世家》与纪君祥的《赵氏孤儿大报仇》（以下简称《赵氏孤儿》）是这一故事发生质的变化的非常重要的两个阶段。其中最具情理因素的细节是替代孤儿死去的孩子来历的这一细节，常常被研究者忽视，或者是有意的漠视。倒是在西方话语的介入下促使我们对这一细节进行伦理层面的解读，从而有新的发现。其实，这一细节蕴含着丰富的文化意蕴，也是我们解读司马迁和纪君祥伦理文化观的钥匙。

一、《史记》首次以"孤儿"作为叙事中心

"赵氏孤儿"的本事最早于《春秋左传》《公羊传》《谷梁传》《国语》等典籍，但以《春秋左传》记述最为详细。《春秋左传·宣公二年》记载：

> 晋灵公不君，厚敛以雕墙；从台上弹人，而观其辟丸也；宰夫胹熊蹯不熟，杀之，置诸畚，使妇人载以过朝。赵盾、士季见其手，问其故，而患之。将谏，士季曰："谏而不入，则莫之继也。会请先，不入，则子继之。"三进，及溜，而后视之，曰："吾知所过矣，将改之。"稽首而对曰："人谁无过，过而能改，善莫大焉。《诗》曰：'靡不有初，鲜克有终。'夫如是，则能补过者鲜矣。君能有终，则社稷之固也，岂唯群臣赖之。又曰：'衮职有阙，惟仲山甫补之。'能补过也。君能补过，衮不废矣。"
>
> 犹不改。宣子骤谏，公患之，使鉏麑贼之。晨往，寝门辟矣，盛服将朝，尚早，坐而假寐。麑退，叹而言曰："不忘恭敬，民之主也。贼民之主，不忠。弃君之命，不信。有一于此，不如死也。"触槐而死。
>
> 秋九月，晋侯饮赵盾酒，伏甲，将攻之。其右提弥明知之，趋登，曰："臣侍君宴，过三爵，非礼也。"遂扶以下，公嗾夫獒焉。明搏而杀之。盾曰："弃人用犬，虽猛何为。"斗且出，提弥明死之。

① 项目号：（13&ZD111）"中外《史记》文学研究资料整理与研究"阶段性成果；（15XZW038）国家社科西部项目"秦腔经典文学剧本整理与研究"阶段性成果。

初,宣子田于首山,舍于翳桑,见灵辄饿,问其病。曰:"不食三日矣。"食之,舍其半。问之,曰:"宦三年矣,未知母之存否,今近焉,请以遗之。"使尽之,而为之箪食与肉,置诸橐以与之。既而与为公介,倒戟以御公徒,而免之。问何故,对曰:"翳桑之饿人也。"问其名居,不告而退,遂自亡也。

乙丑,赵穿攻灵公于桃园。宣子未出山而复。大史书曰:"赵盾弑其君。"以示于朝。宣子曰:"不然。"对曰:"子为正卿,亡不越竟,反不讨贼,非子而谁?"

宣子曰:"乌呼!'我之怀矣,自诒伊戚',其我之谓矣!"孔子曰:"董狐,古之良史也,书法不隐。赵宣子,古之良大夫也,为法受恶。惜也,越竟乃免。"

宣子使赵穿逆公子黑臀于周而立之。壬申,朝于武宫。①

由《左传》这段记述可以看出,赵盾是与晋灵公有矛盾,主要是晋灵公残暴,不守君则,胡作非为,赵盾不停进谏,引起了晋灵公的不满从而派刺客杀赵盾,但由于赵盾是贤臣,故屡次被人救,反倒是暴君晋灵公被杀。接着,《春秋左传·成公四年》记载"晋赵婴通于赵庄姬。"据杨伯峻先生解释:"赵庄姬,赵朔妻。""赵婴,赵婴齐。"② 庄姬是晋成公之女,嫁与赵盾儿子赵朔。成公四年,赵朔死后,庄姬与叔公赵婴齐私通。成公五年,赵婴被其兄赵原、赵括放逐到齐国。临行时,"婴曰:'我在,故栾氏不作;我亡,吾二昆其忧哉!且人各有能、有不能,舍我,何害?'弗听。"③ 此事引起庄姬的嫉恨,在《春秋左传·成公八年》载:

赵庄姬为赵婴之亡故,谮之于晋侯,曰:"原(同)、屏(括)将为乱。"栾、郤为证。六月,晋讨赵同、赵括,武从姬氏畜于公宫。以其田于祁奚。韩厥言于晋侯曰:"成季之勋,宣孟之忠,而无后,为善者其惧矣。三代之令王皆数百年保天之禄。夫岂无辟王,赖前哲以免也。《周书》曰:'不敢侮鳏寡。'所以明德也。"乃立武,而反其田焉。④

由《左传》这段记载可以看出,赵家被杀,起因是其家庭内部的丑事引起其兄弟间的矛盾,由于庄姬的诬告,栾氏、郤氏作伪证,晋侯听信诬陷之词,并联系到赵穿曾弑杀灵公之事,于是对赵氏满门抄斩。赵武因年幼,随母藏匿宫中幸免杀身之祸。这里尽管出现了"赵氏孤儿"赵武,但故事记述的主要人物是赵盾及其赵同、赵括、赵婴齐,赵武仅仅是连带出现的人物,更无复仇之事。

"赵氏孤儿"成为永久不朽的形象,主要得益于司马迁的《史记》。《史

① 杨伯峻:《春秋左传注》,中华书局 1981 年版,第 655 - 663 页。
② 杨伯峻、徐提:《春秋左传词典》,中华书局 1985 年版,第 827 页。
③ 杨伯峻:《春秋左传注》,中华书局 1981 年版,第 821 页。
④ 杨伯峻:《春秋左传注》,中华书局 1981 年版,第 838 页。

记·晋世家》记述此事基本与《春秋左传》相同，《史记·赵世家》对此事进行了全新的描绘：

> 灵公立十四年，益骄。赵盾骤谏，灵公弗听。及食熊蹯，胹不熟，杀宰人，持其尸出，赵盾见之。灵公由此惧，欲杀盾。盾素仁爱人，尝所食桑下饿人反扞救盾，盾以得亡。未出境，而赵穿弑灵公而立襄公弟黑臀，是为成公。赵盾复反，任国政。君子讥盾"为正卿，亡不出境，反不讨贼"，故太史书曰"赵盾弑其君"。晋景公时而赵盾卒，谥为宣孟，子朔嗣。

> 赵朔，晋景公之三年，朔为晋将下军救郑，与楚庄王战河上。朔娶晋成公姊为夫人。

> 晋景公之三年，大夫屠岸贾欲诛赵氏。初，赵盾在时，梦见叔带持要而哭，甚悲；已而笑，拊手而歌。盾卜之，兆绝而后好。赵史援占之，曰："此梦甚恶，非君之身，乃君之子，然亦君之咎。至孙，赵将世益衰。"屠岸贾者，始有宠于灵公，及至于景公而贾为司寇，将作难，乃治灵公之贼以致赵盾，遍告诸将曰："盾虽不知，犹为贼首。以臣弑君，子孙在朝，何以惩罪？请诛之。"韩厥曰："灵公遇贼，赵盾在外，吾先君以为无罪，故不诛。今诸君将诛其后，是非先君之意而今妄诛。妄诛谓之乱。臣有大事而君不闻，是无君也。"屠岸贾不听。韩厥告赵朔趣亡。朔不肯，曰："子必不绝赵祀，朔死不恨。"韩厥许诺，称疾不出。贾不请而擅与诸将攻赵氏于下宫，杀赵朔、赵同、赵括、赵婴齐，皆灭其族。

> 赵朔妻成公姊，有遗腹，走公宫匿。赵朔客曰公孙杵臼，杵臼谓朔友人程婴曰："胡不死？"程婴曰："朔之妇有遗腹，若幸而男，吾奉之；即女也，吾徐死耳。"居无何，而朔妇免身，生男。屠岸贾闻之，索于宫中。夫人置儿绔中，祝曰："赵宗灭乎，若号；即不灭，若无声。"及索，儿竟无声。已脱，程婴谓公孙杵臼曰："今一索不得，后必且复索之，奈何？"公孙杵臼曰："立孤与死孰难？"程婴曰："死易，立孤难耳。"公孙杵臼曰："赵氏先君遇子厚，子强为其难者，吾为其易者，请先死。"乃二人谋取他人婴儿负之，衣以文葆，匿山中。程婴出，谬谓诸将军曰："婴不肖，不能立赵孤。谁能与我千金，吾告赵氏孤处。"诸将皆喜，许之，发师随程婴攻公孙杵臼。杵臼谬曰："小人哉程婴！昔下宫之难不能死，与我谋匿赵氏孤儿，今又卖我。纵不能立，而忍卖之乎！"抱儿呼曰："天乎天乎！赵氏孤儿何罪！请活之，独杀杵臼可也。"请将不许，遂杀杵臼与孤儿。诸将以为赵氏孤儿良已死，皆喜。然赵氏真孤乃反在，程婴卒与俱匿山中。

> 居十五年，晋景公疾，卜之，大业之后不遂者为祟。景公问韩厥，厥知赵孤在，乃曰："大业之后在晋绝祀者，真赵氏乎？夫自中衍者皆嬴姓也。中衍人面鸟噣，降佐殷帝大戊，及周天子，皆有明德。下及幽厉无

道，而叔带去周适晋，事先君文侯，至于成公，世有立功，未尝绝祀。今吾君独灭赵宗，国人哀之，故见龟策。唯君图之。"景公问："赵尚有后子孙乎？"韩厥具以实告。于是景公乃与韩厥谋立赵孤儿，召而匿之宫中。诸将入问疾，景公因韩厥之众以胁诸将而见赵孤。赵孤曰武。诸将不得已，乃曰："昔下宫之难，屠岸贾为之，矫以君命，并命群臣。非然，孰敢作难！微君之疾，群臣固且请立赵后。今君有命，群臣之愿也。"于是召赵武、程婴遍拜诸将，遂反与程婴、赵武攻屠岸贾，灭其族。复与赵武田邑如故。①

从《晋世家》基本略同《左传》的写法，可以看出《赵世家》是司马迁有意所为。他不仅改变了这一故事的精神性质，而且将"孤儿"作为叙事的中心人物。"《左传》《战国策》写人，一受时间限制，一受空间限制。《史记》的出现使人物活动在时、空方面都大大扩展，可以跨越年代，也可以超越空间（国别），给人物形象的建立创造了有利条件。"② 司马迁描写赵氏孤儿形象就是如此，较之于《左传》有如下改动：第一，故事发生时间的变化。《左传》里，赵氏家族遭杀戮发生在晋景公十三年（公元前 587 年），《史记》将时间向前提了十年，改为"景公之三年"。第二，故事主要人物、悲剧缘由的改变。在《左传》里，主要人物除晋景公与赵氏家族外，只有韩厥，而《史记》里又增加了屠岸贾、程婴、公孙杵臼等人物。在《左传》中赵氏家族的悲剧主要是由于君臣矛盾激化而引发的，而《史记》则改为由大臣之间的矛盾冲突，即文武臣赵盾与屠岸贾之间的矛盾引发而致。第三，复仇力量的改变。在《左传》里，赵氏家族遭杀戮后，赵武和其母庄姬住在宫内，赵武最后得以继承赵氏基业主要是得力于其母庄姬和韩厥；而《史记》则改为赵氏孤儿得到公孙杵臼、程婴等人的拼死相救，程婴与其藏匿山中 15 年，赵氏孤儿最终报仇主要是靠韩厥的力量，同时利用了晋景公，不是赵氏孤儿和韩厥主动出击以复仇，而是由于晋景公有病问卜的结果。尤其是生动描述了程婴和公孙杵臼"谋取他人婴儿"以取代"赵氏孤儿"的细节更是充满传奇色彩，正如清人程余庆评"两人弄真成假，弄假成真，装模作样，叫天呼冤，千描万摹，只求一像"。③

司马迁描写"赵氏孤儿"的题材，或许来源于民间传说，"网罗天下放失旧闻，考之行事，稽其成败兴坏之理"④，也许是对战国侠义精神的向往从而将战国传说故事进行渲染而进入史册。司马迁写"孤儿"的用意，主要不在于复仇，而是在歌颂侠义精神，故将君臣矛盾修改为忠奸矛盾、正义与邪恶之

① [汉] 司马迁：《史记》，中华书局 1959 年版，第 1782 - 1785 页。

② 张新科：《史传文学中人物形象的建立——从〈左传〉到〈史记〉》，《陕西师范大学学报》1988 年第 1 期。

③ [清] 程余庆：《历代名家评注史集说》，西安：三秦出版社 2011 年版，第 616 页。

④ [汉] 班固：《汉书》，中华书局 1962 年版，第 2735 页。

争，从而使这一故事主题得到大大的升华。

二、纪君祥的再创造：程婴以子代替孤儿

自司马迁的妙笔书写之后，"赵氏孤儿"故事所表现的精神基本定型，程婴、公孙杵臼等成为被歌颂的义士。唐张守节《史记正义》记载："今河东赵氏祠先人，犹别舒一座祭二士矣。"① 可见，唐代赵氏后人依然在祭祀"不绝赵祀"的程婴、公孙杵臼二位义士。两宋时期，"赵氏孤儿"故事进一步得到广泛流传，宋赵王朝自认为其是赵氏孤儿的后人，因而对保护"孤儿"有功者不断封爵，以表对忠义者的嘉赏。尤其是北宋中后期，伴随着辽、金、元的不断入侵，赵宋王朝又需要像程婴、公孙杵臼那样的忠臣义士保卫。北宋灭亡，南渡的康王赵构做了皇帝，更是以灭族之难中的"赵氏孤儿"寻求其同情和政治上的合法性。因此，南宋皇室更是对保护赵氏孤儿的三位义士程婴、公孙杵臼、韩厥赞赏有加，不断加爵。宋高宗绍兴二年（公元 1132 年），南宋王朝祭祀程婴、公孙杵臼，绍兴十六年（公元 1146 年）封程婴为忠节信诚侯，公孙杵臼为通勇忠智侯，韩厥为定义成侯。绍兴二十七年（公元 1157 年）封程婴为忠翼强济孚佑利公，公孙杵臼为思果英略孚应博济公，韩厥为启佑公。开禧元年（公元 1205 年），封程婴为忠翼强济孚佑广利公，公孙杵臼为忠果英略孚应博济公，韩厥为启佑翊顺昭利公。南宋王朝之所以不停地表彰程婴等人的忠义之举，就是想用他们"存孤"义举激励大臣们再次为赵宋江山尽忠。尽管南宋也有自觉以"程婴存赵真公志"比拟的忠臣义士文天祥、陆秀夫等，但仍然没能挽救南宋灭亡的悲惨结局。继宋而来的元代文人纪君祥等继承了南宋人浓浓的悲剧情怀，创作了被国学大师王国维称作"列之于世界大悲剧中亦无愧色"的《赵氏孤儿大报仇》。

纪君祥的《赵氏孤儿》继承并深化了司马迁这种写作思想，并根据自己所处时代精神的需要对这一古老的故事赋予了时代精神，因此，他对《史记》的记载又作了一番改动：第一，他继承了《史记》把晋灵公与赵盾的矛盾改为屠岸贾与赵盾的矛盾，而屠岸贾陷害赵盾的目的恰恰是出于奸臣对贤良的嫉妒；第二，把韩厥称病不参与杀赵朔，改为韩厥守府门放走药箱子中装有孤儿的程婴，然后自刎，成为救孤第一位献出生命的英雄；第三，把公孙杵臼由赵朔的门客改为归农的大夫；第四，把谋取他人婴儿，改为程婴自己的亲生婴儿；第五，把赵氏孤儿隐匿山中，改为屠岸贾认孤儿为义子养在元帅府里。特别是纪君祥增加了屠岸贾扬言找不到赵氏孤儿就要把全国与赵氏孤儿大小差不多的婴儿全杀掉的情节，从而使这一故事具有了强烈的社会意义，成为了一场邪恶与正义的较量，尤其是强化了"复仇"意识，从而使戏剧的主题又大大地提升了

---

① ［汉］司马迁：《史记》，中华书局 1959 年版，第 1785 页。

一步。

从戏剧文学角度来看，纪君祥对"孤儿故事"的改写，可谓是成功的，符合戏剧需要激烈的矛盾冲突的要求，尤其是第二折"换孤"程婴和公孙杵臼商量以他的儿子取代"赵氏孤儿"："程婴云：念程婴年近四旬有五，所生一子，未经满月。假装做赵氏孤儿，等老宰辅告首与屠岸贾去，只说程婴藏着孤儿，把俺父子二人，一处身死；老宰辅慢慢的抬举的孤儿成人长大，与他父母报仇，可不好也？"结果，公孙杵臼认为自己年龄大，将养成孤儿的任务交给程婴："（正末云）程婴，你肯舍的你孩儿，倒将来交付与我，你自首告屠岸贾处，说道太平庄上公孙杵臼藏着赵氏孤儿。那屠岸贾领兵校来拿住，我和你亲儿一处而死。"①更增加了震撼人心的艺术力量。一人父亲，用自己的亲生儿子替换别人的儿子，这在精神上要承受多么大的打击！当第三折"杀假孤"时屠岸贾当着程婴的面将"假孤"（程婴儿子）连剁三剑杀死时，作为父亲其痛苦是可想而知的，但为了掩盖真相，程婴也只能"做惊疼科""掩泪科"，但戏曲通过公孙杵臼的唱词揭示了程婴巨大的悲哀："见程婴心似热油浇，泪珠儿不敢对人抛。背地里揾了，没来由割舍的亲生骨肉吃三刀"②，这确实大大地增加了戏剧的悲剧力量，也使程婴、公孙杵臼形象更加光辉照人。在"父为子纲"的中国的伦理层面，"以自己儿子替代孤儿死"似乎是合乎情理的事，所以"赵氏孤儿"书写从纪君祥后几乎成为固定模式。明人徐元的《八义记》、秦腔传统戏《八义图》、马健翎历史改编剧《赵氏孤儿》等，都沿用这一情节，使人们反倒认为纪君祥这一改动较之于《史记》成为神来之笔了。

三、"换孤"书写：情与理的考量

对"换孤"书写产生新的解释是随着《赵氏孤儿》传入西方，被翻译为法、德等文字，受到法国大思想家、大文豪伏尔泰、德国大文学家歌德等的重视，并先后将其改写为《中国孤儿》（1755 年）和《埃尔佩诺》。他们在对这一题材改写时却表现出与原作不同的关注点，如德国汉学家顾彬所说："《赵氏孤儿》这个主题在西方国家比在中国更受青睐，究其原因，是人们对事物的看法不同。原文中复仇观念占主导地位，西方的译者和改编者则关注伦理问题，这问题就是：在极端的生活环境中，自己的孩子，他人的孩子，究竟哪个更重要。"③随着西方理论的大面积介入，于是促使国人对这一古老故事的不断改写，试图对程婴献子作出种种合乎情理的解释，以著名话剧导演李兆华的话剧《赵氏孤儿》、陈凯歌的电影《赵氏孤儿》、陈涌泉的豫剧《程婴救孤》和剧作

---

① 王学奇主编：《元曲选校注》，石家庄：河北教育出版社 1994 年版，第 3731 页。
② 王学奇主编：《元曲选校注》，石家庄：河北教育出版社 1994 年版，第 3742 页。
③ 顾彬著：《中国传统戏剧》黄明嘉译，上海：华东师范大学出版社 2011 年版，第 73 页。

家郑怀兴的剧本《失子记》为代表。这些个作品，试图从不同方面化解程婴献子的伦理尴尬，但都存在其改写的不足。回到问题的原点，反倒是司马迁让程婴谋取他人婴儿，表现出他超时代的伦理考量。

1. 伏尔泰《中国孤儿》提出的情理思考

1755 年，伏尔泰在根据马若瑟译著写出了五幕剧《中国孤儿》，将故事的背景安排在成吉思汗时期。成吉思汗大兵南下，南宋溃不成军，南宋最后一个皇帝临死前把自己的儿子托付给大臣臧惕（Zanti），此事不久败露，成吉思汗为了斩草除根，到处搜捕宋室孤儿。臧惕于是决定用自己的儿子冒名顶替宋室孤儿。可是他的妻子伊达美（Idame）虽同意救孤儿，但坚决反对用自己的孩子冒充孤儿，她直接找成吉思汗说出实情，以求保住儿子的性命。早年成吉思汗曾经游历燕京，迷恋上伊达美，但她的父亲嫌成吉思汗是少数民族没有答应这桩婚事。现在，成吉思汗便以伊达美的丈夫、儿子和宋室孤儿的生命为要挟，逼迫她答应嫁给他。伊达美毫不犹豫地拒绝了成吉思汗的要求，她的丈夫本着忠于宋室的精神也劝她答应成吉思汗的条件，可伊达美却劝丈夫与自己一起自杀以报答宋室。成吉思汗被她的这种大无畏精神所感动，他既震惊，又感动，于是便下令赦免了臧惕夫妇，收宋室孤儿为义子，并恳求臧惕留在宫中以中原的高度文明教化元朝百官。

由此可以看出，伏尔泰的《中国孤儿》基本情节与纪君祥的《赵氏孤儿》有顺承关系，但"《赵氏孤儿》里的关键性情节——换孤，在伏尔泰这里受到了否决"，"两相比较，《赵氏孤儿》闪耀着意志的冷光，《中国孤儿》散发着情感的热量。"① 《赵氏孤儿》诠释的是中国传统的"忠义观"，故让主人公舍生取义，牺牲自己感情以至孩子性命，成就凛然大义和浩然长存的正义。而伏尔泰的《中国孤儿》却淡化所谓的带有血腥杀戮味道的封建"正义"，而重点突出人物的情感纠葛，尤其是生动地塑造了"理性"的化身伊达美，表现的是在文化视角下对人物的家庭情感的关注。因此，受其影响，才促使我们对"换孤"细节从情理上的反思，突然顿悟：司马迁让程婴"谋取他人婴儿"似乎更合乎人之情理，它消解了存在父亲程婴心里的情理两难的抉择，尽管这种描述仍然与伏尔泰的人性理论有很大的距离。

2. "谋取别人婴儿"是司马迁的有意为之

刘勰说："文变染乎世情，兴废系乎时序。"② "赵氏孤儿"故事在司马迁和纪君祥笔下不同的改写正是他们所处的时代使然。纪君祥所处的元代，是中国历史上第一个由异族入主中原而建立的封建王朝，蒙古人实行民族等级制，往日处于统治地位的汉族沦为被压迫奴役的地位，广大知识分子地位一落千丈，处于"八娼九儒十丐"地位，故作为文人之一的纪君祥借用"赵氏孤儿"

---

① 余秋雨：《中国戏剧史》，武汉：长江文艺出版社 2013 年版，第 117 页。
② 周振甫：《文心雕龙注释》，北京：人民文学出版社 1981 年版，第 479 页。

这一古老故事主要要表达元人恢复赵宋的理想，故强化复仇意识。加之，戏剧需要激烈的矛盾冲突，故纪君祥将《史记·赵世家》中"程婴谋取别人婴儿"改为"程婴弃子"，这的确增加了戏剧的悲剧性，但也存在着血淋淋的对人物的父子亲情拷问，确实令人难以接受。

司马迁所处的汉武帝时期，是一个所谓的盛世。经历了汉初"文景之治"的养精蓄锐，到汉武帝时期社会经济繁荣，对匈奴战争取得胜利，彻底解决了大汉的边患。在思想文化上，"罢黜百家，独尊儒术"，儒家的"仁义礼智信"等观念逐渐深入人心。加之汉武帝是一代具有雄才大略的帝王，此时君臣矛盾退居台后，文武重臣间的矛盾屡屡发生，司马迁对"赵氏孤儿"故事的改写正是他所处时代观念的反应。司马迁不再像《左传》那样反映君臣矛盾，而是重点演绎大臣间的残杀，并借此彰显儒家的"忠信""正义""仁义"等观念。然而司马迁并没有让程婴献出自己的儿子，而是"谋取他人婴儿"，难道司马迁不知道儒家强调的"三纲五常""父要子死子不得不死"等伦理观念？显然不是，这种处理恰恰表现出司马迁信奉儒家伦理，但又更看重宗法制时父子间的血浓于水的亲情。在《史记》里司马迁也记载了诸多父亲决定儿子生命的故事：

> 厉王出奔于彘。厉王太子静匿召公之家，国人闻之，乃围之。召公曰："昔吾骤谏王，王不从，以及此难也。今杀王太子，王其以我为雠而怼怒乎？夫事君者，险而不雠怼，怨而不怒，况事王乎！"乃以其子代王太子，太子竟得脱。《史记·周本纪》

> 管仲病，桓公问曰："群臣谁可相者？"管仲曰："知臣莫如君。"公曰："易牙如何？"对曰："杀子以适君，非人情，不可。"公曰："开方如何？"对曰："倍亲以适君，非人情，难近。"公曰："竖刀如何？"对曰："自宫以适君，非人情，难亲。"

> 管仲死，而桓公不用管仲言，卒近用三子，三子专权……齐桓公卒。易牙入，与竖刀因内宠杀群吏，而立公子无诡。《史记·齐太公世家》

在第一则引文中，司马迁只是记述召公用自己儿子代替王太子的事实，未作评述，但在叙述中仍然让读者感觉到这位曾经谏厉王弭谤的召公的冷酷。在第二则引文里，可以看出司马迁借管仲之口，对无亲情者进行有力的鞭挞。尤其是易牙之行径，没有一丝为人父之味道！贼子入朝是乱臣，杀子之父入朝更是乱臣。《史记》"正义"引颜师古语："竖刀、易牙皆齐桓公臣。管仲有病，桓公往问之，曰：'将何以教寡人？'管仲曰：'愿君远易牙、竖刀。'公曰：'易牙烹其子以快寡人，尚可疑邪？'对曰：'人之情非不爱其子也，其子之忍，又将何爱于君。'公曰：'诺。'管仲遂尽逐之，而公食不甘心不怡者三年。公曰：'仲父不已过乎？'于是皆即召反。明年，公有病，易牙、竖刀相与作乱，塞宫门，筑高墙，不通人。"结果齐桓公被饿死在寿宫，在司马迁的伦理观里他认为父子之情是人间至情，一个别有用心之徒为私欲居然将自己的儿子蒸熟献给国君,其必然是乱臣贼子。韩非子对易牙蒸子也有记述:"公曰:'然则易牙何如?'管仲曰:'不可。夫易牙为君主味,君之所未尝食唯人肉耳,易牙蒸其子首而进之,君所知也。人之情莫不爱其子,今蒸其子以为膳于君,其子弗爱又安能爱君乎?'"①《管子·小称》也有类似记载,可见易牙蒸子事件确有其事,司马迁记载此事也是在史实的基础上写的。照此理推论,司马迁完全可以像纪君祥那样写成程婴用自己儿子取代孤儿,可见,《史记》的"程婴谋取他人婴儿"是司马迁的有意所为,绝不是他的疏忽,这恰恰隐含着司马迁看重父子亲情的伦理观。

3. "谋取他人婴儿"折射出司马迁对儒家"忠义"观的情理考量

司马迁是董仲舒的学生,他的思想核心是儒家思想,尽管他也曾说过"考信于六艺","折中于夫子"之类的话,但他绝对不是完全以圣人的观念作为自己审视历史人物、描写历史事件的准绳。"司马迁的道德价值观出于孔子,扬其所长,但又高于孔子,弃其所短。《史记》中道德价值以独立自律的面貌出现在历史舞台上,并发挥其真正的道德评判作用。"② 他尊崇儒家的"忠义"等伦理观念,但在具体的人物描述中又具有其独立的评判准则,尤其是涉及到亲情的书写时更是如此。李泽厚先生说:"孔子和儒家一直强调以'亲子之情(孝)',作为最后实在的伦常关系以建立'人'—'仁'的根本,并由亲子、君臣、兄弟、夫妇、朋友'五伦关系',辐射交织而组成和构建各种社会性——宗教性感情,作为'本体'所在。"③"五伦"是儒家伦理的基础,如孟子所说"父子有亲,君臣有义,夫妇有别,长幼有序,朋友有信"④,连圣人也是明确认为父子间主要是"有亲"。司马迁对此是非常清楚的,所以他在描述关乎父子间事情时既有儒家伦理的考量,也有亲情的诉求,这种似乎矛盾的心态就显现在"程婴谋取他人婴儿"的书写上。儒家的"三纲"伦理观是建立在以血缘为基础的社会层面上,要求子对于父、臣对于君、妇对于夫的绝对服从和依附,前者对后者的绝对支配,而后者无条件地接受前者的安排,完全失去其独立的人格以顺其主,司马迁笔下的"尝与公卿约议,至上前皆背其约以顺上旨"的公孙弘和"一生侍十主、皆面谀得亲贵"的叔孙通就是这样的人物。司马迁是位具有独立思考的良史,又是极具人情味的超乎他所处时代、具有西方人学重视人的个体生命价值的伦理学家。他本来完全可以像纪君祥那样描写,让程婴弃子而成就他的忠义之名,选择儒家伦理规范,做一个大义凛然的门客,而放弃了作为慈父的义务。显然,司马迁否定了这种选择。他既要把程婴写成"忠义"的门客,又要他不失父亲的仁慈,变成易牙般的禽兽,"谋取他人婴儿"是"情"与"理"两维考量的两全其美的选择。

① 韩非子校注组:《韩非子校注》,南京:江苏人民出版社1982年版,第96页。
② 李泽厚:《论语今谈》,合肥:安徽文艺出版社1998年版,第79页。
③ 王成军:《中西文化的异同与司马迁的人文观》,《陕西师范大学学报》1996年第2期。
④ [宋]朱熹:《四书章句集注》,北京:中华书局1983年版,第259页。

　　另外，司马迁与其父司马谈的父子情深使他很难想象一位仁爱的父亲为救别人的儿子会毫不顾忌自己儿子生命的失去。人格心理学家普汶说："父母在抚养子女长大的过程中除了既定的子女教育方式以外，也将自己的人格表现在其中。"[1] 孩子受父亲影响最大，司马迁写《史记》正是受父亲司马谈的影响和精神传承。司马谈是一位有胆识、有爱心的正直史学家，在血缘上，他是司马迁的父亲；在事业上，他是司马迁的良师益友。正是这种充满着浓浓亲情使司马迁感受到了人间的温暖，化作了《史记》里面对人物评价往往凸显"情"的因素。如在《项羽本纪》里写开国皇帝刘邦上对父亲下对儿女的无情。"汉王道逢得孝惠、鲁元，乃车载行。楚骑追汉王，汉王急，推堕孝惠、鲁元车下，滕公常下收载之。如是者三。曰："虽急不可以驱，奈何弃之？"于是遂得脱。"（项羽）"为高俎，置太公其上，告汉王曰：'今不急下，吾烹太公。'汉王曰：'吾与项羽俱北面受命怀王，曰'约为兄弟'，吾翁即若翁，必欲烹而翁，则幸分我一杯羹。'项王怒，欲杀之。项伯曰：'天下事未可知，且为天下者不顾家，虽杀之无益，祇益祸耳。'项王从之。"在《商君列传》："太史公曰：商君，天资刻薄人也。……不师赵良之言，亦足发明商君之少恩矣。余尝读商君开塞耕战书，与其人行事相类。卒受恶名于秦，有以也夫！"司马迁认为商鞅为人无情，虽然对秦国有功，但最后受到处置，留有恶名，也可以说是咎由自取。因此，司马迁在《礼书》开篇便说："余至大行礼官，观三代损益，乃知缘人情而制礼，依人性而作仪，其所由来尚矣。"他认为"礼仪"就是顺着人情而制定的，这的确是具有超时代眼光的远见。可以说，司马迁的伦理观是具有进步意义的。这也是我们分析"赵氏孤儿"故事里"程婴谋取他人婴儿"细节所蕴含的特殊意义之所在。

---

① ［美］普汶：《人格心理学》郑慧玲编译，台北：台湾桂冠图书股份有限公司 1988 年版，第 38 页。

相如文君故事的衍变与重构

* 本文作者张诗芳。陕西师范大学博士。

一、从司马相如《自叙》到《司马相如列传》

司马相如与卓文君的爱情故事最早见载于《史记》卷一百一十七《司马相如列传》，关于这段热闹而精彩的爱情故事，司马迁可谓进行了详实而生动地描述。

> 会梁孝王卒，相如归，而家贫，无以自业。素与临邛令王吉相善，吉曰："长卿久宦游不遂，而来过我。"于是相如往，舍都亭。临邛令缪为恭敬，日往朝相如。相如初尚见之，后称病，使从者谢吉，吉愈益谨肃。临邛中多富人，而卓王孙家僮八百人，程郑亦数百人，二人乃相谓曰："令有贵客，为具召之。"并召令。令既至，卓氏客以百数。至日中，谒司马长卿，长卿谢病不能往，临邛令不敢尝食，自往迎相如。相如不得已，强往，一坐尽倾。酒酣，临邛令前奏琴曰："窃闻长卿好之，愿以自娱。"相如辞谢，为鼓一再行。是时卓王孙有女文君新寡，好音，故相如缪与令相重，而以琴心挑之。相如之临邛，从车骑，雍容闲雅甚都；及饮卓氏，弄琴，文君窃从户窥之，心悦而好之，恐不得当也。既罢，相如乃使人重赐文君侍者通殷勤。文君夜亡奔相如，相如乃与驰归成都。家居徒四壁立。卓王孙大怒曰："女至不材，我不忍杀，不分一钱也。"人或谓王孙，王孙终不听。文君久之不乐，曰："长卿第俱如临邛，从昆弟假贷犹足为生，何至自苦如此！"相如与俱之临邛，尽卖其车骑，买一酒舍沽酒，而令文君当垆。相如身自著犊鼻裈，与保庸杂作，涤器于市中。卓王孙闻而耻之，为杜门不出。昆弟诸公更谓王孙曰："有一男两女，所不足者非财也。今文君已失身于司马长卿，长卿故倦游，虽贫，其人材足依也，且又令客，独奈何相辱如此！"卓王孙不得已，分予文君僮百人，钱百万，及其嫁时衣被财物。文君乃与相如归成都，买田宅，为富人。①

---

① [汉]司马迁撰，中华书局编辑部点校：《史记》卷一百一十七《司马相如列传》，中华书局1982年版，第3000-3001页。

这是目前可见的关于相如文君爱情故事的最早记载。有学者考证，《史记・司马相如列传》主要取材于司马相如《自叙》①，惜《自叙》早已散佚。刘知几《史通・序传》中提及"盖作者自叙，其流出于中古乎？案屈原《离骚经》，其首章上陈氏族，下列祖考，先述厥生，次显名字。自叙发迹，实基于此。降及司马相如，始以自叙为传。然其所叙者，但记自少及长，立身行事而已。"② 关于司马相如的《自叙》，浦起龙有言"证之后史，知其言固有本。《隋书・刘炫传》自为赞曰：通儒司马相如、扬子云、马季长、郑康成等，皆自叙风徽，传芳来叶云云。盖子玄之前，古人已言之矣。"③《史通・杂说上》又称"马卿为《自叙传》，具在其集中。子长因录斯篇，即为列传，班氏仍旧，曾无改夺。"刘知几对二者进行比较，可知《自叙》于当时尚存。

清代学者张燮《七十二家集・司马文园集》卷二《自叙传》附记中提到"《自叙传》应至'相如既病免，家居茂陵'为止，此后别有结束，惜今不传……《史通》之意，直以后人序传皆作祖于相如，断非影响，而俗儒多以亡奔涤器等事，胡不少讳，以此为非马卿笔。不知马卿正自述慢世一段光景，委曲周至，他人不能代之写照阿堵中也。又按《南史》云：'古之名人，相如、孟坚、子长皆自叙风流，传芳末世。'则言此文之出相如手，非一人矣。"④ 此段文字后被张溥编辑《汉魏六朝百三家集・司马文园集》时照录之，影响深远，更加证实了《司马相如列传》中记载的生平事迹取之于司马相如《自叙》，虽然《自叙》并未见于《司马相如列传》，但其必然为司马迁取材提供了重要的依据。

《史通・序传》言："自叙之为义也，苟能隐己之短，称其所长，斯言不谬，即为实录。而相如自序，乃记其客游临邛，窃妻卓氏，以《春秋》所讳，持为美谈。虽事或非虚，而理无可取，载之于传，不其愧乎！"⑤ 暂且不论刘知几对相如文君之事所做出的"理无可取""不其愧乎"之评价，单从"实录""事或非虚"等字眼，亦可知这段充满传奇色彩的爱情故事当是真实存在的。

另外，司马相如因献赋而声名远播，司马迁对其高度肯定与赞扬，《司马相如列传》载录其辞赋作品达到七篇之多，成为《史记》中篇幅最长的一篇传记。亦有学者求证"两司马"同宗共祖的几率极大，并且司马迁也有见到司马相如的可能性⑥，从而进一步增加了相如文君故事的相对真实性。

---

① 参看房锐：《关于〈史记・司马相如列传〉与司马相如〈自叙〉关系之探讨》，《中华文化论丛》2007 年第 3 期。

② ［唐］刘知几撰，［清］浦起龙通释：《史通》，上海古籍出版社 2015 年版，第 233 页。

③ ［唐］刘知几撰，［清］浦起龙通释：《史通》，上海古籍出版社 2015 年版，第 237 页。

④ 踪凡编：《司马相如资料汇编・六　明代・张燮》，中华书局 2008 年版，第 261 页。

⑤ ［唐］刘知几撰，［清］浦起龙通释：《史通》，上海古籍出版社 2015 年版，第 234 页。

⑥ 参看马予静：《两汉文章两司马——〈史记・司马相如列传〉考论》，《河南大学学报》2005 年第 6 期。

二、相如文君故事之衍变

《司马相如列传》取之于司马相如《自叙》，司马迁将其润饰加工载入《史记》。相如文君故事也因之具备了基本框架，成为中国文学史上才子佳人故事的起源。"琴挑"、"私奔"等相关情节也常为后世小说戏曲叙事提供一定的范式。

汉代之后，相如文君故事以各类形式被重新演绎和塑造，因而又增加了不少精彩的情节。晋代葛洪《西京杂记》卷二记述了相如文君返还成都后，"居贫愁懑，以所着鹔鹴裘就市人阳昌贳酒，与文君为欢。既而文君抱颈而泣曰：'我平生富足，今乃以衣裘贳酒。'遂相与谋于成都卖酒。相如亲着犊鼻裈涤器，以耻王孙。王孙果以为病，乃厚给文君，文君遂为富人"[1]，此段情节的叙述使文君的性格及人物形象都得到极大丰富。且对文君的容貌有了详细描绘，"文君姣好，眉色如望远山，脸际常若芙蓉，肌肤柔滑如脂。十七而寡，为人放诞风流，故悦长卿之才而越礼焉。长卿素有消渴疾，及还成都，悦文君之色，遂以发痼疾。乃作《美人赋》，欲以自刺，而终不能改。卒以此疾至死。文君为诔，传于世"[2]，《史记》中关于相如文君故事的描写是以相如为叙事的中心人物，文君的形象略显单调，而此处通过增饰文君的动作、语言、形貌等方面，使其生动起来。《西京杂记》卷三中加入了"茂陵女"这一角色，"司马相如将聘茂陵人女为妾，卓文君作《白头吟》以自绝，相如乃止。"[3] 东晋常璩《华阳国志·蜀志》有"城北十里有升仙桥，有送客观。司马相如初入长安，题市门曰：'不乘赤车驷马，不过汝下'也。"[4] 此则文字记载了相如"题桥誓志"的情节。此外，傅玄在《琴赋序》中称"司马相如有绿绮"[5]，知相如有名琴曰绿绮，从而为"琴挑"之事又增添了几分风流韵味。南朝梁萧统编著的《文选》第十六卷录《长门赋》，其中有序言："孝武皇帝陈皇后时得幸，颇妒。别在长门宫，愁闷悲思。闻蜀郡成都司马相如天下工为文，奉黄金百斤为相如文君取酒，因于解悲愁之辞。而相如为文以悟主上，陈皇后复得亲幸"[6]。失宠的陈皇后因《长门赋》而复得宠幸，此段细节从侧面渲染了司马相如的赋作水平的确绝佳，也因此有了"千金买赋"这一故事情节。南朝时徐陵所编《玉台新咏》卷一载有《皑如山上雪》（一作《白头吟》），诗曰："皑如

---

① ［晋］葛洪撰，周天游校注：《西京杂记》，三秦出版社 2006 年版，第 82 - 83 页。
② ［晋］葛洪撰，周天游校注：《西京杂记》，三秦出版社 2006 年版，第 83 页。
③ ［晋］葛洪撰，周天游校注：《西京杂记》，三秦出版社 2006 年版，第 156 页。
④ ［晋］常璩撰，刘琳校注：《华阳国志校注》，巴蜀书社 1984 年版，第 227 页。
⑤ 赵光勇、王建域《〈傅子〉〈傅玄集〉辑注》，陕西师范大学出版总社 2014 年版，第 264 页。
⑥ ［南朝梁］萧统编，［唐］李善注：《文选》，上海古籍出版社 1986 年版，第 712 页。

山上雪，皎若云间月。闻君有两意，故来相诀绝。今日斗酒会，明旦沟水头。
躞蹀御沟上，沟水东西流。凄凄复凄凄，嫁娶不须啼。愿得一心人，白头不相
离。竹竿何袅袅，鱼尾何簁簁。男儿重意气，何用钱刀为！"诗前题解有"古
辞《白头吟》有二首，一首本辞，或作卓文君诗"。① 卷九载有《琴歌》二首，
并有序云："司马相如游临邛，富人卓王孙有女文君新寡，窃于壁间窥之，相
如鼓琴，歌以挑之"②。《琴歌》即广为人知的《凤求凰》，此处仅选录其一如
下："凤兮凤兮归故乡。遨游四海求其凰。时未通遇无所将。何悟今夕升斯堂。
有艳淑女在此方，室迩人遐毒我肠。何缘交颈为鸳鸯？"③ 诗歌内容非但绝无
半点突兀，反倒与故事紧密贴合，令情节愈显完满。

　　"绝对的历史真实是不存在的，而艺术真实本也是一个相对的概念。无论
历史，还是有关历史的艺术文本，都既有真实的因素，也有想象、虚构的一
面，它们不是对立的，而应该在文化艺术创作的历史想象中有机地结合在一
起，共同影响、规范着创作过程中的历史想象，真正展示历史意识形态意义和
价值观念"④。尽管上述《长门赋》、《白头吟》、《琴歌》等作皆未详见于《司
马相如列传》，且这些作品的作者尚有争论⑤，历来说法不一，学者对此有诸
多考证，多认为并非文君或相如所作，而是在后世故事流传中附会到二人身
上。但此类作品的增饰完全符合生活逻辑及人物性格的发展，且为相如文君故
事的流传在细节上锦上添花。

　　至此，相如文君故事情节大致定型，具备了后世广为流传的故事素材——
琴挑、私奔、当垆涤器、题桥誓志、献赋荣升、以裘贳酒、千金买赋、茂陵婚
变、白头苦吟等。《〈文选〉序》有言："若夫椎轮为大辂之始，大辂宁有椎轮
之质；增冰为积水所成，积水曾微增冰之凛。何哉？盖踵其事而增华，变其本
而加厉；物既有之，文亦宜然"⑥。相如文君故事正是在一系列演变过程中情
节逐步丰富，发展脉络递次清晰，人物形象与性格特征亦愈加生动而鲜明，后
世相如文君故事也基本皆是与既有的情节一脉相承，一以贯之。

　　① 关于《白头吟》是否为文君所作，王季思先生对此持否定态度，认为"西汉时期还不可
能产生这样完整的五言诗，它当然不会是文君所作的"《玉轮轩曲论新编》，中华书局 1980 年版，
第 18 页。
　　② 〔南朝陈〕徐陵编，〔清〕吴兆宜注，〔清〕程琰删补，穆克宏点校：《玉台新咏笺注》，中
华书局 1985 年版，第 389 页。
　　③ 〔南朝陈〕徐陵编，〔清〕吴兆宜注，〔清〕程琰删补，穆克宏点校：《玉台新咏笺注》，中
华书局 1985 年版，第 389 页。
　　④ 隋岩著：《媒介文化与传播》，中国广播影视出版社 2015 年版，第 171 页。
　　⑤ 关于《长门赋》作者，顾炎武在《日知录》中表示"而《长门赋》所云'陈皇后复得幸'
者，亦本无其事。俳谐之文，不当与之庄论矣"。后又标有原注曰："《长门赋》乃后人托名之作。
相如以元狩五年卒，安得言孝武皇帝哉？"见（清）顾炎武著，栾保群、吕宗力校点：《日知录集
释》（下），上海古籍出版社 2014 年版，第 439 页。
　　⑥ 〔南朝梁〕萧统编，〔唐〕李善注：《文选》，上海古籍出版社 1986 年版，第 1 页。

通过对有关资料的搜集整理可知，在相如文君故事被广泛运用到戏曲中之前，在史书、杂记、类书、诗词歌赋、话本、笔记小说等诸多艺术形式中皆能寻觅到与相如文君相关的作品，此处仅对此进行简略梳理，不做详论。如《北堂书钞》、《艺文类聚》、《太平御览》、《类说》、《太平广记》、《册府元龟》等中皆有多处收录与相如文君相关的情节片段。而在诗词歌赋之中，更是将其作为典故加以广泛引用。

经过历朝历代各类体裁对相如文君故事的演绎，使得题材更显曲折完备，人物形象愈加立体，逐步实现了从史传内容到戏曲母题的衍变。元明清敷演相如文君题材的戏曲作品可谓蔚为大观，根据《录鬼簿》、《元曲选目》、《太和正音谱》《曲品》、《远山堂曲品剧品》等典籍中记载的相关剧目，以及结合《古典戏曲存目汇考》、《元明杂剧总目考略》、《曲录》、《古本戏曲剧目提要》、《曲海总目提要》、《传奇汇考标目》、《今乐考证》等相关考论进行不完全统计，元代相如文君戏曲约有 7 种，其中杂剧 5 种，传奇 2 种①，惜这些剧本今皆散佚。明代相如文君戏曲约有 15 种，其中杂剧 7 种、传奇 8 种。现存 8 种（含残存）②。有杂剧 4 种：朱权《卓文君私奔相如》、无名氏《司马相如题桥记》、叶宪祖《琴心雅调》、许潮《汉相如昼锦归西蜀》；有传奇（含残存）4 种，分别为：杨柔胜《绿绮记》（残）、陈玉蟾《凤求凰》、孙柚《琴心记》、韩上桂《凌云记》。清代相关戏曲约有 12 种，其中杂剧 3 种、传奇 9 种。现存 8 种③，有杂剧 2 种，即舒位《卓女当垆》、叶奕苞《长门赋》；有传奇 6 种，分别为：袁于令《鹔鷞裘》、朱瑞图《封禅书》、黄燮清《茂陵弦》、许树棠《鹔鷞裘》、朱凤森《才人福》、椿轩居士《凤凰琴》。

元明清时期，以相如文君故事为题材的戏曲作品情况大致如上，数量可观，思想内容亦异彩纷呈，本文仅取其中一部明杂剧——朱权所作《卓文君私奔相如》，试阐述其对《司马相如列传》的重构及其背后的伦理道德观念。

三、《卓文君私奔相如》对相如文君故事的重构

朱权（1378—1448）是明太祖朱元璋十七子，深受其父偏爱与器重。洪武二十四年（1391）被封于塞北大宁（今内蒙宁城大明镇），封号宁王，此时的

---

① 据庄一拂：《古典戏曲存目汇考》等著考论，元代相关杂剧有：关汉卿《升仙桥相如题柱、孙仲章《卓文君白头吟》、屈恭之《升仙桥相如题柱》、范居中、施惠、黄天泽、沈珙四人合作《鹔鷞裘》、无名氏《卓文君驾车》；传奇有：无名氏《司马相如题桥记》《风月亭》。

② 散佚的明代有关剧本中杂剧有：汤式《风月瑞仙亭》、无名氏《鸳鸯会》、无名氏《汉相如四喜俱全记》；传奇有：陆济之《题桥记》、陈贞贻《当垆记》、徐复祚《题桥记》、无名氏《风月亭》。

③ 散佚的清代有关剧本中杂剧有：吴孝绪《鹔鷞裘》；传奇有：钱文伟《远山眉》、程琼《风月亭》、李栋《犊鼻裈》。

他可谓集文韬武略于一身，统领重兵，保卫着长城以北的广袤地域。建文元年（1399），朱权的命运遭遇剧变，朱元璋去世，建文帝继位，燕王朱棣发动政变，挟持朱权参加了"靖难之役"。朱棣称帝后，朱权被改封南昌，且朱棣及其子孙始终对朱权戒备和压制，因而朱权必须放弃其之前曾有的雄心壮志，采取另一种生存方式——隐逸学道，并进而开辟了新的事业领域——文化建设。他一生著述宏富，在历史哲学、文学艺术、宗教杂记等诸多方面皆有涉猎且颇有建树，其中最有价值的即他的杂剧创作与戏曲理论，现存杂剧两种《卓文君私奔相如》和《冲漠子独步大罗天》，戏曲理论论著一种，即《太和正音谱》。①

明代，朱元璋在政治上重建了华夏大一统，大力提倡恢复儒家正统文化的精神权威，大兴公私学校教育，强化科举取士制度，科举考试科目"专取四子书及《易》、《书》、《诗》、《春秋》、《礼记》五经命题试士……其文略仿宋经义，然代古人语气为之"，② 可见要求文人恪守儒家经义，限制思想自由，直接导致思想文化领域极度萧索，"以道德说教、歌功颂德、粉饰太平为主要内容而在艺术上平庸虚假的作品，成为文学的主流"。③ 朱元璋、朱棣多次颁布律令榜文，严格规定戏剧的内容及演出，洪武二十二年（1389）榜文规定："娼优演剧，除神仙、义夫、节妇、孝子、顺孙、劝人为善，及欢乐、太平不禁外，如有亵渎帝王圣贤，法司拿究"④。永乐九年（1411 年）又有更加严厉的规定，除上述律令严格执行外，"敢有收藏、传诵、印卖，一时拿送法司究治。奉旨：'但这等词曲，出榜后，限他五日，都要干净，将赴官烧毁了。敢有收藏的，全家杀了。'"⑤ 在戏曲创作方面，必然要求其具有封建教化之导向。明初的杂剧逐渐宫廷化、贵族化，朱权和侄子朱有燉即宫廷剧作家，虽然朱权成就突出显现在其戏曲理论方面，但理论必定是与创作实践紧密结合的。朱权的文学观念很明显受儒家诗教的影响，他在《太和正音谱·自序》中写道：礼乐之盛，声教之美，薄海内外，莫不咸被仁风于帝泽也，于今三十有余载矣。近而侯甸郡邑，远而山林荒服，老幼聩盲，讴歌鼓舞，皆乐我皇明之治。"⑥ 又于《杂剧十二科》中表示"良家之子，有通于音律者，又生当太平之盛，乐雍熙之治，欲返古感今，以饰太平"⑦ 这是带有功利目的的戏曲观，较为明确地表现出他的政治立场，强调了戏曲感化人心、教化社会的作用，使

① 参看（明）朱权著，姚品文点校、笺评：《太和正音谱笺评》，中华书局 2010 年版，第 21 - 22 页。

② ［清］张廷玉等撰，中华书局编辑部点校：《明史》卷七十《选举志》，中华书局 1974 年版，第 1693 页。

③ 章培恒、骆玉明：《中国文学史》，复旦大学出版社 1996 年版，第 215 页。

④ ［清］董含撰，致之点校：《三冈识略》，辽宁教育出版社 2001 年版，第 24 页。

⑤ ［明］顾起元撰：《客座赘语》卷十《国初榜文》，上海古籍出版社 2012 年版，第 232 页。

⑥ ［明］朱权著，姚品文点校、笺评：《太和正音谱笺评》，中华书局 2010 年版，第 1 页。

⑦ ［明］朱权著，姚品文点校、笺评：《太和正音谱笺评》，中华书局 2010 年版，第 39 页。

其为皇权服务。

元代相如文君戏皆散佚，朱权的《卓文君私奔相如》是现存最早的相如文君戏，此剧为末本，现存脉望馆钞校于小榖本，有四折一楔子，题目作："蜀太守杨戈后从，成都令负弩前驱。"正名为："陈皇后千金买赋，卓文君私奔相如。"另外还有王季烈校刊《孤本元明杂剧》本，《古本戏曲丛刊》四集影印本，周贻白选注《明人杂剧选》本。王季烈对此剧评价曰："有元人之古朴，而无元人粗野之弊。有明之工丽，而无明人堆砌之病，虽关白马郑，无以过焉"。① 据考证，该剧当作于建文时期②，剧本主要讲述司马相如壮志满怀却命蹇时乖，卓王孙听闻其美名，便想给他一些资助，以期他日后显贵，还能做个"旧日之交"。相如闻知文君才貌双全且"新寡"，欲以琴心挑之。借宿卓宅，席间卓王孙请鼓琴，相如奏凤求凰曲。文君亦久闻相如为"天下之奇士"，匿于屏风后窃窥之，被相如察觉。入夜，相如于竹间抚琴，文君潜入花下偷听，二人互诉衷情，文君为相如驾车，相携私奔而去。卓王孙派院公追赶，并言明若文君驾车便任其离去。二人归成都，家徒四壁，便至临邛卖酒，偶遇以卖柴为生的故交李孝先，同样志存高远而怀才不遇。否极泰来，武帝称赏相如的赋，陈皇后遣人千金买赋。相如拜为中郎将，奉命开通蜀道，衣锦还乡。路遇茂陵女，欲以千金纳之为妾，闻文君作《白头吟》而罢。相如入蜀，再过昔日题柱之升仙桥，感慨万千。卓王孙携家眷前来恭贺，赠送二人童仆百人，钱帛百万。

司马迁在《史记》中通过对相如文君爱情的描写表现了二人追求爱情和反叛世俗的勇气，体现作者鲜明的人文精神。而明初的专制皇权与思想控制使朱权在借助此题材进行创作时，不得不对其中的一些情节内容、人物塑造及背后所蕴含的思想主旨等方面进行重构。

在情节内容上，《卓文君私奔相如》着重描写二人的浪漫爱情与相如命运之变化，剧中延续了历代所流传题桥誓志、琴挑、私奔、当垆涤器、千金买赋、献赋荣升、茂陵婚变、白头苦吟等情节，详略安排得当，而在"私奔"一节，作者增加了"文君驾车"这一关目。从现存有目无文的元代无名氏杂剧《卓文君驾车》来看，"文君驾车"这一情节并非朱权的首创，而是在元人基础上衍生而成。身为朱元璋器重的皇子，朱权的身份及所处的时代氛围在一定程

---

① 王季烈著：《孤本元明杂剧提要》，中国戏剧出版社 2015 年版，第 44 页。

② 参见夏写时先生《朱权评传》：《卓文君私奔相如》中有"我读《周南》、《召南》，要安邦、定邦，贬太康、仲康，立朝纲、纪纲，襄周庄、鲁庄，教兴王、霸王……呵，一言可以丧其邦，一言可以定其邦。不争都似我袖手傍观，也无那伊尹扶汤。天且假四时有养，君须凭宰辅为匡。"在一字之冤祸及全家的时代，这样的曲文不可能写于朱元璋在位之时或朱棣登位之后，因而判断为写于建文时期。《戏剧艺术》，1988 年第 1 期。徐子方先生亦作此结论，在《明杂剧史》中也提及：词气慷慨，政治冲动性强，颇有天下滔滔舍我其谁的气概……元末群雄问鼎、逐鹿中原他又未亲历，唯一类似之局面是建文时代朱棣和朱允炆争帝位。见《明杂剧史》，中华书局 2003 年版，第 101 页。

度上束缚了其思想，对于"私奔"这一反封建礼教的行为，作者抱有矛盾的态度，他无法或者不被允许去审视和反思一些实际存在的现实问题，现实也必然不会令其顺着剧情本应该有的发展趋势进行书写，而特意增加"文君驾车"一笔，以及卓王孙让前去追赶的院公根据文君是否驾车而决定是否捉回二人，再度强化了封建思想。第二折末尾相如文君二人决定私奔，文君取来香车，请相如上车，且云"男尊女卑，理之常也；夫唱妇随，人之道也。今先生乘车，妾为之御。斯乃妇道之宜。虽于仓皇之际，焉敢失其义乎！"① 后跟一楔子写卓王孙发现女儿与相如私奔而去，命院公追赶，嘱咐道："若是文君在车上，相如驾车，便与我捉将回来！若是相如在车上，文君驾车，由他将去罢。"② 并解释："人于逼迫之际，而不失其仪者。亦可谓贤矣！"③ 父女二人的口吻如出一辙。后又借院公之口将此道理重复一番："今日果然文君御车。你虽在逼迫之际，尚不失其大义。可谓贤矣！我放你去了罢！"④ 此时的相如文君才得以成功私奔。紧接着第三折开篇，相如出场时，第四次重复了"人于逼迫之际，尚能不失其仪"。作者用大量笔墨书写私奔一事，表现对此风流逸事的无限倾慕，似乎想要突破封建伦理观念之束缚，为何又如此屡次三番不间断地强调"不失其义""不失其仪"的道理？若想解答此疑问，首先从"义""仪"究竟为何义入手。"义，己之威义也。言己者，以字之从我也。……古者威仪字作义，今仁义字用之。仪者，度也，今威仪字用之。谊者，人所宜也，今情谊字用之。……有仪而可象谓之义，诗言令义令色，无非无义是也。"⑤ 段玉裁认为先秦时"威仪"之"仪"写作"义"，并借《诗经》中例子说明"义之本训谓礼容各得其宜"。由此大略可知"义"原本指礼仪，《卓文君私奔相如》剧中"仪"、"义"同。先秦儒家诸子对"义"也有各自的理解，如孔子言"义"云："君子之于天下也，无适也，无莫也，义之与比"（《论语·里仁》）。孟子言"义"曰："义，人之正路也"（《孟子·离娄章句上》）。荀子言"义"云："正义而为谓之行"（《荀子·正名》），等等。可见在儒家伦理体系之中，"义"在某种程度上可理解为，要求和规定人的行为的正当性、合理性和适宜性。剧作者朱权试图通过借助"文君御车"这一"不失其义"的举动来稍加掩盖二人爱情之叛逆与不合礼教，想将其纳入伦理道德之正轨，他似乎对在为世人所不齿的私奔中刻意去宣扬教化所显露出的矛盾有所觉察和认识，但由于其特殊的生平身份与所处的时代背景，他不可能进而深入思索以找寻到调和矛盾的万全之策。

情节安排与人物塑造是分不开的，同样由于受到当时意识形态的影响，从

---

① 周贻白选注：《明人杂剧选》，人民文学出版社 1958 年版，第 124 页。
② 周贻白选注：《明人杂剧选》，人民文学出版社 1958 年版，第 126 页。
③ 周贻白选注：《明人杂剧选》，人民文学出版社 1958 年版，第 126 页。
④ 周贻白选注：《明人杂剧选》，人民文学出版社 1958 年版，第 126 页。
⑤ ［汉］许慎撰，［清］段玉裁注：《说文解字注》，上海古籍出版社 1981 年版，第 633 页。

一些细节处理上的差异可见与《司马相如列传》中刻画人物的侧重点有所不同，剧本主要描绘了相如、文君、卓王孙等人物形象，作者在塑造人物时，与上述情节的安排一样，皆表现出情与理之矛盾。剧中对故事主人公司马相如用墨尤多，通过对相如心理、对话描写表现了封建文人由不遇的愤懑忧虑到显达之后的畅快得意，及对富贵功名的渴望与追求。全剧开篇便反复渲染，用整一折凸显相如积极入世，企盼建功立业的情操。相如离家求取功名，与父老告别之际，进行了六次论辩对答，父老劝他"人生出处有时，功名有时"①，不必太过心急，又劝"非礼不进，不义不受"②，相如则表达了将近四旬而未遇的忧虑，像圣人一样"未尝忘天下也"的情怀，积极入世的抱负与重名轻利的追求。朱权描述了这六次论辩对答，在某些程度上亦可看作是其自身内心的挣扎，相如与父老仿佛成为其内心活动的两个对立面的化身，结合写作时间、背景及作者的心路历程，虽然开篇定下了积极入世、意气奋发的基调，但隐含作者表达功名的成就往往遭受外界因素的重重阻隔之心境。雄心壮志、积极进取的相如在某些方面是作者自身的写照，总地说来，朱权对司马相如这一形象是持赞赏与肯定态度的，剧中一些小细节皆有所现，如李孝先听说相如与文君是私奔而结的反应是"恐贻笑于乡党"，"岂是秀才人家所为的事"③，而相如不以为然，"却怕甚么闲言、闲言浪语"④。并且，相如荣归故里，卓王孙夫妇对私奔之事依旧耿耿于怀，相如便宽慰二老"到如今百事休题"⑤，从中似乎可见在某些方面朱权又赋予了他大丈夫坦荡荡的襟怀。

但由于阶级与时代的局限，剧中的相如必然不可避免地带有迂腐气，尤其表现在对爱情的追求方面。《史记》中记述了相如"与临邛令王吉相善"以及"相如乃使人重赐文君侍者通殷勤"⑥，临邛县令王吉与文君侍者在相如文君得以实现琴瑟相和之中扮演了辅助的角色，但《卓文君私奔相如》为凸显相如文君二人在"琴挑"和"私奔"之中的积极主动性，并没有塑造王吉和侍者这两个角色。若除去王吉相"缪"与侍者相助的铺垫，《史记》中对私奔一事仅用简短七字"文君夜亡奔相如"。而此剧运用大段唱词和人物对白极尽渲染私奔一事，在"琴挑"之前，相如的求爱动机已相当明确，"他若有悟于琴，吾当与之俱奔，成其伉俪"⑦。但在事成之后，又云"岂期文君有悟于琴心，与我私奔"⑧。并且二人夜间在竹间花下相见之时，相如的表现先是"向前去扯住

---

① 周贻白选注：《明人杂剧选》，人民文学出版社 1958 年版，第 114 页。

② 周贻白选注：《明人杂剧选》，人民文学出版社 1958 年版，第 114 页。

③ 周贻白选注：《明人杂剧选》，人民文学出版社 1958 年版，第 130 页。

④ 周贻白选注：《明人杂剧选》，人民文学出版社 1958 年版，第 130 页。

⑤ 周贻白选注：《明人杂剧选》，人民文学出版社 1958 年版，第 138 页。

⑥ ［汉］司马迁撰，中华书局编辑部点校：《史记》卷 117《司马相如列传》，中华书局 1982 年版，第 3000 页。

⑦ 周贻白选注：《明人杂剧选》，人民文学出版社 1958 年版，第 119 页。

⑧ 周贻白选注：《明人杂剧选》，人民文学出版社 1958 年版，第 127 页。

他绣裙褶"①，后又赶忙"克笤扑"地跪下，云"小生何幸，得蒙姐姐眷恋之情"②；文君则先"做躲科"③，后"（旦扯末起云）：'妾闻先生琴声，知先生不弃鄙陋。值此好天良夜，愿荐枕席之欢，以效于飞之乐'。④"二人的一系列举动背后的思想矛盾又复杂，思维逻辑也显得混乱，相如求爱之心明确而迫切，希望借助琴弦撩动文君的心弦，但忽而又为自己穿上道学家的外衣，好像又从这场爱情之中的主动出击者变为被动接受者。文君则时而大胆奔放地表白情思，时而又大肆宣扬男尊女卑、夫贵妻荣之封建伦理纲常，尤其是在朝使奉命征相如，夫妇二人以为私情暴露，慌了阵脚，文君惊遑哭泣，不知所措，完全没有闺秀应有的冷静和与私奔之举相匹配的胆魄。作者在构思情节与人物时，竭力想"将这个传统上的叛逆故事纳入正统轨道"⑤，使人物性格前后难以衔接，出现不合逻辑的断层和转变，"既违背了人物性格的完整性，也破坏了事物发展的逻辑性。"⑥

剧中卓王孙的性格也带有时代烙印，未脱封建家长的典型特征，但由于描绘卓王孙的情节比在《史记》中略微丰富，与以往设定的角色相比，更增添了一些滑稽与可爱的成分，他并未对相如表现出过分地前倨后恭，且剧中似乎也淡化了他与文君父女之间，及与相如翁婿之间的矛盾。相如携文君衣锦荣归之时，卓王孙见到相如反复云："老夫为父母的心中，好是惶愧也"，"你已自好了，却着我如何见人"，"虽然你荣归故里，俺做丈人的，却有些不气长"⑦，可见其深受"媒妁之言，不待父母之命，则国人皆贱之"等封建思想所禁锢，后经相如再三宽慰才算罢休。值得注意的是，虽然他对私奔之事态度的逐步转变是建立在相如取得富贵功名的基础之上，他尽管对私奔一事耿耿于怀，但从未对相如有何微词，也不曾流露出过于趋炎附势的思想，剧本删减了《史记》中卓王孙以文君当垆为耻，在旁人劝说下不得已才赠送钱物之情节，也令人对这一角色似乎多了几分好感。

《卓文君私奔相如》一剧的主导思想是儒家观念，多处有意宣扬封建思想，强调伦理风化，减弱了相如文君爱情故事本有的思想意义。作为官方主流意识形态的程朱理学也制约着作者表现该题材的态度，明初情与理的对立冲突尤为激烈，朱权亦无力突破时代的局限去阐释这一主题。

① 周贻白选注：《明人杂剧选》，人民文学出版社1958年版，第123页。
② 周贻白选注：《明人杂剧选》，人民文学出版社1958年版，第123页。
③ 周贻白选注：《明人杂剧选》，人民文学出版社1958年版，第123页。
④ 周贻白选注：《明人杂剧选》，人民文学出版社1958年版，第123页。
⑤ 徐子方：《明杂剧史》，中华书局2003年版，第103页。
⑥ 徐子方：《明杂剧史》，中华书局2003年版，第103页。
⑦ 周贻白选注：《明人杂剧选》，人民文学出版社1958年版，第138页。

结　语

"对于作家来说，引起他的创作动机的，主要是他视野里的变化发展着的事物……他亲身体验到的生活事变。这种事变可以是生活中新事物的出现，也可以是某种旧秩序的破坏。"① 司马迁遭遇李陵之祸，使其政治理想归于破灭，但此事件是其完成《史记》著述并使发愤思想大放光彩的转折点②。而朱权在创作《卓文君私奔相如》时，他的命运同样也在出现重要转折，朱棣起兵，朱权亦被卷入其中。其后移封南昌，屡遭猜忌，蛰居四十余年，隐逸学道，进而"开辟了新的事业领域——文化建设"。

清代文人李景星在《史记评议》中对《司马相如列传》有如是评论："借相如之事为己写照并为天下后世怀才不遇者写照……在《史记》中为一篇最长文字，亦为一篇最奇文字"③，司马迁与司马相如皆在政治上不得志，"一则廖寂，一则被刑"，二人"桀骜不迎雄主之意"的后果便是"遇合常不及"，司马相如的事迹引起他的"同情"。司马迁在《史记》中记述司马相如的人生经历，某些方面也是他自身的写照。而结合朱权一生的遭际，虽出身于王室，本拥有文韬武略及雄心壮志，却不幸经历靖难之役，导致个人命运发生剧变，且又始终被明成祖朱棣猜疑和戒备，处于高压控制之下，他在《卓文君私奔相如》中写相如未遇前的挫折与坎坷，又何尝不是在倾吐自己内心深处的愤懑与伤感呢？

文学史上对司马相如与司马迁"两汉文章两司马"之称，二人代表了汉代辞赋与散文的最高成就，"两司马"的作品将现实与浪漫相结合，体现出恢弘壮阔、汪洋恣肆的气象，歌颂国家的统一鼎盛，代表了汉武帝时期宏伟豪迈的文化精神。明初，以朱权、朱有燉等人为代表的宫廷剧作家在创作时也不经意地流露出对明初统一强盛新王朝的宏大气魄的赞叹，自觉不自觉地宣扬汉族正统文化与道德观念，歌颂推翻蒙元统治，重建汉家大一统，在一定意义上，它们与司马相如为代表创作铺张扬厉风格的西汉大赋又有着某种相通之处，④《卓文君私奔相如》剧中的情与理之矛盾难以调和，思想上亦有一定局限性，然而，朱权主动选取该题材进行创作，本身恰恰表示他对其中所表现的一些精神、思想与行为的认同和接受，这个角度亦可引发我们深思。

---

① 钱谷融、鲁枢元著：《文学心理学教程》，华东师范大学出版社 1987 年版，第 131 - 132 页。

② 参看袁伯诚《试论司马迁"发愤著书"的因素和条件——兼论〈史记〉成功的原因》，《陕西师范大学学报》1984 年第 2 期。

③ ［清］李景星著，陆永品点校：《史记评议》，上海古籍出版社 2008 年版，第 209 页。

④ 参看徐子方：《明杂剧史》，中华书局 2003 年版，第 56 页。

匈奴历史的重构与高超叙事艺术的整合
——评《史记·匈奴列传》①

＊本文作者马倩。陕西师范大学文学院博士。

《史记·匈奴列传》主要记载了匈奴前部族史、匈奴与汉王朝的关系史，以及匈奴分化与融合时期的一些历史事件。司马迁撰写匈奴史时，应参考了不同类型的史料，并按照自己的历史评价对史料进行了选择和排列。叶适认为："迁为《匈奴传》，不复详考，徒杂取经传所谓戎狄者论次之，而特以匈奴为宗；又谓其为夏之苗裔曰淳维，时大时小，别散分离，至冒顿而世传官号，始可得记，若一种姓者，疏略甚矣。"② 一方面认为《匈奴列传》是杂取经传而成，另一方面也指明了司马迁在使用材料时的疏略与抵牾之处。虽然《匈奴列传》各部分史料来源不尽相同，内容侧重也各有不同，但由于司马迁进步的民族观和高超的叙事编排，它们被巧妙地编织在一起。本文以史料考察为视角，在综合前人研究成果的基础上，分析《匈奴列传》的结构，探讨其史料特征，然后在结构分析的基础上，考察司马迁选取、编排史料的用意和对匈奴历史的重构。

一、《匈奴列传》的叙述结构

《匈奴列传》主要记叙千余年来匈奴的发展史，以及与中原尤其是汉王朝的关系史，所涉事件与人物纷繁复杂，这就对叙事提出了很高的要求。梁启超在《要籍解题及其读法》中认为："叙列之扼要而美妙。后世诸史之列传，多藉史以传人；《史记》之列传，惟藉人以明史。故与社会无大关系之人，滥竽者少。换一方面看，立传之人，并不限于政治方面，凡与社会各部分有关系之事业，皆有传为之代表。以行文而论，每叙一人，能将其而目活现。又极复杂之事项——例如《货殖列传》《匈奴列传》《西南夷列传》等所叙，皆能剖析条理，缜密而清晰。其才力固自绝。"③ 梁启超充分肯定了司马迁高超的结构编

① 本文为国家社会科学基金重大项目"中外《史记》文学研究资料整理与研究"（13&ZD111）阶段性成果。
② 叶适：《习学纪言序目》卷二十一，北京：中华书局1977年版，第288页。
③ 梁启超：《要籍解题及其读法》，长沙：岳麓书社2010年版，第22页。

排，并将《匈奴列传》列为《史记》十大文学名篇之一，可谓推崇备至。下文以冒顿单于崛起为界将《匈奴列传》分为前后两部分，考察其结构上的特征。

表 1-1　《史记·匈奴列传》的结构（一）

①匈奴族源　匈奴先祖为夏后苗裔及族源插叙。

②匈奴的习俗

③戎狄同中原列国的关系史

其后三百有余岁，戎狄攻亶父……其后百有余岁，周西伯昌伐畎夷氏……
后十有余年，武王放逐戎夷……其后二百有余年，穆王伐犬戎……
穆王之后二百有余年，申侯与犬戎攻杀周幽王，侵暴中国……

褒姒之乱故事　《国语·晋语》《史记·周本纪》有相同记载

是后六十有五年，山戎越燕伐齐……其后四十四年，山戎伐燕……其后二十有余年，戎狄伐周襄王……

叔带之乱故事　《左传》（僖公二十四年）《国语·周语》有相同内容

周襄王外居四年，晋文公兴师伐戎翟……自之后百有余年，魏绛和戎……
后百有余年，赵、魏与戎界边……其后，秦惠王时拔义渠二十五城……秦昭王时起兵残义渠，筑长城以拒胡。

宣太后之乱故事

赵武灵王胡服骑射，筑长城……燕筑长城以拒胡……
秦灭六国，始皇帝使蒙恬将十万击胡，收河南地，筑四十四县。

表 1-1 表示的是冒顿单于崛起之前的结构，可以看出前半部分主要是由三个性质不同的板块构成。板块①是关于匈奴先祖的记载："匈奴，其先祖夏后氏之苗裔也，曰淳维。"司马迁提出匈奴为夏之后，也就是与华夏共祖于黄帝。"唐虞以上有山戎、猃狁、荤粥，居于北蛮，随畜牧而转移"这一句族源插叙，将叙述空间扩展至更早的尧舜时期，使之处于同一叙述空间，但又未明言匈奴与山戎、猃狁、荤粥是否一脉相承互为族裔。紧接着板块②所描写的是典型的游牧人的生活，司马迁从畜产、衣、食、住等方面叙及匈奴的习俗，主要展现的是与中原习俗相异之处，如食畜肉、衣皮毛、被旃裘、居无常处等，其史源应是出使匈奴使者的报告。

板块③从"夏道衰，公刘失其稷官，变于西戎"开始，记事属于先周和两周时期，内容由周人与戎狄之间的重大历史事件构成，事件记载较为简单，多为线索型的直述，并未涉及人物对话，且均用跨度很大的模糊纪年形式加以表述，动辄"其后三百余年""其后二百余年""自是之后百有余年"等。这部分内容可与《左传》《国语》《诗经》《尚书》《竹书纪年》等互为参照，也有很多信息与《史记》相关本纪、世家相重合。从引用形式看，基本是将时间跨度很大的记事作大幅省略后呈现，其中稍作展开的事件有三，一是周幽王时期的褒姒之乱，二是周襄王时期的狄后惠后之乱，三是秦昭王时期的宣太后之乱。褒姒之乱引发的直接后果是申侯与犬戎共攻杀幽王而致西周灭亡，犬戎开始"侵暴中国"。狄后惠后之乱导致戎狄不断内侵，"侵盗暴虐中国"，遂有晋文公攘戎翟，悼公使魏绛和戎翟等历史事件。秦昭王时的宣太后之乱，使得义渠戎王殒命，之后秦则不断融合周边部族，疆域也不断扩大，为统一六国打下坚实的基础。赵武灵王胡服骑射，主动学习异质文化，用胡化以求安边，可见当时胡人的强大。而胡人不断南侵，使得燕、赵、秦三国边于胡，纷纷采取置郡和筑长城的方式以御胡安边，后秦始皇使蒙恬击胡，收复黄河以南失地，本部分至此结束。

表1-2　冒顿强盛时期及匈奴分化与融合时期的结构（二）

④冒顿的崛起

冒顿杀父自立为单于的故事、冒顿与东胡王的故事

⑤冒顿以下政治军事制度

⑥汉匈和战史

白登之围故事

高祖始与匈奴和亲……孝惠、吕太后时，复与匈奴和亲……孝文帝初立，复修和亲事……其三年五月，使灌婴击右贤王……

其明年，单于遗汉书……孝文皇帝前六年，汉遗单于书。

后顷之，冒顿死，子稽粥立。

中行说与汉使者论辩故事

汉孝文皇帝十四年，匈奴入边，汉发兵备寇……孝文帝后二年，遗匈奴书。

后四岁，老上稽粥单于死，子军臣立为单于。

军臣单于立四岁，匈奴复绝和亲，入边杀略……汉亦备胡寇。

今帝即位，匈奴绝和亲……自马邑军后五年之秋，卫青、公孙贺、李广击胡。

其明年秋，匈奴侵汉，卫青击之。

其明年，卫青击胡之楼烦、白羊王于河南，汉取河南地。　是岁，汉之元朔二年

其后冬，军臣单于死。军臣单于左谷蠡王伊稚斜立为单于。

其夏，匈奴杀代郡太守，略千余人……其秋，匈奴入雁门，杀略千余人。

其明年，匈奴复入代郡、定襄、上郡，杀略数千人。

其明年春，卫青击胡……其秋，匈奴入杀代郡，略千余人。

其明年春，卫青击匈奴……赵信降匈奴……其明年，胡骑入上谷，杀数百人。

其明年春，霍去病击匈奴……其夏，骠骑将军击匈奴，匈奴入代郡、雁门，杀略数百人。李将军击匈奴……其秋，浑邪王降汉。

其明年，匈奴入右北平、定襄，杀略千余人而去……其明年春，卫青、霍去病击匈奴。

数岁，伊稚斜单于立十三年死，子乌维立为单于。　是岁，汉元鼎三年

乌维单于立十岁而死，子乌师庐立为单于。　是岁元封六年也

是岁，贰师将军伐大宛……其冬，左大都尉欲杀单于，汉筑受降城。

其明年春，赵破奴出朔方……其明年，单于欲自攻受降城。

儿单于立三岁而死，匈奴立其季父乌维单于弟右贤王呴犁湖为单于。　是岁太初三年

其秋，匈奴入定襄、云中，杀略数千人……其冬，欲攻受降城，会单于病死。

呴犁湖单于立一岁死，匈奴乃立其弟左大都尉且鞮侯为单于。

天子意欲困胡，下诏书。　是岁太初四年

其明年，赵破奴得亡归汉……其明年，李陵降匈奴。

后二岁，贰师将军、游击将军、因杅将军击匈奴。贰师将军降匈奴。

表1-2表示的是冒顿以来汉与匈奴的关系史，整体结构以汉匈和战史为中心，可分为三个板块：冒顿的崛起、冒顿以下政治军事制度及汉匈和战史。板块④记述冒顿崛起，其中有两个关于冒顿的故事，一个是冒顿用暴力手段杀父自立为单于的故事，另一个是冒顿大破东胡的故事，从这两个故事能看出冒顿是一个勇敢、残忍而有智谋的单于。自此以后匈奴在冒顿的领导下，完成了北方草原的第一次统一，建立起强大的匈奴帝国。讲述完冒顿崛起的故事后，司马迁写道："然至冒顿而匈奴最强大，尽服从北夷，而南与中国为敌国，其世传国官号乃可得而记云。""为敌国"三字说明匈奴已有了抗衡汉王朝的军事实力。紧接着转入板块⑤，描述匈奴的官制组织、祭祀典礼、法律制度和战争赏赐等内容，这些内容应该是参考了汉人的观察和记录，又将之分散安排在板块②和板块⑤，内容上却各有侧重。

板块⑥是本篇叙述的重点所在，主要由记事资料、世系资料、不连续的纪年资料和汉匈和战史这四部分内容组成。第一类是记事资料，开篇讲述高祖欲彻底解决匈奴边患，亲征匈奴而被围白登七日的故事。这是汉匈双方第一次军事较量，也成为汉匈关系的转折点，之后长达几十年的外交政策均受其影响。第二个故事是由中行说代表的匈奴一方与汉王朝使者论辩汉匈文化的优劣，司马迁借中行说的观点来反观汉匈文化的差异，在文本叙述中弱化了固有的夷狄禽兽的观念，更多透露出匈奴独特风俗习惯产生的特定背景。第二类是匈奴世系资料，因"自淳维以至头曼千有余岁，时大时小，别散分离，尚矣，其世传不可得而次云"，所以缺少头曼之前的资料，世系资料呈现不连续性的特点。世系的具体表述有两种形式，一种是"某死，某立"，如"冒顿死，子稽粥立"，另一种是"某立多少年死，某立为单于"，如"伊稚斜单于立十三年死，子乌维立为单于。"这两种形式的差异在于是否有单于在位年数，武帝前主要用第一种世系形式，武帝时主要用第二种形式，这种差异可能与史迁所见材料的多寡与详略有关。第三部分是纪年资料，这些纪年前后并未相续，有些年份记事较为密集，有些则跨度较大。其中纪年方式分为三类，其一是模糊纪年，如"其明年""其明年春""其秋""其冬"，其二是精确纪年，如"汉孝文皇帝十四年"，其三是汉朝皇帝的年号纪年，如"是岁汉元朔二年也""是岁，汉元鼎三年也"。在叙史的时候，司马迁有意识将汉朝皇帝年号的更替与匈奴单于的更替联系在一起，这样就将匈奴与汉王朝置于同一叙述空间，二者既独立发展又紧密结合。第四部分是汉匈和战史，材料应是基于汉代官方的档案资料，此部分较表1-1所涉中原与戎狄战争记载更为详细，可信度也更高。内容上，主要涉及双方从战到和，和后再战，战后又和，叙述的重点是武帝在位期间的战与和，其中记载大小战争不胜枚举，主要围绕卫青七击匈奴与霍去病六击匈奴而展开，资料更多应来源于朝廷的档案和汉匈往来的文书等。

总之，《匈奴列传》的结构，前半部分由匈奴族源、风俗习惯、周与戎狄关系构成，后半部分是由故事、不连贯的纪年资料、匈奴世系资料、汉匈和战史等资料构成。其中部分资料与《左传》《国语》《孟子》等有相似或相同记载，证明《匈奴列传》应参考过早期资料。

二、《匈奴列传》史料编排的用意

司马迁叙史时根据自己的历史观，一方面利用当时各种资料，另一方面又巧妙地择取资料，但其编排意图并非仅体现在构成材料本身，而体现在材料的排列及编纂方法上。司马迁如何评价和认识匈奴，其中记事材料的排列和选择是一个重要的衡量标准。《匈奴列传》开篇即言匈奴与汉族同源共祖，相当于为匈奴与华夏融合提供了一种可能性。继而梳理三代时戎狄为中国患害，史料多有疏略，司马迁这段叙述应本不在梳理混乱的戎狄关系，而是强调匈奴为患已久，这正与"自三代以来，匈奴常为中国患害；欲知强弱之时，设备征讨，作匈奴列传第五十"的立传宗旨相一致。文中还对匈奴习俗、官制组织、祭祀等予以介绍，这些应属于"设备征讨"时"参彼己"的一种表现。《匈奴列传》论赞部分，也透露出《匈奴列传》的编排意图：

> 太史公曰：孔氏著春秋，隐桓之间则章，至定哀之际则微，为其切当世之文而罔褒，忌讳之辞也。世俗之言匈奴者，患其徼一时之权，而务谄纳其说，以便偏指，不参彼己；将率席中国广大，气奋，人主因以决策，是以建功不深。尧虽贤，兴事业不成，得禹而九州宁。且欲兴圣统，唯在择任将相哉！唯在择任将相哉！

《匈奴列传》论赞是以《春秋》隐桓之词多显著，而定哀多微词发端，以言史公之意。靳德峻认为："史公之修《史记》，原欲续周孔之业，法《春秋》，寓褒贬，示一己之意，垂后世而为一家之言也。然先代褒贬，诚无所讳，而于汉时之君相，岂敢放笔直书，明加褒贬乎？故不得不隐寓而微其词也。"[1] 确实如靳氏所言，司马迁是以无声沉默以寄寓讽刺，并提出了自己的用人司考。张守节《史记正义》曰："言尧虽圣贤，不能独理，得禹而九州安宁。以刺武帝不能择贤将相，而务谄纳小人浮说，多伐匈奴，故坏齐民。故太史公引禹圣成其太平，以攻当代之罪。"诚然，司马迁对求一时权势的谄媚之人予以讽刺批判，"缙绅之儒则守和亲，介胄之士则言征伐，各偏见一时之利害，而未究匈奴之终始也"，[2] 他们在不了解汉匈双方实际情况下各执己见。史公认为欲"兴圣统"的重要条件在于"择任将相"，所以提出国家需要贤臣将相的辅助。这些所有的评价和思考与汉匈之战紧密相连，其对汉武帝的好大喜功与任人唯

---

① 靳德峻：《史记释例》，北京：商务印书馆1933年版，第18页。
② 班固：《汉书》卷九十四，北京：中华书局1962年版，第3830页。

亲的讽喻褒贬自不必明言。

结合《史记》的编次结构来看，这种用意更加明显。《匈奴列传》之前为《韩长孺列传》和《李将军列传》，之后为《卫将军骠骑列传》和《平津侯主父列传》，这样的编次结构虽令后人费解，但正如何焯所言"下继以卫、霍、公孙弘，而全文录主父偃谏伐匈奴书，太史公之意深矣。"① 吴汝纶亦云"此篇后，继以卫霍公孙弘二篇，著汉所择任之将相也。"《李将军列传》中李广"勇于当敌，仁爱士卒"，一生与匈奴战七十余次，匈奴人闻其名而丧胆，但"飞将军"一生坎坷，终身未受封爵，未得善用而自杀，揭露了武帝任人唯亲，刻薄寡恩及对贤将的压制。同是击胡将军的卫青与霍去病则"嬖宠擢用"，皆因卫氏而受宠，遂有"卫将军击匈奴者七，骠骑将军击匈奴者六，诏书封拜者共八"② 之功。二人虽有军功，但结合《平准书》等篇言及的伤亡人马数及庞大的军费开支，从侧面表现出对武帝好大喜功的讽刺。《平津侯主父列传》记述公孙弘、主父偃与徐乐、严安均谏止征伐匈奴，"史公列《平津主父传》于《卫将军传》后，专以谏伐匈奴为义，又附徐乐、严安二疏，此是史公最用意处。"③ 主父偃虽骄横，但能谏伐匈奴，相较略无匡救的公孙弘就略胜一筹。司马迁所言卫、霍、公孙弘之事，其中的微词意旨应是对武帝任人失当、未兴圣统的含蓄讽刺。尧舜及三代待夷狄，并未大动干戈，而武帝时举国之力征伐匈奴，是否全然为了封固疆圉以安边呢？

总之，司马迁编纂《匈奴列传》时，根据自己的历史评价，有意识、有选择地利用了先期的相关材料。通过将《匈奴列传》与《十二诸侯年表》《六国年表》《汉兴以来将相名臣年表》比较可看出，司马迁结合自己的历史观念对材料进行选取排列，并据此做过大幅省略，使得整个叙述密切围绕其用意而展开，叙述线索也更加清晰。

三、匈奴历史的重构

夏、商、周三个王朝均以华夏族为主体，诸夏为了捍卫本族的文化优越感，往往会着重强调夷夏相异之处，进而在话语系统中否定夷狄，甚至在道德上贬低夷狄，如"戎狄豺狼，不可厌也。诸夏亲昵，不可弃也。宴安鸩毒，不可怀也"④"戎狄冒没轻儳，贪而不让，其血气不治，若禽兽焉"⑤，戎狄已被视为非人化的禽兽。"内其国而外诸夏，内诸夏而外夷狄"便成为诸夏处理与少数民族关系时的基本原则。春秋中后期秦、楚、吴、越逐渐被纳入到华夏族

① 何焯：《义门读书记》，北京：中华书局 1987 年版，第 227 页。
② 李景星：《四史评议》，长沙：岳麓书社 1986 年版，第 103 页。
③ 郭嵩焘：《史记札记》，长沙：商务印书馆 1957 年版，第 383 页。
④ 《春秋左传正义》（十三经注疏本），北京：中华书局 2009 年版，第 1786 页。
⑤ 徐元诰撰，王树民等点校：《国语集解》，北京：中华书局 2002 年版，第 58 页。

群中，① 至战国时期的吴楚族群包括秦人，都不再将自己视为戎狄，② 而华夷"五方格局"中处于四方之民仍被视为异族。秦汉时期由于中央集权制的确立和大一统局面的出现，以"华夏"为中心的民族观正在逐渐形成，其核心是以"华夏"为中心，以"四夷"为辅。

司马迁在《史记》中整理了原本散乱的族群关系，重新建构起华夏民族与周边戎狄之间的关系，完成民族族源历史记忆的重构。《五帝本纪》中提出了以黄帝为中心的五帝世系，形成了以黄帝为起点、五帝脉系为核心、诸多族群含括在内的华夏民族形成史，"华夷共祖"与"华夷一家"民族大一统思想始肇于此。③《五帝本纪》开篇载："黄帝者，少典之子，姓公孙，名曰轩辕。""黄帝二十五子，得其姓者十四人。"《夏本纪》《殷本纪》《周本纪》开篇也都会追溯其先祖与黄帝的血缘关系，相应结尾也会记述其后代的分支及姓氏。世家中大多都会提及他们与周天子的血缘关系，列传中也常有此类记述，这样通过层层族源追溯，得出华夏共祖于黄帝。司马迁将匈奴祖源追溯至黄帝，提出了匈奴也共祖于黄帝，这种"夷夏一体"的思想，有助于增强民族的凝聚力，有利于维护国家和民族统一。匈奴与华夏同源，客观上通过相同的族属标识缩短了我族与他族的心理距离，可以将所有民族纳入到一种强大的民族聚合力之中，用华夷共祖这一民族文化认同思想，固化已建立的大一统格局，旨在宣扬天下一统的民族观念，说明汉王朝统一天下的合理性。

司马迁在《匈奴列传》中，通过多层次、多角度审视了匈奴的风俗习惯，打破了固有的鄙弃夷狄的认知习惯，重构了新的认知模式，能够正视匈奴与华夏族的相异之处，如"毋文书，以言语为约束"，"宽则随畜，因射猎禽兽为生业，急则人习战攻以侵伐"，"利则进，不利则退，不羞遁走。苟利所在，不知礼义"，"壮者食肥美，老者食其余。贵壮健，贱老弱。父死，妻其后母；兄弟死，皆取其妻妻之"，全面展示出农耕民族与游牧民族的不同文化，但却并未将其视为外族。钱穆先生曾说："在古代观念上，四夷与诸夏实在另有一个分别的标准，这个标准，不是'血统'而是'文化'。""这里所谓'文化'，具体言之，则只是一种'生活习惯与政治方式'。诸夏是以农耕生活为基础的城市国家之通称，凡非农耕社会，又非城市国家，则不为诸夏而为夷狄。"④ 司马迁还安排了投降匈奴的中行说代表匈奴一方，多次与汉使者论辩，以其犀利的言辞，辩得汉使者常无言以对。司马迁并未直言汉匈文化的高下优劣之分，而是借中行说之口来评价汉匈双方，中行说曰："匈奴之俗，人食畜肉，饮其汁，衣其皮；畜食草饮水，随时转移。故其急则人习骑射，宽则人乐无事，其约束轻，易行也。君臣简易，一国之政犹一身也。父子兄弟死，取其妻妻之，恶种

---

① 《左传》中多次出现对于楚、吴、秦的称谓，均是以夷、狄、戎、蛮称之。
② 《战国策》中对秦、楚诸侯的劝说已经不再有戎狄歧视的观念了。
③ 先秦文献中已经有了华夷共祖的记载，《史记》将其进行整合，使之成为华夏一脉的民族观。
④ 钱穆：《中国文化史导论》，北京：商务印书馆1994年版，第41页。

姓之失也。故匈奴虽乱，必立宗种。今中国虽详不取其父兄之妻，亲属益疏则相杀，至乃易姓，皆从此类。"中行说给出匈奴特殊风俗习惯的合理性和必然性解释，也就弱化了汉文化的优越性，这样司马迁完成了对匈奴风俗习惯的合理性重构，一定程度地消解了既有认知。

司马迁在文本叙述过程中，还积极思考与构建了汉匈之间的关系，将双方关系分为四个阶段进行论述。冒顿强盛之时，"南与中国为敌国"，匈奴成为与汉族对等的政权而存在。高祖以来时断时续的和亲政策，汉匈由敌国关系转为"兄弟"之国，但匈奴并未如约守住"兄弟"之约，依旧频繁入边寇盗，武帝之时开始进行反击，不但大兴兵革，还数次派遣使者要求"南面而臣于汉"，匈奴一怒之下大量扣留汉使者。到且鞮侯单于初立之时，因为惧怕汉王朝的武力重压，不但"尽归汉使之不降者"，还自谓"我儿子，安敢望汉天子！汉天子，我丈人行也"，已将身份降至"儿子"。这样，司马迁在文本叙述中，不动声色地通过匈奴身份的四次变化，展现出了汉匈实力的对比变化，匈奴身份在敌国—兄弟—臣—儿子的不断变化中，展现了汉匈关系从对立僵化到有融合的可能性，消解了夷夏之防的固有观念，对实现民族融合功不可没。

总之，正如李长之先生所言："司马迁之难能可贵，并不只在他的博学，而尤在他的鉴定、抉择、判断、烛照到大处的眼光和能力。"① 司马迁有意识地取舍和整合了前代史料，通过较为客观的视角和独特的叙述结构，第一次系统地呈现了匈奴史，与其他篇章共同展现了中华民族全方位的历史，有助于人们认识汉代民族关系和巩固统一多民族国家。司马迁积极的民族观对后代正史撰述民族史传无疑有导夫先路之功，而司马迁也成为撰写民族列传的先行者。

---

① 李长之：《司马迁之人格与风格》，北京：三联书店 1984 年版，第 176 - 177 页。

宋蜀刻本《新刊经进详注昌黎先生文》对《史记》的接受研究初探

——以诗歌注文为例

＊本文作者高文智。陕西师范大学文学院博士。

秦汉与唐宋，是中国古代社会发展的高峰。其所产生的文化印记的代表《史记》与唐宋诗歌散文更是成为后代学习的楷模。那么这两个时代之下的作品、作家是否有着接受继承的关系呢？答案是肯定的。尤其是被称为"文起八代之衰"的韩愈，不管是为反对六朝以来的骈俪文风而兴古文运动以学司马迁，还是其自身遭遇之后的感同身受的自觉选择，其对司马迁和《史记》的尊崇之意是有信可征的。如《新唐书》卷一百七十六·列传第一〇一说："每言文章，自汉司马相如、太史公、刘向、扬雄后，作者不世出，故愈深探本元，卓然树立，成一家言。"① 韩愈在《答刘正夫书》中就坦言："汉朝人莫不能文，独司马相如、太史公、刘向、扬雄为之最。"② 就他人评价来说，韩柳关系较密，柳宗元在《答韦珩示韩愈相推以文墨事书》中言："退之所敬者，司马迁、扬雄"。③ 白居易在《韩愈比部郎中史馆修撰制》也说："太学博士韩愈：学术精博，文力雄健。立词措意，有班、马之风。"④ 无怪乎茅坤在论及韩愈和司马迁的关联时说："窃谓马迁，譬之秦中也，韩愈譬之剑阁也。"⑤ 正是出于对司马迁和《史记》的推崇，韩愈在创作实践中积极学习《史记》的章法、句法。如宋吴子良《荆溪林下偶谈》卷一·韩柳文法祖史记条云："退之《获麟解》云：角者吾知其为牛，鬣者吾知其为马，犬豕豺狼麋鹿吾知其为犬豕豺狼麋鹿也，惟麟也不可知。句法盖祖《史记·老子传》云：孔子谓弟子曰：'鸟，吾知其能飞。兽，吾知其能走。鱼，吾知其能游。走者可以为罔，

① ［宋］欧阳修、宋祁撰：《新唐书》卷一七六，北京：中华书局 1975 年版，第十七册第5265 页。

② ［宋］文谠注、王俦补注：《新刊经进详注昌黎先生文》卷一八，上海：上海古籍出版社1994 年版，第五册第 1096 页。

③ ［唐］柳宗元撰：《柳宗元集》卷三四，北京：中华书局 1979 年版，第 882 页。

④ ［唐］白居易著，朱金城笺校：《白居易集笺校》卷五五，上海：上海古籍出版社 1988 年版，第 3190 页。

⑤ ［明］茅坤：《茅坤集》，杭州：浙江古籍出版社 2012 年版，第 191 页。

游者可以为纶，飞者可以为矰。至于龙吾不知，其乘风云而上天。'"① 正因此，韩愈发展司马迁"发愤著书"之说而形成的"不平则鸣"观点；韩愈传记文在叙事中隐含自己的论断和褒贬倾向，对司马迁"于序事中寓论断"② 手法的发扬等等，这些是韩愈学习接受司马迁《史记》的有力证据，也是历来为人所论述较多的。本文另辟蹊径，从《史记》独创的创作手法和文章风格两个方面，选取现存较完整的韩集单注本宋蜀刻本《新刊经进详注昌黎先生文》进行研究，分析其对《史记》的接受情况。尽管研究《史记》和韩愈的论著很多，但将《史记》和宋蜀刻本韩集注文两者结合起来进行研究却鲜有所闻。本文就是选取其中长期为世人所忽视的韩文注本——宋蜀刻本《新刊经进详注昌黎先生文》当中的诗歌部分注文对《史记》接受进行初步探析，借此希望能够引起世人对宋蜀刻本《新刊经进详注昌黎先生文》关于《史记》研究方面更多的关注。

一、对《史记》互见手法的接受与运用。首先，所谓的"互见法"，由司马迁首创，北宋苏洵发现并提出的"本传晦之，而他传发之"。即就是在作品相关的篇章记载中，涉及到同一事件，采用互相参见的形式，以避免文字上的重复。把一个人的生平事迹或一件事的来龙去脉分散在数篇之中，参错互见，相互补充。"互见法"的运用可以使不同篇目互相补充，而且加深读者对所叙述事件和人物的印象。狭义讲，"互见法"就是指司马迁在《史记》一书中所指出的，所谓"语在某某事中"的写作手法。"同为一事，分在数篇。断续相离，前后屡出。于高纪则云语在项传，于项传则云事具高纪。"③ 这种方法仅指司马迁在《史记》中为了避免史料重复所运用的一种手段。广义讲，"互见法"则指《史记》全书在结构布局，在处理史实与相关人物关系，在艺术的典型化方面，所采用的"此详彼略，互为补充，连类对比，两相照应"的一种运用十分广泛的表现手法。关于这种手法的特点，学者李笠在《史记订补》中已略有提及，所谓"阙于本传而详于他传者，是曰互见。"④ 其次，司马迁所创的"互见法"在文说本注文中的体现。主要可以从两个方面反映：同篇之中互见法的运用和不同篇章互见法的体现。

第一，同篇之中互见法的体现。具体表现就是文说注文中对同一人物的活动，是通过同一篇诗文前后不同的注文予以揭示的。如在《感二鸟赋》中，先是在题下注引用《旧唐书卷十三·本纪第十三》："正元十一年六月，河阳献白

---

① ［宋］吴子良撰：《荆溪林下偶谈》卷一，文渊阁四库全书影印本。
② ［明］顾炎武：《日知录》卷二六，文渊阁四库全书影印本。
③ ［唐］刘知己著，程千帆笺记：《史通笺记·内篇·二体第二》，北京：中华书局1980年版，第24页。
④ 刘松来：《〈史记〉"互见法"初探》，《江西师范大学学报（哲学社会科学版）》1984年第4期。

鸟"① 一事。继而王俦补注指出："公年二十五，以正元八年登第，至十一年，二十八矣。時尚未得仕，而乃三上書宰相，不報，則去而東歸。見所獻白鳥、白鸜鴿，感而作此賦。故云時始至京師，有不遇時之歎。"② 单从此处注文，读者只知道韩愈于贞元八年登第，一直到贞元十一年，已二十八岁的韩愈一直未得仕。个中缘由不得而知。针对这一事件，文说又在后文注中有："公雖登第，未即得仕，又以此二試吏部。一既得之而又黜於中書，亦未得仕。故云。然下士在官之最甲者。鄭氏云：上中下，以三命爲差。"③ 这样同一篇诗文中，前后不同之处交代韩愈不得仕的情况，丰富了韩愈此时经历，加深了读者理解。继而在文中后注中又通过"公少貧孤，始來京師時止携一束書，遑遑乎懷欲進之心，既而不逢，推挽仰厭而退言，苟有食可以糊其口，則將從之其後，遂事董晉、張建封之類是也"，使读者对韩愈登第后三上宰向书不报后出走何处，有了一个明确的认识——先后事董晉和張建封。那么，韩愈从贞元八年登第，三年后年过二十八，仍未得仕，于是在三上宰相书不报的情况下，出走以事董晉和張建封的人生行程得到进一步完善，此中韩愈内心的抑郁可想而知。又如在《元和聖德詩 并序》题下王俦补注有言："永正元年八月即位，其月，劍南西川節度使韋皋卒，行軍司馬劉闢自稱留後。元和元年正月癸未，長武城使高崇文爲佐神策行營節度使，討劉闢。甲申，劉闢陷梓州。三月甲子，高崇文克梓州。六月丁酉，高崇文及劉闢戰于鹿頭柵，敗之。九月辛亥，高崇文克成都。十月甲子，減劍南東西川今歲賦，釋脅從將史。葬陣亡者，廩其家五歲。戊子，劉闢伏誅。"④ 文中文说注又言："永正元年八月癸丑，劍南西川節度使韋皋卒，行軍司馬劉闢自稱留後，皋治蜀歲久，兵驕。故闢偕其属卒以爲叛。……憲宗知闢意驕傲，非不能行師問罪，然新嗣位，意欲綏静遠方。苟闢能懷附而安之，則且付與節旄以觀其進退。……憲宗始以給事中召闢，闢不奉詔，於是拜撿校工部尚書，劍南西川節度使。少府監掌工作法物符印旄節，故曰出節少府。……闢既得旄節以爲上可動，意益驕傲。吐不臣語。……言闢恃蜀之富，殺牛釃酒饗賁士卒以買其叛。又設標異以誇雄强。……元年正月，闢陷東川，執節度李康。"同是劉闢反叛事件，几处不同的叙事，从不同侧面完整揭示劉闢反叛时的前因后果，分析了当时复杂的形势。注文通过互见法，充分展现并还原了事件本末，也于其中将宪宗、刘闢等的形象刻画的更加丰满深

---

① ［后晋］刘昫等撰：《旧唐书》卷一三·本纪第十三，北京：中华书局 1975 年版，第二册第 382 页。

② ［宋］文谠注、王俦补注：《新刊经进详注昌黎先生文》卷一八，上海：上海古籍出版社1994 年版，第一册第 64 页。

③ ［宋］文谠注、王俦补注：《新刊经进详注昌黎先生文》卷一八，上海：上海古籍出版社1994 年版，第一册第 66 页

④ ［宋］文谠注、王俦补注：《新刊经进详注昌黎先生文》卷一八，上海：上海古籍出版社1994 年版，第一册第 85 页。

入，如宪宗的顾全大局、谨慎，刘闢的骄纵。刚即位的宪宗，面对刘闢反叛，想要采取"缓静远方"的怀柔政策，但刘闢以为宪宗可动，恃骄傲慢，吐不臣语，后才有宪宗召高崇文讨伐刘闢之事。又通过"闢之寇梓州也，議者以其恃險，討之或生事，宰相杜黃裳固勸上無赦。因薦高崇文以爲將。上然之。即詔崇文撿校工部尚書、左右神策行營節度使，俾統左右神策麟遊、奉天諸屯，以討闢。時顯功宿將，人人自謂當選。及詔出，皆大驚。刉漏受命。辰已，出師器械，無一不具。過興元土，有折逆旅。……崇文乃西自閬中出邻之劍門，兵解梓潼之圍，賊將郝珗退守梓州。即是蜀都之右也。……鹿頭山距成都百五十里，扼二川之要。闢兵城之旁，連八屯以距東兵。……初，師之出以中人俱文珍爲監軍，既數月而無功。黃裳奏請罷文珍而專委崇文事必濟。上從之。凡兵之進退，皆黃裳自中指授，無不切於機者。進克鹿頭，賊始大震。……癸丑，崇文及闢戰於玄武。九月丙午，嚴礪及闢戰于神泉。皆敗之。辛亥，進克成都，則闢棄城走……闢檻送京師，冀不死，食飲于道晏然，將至都，神策以兵迎之，係其首，曳而入，驚曰：'何至是耶？'帝御興安樓受俘，闢曰：'臣不敢反，五院子弟爲惡，不能制。'詔問：'遣使賜爵何不受？'乃伏罪。獻廟社，徇于市，斬于城西南。……闢及子起郎等九人，與部將崔綱皆以次伏誅。"将唐宪宗接受宰相杜黄裳意见委高崇文以重任讨伐刘闢，节制俱文珍监军，刘闢又运兵布阵，先后率兵取得鹿头栅、神泉、成都等地战事胜利，最终取得平叛成功。唐宪宗虚心纳谏、任人唯贤的性格在注文对评判事件的叙述中得到刻画。而文说注引用《新唐书》刘闢被俘后与宪宗的对话，又揭示了刘闢穷途末路后的垂死挣扎和推卸责任、不敢担当的性格特征。杜黄裳运筹帷幄、举贤任能、节制宦官的形象又得以表现。同一篇诗文，同一事件，前后不同的注释之语，将人物复杂的性格形象栩栩如生地刻画出来。不得不说得司马迁"互见法"之精髓。

第二，不同之篇互见法的运用。主要是将同一人物或事件置于不同的诗文的注文中来叙述。如《感二鸟赋》中"言周流四方無一日之寧，謂幼遷韶嶺，長就食於江南。來京師者八九年。"从注文只知韩愈幼年时迁岭表，稍长则在江南。后来到京师长安。只此简略的几句话，使人联想韩愈幼时和谁迁岭表，一个人吗？后来缘何到江南，又是什么时间到京师的？这些疑问则在《復志赋》中得到揭示说明。"按董晉赴汴，在正元十二年七月，公寔從之，其曰：明年之七月，則十三年也。晉以十五年二月薨。則知公退休後復從晉於汴矣。公十二隨伯兄會遷嶺表。會卒，公從嫂鄭歸葬河南。已而遭梁崇義、李希烈、朱沘之亂。乃避地江南。正元二年，年十九，始至京師。二十五擢第。二十八未得仕。乃上書宰相。不報。時正元十一年矣。至十二年始佐汴州，明年又辭以疾。"① 通过此段注文的互见描述，更加丰富了韩愈生平经历，也解答了读者在《感二鸟赋》中的疑问。即韩愈大历十二年随伯兄韩会迁岭表。韩会去世后，韩愈随韩会之妻郑氏将韩会归葬于河南。不久，因遭梁崇义、李希烈、朱泚之乱，到江南避乱。贞元二年，十九岁的韩愈到京师长安。二十五岁时擢第，一直到二十八岁，即贞元十一年，都未得仕。三上书宰相，不报。于是西出京师长安，路途看到笼鸟献瑞之况，写下《感二鸟赋》。贞元十二年到汴州佐董晋，时年二十九岁。这些情况在后面的《幽怀》文中注中又有明确交代："公以正元二年年十九至京师舉進士，八年登第，又上宰相三書，不得調，退而作感二鳥賦，歸事董晋，遇乱。又依張建封。故此追念痛詆之也。"又在《县斋有怀》题下补注中有："公因遷謫，追叙生平，次軻之懷。"王俦补注有："公年十九，以正元二年至京師，舉進士。凢四年，以八年登第，十一年猶未得仕。乃三上宰相書，不報。則去而東歸。明年七月始從董晋於汴。十五年，晋薨。依張建封於徐。明年五月，建封薨。公去徐來居洛中。八年，得四門助教；十九年，除監察御史，其年十二月，以言事斥爲陽山令。至是，二十一年，順宗即位，而作是詩。嗣皇新繼明謂順宗也。詳此，則是詩不待講而明。"② 通过《感二鸟赋》《復志赋》《幽怀》和《县斋有怀》等诗文中的文谠和王俦之注，将韩愈前半生比较全面的人生履历描述了出来。在《南山诗》文中注有：正元十九年冬，愈以御史言事與同僚張豫坐徙嶺表，道出南山。愈祭豫文曰"夜宿南山，同臥一席"是也。《赴江陵途中寄三翰林》文中注有：公與張豫同貶南方。公爲連州陽山令，豫郴州臨武令。後公祭豫文云："余出嶺中，公俟州下，則知公與豫同出騎田嶺。豫留郴，而公之連也。"不同篇章的同一事件的记述，将韩愈被贬阳山的情况给予交代，也指出被贬之人除了韩愈还有张豫。在对与韩愈同年（贞元八年）登进士第时人员有哪些的记述时，文谠在《重雲一首李觀疾贈之》题下注有：李觀字元賓……王俦补注：元賓與公同舉正元八年進士，以十年死於京師，當其疾時，常有詩贈云。在《北極贈李觀》题下王俦补注：公正元八年與李觀同年登科，時年二十五，故詩及之。文中注又有：公以正元八年與李絳、李觀、崔群、王涯、馮宿、庾承宣聯第，時稱爲龍虎牓云。又在《落葉送陳羽》题下注有：按登科記：羽與公同登正元八年進士第。结合以上几篇，读者可以至少清楚知道与韩愈同年登第者还有张豫、李绛、李观、崔群、王涯、冯宿、庾承宣、陈羽等。

通过对文谠注、王俦补注韩集注文的分析，无论是文谠、王俦对人物经历的揭示，还是对事件的叙述，又或是对人物性格的刻画等，学习借鉴《史记》互见法并将其运用到自己的注释实践之中是很明显的。

---

① ［宋］文谠注、王俦补注：《新刊经进详注昌黎先生文》卷一八，上海：上海古籍出版社1994年版，第一册第70页。

② ［宋］文谠注、王俦补注：《新刊经进详注昌黎先生文》卷一八，上海：上海古籍出版社1994年版，第二册第217页。

二、对司马迁《史记》"爱奇"风格的接受。西汉扬雄曾说"子长爱奇"，主要是指《史记》所载的奇异怪诞之说。这种奇异怪诞之说在文谠注、王俦补注的韩文当中体现也是比较突出的。如《南山诗》文中注有：述征记曰："華山對河東首陽山，黃河流于二山之間。云舊本一山，巨靈所開，今覩手跡于華岳，而脚跡在首陽下。"① 又引《列子集釋》卷第五·湯問篇言：列子曰："太行、王屋二山，方七百里，高萬仞。本在冀州之南，河陽之北。北山愚公者，年且九十，面山而居。懲北山之塞，出入之迂也。聚室而謀，將移之。操蛇之神聞之，山神懼其不已也，告帝。帝感其誠，命夸娥氏二子負山，一措朔東，一措雍南。自此冀南、漢陰無隴。"② 文谠引《列子》等为韩愈化用巨灵、夸娥移山之事寻找文献依据，以奇证奇。在《谢自然》题下注中，文谠引用《墉城集仙录》卷十中关于谢自然的记述："謝自然者，其先兗州人。父寰，居果州南充，爲從事。母胥氏，亦邑中右族。自然性穎異人，不食葷血。所言多道家事，詞氣高異。其家在大方山下，山頂有古像老君，自然因禮拜，不願下，母從之，乃遷居山頂，自然常誦道德經、黃庭内篇。年十四，其年九月，因食新稻米飯，云：'盡是蛆蟲。'自此絕粒。後於開元觀詣絕粒道士程太虚，受五千文紫靈宝録。正元九年，刺史李堅築室於金泉山，移居之。有石室，惟容一床，四邊纔通人行。又有兩虎，出入必從，他人至則隱伏不見。每行止，則諸神侍衛。自言將授東極真人之任。屢有天使降，鸞鶴千萬，衆仙畢集。自然絕粒，凡一十年。晝夜不寐，兩睞忽有印形。並睞則兩印相合，分毫無差。又有神力，日行數百里，或至千里，人莫知之。瞑夜深室，纖微無不洞鑒，又不衣綿纊，寒不近火，熱不操扇，人問吉凶善惡，無不知者。正元十一年十一月九日，詣州與李堅別，云：'中旬的去。'十二日辰時，於金泉道場白日昇天，士女數千人，咸共瞻仰。祖母周氏，胥氏，妹自柔，弟子李生，聞其訣別之語曰：'勤修至道。'須曳五色雲遮亙一川，天樂異音，散漫瀰灮，所着衣冠簪帔一十事，脫留小繩床上，結繫如舊。刺史李堅表聞，詔褒美。李堅述金泉道場碑，立本末爲傳云。"③ 给谢自然生平增添一抹奇异神秘色彩。《谢自然》文中注：茅盈内记曰："始皇三十一年九月庚子，盈曾祖父蒙，乃於華山之中，乘雲駕龍，白日昇天。先是，其邑謠歌曰：'神仙得者茅初盈，駕龍上昇入太清，時下玄州戲赤城，經世而往在我盈，帝若學之臘嘉平。'始皇聞謠歌而問其故，父老對此仙人之謠歌，勸帝求長生之術。於是，始皇乃有尋仙之意。因改'臘'曰'嘉平。'"……"孝武即位，之明年，李少君以祠竈、穀道、却老方見上，上尊之。以爲神，數百歲人也。少君言於上曰：'祠竈則致物，而丹砂

---

① ［宋］文谠注、王俦补注：《新刊经进详注昌黎先生文》卷一八，上海：上海古籍出版社1994年版，第一册第124页。

② 杨伯峻撰：《列子集释》卷第五，北京：中华书局1979年版，第159-161页。

③ ［宋］文谠注、王俦补注：《新刊经进详注昌黎先生文》卷一八，上海：上海古籍出版社1994年版，第一册第136页。

可化爲黄金，黄金成以爲飲食器則壽，壽而海中蓬萊仙者可見之矣。以封禪則不死，黄帝是也。'於是天子始親祠竈，而遣方士入海求蓬萊安期之屬。而海上燕齊迂怪之士多相劾，更言神仙事。而文成五利之言不効，卒以誅死。"文说引用《史记》之言，生动记述秦皇、汉武时求仙、成仙之人之事。本就奇异怪诞，何足信哉！《秋怀十一首》文中注有："晉周處、劉遐皆能入水捕蛟，今以不得往爲恨。蓋君子精神内守，臨天地怪物而不惑，然後可以當大事，故也。"[1] 文说注晋人周处、刘遐下水捕蛟事。蛟龙，本就奇异之物，周处、刘遐于水中捕获蛟龙，则是奇上加奇。《赴江陵途中寄三翰林》文中注有：嶺表録異曰："鵂鶹鳥，夜飛晝伏。能拾人爪甲以知吉凶。凶則鳴其屋上。"文说引用《岭表录异》注释韩文，赋予鵂鶹鸟以"拾人爪甲以知吉凶"的神秘奇异特征。……苦熱行曰："吹蠱病行暉。註云：吹蠱，飛蟲也。江南有畜蠱者，主人行之以殺行人，置人飲食，人不覺。其家滅者，則飛游妄逐行，客中者皆病死。"解释江南有养蛊者，并以蛊杀人的传说。又：雷焕，字孔璋，晉人也。豫章記曰："吳未亡，常有紫氣見斗牛間。聞雷孔璋妙達緯象，乃要宿，問天文。孔璋曰：'斗牛之間有異氣，是寶物也。精在豫章豐城。'遂以孔璋爲豐城令，至縣，掘深二丈，得玉匣，長八尺。開之，得二劍，其夕斗牛之間氣不復見。孔璋乃留其一匣，而進之。劍至，光曜煒燁，焕若電發。後張華遇害，此劍飛入襄城水中。孔璋臨亡，戒其子常以劍自隨。後其子爲建安從事，經淺瀨，劍忽於腰間躍出，遂視之，見二龍相隨焉。"《送靈師》文中注引《別國洞冥記》卷第二："孟岐，清河之逸人。年可七百歲。語及周初事，了然分明，如在眼前。"[2] 指出七百岁的清河人孟岐的事迹。"人生七十古来稀，我言七十为奇。"更何况七百岁！《古风》文中注引《楚辭補注》卷第三·天問章句第三有："伊尹母妊身，夢神女告之曰：'臼竈生鼃，亟去無反。'居無何，臼竈中有生鼃，母去東走，顧視其邑，盡爲大水，母因溺死，化爲空桑之林。水乳之後，有小兒啼水涯，即伊尹也。"说明伊尹的神奇出生。《駑驥》文中注引《新語校注》卷上·術事第二："王良，晉大夫郵無恤子良也，一名孫無政，爲趙簡子御，死而託精於天駟星。天文有王良星是也。"[3] 记述了晋国大夫孙无政死后为天驷星的传说。

"爱奇"风格，在文说、王俦注文中的表现主要是随着韩愈诗文所表现而进一步拓展的，从这点来说，文说注与王俦补注韩愈诗文首先是忠实于韩文的，另外，文说注、王俦补注必然受到韩愈诗文的限制。

---

① ［宋］文说注、王俦补注：《新刊经进详注昌黎先生文》卷一八，上海：上海古籍出版社1994 年版，第一册第 145 页。

② ［宋］文说注、王俦补注：《新刊经进详注昌黎先生文》卷一八，上海：上海古籍出版社1994 年版，第二册第 215 页。

③ ［宋］文说注、王俦补注：《新刊经进详注昌黎先生文》卷一八，上海：上海古籍出版社1994 年版，第二册第 275 页。

三、结语。《史记》产生后，历代学者对其研究关注从未间断。尤其是唐宋时期，关于《史记》的研究更是达到新的高峰，以至于宋人王应麟在其《玉海》卷四十六《唐十七家正史》中有："司马氏《史记》有裴骃、徐广、邹诞生、许子儒、刘伯庄之音解。……《史记》之学，则有王元感、徐坚、李镇、陈伯宣、韩琬、司马贞、刘伯庄、张守节、窦群、裴安时。"① 被称为"文起八代之衰"的唐代韩愈，其诗文从其诞生也一直成为后人研究学习的榜样。在其所倡导的反对骈文、扫除浮靡之风而掀起的古文运动中，更是把《史记》当做学习的典范。通过后人研究，其对《史记》接受研究较为广泛。在韩愈称赞司马迁的文章"雄深雅健"的基础之上，宋人作了进一步的阐发，提出许多深刻的见解。"在理学盛行的宋代，文人对《史记》这样一部历史著作的接受更多地带着理性和功利的因素，着重于对史实作道德评判。"② 拨开众多宋代关于《史记》接受的文献，宋蜀刻本《新刊经进详注昌黎先生文》本身的研究就有限，没有得到世人的重视，其注文对《史记》的接受更是为世人所忽视。通过对注文本身具体事例的分析，以其注文如何运用并体现《史记》互见手法和"子长爱奇"的文章风格为切入点，揭示文谠本韩集对《史记》的接受是显而易见的。文谠本在宋代当时的社会环境下，受社会大环境影响自觉不自觉地已然加入了对《史记》评价和接受的潮流当中。对文谠本韩集关于《史记》的接受研究，可以作为"史记学"研究的一个方面，扩充"史记学"研究的覆盖面。为以后对文谠本韩集进行《史记》接受研究提供一点启示，进一步发掘文谠本韩集价值提供可资借鉴的角度。

---

① ［宋］王应麟：《玉海》卷四六，四库全书本。
② 张自然：《宋明时期笔记中的〈史记〉考评述论》，河南大学博士学位论文，2008年。

论柳宗元对司马迁《史记》的接受

＊本文作者马维娜。陕西师范大学文学院博士。

司马迁的《史记》自问世以来，便被不断地阅读、注释、传播和接受。到了唐代，《史记》研究蔚为壮观，宋人王应麟在《玉海·唐十七家正史》中说"司马氏《史记》有裴骃、徐广、邹诞生、许子儒、刘伯庄之音解。""《史记》之学，则有王元感、徐坚、李镇、陈伯宣、韩琬、司马贞、刘伯庄、张守节、窦群、裴安时"。在《史记》繁荣的研究背景下，唐代文人也非常注重从《史记》中学习文章之法，柳宗元在《答韦中立论师道书》中就"为文章"之法时说道："参之谷梁氏以厉其气，参之《孟》《荀》以畅其支，参之《庄》《老》以肆其端，参之《国语》以博其趣，参之《离骚》以致其幽，参之《太史公》以著其洁，此吾所以旁推交通，而以为之文也。"他从文章风格、写作手法、文学思想等多个方面对司马迁《史记》予以接受。

一、柳宗元文章风格对司马迁《史记》的接受

对司马迁《史记》"渊深峻洁"风格的接受。柳宗元在《报袁君陈秀才避师名书》中写道：

> 文以行为本，在先诚其中。其外者当先读六经，次《论语》、孟轲书皆经言；《左氏》、《国语》、庄周、屈原之辞，稍采取之；谷梁子、太史公甚峻洁，可以出入；余书俟文成异日讨也。

柳宗元对后学所讲的文章之法，首先强调的是"德"，其次才是"法"，而在文章之法中用"甚峻洁"来评价司马迁的文风，可以说是相当高的评价了。同时，在对他人进行评价时，也是以是否有"峻洁"文风作为人才优劣的标准。柳宗元在《与杨京兆凭书》中写道：

> 诚使博如庄周，哀如屈原，奥如孟轲，壮如李斯，峻如马迁，富如相如，明如贾谊，专如扬雄，犹为今之人，一有"笑"字，则世之高者至少矣。

柳宗元在谈到如何举荐人才，应当举荐什么样的人才时，用"峻"来评价司马迁的风格，认为"今之后生为文，希屈、马者，可得数人"，这不仅是对

司马迁文章风格的认同，更是对他高尚人格的认同和接受。

柳宗元在自己的文章写作中，也秉承了"峻洁"的文章风格。正如韩愈用"雄深雅健似司马子长"来评价他的文风，柳宗元越过六朝华丽骈文，祖法《史记》，扛起"古文运动"的大旗，成为新文风的先行者和标杆。在他写作的众多墓志铭中，表现尤为明显。他的墓志铭，只介绍丧者生平、在世时重要的一二事、埋葬地等，绝无虚华谀墓之词，以《亡妻弘农杨氏志》为例，可窥一斑。他依次写了亡妻生前的出生、家庭情况、通过母亲的评价显示她的品德、患病、葬于万年县栖凤原。最后用"坤德柔顺，妇道肃雍。惟若人兮，婉娩淑姿。锵翔令容，委穷尘兮。佳城郁郁，闭白日兮"对亡妻予以沉痛哀悼，并许下"之死同穴，归此室兮"的誓言。

对司马迁《史记》"爱奇"风格的接受。司马迁二十多岁开始游历，道听途说了许多奇闻异事，掌握了散逸在民间的异闻志怪，表现在文章中有《高祖本纪》中的赤帝子斩白帝子、《三代世表》中的姜嫄履迹生稷、《殷本纪》中的简狄吞乱生契。柳宗元散文也善写奇人奇事。《童区寄传》开篇写道：

> 柳先生曰：越人少恩，生男女，必货视之。自毁齿已上，父兄鬻卖，以觊其利。不足，则取他室，束缚钳梏之。至有须鬣者，力不胜，皆屈为僮，当道相贼杀以为俗。幸得壮大，则缚取幺弱者。汉官因以为己利，苟得僮，恣所为不问。以是越中户口滋耗。少得自脱，惟童区寄以十一岁胜，斯亦奇矣。桂部从事杜周士为余言之。

在一个将买卖人口视为理所当然的地区，童区寄能够以 11 岁的年龄智杀强盗，并成功脱身，不以为不奇。柳宗元以"奇"为本，歌颂了童区寄自救的勇敢。

柳宗元的"爱奇"还表现在山水游记中的奇景。在《游黄溪记》中有"在至初潭，最奇丽，殆不可状"。在《始得西山宴游记》中有"以为凡是州之山水有异态者，皆我有也，而未始知西山之怪特"。在《钴鉧潭西小丘记》中有"其石之突怒偃蹇，负土而出，争为奇状者，殆不可数"。在《袁家渴记》中有"由朝阳巖东南，水行，至芜江，可取者三，莫若袁家渴，皆永中幽丽奇处也"。在《石渠记》中有"又北曲行纡余，睨若无穷，然卒入于渴。其侧皆诡石怪木，奇卉美箭，可列坐而庥焉。风摇其巅，韵动崖谷"。以奇山异水为美，皆突出一个"奇"字。

柳宗元对司马迁《史记》"写实"风格的接受。司马迁在《报任安书》中说起写作《史记》的缘由时写道：

> 仆窃不逊，近自托于无能之辞，网罗天下放失旧闻，略考其行事，综其终始，稽其成败兴坏之理，上计轩辕，下至于兹，为十表，本纪十二，书八章，世家三十，列传七十，凡百三十篇。亦欲以究天人之际，通古今之变，成一家之言。

这一段话写出了司马迁写《史记》的目的、资料来源、写作方法、写作体例。由此看出，《史记》所有内容皆有源头可循。深受司马迁影响的柳宗元在写作诗歌、散文及人物传记时，也多有实录。《捕蛇者说》写了蒋氏三代以捕蛇为业，祖父和父亲死于捕蛇，如今的捕蛇者也几次近乎死于捕蛇，当作者让他放弃捕蛇，恢复徭役和赋税时，他却哭着拒绝，尽管捕蛇艰辛，但却胜于徭役和赋税。作者在篇末说道：

> 余闻而愈悲。孔子曰："苛政猛于虎也。"吾尝疑乎是，今以蒋氏观之，犹信。呜呼！孰知赋敛之毒，有甚是蛇者乎！故为之说，以俟夫观人风者得焉。

韩愈在《捕蛇者说》的题注中说："公谪永州时作，当时赋敛毒民其烈如是。"韩愈的这句话充分说明了柳宗元文章的写实风格。

二、柳宗元写作手法对司马迁《史记》的接受

司马迁《史记》开创了纪传体的先河，柳宗元在写作手法上祖法《史记》，同时又推陈出新。主要表现在叙事方法、小说因素、创作模仿的接受等三个方面。

柳宗元对司马迁《史记》写作手法的接受，首先表现在为小人物立传。司马迁《史记》中有《孔子世家》《项羽本纪》《陈涉世家》，本身这三个人的身份达不到归入"世家"和"本纪"的标准，但是他们所作的贡献，远远大于身份，因此，司马迁将他们按照贡献归类。柳宗元的作品中也打破了为统治阶级立传的传统，将笔触伸向了底层人物。如《宋清传》写了乐善好施的卖药人宋清；《种树郭橐驼传》写了会种树的驼背人郭橐驼；《梓人传》写了小工匠杨潜。这些人物身份卑微，却在行事处事时表现出善良、真诚的美德，柳宗元为他们立传，也表现出了他对底层人物的人文关怀。

柳宗元对司马迁《史记》写作手法的接受，还表现在对写作方式的模仿。柳宗元在写人物传记时，每篇结尾都会像司马迁一样加上"柳先生曰""吾观"之语，阐述自己想要表达的主张。如《宋清传》结尾：

> 柳先生曰："清居市不为市之道，然而居朝廷、居官府、居庠塾乡党以士大夫自名者，反争为之不已，悲夫，然则清非独异于市人也。"

表达了作者对宋清人品的肯定，以反衬官僚之间唯利是图的人际关系。

在《梓人传》结尾：

> 余谓梓人之道类于相，故书而藏之。梓人，盖古之审曲面势者，今谓之都料匠云。

用工匠的方法来阐释做宰相之道，也是前无古人了。

在《李赤传》结尾：

> 柳先生曰：李赤之传不诬矣。是其病心而为是耶？抑固有厕鬼耶？赤之名闻江湖间，其始为士，无以异于人也。一惑于怪，而所为若是，乃反以世为溷，溷为帝居清都，其属意明白。今世皆知笑赤之惑也，及至是非取与向背决不为赤者，几何人耶？反修而身，无以欲利好恶迁其神而不返，则幸矣。又何暇赤之笑哉？

通过李赤的故事，反衬刻画了不分是非之辈的可恶嘴脸。

柳宗元对司马迁《史记》写作手法的接受，还表现在传记文中隐含的小说因素。《史记》对人物的描写，千人千面，生动丰富。如：同是见到秦始皇出巡，刘邦说"嗟乎，大丈夫当如是也！"项羽说："彼可取而代也！"同样野心勃勃，刘邦小心翼翼、遮遮掩掩，项羽直截了当、霸气侧漏，生动地揭示了两个人的出身、经历、性格和心理。柳宗元在其寓言和传记中也有大量拟人和拟物的写法，初具小说因素。如《临江之麋》写了一个被主人呵护，误将猎狗认为朋友，最终被猎狗吃掉的麋；《黔之驴》刻画了一个徒有其表，被老虎屡次试探，最终发现无可取而吃掉的驴；《永某氏之鼠》写了一群猖狂的老鼠，最终因为换了房屋的主人而"杀鼠如丘，弃之隐处，臭数月乃已。"此为柳宗元《三戒》，苏东坡在题注下写道：

> 予读柳子厚《三戒》而爱之，乃拟作《河豚鱼》《乌贼鱼》二说，并序以自警也。

柳宗元在继承《史记》的同时，自己也成为后来者师法的标杆。柳宗元作品中的小说因素在《李赤传》《蝜蝂传》中表现突出。《李赤传》刻画了一个被"厕鬼"迷惑的人，屡次入厕寻死不得，最终如愿的故事，人物刻画栩栩如生，读来如蒲松林《聊斋志异》。《蝜蝂传》写了一个小虫子，遇到任何东西都要背到背上，最后把自己累死的故事，一个贪婪的小虫子如在眼前，让人忍俊不禁。

三、柳宗元对司马迁《史记》思想的接受

柳宗元对司马迁《史记》思想的接受，表现在"文以载道"的思想。司马迁在《报任安书》中写道：

> 古者富贵而名磨灭，不可胜记，唯倜傥非常之人称焉。盖文王拘而演《周易》；仲尼厄而作《春秋》；屈原放逐，乃赋《离骚》；左丘失明，厥有《国语》；孙子膑脚，《兵法》修列；不韦迁蜀，世传《吕览》；韩非囚秦，《说难》《孤愤》；《诗》三百篇，大底圣贤发愤之所为作也。此人皆意有所郁结，不得通其道，故述往事、思来者。乃如左丘无目，孙子断足，终不

可用，退而论书策，以舒其愤，思垂空文以自见。

在困厄中"发愤著书"以"究天人之际，通古今之变"，这是司马迁写作《史记》的创作目的和写作动机，柳宗元屡次被贬，没有因仕途多舛而自暴自弃，而是毅然以"文以载道""文以明道"为写作的根本，自身境遇与贬谪地山水融为一体，政治上的不幸，成就了他的文学造诣。正如韩愈《柳子厚墓志铭》所说："子厚斥不久，穷不极，虽有出于人，其文学辞章，必不能自力以致必传于后如今，无疑也。"

柳宗元对司马迁《史记》思想的接受，表现在对司马迁思想的辩驳。司马迁的"天人感应"观，主要体现在《史记·天官书》中，在司马迁看来，天上的星宿与人间社会、地域分野是感应的、相通的，通过对星象的观测可以预知"天命"，即预测军国大事和王权更替等。例如《史记·宋世家》写了星象异常与国家朝政盛衰相对应。柳宗元在《贞符》中列举了大量事实，反驳了"天人感应"之说，指出"符命说"纯粹是"妖嚚淫昏好怪之徒"的胡说，是"淫巫瞽史"编造的无稽之谈。

柳宗元对司马迁《史记》思想的质疑还体现在他的辩论文中。《史记·晋世家》写了"桐叶封弟"的故事，柳宗元有《桐叶封弟辩》。司马迁是以肯定"君权神授""君无戏言"的角度来写的，柳宗元明确表示反对：

> 吾意不然，王之弟当封耶？周公宜以时言于王，不待其戏而贺以成之也。不当封耶？

他批判了对君权的绝对服从，在那样的时代，提出：

> 凡王者之德，在行之何若。设未得其当，虽十易之不为病。要于其当，不可使易也，而况以其戏乎？

这是要求君王要言行得当，不可有戏言。

柳宗元对司马迁《史记》思想的接受，表现"大一统"的思想中。《史记》中的《五帝本纪》所记载的黄帝是第一个实现了大一统的古圣王；《夏本纪》也是以大禹治水为线索，写了九州一统；《秦始皇本纪》也颂扬了秦始皇大一统的业绩。柳宗元生活的时代动乱不已，藩镇割据，民不聊生，他在《涂山铭并序》中明确提出了"政莫先乎齐大统"的思想：

> 位莫崇乎执大象，乃辑五瑞，以建皇极；政莫先乎齐大统，乃朝玉帛，以混经制。

他意图运用古代大一统的思想来指导现实政治，并盛赞"惟禹体道，功厚德茂"，对禹的政治功绩给予充分的肯定和高度的评价。

柳宗元还在《封建论》中从封建制的产生谈起，对推崇封建者的说法通过举事例一一进行驳斥，得出只有郡县制才能极大地扩大中央集权，同时有利于百姓安危。篇末说"非圣人之意也，势也。"反复提出运用郡县制来一统国家是理之当然，也是大势所趋。

柳宗元对司马迁"大一统"思想的接受，还体现在《咏荆轲》中，《咏荆轲》反对荆轲的"勇且愚"，也批判了秦始皇在统一进程中使用"诈力"，但对统一是表示肯定的，篇末有"世传故多谬，太史征无且"，再一次用太史公《史记》来引证观点。

柳宗元师法司马迁《史记》，在学习中有沿袭，在沿袭中有创新，并自成一家，取得了非常大的成就，也成为后代古文学家学习的模范和样本。

浅论茅坤散文创作对《史记》的接受

＊本文作者王晓红。渭南师范学院人文学院教授。

到了明代，《史记》"文"的性质研究达到了一个顶峰，《史记》文章学经典地位形成，这与当时声势浩大的文学复古大潮密不可分。明代嘉靖初年，将字模句拟流于盲目复古前七子作为反拨对象的唐宋派异军突起。作为这一文派的后劲中坚力量，茅坤的贡献是突出和值得重视的。作为著名的散文家兼批评家，茅坤不仅在古文选本领域，声名卓著，他编选的《史记抄》和《唐宋八大家文钞》影响深远，广受好评；而且在实际写作中师法《史记》，力倡"史迁风神"，颇有建树。本文重点讨论茅坤散文创作对《史记》的接受。

茅坤所处的时代，由于科举制度的热切需求，汹涌澎拜的文学复古浪潮推动，作为经史原典的《史记》受到格外的推重和追捧，"其宗《史记》者，乃盛于今日。①"印刷技术的提高，明代刻印《史记》达二十三之多，给举业读书人研读《史记》提供了极大方便。茅坤何时开始阅读《史记》，无从可考。据茅坤年谱可知，"坤幼有大志"，七岁，祖父亲手授书，"性警颖，日诵千言"。十二岁，习《尚书》。十六岁，补邑诸生。自为诸生"耽耽有驰骋千古之思，抱卷吾伊，尽丙夜不少辍②"，孜孜苦读，学业大进。可以推测，"幼有大志，欲尽读古人书"的茅坤，接触《史记》应比较早，其自称"少好读《史记》"，非虚言也。茅坤喜爱《史记》甚至达到痴迷的程度，常常"忘食饮，废卧寝"，在梦中"共太史公抽书石室中，面为指画③"。在苦读研习时，"私自以或得其解，辄手注之，凡三易帙"，且尝言，"杨子云尝谓颜子苦孔之卓，嗟乎！予于公，欲求其苦之卓也，切不可得矣，而敢他望乎？"足见其对司马迁的推崇，对《史记》的喜好。

屠隆《鹿门茅公行状》记载一件逸事，嘉靖十七年，27 岁的茅坤中进士，名列三甲第十三名，因停选，例选庶吉士愿望落空，文名早播的茅坤对这样的结局充满了强烈的挫折感。抵家正值夜晚，"南溪公曰：'若衣绣夜行耶？'公

---

① 凌稚隆：《史记评林·序》，天津：天津古籍出版社 1998 年版，第 30 页。
② 张梦新、张大芝点校：《茅坤集》，杭州：浙江古籍出版社 1993 年版，第 1450 页。
③ ［明］茅坤编纂、王晓红整理：《史记抄》，北京：商务印书馆 2013 年版。本文《史记抄》引文皆源于此。

徐曰：'是未足为大人荣。'①"衣绣夜行"典出《史记·项羽本纪》，从茅坤父子对话中侧面可知茅坤对《史记》熟稔程度。

嘉靖十九年，29岁茅坤步入仕途，却屡屡碰壁。张梦新先生以"仕途三黜"来概括他这段经历。初授青阳令，旋而丁忧；再为丹徒令，逾十月，擢为礼部仪制司主事，未几，徙吏部司勋主事，不久调广平府通判。在这一段奔走、迁徙过程中，茅坤始终不断地研读《史记》。约在嘉靖二十三年，任丹徒令期间，他与唐顺之关于文章创作展开了一场往复的书信论争。在《复唐荆川司谏书》，他将把文章的本源追溯到六经，视之为"来龙之祖"，司马迁的文章则是"龙之出游"。他以山川设喻，将六经比作"昆仑"，司马迁之文比作"秦中"，认为司马迁之文"其气尚雄厚，其规制尚自宏远②"，对《史记》格外推重。嘉靖二十七年，他开始有系统地评点《史记》，万历三年冬，《史记》评点本——《史记抄》出版，可视作其长期苦心研磨的结果。

茅坤酷爱并推崇《史记》，在散文创作上奉之为圭臬，努力学习模仿。茅坤师法《史记》经历了从"重文之法"到"重文之神"转变，其一开始是蛰伏在前七子的古文宗法中，从篇章、结构、修辞取法，茅坤自谓："仆少喜为文，每谓：当跌宕激射似司马子长，学而比之，句而亿之；苟一字一句不中其累黍之度，即惨怛悲凄也；唐以后若薄不足为。③"到嘉靖二十年与唐顺之相交后，认识到"学而比之，句而亿之"拟古的肤浅与可笑。随后在与唐顺之、蔡汝楠等友人唱和、辩驳、交流中，茅坤的古文观愈加明晰，认为"为文不必马迁，不必韩愈，亦不必欧、曾；得其神理而随吾所之④"，提出遗"形"取"神"，发明"史迁风神"，主张更自觉师法《史记》精神实质。"史迁风神"这一审美范式的艺术概括和提出源于他对《史记》的鉴赏，成为以"风神"为核心的茅坤散文观的重要来源。有多条材料表明，这一理论在嘉靖三十三年已经基本成型，并随着万历三年《史记抄》、万历七年《唐宋八大家文钞》公诸于众，流播海内。可知"史迁风神就是在这种不断完善的批点过程中总结出来的，其概念内涵也处于一个逐渐充实的开放式结构中"。⑤

在创作实践中，茅坤表现出对"风神"意境的自觉追求，他在总结自己作文的经验时说，"三曰调格。格者，譬则风骨也。吾为举业，往往以古调行今文。须于六经及先秦、两汉书疏与韩、苏诸大家之文涵濡磅礴于胸中，将吾所为文打得一片，凑泊处，则格自高古典雅。⑥"所谓的"以古调行今文"，显然不是指字模句拟的"形"似，强调风骨韵味的"神"同，以"凝神"作为最高

① 张梦新、张大芝点校：《茅坤集》，杭州：浙江古籍出版社1993年版，第1454页。
② 张梦新、张大芝点校：《茅坤集》，杭州：浙江古籍出版社1993年版，第191页。
③ 张梦新、张大芝点校：《茅坤集》，杭州：浙江古籍出版社1993年版，第196页。
④ 张梦新、张大芝点校：《茅坤集》，杭州：浙江古籍出版社1993年版，第192页。
⑤ 黄毅：《明代唐宋派研究》，上海：上海古籍出版社2008年版，第194页。
⑥ 张梦新、张大芝点校：《茅坤集》，杭州：浙江古籍出版社1993年版，第863页。

准则。

"关注情感、关注生命、关注人物"构成了茅坤风神论的精神内核。"标举史迁精神和六一精神是茅坤风神论的醒目旗帜①"。茅坤通过文学创作阐释和实践了其对"史迁风神"的领悟和见解。

第一，对"情至"的追求。

茅坤对于唐宋派文论建设一个重要的贡献即是"情至"说的提出和弘扬，这也构成了"史迁风神"论的重要精神内涵之一。

在《与蔡白石太守论文书》中，茅坤首次提出了"万物之情，各有其至"，标志着他对散文情感性的新的认识和觉悟。他认为世间万物皆因其特有之情态而存在，创作者唯有用心体悟"万物之情"且"专一以致其至②"，方能产生理想的作品。茅坤的创造在于，他将随物赋形、得心应手等艺术追求与司马迁"发愤著书"的传统文学精神绾结在一起，统一于"情至"。在中国古代批评史上，他第一次以情韵批评散文，《唐宋八大家文钞》评点中"情"是出现最频繁的字眼，达90余次；评《蔡君山墓志铭》"情辞呜咽"，评《潮州刺史谢上表》"情哀词迫"，评《南京留守谢上表》"情曲"，评《纵囚论》"曲尽人情"。在《史记抄》评点中"情"出现了近50次。在茅坤看来，司马迁成功的秘诀在于用心体悟事物的情态，"各得其物之情而肆于心"，《史记》在叙事写人中融入了深厚的情感，使读者产生身临其境的强烈感应、共鸣，具有了震撼人心的感染力量。许多篇章"使人读之痛快淋漓，而继之以潸然泪下"，"今人读《游侠传》即欲轻生，读《屈原贾谊传》即欲流涕，读《庄周》《鲁仲连传》即欲遗世，读《李广传》，即欲力斗，读《石建传》，即欲俯躬，读《信陵君》《平原君传》即欲好士"。③

在理论探索及评点过程中，茅坤反复申说和表达了对古文"情至"的领悟。在他的文学创作中，重视文章的"情"，努力感受事物的情状，其作品形成了自己的风格，呈现新面貌。

茅坤所论之"情"，既强调"见景生情、触目兴叹"之真情实感，更注重因现实生活坎坷不遇，"不得通其道"，而形诸于文，付诸笔端，"以发其悲涕慷慨抑郁不平之衷"，意即是司马迁发愤著书的郁愤精神。"痛苦的心灵抒发"成为茅坤所言风神的本真。

对胸怀"挥戈跃马之气""颇有驰驱四方之志④"的茅坤而言，两次遭贬以至壮年解职，削籍废居乡间几十年，故而"益发愤为文辞"，甚至到八十多岁，仍难以释怀，自称"即我年虽耄，而其所附司马子长，欲以文采自表没世

---

① 张纹华：《什么才是真正的理论重建？——读马茂军〈宋代散文史论〉》，《安康学院学报》2011年第6期。

② 张梦新、张大芝点校：《茅坤集》，杭州：浙江古籍出版社1993年版，第195页。

③ 张梦新、张大芝点校：《茅坤集》，杭州：浙江古籍出版社1993年版，第196页。

④ 张梦新、张大芝点校：《茅坤集》，杭州：浙江古籍出版社1993年版，第236页。

之后者耿耿也①"。可知茅坤几乎是将自己的人生遭际与司马迁之发愤著书相比附，现实不遇而产生的悲慨激愤之情"发愤之所为作"，以期"自勒一家，以遗于世"，王宗沐所撰《茅鹿门先生文集序》称其文："大都鞭霆架风，如江河万状，不可崖涘，而其反复详略形势，淋漓点缀，悲喜在掌，则出司马迁、班固，而自得陶铸，成一家言。②"

茅坤散文题材广泛，书、序、传、记、志、铭、杂著，形式多样。除杂著外，其他皆可视为史传体。仕途的挫折经历使他一生难以释怀，在《三黜纪事》予以详细记载。即便在为他人《太平府知府小陵吴公墓志铭》也难掩悲愤之情，诉诸笔端。

> 予既前君举进士，宦游四方，所至或偶窃声名，擅闻一时矣，然忌亦随之。由县吏入为仪制，为司勋，未几，出徙外郡。已而召还南省。又未几，再徙枭边徼，所被怨家者之挟执政以朋姗而摧击之，必穷其力；甚且削籍来归。而其所当渝渝訕訕之口，犹时引弋缯而未已也。

其与亲友书信来往中，则更多宣泄了自己的"忧思"：

> 仆衰且老矣，况罢官久，于世不相闻。（《与万婺源书》）
>
> 惜乎栖羽初扬，即遭弋视，令摩翔四海之志，竟不得以尺寸施功，命也！嗟嗟宇宙，古亦屡矣！（《别何吉阳司封书》）
>
> 仆随公鹿鸣，三十年于兹，其间声应气求，颇欲自附于贤者之后。然宦辙濩落，不得一日同朝而游；及罪废来，譬之伏蛰之虫矣。（《与赵方厓中丞书》）
>
> 仆既忤执政以罪废，归与渔缯樵斧相沉冥。（《与靳两城中丞书》）

这种强烈的"莫我知"的怨愤语，多次出现在他的作品中，反复感叹"不为时用"的满腹怨愤。对于素怀壮志、中年惨遭落职的茅坤而言，内心忧愤难以释怀、理想无从寄托的无奈性，这种情感比同时代的许多文人来得更为强烈些。在这个意义上来说，茅坤的许多散文都是自传性强烈的抒情散文。茅坤强烈的感情因素，形成了其散文中丰富多样的抒情方式。

描写人物书写愤世之志。《史记》一系列人物传记，塑造的形形色色人物，怀才不遇形象占了重要比重，如屈原、孔子、贾谊、冯唐、李广等，司马迁通过对历史人物悲剧命运的描写，曲折地表达了自己的郁愤情怀。这直接影响了茅坤人物传记的书写实践。《茅鹿门先生文集》卷十九收录茅坤传记文十篇，描写的对象多是一些地位低下、品行高洁却怀才不遇之士，如《困吾君传》"仁德好修"却"坎坷不偶"的莆人昌亨，《莫叔明传》"澹宕经纶者"却衣食不继的诗人莫叔明，《卜醉翁传》中洁身自守、可称为"古之逸民"的卜翁。

---

① 张梦新、张大芝点校：《茅坤集》，杭州：浙江古籍出版社 1993 年版，第 636 页。
② 张梦新、张大芝点校：《茅坤集》，杭州：浙江古籍出版社 1993 年版，第 1501 页。

虽然描写的具体对象与《史记》有距离，其借传抒发郁愤，寄托对世事和自身遭际的感慨，与《史记》精神是相吻合的。

夹叙夹议宣泄慷慨之意。司马迁"在叙述某些人物传记时，有时会引入大段议论，有时又会将一些评语穿插于前后两段叙述文字之间。明代评点者将《史记》中的这一现象称作'变体'①"。对《史记》这种"以议论行叙事，传之变体也"，茅坤在《史记抄·屈原贾生传》《史记抄·伯夷传》等给予关注，并且认识到造成"变体"深层原因是司马迁"意有所郁结""悲歌感慨"所致。茅坤认为欧阳修独"得史迁神髓"，他的序体文远追"史迁风神"。在写作中，茅坤以欧文为模范，夹叙夹议，行文常"嗟乎"作为一个过渡，笔带感慨，叙事与议论水乳交融，作者和人物浑然一体，作品表现出极强的抒情性。如其代表作《青霞先生文集序》，先叙沈炼生平，在叙述其生平的同时有两处恰到好处的议论，"当是时，君之直谏之名满天下②"，盛赞沈炼直言敢谏的铮铮铁骨和忧国忧民的高贵品质；继而叙其诗文集的由来，评论其诗文主旨价值："呜呼！集中所载《鸣剑》《筹边》诸什，试令后之人读之，其足以寒贼臣之胆，而跃塞垣战士之马而作之忾也，固矣。他日国家采风者之使出而览观焉，其能遗之也乎？"这种夹叙夹议，笔端饱和着真挚感情和强烈爱憎的叙述。文章叙议结合，叙事精详，议论悲慨。诚如《古文观止》编者所评价的："此序深得其旨，文亦浩落苍凉，读之凛凛有生气。"

论赞形式表达爱憎褒贬情感。《史记》一百三十篇，除《汉兴以来将相名臣年表》外，各篇均有论赞（"太史公曰"）或篇前序论，或文后赞论，或文中夹议，形式多样。论赞部分乃史迁"自创一律"，也是他发愤抒情之处，每一篇"太史公曰"，就是一部伟大艺术珍品，司马迁"将内在情感系统地呈现出来以供我们认识③"。茅坤的人物传记文最后往往"外史氏曰"赞语，如《方母传》《沈聘君小传》《鹤洲黄先生传》《黄烈妇传》，或者"赞曰""论曰"等形式，以充沛的热情对所传人物进行评价，起到画龙点睛之功效，这种体例显然来自《史记》的影响。

如《卜醉翁传》文末亦有赞："论曰：吴俗多肥利而捐义，好设狙猾以倾覆人，盖当水下流，冲薄汹礚，风气使然也。至如卜醉翁者，于人世澹焉无所竞，岂易得哉！予闻之友人吴伯子云：初观其状貌，盖疑其为野；及究之，终其身，无言仇于人，无色眦于人；游魂之日犹前知，若蜕而去，盖有不可识焉。或曰：其殆古之逸民者欤？④"以论赞形式中对卜醉翁的清静澹泊表示欣赏，同时也批判了"肥利而捐义，狙猾以倾覆人"的世风。

如《鹤洲黄先生传》文末有赞："外史氏曰：'尝闻古之大朴若拙，不以荣

---

①　周建渝：《从〈史记评林〉看明代文人叙事观》，《复旦学报》2010年第3期。

②　张梦新、张大芝点校：《茅坤集》，杭州：浙江古籍出版社1993年版，第433页。

③　崔积宝：《谈〈史记〉论赞中的情感》，《哈尔滨学院学报》2002年第5期。

④　张梦新、张大芝点校：《茅坤集》，杭州：浙江古籍出版社1993年版，第590页。

名声利锱其心，其先生者，无愧于斯也已。'闻其自言亦曰：'黔娄于吾，师也。'嗟乎！其终无所托，而能澹然于世幻之外者乎①"极力赞赏鹤洲黄先生敦笃孝友、安贫乐道、澹然无求的端正品行，言辞衷恳，钦佩、褒扬之意溢于言表。

第二，对人物主体精神的重视。

茅坤强调的"史迁风神"与"六一风神"一个核心是对人的重视。《史记》开创了我国记传体文学的先河，以人记史。"《史记》写人，不只重视人的功业，同时重视人的'为人'；《史记》所写的人，不只是历史的人，同时是人性的人。②"司马迁写人，充满了对人物命运、主体精神和心灵世界的关注。

茅坤对《史记》关注历史人物"内在的、意向的、自由的、变化着的精神生命存在和演化"，重视探及人物情感灵魂和内心世界给予高度评价。他在《史记抄·〈读史记法〉》指出："读太史传记，如与其人从游而深交之者，此等处须痛自理会方能识得真景，且太史公所擅。"认为司马迁最擅长表达这"真景"，此"真景"存在于《史记》纷繁历史事件的叙述中，表现出的叙述对象独特的神态、性情、精神等。认为司马迁刻画人物"摹画绝佳""言人人殊""各得其解"，譬如"善写生者春华秋卉，并中神理矣"。在《史记抄》《唐宋八大家文钞》评点常常以"得人物之精神""风神可掬"评点人物，表现了对《史记》人物精神的强烈认同和关注。如《刘敬叔孙通传》评价叔孙通"小论中'希世'两字，一篇精神所注处"，如《平津侯主父列传》首评曰"摹写平津侯，暗以'曲学阿世'四字为精神"，如《杨师厚传》："杨师厚本一骁将，而欧公传之，得其神"。

不惟如此，在实际写作实践中，茅坤十分重视人物主体精神的挖掘和摹写。尤其在其具有较强叙事性文体如序、传、记、志、铭等。

如《再赠宫保胡公序》，倭寇首领徐海率数万"最鸷悍"敌兵，"突击乍浦，胁钱塘以憾金陵③"，情势万分危急，而此时"疑者与忌而谗者，日且盈道路，四面而起"，处境极为艰难，"予时过公垒，公左手筹军吏，右手饮醇醪，若忘敌然。予间以色危之，公独引剑画地呼谓曰：'特于国家事当不当，顾吾则唯以此报朝廷耳，君何忧！'"生动刻画了胡宗宪以心许国，"忘乎荣名死生之外"，誓死抗倭的高大形象。胡宗宪"左手筹军吏，右手饮醇醪"，引剑画地高呼的细节描写，真切自然，使人物跃然纸上。

如《纪剿徐海本末》记述了剿灭徐海的全过程。是时茅坤正出入胡宗宪幕府，"皆所亲见，故叙述特详，与史所载亦多相合"。文章在叙事中尤为注重人物的刻画。如胡宗宪在平湖城会见徐海一节：

---

① 张梦新、张大芝点校：《茅坤集》，杭州：浙江古籍出版社 1993 年版，第 591 页。

② 可永雪：《再论"〈史记〉一部中华民族心灵史"》，《内蒙古师范大学学报》2009 年第 6 期。

③ 张梦新、张大芝点校：《茅坤集》，杭州：浙江古籍出版社 1993 年版，第 427 页。

自帅酋长百余人胄而入平湖城中求款。四公者计不许恐他变，遂许。海与诸酋长北向面四公，按次稽首，呼：天皇爷，死罪！死罪！海欲再为款胡公，而未之识，因顾谍，谍目示之，海复面胡公，稽首呼："天皇爷，死罪！死罪！"胡公亦下堂手摩海顶谓之曰："若苦东南久矣，今既内附朝廷，且赦若，慎勿再为孽。"海复稽首呼："天皇爷，死罪！死罪！"于是，四公厚犒遗之而出。是日城中人无不洒然色变者。

将矛盾冲突集中于刀光剑影的场面描写之上，以此来揭示不同人物的不同性格。城中官员的疑惧恐慌、徐海的粗鲁狡黠、胡宗宪的从容大度表现得淋漓尽致，绘声绘色，生动传神，如在目前。充分体现了茅坤散文善于学习效法《史记》长于记人的特征。

茅坤的志铭类文章，时人有很高的赞誉。明代朱国祯《涌幢小品》曰："茅鹿门先生文章擅海内，尤工叙事志铭，国朝诸大家，皆不及也①。"这类文章，不仅感情真挚，情文并茂，而且擅长摹写人物的言行举止、内在神情。如《伯兄少溪公墓志铭》，公为太学生，"与四方奇崛之士游，辄又自喜，数掀髯语人曰：'吾固当仗剑当世取功名，岂甘共闾里浮湛也！'②"刻画了意气风发、才学卓异、风流倜傥的长兄形象。如《都察院右佥都御史泽山张公墓志铭》"一要员缺，众或私指曰：'某有力，当不次补之矣'，已而公所补者某，盖蹇谔之士，无他援者也。一冗员缺，众或私指曰：'某员缺，按故事，当补某辈矣'已而公所补者某，盖众所谓有力者也。"刻画了举贤任能、正直无私，打压钻营、提拔被埋没的人才的能臣干吏张公的形象。在《胡夫人墓表》中，茅坤叙写了胡宗宪在夫人病逝前后的情状。夫人病危之际，时军情紧急，胡宗宪乃"阳以他兵逼贼垒，而再日夜，间道走钱塘，夫人犹及张目数语而逝③"。夫人"既殁，明日衣衰衣袭甲"，驰赴前线。然丧偶之悲难以自持，"予入吊，公哭之哀，并携二子匍匐而拜，涕下沾襟也。"体现出这位一心抗倭的英雄豪杰温情的一面。

即使在不专于叙事的书信体式中，茅坤也注意人的精神气质的摹写，如《别何吉阳司封书》："执事返楚邓，入衡湘，临流而赋，睇屈氏汨罗之深，当必有豁然大笑，泫然欲涕，为吾两两符证者矣。④"对即将告别京城、远赴九江之难友的形象描绘得真切感人。"尝观古者朋友远离，或托之珮玖，或申之兰茝；及其久矣不合，则借山川，诉鸿雁，以绵其道路之思，而其引涕增欷，有若儿女然者，仆每耻笑之。"离别友人之形象在一"涕"一"笑"的对比中，刻画得颇为生动，跃然纸上。

---

① 张梦新、张大芝点校：《茅坤集》，杭州：浙江古籍出版社 1993 年版，第 1503 页。
② 张梦新、张大芝点校：《茅坤集》，杭州：浙江古籍出版社 1993 年版，第 678 页。
③ 张梦新、张大芝点校：《茅坤集》，杭州：浙江古籍出版社 1993 年版，第 706 页。
④ 张梦新、张大芝点校：《茅坤集》，杭州：浙江古籍出版社 1993 年版，第 193 页。

可以看出，在实际写作中，茅坤重视"情至"追求，情注笔端，寓强烈感情于客观生动的叙述中；同时着力描画人物的性格特征、精神风貌，其笔下许多人物形象声色如画，读之如见其人，如闻其声。在关于茅坤散文的评论中，论者都注意到其散文与《史记》关系。《四库全书总目提要》曰："刻意摩习司马迁、欧阳修之文，喜跌宕激射"，"摩画点次，感慨淋漓，睹其文，如睹其人其事，说者谓得龙门之解。"

概言之，茅坤以"史迁风神"为最高审美理想，为此也付出艰辛的有效的努力，取得突出成就，得到了高度认可和评价。如陈文烛所言，茅坤平生所作，"摹画古人，潜发巧心，其神气本于龙门令……观先生之形者，诸大家；观先生之神者，太史公。①"然而创作实践与理论的矛盾与疏离在茅坤表现的还是比较明显，力主"风神"，又强调"文统"，"浓厚的道德评判意识"使文章陷于模式化而失了审美韵味，创作艺术上并未达到出神入化的境地。无论如何，茅坤倡导重视真情勃郁与生命焕发的"史迁风神"，极大地丰富唐宋派的古文理论，对明代《史记》文章学经典地位的形成和巩固提供了有效的学理和创作实践的支持。

---

① 张梦新、张大芝点校：《茅坤集》，杭州：浙江古籍出版社 1993 年版，第 1503 页。

史事研讨及其他

西汉前期淮南国与中央关系考论

＊本文作者王珏。军事科学院战争研究院副研究员。

一、前淮南国时期

《史记·淮南衡山列传》载：

> 淮南厉王长者，高祖少子也，其母故赵王张敖美人。高祖八年，从东垣过赵，赵王献之美人。厉王母得幸焉，有身。赵王敖弗敢内官。为筑外官而舍之。乃贯高等谋反柏人，事发觉，并逮治王，尽收捕王母兄弟美人，系之河内。厉王母亦系。告吏曰："得幸上，有身。"吏以闻上，上方怒赵王，未理厉王母。厉王母弟赵兼因辟阳侯言吕后，吕后妒，弗肯白，辟阳侯不强争。及厉王母已生厉王，恚，即自杀。吏奉厉王诣上。上悔，令吕后母之，而葬厉王母真定。真定，厉王母之家在焉，父世县之。

《汉书·淮南衡山济北王传》亦载：

> 高祖八年，从东垣过赵，赵王献美人，厉王母也，幸，有身。赵王敖不敢内官，为筑外官而舍之。及贯高等谋反事觉，并逮治王，尽捕王母兄弟美人，系之河内。厉王母亦系。告吏曰："日得幸上，有子。"吏以闻，上方怒赵，未及理厉王母。厉王母弟赵兼因辟阳侯言吕后，吕后妒，不肯白，辟阳侯不强争。厉王母已生厉王，恚，即自杀。吏奉厉王诣上，上

悔，令吕后母之，而葬其母真定。

理解《史》《汉》的记载，可以进一步获取如下信息：

一、汉高祖八年（前199）冬，时年57岁的刘邦（前256年—前195年）过赵地，临幸了赵王张敖所献美人。翌年，最幼子刘长出生。

二、对比《史》《汉》，略有差异。根据《史记》载："厉王母亦系。告吏曰：'得幸上，有身。'"可以判断，淮南厉王长出生在其母入狱后。根据《汉书》所载："厉王母亦系。告吏曰：'日得幸上，有子。'"可以判断，淮南厉王长出生在其母入狱前。据《汉书·高帝纪》，高祖"东垣过赵"是在"八年冬"，按照《汉书》行文惯例，也就是八年十月，而贯高等谋反在"九年十二月"。从刘长母亲得幸，到受累入狱，时间间隔不少于14个月。刘长已出世的可能性极大，《汉书》所记"有子"近实。

三、"厉王母已生厉王，恚，即自杀。"用一个"恚"字，刻画这位不知名的赵地女子的真性情。她选择自杀的方式，来完结自己的生命，以控诉命运的不公。

二、淮南厉王刘长时期

高帝十一年（前197）秋七月，"立子长为淮南王"，[①] 北平侯张苍为淮南国相，都寿春（今安徽寿县）。次年四月，刘邦病故。在汉惠帝临朝和吕后称制期间，高帝九子多遭荼毒，除远在边地的代王刘恒和被吕后收养"得幸无患害"的淮南王刘长外，其余七人相继凋零。

《汉书·淮南衡山济北王传》载：

> 及孝文帝初即位，淮南王自以为最亲，骄蹇，数不奉法。上以亲故，常宽赦之。三年，入朝。甚横。从上入苑囿猎，与上同车，常谓上"大兄"。厉王有材力，力能扛鼎，乃往请辟阳侯。辟阳侯出见之，即自袖铁椎椎辟阳侯，令从者魏敬刭之。厉王乃驰走阙下，肉袒谢曰："臣母不当坐赵事，其时辟阳侯力能得之吕后，弗争，罪一也。赵王如意子母无罪，吕后杀之，辟阳侯弗争，罪二也。吕后王诸吕，欲以危刘氏，辟阳侯弗争，罪三也。臣谨为天下诛贼臣辟阳侯，报母之仇，谨伏阙下请罪。"孝文伤其志，为亲故，弗治，赦厉王。

淮南王刘长与汉文帝亲缘最近，地位颇尊。恩宠之下，归属感不断加强，进而产生了自尊自大心理，行为"骄蹇，数不奉法"。汉文帝三年（前177），刘长入朝，"甚横"。此时甚至对皇权失去神秘感、敬畏感，"常谓上'大兄'"。21岁的刘长已长成"力能扛鼎"的人物，为报与辟阳侯审食其之间的旧怨，

---

① 司马迁：《史记》，中华书局1959年版，第289页。

居然干出一件惊世骇俗的大事:"自袖铁椎椎辟阳侯,令从者魏敬剄之。"《史记·淮南衡山列传》载,汉文帝未追究刘长擅自诛杀大臣的罪责,气焰更加高涨。假以时日,刘长的不臣之心愈发显露出来。"当是时,薄太后及太子诸大臣皆惮厉王,厉王以此归国益骄恣,不用汉法,出入称警跸,称制,自为法令,拟于天子。"《汉书·淮南衡山济北王传》还言及刘长"数上书不逊顺"。刘长的"骄恣"引起了中央的不满,汉文帝"重自切责之,令舅舅薄昭奉辞谴责刘长,历数若干过错,诸如"言节行以高兄,无礼。""幸臣有罪,大者立断,小者肉刑,不仁""汉法,二千石缺,辄言汉补,大王逐汉所置,而请自置相、二千石""大王欲属国为布衣,守家真定。……轻废先帝之业,不可以言孝"之类,要求刘长"易急改操易行,上书谢罪",刘长得书后"不说"。[①]

其实,汉文帝对淮南王早起忌惮之心。两年之前,当有司建议汉文帝早立太子时,汉文帝之言意味深长:"楚王,季父也,春秋高,阅天下之义理多也,明于国家之体。吴王(刘濞)于朕,兄也;淮南王,弟也;皆秉德以陪朕,岂为不豫哉!"[②] 有论者认为:"封建的存在,尤其属于诸侯王这一系统的存在,始终对专制政治的自身,成为一大矛盾。因为专制的最高权力,乃属于皇帝一人。""有汉一代,在皇位继承上,因皇帝的爱憎无常,并未建立一种客观制度,而系决定于皇帝一念之爱憎,及皇帝死时的形势。因此,凡是皇子被封为诸侯王的,便都有继承大统的可能,便都在皇帝的猜嫌之列"[③] 正如贾谊所言:"若此诸王,虽名为臣,实皆有布衣昆弟之心,虑亡不帝制而天子自为者。擅爵人,赦死罪,甚者或戴黄屋,汉法令非行也。虽行不轨如厉王者,令之不肯听,召之安可致乎!幸而来至,法安可得加!动一亲戚,天下圜视而起。"(《汉书·贾谊传》)延至汉文帝六年(前174),西汉中央等到了打击刘长的契机。

《史记·淮南衡山列传》载:

> 六年,令男子但等七十人与棘蒲侯柴武太子奇谋,以辇车四十乘反谷口,令人使闽越、匈奴。事觉,治之,使使召淮南王。淮南王至长安。

《史记·孝文本纪》罗列的刘长的罪名则是:

> 淮南王长废先帝法,不听天子诏,居处毋度,出入拟于天子,擅为法令,与棘蒲侯太子奇谋反,遣人使闽越及匈奴,发其兵,欲以危宗庙社稷。

汉丞相张苍会同典客、行御史大夫事宗正、廷尉、备盗贼中尉等联名上书,要求皇帝处死刘长:

① 班固:《汉书》,中华书局 1962 年版,第 2140 页。

② 班固:《汉书》,中华书局 1962 年版,第 111 页。

③ 徐复观:《两汉思想史》,华东师范大学出版社 2001 年版,第 103 页。

淮南王长废先帝法，不听天子诏，居处无度，为黄屋盖乘舆，出入拟于天子，擅为法令，不用汉法。及所置吏，以其郎中春为丞相，聚收汉诸侯人及有罪亡者，匿与居，为治家室，赐其财物爵禄田宅，爵或至关内侯，奉以二千石，所不当得，欲以有为。大夫但、士五开章等七十人与棘蒲侯太子奇谋反，欲以危宗庙社稷。使开章阴告长，与谋使闽越及匈一奴一发其兵。开章之淮南见长，长数与坐语饮食，为家室娶妇，以二千石俸奉之。开章使人告但，已言之王。春使使报但等。吏觉知，使长安尉奇等往捕开章。长匿不予，与故中尉蕑忌谋，杀以闭口。为棺椁衣衾，葬之肥陵邑，谩吏曰："不知安在"。又详聚土，树表其上，曰："开章死，埋此下"。及长身自贼杀无罪者一人；令吏论杀无罪者六人；为亡命弃市罪诈捕命者以除罪；擅罪人，罪人无告劾，系治城旦舂以上十四人；赦免罪人，死罪十八人，城旦舂以下五十八人；赐人爵关内侯以下九十四人。前日长病，陛下忧苦之，使使者赐书、枣脯。长不欲受赐，不肯见拜使者。南海民处庐江一界中者反，淮南吏卒击之。陛下以淮南民贫苦，遣使者赐长帛五千匹，以赐吏卒劳苦者。长不欲受赐，谩言曰："无劳苦者"。南海民王织上书献璧皇帝，忌擅燔其书，不以闻。吏请召治忌，长不遣，谩言曰："忌病"。春又请长，原入见，长怒曰："女欲离我自附汉"。长当弃市，臣请论如法。（《史记·淮南衡山列传》）

据《汉书·百官功卿表第七下》所记，张苍在高后八年（前 180）八月前曾任淮南国相，后调任汉朝御史大夫，文帝五年（前 175）正月擢升汉丞相。对比薄昭的责辞与张苍的奏议，表明西汉中央对淮南国一直保持密切关注。这在很大程度上折射出西汉中央与同姓诸侯王国之间不可调和的政治矛盾，也正是贾谊提出"众建诸侯而少其力"之策的时代背景。景帝前元三年（前 154）晁错建议削藩，以及武帝元朔二年（前 127）主父偃建议施行推恩令，均为同一问题的延续。

刘长被收押在京城大概一年多的时间。八年（前 172）十一月，汉文帝决定"其赦长死罪，废勿王。"有关部门奏请，将刘长流放到蜀郡严道邛邮（今四川荥经县西），他的子女，以及生有子女的妃妾一并从居。安排沿途各县依次传接押解刘长的囚车。"为筑盖家室，皆日三食，给薪菜盐炊食器席藤"，"每日给肉五斤、酒二斗"。同时，"尽诛所与谋者"，经营 25 年的淮南国心腹势力被中央剪灭殆尽（《汉书·淮南衡山济北王传》）。《史记·淮南衡山列传》载，中郎将袁盎此前曾劝谏汉文帝："'上素骄淮南王，弗为置严傅相，以故至此。且淮南王为人刚，今暴摧折之。臣恐卒逢雾露病死。陛下为有杀弟之名，奈何！'汉文帝仍坚持流放刘长："吾特苦之耳，今复之。"自尊自大的另一面往往是对挫折的承受能力差。中央的有意打击和社会角色的变化，让淮南厉王刘长一时竟无从所适从。以谋反等罪谪居徙蜀，更是刘长不堪其辱。"县传淮南王者皆不敢发车封。"刘长负气地"谓侍者曰：'谁谓乃公勇者？吾以骄不闻过，故至此。'乃不食而死。"一种莫辨自我、孤独乏援的空落心境，跃然纸上。刘长死后，汉文帝"即令丞相、御史逮考诸县传送淮南王不发封馈侍者，皆弃市。乃以列侯葬淮南王于雍，守冢三十户。"（《汉书·淮南衡山济北王传》）

汉文帝与淮南王之间的兄弟亲情，因政治权力的争夺而泯灭。中国历史上发生过何其多的兄弟相残事件，早在春秋初年，郑庄公故意纵容其胞弟共叔段谋夺国君之位，随之兴讨伐之师。史家评道："导之以逆，而反诛逆。教之以叛，而反讨其叛，庄公之用心亦险矣！"（南宋吕祖谦《东莱博议》卷一）刘长绝食致死后，汉文帝"甚悲"。袁盎不失时机劝解道："淮南王有四子，唯在陛下耳。"文帝"乃封子安为阜陵侯，子勃为安阳侯，子赐为阳周侯，子良为东成侯。"（《史记·淮南衡山列传》）孝文十二年（前168），"民有作歌歌淮南王曰：'一尺布，尚可缝；一斗粟，尚可舂。兄弟二人，不相容！'上闻之曰：'昔尧舜放逐骨肉，周公杀管蔡，天下称圣，不以私害公。天下岂以为我贪淮南地邪？'乃徙城阳王王淮南故地，而追尊谥淮南王为厉王。置园如诸侯仪。"按照谥法，"暴慢无亲曰厉"。淮南厉王当属恶谥，表明中央对刘长谋反的罪行已盖棺定论。

三、淮南王刘安时期

刘长自杀8年后，中央绍封刘安为淮南王，时在在孝文十六年（前164）。《汉书·淮南衡山济北王传》载：

> 上怜淮南王废法不轨，自使失国早夭，乃徙淮南王喜复王故城阳，而立厉王三子王淮南故地，三分之：阜陵侯安为淮南王，安阳侯勃为衡山王，阳周侯赐为庐江王。东城侯良前薨，无后。

早在文帝封刘长四子为列侯时，贾谊曾上书中央，谏止对刘长四子的绍封："窃恐陛下接王淮南诸子，曾不与如臣者孰计之也。淮南王之悖逆亡道，天下孰不知其罪？陛下幸而赦迁之，自疾而死，天下孰以王死之不当？今奉尊罪人之子，适足以负谤于天下耳。此人少壮，岂能忘其父哉？"（《汉书·贾谊传》）四年后，文帝仍立刘安兄弟为王，表面上是"怜淮南厉王废法不轨，自使失国早死"（《史记·淮南衡山列传》），实则心存芥蒂。其真正的意图是贯彻贾谊制定的"众建诸侯而少其力"的削藩策略，在夺取诸侯王的行政权、经济权和军事权的同时，三分淮南故地。

汉景帝即位后，继续打击诸侯国势力。中央委派廷尉张释之出任淮南王相。景帝三年（前154年），吴、楚等七国反叛。"吴使至淮南，淮南王欲发兵应之"。张释之有监视之责，便佯装主动请命，"曰：'王必欲应吴，臣愿为将。'王乃属之。相已将兵，因城守，不听王而为汉。汉亦使曲城侯将兵救淮南，淮南以故得完。"刘安虽未受到追究，但中央对兄弟三人一直保持戒惧之心。景帝四年（前153），景帝继续分散其力量，将衡山王刘勃改封为济北王（今山东长清西南），将庐江王刘赐改封为衡山王（今湖北黄冈北）。西汉中央没有放松对淮南国的控制，张释之继续担任淮南王相，直至生命的终点。刘安则于景帝五年（前152）、景帝中元四年（前146）两次入朝述职。汉景帝中元五年（前145），中央取消了诸侯王的行政权，"令诸侯王不得复治国"，淮南王国的力量与中央相差已不可以道里计。

淮南王刘安为人沉静，喜好读书鼓琴。值得称颂的是，刘安本身即充当了文化传播者的角色，在他的门下招致宾客方术之士数千人，极一时之盛。刘安的文化成就主要是"作为《内书》二十一篇，《外书》甚众，又有《中篇》八卷，言神仙黄白之术，亦二十余万言"（《汉书·淮南衡山济北王传》）。东汉王逸云："昔淮南王安，博雅好古，招怀天下俊伟之士。自八公之徒，咸慕其德，而归其仁，各竭才智，著作篇章，分造辞赋，以类相从"（《楚辞章句·招隐士序》）。这里言及淮南王与八公著述之事，但没有指出"八公"的名字，也没有将其与《淮南子》联系起来。东汉末年的高诱为《淮南子》作注，有《叙》一篇，其中说："（刘安）与苏飞、李尚、左吴、田由、雷被、毛被、伍被、晋昌等八人及诸儒大山、小山之徒、共讲论道德，总统仁义，而著此书。"明代王世贞《艺苑卮言》云："《淮南鸿烈》虽似错杂，而气法如一，当由刘安手裁。"

在积极经世的文化活动中，逐步树立起奋发有为的社会形象。而保持这种社会形象的心理需求，进一步转化为流芳后世的良性意识。"淮南王安……亦欲以阴德拊循百姓，流名誉。"（《汉书·淮南衡山王列传》）这是一种被后人评价的意识。这种意识一旦产生，实质上起动机作用。动机是激励人们活动的内在动力，意欲有更大作为的人们都有一种把自己的才能充分发挥出来的求成动机。一个人越受到社会的尊重，求成动机就越强烈，其推动作用也就越巨大。一国风气常随士习为转移，淮南王国招引士人大量聚集对当地的文化习俗产生长远的影响。《汉书·地理志》称："初淮南王异国中民家有女者，以待游士而妻之，故至今多女而少男。"

《汉书·淮南衡山济北王传》载：

> 时武帝方好艺文，以安属为诸父，辩博善为文辞，甚尊重之。每为报书及赐，常召司马相如等视草乃遣。初，安入朝，献所作《内篇》，新出，上爱秘之，使为《离骚传》，旦受诏，日食时上。又献《颂德》及《长安都国颂》。每宴见，谈说得失及方技赋颂，昏莫然后罢。

建元二年（前139），刘安入京朝见汉武帝，献所作《内篇》，深得武帝喜爱。《史记·淮南衡山列传》记载了一件颇不合人情的故事。当时身任太尉的田蚡亲至霸上迎接，怂恿刘安道："方今上无太子，王亲高皇帝孙，行仁义，天下莫不闻。宫车一日晏驾，非大王当谁立者。"刘安闻此言大喜过望，于是便"厚遗武安侯金财物。阴结宾客，扮循百姓，为畔逆事"。当时的刘安已年逾不惑，哪里会有机会去等待接刚满18岁的汉武帝的班？司马迁大抵怀疑这件事情的真实性，曾作如是判断："众庶不载，竟被恶言"（《史记·魏其武安侯列传》）。

建元六年（前135），汉武帝发兵讨伐闽越，刘安上书劝谏，说用兵有害无益，得到汉武帝的称赞。这一年，彗星出现，说客劝刘安道："先前吴国起兵时，彗星出现仅长数尺，而兵战仍然血流千里。现在彗星长至满天，天下兵战应当大兴。"刘安心想汉武帝没有太子，若天下发生变故，诸侯王将一齐争夺皇位，便更加加紧整治兵器和攻战器械，积聚黄金钱财贿赠郡守、诸侯王、和有奇才的人。各位能言巧辩的人刘安出谋划策，胡乱编造荒诞的邪说，误导刘安。刘安心中十分欢喜，赏他们很多钱财，而谋反之心更甚。刘安还让女儿刘陵在长安暗中刺探朝中内情，结交汉武帝亲近的人。

汉武帝元朔二年（前127），中央颁布《推恩令》，"下令诸侯得推恩分子弟，以地侯之。彼人人喜得所愿，上以德施，实分其国，不削而稍弱矣"（《史记·主父偃传》），元朔三年（前126），汉武帝"赐淮南王几杖，不朝"。刘安的儿子刘迁迎娶了王皇太后外孙修成君的女儿，因为害怕她知晓淮南王府的内情，刘安父子密谋逼迫她主动"求去"。过知天命之年的刘安，对王后荼、太子迁及女儿刘陵极其溺爱，放纵他们"擅国权，侵夺民田宅，妄致系人"。元朔五年（前124），淮南王太子刘迁与"八公"之一的雷被发生龃龉。《汉书·淮南衡山济北王传》载：

> 太子学用剑，自以为人莫及，闻郎中雷被巧，召与戏。被一再辞让，误中太子。太子怒，被恐。此时有欲从军者辄诣长安，被即愿奋击匈奴。太子数恶被，王使郎中令斥免，欲以禁后。元朔五年，被遂亡之长安，上书自明。

雷被为免遭太子报复，逃往长安，上书朝廷申诉自己的冤屈。武帝开始借机向淮南王发难，"事下廷尉、河南。河南治，逮淮南太子"。汉武帝没有同意公卿的奏请，而是派汉朝廷的中尉殷宏去淮南查证案情。最后，武帝下诏削去两县才暂时告一段落。削地之后，刘安继续策划反叛。使者从长安来，凡声称汉武帝无儿，汉家天下不太平的，淮南王闻之即喜；如果说汉王朝太平，汉武帝有了子嗣，淮南王就恼怒。

从《史记》《汉书》记载可知，刘安日夜和伍被、左吴等察看地图，部署进军的路线。然而刘安的谋反完全没有成功的迹象，其罪状的坐实，或缘自家庭矛盾，或出于儿女私事。王夫之指出："淮南王安著书二十篇，称引天人之际，亦云博矣。而所谋兴兵者，率儿戏之策；所与偕者，又童昏之衡山王赐及太子迁尔。叛谋不成，兵不得举，自到于宫廷，其愚可哂，其狂不可瘳也。"（《读通鉴论》卷三）刘安在"造反"过程中所表现出的犹豫和无能，也与这位

"好读书鼓琴"的诸侯王的地位、才能不符。在生死抉择的关头，如此犹豫不决，让人难以信服。另外，从朝廷对刘安"谋反"采取的行动看，开始仅仅是派了几个地方官吏，抓捕刘安的儿子、夫人等，后来"使宗正以符节治淮南王"，朝廷也没有真正把刘安"造反"当回事

元朔六年（前123），正在刘安犹豫之际，刘安的庶长子刘不害之子刘建，指使其友人上书朝廷，告发太子刘迁迫害其父子。中央追查此事，刘安再次意欲举兵反抗，终未能付诸实施。武帝派廷尉监来淮南，会同王国中尉逮捕太子迁。太子刘迁建议发兵反抗，刘安很清楚淮南国的力量根本无法和朝廷抗衡，同意让刘迁去自首。刘迁自刎未死，伍被自首后全盘供出谋反详情。执法官因此逮捕了太子、王后及参与反叛的宾客，搜出所谓谋反罪证，上报朝廷。汉武帝将此案交公卿大臣审理。当时担任廷尉的张汤是著名的酷吏，他很善于迎合武帝的心意，"所治即上意所欲罪，予监史深祸者即上意所欲释，与监史轻平者"，"及治淮南、衡山、江都反狱，皆穷根本"（《史记·酷吏列传》）。丞相公孙弘、廷尉张汤等将商议的意见上报武帝，武帝派宗正刘受为专使，手持皇帝的信物符节，去全权审判淮南王。刘受还没有到达，刘安就自杀而死。王后荼、太子迁和所有参与谋反的人都整个家族被诛杀。

值得注意的是，本传中叙述伍被为刘安策划谋反的言论，只有寥寥130余言，绝大部分内容是伍被劝刘安不可反的言论。《史记》记载的抵牾之处是很明显的。司马迁生于景帝、武帝两朝，《史记》记载汉武帝当朝的冤案，不得不采用的"阳依成案，阴白其冤"（邱逢年《史记阐要·班马优劣》）笔法。顾炎武指出："古人作史，有不待论断，而于叙事之中即见其指者，惟太史公能之。"（《日知录》卷二十六）有意制造矛盾，是《史记》"寓论断于序事"的体例之一。司马迁应该是淮南案的知情者之一，而且，他本人也以"互见"的手法，道出了此中的真情。《史记》一书中屡次讲到审理淮南案的是一群"酷吏"，《平准书》说："自公孙弘以《春秋》之义绳臣下取汉相，张汤用峻文决理为廷尉，于是见知之法生，而废格沮诽穷治之狱用矣。其明年，淮南、衡山、江都王谋反迹见，而公卿寻端治之，竟其党与，而坐死者数万人，长吏益惨急而法令明察。"《史记》还记载，胶西王端等人要求追究淮南王的理由是"谋反形已定"，给刘安定罪的依据，是《春秋》经义。盛行于汉代的"《春秋》决狱"，强调犯罪动机，"原心定罪"（《汉书·薛宣传》），以被告思想动机的好坏，作为是否定罪的根据，具有极大的随意性。重用酷吏治狱是两汉司法领域中的突出现象，"他们所以被称为酷吏，共同的特点是在治狱中都惯于法外用刑，使用极其残酷的手段，通过严刑拷打逼供之法获取被告的口供，罗织罪状，锻炼成狱，并且株连杀戮大量无辜之人，以树立其严酷的威名。"[1] 对淮南王兄弟的严厉打击，只是汉武帝利用酷吏治狱的突出事例之一。

---

[1] 张景贤：《汉代法制研究》，黑龙江教育出版社1997年版，第271页。

论司马迁的秦史建构与"藉秦讽汉"

＊本文作者许恺容。台湾大学中文所博士。

一、前言：从《六国年表序》探起

诚如李开元的揭示，秦始皇与汉高祖仅三岁年龄差，生活的年代重叠四十七年之久。① 唯从历史书写的角度，秦史无论在取材、视角、思想、立场、书法忌讳等，俱与汉代不同。以取材而言，时人的评议、口述，允为书写此段历史的第一手材料。《六国年表序》载：

> 秦取天下多暴，然世异变，成功大。传曰"法后王"，何也？以其近己而俗变相类，议卑而易行也。学者牵于所闻，见秦在帝位日浅，不察其终始，因举而笑之，不敢道，此与以耳食无异。悲夫！（卷15，页830）

序文提到，当世学者因秦朝国祚短促，不去推敲所以兴废的缘故，而专就暴力取得天下的部分讥刺，司马迁以为这正犹如"耳食"，不能体味个中三昧！② 鉴于汉代诸子损益失准的情况，故而"着诸所闻兴坏之端。"（卷15，页831）司马迁视点下，当代学者议论的盲点，即落入后代（胜利者）"观看"前代历史（失败者）的误区：夸大衰亡的部分，偏废所以兴起的优长。在通过辩证、商榷后，司马迁非惟据《秦纪》等文献资料与遗民口述建构秦史，进而提挈"法后王""察其终始""兴坏之端"为理解要领。"察其终始"与"兴坏之端"为互文，"法后王"即以相对于古代圣贤的秦代为昭戒。是以，本文将通过秦之兴亡为目，以《六国年表序》为探究的起点，考察司马迁所建构的秦史，及所寓托的思想意图。

二、秦之兴：续六世余烈与一统天下

秦何以兴？诚如《六国年表序》的质疑：

---

① 李开元：《秦崩：从秦始皇到刘邦》，联经出版事业公司2010年版，第 i 页。

② 《索隐》："案：言俗学浅识，举而笑秦，此犹耳食不能知味也。"（卷15，页831）本文引述《史记》版本为2013年中华书局出版点校本修定版，以下仅标卷、页，不再另作附注。

论秦之德义不如鲁卫之暴戾者，量秦之兵不如三晋之强也，然卒并天下，非必险固便、形埶利也，盖若天所助焉。（卷 15，页 829 - 830）

此言"天助"，究竟是真有不可解的助力？抑或仅仅是托辞呢？盖从司马迁的秦史建构为查考，以《秦始皇本纪》《秦本纪》为首要依据。秦始皇一统天下，为秦朝的开国君主，立为本纪，理所当然；此前的春秋战国时代，仍属于东周范围，立《周本纪》故宜。因《秦本纪》之立，造成时间范围的重叠，统绪淆乱的情况。那么，《秦本纪》的制定，是否存在着必要性呢？抑或当如归有光的主张，《秦始皇本纪》《秦本纪》宜合并为一呢？①

这个问题，可从《表》的记载，查考端倪。《六国年表》以战国七雄为主体，表名却言"六国"；《十二诸侯年表》记春秋十三个诸侯国，表名却言"十二"，颇启人疑窦。前贤学者多有指揭，或个别分论，或兼二者情形言，大抵前者以《秦表》，后者以《鲁表》未在两表计数范围内为然。李师伟泰：

次栏秦，日食灾异载于秦表，而不载于周，又记秦事特详，因此表所据之主要史料为《秦记》，且在周之后，楚、汉之前，纲纪天下者为秦，故周、秦皆不在记数之中。②

据"表式序次""表文详略""纲纪天下"几个面向考察，以周、秦为天下正统，故不在六国之数。换言之，在取材、记事详略的论调上，提举正统观，以为是秦不列入六国之林的原因。如陈仁锡、汪越等，俱指出十表蕴含《春秋》书法、义理，③ 因此，除了通过属辞比事与不同的体类串联，亦表现《春秋》的"正名"精神。如此一来，倘使参照《周本纪》之后，载《秦本纪》《秦始皇本纪》的现象，隐隐传达，秦于战国时代非惟具特殊性，更宜带有"正统"位置。④

如《秦始皇本纪赞》引述贾谊《过秦论》之言，秦所以能一统天下，系"续六世之余烈，振长策而御宇内，吞二周而亡诸侯，履至尊而制六合"（卷

---

① 归有光曰："《秦本纪》与《始皇本纪》当为一，如《周纪》始后稷也。以简帙多，始皇自为纪。"［明］归有光：《归方评点史记》，转引自韩兆琦：《史记笺证》，江西人民出版社 2009 年版，《秦本纪》，第 406 页。

② 李师伟泰：《史记选读》，台大出版中心 2014 年增订一版，《六国年表序》，第 90 页。

③ 陈仁锡："十二国、六国《年表》以年为经，以国为纬，盖参用《春秋》书法而纪其大事，与本纪世家相表里者也。"［明］陈仁锡：《陈评史记》，卷 14、15，转引自杨燕起等：《史记集评》，华文出版社 2005 年版，原名《历代名家评史记》，第 320 页。

④ 刘咸炘以为司马迁作《秦本纪》《秦始皇本纪》《项羽本纪》，以其有天下与专天下之约，如黄淳耀《史记论略》的指陈。惟黄氏所持的正统观，却不尽然，因："古史之纪，仅取事势所归，以为一时之纲领，初无正统之辨。后世举正统二字则于事势之外加一义理评衡，而又须兼顾事势，遂使中多矛盾纠纷。"案：刘氏的论点带来正统论的淆混现象，大抵每个时代，政治的立场与史家立场所定义的正统，可能存在着差异。另，史家观点与评家观点的正统，亦可能存在着时代认定上的误区，因此不定然刘氏的正统就等于司马迁的正统。［清］刘咸炘：《太史公书知意》，鼎文书局 1976 年版，《四史知意并附编六种》，案：1929 年定稿 1931 年刊成，卷 2，第 7 页。

6，页349）故通过《秦本纪》，目的便在彰显秦始皇所以能一统，实赖秦孝公等六世君王的建树，由渐而盛的进程。[1] 简言之，即《小序·秦本纪》："昭襄业帝"（卷130，页3980）。值得注意的是，"六世"始于孝公，表现出秦国近世的演变史，惟所据的山河地理之险，系仰赖秦先公先王的基业。《秦本纪》的长篇卷秩，显现司马迁所本的丰富材料，与对于秦史的重视。[2] 通过历史书写，再建构的秦帝国，呈现秦地的风俗习惯与婚配模式、保留了《秦纪》独特的叙事方式，反映杂戎翟之俗、比于戎翟的现象。自秦襄公"祠上帝西畤"（卷5，页228），"僭端见矣"（卷15，页829），文公营于岐雍之闲以降的记事，特详于秦缪公。

司马迁叙秦缪公传略，主要刻画事迹有四，三件与晋国攸关。其一，晋惠公逢秦饥荒之时进攻，交战于韩原。幸得岐下野人匡助，缪公才得以逃脱。通过司马迁的追叙，原来这三百名乡野民人，曾因吃了缪公的善马，被官府活捉，欲治其罪。未料，缪公曰："君子不以畜产害人。吾闻食善马肉不饮酒，伤人。"（卷5，页239）更赐酒予野人。故逢秦缪受围困之时，亟往救之。其二，缪公欲偷袭郑国，却因郑国商人弦高的阻挠，最后灭了滑国。由于滑国是晋国边城，因此得罪了晋国。在秦军回国途经晋国崤山时，遭到晋兵埋伏，全军覆没。待孟明视、西乞术、白乙丙三将回到秦国，缪公非但不怪罪，反而自省己过："孤以不用百里傒、蹇叔言以辱三子，三子何罪乎？子其悉心雪耻，毋怠。"（卷5，页242）且复其官职，益厚待三人。缪公三十六年，果然大败晋军，一雪前耻。载道：

> 于是缪公乃自茅津渡河，封殽中尸，为发丧，哭之三日。乃誓于军曰："嗟士卒！听无哗，余誓告汝。古之人谋黄发番番，则无所过。"以申思不用蹇叔、百里傒之谋，故作此誓，令后世以记余过。君子闻之，皆为垂涕，曰："嗟乎！秦缪公之与人周也，卒得孟明之庆。"（卷5，第244页）

缪公之誓，意即殽之战后对三将话语的重复论说，不仅凸显缪公身为人君，正视过错、善于自省的特质，复借由君子口吻褒之，认为是所以能得孟明视这些优秀卿士效力的因素。其三，秦缪公所以被后世目为春秋五霸，在于称霸西戎的功业。[3] 而此项功绩，正因能得由余佐助。由余最初是作为戎王使者

---

① 六世：孝公、惠文王、武王、昭王、孝文王、庄襄王。

② 泷川资言："盖此纪以《秦记》为经，以《左传》《国语》《国策》为纬，比诸吴、齐、鲁、晋诸世家，其事大备者以此也。"笔者按，泷川氏持论主轴，固然在解释《秦本纪》于春秋、战国史事的纲领性，唯此中亦透露司马迁所本材料，至少有《秦记》《左传》《国语》《国策》等。〔汉〕司马迁著，〔日〕泷川龟太郎考证：《史记会注考证》，高雄：丽文文化事业有限公司2000年版，卷5，第83页。

③ "五霸"指涉之辩，详李隆献：《晋文公复国定霸考》，台北：台大文学院，1988年，注5，第18-19页；张大可注：《史记全本新注》，三秦出版社1990年版，卷14，第296页。

的身份到访，司马迁以详笔书写与缪公的互动：

> 秦缪公示以宫室、积聚。由余曰："使鬼为之，则劳神矣。使人为之，亦苦民矣。"缪公怪之，问曰："中国以诗书礼乐法度为政，然尚时乱，今戎夷无此，何以为治，不亦难乎？"由余笑曰："此乃中国所以乱也。夫自上圣黄帝作为礼乐法度，身以先之，仅以小治。及其后世，日以骄淫。阻法度之威，以责督于下，下罢极则以仁义怨望于上，上下交争怨而相篡弑，至于灭宗，皆以此类也。夫戎夷不然。上含淳德以遇其下，下怀忠信以事其上，一国之政犹一身之治，不知所以治，此真圣人之治也。"（卷5，页243）

由余通过与戎翟比类，施行礼乐法度的中国，倘使不能以身作则，只凭恃法度的威严，来责求下民，下民不堪负荷，导致上下交相怨怼，这就是中国所以变乱的原因。其后，缪公知由余贤能，便与内史廖合谋离间戎王与由余，使得由余离戎归降，遂建立霸业。

《秦本纪》详载秦缪公，从以上三件具体事迹的载录，阐明缪公所以能得人心：不仅贤卿相愿为佐助，岐山野人为之死命，更具慧眼识由余长才，始霸西戎。唯伴随缪公驾崩，陪葬者众，人才为之凋零，使得秦的强盛遂告中衰。故引《黄鸟》悲之，并借君子口评论，以为缪公"死而弃民"，是秦不能成为中原诸国盟主的缘故。既批评秦国陪葬的陋俗，言外则阐发了人才之于治国的要义。《秦本纪·小序》，亦以缪公为褒贬，可见为纪中要角之一。[①] 秦帝国固然未若君子危言，再无东征机会，但其尚未能与中原诸侯匹列，却也是事实。因此，直到孝公即位之初，仍有诸侯视秦如夷狄的记载："秦僻在雍州，不与中国诸侯之会盟，夷翟遇之。"（卷5，页253）当时周王室衰微，诸侯间争相兼并，天下正处在裂变的态势。前此，秦与魏、晋战于少梁，折兵损将之余，却止不住诸侯国虎视眈眈的野心。秦孝公在风雨飘摇中即位，任用自卫前来投奔的商鞅，展开政治变革，史称"商鞅变法"。[②]

秦孝公与商鞅，君臣齐心治国，不仅拯救秦于危亡境地；更兼用谋略，让六国诸侯相互猜忌，俨然已见席卷天下的态势。连系先前缪公之盛，犹未能窥周室，时至孝公任商鞅，始扭转秦僻处西陲之势。惜商鞅执法过于严刻，在孝公崩殂后，即遭遇反对势力的报复，死于车裂。然其人虽已殁，其法制仍大行于秦国，推行不辍，故"法大用，秦人治"（卷5，页257），所以商鞅变法的确有特殊的历史地位。以人才、政略为脉，在商鞅"富国强兵"后，继之以张

---

① "维秦之先，伯翳佐禹；穆公思义，悼豪之旅；以人为殉，诗歌《黄鸟》；昭襄业帝。作《秦本纪》第五。"（卷130，第3980页）

② 变法内容，详《商君列传》（卷68，第2696页）。

仪"连横事秦"→范雎"远交近攻"→李斯"离间兼并"→李斯"长治久安"。① 故孝公以降六世，为影响秦始皇一统天下的直接原因，司马迁之着眼，奥义在此。

《六国年表》肇见秦/六国的对抗与消长，复从字段的递减，表文"秦灭……"、"秦伐……"的点示，呈现蚕食鲸吞、兼并天下的过程。通过论赞，提挈此表对于秦兴的着意。而在《六国年表·小序》中，以"卒并诸夏"之语，匡定秦"一统天下"的通称，语境里的"天下"，实指涉"诸夏"范围的概念。② 故"六国"之数，系不计《周表》《秦表》。立《秦本纪》的意义，除昭显秦臻至极盛的动态变化，俨然带有从史的角度，肯定秦先王功业，与标举秦于战国时期，业已称雄诸侯的实质。

司马迁既以秦孝公"商鞅变法"为"目之戎狄"到居中原雄主的转折；是秦始皇能骋六世庇荫，一统天下的关键。为何又以详笔、密笔刻画，以具体事略状摹缪公之贤能呢？笔者以为，除了传缪公君臣相得、能得人心的贤君形象，在缪公和由余的对话中，所烘托出来的治法要领，对比后来法纪苛酷的秦帝国，带有以正反相形为之炯戒效用。秦的快速兴起是仰赖法的治效，而速亡亦与法攸关。所以通过法来串连秦的兴衰，最是恰当不过。因着延续秦制，使秦的灵魂再生的汉帝国，亦宜引以为戒。由司马迁对汉沿秦制与对法家人物的负面评价，可为印证。

故司马迁既言秦之兴盖有天助，又于叙事昭明人事的主控、影响，除了将疑惑难解的因缘模糊化，见诸《秦楚之际月表》《郦生陆贾列传》等，所提挈的汉兴之语："岂非天哉，岂非天哉！非大圣孰能当此受命而帝者乎?""此非人力，天之所建也"（卷16、97，页916、3250），雷同的笔墨，也意谓秦、汉的可比性。进而形成秦汉史事的移位论述，意即借秦讽汉的关系。

三、秦之崩：藉秦讽汉的再叙事③

相较于秦之兴，秦朝的崩解，尤为当权者所注意，且为汉代诸子津津乐道的热点。司马迁如何在斟酌去取之际，通过史的视角观看、论议、保存、建构这段历史，以形成"再叙事"；在古今时空的脉络里，昭明善恶炯戒、得失褒贬，是本文论述的核心议题。

---

① 张启雄：《秦一统天下的政略（公元前三六一——公元前二二〇)》，国立政治大学政治研究所硕士论文，1977年，指导教授：杨树藩先生，第4页。

② 此处会特别提举"天下"这个词汇所匡定的意义，因该词汇意涵有其历时性的动态演变，既以《史记》为探讨对象，自然宜从司马迁视点去界定。至于当时性、历时性的意涵，则不在本文的探讨范围。

③ 名为"再叙事"，意在凸显司马迁记叙秦史时，所赋予的"藉秦讽汉"功能。

秦始皇十三岁即位，《本纪》先载身世，① 后描绘秦国疆域、简介当时政治状况，烘托始皇的出场。司马迁从背景叙事，到"欲以并天下"的提点，可见在始皇即位之初，一统天下的基础具足，只欠东风。既呼应《秦本纪》撰旨，亦印证秦的一统，不独始皇之力。固然附前代帝王骥尾，唯从肃清嫪毐事件的魄力与沉着，与通过尉缭从秦王的面像、声音，观察出刻薄寡恩、心狠手辣的性格，为这非凡雄主日后作为，进行铺垫。联系处置嫪毐、吕不韦的刚猛利落，与日后并吞六国，瓦解残存势力的擘画，大军压境时，风声鹤唳、血流漂杵的情况，若非虎狼之心一如始皇，实难以造就。连串的战事书写，在在强调的是以暴力谋取天下的程序；夹杂于战事之间的行刺记录，具象琢磨之际，是刺客行径的壮烈形容，隐隐传达着，六国碍于形同以卵击石的弱势，却力服心不服的样貌。意谓一统帝国固然已于政治上实现，却不是"全方位"的统一，社会尚存在不安定的因子。联系日后陈涉揭竿、六国后裔先后响应的情形，可见这个势力反扑的不容小觑。

秦始皇登基之后，与李斯研拟的策略，意即通过"废封建，行郡县"，将原先各自为政的诸侯国，重新编列层级，由中央统一管辖。凭借"法"的强制力，赓续以终之，范围包含政治、经济、军事、思想等面向。就政略而言，无疑是将分崩离析的国土进行整顿、收编的办法；实际进行时，却太过苛酷、严峻，罔顾人情。施行的方式愈强势，引起的反弹也就愈大。更何况不尽然每件事情，都是以国家本位出发，如坑儒一事，原为秦始皇为满足个人欲求，希冀长生，却反遭方士侯生、卢生愚弄而起。

据《秦始皇本纪》所载，方士对秦始皇的批评，主要着眼于刚愎自用、不听劝谏，此乃过度极权致使；而透过刑法杀戮来建立威严，则为巩固威权的手段。这段对话，为方士借口逃亡前的论议，造成其后始皇的"坑儒"。此处言"儒"，意指"诸生"，即"文学方术士"（儒生、方士等）。司马迁的载录，存史的要求之余，也寓有讽刺始皇之用。焚书、坑儒，乍似积极地禁止舆论的生发，却未虑及"防民之口，甚若防川"的古训，轻忽蓄积的不满与怨怒，一旦爆发的威力。再如修筑长城的劳役，非但未能体察战乱过后，民心思服清静的倾向，反而一味凭恃法的迅急、刚猛，以收速成功效。始皇巡狩之时，司马迁特笔记之"国家无事"，案《春秋》书法"常事不书"原则，言外意指当时多事的景况。在中央政府整饬、君主严明之时，纷纠尚未能危及政权，但倘若不知防微杜渐，待政府不安稳时，就会形成社会纷乱、扰动国家体系的祸种。

秦始皇崩殂后，因着沙丘之变，朝政落入昏聩的胡亥与权臣赵高之手。在秦二世的昏聩、好杀与赵高的舞权乱法下，先是因始皇墓葬，杀戮、殉葬者

---

① 《秦始皇本纪》："秦始皇帝者，秦庄襄王子也。庄襄王为秦质子于赵，见吕不韦姬，悦而取之，生始皇。以秦昭王四十八年正月生于邯郸。及生，名为政，姓赵氏。年十三岁，庄襄王死，政代立为秦王。"（卷6，页285）案：秦始皇生父谓谁，实有疑义，或以为系吕不韦。唯通过此段乍似矛盾的记载，从赵姬怀胎时程推算，司马迁的立场已然显明：秦始皇生父无疑为子楚。

众；其后，肃清朝臣、公子等反对势力，接着劳动百姓，续修阿房宫等工程的进行，使得屯戍、漕运、建筑各项劳役加剧，赋税、法律更为苛刻。陈涉起义后，二世不听李斯、冯劫之谏，反执意将刑法修订得更为严酷。各地不堪役使的群众，纷纷响应起义部众，在二世自杀，子婴登基四十六天后，秦朝即告灭亡。《秦始皇本纪》详载秦始皇取天下的过程、崩殂时胡亥等人的"沙丘之谋"，大篇幅地收录始皇刻石文，并附载胡亥、子婴。刻石地点虽异，内容却不外宣明圣德、绥远民众之用。惟这般期望，终究只是理想，现实中的秦国祚短暂、三世即告败亡。通过历史叙事，对照长篇刻石中永续治安的阐述，相形之下，甚为讽刺。

四、结论

秦的衰亡为汉代诸子讨论的热点，如何排除胜利者"观看"失败者历史的视角，以较为客观的角度查照，为书写此时期的要点。特别是为人所忽略的秦兴课题，亦是司马迁所欲着意阐述处。通过《秦本纪》何以立的叩问，结合《秦始皇本纪》等关联叙事，察见司马迁以秦孝公"商鞅变法"为僻处戎狄到居中原雄主的转折；是秦始皇能因六世庇荫，一统天下的关键。复通过对秦缪公事迹的详述、与由余论治的对话，反讽徒赖法家治国的秦，与承接秦制的汉。

秦亡的原因，固非三言两语可道，唯从所以兴衰的脉络看来，可由"法"为枢纽检视：秦的致霸，赖之法；秦的崩解，亦缘于法，意谓肯定法的治效，反对法的苛察，大抵为"法"的双面刃特质。值得一提的是，秦始皇乘先王余烈而兴，首推秦孝公任商鞅的政治变革；秦始皇亦因李斯的推波助澜下，将秦推向崭新的历史新页。作为"秦之兴"的两位要角：商鞅、李斯，却都承受五刑，不得好死。在两人的传记里，司马迁一脉叙来，固然有着宏观视角，从对秦的建树面向，予以肯定。而在叙事笔法、在论赞，通过个人形象、人生哲学的选择，表现出对两人的悲剧冷眼旁观，甚至是嘲讽的况味。大抵可从司马迁主观上不喜欢严苛峻猛的法家治术，自然对法家的代表人物，流露不置可否的情感了，此亦是情理不同调下的史笔之例。其实不仅仅限定在"法家"（治术、人物），如秦缪公薨的人殉之俗，司马迁亦引录《左传》"君子曰"与《黄鸟》诗批评之。因此，归纳而言，司马迁反对的应该是严刑峻罚，再加上法的强制力、罔顾情理的面向，综合起来的批判。缘此，《秦本纪》所以详载秦缪公，目的便在通过由余之口，直指秦始皇之流，徒依法来治国的弊害。其他诸如君王之德、人才佐助、广纳谏言，亦是司马迁通过秦的兴衰，在事实的陈述与人物口吻的反复论说中，以为后世人君炯戒处。

《史记·孔子世家》的历史解析

＊本文作者杨波。中国劳动关系学院副教授。

孔子（公元前 551—前 479 年），字仲尼，春秋时期鲁国人，是世界最著名的文化名人之一。孔子是大教育家、大思想家和大学问家，他是儒家学派的创始人，是中国传统文化的代表人物，影响中国文化两千多年，被后世尊奉为"圣人"。他终其一生，知其不可为而为之，不懈怠，不怨尤，通人情，知天意，通过自身修炼，达到个人修为的崇高境界——"从心所欲，不逾矩。"孔子一生培养弟子 3000 余人，身通六艺者 72 人。在教学实践中，他总结出一整套教育理论，包括因材施教、学思并重、举一反三、启发诱导等教学原则和学而不厌、诲人不倦的教育精神以及"知之为知之，不知为不知"和不耻下问的学习态度，为后人所称道。孔子晚年删《诗》《书》，订《礼》《乐》，修《春秋》，对中国古代文献进行了全面整理。老而喜《易》，曾达到"韦编三绝"的程度。孔子一生的主要言行，经其弟子和再传弟子整理编成《论语》一书，成为后世儒家学派的经典。本文以《史记·孔子世家》为主线，以历史的笔法，勾勒出孔子伟大而卓越的一生。

一、春秋时代的历史背景

孔子所处的时代历史上称为春秋时代，是东周的前半期，后半期是战国。春秋时代从周平王元年开始，到周敬王四十三年为止，共有 294 年，即公元前 770—前 477 年。这一时代礼崩乐坏，诸侯混战，孟子称之为"春秋无义战"时期。

1. 十二诸侯

春秋时代可考的诸侯国有 170 余国，其中大多数都陆续灭亡，剩下来比较重要的有十几个。较大的有晋、楚、齐、秦，其次是郑、宋、鲁、卫，又其次是陈、蔡、曹、燕。另外，吴和越是到了春秋末年才崭露头角的。又有燕国，司马迁把它列为十二诸侯之一，但是燕国在春秋时代与中原几乎隔绝，是到了战国之后，才成为较为重要的角色。齐楚燕韩赵魏秦，燕国位列战国七雄之一。孔子出生的鲁国在当时十二诸侯国中，处于中等，东有强齐，西有强晋，南有强楚，所处位置极为不利。

2. 齐桓晋文

孔子曾指出，春秋无非是齐桓晋文之事。齐桓公即位于公元前685年，距离周平王元年（公元前770年）已经有86年，即位这一年比孔子出生早135年。齐桓公在位共有43年，前后会盟诸侯有26次，用兵有28次，九合诸侯，一匡天下，尊王攘夷，成为春秋时代第一位霸主。

晋文公即位于公元前636年，即位这一年比孔子出生早86年，在位9年，励精图治，国力大增，成为继齐桓公之后的又一霸主。晋文公饱经忧患，曾在外流亡19年，吃尽了苦头，60岁才当上国君，可谓"艰难困苦，玉汝于成"。

孔子对齐桓晋文有过评价，他说："晋文公谲而不正，齐桓公正而不谲。"[①] 孔子为什么说晋文公狡诈而不正直，齐桓公正直而不狡诈呢？这是因为齐桓公尊王攘夷是诚心实意的，而晋文公则是以尊王为"取威定霸"的手段，借以增大自己的名誉。

3. 鲁国三桓

孔子在世时，共经历四位鲁国国君，他们先后是：鲁襄公、鲁昭公、鲁定公和鲁哀公。这四位国君碌碌无为，大权掌握在三桓手里。

鲁国三桓是谁呢？他们是鲁桓公的三位公子之后，分别为：仲孙氏、叔孙氏和季孙氏。鲁桓公有四个儿子，长子是鲁庄公，鲁庄公的后裔便世为鲁国之君。次子是公子庆父，他的后代称为仲孙氏。三子是公子牙，后代叫叔孙氏。四子是公子友，后代称季孙氏。

鲁国三桓自季文子之后世袭了鲁国的司徒司马司空，轮掌国政。鲁国三桓一度势力极大，建国中之国，把人民和军队牢牢掌控，使国君形同虚设。

二、《史记·孔子世家》的独特性

1.《史记·孔子世家》是中国第一部孔子传记

《史记·孔子世家》是司马迁写的孔子的传记，也是迄今知道的第一部孔子传记。《孔子世家》记述了孔子一生所从事的种种活动，介绍并高度评价了孔子的思想学说，对其坎坷周流、困顿不遇的一生，寄寓了极大的惋惜和同情；对其顽强刻苦、虚心好学的精神和他那渊博的知识学问，以及他为研究整理古代文献所付出的巨大努力与他所取得的丰富成果，表现了极大的敬仰与赞佩之情。司马迁认为孔子是我国古代足以称为"周公第二"的大圣人、大学者，是自己衷心倾慕的生命不死、奋斗不已的"宁知其不可为而为之"的真正英雄。司马迁之所以要忍辱发愤地写《史记》，就是以孔子为楷模，要写"第二部春秋"。

《孔子世家》是司马迁根据《论语》《左传》《孟子》《礼记》等书中的旧有

---

① 《论语》第十四篇《宪问》。

资料加以排比、谱列而成的。其原始材料虽然多数旧有，但其谱列工作在很大程度上则是出于司马迁的独创，因为迄今为止，我们还没发现先秦的古籍中有过孔子的传记或是年谱一类的东西，因此《孔子世家》就成了自西汉以来研究孔子思想生平的最重要的依据之一，在我国学术史上有着极其重要的地位。

2. 把孔子写进《世家》体现了司马迁的远见卓识

《史记》中的"世家"记述子孙世袭的王侯封国史迹和特别重要人物事迹。《史通》卷二《世家》中写道："司马迁之记诸国也，其编次之体与本纪不殊，盖欲抑彼诸侯，异乎天子，故假以他称，名为世家。"即定名"世家"之义有三：一、记诸侯列国史。二、载传代家世。三、《世家》与《本纪》同体，均编年记事，因有别于天子等第而别名"世家"。

从孔子本身的地位来看，他不属于"子孙世袭的王侯"，虽然他在官场上也曾作过大司寇，在较短的时间里也小有作为，但归根结底孔子还是一个学者，一个思想家、教育家，原本在《史记》中的"列传"更为合适，但是司马迁独具慧眼，破例把孔子写入了"世家"，这种远见卓识，两千年来一直令人深深叹服。凌稚隆《史记评林》引何良俊曰："方汉之初孔子尚未有封号，而太史公遂知其必富有褒崇之典，故遂为之立'世家'。夫有土者以土而世其家，有德者以德而世其家，今观战国以后凡有爵土者孰能至今存耶？则'世家'之久莫过于孔子者，谁谓太史公为不知孔子哉？"[1] 清代赵翼曰："孔子无公侯之位而《史记》独列为'世家'，尊孔子也。凡列国世家与孔子毫无相涉者亦皆书'是岁孔子相鲁''孔子卒'，以其系天下之重轻也。"[2]

三、孔子伟大而卓越的一生

孔子的一生可以分为六个阶段：公元前 551—前 519 年，1—33 岁，孔子居鲁；公元前 518—前 517 年，34—35 岁，孔子第一次出国；公元前 516—前 502 年，36—50 岁，孔子居鲁；公元前 501—前 498 年，51—54 岁，孔子仕鲁；公元前 498—484 年，54—68 岁，孔子周游列国；公元前 484—前 479 年，68—73 岁，孔子居鲁。下面就结合《孔子世家》的史实介绍一下孔子的生平事迹。

1. 公元前 551—前 519 年，1—33 岁，孔子居鲁

孔子是商汤的后裔，后来长期居住在宋国，从其曾祖起移居鲁国，孔子出生于鲁国昌平乡陬邑，在鲁国都城南郊之外，也就是今日的曲阜市。

孔子的父亲叔梁纥是鲁国陬邑的邑大夫，是鲁国的勇士，曾经随晋军伐偪阳，力托闸门以救众人，此事记录在《左传》襄公十年。叔梁纥年老时与比他

---

① 周振甫：《史记》集评，重庆大学出版社 2010 年版，第 155 页。

② 韩兆琦：《史记》，中华书局 2010 年版，第 3722 页。

年轻许多的女子颜氏成亲，于鲁襄公二十二年（公元前551年）生下孔子，取名为丘，字仲尼。

关于孔子的生年，历史上有两种说法：

> 《史记·孔子世家》："鲁襄公二十二年而孔子生。"
>
> 《史记·鲁世家》："（鲁襄公）二十二年，孔丘生。"
>
> 《史记·十二诸侯年表》："（鲁襄公）二十二年，孔子生。"
>
> 《谷梁传·襄公二十一年》："冬十月庚子，孔子生。"
>
> 《公羊传·襄公二十一年》："十有一月庚子，孔子生。"

由上可见，《史记》认为孔子出生于公元前551年，而《谷梁传》《公羊传》认为孔子出生于公元前552年，相差一年，现在人们已达成共识，公认为孔子出生于鲁襄公二十二年，即公元前551年。

孔子自幼父亲过世，母亲颜氏含辛茹苦地抚养他长大。孔子后来回忆说："我少小贫贱，常自执事，故多能为鄙人之事，君子固不当多也。"[1] 孔子博学多能，与他少小贫贱分不开，所谓"穷人的孩子早当家"，处境的艰难没有阻止有志者前进的脚步，孔子不平凡的人生在奋斗中拉开序幕。

孔子自幼好礼，小时候便玩些祭祀的游戏，显示其不同寻常的天赋。据《孔子世家》记载："孔子为儿嬉戏，常陈俎豆，设礼容。"这里的"俎"，其形如几案，用以盛放祭祀用的牛羊豕。这里的"豆"，其形如高足盘，用以装带汁的祭品。

据《礼记·学记》记载，当时的贵族子弟都是"八岁入小学，十五入大学"，但孔子家贫，历史上没有记载他的入学经历，只是在他后来的自述中讲到"十有五而志于学[2]"，十五岁有志于学问，那么八岁至十五岁之间孔子主要学习什么内容呢？从孔子精通六艺，我们推测这一段时间孔子主要学习"礼、乐、射、御、书、数"六艺的内容。

礼。春秋有三礼：《周礼》《礼仪》《礼记》。孔子学礼、知礼、践行礼，是礼的专家。当年，齐景公与晏子访问鲁国时，向孔子问过礼，足见孔子是礼的专家已经闻名于世。孔子一生对礼极为重视，举两个《论语》中的小故事可以说明问题。在《论语·季氏篇》写道，有一天孔子的儿子孔鲤遇见孔子，孔子便问他："学礼没有？"孔鲤回答："没有。"孔子说："不学礼，便没有立足社会的依据。"于是孔鲤退而学礼。从这则故事足以看出孔子对礼的重视程度，"不学礼，无以立"，不学礼，在社会上是无法立足的。还有一件事在《论语·八佾篇》。孔子去周公庙，每件事都发问。有人便说："谁说叔梁纥的这个儿子懂得礼呢？他到了太庙，每件事都要向别人请教。"孔子听到了这话，便道："这正是礼呀。"由此可见，礼是完全融入孔子的日常生活中，其言行举止无不

---

[1] 《论语》第九篇《子罕》。

[2] 《论语》第二篇《为政》。

符合礼无不体现礼。

乐。孔子具有深厚的音乐素养。当年，他到齐国"闻韶，三月不知肉味"，足见他对音乐的爱好和对音乐认知的深度。孔子在鲁国还与音乐的专家太师讨论乐章的组织，说："乐其可知也：始作，翕如也，纵之，纯如也，皦如也，绎如也，以成。"这句话的意思是说：音乐，那是可以晓得的：开始演奏，翕翕地热烈；继续下去，纯纯地和谐，皦皦清晰，绎绎的不绝，这样，然后完成。孔子对着太师，一位职业的音乐家，全国的音乐权威说出如此专业的话，足见孔子是一位深通音乐的人。

射御更是孔子的特长。孔子身材高大，"长九尺六寸，人皆谓之'长人'而异之①"。用现在的尺寸换算，足足是一米九以上的大个子，这在当时绝对是超乎寻常，因而世人异之。孔子人高力大，射箭很准，《论语》中有涉及。曾经有位达巷郡的地方官认为孔子诚然伟大，但是学得太多了，反而说不上是哪一行的专家。孔子听到了，就同他的学生们说，我究竟以哪一行为专业呢？作一个射手也可以，作一个御车的专家也可以，还是作一个御车的专家更合适吧。

书。并非书法，而是历史。古时唯有历史的书籍叫做书。孔子自称好古，又常常称述尧舜禹汤文武，是一位极好历史的人。他曾为了研究夏朝与商朝的礼制，去夏朝后裔的杞国与商朝后裔的宋国找文献，来作一个验证。他所修定的《春秋》也是书之一种，是中国第一部编年体史书，对后世影响极大。

数。就是数学，古时候的数学也包括历法。孔子对历法有极深的研究，某年阙闰，某年计算日蚀有误，他都知道，在《左传》中留下记载。孔子在季氏家做过仓库管理员，孟子说过，"孔子尝为委吏矣，曰：会计当而已矣"②。账算得非常准。

孔子精通六艺，这与他谦虚好学、刻苦钻研密不可分。韩愈说，圣人无常师。杜甫说，转益多师是吾师。孔子真是用实际行动践行了"三人行，必有我师"。如果一个人能始终用学习的心态面对一切人，那么他看到的都是他人的优点，择其善者而从之，这样便会一天天强大起来。因此，这种心态是强者的共有心态。是否具有这种心态是强者和弱者的分水岭。试想，如果每天都盯着他人的缺点，久而久之，其身上的缺点便越来越多，这样便会一天天弱小下去。孔子之所以伟大，不在于他做出了什么丰功伟绩，而在于践行诸如"三人行，必有我师"，"子如太庙，每事问"这些日用间踏踏实实的功夫。一个人只要几十年如一日这样做，它便能"会当凌绝顶，一览众山小"。

孔子十七岁这年，发生了三件对他一生都具有重要影响的事件。

一是孔子的母亲颜氏去世了。孔子自幼失去父亲，他一直与母亲相依为

---

① 《史记·孔子世家》。下文出自该篇的内容不再标出。
② 《孟子》之《万章下》。

命。母亲贤淑，对孔子要求极严，虽然生活艰辛，但是她没有放松对孩子的教育，孔子自小便具备多种技能并志存高远，这与他母亲的教育分不开。母亲去世了，孔子失去了最亲的人，可以想见孔子会多么难过。离开母亲的荫蔽，从此他要一个人去面对人世间的风风雨雨，孔子的人生进入了一个新的起点。

二是孔子受到季孙氏的管家阳虎的冷遇。孔子为母亲守孝时，正巧季孙氏的家里请客，于是孔子也去了。到了季孙氏的家门口，季孙氏的管家阳虎挡住孔子说："季氏飨士，非敢飨子也。"孔子于是退了下来。这件事对于有高远志向的孔子来说，无疑是巨大的羞辱，在青年孔子的心中烙下了深深的烙印。《论语》中有孔子后来不愿与阳虎见面的说法。

三是孔子受到鲁国的大夫孟釐子的称赞。孟釐子临死前告诫他的儿子孟懿子说："孔丘是圣人的后代，他的先祖在宋国受害所以后代才到鲁国来。孔子的九世祖弗父何本来应该享有宋国而他却让给了宋厉公。弗父何的曾孙正考父先后辅佐过宋戴公、宋武公、宋宣公三代，曾受过三次晋封的任命，而他的表现却是地位越高为人越谦逊。因此在他家的一个鼎上刻的铭文说：'第一次听到任命我低着头，第二次听到任命我弯着腰垂着袖，第三次听到任命我弓着身子，顺着墙根走，到头来也没有人给我气受。我每天就用这个鼎煮粥吃。'他的谦虚就是这个样子。我听说凡是圣人的后代，即使当不了大官，也一定会成为名人。现在孔丘从小就喜好礼仪，说不定他就是那个该出现的名人吧？我就要死了，你一定要去拜他为师。"等到孟釐子死后，孟懿子果然就和另一个鲁国人南宫敬叔一道去向孔子学礼了。

在孔子生命的新起点，既受到阳虎的羞辱，又受到孟釐子的褒扬，前方的路还很长，这颗高远的心究竟要走向何方？

2. 公元前518—前517年，34—35岁，孔子第一次出国

公元前518年，南宫敬叔向鲁君请求，他想陪同孔子到周国去，鲁君答应了，并给了他们一乘车，两匹马和一个仆人。他们一同到周国学习礼仪，取得了丰硕的成果，后来孔子还津津乐道："周监于二代，郁郁乎文哉，吾从周。"据说在那里他们还问礼于老子。后来等到他们离周回国时，老子给孔子送行说："吾闻富贵者送人以财，仁人者送人以言。吾不能富贵，窃仁人之号，送子以言，曰：'聪明深察而近于死者，好议人者也。博辩广大危其身者，发人之恶者也。为人子者毋以有己，为人臣者毋以有己。'"孔子从周国回到鲁国后，学生们就一天比一天多起来了。

孔子见老子事在《史记·老子韩非列传》中也有记述，且角度不同，可以互文见义。孔子到周国去，向老子问礼，老子说："子所言者，其人与骨皆已朽矣，独其言在耳。且君子得其时则驾，不得其时则蓬累而行。吾闻之，良贾深藏若虚，君子盛德，容貌若愚。去子之骄气与多欲，态色与淫志，是皆无益于子之身。吾所以告子，若是而已。"在这里，老子直接指出孔子的不足，可谓振聋发聩。

公元前 517 年，鲁国发生内乱，于是孔子离开鲁国到齐国去。他先到齐国高昭子家作家臣，想通过高昭子见到齐景公。在齐国期间，孔子曾与齐国的太师谈论乐理，当他在那里听到了虞舜时的《韶》乐时，就入迷地学了起来，"三月不知肉味"，这件事大大博得了齐国人的赞赏。

在齐国，孔子见到了齐景公，齐景公向孔子询问如何治理国家，孔子说："做国君的要像个国君，做大臣的要像个大臣，做父亲的要像个父亲，做儿子的要像个儿子。"齐景公说："讲得好呀！要是国君不像国君，大臣不像大臣，父亲不像父亲，儿子不像儿子，那么即使仓库里有的是粮食，恐怕我也吃不上了！"当时的齐国，权臣陈恒把持朝政，君不君，臣不臣，孔子是针对齐国的症结所在，有的放矢，因而深得齐景公的赞许。过了几天，齐景公又向孔子询问如何治理国家，孔子说："要注意节省财力。"齐景公很高兴，想把尼溪的一块领地封给孔子，后遭到晏婴的反对而作罢。这以后，齐景公再见到孔子时，虽然还很有礼貌，但不再向他问礼了。又过了一些天，齐景公挽留孔子说："要想让我给您像季孙氏那样的待遇，我做不到，我给予您低于季孙氏而高于孟孙氏的待遇吧。"后来，齐国的大夫们嫉恨孔子，孔子听到了这种风声。而齐景公这时也对孔子说："我已经老了，不能再任用您了。"于是孔子就离开了齐国，回到了鲁国。

孔子第一次离开鲁国，到周国和齐国去，开阔了视野，寻访了师友，小试了政治才能，领略了政治的艰难，这些对于孔子的成长都是至关重要的。

3. 公元前 516—前 502 年，36—50 岁，孔子居鲁

从 36 岁到 50 岁这十五年，对于任何人来说都是最宝贵的中年时光。人到中年，对于确立好人生志向的有志之士，只有脚踏实地，刻苦钻研，加强实践，全方位提升自己，修炼自己，才能一步步实现自己的志向。孔子就是这样的有志之士，他"十有五而志于学，三十而立，四十而不惑，五十而知天命"，在自己独特的人生轨迹中谱写了精彩的人生篇章。

我们先看三则小故事。

一则：在孔子四十二岁那年，鲁昭公死在了齐国的乾后，鲁定公在国内即位。鲁定公五年夏天，季平子死了，季桓子继位为卿。这时季桓子挖井时，挖出了个瓦罐，瓦罐中有个羊一般的小动物。他们到孔子那里说"我们挖到了一只狗"。孔子说："依我的推测，应该是只羊。因为我听说，森林高山中的怪物叫夔、叫罔阆，水中的怪物叫龙、叫罔象，而土里的怪物叫做坟羊。"这则故事见于《孔子世家》，也见之于《国语·鲁语》，展示了孔子博学多闻，鲁国境内如果有什么疑难问题，都会向他请教。

二则：吴国出兵伐越，在铲平会稽城的时候，得到有一辆车子那么长的一节骨头。吴王就派人来问孔子："什么人的骨头最长？"孔子说："当初夏禹召集天下各地的'神'到会稽山开会，防风氏违命迟到了，夏禹就杀了他并把他的尸体摆出来示众，他的一节骨头就有一辆车子那么长，这应该算是最长的。"

吴王的使臣又问："'神'是干什么的呢?"孔子说："山川上的神灵能够主宰天下,而主管祭祀山川的诸侯就叫'神',如果只是祭祀社稷的那就叫做公侯,他们都是归属于天子的。"吴国人又问:"防风氏主管祭祀什么地方呢?"孔子说:"汪罔氏的君主主管祭祀的是封山和禺山,他们姓釐。在虞舜、夏朝、商朝时称作汪罔氏,在周朝初年叫长翟,到了今天又称作大人。"吴国人问:"他们有多高呢?"孔子说:"僬侥氏高三尺,这是最矮的人。最高的人也不能超过十倍,顶多也就是三丈高了。"吴国人一听佩服地说:"好,果然是圣人!"这则故事见于《孔子世家》,也见之于《国语·鲁语》,说明孔子的博学不仅在鲁国家喻户晓,在各诸侯国也声名远播,各国有疑难问题,都来向他请教。

三则:孔子去世后,学生们怀念他。有若的相貌像孔子,大家便拥戴他当老师,像以前对待孔子那样对待他。有一天,学生们上前问道:"从前先生出行,让弟子们带上雨具,后来果然下雨了。弟子问:'先生怎么知道会下雨呢?'先生说:'《诗经》上不是说过吗?"月亮靠近毕宿,会有滂沱大雨。"昨天晚上月亮不是停留在毕宿区吗?'然而有一天,月亮停留在毕宿区,却没有下雨。商瞿年纪大了却没有孩子,他的母亲要为他另娶妻室。孔子派商瞿前往齐国,商瞿的母亲为此向孔子求情。孔子说:'不必担心,商瞿四十岁后会有五个儿子。'后来果真如此。请问先生是凭什么知道的呢?"有若沉默不语,无以回答。学生们站起来,说:"您让开吧,这不是您该坐的位置啊!"这则故事见于《仲尼弟子列传》,很有趣。这则故事实际上讲了两件关于孔子的事。一是孔子可以根据《诗经》的原理,活学活用,预测天气;二是孔子能预测其弟子四十岁后将有五个儿子。学问的效用,其中有一项很重要的内容是前瞻性、预见性。过去人们形容某位读书人学问好,说其能"前知五百年,后知五百年"。孔子的这种预见性恰恰说明了孔子做学问的深度、广度和高度,学问的通透、高明和深邃。学问做到这种程度,真正把学问做活了,为后世读书人做出了榜样。

上面三则小故事让我们领略到了孔子过人的智慧,那么在这人生至关重要的十五年,孔子究竟在做些什么呢?《孔子世家》给出了答案:

> 季氏亦僭于公室,陪臣执国政,是以鲁自大夫以下皆僭离于正道。故孔子不仕,退而修《诗》《书》《礼》《乐》,弟子弥众,至自远方,莫不受业焉。

当时的鲁国上下各级官吏都不守本分不守礼节,孔子不想与他们为伍,而是专心于整理古籍,教授门徒。孔子声名远播,各地的学子慕名而来,据说孔子有三千弟子,其中身通六艺者有七十七人。孔子的弟子怎么这么多?这是我们每个人都会发出的疑问。

众所周知,中国近代立新式学堂,才有"班级授课制"。这种授课形式是17世纪捷克人夸美纽斯所创,不是几个学生,个别辅导,而是几十人,坐在一间教室里，老师进行集体授课。孔子的时代不是这样，他的身边，一般只有几个学生，一问一答，如同大鱼带着小鱼游，随意而有针对性，往往能够针对弟子的具体情况，因材施教。长期追随孔子的弟子只是少数人，能登堂入室的弟子更是少之又少，大部分弟子只是相对短一些时间受教，甚至还会有徒弟带徒弟的现象。《后汉书·儒林传》记载："精庐暂建，赢粮动有千百；其著名高义，开门授徒者，编牒不下万人。"东汉时的大师们，及门弟子上千，编牒弟子上万。以此类推，孔子时代弟子三千也不足为奇。

"孔子弟子受业身通六艺者七十有七人，皆异能之士也。德行：颜渊、闵子骞、冉伯牛、仲弓。政事：冉有、季路。言语：宰我、子贡。文学：子游、子夏。师也辟，参也鲁，柴也愚，由也喭，回也屡空。赐不受命而货殖焉，亿则屡中。"① 孔子的学生中接受教育精通六艺的有七十七人，他们都是一些不同寻常的人。有德行突出的，有长于治政的，有能言善辩的，有擅文博学的。其中颛孙师偏激，曾参迟钝，高柴愚笨，仲由粗鲁，颜回的境遇不佳，常陷穷困。端木赐则不安天命，好经商，以为利，预测行情，所料必中。

孔子的弟子中以颜回、子路、子贡最为著名，现分别介绍之。

颜回，字子渊，春秋时期鲁国人。在孔门诸弟子中，孔子对他称赞最多，不仅赞其"好学"，而且还以"贤者"称许。颜回曾向孔子请教什么是"仁"。孔子说："克己复礼，天下归仁焉。"孔子说："贤哉回也！一箪食，一瓢饮，在陋巷，人不堪其忧，回也不改其乐。"孔子指出，颜回上课时一言不发，貌似愚笨，但课后观察他的言谈，发现他对所学的东西，颇能发挥。颜回其实并不愚笨。颜回能够做到为世所用便努力去做，不为所用便藏而不露。颜回英年早逝，孔子哭得很伤心，说："自吾有回，门人益亲。"后来鲁哀公问孔子："弟子中谁最好学？"孔子回答说："有个叫颜回的非常好学，不迁怒，不贰过。可是他不幸短命，过早地死去了。现在就再也没有像他那样的学生了。"历代文人学士对颜回推崇有加，宋明儒者更好寻"孔颜乐处"。自汉高祖以颜回配享孔子、祀以太牢，三国魏正始年间将其定为制度，历代统治者对其封赠有加。唐太宗尊之为"先师"，唐玄宗尊之为"兖公"，宋真宗加封为"兖国公"，元文宗又尊之为"兖国复圣公"。明嘉靖九年（公元 1530 年）改称他为"复圣"。

子路，卞邑人，比孔子小九岁。他生性粗朴，好逞勇斗力，志气刚强爽直，头戴鸡冠式的帽子，身佩用野猪皮装饰的剑。他曾经凭借勇力，欺侮过孔子，孔子设置礼仪慢慢地诱导他。后来子路改穿儒服，带着拜师的礼物，通过孔子的门人弟子，请求做了孔子的学生。子路曾向孔子请教怎样管理政事。孔子说："要以身作则，干在前面，然后才能使百姓勤苦努力。"子路请孔子多说一点，孔子说："要不知疲倦，持之以恒。"子路问道："君子崇尚勇武吗？"孔

---

① 《史记·仲尼弟子列传》。

子说："君子所崇尚的，首先是义。君子好勇而不尚义，就会作乱；小人好勇而不尚义，就会偷盗。"子路总是专注地做一件事，最怕此事未完成，又来他事。孔子曾经称赞他，穿着破袍旧袄和穿狐皮贵服的人并肩站立而不以为耻的人，恐怕只有子路了。子路的学问方面已到了"登堂"的地步，却还没有到达"入室"的境界。季康子曾问道："仲由称得上有仁德吗？"孔子答道："有一千辆兵车那样的大国，可以让他去管理政务，但仁德与否，我就不知道了。"周敬王四十年（鲁哀公十五年），卫乱，父子争位，子路为救其主卫出公姬辄，被蒯聩杀死，死时很悲壮，当时子路的帽带被砍断了，子路："君子死而冠不免。"遂结缨而死。孔子听说卫国发生叛乱，说："唉，仲由准得死了。"不久，果然得到了他的死讯。孔子深情地说："自吾得由，恶言不闻于耳。"

子贡，卫国人，比孔子小三十一岁。子贡口齿伶俐，长于辞令，孔子经常批驳他的狡辩。有一次，孔子问他："你和颜回相比，谁强？"子贡答道："我怎么敢与颜回比，颜回闻一可以知十，我闻此只能知彼。"子贡受业完毕，问道："我是什么样的人呢？"孔子说："你好比一种器皿。"子贡又问："什么器皿？"孔子说："祭祀时盛放谷物的器皿。"陈子禽曾经问子贡："仲尼的学问是从哪里学来的？"子贡说："周文王、周武王的学说没有消失，还在人间流传，贤能的人能够掌握它的根本，而一般人只能了解一些细枝末节。文武之道无处不在，先生从哪里不能学，何必要有固定的老师呢？"陈子禽又问："孔子每到一个国家都能知道那里的政治情况。这是他找人去问来的，还是人家主动告诉他的呢？"子贡说："先生是依靠温良恭俭让的作风态度来得到他想知道的东西。他的求取方式，大概和别人不一样吧！"子贡问孔子："富贵而不骄傲，贫穷而不献媚，这种人怎么样？"孔子说："不错，但不如贫穷而乐于求道，富贵而谦恭好礼的好。"子贡擅长外交，在《史记·仲尼弟子列传》中用较大篇幅记述了子贡出访齐国、吴国、越国、晋国，纵横捭阖，巧舌如簧，"故子贡一出，存鲁，乱齐，破吴，强晋而霸越。子贡一使，使势相破，十年之中五国各有变"。子贡喜好经营商业，根据时机转手货物。他喜欢表彰他人的美德，但不能包涵他人的错误。他曾经做过鲁国、卫国的宰相，家财富有，累达千金，最后死在齐国。唐开元二十七年追封为"黎侯"，宋大中祥符二年加封为"黎公"，明嘉靖九年改称"先贤端木子"。

4. 公元前 501—前 498 年，51—54 岁，孔子仕鲁

孔子一边整理文化典籍，一边教授门徒，春去秋来，15 年过去了。孔子到了知天命的年龄，这时候鲁国的政治环境也比较有利，孔子要出来做官了。

正如《孔子世家》说写，"其后定公以孔子为中都宰，一年，四方皆则之。由中都宰为司空，由司空为大司寇。"鲁定公先让孔子做中都的地方官，结果一年之间大见成效，吸引得周围各地的地方官们都来向他取经。很快地孔子也就由中都宰升为司空，后又升为大司寇。依照清儒的考证，当时鲁国的司徒、司马、司空，例由三桓世袭，称为上大夫，亦称为卿。侯国的编制，是三卿五

大夫：三卿是司徒、司马、司空；五大夫是小司徒、小司马、小司空、宗伯、司寇。孔子所做的应是"小司空"，即司空的助手，主要是管理工程。司寇是管理寇盗。"与闻国政三月，粥羔豚者弗饰贾，男女行者别于涂，涂不拾遗。四方之客至乎邑者不求有司，皆予之以归。"后来孔子又从大司寇被任命为代理宰相。在孔子参与鲁国政权的仅仅三个月里，鲁国那些贩卖羊羔猪仔的人们不再以次充好漫天要价；男人女人在路上行走时也自觉地分开来各走一边；丢在路上的东西没有人拾取；四面八方来到鲁国的客人，用不着到主管官员那里去求告，路过的百姓都能够使其各得所需而归。

孔子仕鲁时，发生了两件大事，充分地显示了孔子卓越的政治才能和高超的政治手段。这两件大事：一是夹谷之会；二是谋堕三都。

鲁定公十年春，公元前 500 年，孔子五十二岁，鲁国与齐国签订了和约。同年夏天，齐国的大夫黎鉏对齐景公说："现在鲁国正重用孔丘，这样发展下去对我们齐国是一种严重的威胁。"于是派人去邀请鲁定公来齐国的夹谷进行首脑间的友好会见。鲁定公准备前往，孔子这时被任为代理宰相，陪伴同行。孔子说："俗话说办文事也得有武力作后盾，办武事也得有文的一手做准备。自古以来凡是诸侯离开自己的国家，必须配备好文武官员随同前往。请带上适当的武装保卫人员。"鲁定公赞成孔子所说，带上了适当的武装保卫人员。到达夹谷时，只见那里已经修起了台子，台高三级。鲁定公与齐景公按着应有的礼节见面后，彼此推让着登上了台子，互相敬了酒。齐国的官员过来请示说："请允许演奏四方的乐舞。"齐景公同意了。于是一群武士举着旗帜，拿着弓弩、矛戟、宝剑等各种武器，大呼小叫地一齐拥到了台下。孔子一见立刻小步急速地走到了台前，站在了倒数第二个台阶，他一挥袖子对着下面喝道："现在是两国的君主在进行友好会见，弄这些夷狄的乐舞来干什么！请有关负责人立刻处置！"这时齐国的主管人示意叫他们退下，可是那些人不退。于是孔子就转过头扫视一下齐景公，齐景公自己也觉得理亏，于是就挥手让那些人退下。过了一会儿，齐国的官员又过来请示说："请允许演奏宫中的乐舞。"齐景公同意了。于是一群跳舞唱歌的侏儒立刻拥上来。孔子一见马上小步急速上前，站在倒数第二个台阶上说："匹夫小人凡是胆敢惑乱诸侯视听的一律杀头，请有关负责人立刻处置！"于是齐国的官员只好把那些侏儒们腰斩。齐景公一看，吓得大为震恐，知道自己的道义敌不住孔子，心里很害怕，回去对他的群臣们说："鲁国的孔子是用君子之礼来辅佐他们的国君，而你们却用夷狄的那一套来给我帮倒忙，结果让我在鲁君的面前丢脸，这以后怎么办？"齐国的官员上前说："君子有了过错就用实际行动来表示悔改，只有小人才在过错面前掩饰。您如果心里真过意不去，那就最好有点实际表现。"于是齐景公立即下令把从前侵占的鲁国的郓、汶阳、龟阴等地还给了鲁国以表示认错。

夹谷之会，让我们看到了一个大义凛然、据理力争的孔子形象，其英姿飒爽，指挥若定的生动情景，千载而下犹有生气。试想，只有后来战国时期赵国的义士蔺相如，才能与孔子媲美吧。

鲁定公十二年①，公元前498年，孔子五十四岁，这年夏天，孔子对鲁定公说："家臣不准私藏武器，大夫的城墙不能长于三百丈。"于是他派子路到季孙氏家里做总管，准备把季孙、叔孙、孟孙三家封邑的城墙毁掉。这时叔孙氏先把郈邑的城墙拆掉了。接着季孙氏也要拆掉费邑的城墙。这时公山不狃和叔孙辄不服，他们带领着费邑人去袭击鲁国的都城。鲁定公无法，只好同季孙、叔孙、孟孙三人一同躲进了季孙氏的宫中，爬到了季武子的台上。费邑人包围了台子四面攻打，虽然没有攻下来，但有人已经快要蹿到鲁定公的身边了。于是孔子就命令申句须和乐顾下去与他们交战，结果费人被打败。接着都城里的人们趁势反攻，一直追到姑蔑，公山不狃和叔孙辄被打败逃到了齐国，于是费邑的城墙终于被毁掉了。接着又要拆除成邑的城墙，这时公敛处父对孟孙氏说："如果成邑的城墙毁掉了，那么齐国人就可以长驱直入地逼近鲁国国都的北门了。而且成邑是我们孟孙氏的根据地，如果没有成邑那我们孟孙氏也就完了，因此我绝不毁它。"十二月，鲁定公发兵围攻成邑，结果没有攻下。

任何一个统一的政权下，最怕的就是国内出现独立王国，谋堕三都，是孔子抓住了解决内政的要害。人们可能会有疑问，三都原本是三桓的独立王国，三桓为什么也赞成废除呢？那是因为三都被三桓的家臣占有了，家臣坐大了，三桓也被架空了。谋堕三都，加强了鲁定公的权威，打击了三桓及其家臣的势力，初步实现了孔子的政治主张。

5. 公元前498—前484年，54—68岁，孔子周游列国

由于当权的季桓子沉湎于酒色，荒于政务，孔子不得已于公元前498年离开鲁国②，开始了长达十四年的周游列国生涯。

公元前498年，孔子54岁，离开了鲁国，先去了卫国，居住十个月，决定到陈国去，路过卫邑匡，被拘五日，然后得脱，到卫邑蒲，一个月后返回卫都，见南子。公元前495年，离开卫国，经过曹国，到宋国去，宋司马桓魋欲杀孔子，孔子只好领着弟子离开了宋国，到郑国去，随后又从郑国到了陈国，在陈国居住三年，由于陈国居于晋国、楚国和吴国的中间，常常受到他们的侵陵，而孔子又无可奈何，只有离开陈国。途中经过卫邑蒲，正赶上公叔氏在蒲邑发动叛乱，叛乱分子把孔子留住了，孔子与蒲人盟誓，负盟返卫。在卫不得志，欲西渡黄河入晋未果。公元前493年，孔子由卫入陈，三年后又由陈入蔡。公元前490年，由蔡国到楚国边境叶邑，叶公问政，孔子说："治理国家的关键是在于能让远方的人都来投奔，让近处的人都能拥护。"有一天，叶公

---

① 《孔子世家》认为谋堕三都在定公十三年，但据《左传》当在定公十二年，诸家认为此处为史公误书。

② 《孔子世家》认为孔子离鲁是鲁定公十四年即公元前496年，据《十二诸侯年表》与《鲁周公世家》，孔子去鲁皆在鲁定公十二年。崔述曰："孔子之去鲁当在定公十二年秋冬之间，《孔子世家》误也。"

问子路孔子是一个什么样的人，子路没有回答。后来孔子听说这件事，就对子路说："仲由，你为什么不对他说'其为人也，学道不倦，诲人不厌，发愤忘食，乐以忘忧，不知老之将至'。"随后孔子离开叶邑，又回到了蔡国。到蔡国的第三年，孔子困于陈蔡之间。经楚国解围，入楚边境，后离楚返卫。在卫国居住四年后，公元前484年，孔子68岁，鲁国的季康子派公华、公宾、公林几个人，带着礼物来卫国迎孔子，于是孔子便返回了鲁国。孔子从离开鲁国去各国游历，到这次回来，前后共经历了十四个年头。

孔子周游列国时间长，内容多，难以一一赘述，现选取孔子困于陈蔡，来领略孔子的精神境界。

孔子困于陈蔡之时，带的干粮都吃完了，饿得那些随从的弟子们一个个都躺在地上，站不起来了。"孔子讲诵弦歌不衰"，子路心里很恼怒地过来对孔子说："君子难道也有走投无路的时候吗？"孔子说："君子到了困窘的时候能够坚守节操，而小人到了困窘的时候就会不择手段地乱来了。"子贡也是一脸的不高兴。孔子说："端木赐，你认为我是学了很多的东西能牢记不忘的人吗？"子贡说："是的。难道您不是这样吗？"孔子说："不是的，我是能用一个基本的思想把所学的东西贯穿起来。"

这一年是公元前489年，孔子63岁，正是五十知天命，六十耳顺之后的年纪。面对人生困局，孔子不气馁，不怨尤，安之若素，泰然处之，充分体现了备受后世景仰的圣贤气象和君子风度。而他的两个重要的弟子子路和子贡却显出满脸的不高兴，于是出现了下文著名的"孔子三问"。

孔子知道学生们都有怨气，于是把子路叫来问他说："《诗·何草不黄》里说'既不是犀牛，又不是老虎，可是却整天在原野上东奔西跑'。是我追求的理想不对吗？我为什么落到了这步田地呢？"子路说："也许是我们还没有达到仁人的标准，所以人们对我们还不够信任。也许是我们的聪明智慧还有欠缺，所以我们的仁道才不能畅行于世。"孔子说："有你说的这种道理吗？仲由，要是凡够仁人标准的人就能让别人相信，那伯夷、叔齐还会饿死在首阳山吗？要是聪明智慧无欠缺的人就一定能使仁道通行无阻，那王子比干还会被剖腹挖心吗？"

子路出去后，子贡进来了。孔子说："端木赐，《诗·何草不黄》里说'既不是犀牛，又不是老虎，可是却整天在原野上东奔西跑'。是我追求的理想不对吗？我为什么落到了这步田地呢？"子贡说："这是由于先生您的理想太高尚太伟大了，因此天下才无法容纳您。先生您难道就不能把标准降低点吗？"孔子说："端木赐，最好的农民能保证把地种好，但不能保证就一定能获得丰收；最好的能工巧匠能保证把东西做得巧夺天工，但不能保证买东西的人一定满意；一个君子能够尽力使自己的理想趋于完善，能让它有条有理，一以贯之，但不能保证一定能让世人接受。现在你不是千方百计地去修养自己而是只想去取得世人的接纳，你的志向可不够远大！"

子贡出去后，颜回进去了。孔子说："颜回，《诗·何草不黄》里说'既不是犀牛，又不是老虎，可是却整天在原野上东奔西跑'。是我追求的理想不对吗？我为什么落到了这步田地呢？"颜回说："先生的理想太伟大了，因此才使得天下哪里也无法容纳。尽管如此，先生您还是坚持不懈地在推行它，不被容纳又有什么关系呢，不被容纳才更显示您作为君子的伟大！一个人的理想学说不完美，是自己的耻辱；如果理想学说完美无缺而只是不能被人容纳，那就是当权者的羞耻了。不被容纳有什么关系，不被容纳才显示出您作为君子的伟大！"孔子一听称心地笑着说："颜家的小子，可真有你的！假如你是个大富翁，我情愿去给你当管家。"

子路、子贡、颜回是孔子三位最得意的弟子，通过"孔子三问"，我们可以看到孔子是多么善于因材施教和因势利导、循循善诱，同时也能看到孔子对理想的坚定和对逆境的达观。

后来孔子派子贡去向楚王报告了情况，楚昭王派兵来迎接孔子，孔子师徒一行才摆脱了困境。

著名学者钱穆说："孔子周游，其抱负并不在某一国、某一家，故曰'天下有道，丘不与易'。孔子实已超出当时狭义的国家与民族观念之上，而贡献其理想于当时之所谓'天下'。此种游仕精神为后起学者所仍袭，到底造成了一个大一统的中国。孔子的政治活动失败了，而孔子的教育事业却留下一个绝大的影响。孔子是开始传播贵族学到民间来的第一个，孔子是开始把古代贵族宗庙里的知识来变换成人类社会共有共享的学术事业之第一个。[①]"

6. 公元前 484—前 479 年，68—73 岁，孔子居鲁

孔子周游列国十四年，回到鲁国，已经六十八岁高龄，他不再谋求政治，而是删《诗》《书》，订《礼》《乐》，著《春秋》，埋头于传统文化的整理和传承。孔子在匡被拘时曾说过这样的话："文王死了之后，传统文化的继承人不就是我了吗？老天爷要是真想叫这种传统文化断绝，那它就不会让我再学得这套东西；老天爷要是不想叫这种传统文化断绝，那匡人又能把我怎么样呢！"从这段话可以看出，孔子是以传承传统文化为使命的，正如近代著名史学家柳诒徵在《中国文化史·孔子》中所言："孔子者，中国文化之中心也，无孔子则无中国文化。自孔子以前数千年之文化，赖孔子而传；自孔子以后，数千年文化，赖孔子而开。"

在孔子生活的那个年代，周王朝已经非常衰弱了，当时礼崩乐坏，《诗》《书》也都残缺不全。于是孔子就一方面考查夏、商、周三代的礼乐制度，一方面整理《尚书》的遗文，他把上起唐尧、虞舜，下至秦缪公的所有的《尚书》篇章，都编排了起来。他说："夏代的礼仪我还是能讲的，但现代杞国的礼仪我就不太相信。殷代的礼仪我也是能讲的，但现代宋国的礼仪我也不太相

---

① 钱穆：《国史大纲》，商务印书馆 1996 年版，第 99-100 页。

信。因为他们的依据都不足，如果有足够的依据，那我就可以相信、吸收了。"孔子研究了殷、夏两代礼仪方面的发展变化后，推论说：往后再过一百辈子的礼仪是什么样，现在我也能够知道了，其实就是一文一质，交互使用。而周朝的礼仪是借鉴了夏、殷两代的经验而制定的，它最隆盛，最丰富多彩。我是赞成周朝的。后人诵读的《尚书》和《礼记》都是经孔子整理编定的。

古代流传下来的诗大约有三千多篇，孔子删掉了那些重复的，选出了那些可以用来对人们进行礼仪教育的，最早的有歌颂殷契、后稷的诗篇，接着有称述殷、周两代繁荣兴盛的诗篇，接着还有批评周厉王、周幽王道德衰败的诗篇，而编排的顺序又首先是从夫妻之间的关系开始的。所以说"《关雎》是《国风》的开篇，《鹿鸣》是《小雅》的开篇，《文王》是《大雅》的开篇，《清庙》是《颂》的开篇"。孔子给选出来的这三百零五篇古诗都一一地配上了乐谱，让它们和《韶》乐、《武》乐、《雅》乐、《颂》乐相一致。有关音乐的发展历史从此有了一个大致的轮廓，而这是实行王道所不可缺少的，是六艺中的一艺。

孔子到了晚年特别喜欢《周易》，他为《周易》写了《序卦》《彖卦》《系卦》《象卦》《说卦》《文言》等著作。由于他不停地翻读《周易》，以至于那些串联竹简的皮条都断了好几次。他还遗憾地说："要是能够再给我几年的时间，我对于《周易》也就能领会得更透彻、更深入了。"

孔子依据鲁国的历史资料写了一部《春秋》，这部书上起鲁隐公元年，下至鲁哀公十四年，一共记载了鲁国十二代诸侯之间的天下大事。这部书以鲁国历史为依据，以赞美周朝为宗旨，借鉴殷朝的制度，贯通夏商周三代的历史变化。它的文辞简洁，意义却极为广博。吴国、楚国的国君自己胆大称王，而孔子在《春秋》里却把他们贬称为"子"；践土会盟，事实上是晋文公召唤周天子去的，而孔子在《春秋》里却为周天子粉饰，说是"天王到河阳去打猎"，孔子就是运用这样的写法，来为当世立一种是非的准绳。他所以要使用这种批判抨击的手段，目的就是为了让后世的君主们能够开卷有益。《春秋》的思想如果能够得到推行，那么普天下的乱臣贼子就要害怕了。孔子在鲁国任司寇断案时，有些判辞常常和其他人一同商量，个人并不专断。至于写《春秋》，凡是他认为该写的就一定写，该删的就一定删，即使像子夏等这些以文章擅长的学生也不能给他改动一个字。他的弟子们都要跟着他学《春秋》，他说："后代赏识我的人将是根据这部《春秋》，批评我的人也将是根据这部《春秋》。"

颜渊无限敬佩地说："我们先生的思想人格，我是仰着脸越看越高，越钻越觉得钻研不透，一会儿觉得就在眼前，一会儿又觉得像在身后。先生对我们的那种循序渐进地诱导，那种极大程度地让我们扩大知识面，同时又用礼仪来约束规范我们，使得我们即使想停下来都不能。我们已经用尽了全部才力，而那个卓越高大的目标还是耸立在我们面前，使得我们能够向前靠近它，但却没有办法达到它。"

　　鲁哀公十四年，公元前 481 年，孔子七十一岁，这一年春天，鲁哀公带着人在大野泽打猎，这时叔孙氏的乘车武士商鉏捕获了一只奇怪的野兽，人们都认为是不祥之兆。孔子听说去看，说：“这是一只麒麟啊。”于是他把它要了回来。孔子早就说过：“黄河里没再出现图，雒水里也没再出现书，看起来我这辈子大概是没什么希望了！”后来颜渊一死，孔子更伤感地说：“老天爷这下子可真要了我的命了！”等到他这回再见到这只被捉的麒麟，就绝望地说：“这次我的确再无路可走了！”他伤心地叹息说：“没有人了解我呀！”子贡说：“为什么说没有人了解您呢？”孔子说：“我是上不怨天，下不怨人，我从最基础的东西学起，越学越高深，了解我的，看来只有老天爷喽！”

　　鲁哀公十六年，公元前 479 年，一代伟人孔子与世长辞，享年七十三岁。

四、后世对孔子的封号和评价

1. 后世对孔子的封号

　　孔子在历史上有巨大影响，因而中国自东周起历代帝王都给予孔子封号，现总结如下：

　　　　东周，周敬王四十一年（公元前 479 年），鲁哀公，尼父。

　　　　西汉，元始元年（公元元年），汉平帝，褒成宣尼公。

　　　　北魏，太和十六年（公元 492 年），北魏孝文帝，文圣尼父。

　　　　北周，大象二年（公元 580 年），北周静帝，邹国公。

　　　　隋朝，开皇元年（公元 581 年），隋文帝，先师尼父。

　　　　唐朝，贞观二年（公元 628 年），唐太宗，先圣。唐朝，贞观十一年（公元 637 年），唐太宗，宣父。

　　　　唐朝，乾封元年（公元 666 年），唐高宗，太师。武周，天授元年（公元 690 年），武则天，隆道公。

　　　　唐朝，开元二十七年（公元 739 年），唐玄宗，文宣王。

　　　　宋朝，大中祥符元年（公元 1008 年），宋真宗，玄圣文宣王。

　　　　宋朝，大中祥符五年（公元 1012 年），宋真宗，至圣文宣王。

　　　　元朝，大德十一年（公元 1307 年），元成宗，大成至圣文宣王。

　　　　明朝，嘉靖九年（公元 1530 年），明世宗，至圣先师。

　　　　清朝，顺治二年（公元 1645 年），清世祖，大成至圣文宣先师。

　　　　清朝，顺治十四年（公元 1657 年），清世祖，至圣先师。

　　孔子对后世影响深远，虽说他“述而不作”，但他被誉为“天纵之圣”“天之木铎”“千古圣人”，后世尊称他为“至圣”。

2. 后世对孔子的评价

　　孔子，圣之时者也。孔子之谓集大成；集大成者，金声而玉振之也。（《孟

子·万章下》)

《诗》有之:"高山仰止,景行行止。"虽不能至,然心向往之。余读孔氏书,想见其为人。……天下君王至于贤人众矣,当时则荣,没则已焉;孔子布衣,传十余世,学者宗之。自天子王侯,中国言六艺者折中于夫子,可谓至圣矣!(《史记·孔子世家》)

朱熹引用当时的一本书上的话说:"天不生仲尼,万古如长夜!"(《朱子语类》卷九十三)

孔子孔子,大哉孔子。孔子之前,绝无孔子。

孔子之后,更无孔子。孔子孔子,大哉孔子。

(孔庙《圣迹殿》米芾《夫子赞》)

《孟子》称孔子为"圣之时者",已是创论;史公《世家》更称之为"至圣",尤为定评。自是以后,遂永远不能易矣。(清朝李景星《史记评议》)

孔子是中华民族历史上第一个伟大的教育家,在一定意义上说,他也是全人类历史上一个伟大的教育家。(匡亚明《孔子评传》)

孔子是一个继往开来的人物,一方面对过去的文化进行了一次系统的总结;另一方面又开创了文化发展的新局面。从孔子开始私人讲学蔚然成风,到战国时代百家争鸣的盛况蓬勃兴起了。"他又说:"孔子的哪些思想观点为中国文化的发展提供了思想基础呢?这主要有三点:第一,积极乐观的有为精神;第二,对于道德价值的高度重视;第三,开创了重视历史经验的优良传统。(张岱年《张岱年全集》)

杨焕英介绍美国历史家、哲学家威尔·杜兰特对孔子的看法说:"中国的历史就是孔子思想的影响史。中国虽屡遭侵略,但其文化不仅能屹立不倒,而且还能同化异族的文化。孔子思想不仅深刻地影响了日本等东方国家,而且对欧洲,尤其对欧洲的启蒙运动也产生过积极影响。孔子有博雅的学识与一颗仁慈的心,是智者、学者,也是德智兼备的人。孔子是致用求治的圣人,其儒家思想长期统治中国,使中国发展出一种和谐的社会生活。"(韩兆琦《史记》)

五、总　结

孔子,是中华文化思想的集大成者,儒家学说的创始人。我国古代伟大的思想家、政治家、教育家。儒学思想渗入中国人的生活、文化领域中,同时也影响了世界上相当多的地区。2001年,联合国科教文组织将孔子列为"世界十大文化名人"之首。孔子创立的儒家学说以及在此基础上发展起来的儒家思想,对中华文明产生了深刻影响,是中国传统文化的重要组成部分。儒家思想同中华民族形成和发展过程中所产生的其他思想文化一道,记载了中华民族自古以来在建设家园的奋斗中开展的精神活动、进行的理性思维、创造的文化成果,反映了中华民族的精神追求,是中华民族生生不息、发展壮大的重要滋养。中华文明，不仅对中国发展产生了深刻影响，而且对人类文明进步作出了重大贡献。正如许多学者所说，当我们回首 2500 年以来儒学与中国社会的关系时，可以更好地认清孔子思想极其重要的价值。因为有了孔子，中华民族比世界上别的民族更和睦、更和平地共同生活了几千年；当今一个昌盛、成功的社会，在很大程度上仍然立足于孔子所确立和阐述的很多价值观念。在过去的两千数百年中，孔子学说儒家思想中的积极作用不可低估。威尔·杜兰特终其一生对孔子推崇备至，他在《历史的英雄·孔子和谪仙人》中写道："中国的文明历史悠久，产生了很多政治家、智者、诗人、艺术家、科学家和圣人，他们留下的文化遗产至今仍在丰富着我们的视野，深化着我们的人性。"

论韩信之死对汉初政局的影响

＊本文作者徐业龙。江苏省淮安市淮阴区政协文史委主任。

《淮阴侯列传》是《史记》十大名篇之一，司马迁用他那细腻的笔触，饱蘸同情的泪水为人们塑造了一个战无不胜而又蒙受冤屈的大军事家的光彩形象，千载而下依旧光彩照人。楚汉战争中，韩信感念刘邦的知遇之恩，为刘邦纵论天下大势，运筹定三秦以定天下的奇谋，继而举兵出关，北破魏、代，东出井陉，取赵、胁燕、定齐，最后麾军垓下戡除项羽，为西汉王朝的建立发挥了至关重要的作用。刘邦登基以后，为了巩固刚刚建立起来的统一的西汉中央政权，确立了剪除异姓王的政策，他选择的首要目标便是其心目中的最大威胁——"勇略震主""功盖天下"的大将军韩信。韩信蒙冤被杀是西汉初年一个重大政治事件，在西汉朝野引起巨大震动，对汉初政局产生重大影响。

一、白马之盟

韩信生活的时代是一个风云际会、英雄辈出的时代，也是中国社会从奴隶社会向封建社会过渡的大动荡时期。自春秋末期以来，各国新兴地主阶级为了夺取政权，颁行赐爵制度，竞相奖励军功，诸侯国各自为政，互相攻伐。公元前221年，秦始皇统一中国后，吸取东周的前车之鉴，创建了中国历史上第一个中央集权制的大秦帝国，但新兴的秦王朝犹如昙花一现，仅仅延续了十几个年头就土崩瓦解了。进入咸阳后的项羽，没有成为新一代的皇帝政治格局，先是杀了已经投降的秦王子婴，随后放火烧毁了雄伟壮丽的阿房宫，在关中站稳脚跟之后又重新分封了十八个诸侯王，再次引发连年的诸侯战争。

楚汉战争期间，出于孤立项羽的策略考虑，刘邦不得已而分封韩信等将领为王，这些异姓王为刘邦战胜项羽发挥了重要作用。刘邦称帝时已经受封的异姓王有七个：楚王韩信、梁王彭越、淮南王英布、韩王信、赵王张敖、燕王臧荼、长沙王吴芮，这七王的封地加在一起，几乎相当于秦统一前东方六国的疆土，他们直接治理封地，征收赋税，拥有军队，成了把持一方的地方统治者。

身历推翻秦王朝的战争，作为项羽分封的十八个诸侯王之一，刘邦亲见项羽大封诸侯，结果导致天下大乱，在汉王朝建立以后，他清醒地认识到以韩信为首的强大的异姓王拥兵自重，不仅没有再利用的价值，而且对刘氏政权的巩固构成了很大的威胁。垓下诛灭项羽后，刘邦就"欲王同姓以填天下"①，不仅要以自己的兄弟、儿子去取代异姓王侯镇守天下，而且还为自己的兄弟少、诸子年幼深深地感到忧虑。为了巩固刘氏天下，刘邦便着手将在楚汉战争中建立卓越功勋的异姓王——消灭，首当其冲的就是功劳最大的、也是自己心目中最大的威胁——韩信。

刘邦对异姓王的提防始于韩信，对异姓王的算计也始于韩信，而对异姓王的大开杀戒还是始于韩信。楚汉战争中，刘邦一方面利用韩信"连百万之军，战必胜，攻必取"②的军事才能攻城略地，为汉王朝的建立立下赫赫战功，同时又畏恶其能，对其时时加以防范。当韩信在北线破魏平赵，收燕伐齐，便虚抚韩信，先后封他为左丞相、相国、齐王；待消灭项羽后，刘邦旋即袭夺韩信的兵权，并徙封为楚王，使其远离根基深厚的齐地。后又以莫须有的"谋反"罪名将他逮捕，贬为淮阴侯，将其软禁在自己的身边，并最终以"谋反"之罪将其诛杀。

韩信被杀以后，对于其他异姓王，刘邦当然一个也不肯轻易放过，彭越、英布等当初轰轰烈烈、不可一世的枭雄，随之相继被消灭。异姓王当中唯长沙王吴芮因势力弱小，封国僻远，又处在汉与南越的中间地带可起缓冲作用，幸免于杀戮。值得一提的是，与韩信并称"三杰"的张良、萧何深知"兔死狗烹"之理，面对腥风血雨终日诚惶诚恐，张良托言辟谷跑到深山去避祸，而萧何亦未能逃脱牢狱之灾，不得不自污名节，掩饰光华才得以保全性命。

刘邦一面大杀并肩起事的异姓王，一面大封自己的儿子、侄儿和兄弟做诸侯王，而且还杀白马与诸侯订了一个誓约，规定"非刘氏而王者，……天下共诛之"③。作为巩固西汉中央政权的政治方针，"非刘氏不王"的誓约，终汉之世除个别特殊历史时期外都被严格地遵守，可见"白马之盟"对汉代皇帝还是很有影响力和约束力。但刘邦几乎杀尽了所有异姓王，由此成为中国古代史上三大屠戮功臣忘恩负义的帝王之一，留下了千古骂名。

二、大风之歌

对异姓王的无情诛戮，造成了汉初军事中枢几近真空的局面。楚汉战争期间，刘邦部将中能独当一面的也就是韩信、彭越、英布、韩王信诸人，英布反汉后曾说："诸将独患淮阴、彭越，今皆已死，余不足畏也。"④韩信、彭越等异姓王也正是刘邦心里最放不下的人，建国后不久即被解除兵权，各自分封就

---

① ［汉］班固：《汉书·荆燕吴传》，中华书局2007年8月版，第387页。
② ［汉］司马迁：《史记·高祖本纪》，中华书局2009年1月第二版，第80页。
③ ［汉］司马迁：《史记·汉兴以来诸侯王年表》，中华书局2009年1月第二版，第115页。原文："高祖末年，非刘氏而王者，若无功上所不置而侯者，天下共诛之。"
④ ［汉］司马迁：《史记·黥布列传》，中华书局2009年1月第二版，第546页。

国，后又被陆续诛杀。

从韩信遭猜忌直到异姓王被次第诛除后，凡是重大的军事行动都由刘邦亲自挂帅出征。汉五年击臧荼、利几，七年击韩王信，到十年击陈豨，都是高祖自往。甚至当英布反汉时，刘邦虽重病在身，"恶见人，卧禁中"①，也只好亲自领兵上阵，勉力征讨。只有在燕王卢绾反后，"高祖病甚"，才不得已派最亲信的樊哙"以相国击燕"。

汉高祖十二年（前195），刘邦亲率大军征讨九江王英布，甄城一役，英布败逃。刘邦命令别将继续追击，自己则绕道返回了阔别多年的故乡——沛（今江苏沛县）。他大宴家乡父老，恣情饮乐，尽显作为帝王衣锦还乡的尊荣。酒酣人醉，刘邦击筑歌唱："大风起兮云飞扬，威加海内兮归故乡，安得猛士兮守四方。"② 这就是被后人传诵了两千余年的《大风歌》，太史公用细腻朴实的笔触描写了当时的情景："高祖乃起舞，慷慨伤怀，泣数行下。"在壮烈的气氛中又透露出几分悲凉的色彩。

刘邦回到家乡，对自己的伤势与病情已有相当的认识。然而，环顾海内，政局未安，内忧尚存，外患严重，可又没有能挑起安内御外重任的"猛士"，刘邦不得不为缺少壮士为他平定内乱、巩固边防而大伤脑筋。想到这里，刘邦不禁悲从中来，于是发而为《大风歌》。清诗人张应宸《淮阴侯祠》诗云："垓下谁收逐鹿功，将军旗鼓失重瞳。但看徙楚酬漂母，岂忍乘危听蒯通。百战河山秋草外，千年祠庙夕阳中。可怜国士成弓狗，底用登台唱大风！"③ 诗人赞颂韩信知恩报恩、功大不居的人格，也揭露了汉高祖既忌贤仇功、杀害功臣，又担心江山无人守卫的矛盾心情。

垓下项羽败亡，逐鹿功成，主要是韩大将军决定性的军事胜利。可叹可怜啊，汉帝把韩信这样的无双国士当作鸟兔已尽而废弃不用的良弓和走狗加以诛戮，还哪里用得着登台唱那"安得猛士兮守四方"的《大风歌》呢！《大风歌》不仅是刘邦当时复杂心情的体现，也是他对未来命运的感慨，更是对现实危机的担忧。有人认为《大风歌》是刘邦的忏悔之作也不无道理！

三、匈奴之患

匈奴，亦称胡，是中国北方的古老游牧民族，一向以强悍善战而闻名。秦始皇统一六国后，大将蒙恬率领三十万秦军北击匈奴，却匈奴七百余里，胡人不敢南下而牧马。秦二世元年（公元前209年）匈奴的冒顿单于即位，乘秦末农民起义和楚汉相争之机，匈奴迅速强大起来，经过几年征战，匈奴向西征服

---

① [汉] 司马迁：《史记·樊郦滕灌列传》，中华书局 2009 年 1 月第二版，第 562 页。
② [汉] 司马迁《史记·高祖本纪》，北京：中华书局 2009 年 1 月第二版，第 82 页。
③ 刘学军主编《国士无双——历代诗人咏韩信》，江苏大学出版社 2009 年 4 月版，第 273 页。

了楼兰、乌孙、呼揭及其旁二十六国，控制了西域大部分地区。向北则征服了
浑窳、屈射、丁零、鬲昆、薪犁等国，向南兼并了楼烦及白羊河南王之辖地，
重新占领了河套以南地。至此匈奴居有了南起阴山、北抵贝加尔湖、东达辽
河、西逾葱岭的广大地区，号称将诸引弓之民并为一家，拥有能够骑马作战的
控弦之士三十余万，成为北方最强大的民族。作为先汉而兴的传统北方势力，
匈奴自秦末"中国扰乱，诸秦所徙适（谪）边者皆复去"①，依托阴山，楔入
北地，逐渐恢复、巩固了其对中原的有利战略地位。

西汉初年，雄踞北方的匈奴经常侵扰汉朝的边疆，对汉帝国构成严重威
胁。据《汉书·匈奴传》（卷九十四）记载："汉初定，徙韩王信于代，都马
邑。匈奴大攻围马邑，韩信降匈奴。匈奴得信，因引兵南逾句注，攻太原，至
晋阳下。高帝自将兵往击之。会冬大寒雨雪，卒之堕指者十二三，于是冒顿阳
败走，诱汉兵。汉兵逐击冒顿，冒顿匿其精兵，见其羸弱，于是汉悉兵，多步
兵，三十二万，北逐之。高帝先至平城，步兵未尽到，冒顿纵精兵三十余万骑
围高帝于白登，七日，汉兵中外不得相救饷。匈奴骑，其西方尽白，东方尽
駹，北方尽骊，南方尽骍马。高帝乃使使间厚遗阏氏，阏氏乃谓冒顿曰：'两
主不相困。今得汉地，单于终非能居之。且汉主有神，单于察之。'冒顿与韩
信将王黄、赵利期，而兵久不来，疑其与汉有谋，亦取阏氏之言，乃开围一
角。于是高皇帝令士皆持满傅矢外乡，从解角直出，得与大军合，而冒顿遂引
兵去。汉亦引兵罢，使刘敬结和亲之约。是后，韩信为匈奴将，及赵利、王黄
等数背约，侵盗代、雁门、云中。居无几何，陈豨反，与韩信合谋击代。汉使
樊哙往击之，复收代、雁门、云中郡县，不出塞。是时，匈奴以汉将数率众往
降，故冒顿常往来侵盗代地。于是高祖患之，乃使刘敬奉宗室女翁主为单于阏
氏，岁奉匈奴絮缯酒食物各有数，约为兄弟以和亲，冒顿乃少止。后燕王卢绾
复反，率其党且万人降匈奴，往来苦上谷以东，终高祖世。"

从高帝分封到七国之乱，无论是异姓王将，还是同姓诸侯，他们与中央统
治集团的固有矛盾始终存在。受地缘政治的影响，边郡诸侯在与中央对抗的过
程中，自然倾向于向匈奴寻求依托。韩王信遭高帝猜忌，不久即降匈奴，其亲
信王黄、赵既、冯梁、孙奋、太卜、解福等重要官员悉入匈奴。而"匈奴得
信，因引兵南逾句注，攻太原，至晋阳下"，从而直接引发了"白登之围"。汉
高帝十年（公元前197年）秋，陈豨反于代地，"使王黄求救匈奴"，而燕王卢
绾亦渔利其中，遣其亲信入匈奴作内应。两年后，卢绾趁高帝驾崩，率其全部
宫人家属亲信千余骑逃入匈奴。正是由于刘邦连续打击和削夺诸侯王，边塞诸
侯"内见疑强大，外倚蛮貊以为援，是以日疏自危，事穷智困，卒赴匈奴"②，
司马迁这样的评述可谓切中要害。

---

① ［汉］班固：《汉书·匈奴传》，中华书局2007年8月版，第923页。
② ［汉］司马迁：《史记·韩信卢绾列传》，中华书局2009年1月第二版，第558页。

《汉书·匈奴传》（卷九十四）还记载："孝惠、高后时，冒顿浸骄，乃为书，使使遗高后曰：'孤偾之君，生于沮泽之中，长于平野牛马之域，数至边境，愿游中国。陛下独立，孤偾独居。两主不乐，无以自虞（娱），愿以所有，易其所无。'高后大怒，召丞相平及樊哙、季布等，议斩其使者，发兵而击之。樊哙曰：'臣愿得十万众，横行匈奴中。'问季布，布曰：'哙可斩也！前陈豨反于代，汉兵三十二万，哙为上将军，时匈奴围高帝于平城，哙不能解围。天下歌之曰：'平城之下亦诚苦！七日不食，不能彀弩。'今歌吟之声未绝，伤痍者甫起，而哙欲摇动天下，妄言以十万众横行，是面谩也。且夷狄譬如禽兽，得其善言不足喜，恶言不足怒也。'高后曰：'善。'令大谒者张泽报书曰：'单于不忘弊邑，赐之以书，弊邑恐惧。退日自图，年老气衰，发齿堕落，行步失度，单于过听，不足以自汗（污）。弊邑无罪，宜在见赦。窃有御车二乘，马二驷，以奉常驾。'冒顿得书。复使使来谢曰：'未尝闻中国礼义，陛下幸而赦之。'因献马，遂和亲。"

白登之围后，西汉王朝对匈奴不得不采取"和亲"的策略姑息羁縻，致使其势力在缺少军事压力的环境下不断膨胀。晁错《言兵事疏》曰："臣闻汉兴以来，胡虏数入边地，小入则小利，大入则大利；高后时再入陇西，攻城屠邑，驱略畜产；其后复入陇西，杀吏卒，大寇盗。窃闻战胜之威，民气百倍；败兵之卒，没世不复。自高后以来，陇西三困于匈奴矣，民气破伤，亡（无）有胜意。"[1] 汉廷奉行和亲政策，对匈奴的侵扰姑息苟且，听之任之，这也使边郡军民日益形成强烈的失败、畏敌情绪，以至边郡地方官吏、将军望胡而逃：代王刘喜弃国、程不识惧恐不成寐、公孙敖尽亡其军逃归，丑态百出，窘迫难当。

晚清女诗人冯婉林在诵读《大风歌》时也留下"慷慨歌风怀猛士，白登一困少韩彭"[2] 的感慨之言。韩信一生攻无不克，战无不胜，后世不明白刘邦为何不派去韩信打匈奴，认为如果能派韩信打败匈奴，汉朝就不会有那段和亲的屈辱史了，可惜刘邦没有给韩信这样的机会。实际上，匈奴之患西汉建国后很长一段时间都没能解决。王夫之说："中国夷狄之祸，自冒顿始。冒顿之阑入句注，保太原，自韩王信之叛降始。"[3] 殃及后世的匈奴之祸不能不说是刘邦剪除异姓王造成的恶果。

四、牝鸡之晨[4]

纵观悠悠历史长河中，为权利名誉使尽手段甚至丧尽天良者可谓不计其

---

① 《永乐大典（残卷）·西汉书》（卷之八千四百十三）。

② 李淳，韩信其人及咏韩诗赏析，《雁门关》杂志，2009 年第一期。

③ ［清］王夫之《读通鉴论·汉高帝》（卷二）。

④ 牝鸡之晨：亦作"牝鸡司晨"，母鸡在清晨打鸣，这个家庭就要破败。贬喻女性（此指吕后）掌权，阴阳倒置，将导致家破国亡。

数，然而自古女人不干政，但凡有那干政者，无不穷凶极恶，甚至遗臭万年，其间莫过刘邦皇后吕雉。"青竹蛇儿口，黄蜂尾上针，万般犹自可，最毒妇人心。"这句俗语就是这个外貌端庄秀丽、内心狠毒如蛇蝎的恶毒女人的最好写照。

吕后，名雉（公元前241—前180年），字娥姁，秦代单父县（今山东单县）人，性格刚毅，有韬略，但性情非常残酷，是一位有作为的皇后，在历史上也是一个很成功的女政治家。楚汉战争期间，吕后与刘邦之父曾为项羽所擒，一直被囚在楚军之中作人质，受尽了折磨和凌辱，挣扎在生死边缘，使其精神饱受打击，养成了心地狭隘、阴狠毒辣以及凡事先下手为强的性情和办事手法。韩信冤案的前台主角就是吕后，《史记·吕太后本纪》云："吕后为人刚毅，佐高祖定天下，所诛大臣多吕后力。""佐高祖定天下"姑妄言之，并无史实，而"所诛大臣多吕后力"则的确如此，韩信、黥布、彭越诸人，《史记》的相关人物列传亦载之甚详。

刘邦的宠妃戚夫人能歌善舞，身材修长，气质高贵。当年项羽在夺回彭越时打败刘邦，刘邦只身逃跑，途中幸得戚夫人的父亲相救，在戚家刘邦见戚夫人长得漂亮就心生倾慕，戚老汉看在心里，当夜就把女儿许配刘邦，一夜夫妻戚夫人怀孕产下赵王如意。如意生来就有刘邦的风范，爱屋及乌，对戚夫人的爱随即转移到如意身上，刘邦想废太子刘盈然后改立如意。吕后是十分有心计的人，她找到张良，逼迫张良给自己出谋应对。张良推诿不过，给她出了请"商山四皓"① 出来陪侍太子读书的计谋。果然，刘邦看见商山四皓陪侍太子，就打消了废太子的念头。

吕后看见太子地位保住了，就开始想方设法提升自身的权威。在消灭异姓王的过程中，吕后杀伐果断，树立了威信。她见刘邦早有除韩信之心，但刘邦始终犹豫不决，害怕诛杀韩信引起重大政治风波，影响国家和社会的稳定。吕后便利用刘邦外出平乱之机，命萧何把韩信骗到宫中钟室将其杀害。群臣见韩信这样的大功臣吕后都敢杀，无不慑服。清高宗爱新觉罗·弘历憎恶吕雉的无法无天、胆大妄为，毫不客气地指出："韩信之冤与否，姑弗论。然高祖在外，而后公然族诛大臣，回亦弗问，牝鸡司晨，成何国政？人彘之祸，兆于此矣！"② 这不仅是对吕后的切责，同时也是对刘邦的批评。人彘之祸以及后来刘氏诸王所受加害实际上是刘邦纵容吕雉的必然结果。

韩信一死，吕后的威信顿时大升，变得更加肆无忌惮。几个月后，吕后又杀害梁王彭越，并将彭越剁成肉酱分赐各地诸侯食用以示警告。公元前195年，刘邦死，惠帝立，尊吕后为皇太后，吕后看到儿子刘盈心地善良而懦弱，

① 商山四皓是指秦末汉初的东园公、角里先生、绮里季和夏黄公四位著名学者，刘邦久闻四皓大名曾请他们出山为官被拒绝。

② 《乾隆御批纲鉴》卷十三《汉高皇帝》批语。

怕那些异功臣不服，吕后秘不发丧，"与审食其谋曰：'诸将故与帝为编户民，北面为臣，心常鞅鞅，今乃事少主，非尽族是，天下不安。'"① 吕后秘与审食其密谋尽诛诸将，后畏惧诸将拥有兵力，未敢下手。

刘邦死后，吕雉大权独揽。刘邦尸骨未寒，吕后就将刘邦与戚妃的儿子赵王如意骗进皇宫毒死。如意一死，吕后就派人把戚夫人的手脚剁掉，挖去眼睛，熏聋耳朵，毒哑嘴巴，置于厕中，名曰"人彘"。吕雉的所作所为让后宫的女人们闻其名则色变，王子王孙看见其人则四散而去，朝中大臣亦人心惶惶。惠帝因不满吕后所为，忧郁而终。公元前 188 年，少帝即位，少帝因其生母为吕后所杀，有怨言，吕后遂杀少帝，立常山王刘义为帝。吕雉临朝称制，封侄吕台、吕产、吕禄等为王，擅权用事，排斥王陵等老臣，拔擢亲信。对其他刘氏诸王，亦加残害。一时间吕姓戚族权倾朝野，西汉王朝大有改朝换代之势。

蔡东藩在《前汉演义》中对吕后大加挞伐："有史以来之女祸，在汉以前，莫如褒姒。褒姐第妖媚闻，而惨毒尚不见于史。自吕雉出而淫悍之性，得未曾有，食其可私，韩彭可杀，甚且欲尽诛诸将，微郦商，则冤死者更不少矣。厥后复鸩死赵王，残害戚夫人，虽未始非戚氏母子之自取，而忍心辣手，旷古未闻，甚矣，悍妇之逾蛇蝎也。惠帝仁有余而智不足，既不能保全少弟，复不能几谏母后，徒为是惊忧成疾，夭折天年，其情可悯，其咎难辞，敝笥之刺，宁能免乎！"② 由于刘邦曾与诸大臣共立"非刘氏不王"的誓约，吕雉封诸吕为王必然遭到刘氏宗室和大臣的强烈反对。吕后病危时告诫诸吕部署应变，命吕禄领北军，吕产居南军，严密控制京城和皇宫的警卫。诸吕在吕后死后阴谋作乱，被太尉周勃、丞相陈平和朱虚侯刘章等迅速剪灭。

在专制社会里，多数功臣的结局都很可悲，司马迁"君臣一体，自古所难"③ 的评语乃千古不易之论。在《史记·淮阴侯列传》中，司马迁用他那如椽巨笔塑造了韩信这个无往而不胜的大军事家的光彩形象，并把他比作周、召、太公。韩信得以彪炳史册，引起后世的同情，实在是全赖太史公之力。韩信蒙冤被杀，后人无不给予深切的同情，唐代诗人刘禹锡《韩信庙》诗云："将略兵机命世雄，苍黄钟室叹良弓，遂令后世登坛者，每一寻思怕立功。"④ 在《喻世明言》和《三国志评话》中，作者巧妙应用因果报应，曲折地反映了人们的愿望：曹操为韩信转世，刘备为彭越转世，孙权为英布转世，三人瓜分汉家天下；汉献帝为刘邦转世，让其受尽曹操的欺辱，伏后为吕后转世，亦让其死于曹操之手。真是报应不爽！千百年来，韩信的不幸遭遇，深为后人同情，这绝非偶然。

---

① ［汉］司马迁：《史记·高祖本纪》，中华书局 2009 年 1 月第二版，第 83 页。
② 蔡东藩：《前汉演义》（第四十一回）。
③ ［汉］司马迁：《史记·淮阴侯列传》，中华书局 2009 年 1 月第二版，第 552 页。
④ 《刘禹锡集》（卷二四）。

论西汉孝文窦皇后

＊本文作者高祯霙。台湾中国文化大学中文系副教授。

吕后于高祖刘邦与惠帝时期，在政治上扮演了非常重要的角色。但除了众所瞩目的吕后之外，在汉初宫闱的政治斗争中，孝文窦皇后的影响力亦不容小觑，窦皇后历经文帝、景帝、武帝三朝，为后二十三年，为太后十六年，为太皇太后六年，时间长达四十五年之久，[1] 她对汉初政治、学术与人事安排的干涉，在景帝与武帝初期尤为严重，是位值得关注的人物。

一、独得天幸的巧合？

在《外戚世家》所有的后妃当中，窦皇后绝对是位连续不断福星高照的最佳幸运者，这是所谓独得天幸的巧合和偶然？或者仍具有需纳入考虑的人为因素？

窦皇后出身赵之清河观津良家子，家贫，弟窦广国还因家贫而被人所掠卖，她早期入宫时是侍奉吕后的宫女，刘邦过世后，吕后出宫女以赐诸王各五人，当时还年轻的窦猗房[2]被置于入代国的五人名籍中。吕后赏赐诸王宫女是汉开国以来的第一次，吕后的用意并不单纯，而是经过缜密的政治考虑，赏赐诸王的宫女当然也经过仔细的挑选和安排，这绝非无目的的善意赏赐，而是吕后透过自己所信任的宫女，利用女色笼络诸王，进一步则是以此微伺诸王，正如吕后将吕氏诸女嫁与诸王为后的手段是如出一辙的。因此，窦猗房是吕后从众多宫女中所挑选出来的，她应该是受过吕后调教或交代任务的，对于吕后在后宫的操持亦有所知，所以窦猗房与她的婆婆薄太后全然的仁善无为并不相同。

这个状况与可能性，可以从《史记》所记述的两件事情得到验证。当离散多年的幼弟窦广国与窦皇后相认，窦氏同祖诸昆弟皆封赏并长住于长安之后，周勃与灌婴等开国老臣即说："吾属不死，命乃且县此两人。两人所出微，不

---

① 汉文帝元年（公元前 180 年）至汉武帝建元六年（前 135 年）。

② 《史记》卷四十九《外戚世家》司马贞《索隐》曰："皇甫谧云名猗房。"台北鼎文书局1997 年版，第 3 册第 1973 页。

可不为择师傅宾客，又复效吕氏大事也。"① 于是老臣们赶紧选择一批长者和有节行之士经常与窦氏兄弟交往，颜师古注曰："恐其后擅权，则将相大臣当被害。"② 牛运震对于此处周勃与灌婴等人之语，亦评注曰："此处突出此二语，可骇可愕"，③ 郭嵩焘也说："下径接绛侯、灌将军之言，总举两人，是史公行文最峻洁处。"④ 司马迁在此写得含蓄隐晦，一方面呈现出老臣们对当年吕后与吕氏外戚之乱仍然心有余悸、戒慎恐惧；另一方面也暗指老臣们对窦皇后的观感，以及窦皇后为人在未来可能的发展和影响。而这些奉老臣之命与窦氏兄弟交往的长者之士，除了对出身低微的窦氏兄弟确实具有教育的作用外，其实也是老臣们监控与防范窦氏外戚的线索。

其次，在《袁盎晁错列传》又载云：

> 上幸上林，皇后、慎夫人从。其在禁中，常同席坐。及坐，郎署长布席，袁盎引却慎夫人坐。慎夫人怒，不肯坐。上亦怒，起，入禁中。盎因前说曰："臣闻尊卑有序则上下和。今陛下既已立后，慎夫人乃妾，妾主岂可与同坐哉！适所以失尊卑矣。且陛下幸之，即厚赐之。陛下所以为慎夫人，适所以祸之。陛下独不见'人彘'乎？"于是上乃说，召语慎夫人。慎夫人赐盎金五十斤。

窦皇后因病失明后，文帝开始宠幸慎夫人和尹姬，慎夫人也因受宠而愈来愈骄傲，只因为坐席的安排而发起怒来，袁盎以吕后对待戚夫人的人彘事件对文帝直言以谏，而文帝与慎夫人也立即接受，可以想见，袁盎的考虑与劝说动作绝非毫无根据或空穴来风，这位年轻时曾伺奉吕后，又为吕后调派至代的窦皇后，在诸多事情上可能很难不受吕后影响。幸而慎夫人与尹姬皆无子，没有任何女人有资格与窦皇后争胜，其地位也未曾遭遇任何挑战。虽然文帝时期的窦皇后相当安分守己也从未过问朝政，但当文帝过世，她成为窦太后、窦太皇太后之后，她对政治、学术等各方面的干预愈来愈多，最后甚至因自己的不悦和愤怒，控制朝政的方向与臣子的生杀大权，御史大夫赵绾与郎中令王臧，即是因冒犯窦太后而被迫下狱自杀。这些后事都可以验证当时周勃、灌婴与袁盎等人的诸多考虑应该是正确的。

年轻的窦猗房虽身在宫廷，然其性格绝非一个逆来顺受的弱女子，她在宦者安排分发诸王名单之前，特地请求宦者"必置我籍赵之伍中"，希望能因此离家较近，结果阴错阳差被置于代伍中，当事与愿违时，窦姬当行，"涕泣，

---

① 《史记》卷四十九《外戚世家》，台北鼎文书局1997年版，第3册第1974页。本文《史记》之文本与引文皆以《新校本史记三家注》为主，后文凡有引述不再赘注出版资料。

② 《汉书》卷九十七上《外戚传》颜师古注，台北鼎文书局1997年版，第5册第3944页。

③ ［清］牛运震撰，崔凡芝校释：《空山堂史记评注校释》卷六，北京：中华书局2012年版，上册第323页。

④ ［清］郭嵩焘：《史记札记》卷四，台北世界书局1974年版，第208页。

怨其宦者，不欲往，相强，乃肯行"。虽然她的未来并非自己可以主宰，但却仍然尝试着在已被安排的命运中，为可能的改变而努力，最后即使被迫去代，还倔强地哭泣、抱怨、不欲前往，这种具有个人主见与主动出击的性格，预示未来的她，在宫廷中绝非仅是一个默默无声的小女子。因此至代之后，当时的代王刘恒为何独幸窦姬，是可以由此而推知的。首先，她以自己聪慧而善于事先安排的能力，以及鲜明而勇于表现的性格，在一同前往代的五位宫女中，得到代王特别的注意与喜爱。另一方面，代王也非常清楚，他必须扫除吕后的疑虑并使她安心，透过对吕后所赏赐的女子释出善意，以表明自己对吕后的顺服与诚意，否则很可能同赵王刘如意、刘友、刘恢等诸王一样，惨遭吕后的毒手。《吕太后本纪》吕后七年秋曰："太后使使告代王，欲徙王赵。代王谢。愿守代边。"代王当时完全瞭知诸赵王的惨境，是故战战兢兢地坚持守代边以明志，由此可知，代王对吕后派来的女人亦绝对不敢疏忽怠慢或掉以轻心。

此外，代后及其四子的相继死亡，是代王立为帝前后期间最奇异之事。《外戚世家》曰："代王王后生四男。先代王未入立为帝而王后卒。及代王立为帝，而王后所生四男更病死。孝文帝立数月，公卿请立太子，而窦姬长男最长，立为太子，立窦姬为皇后。"① 代王王后在代王未立为帝之前已先亡故，而代后的四子却几乎是于数月之间连续死亡，倘若是一两位皇子因病而亡或许可能，但如此悲惨的死亡率，竟然在同一时期的数月之间，发生于同一位代后的子嗣中，其巧合的机概实在不可思议，虽然并无任何史料说明当时代后及其四子究竟发生了何事，但不禁令人怀疑此处难道没有任何人为的因素？

二、强势专横的窦太后

文帝为人谨慎自守、躬化节俭，凡事以谦让自持为先，此时期的窦皇后亦能知所进退，未见她在朝中的身影，诸窦兄弟亦多被引导、教育为退让君子，不敢以尊贵骄人。但文帝崩后，景帝二年文帝母薄太后亦崩，从此以后窦太后的地位日益显赫且时间长久，在《史记》中便常见窦太后对朝政与人事的干涉，影响景帝与武帝初期的政治深远。

在景帝时期的几个事件中，窦太后掌控权势的欲望与好强专横的性格日益显著。梁孝王是窦太后最疼爱的幼子，凭借母亲极度的宠爱，以及平定吴楚七国之乱有功，梁孝王在宫廷所受到的礼遇和赏赐几乎等同于天子，但他不守礼仪规矩的程度，亦日渐非景帝和朝臣们所能忍受。但最严重的是窦太后宠爱梁孝王的私心，竟旨意景帝将皇位传与幼弟，而梁孝王觊觎皇位的野心也因此不断膨胀。《魏其武安侯列传》云：

① 《史记》卷十一《孝景本纪》："孝景皇帝者，孝文之中子也。母窦太后。孝文在代时，前后有三男，及窦太后得幸，前后死，及三子更死，故孝景得立。"此处作三男。

梁孝王者，孝景弟也，其母窦太后爱之。梁孝王朝，因昆弟燕饮。是时上未立太子，酒酣，从容言曰："千秋之后传梁王。"太后欢。窦婴引卮酒进上，曰："天下者，高祖天下，父子相传，此汉之约也，上何以得擅传梁王！"太后由此憎窦婴。窦婴亦薄其官，因病免。太后除窦婴门籍，不得入朝请。

窦婴的直言劝谏，当场令景帝默然无声，窦太后心意不悦，窦婴也因为提出反对擅乱高帝祖制的意见，让窦太后由欢转憎，被除门籍不得入朝请。为了自己的私心私利，窦太后不惜违背法制，当臣下意见与其不同，或被她视为具有挑战其权势的疑虑时，便任性地依其好恶加以惩处。又《梁孝王世家》褚先生曰：

梁王西入朝，谒窦太后，燕见，与景帝俱侍坐于太后前，语言私说。太后谓帝曰："吾闻殷道亲亲，周道尊尊，其义一也。安车大驾，用梁孝王为寄。"景帝跪席举身曰："诺。"罢酒出，帝召袁盎诸大臣通经术者曰："太后言如是，何谓也？"皆对曰："太后意欲立梁王为帝太子。"帝问其状，袁盎等曰："殷道亲亲者，立弟。周道尊尊者，立子。殷道质，质者法天，亲其所亲，故立弟。周道文，文者法地，尊者敬也，敬其本始，故立长子。周道，太子死，立适孙。殷道。太子死，立其弟。"帝曰："于公何如？"皆对曰："方今汉家法周，周道不得立弟，当立子。"

这是景帝前元七年（公元前 150 年）栗太子刘荣被黜而未立胶东王刘彻之间的事，窦太后因栗太子被废，又燃起了以梁孝王为储君的希望，于是公开指示景帝传位与梁孝王，这是她私心袒护梁孝王却不考虑法制，又欲掌控政治权势最深刻的表现。褚少孙在《梁孝王世家》中即明确地说："窃以为令梁孝王怨望，欲为不善者，事从中生。今太后，女主也，以爱少子故，欲令梁王为太子。"梁孝王之所以在景帝立刘彻为太子后，心怀不满地敢于大胆谋杀袁盎等朝中大臣，正是因为窦太后是位掌有实权的女主，且如此偏袒爱护梁孝王，因此造成了景帝与梁孝王兄弟之间、景帝与窦太后之间权位争夺上的矛盾冲突，而朝臣只要与窦太后意见不和，与梁孝王立场不同者，亦皆遭遇不堪的后果。

窦太后除了因对梁孝王的偏爱而对宫中事务有所影响外，在朝政上也频频对景帝下指导棋。《绛侯周勃世家》曰：

窦太后曰："皇后兄王信可侯也。"景帝让曰："始南皮、章武侯先帝不侯，及臣即位乃侯之。信未得封也。"窦太后曰："人主各以时行耳。自窦长君在时，竟不得侯，死后乃封其子彭祖顾得侯。吾甚恨之。帝趣侯信也！"景帝曰："请得与丞相议之。"丞相议之，亚夫曰："高皇帝约'非刘氏不得王，非有功不得侯。不如约，天下共击之'。今信虽皇后兄，无功，侯之，非约也。"景帝默然而止。

文帝崩后景帝立，窦氏有三人封侯，窦广国封为章武侯，窦长君子窦彭祖封为南皮侯，窦婴因平吴楚之乱有军功封魏其侯。文帝、景帝皆谨遵"非有功不得侯"的制度，而窦太后却敢于挑战祖制，毫无顾虑地对儿子说"人主各以时行耳""吾甚恨之"，处处显示窦太后不顾体制而任意行之的私欲言行。袁盎之前因反对立梁孝王为皇储而被梁孝王所谋杀，这次周亚夫的直言以谏亦同样引来杀身之祸，吴楚七国之乱时周亚夫对梁国置之不理，梁孝王早已屡言周亚夫之短，窦太后亦已怨愤难忍，周亚夫在屡次忤逆上意之后，最后于狱中绝食而亡。故《绛侯周勃世家》篇末曰："条侯果饿死。死后，帝乃封王信为盖侯。"司马迁于此处的曲笔含蓄之意隐然于言外。

此外，郅都被斩杀亦与窦太后执意将他置于死地有关。郅都受景帝旨意办理废太子临江王刘荣侵占宗庙土地一案，郅都审案时对任何人都是严厉且不与通融，临江王最后在狱中自杀，"窦太后闻之，怒，以危法中都，都免归家"，景帝为救郅都，快速地将郅都迁为雁门太守，但窦太后终究还是援引汉法将郅都处死。《酷吏列传》载景帝曰："都忠臣。"欲释之。窦太后曰："临江王独非忠臣邪？"窦太后因不舍孙子临江王刘荣的死，情绪性地将此事完全归罪于郅都，因此虽然景帝欲活郅都，窦太后则不论如何必以枉法处死郅都，母子之间的对立冲突，明显呈现出景帝身为国君的无奈，以及窦太后对朝政、人事几近不理智的严重干预。故凌约言曰："郅都能护景帝，受百金之赐，不私临江，加斧钺之诛，皆太后为之也。"①

窦太后除维护自己的爱子与家族亲人的利益之外，对于朝廷人事各方面亦时以个人亲疏作为安排准则，或以个人主观好恶加以干预。例如《外戚世家》："窦太后后孝景帝六岁（建元六年）崩，合葬霸陵。遗诏尽以东宫金钱财物赐长公主嫖。"《韩长孺列传》："梁内史之缺也，孝王新得齐人公孙诡，说之，欲请以为内史。窦太后闻，乃诏王以安国为内史。"《楚元王世家》载："汉已平吴楚，孝景帝欲以德侯子续吴，以元王子礼续楚。窦太后曰：吴王，老人也，宜为宗室顺善。今乃首率七国，纷乱天下，奈何续其后！不许吴，许立楚后。"又《儒林列传》载景帝时辕固生授为博士，窦太后好老子书，辕固生批评老子"此是家人言耳"，窦太后则怒斥儒家是"司空城旦书"，于是使辕固生入圈刺豕，最后是景帝助辕固生逃过一劫。由这些事件得知，窦太后对景帝时期的朝政有很大程度的干预权与主导权，然因汉代以孝治天下，自孝惠帝始，皆以孝为谥号首字，文帝更是以贤圣仁孝闻于天下，景帝虽时常与母亲意见不和，但在孝悌良心的考虑下，担心背负不孝之名，不敢违背母亲意旨，故仍以顺从母意为主，无法依己意行事。

建元元年（公元前 140 年）武帝即位之初，即举贤良方正直言极谏之士，

---

① ［明］凌稚隆：《史记评林》卷一二二《酷吏列传》，天津古籍出版社 1998 年版，第六册第 679 页。

丞相卫绾上奏："所举贤良，或治申、商、韩非、苏秦、张仪之言者，乱国政，请皆罢。"窦太后对于这个侧面罢黜黄老之学的试探举动心知肚明，因此也以"景帝病时，诸官囚多坐不辜者，而君不任职"为借口，快速地罢免卫绾的丞相官职。之后，建元二年（公元前139年）武帝任命窦婴为丞相、田蚡为太尉，积极扩大儒家势力，推荐赵绾为御史大夫、王臧为郎中令，并"举谪诸窦宗室毋节行者，除其属籍""隆推儒术，贬道家言""毋奏事东宫"。① 如果赵绾等人仅是单纯地隆推儒术，对窦太后的权位不做过多的挑战，或许窦太后心虽不悦，但应该还能忍受。但"举谪诸窦宗室毋节行者，除其属籍"，等于断除景帝以来控制朝政的窦太后羽翼，同时威胁了窦太后及其诸亲属的相关利益。再加上"贬道家言"以及"请无奏事东宫"，更是严重危及窦太后权位的举措，等于试图架空窦太后的权势，终止她对朝廷政事的干预。这个挑战引发窦太后的激烈反击，她迅速罢逐了赵绾、王臧，丞相、太尉亦皆免职，并派任她所信任的许昌、庄青翟为官。同时她早已使人微伺赵绾、王臧等人的奸利情事，终将两人逮捕下狱并迫其自杀。东汉应劭说："礼，妇女不豫政事。时帝已自躬省万机。王臧儒者，欲立明堂辟雍。太后素好黄老术，非薄《五经》。因欲绝奏事太后，太后怒，固杀之。"② 位居朝廷三公之位的大臣，竟在窦太后愤怒之下同时被免职，并立即任命她自己信任的人为丞相，可知当时实际的掌权者仍然是窦太后，朝廷要职也必须是她所信任的人，政策的发展方向亦不可违逆其意，为巩固自己的权势地位，她不接受新的改革建议，想挑战她的人只有革职处死一路。除此之外，窦太后还逮捕内史宁成，因为宁成坚持打击宗室、外戚，外戚对宁成怨恨甚深，窦太后也将宁成抵罪髡钳，并任命他所信任的石建、石奋兄弟为内史，全面掌控京城与宫禁。

武帝初期为取得政权所做的变革，几乎全面挫败，从朝臣们陆续被杀或免职，得见窦太后仍然大权在握，朝廷的局面也因为她而充满肃杀紧张的氛围，她仍然继续以其个人的主观好恶操控朝政的方向并以此安排人事，年轻的武帝仍然受制于窦太后，没有实权也无法有所作为，因此建元三年（公元前138年）以后，武帝在窦太后至高无上的权势斗争中，只能休养生息，他多次微服出行、恣意游乐、驰逐射猎，直至建元六年（公元前135年）窦太后过世，政权才完全回归武帝手中。由以上诸事可知，窦太后虽未如吕后临朝称制，但她实际掌握的政治权力却高于具有帝王名号的景帝与武帝，她以母亲、祖母的身份在幕后监督儿子、掌控孙子，政事无论巨细均得奏事东宫，窦太后确实对朝政进行很大程度的干涉，影响当时的政治深远。

---

① 参《史记》卷一〇七《魏其武安侯列传》。所谓"请无奏事东宫"意谓自景帝以来，大小政事皆需至东宫向窦太后禀奏。

② 《汉书》卷六《武帝纪》颜师古注引，台北鼎文书局1997年版，第1册第157页。

三、窦太后好黄老与武帝隆推儒术

《儒林列传》曰："孝文帝本好刑名之言。及至孝景，不任儒者，而窦太后又好黄老之术，故诸博士具官待问，未有进者。"《史记·礼书》曰："孝文即位，有司欲定礼仪，孝文好道家之学，以为繁礼饰貌，无益于治，躬化谓何耳，故罢去之。"《隋书·经籍志》亦曰："汉时，曹参始荐盖公能言黄老，文帝宗之。"文帝好黄老刑名之学，应是受到曹参与盖公"治道贵清静而民自定"的影响。[1]《孝文本纪》曰：

> 孝文帝从代来，即位二十三年，宫室苑囿狗马服御无所增益，有不便，辄弛以利民。尝欲作露台，召匠计之，直百金。上曰："百金中民十家之产，吾奉先帝宫室，常恐羞之，何以台为！"上常衣绨衣，所幸慎夫人，令衣不得曳地，帏帐不得文绣，以示敦朴，为天下先。治霸陵皆以瓦器，不得以金银铜锡为饰，不治坟，欲为省，毋烦民。

从文帝的治道与立身处世来看，文帝确实多以清虚自守、卑弱自持、无为之施为主。

那么窦太后为何好黄老之术？《外戚世家》云："窦太后好黄帝、老子言，帝及太子诸窦不得不读黄帝、老子，尊其术。"窦太后的文化背景与教育程度如何后人无法得知，早年家贫，中年因病失明，她对黄老学说的理解与研究究竟有多少亦不得而知。但黄老著作的数量不多，字数亦少，对于窦太后而言是较易于接受与认识的，相对于儒家的六艺经传，司马谈《论六家要旨》即认为"以千万数，累世不能通其学，当年不能究其礼"，《万石张叔列传》也提到："皇太后以为儒者文多质少"。因此窦太后之所以好黄老，很可能是因黄老学说较易于入手，另一方面更可能只是因为文帝好之，所以窦太后亦遵循其好而好之。何况文帝时期的施政亦有相当不错的佳绩，是故窦太后坚持遵奉文帝所好的黄老之术。

然而从朝政方面来看，在景帝、武帝初期并未见窦太后对黄老之术有任何实际的运用，却只看到窦太后对与其立场或利益相反的儒学之士的攻击，例如辕固生、赵绾、王臧等人，尤其窦太后凡事多非以理服人，而是以其强势威权压迫人、杀害人，未给予学者和朝臣理性的讨论与论述空间。更重要的是窦太后并未让她所喜好的黄老学说，在当时产生多少良性或进步性的政治作用，只是一再保守文帝时期的政策原则，在新时代与新环境中因循守成，没有任何与时俱进的改革意识，这恐怕与她是否有能力确实认识黄老学说的内容，以及她为维护自己政治权势与利益的私心，有很大的关联性。

---

① 参《史记》卷五十四《曹相国世家》。

而黄老学说中的某些内容或特点，可能对窦太后个人而言，正好符合其特别的偏好与需求。黄老刑名之学，重在审合刑名、循名责实，依据严格的名分规定，建立严格的等级秩序。而名实相应的目的，则可以因名分的严格规定，进而建立君臣尊卑的完整制度，所谓"名实相应则定，名实不相应则争"。①正如《儒林列传》载黄生与辕固生论汤、武受命时所云："冠虽敝，必加于首；履虽新，必关于足。何者，上下之分也。今桀纣虽失道，然君上也；汤武虽圣，臣下也。夫主有失行，臣下不能正言匡过以尊天子，反因过而诛之，代立践南面，非弑而何也？"黄生的话代表黄老学说在形而上学中所强调的君权绝对论，《经法·论》曰："人主者，天地之口也，号令之所出也。"②借由对名分的严格规定，建立君臣地位与上下关系的不可改变性，这种对名分永不可改变的观念，对于权势地位已达人生高峰的窦太后来说，无疑是一种维护自我权位的护身符。相对于辕固生所谓的："夫桀纣虐乱，天下之心皆归汤武，汤武与天下之心而诛桀纣，桀纣之民不为之使而归汤武，汤武不得已而立，非受命为何？"这对于权势地位已在高峰者而言，辕固生的理论却是一种可能动摇甚至危及自己权位的可怕理论。虽然在这次辩论中，儒家学者的论说辩锋胜过黄老学者，最后景帝也以中立的方式息事宁人，但黄老之术何以能够获得窦太后的全力护持，由此可以得见一二。

因此对窦太后而言，黄老学说的重点和意义，并不在于如何运用其内容于朝廷政策，或应如何实践于个人处事修身之用，黄老学说对她来说，只是一种可以满足并认同自我尊贵心理的论述，并借此以巩固、支持自己在政治上至高无上的权势地位，同时以此确保以她为主的外戚集团利益。是故当辕固生以完全不留颜面的语词直言老子书是"家人言耳"时，窦太后立即觉得自己的权势与尊贵受到极大的挑战，当然愤怒得让辕固生入圈刺豕，而她一再对拥护儒术的朝臣所进行的压制与反击，也是一种对自我尊贵心理、权势地位与实际利益的保护动作。因此，窦太后在名义上虽非景帝与武帝初期具有最高政治权力的人物，但却代表一个以窦太后为主的政治势力与集团利益，只要窦太后在世，为了保障自己的权势利益，以黄老学说为主的政策和人事安排，便绝对不容改变，而窦太后也因此成为景帝与武帝初期拥护黄老学说的重要关键人物。

虽然从文帝时期始，诸博士皆具官待问，未有担当大任者，窦太后在景帝与武帝初期亦不断地压制打击儒术，但儒家学者并未在窦太后的绝对权势中消失，而是持续保存着一股力量于汉廷之中。自刘邦以叔孙通为惠帝太子太傅始，汉廷即有以儒家学者为太子师的教育传统，文帝曾命诸生博士制今传本《礼记》，并向太子推荐儒者卫绾，景帝时封卫绾为侯并任命为相，后来卫绾在

---

① 参林聪舜：《西汉前期思想与法家的关系》第二章，台北大安出版社 1991 年版，第 43、44 页。

② 参《长沙马王堆汉墓简帛集成》（肆），北京中华书局 2014 年版。

武帝建元元年的举贤良方正事件中，扮演了重要的角色。儒生王臧学《诗》于申公，景帝用为太子少傅，辕固生与韩婴亦为清河王与常山王少傅。因此景帝时期，朝廷虽以尊窦太后的黄老学说为主，但儒家学者在此时仍默默地保有一定的基础实力。除此之外，袁盎与窦婴，都是坚定拥护儒术的朝臣，不畏冒犯窦太后，坚持以儒家学说反对窦太后的专横权势。《汉书·景十三王传》曰：

> 河间献王德以孝景前二年立，修学好古，实事求是。从民得善书，必为好写与之，留其真，加金帛赐以招之。……献王所得书皆古文先秦旧书，《周官》《尚书》《礼》《礼记》《孟子》《老子》之属，皆经传说记，七十子之徒所论。其学举六艺，立《毛氏诗》、《左氏春秋》博士。修礼乐，被服儒术，造次必于儒者。山东诸儒者从而游。[1]

因此窦太后虽强力要求景帝、太子、诸窦读黄老书、尊黄老之术，但子孙们似乎只是不得不应付她而已，并非真心臣服于窦太后的黄老之学。因此武帝即位后立即启动的尊儒运动，其实早在景帝时期便已埋下远因。

武帝建元元年（公元前140年）卫绾请奏举贤良方正是罢黜黄老之学的先声，这个罢黜法家与纵横家的规定，使朝廷选用人才自然形成一种标准与能力导向，切断治法家与纵横家学说者的缙绅之路，士人为了自己的利禄或为迎合朝廷人才的需求，自然而然地向有利于发展的队伍靠拢，而申韩法家刑名之学与黄老学说密切相关，司马迁在《老子韩非列传》谓："申子之学本于黄老而主刑名"，又云韩非"喜刑名法术之学，而其归本于黄老"，因此卫绾的策略与后来赵绾、王臧的隆推儒术，皆仅是武帝的借口，其真正的目的是为收归并集中自己的政权，亦以此架空窦太后的权位及其相关人士的势力，正如韦昭曰："欲夺其政也"，[2] 而此事正预示对黄老之学未来走向的限制，也标示着武帝的政治权力将逐步开始左右学术思想的发展，而学术思想也在迎合帝王的权势与需求下，成为服务政治的工具。

窦太后去世后，武帝终于亲自掌权，任田蚡为丞相，延用文学儒者数百人，罢黜黄老刑名百家之言。表彰《六经》是武帝一直以来的积极作为，而罢黜黄老刑名百家的真正目的，乃在于排除窦太后过世后所残存的剩余势力，任用能配合自己又可掌控的人员，包括田蚡、公孙弘、董仲舒等，快速形成一个全新的政权结构。

---

① 《汉书》卷五十三《景十三王传》，台北鼎文书局1997年版，第3册第2410页。
② 《史记》卷一〇七《魏其武安侯列传》裴骃《集解》引，台北鼎文书局1997年版，第4册第2843页。

石奋教训石庆"醉归，
入外门不下车"的深层意义
——解读《史记·万石张叔列传》
石庆酒驾失礼事件

＊本文作者陈连祯。台湾警察专科学校教授。

一、石奋自小恭谨，退休亦然

石奋（公元前220—前124年）年少无文学，却无比恭谨。石奋从小待人有礼，处事谨慎。秦末楚汉相争，汉二年，高祖东击项籍，路过河内郡，遇见石奋；石奋方十五岁，为郡小吏，因工作关系，有缘服侍刘邦。高祖与他谈话，"爱其恭敬"，又纳其姊为美人，因而任命石奋为中涓一职。石奋的为人，司马迁在《万石张叔列传》，以八个字概括其人格特质："无文学，恭谨无与比"。

《史记》有关石奋的事迹，除《万石张叔列传》一篇，仅《陈丞相世家》记载一段石奋无言的动作："（陈）平遂至修武降汉，因魏无知求见汉王，汉王召入。是时万石君奋为汉王中涓，受平谒，入见平。平等七人俱进，赐食。"之外，别无其他篇章字句。试读这段简短的描述性字句，石奋对于汉王、陈平、魏无知等利害关系人，事后发展也都没有任何牵连关系，不像魏无知后来挺身为陈平辩护；因而石奋在此时此地出现，看似寻常无奇，无关痛痒，实在可有可无。其实不然。"是时万石君奋为汉王中涓，受平谒，入见平。"石奋拿着名刺，带着陈平进入帐内，引荐给刘邦认识；石奋在陈平等一行七人前前后后，都沉默无语。太史公简单一笔，呈现了"中涓"应有的角色，也道出石奋沉默寡言的天性。刘邦一向知人善任，也自以为豪。他任命石奋为中涓，负责传达、接待宾客及宫内清洁卫生等事务工作，不是没有道理的。刘邦看中石奋的地方，在于一是他的态度恭谨，二是他不擅言辞，三是他的本性谨小慎微，因此认定石奋适合担任身边的机要工作。事后证明，石奋适才适所。

到了孝文帝时，石奋积功劳至大中大夫。正由于石奋恭谨举朝无人能比，群臣公推石奋为太子太傅的人选；孝文帝看重的是他的孝谨德行，举用他为太傅，也是适才适所的人事安排。孝文帝一死，太子刘启即位为孝景帝。此时景帝对于石奋的恭谨，似乎心有余悸，"以为九卿，迫近，惮之"。为了保持距离，因此孝景帝一上任就把石奋迁调为诸侯相，不想把他留在自己身边。

太史公用"迫近，惮之"四字，来形容景帝对于石奋在旁的心境，有无比的深意，也有无限的风情。试想石奋在府中、宫中工作多年，官场伦理多，见识也多，耳濡目染更多，应该被习染了许多潜规矩，懂得察言观色，学会官僚一贯奉承巧佞的话术，以圆融的手腕，知所灵活权变，顺应而逢迎主意。其实这又不然。如果石奋如此与时俱进，景帝也不会"迫近，惮之"，急于摆脱石奋而将他外调，立即避开了石奋迫近的无形压力临身。由此可见多年仕宦职涯的石奋，质朴不变，性情不变；他学不会、不想学也学不来官场的进退套路与虚伪的脸孔。

石奋为人依然恭谨，后来荣膺景帝封"万石君"。《万石张叔列传》记载："奋恭谨无与比，儿子皆以驯行孝谨闻名，官皆至二千石。"于是汉景帝称赞："石君及四子皆二千石，人臣尊宠乃集其门。"于是"号奋为万石君"。孝景帝末年，万石君退休，心态并未跟着退休；换句话说，石奋告老还乡了，还是非常注重礼仪，恭谨含量并没有稍减。他并没有一天忘记过去在朝为官的规矩，仍然一直延续在每天的家居日常生活发光发热，小心谨慎，永远教人放心。显然他的恭谨态度，绝非一时一地做作的矫饰而已，而是落实在每天的庶民生活。[①]

其实石奋一路走来，终身学习礼仪。石奋追随汉王、高祖、惠帝、吕后、文帝、景帝，多年来的宫廷与闻朝仪，未必一味只知奉行"恭谨"，而一直都停滞在完全"无文学"状态，反之他恭谨无与比，讷于言而敏于行，还算符合儒家思想的"好学"标准，[②] 否则后来他也不可能有机会担任太子太傅的重要职务。直到他退休后的许多日常生活动作，那套规矩，盖来自《曲礼》。《礼记·曲礼》："大夫士下公门，式路马。"[③]《论语·泰伯篇》：子曰："恭而无礼则劳，慎而无礼则葸，勇而无礼则乱，直而无礼则绞……"石奋待人再谦恭，做事再谨慎，如果没有符合"礼"这个外在的制度规范，再多的一切努力，都将白费。如果石奋处事谨慎小心，却不合乎礼法，也就会畏手畏脚，施展不开。石奋会被群臣推荐为孝文帝太子太傅的要职，证明了帝、后、群臣绝不可能被石奋只是一时一地的表象恭谨所蒙蔽。

---

① 《万石张叔列传》例一，退职后出门行礼，仍不改在朝其志："以岁时为朝臣。过宫门阙，必下车趋，见路马必式焉。"例二，他闲居在家，家教严谨不减："子孙为小吏，来归谒，万石君必朝服见之，不名。"例三，石奋日常生活，恭谨以身作则，连僮仆也深受感染："子孙胜冠者在侧，虽燕居必冠，申申如也。僮仆欣欣如也，唯谨。""上时赐食于家，必稽首俯伏而食之，如在上前。""其执丧，哀戚甚悼。子孙遵教，亦如之。"

② 孔子心目中好学的好学生是颜回，因为他不迁怒，不贰过。

③ 韩兆琦：《新译史记》，三民书局 2008 年版，第 4072 页。

石奋家族以孝谨闻名郡国，连齐鲁地区的儒生都甘拜下风，大叹不及。汉武帝建元二年（公元前 139 年），窦太后以为儒者"文多质少"，只有石奋家族"不言而躬行"，做人恭敬，做事谨慎，值得重用，不像一般读书人只会读书，光说不练，而石奋家族他们不会说大话，却都能以身作则。于是任命石奋长子石建为郎中令，少子石庆为内史。石奋的儿子都能子从父志，将石奋恭谨异常的精神加以发扬光大。①

二、石奋教育石庆酒驾失礼一节的殊胜之处

1. 石奋不言而教："内史庆醉归，入外门不下车"事件

石奋"以岁时为朝臣。过宫门阙，必下车趋，见路马必式焉"。这个礼仪动作，都是有所本的。② 石奋既然早年以遵循"过宫门阙，必下车趋"。作为家庭身教，而今幼子石庆醉归，"入外门不下车"这样无礼的行为，对于一向以恭谨自持而闻名朝野的石奋而言，一定认为奇耻大辱而忍无可忍。更何况石庆还是内史的贵人，竟然车过里门，遇见里中长老，不仅不下车，又不在车上行礼致意，完全破坏了万石君一手建立家人恭谨的美德。如果只因为石庆已经贵为内史大人而可以置若罔闻，轻易放过，这种酒驾失礼行径会不会成了习惯，而重蹈秦末赵王姊醉归失礼而被李良追杀致死的悲剧？③

石奋居家，教育子女有礼，特别坚持"子孙有过失，不谯让，为便坐，对案不食。然后诸子相责，因长老肉袒固谢罪，改之，乃许"。子孙晚辈一旦犯有过失，他绝不会口出恶言，怒目相向，反而不坐正位，而板起脸坐在侧位，不动筷子，不吃不喝，俨然以绝食表达强烈的不满，一定得等待儿孙晚辈都出来纷纷指责犯错者的过失，这样还不足以平息石奋的怒意，更要劳驾地方长老出面说情，犯错的人再坦承不讳而请罪，方肯罢休。显然石奋重视家风，也注

---

① 例一，长子石建贵为郎中令，难得休假回家，服事父亲却出人意表："建为郎中令，每五日洗沐归谒亲，入子舍，窃问侍者，取亲中裙厕牏，身自浣涤，复与侍者，不敢令万石君知，以为常。"例二，石奋长子石建的表现最为恭谨："石建为郎中令，书奏事，事下，石建读之，曰：'误书！马者与尾当五，今乃四，不足一。上遣死矣！'甚惶恐。其为谨慎，虽他皆如是。"例三，石奋的幼子石庆担任太仆时，也不遑多让："御出，上问车中几马，石庆以策数马毕，举手曰：'六马。'庆于诸子中最为简易矣，然犹如此。为齐相，举齐国皆慕其家行，不言而齐国大治，为立石相祠。"

② 《礼记·曲礼》："大夫士下公门，式路马。"《说苑·立节》记载，子路曰："礼过三人则下车，过二人则轼。今陈修门者数众矣，夫子何为不轼？"礼过三人则下车，过两人则轼，以车过众人则下车，表示对人的礼敬，对物的敬意。显然下车比轼更为有礼貌多了。《列女传·仁智篇·卫灵夫人》也有"礼下公门式路马"的规矩。灵公与夫人夜坐，闻车声辚辚，至阙而止，过阙复有声。公问夫人曰："知此谓谁？"夫人曰："此必蘧伯玉也。"公曰："何以知之？"夫人曰："妾闻：礼下公门式路马，所以广敬也。夫忠臣与孝子，不为昭昭信节，不为冥冥堕行。蘧伯玉，卫之贤大夫也。仁而有智，敬于事上。此其人必不以暗昧废礼，是以知之。"公使视之，果伯玉也。

③ 《史记会注考证》卷八十九《张耳陈余列传》，第 3352 页。

意到推及邻里"共好"关系的社会风气。他要求自己，也要求家人，更希望小区郡国周边人人都有规矩、有礼貌，共同形塑一个和谐社会的良好风气。为了敦亲睦邻，防制犯罪，石奋处理幼子石庆酒后驾车一时疏失的无礼行为，以无言深表不满的惩罚方式，别出心裁。石奋大张旗鼓地教训幼子石庆的一幕，堪称经典：

当时石庆已贵为京师的行政首长，应酬必多，饮酒难免。"内史庆醉归，入外门不下车。万石君闻之不食。庆恐，肉袒请罪，不许。举宗及兄建肉袒，万石君让曰：'内史贵人，入闾里，里中长老皆走匿，而内史坐车中自如，固当！'乃谢罢庆。庆及诸子弟入里门，趋至家。"[1] 有次石庆喝醉了，由于一时疏忽，进入里门没下车，就直驱家门，让石奋知道了，竟不言不语，以绝食表示强烈的不满。此举吓得石庆赶紧肉袒请罪，石奋还是不依不饶，不肯罢休。最后石庆一家人与哥哥石建一起打赤膊认罪，请求父亲责罚，石奋还是不许，非得惊动大批族人前来"观礼"并请罪说情不可，再狠狠地训责了石庆一顿，才肯饶过。从此全家族人回家过里门时，无不战战兢兢，都以碎步快走，表示对邻里的恭敬态度。即使官位再高再贵的大人物，回家途中，远在里巷外门前时，便应该要下车，改徒步快步回家里，大家才都会认同此人的家教严谨，谦虚谦逊有礼。虽然身为高官，眼中仍有乡梓亲友，礼节周到，乡梓亲友肯定会传开来，成为美谈。因此即便石庆贵为九卿之尊，属于部长级别的高阶主官，石奋依然把儿子当小孩训斥，才能培养出下一代恭谨无人可比的人格特质。

更进一步说，石奋退休后"过宫门阙，必下车趋，见路马必式焉"。尚且如此恭谨态度，而身为内史高官的幼子石庆，居然酒醉过后忘了应有的礼仪，不知以身作则，作民众好礼的榜样；石奋面对儿子酒醉失礼，以"不食""不许"的坚决态度，就是要求子孙的日常行为，都必须做到高标准恭谨的示范礼貌，同时也对舆论先作了交代。

2. 石奋欲致力于移风易俗，共建有礼有序的和谐社会

石奋一生确实是个"不言而躬行"的人物，他还想兼善邻里宗族。石奋本性木讷寡言而恭谨，从他与刘邦初见面的对话可以得知梗概。[2] 这种机会可遇不可求，也是他人求之不可得的机缘，若是一般人一定自我标榜，争取好印象。此一理性自立的思维，乃人之常情，不足为奇。但是石奋面对刘邦主动关心他，垂询他的家庭状况的时候，他并不会趁机大发议论，为自己多加着墨，以自我营销，争取曝光机会。石奋的回答话语简浅明确，没有煽情，只见拘谨、谨守本分的个性，故而赢得刘邦的喜爱。所以明代凌稚隆说："石奋、石

---

① 《史记会注考证》卷一百三《万石张叔列传》，第3591页。
② 时奋年十五，为小吏，侍高祖。高祖与语，爱其恭敬，问曰："若何有？"对曰："奋独有母，不幸失明。家贫。有姊，能鼓琴。"高祖曰："若能从我乎？"曰："愿尽力。"《史记会注考证》卷一百三《万石张叔列传》，第3587页。

建、卫绾、直不疑、周仁、张欧，行事虽不同，要不失为长者，故同传。"①

长者一向为乡里所敬重，是地方的意见领袖，负有移风易俗的责任。按：人人自幼都有犯罪的倾向，家庭教育的良窳决定子孙品行的优劣。而父母教子的态度又是家教成败的重中之重。家庭的长辈对于子女的言行举止，粗心大意，初次出现了偏差行为时，在第一时间如果习以为常而视若无睹，缺乏认真教导的态度，往后的日子就不容易察觉到他们的偏差动作，等到犯了过错又没有及时加以导正或给予适当的处置，这种放牛吃草的放任教养方式，就会养出低自我控制能力的孩子。这些孩子未来将很容易发生偏差行为。随着时间的增长，长大后的成人行为只会与社会规范脱节，越来越偏差，渐行渐远，在往后的日子里就很有可能步上犯罪行为的不归路，甚至成为累犯。换句话说，缺乏克己复礼的功夫，其实就是在家庭教育的过程中，缺乏父母随时给予良好的教养所致。如果家庭的教养松弛，在孩子长大以后，不管在学校与师长同学、职场的同侪、长官互动不佳，即使接受短期的职场再教育，也很难弥补过去的家教缺失。因此克制力越低的人，偏差行为就会越多，社会要付出的代价就越高。毕竟家庭是社会的基本单位，如果个人与父母家人间的情感联结越强，父母给予孩子及时且适当的管教，就可以立即有效地降低子女的偏差行为，将不会有触犯法律而待罪之虞。

身为石庆的家长，石奋教育儿子当然严谨。但他退休后又是地方长者，系乎风俗之良窳，因此不以一家皆谨为满足。别人能言善道却做不到的规矩，他们做到了，已经习以为常了，也不会在意别人的眼光，甚至自认理所当然，而不以为苦。石奋恭谨而身体力行，又要借机推己及人，更及于邻里小区亲友，从预防犯罪的观点而言，石奋教育石庆酒驾失礼案件，符合美国著名犯罪学家赫许（Travis Hirshi）发明的"社会键理论"，让个人与家庭，以及邻里宗族都依附于大家共同分享的价值观，社会风气自然趋于恭谨，民德才可能归厚。毕竟石奋不只注重外表的礼仪，还更重视内心深处的价值观。为移风易俗，共建有礼有序的和谐社会，他要主动出击，影响扩及小区面。

3. 石奋结合社会键控制力，降低社会犯罪

按：小区环境会影响家庭教育的控制力过程。因为家庭都坐落在小区的脉络之中，很少遗世独立而活，因而闾里小区的舆论，人言可畏，然而亦可大用。自古以来小区一向具有集体教化的功能，也就是说，社会控制力即闾里邻居的凝聚力量，亦即是小区居民成员间的相互信任与支持，以及大家共同分享的价值观，就会形成了有约束效力的小区规范。小区邻居间的约束力效能越高，就越能防止青少年的偏差行为或成年人的犯罪发生，而小区规范才不会流于形式。

---

① ［明］凌稚隆辑校，［明］李光缙增补，［日］有井范平补标：《补标史记评林》卷103，第4页。

美国著名犯罪学家赫许（Travis Hirshi），于 1969 年发表《犯罪之原因》（*Causes of Delinquency*），提出"社会控制理论"（Social Control Theory）又称"社会键理论"（Social Bond Theory）后，获得许多实证研究证明的肯定与支持。赫许指出人类并不是道德的动物（amoral），都有犯罪的自然倾向，他认为人性以自我为中心，人心都是趋向于享乐、逃避痛苦。因此他认为人类会犯罪根本不需要解释，反而是什么因素使人不会去犯罪，才是研究的重要课题。如果大家不知道或不愿意接受法律的规范以及传统环境规约约束的时候，便会倾向于犯罪。他因此提出影响犯罪与否的四个社会键，包括依附、参与、奉献及信仰。① 其中依附的意思，指依附于家庭、学校，将社会的道德规范内化之后，我们才能成为有道德之人；以家庭为核心，认为个人与他人之间有亲密的情感联结，并且予以尊敬、认同。因此当个人与家庭都依附于一个共同分享的社会道德规范或价值观时，认为个人是家庭的一员，家庭是社会的一环，他就会很在意他人或小区团体的期待与要求，而较不敢或不会去从事非法的犯罪行为。相反的，当个人对于家庭教育或他人的主张、看法没有敏感度，根本不在乎邻里小区关系的时候，将会不在意他人的感受，更不愿被社会规范、小区或公寓大厦管理条例的公约所约束。因此没有任何依附对象的这些人就很容易发生违规、违法的行为。台湾当局曾大力推动，要求"酒驾零容忍"，形成了舆论，成为社会公认的普世价值，大家势必会相互劝勉，父子也会规劝，小区跟着共同推动"零容忍"的脱序违法行为。

此外，青少年对于未来事业的发展，都会有所期待，如期待未来能接受良好的教育，或有高尚的职业，因而愿意奉献时间心力，致力并参与传统社会各类活动，如此的社会人际关系则将更和谐，青少年也将倾向不会犯罪。石奋因石庆酒驾事件，小题大做，而借机促进大家敦亲睦邻、守望相助的传统核心价值，愿意发动非正式的社会控制力量，介入而协助导正家庭成员的偏差行为，足以收到了邻里脉络的集体监控效能。集体监控效能越高的地区，敦亲睦邻、守望相助的凝聚力相对也会越高，当地的社会风气就会越和谐，居民也更有安全感。石奋的作为，在教育自家孩子，同时也在引导邻里小区包括宗族长老及大小跟随。唯有尊重当前的社会道德、法律规范，共同信守尊尊亲亲的价值观，个人才不会违规犯法，连累家族受到株连。反之，如果我行我素，不在乎小区观感，不尊重在地长者，就很容易以身试法。

万一小区邻里间缺乏依附关系，家家各扫门前雪，彼此不认识，不会关心邻居的动态，邻里老死不相往来，居民间缺乏人际关系的互动，小区活动参与率低，预防犯罪的控制力量自然衰颓，这类小区就很容易成为犯罪的温床。

而石奋早在二千年前已经先行以身作则，进而在家里、在邻里建立了一个强而有力的社会键，这些外在周边无所不在的影响力，也是社会安全的控制力

---

① 许春金：《犯罪学》，三民书局 2003 年版，第 357－362 页。

量，才是保障和谐安定社会的原动力。石奋成功动员了社会安全的控制力量，建构起小区安全网，人人就不易有违法犯纪的情事发生了。石奋不言而教的家庭教育，严厉执行"酒驾失礼零容忍"的行为，透过端正社会风气的地方长老出面，让长老与邻里人士充分实地了解案情，又参与他的家庭教育要求目标，更被邀请同台演出，进而把守法与尊礼的风气共同推广到邻里小区，让邻里亲友认识石奋家庭教育的殊胜，也间接希望邻里小区亲友族人一起观摩学习，共同分享、认同而依附有信仰、有共识的孝谨价值观，以符合当代执政者倡导的孝谨风格。后人都认为石奋父子的恭谨动作，虚矫可笑，一片负评，讥讽石奋虚情假意，旨在讨好今上，博取社会美誉，进而批判石奋家族的所作所为近于佞幸。个人站在家庭与小区教育的立场而言，论者实有偏颇之嫌，也未免流于简约。

4. 石奋不顾面子，获得全面美誉

综观石奋的家教风格，就敦亲睦邻、预防犯罪及建立和谐社会而言，石奋恭谨而严正、当众公开不言教儿子酒醉驾车失礼事件，其用心值得肯定。

如果只是一人一家的孝谨之风，只独善家人守规矩而已，不足道也。能将良善家风兼善于周边邻里的子弟，让周边的小区共好，共同发扬实践"不言而躬行"的社会风气，推而广之，邻里小区家家都变好了，蔚成和谐社会，才是石奋真正的用意。本案石奋不顾已是中央部长级高官孩子的失误，即使只是一时疏忽的小过，他也不肯轻饶放过，就是要让子孙永远记忆深刻这一幕。显示石奋不怕家丑外扬，不惜昭告天下之意。

就中国人最在意的面子问题，重新审视石奋的苦心用意。首先，石奋不给幼子石庆面子，不看其他儿子为兄弟求情的分上，就是要让他们兄弟共同承担一人犯过的责任，但即使如此，儿子们还是下不了台。石奋刻意要把问题闹大，闹得邻里皆知，引出家族长老都出面代为说情才肯罢休，有一定的深意。其次，石奋借助外力介入，教育家庭一员的失误，表面上看是给孩子难堪，其实意在酿造小区的舆论力量，用来制裁家中一人的无心疏失，颇有杀鸡儆猴的教育意味，这才是他的真正用意所在。再次，他扬私过于公众，唯恐外人不知道，正是想把他独特的家庭教育方式，造成家喻户晓的外溢效果，间接形塑他严谨的孝谨风格，实践"不言而躬行"，营销出他教子有方的风格，做到极致，画面够壮观，终于成为人尽皆知的家教品牌。最后，石奋恭谨无人得比的家教品牌，连齐鲁儒生也自叹弗如，望尘莫及。进而一向倡导孝道、兴廉举孝成风，却绩效不彰的汉武帝朝自然注目重视，并吸引了皇太后的眼球，闻风相悦，而加以重用石奋之子为官。当时已经八十余岁的申公，曾响应汉武帝的邀问治乱之道："为政者不在多言，顾力行何如耳。"石奋的"不言而躬行"，完全符合喜爱黄老之术的窦太后心意。石奋不顾自己的面子，也不给孩子面子，让家人的缺失曝光，自己的家教方法公之于世，完全没有家丑外扬的羁绊，心里一点纠结也没有，如此这般大张旗鼓，"以患为利"，反而酝酿独树一帜的家

风，不能不说是汉朝的异数。

其次石奋身教重于言教，他话不多说，甚至不说，更不会讲大道理。黄老思想着重于怎么做，而不在乎说什么。石奋的思维其实就是秦末汉初盛行的"无为"思想，只不过经他的创意加工，推陈出新，把"无为"推到高峰，进而到了无人可及的地步，看似不尽人情，才会被误认为近于佞幸之徒。深察其实，石奋的"无为"并非毫无作为，外表看似他无所事事，少有作为，可实际的影响力道却是大有作为，也就是说"无为而无不为"。因而石奋对子孙的家教方式，话都不多说，甚至不说，更不会讲什么大道理。你犯错了，犯了甚么错误，要你自己好好去想一想，想通了再来悔过。依此看来，幼子石庆一时犯了无心的酒驾错误，石奋却认为是属于大是大非的家庭大事，一旦开了口，只要一出手，只有几句话，就会有很大的能量，也就是具有了风行草偃的影响力，一定会让局内人印象深刻，毕生难忘。借一次家风整顿，家庭教育责罚幼子酒驾风波，请出小区控制力量的意见领袖，等于启动了家庭教育的社会键机制，像丢下湖中的一颗巨石，震出一波波的涟漪，使得郡国各地，人人闻之而敬重不已。借由石奋的特殊家教方策，家人一生无法或忘，邻里郡国难以忘怀的独特家风，方能风闻朝廷君臣，幼子石庆一路官运亨通，传播效果果然卓著。

至于孩子在大庭广众，犯错了被父亲公然屈辱，在台湾农业社会都是家常便饭。有人来告状，父亲往往为了平息众怒，也为了敦亲睦邻，就是一顿大骂与痛打。子孙遇到石奋式的精神暴力，心中一定会纠结异常，充难免有不满的负面情绪，负能量却都不敢释出，只能选择一忍再忍，而且必须一直隐忍下去，成为生活习惯，才能蔚为石氏家风。石奋不言而教，借由"内史庆醉归，入外门不下车"事件，不顾儿子的面子问题，反而得到全面的赞赏与实益，恐非常人想象。

司马迁在《太史公自序》说道："敦厚慈孝，讷于言，敏于行，务在鞠躬，君子长者，作《万石张叔列传》第四十三。"司马迁至少表面肯定了，也赞美了万石君家风！

三、结　论

《万石张叔列传》记载石奋柔性又强势的家庭教育，要求子孙恭谨，处事小心谨慎，一家父子成就了恭谨的美德家风。太史公在《万石张叔列传》论赞对于石奋家人评价道："仲尼有言曰：'君子欲讷于言而敏于行。'其万石……之谓邪？是以其教不肃而成，不严而治。……然斯可谓笃行君子矣！"再并观《太史公自序》的说法，太史公赞美石奋为"君子长者"，殆无疑义。

石奋自小孝顺，又深具风险意识，采取逆来顺受的恭谨避险方法，而完完全全做到了孔子所说的"弟子入则孝，出则悌，谨而信，泛爱众，而亲仁。行有余力，则以学文。"① 证成了孝的终始之道：先孝而谨，再学文的顺序，并且成就了中国历代为人子者非常人所及的孝谨之典范。在当时重视孝道的朝代，"讷于言而敏于行"的石奋家风，自然成为朝野施政的榜样与学习的典范。而石奋家风之所以能风闻乡里，又能远传到郡国朝廷，连皇太后都耳闻能详，可见石奋教子有方外，其不行而销的手法未免太高明！

针对"内史庆醉归，入外门不下车"事件，石奋柔性又强势的不言而教，严厉执行"酒驾而失礼零容忍"的作为，要求子孙恭谨，待人有礼，成就了一家恭谨的美德家风。进而在邻里建立了一个强而有力的社会键，让外在周边无所不在的影响力，形成社会安全的控制力量，建构起小区安全网，才真是和谐安定社会的保证。

犯罪学家常如是说，没有克制力的人容易犯罪，信哉斯言。2018 年 6 月汕头大学毕业典礼，华人首富李嘉诚在宣布退休前夕，以谦虚、谦卑及谦恭六字勉励大学生，舆论全面大肆肯定。儒家认为克己复礼，主张克制自己无穷的欲望，回归到礼的范畴内才能好好生活，自在过日子。石奋自小恭谨，待人恭敬，处事谨慎，成就家风，处理"内史庆醉归，入外门不下车"事件的精妙，堪称经典。

---

① 见《论语·学而篇》。

《史记·封禅书》中的"表里"叙事

* 本文作者袁方愚。陕西师范大学文学院博士。

《史记》作为我国古代第一部纪传体通史,其具有划时代的意义。以体例的创新为例,其中八书对于史料的保存和记载有着重要的价值。而八书中的《封禅书》作为从上古到西汉时期的古代祀神的记载,在具有发展流变意义的同时,还带有强烈而深刻的思想性特征。所以本文以文本细读的研究方法,结合史记一书文本生成的历史背景,对于《史记·封禅书》中所表现出的"表里"叙事特征加以分析,从而能够较为近距离地一窥太史公司马迁在文中所寄托的重要思想内涵。

"表里"一词最早见于《左传·僖公》二十八年,子犯曰:"战也。战而捷,必得诸侯。若其不捷,表里山河,必无害也。"① 这里的"表里"意思是指"内外"。而司马迁在太史公曰中所言,"退而论次自古以来用事于鬼神者,具见其表里"。这里的"表里"则是指文中的字面意思和背后的深层次意旨。本文所使用的"表里"叙事概念也是根源于司马迁在太史公曰中所表达的意思。对于"封禅"的意指,唐代张守节在《史记正义》中解释道,"此泰山上筑土为坛以祭天,报天之功,故曰封。此泰山下小山上除地,报地之功,故曰禅"。其大意是说,在泰山上筑土为坛祭天,报天之功,称封;在泰山下梁父或云云等小山上辟场祭地,报地之功,称禅。这就是《史记·封禅书》中的"登封报天,降禅除地"。关于"封禅"的目的,汉代刘向在《五经通义》中谈到,"易姓而王,致太平,必封泰山,禅梁父何? 天命以为王,使理群生,高太平于天,报群神之功"。封禅在古代的政治生活中具有非常重要的意义,是古代帝王的最高大典,而且只有改朝换代、江山易主,或者在久乱之后,致使天下太平,才可以封禅天地,向天地报告重整乾坤的伟大功业,同时表示接受天命而治理人世。

一、"表里"叙事特征形成的思想导源

本文研究的重点在于《封禅书》中"表里"叙事的特点,但首先需要理清

① 杨伯峻译注:《论语译注》,北京:中华书局1958年版,第459页。

当时的历史环境背景下有哪些思想学说影响了司马迁选择这种独特的叙事结构来撰写《封禅书》，基于历史语境的还原方法，我认为，对当时西汉时期朝堂上所流行的君权神授理论和受命改制学说进行分析，才能有助于理解当时司马迁选择"表里"叙事方法的原因。

1. 君权神授理论

西汉建立之初，鉴于暴秦对百姓的压迫和剥削，以及楚汉战争的侵扰，统治者们以黄老无为思想为指导，施行休养生息的政策，以实现国力的迅速恢复。在这一时期，大臣和学者们主要解决的是秦亡汉兴的问题，而到了武帝时期，面对殷实的国库储备，统治者急需解决的关键问题是如何发展的问题，即守天下的问题。汉武帝在元光元年策贤良文学诏中向董仲舒问道："夫五百年之间，守文之君，当涂之士，欲则先王之法以戴翼其世者甚众，然犹不能反，日以仆灭，至后王而后止，岂其所持操或缪而失其统与？固天降命不查复反，必推之于大衰而后息与？乌乎！凡所为屑屑，夙兴夜寐，务法上古者，又将无补与？三代受命，其符安在？灾异之变，何缘而起？"① "何行而可以彰先帝之洪业，上参尧舜，下配三王？"② 同时还向董仲舒强调："朕欲闻大道之要，至论之极。"③ 从中可以看出，汉武帝求解的不是具体的一时权变之策，而是一个既能总结以往兴亡治乱的历史经验教训，又能解决国家现实问题，从而保证汉朝强盛的长久治安之道。

董仲舒将武帝所提出的问题归结为"究天人之际，通古今之变"，即天人关系和古今关系两个方面。天人关系方面所呈现出的新的危机集中表现为"信仰的失落，人的失落，人的尊严与地位的丧失"。④ 秦始皇的一把大火，先秦以来宝贵的历史文献惨遭焚烧，汉初人民的精神生活嗷嗷待哺，在这一时期，人们找不到自己的信仰，呈现出一种集体无意识的状态。而古今之变则体现在"新的官僚制的中央集权建立了，种种人际关系、政治关系，如君臣关系，臣民关系，父子关系，夫妇关系等，必须有新的思想予以规范；而旧的包括孔孟在内的传统学说、思想以及秦人奉行的法家思想，或者过时了，或者失败了，都不能适应新的政治需要"。⑤ 汉代作为继秦之后新的大一统政权，有必要确定新的思想来指导政权统治的方方面面，所以，对于古今之变，秦汉之异，处处呼唤着新思想的诞生。以董仲舒为代表的经学哲学面对这一关键问题所提出的解决方法其核心在于"重新树立天的权威与信仰，重新确立人的尊严与地位，重新综合以往的政治与历史之经验教训"。⑥ 具体来说，董仲舒"将神学

---

① 〔汉〕班固：《汉书》，中华书局 1985 年版，第 2496 页。
② 〔汉〕班固：《汉书》，中华书局 1985 年版，第 161 页。
③ 〔汉〕班固：《汉书》，中华书局 1985 年版，第 2493 页。
④ 金春峰：《汉代文学思想史》，中国社会科学出版社 2006 年版，第 2 页。
⑤ 金春峰：《汉代文学思想史》，中国社会科学出版社 2006 年版，第 3 页。
⑥ 金春峰：《汉代文学思想史》，中国社会科学出版社 2006 年版，第 4 页。

的以吉凶祸福为内容的天人感应，转变为以人为中心的道德目的论和人文主义思想"①，以"罢黜百家，独尊儒术"的方针将儒家一举提升到汉代思想界的统治地位，并通过"君权神授"的方式奠定了汉帝国稳固统治的基础。

董仲舒在"天人三策"的首篇就论定了天和人的关系，并指出君权是由上天所赋予的，但同时君主又具有主观能动性，只是君主在施政的过程中，如果符合上天的旨意，便会有祥瑞降临人间，以褒奖众生，反之则有灾难降临，使百姓罹难。"国家将有失道之败，而天乃先出灾害以谴告之，不知自省，又出怪异以警惧之，尚不知变，而伤败乃至。以此见天心之仁爱人君而欲止其乱也。自非大亡道之世者，天尽欲扶持而全安之，事在强勉而已矣。强勉学习，则闻见博而知益明；强勉行道，则德日起而大有功：此皆可使还至而有效者也。"②这个观点非常巧妙地回答了汉武帝关于之后如何守江山的问题，其关键在于秉德而施政，这样才能顺天意，百姓得以安宁，汉室天下自然就亘古长存。

由于武帝对于董仲舒的重用，公羊学在当时占有了相当重要的地位，武帝立五经博士，其中的春秋经就是《公羊春秋》，所以君权神授思想在当时有着非常广泛的影响。并且，因为司马迁对《春秋》非常崇敬，而当时研究《春秋》的当属董仲舒成就较高，据《史记·儒林列传》云，"汉兴至于五世之间，唯董仲舒名为明于《春秋》，其传公羊氏也"。所以司马迁在编撰《史记》的时候，君权神授思想对其有着一定的影响。就《封禅书》的表面内容而言，对于封禅的赞同以及重视，证明了司马迁对于君权神授思想的认同。

2. 受命改制学说

受命改制学说在秦汉之际非常流行，其来源于齐学。春秋中后期，随着周王室的逐渐衰落，其对诸侯的控制力也逐渐减弱，天下礼崩乐坏，文化中心随着齐鲁的强大而东移，据《史记·货殖列传》记载，"其俗宽缓阔达而足智""犹有周公遗风，俗好儒，备于礼"，正是在这样的文化环境中，才孕育出了受命改制学说。而封禅就是以泰山信仰为中心而构建起来的受命改制学说。与三统、五德相比，封禅更具有宗教信仰的特征，但同时，其与政治理念的联系也非常紧密。"封禅是受命改制中的重要一环，它的基本意义是向上天汇报易姓受命成功，因此封禅具有一种划分前后两个时代的重要象征意义。"③

汉承秦制指的是在汉初进行休养生息的那段时期里，汉代的统治者继续沿用秦代的一些政策。但是，作为一个新兴的政权，一定需要新的理论学说来确立其存在的合理性，否则便无法称为王朝的兴替。陈桐生先生关于秦汉之际的受命改制理论有过系统的总结："战国秦汉之际的儒生方士从《尚书·尧典》

---

① 金春峰：《汉代文学思想史》，中国社会科学出版社 2006 年版，第 4 页。

② 班固：《汉书》，中华书局 1985 年版，第 245 页

③ 陈桐生：《〈史记·封禅书〉的几个理论问题》，《陕西师范大学学报》（哲学社会科学版）1995 年第 3 期。

中受到启示，他们将《尧典》草创帝制与五德说、三统论的循环学说结合起来，将《尧典》中的制历发展为改正朔说，将巡狩祭祀制度发展为封禅说，将统一音律度量衡烟花为变度制说，将典礼乐发展为制礼作乐说，将任命百官发展成定官名说，由此而形成一套系统的受命改制的理论。"受命"是指承受天命，上天对于暴秦失德做了惩罚，进而以汉代秦，改变原有的政治制度，制礼作乐，确立新的行政体系和人员设置，这些都是新兴政权成立以及发展壮大的基础。

据《封禅书》记载："今天子初即位，尤敬鬼神之祠。"汉武帝的敬鬼神之祠，其背后所蕴含的真正意图是对于以窦太后为主的汉初黄老思想的反抗。正值年轻有为的汉武帝迫切地需要构建能够支持自己的执政理论体系，所以当时的儒生敏锐地看到了武帝的这一需求，借着受命改制学说的影响，劝武帝封禅改制，"元年，汉兴已六十余岁矣，天下艾安，缙绅之属皆望天子封禅改正度也"。

西汉时期太史令的职责不仅在于记录国家事情，还有管理天文、历法、祭祀之事，这是上承先秦史官文化而来的，在《史记·太史公自序》中，司马迁对于自己家族历史的认识，是有着悠久的执掌史官传统。另外，通过其父亲司马谈临终时后对其的叮嘱，可以看出，在司马谈的意识里，由于自己身体的原因未能参加封禅活动，实在是非常遗憾的，所以他寄希望于司马迁能够通过积极参与封禅活动，来参与到国家的政治生活中去。"太史公执迁手而泣曰：'余先周室之太史也。自上世尝显功名于虞夏，典天官事。后世中衰，绝于予乎？汝复为太史，则续吾祖矣。今天子接千岁之统，封泰山，而余不得从行，是命也夫，命也夫！余死，汝必为太史；为太史，无忘吾所欲论著矣。'"同样，司马迁在《史记·封禅书》中的行文逻辑体现出对封禅重要性的强调，例如：开篇第一句便直书封禅的重要性，"自古受命帝王，何尝不封禅？盖有无其应而用事者矣，未有睹符瑞见而不臻乎泰山者也"。其中可以看出司马迁对受命封禅的态度是非常赞同的。"传曰：'三年不为礼，礼必废；三年不为乐，乐必坏。'每世之隆，则封禅答焉，及衰而息。"从这段的论述文字中，可以看出司马迁是要将封禅作为一种文化形态而像礼乐一样传承下去。综上所述，受命改制学说不仅对于当时的统治者有着重要的影响，同时，司马谈和司马迁对于受命封禅也是非常赞同并积极参与其中的，"受命而王，封禅之符罕用，用则万灵罔不禋祀。追本诸神名山大川礼，作封禅书第六"。但是，司马迁在《报任安书》中曾有言道："文史星历近乎卜祝之间，固主上所戏弄，倡优畜之。"可以看出其作为太史公的地位，在当时的政治环境中，已经远不如之前其家族中前任那重要的地位。所以，这受命改制学说对其影响在于《封禅书》中的深层内容，那就是司马迁内心渴望一改国家的现状，同时也使得自己能够重振自己家族的伟大雄风。

二、《封禅书》的"表里"书写

《封禅书》的"表里"原见于《史记·封禅书》论赞中："太史公曰：余从巡祭天地诸神名山川而封禅焉。入寿宫侍祠神语，究观方士祠官之意，于是退而论次自古以来用事于鬼神者，具见其表里。后有君子，得以备览焉。""太史公曰"作为《史记》体例中最具有文学性和思想性的一部分，是我们在研读《史记》时候需要尤其重视的。"退而论次自古以来用事于鬼神者，具见其表里。"意思是通过书中记录的这些祭祀的事情，人们可以看出其表面内容和深层次的意旨，并且在后面紧接着又补充一句"后有君子，得以备览焉"，这就很耐人寻味了。又如"述往事，思来者""藏之名山，副在京师，俟后世圣人君子"司马迁在文末的太史公曰中仍旧在看似不经意间的情况之下点出具见其表里，但实际上还是为后世的读者留下了重要而明显的线索，以供我们来解读其在文中真正想表达的意旨。太史公司马迁在文中就清楚地表明《史记》一书不仅仅是历史的记录，其中包含了对历史和当时社会现实的思考。同时，《史记》一书的语言本身就具有丰富的内涵，所以司马迁不仅被称为史学家，同时还被冠以文学家、思想家的称号。

1. "表"——表层叙事内容

《史记》中的"书"是司马迁在史书编写体例上的首创，包含了礼、乐、律、历、天官、封禅、河渠、平准共八个方面的内容，具有重要的史料价值。其中，《封禅书》记载了自舜帝以来，一直到"今上"武帝，历代帝王们关于祭祀神灵的故事，反映了从殷商的祭祀文化到周秦汉的转变与传承。其表层内容，当是对于上古时代到西汉武帝时期的祭祀内容的记录。在此试以几个具体内容为例，以窥其全貌：

（1）《尚书》中对于舜帝祭祀的记载是古代帝王祭祀的开端。"尚书曰，舜在璇玑玉衡，以齐七政。遂类于上帝，禋于六宗，望山川，遍群神。辑五瑞，择吉月日，见四岳诸牧，还瑞。岁二月，东巡狩，至于岱宗。岱宗，泰山也。柴，望秩于山川。遂觐东后。东后者，诸侯也。合时月正日，同律度量衡，修五礼，五玉三帛二生一死贽。五月，巡狩至南岳。南岳，衡山也。八月，巡狩至西岳。西岳，华山也。十一月，巡狩至北岳。北岳，恒山也。皆如岱宗之礼。中岳，嵩高也。五载一巡狩。"

（2）周官对于祭祀的详细规定。"冬日至，祀天于南郊，迎长日之至；夏日至，祭地祇。皆用乐舞，而神乃可得而礼也。天子祭天下名山大川，五岳视三公，四渎视诸侯，诸侯祭其疆内名山大川。四渎者，江、河、淮、济也。天子曰明堂、辟雍，诸侯曰泮宫。"

（3）管仲对于齐桓公欲封禅的劝谏，管仲先罗列了十二个先帝的封禅，并对封禅的起因进行了总结，即"受命然后得封禅"。而齐桓公则认为：自己功业颇丰，诸侯没有敢违背他的，这就等同于三代时期的君王受命。管仲听闻后觉得不能再用直白的语言和齐桓公讲道理了，便以自然界的祥瑞为喻，"古之封禅，鄗上之黍，北里之禾，所以为盛；江淮之间，一茅三脊，所以为藉也。东海致比目之鱼，西海致比翼之鸟，然后物有不召而自至者十有五焉。"相对比之下："今凤皇麒麟不来，嘉谷不生，而蓬蒿藜莠茂，鸱枭数至，而欲封禅，毋乃不可乎？"通过现如今封禅所需的祥瑞未至的理由劝止了齐桓公。

（4）秦始皇的巡祭与求仙。据史书记载，苌弘是"以方术事周王"的贤士，在周王室大臣刘文公手下任大夫一职。《淮南子》载："苌弘，周室之执数者也。"高诱注："数，历术也。"说明苌弘的主要任务是观测天象、推演历法、占卜凶吉，对周王室的出行起居、祭礼战事等做预测，对自然变迁、天象变化进行预报和解释。司马迁把他写进《史记·天官书》，作为天文学家录入该书。苌弘学识渊博。《淮南子》中有记载："天地之气，日月之行，风雨之变，历律之数，无所不通。"周代贤士苌弘以方术来统率诸侯，从此来开了方术干政的序幕。"是时苌弘以方事周灵王，诸侯莫朝周，周力少，苌弘乃明鬼神事，设射狸首。狸首者，诸侯之不来者。依物怪欲以致诸侯。诸侯不从，而晋人执杀苌弘。周人之言方怪者自苌弘。"苌弘忠于职守。他在王室任职期间，国家已经出现了"王室衰微，诸侯坐大"的局面。为极力辅佐周王，维护王室的尊严，苌弘巧妙地运用自己精通的"方术"为周王寻找统率天下的依据，从而达到控制各诸侯国的目的。《史记》《左传》中有多处记载，如《史记·封禅书》载："是时，苌弘以方术事周灵王，诸侯莫朝。周力少，苌弘乃明鬼神事，设射'狸首'。'狸首'者，诸侯之不来者，依物怪欲以致诸侯。"苌弘通过设射"狸首"，借助鬼神之力，要求诸侯国服从周天子，奉行上天的旨意。

到了秦始皇的时代，中国历史上诞生了第一个封建大一统帝国，统一天下自称始皇帝之后的秦始皇便开始了极度疯狂的行径，焚书坑儒，暴政扰民，刚愎自用的性格缺陷造就了秦王朝在历史上的一闪而过。然而秦始皇对于长生的追求使得方士得以大兴，"自齐威、宣之时，驺子之徒论著终始五德之运，及秦帝而齐人奏之，故始皇采用之。而宋毋忌、正伯侨、充尚、羡门高最后皆燕人，为方仙道，形解销化，依于鬼神之事。驺衍以阴阳主运显于诸侯，而燕齐海上之方士传其术不能通，然则怪迂阿谀苟合之徒自此兴，不可胜数也。"

"及至秦始皇并天下，至海上，则方士言之不可胜数。始皇自以为至海上而恐不及矣，使人乃赍童男女入海求之。船交海中，皆以风为解，曰未能至，望见之焉。其明年，始皇复游海上，至琅邪，过恒山，从上党归。后三年，游碣石，考入海方士，从上郡归。后五年，始皇南至湘山，遂登会稽，并海上，冀遇海中三神山之奇药。不得，还至沙丘崩。"其对于长生的不懈追求，真实地表现出当时人们受到生产力发展的局限性而具有的愚昧。

（5）汉武帝对方士的迷信。《封禅书》中近乎一半的篇幅都是关于武帝郊祀和求仙的描写，叙述了李少君、齐人少翁、神君等近于荒谬的神人异事，从而表现出雄才大略的汉武帝到了老年时期也开始了对神仙方术的痴迷。

李少君：是时李少君亦以祠灶、谷道、却老方见上，上尊之。少君者，故深泽侯舍人，主方。匿其年及其生长，常自谓七十，能使物，却老。其游以方遍诸侯。无妻子。人闻其能使物及不死，更馈遗之，常馀金钱衣食。人皆以为不治生业而饶给，又不知其何所人，愈信，争事之。少君资好方，善为巧发奇中。尝从武安侯饮，坐中有九十馀老人，少君乃言与其大父游射处，老人为儿时从其大父，识其处，一坐尽惊。少君见上，上有故铜器，问少君。少君曰："此器齐桓公十年陈于柏寝。"已而案其刻，果齐桓公器。一宫尽骇，以为少君神，数百岁人也。少君言上曰："祠灶则致物，致物而丹沙可化为黄金，黄金成以为饮食器则益寿，益寿而海中蓬莱仙者乃可见，见之以封禅则不死，黄帝是也。臣尝游海上，见安期生，安期生食巨枣，大如瓜。安期生仙者，通蓬莱中，合则见人，不合则隐。"于是天子始亲祠灶，遣方士入海求蓬莱安期生之属，而事化丹沙诸药齐为黄金矣。居久之，李少君病死。天子以为化去不死，而使黄锤史宽舒受其方。求蓬莱安期生莫能得，而海上燕齐怪迂之方士多更来言神事矣。

齐人少翁：其明年，齐人少翁以鬼神方见上。上有所幸王夫人，夫人卒，少翁以方盖夜致王夫人及灶鬼之貌云，天子自帷中望见焉。于是乃拜少翁为文成将军，赏赐甚多，以客礼礼之。文成言曰："上即欲与神通，宫室被服非象神，神物不至。"乃作画云气车，及各以胜日驾车辟恶鬼。又作甘泉宫，中为台室，画天、地、太一诸鬼神，而置祭具以致天神。居岁馀，其方益衰，神不至。乃为帛书以饭牛，详不知，言曰此牛腹中有奇。杀视得书，书言甚怪。天子识其手书，问其人，果是伪书，于是诛文成将军，隐之。

神君：文成死明年，天子病鼎湖甚，巫医无所不致，不愈。游水发根言上郡有巫，病而鬼神下之。上召置祠之甘泉。及病，使人问神君。神君言曰："天子无忧病。病少愈，强与我会甘泉。"于是病愈，遂起，幸甘泉，病良已。大赦，置寿宫神君。寿宫神君最贵者太一，其佐曰大禁、司命之属，皆从之。非可得见，闻其言，言与人音等。时去时来，来则风肃然。居室帷中。时昼言，然常以夜。天子祓，然后入。因巫为主人，关饮食。所以言，行下。又置寿宫、北宫，张羽旗，设供具，以礼神君。神君所言，上使人受书其言，命之曰"画法"。其所语，世俗之所知也，无绝殊者，而天子心独喜。其事秘，世莫知也。

司马迁将这些灵异之事完整而生动地记录下来，为后来魏晋南北朝时期的志人志怪小说的发展起到了重要促进作用。

2. "里"——深层叙事内容

《钟伯敬评〈史记〉》云："此书妙在将黄虞历代祀典与封禅牵合为一，将封禅与神仙牵合为一，又将河决匈奴诸事与求仙牵合为一，似涉傅会，而其格格不相蒙处，读之自见。累累万余言，无一着实语，每用虚字诞语翻弄，其褒贬即在其中。"明代竟陵派代表作家钟惺对于《史记》的评价是后人在研究《史记》方面颇多借鉴的内容，他在这段话中表达了其对蕴藏在《封禅书》中的褒贬意味的发现，这正是司马迁在"具见其表里"中的"里"，也就是需要我们透过文字来发掘其深度的含义。

（1）批判求仙。《封禅书》中的李少君、少翁、栾大、公孙卿及诸多燕齐海上方士，开始以方术骗局迷惑武帝，最后都因骗局露馅而告终，但汉武帝却"羁縻不绝，冀遇其真""其所语，世俗之所知也，无绝殊者，而天子心独喜。""而方士之候祠神人，入海求蓬莱，终无有验。而公孙卿之候神者，犹以大人之迹为解，无有效。天子益怠厌方士之怪迂语矣，然羁縻不绝，冀遇其真。自此之后，方士言神祠者弥众，然其效可睹矣。"这些客观而理性的话语使人读后，无不对汉武帝当时的疯狂与执迷不悟感到惋惜。从中可以看出武帝后期开始逐渐沉迷于求仙和方术，逐渐失去了理性的掌控。一国之君无法继续励精图治，而是一味沉迷在虚妄的灵异幻境中，国家的发展前景令人堪忧，太史公马迁满怀对国家的责任与热爱，对于武帝的这种行为有着痛心的哀怨。

另外，需要特别指出的是，对于李陵事件武帝的处理方式，司马迁遭遇人生的大辱，满腔的悲怨之情难以排遣。所以，太史公之所以要在封禅书中选择武帝的这些痴迷求仙的事例，实际上是对武帝的一种批评。同时，从另一方面来看这也反映出司马迁对于明君的一种呼唤，批判的背后就是内心深切的呼唤，不仅是呼唤圣贤之人的到来，而且寄希望于汉武帝能够及时地醒悟过来，重整朝纲，再创辉煌。

（2）告诫后人。史书作为过去历史经验的总结，有着宝贵的借鉴价值，唐太宗就曾提出，"夫以铜为镜，可以正衣冠，以史为镜，可以知兴替，以人为镜，可以明得失"。[1] 由于封建统治的等级观念，以下议上，是属于失礼的，所以，司马迁将这些具有典型意义的材料编入史书当中，充分发挥史书的资政和警谏功能，希望后来的读者能够从文字当中理解他些微的心意。从这个角度来看，司马迁的《封禅书》也有一种告诫后人的作用，希望后人能够以秦皇汉武为鉴，理性地对待神仙方术，具有鲜明的警世意义。与此同时，也折射出司马迁超越时代局限性的理性光辉。

（3）天命深微。在司马迁看来，天命是有着神圣的意蕴的，不是一般人能够妄加揣度的。如果任何人都能够通过某种方式违背天命的安排，那么便是大不敬的。换句话说，对于天命的敬畏，同时也是对于封建统治的敬畏，因为在汉代天人合一，君权神授，君主作为上天在人世间的肉身代表，理应享有等同

---

[1] 刘昫等：《旧唐书》，北京：中华书局1975年版，第985页。

于上天的独尊地位。并且，《论语·述而》有载曰，"子不语怪力乱神"①将孔子视为至圣先师的司马迁也认为天命鬼神是很高远的超现实领域的东西，不应该由这些方士所演说。对此陈桐生先生也在文章中谈道："天命鬼神是一个神秘深微的领域，人们只能对天命抱坚定的信仰态度，而不可深究和实证，不可试图通过方术与鬼神相交接，不能把深微的天命降低到方术的水平。"②也就是说，在任何时候，人们对于未知事物的好奇心会迫使他们走向痴狂，而对于天命鬼神这样一个玄幻莫测的事物，无论是在生产力发展水平较低的古代还是在现如今，我们都应该保持一种谨慎的态度，妄图驾驭它是没有意义的。

三、"表里"叙事所反映出的《史记》内质

《封禅书》中所表现出的这种叙事特征，其体现出非常重要的《史记》内质，即微言大义和重德思想，这些重要的内质，不仅是《史记》得以经典传承的重要因素，还是史官文化的体现以及司马迁个人思想的寄托。

1. 对先秦史官文化的继承和丰富

中国古代的史官文化源远流长，远古先民时期，巫官占有举足轻重的地位，其掌管着沟通天人的职能，是有能力解释社会自然现象的唯一人员。而到了西周时期，史官的记事功能开始凸显，这是由于周人一改殷人重祭祀的传统，开始关注人的主观能动性并提出了重德的理念。《礼记·表记》云："周人尊礼尚施，事鬼敬神而远之，近人而忠焉。"之后到了春秋战国时期，史官文化逐渐替代了巫文化，史官开始占主导地位。张新科教授在《史官文化与唐前史传文学》一文中曾谈道："史官文化对巫文化的替代，另一重要标志是史官文化具有了劝善惩恶的作用……从春秋开始，劝善惩恶的道德色彩进入史官文化之中。既然史官文化关注的是现实中的人，那么，人的本性中有善有恶，自然也应予以关注，史官文化就承担起劝善惩恶的责任了。"③

孔子对《春秋》的删定使得《春秋》成为后来的儒家经典之一，其原因在于人们通过《春秋》可以寓褒贬，别善恶，一字置褒贬，简练而含蓄地点评人事，亦称"微言大义"。最早对其进行解读的是《左传·成公十四年》："《春秋》之称，微而显，志而晦，婉而成章，尽而不污，惩恶而劝善，非贤人谁能修之？"④

司马迁在《史记·太史公自序》中对《春秋》称赞道："春秋，上明三王

① 杨伯峻译注：《论语译注》，北京：中华书局1958年版，第71页。
② 陈桐生：《〈史记·封禅书〉的几个理论问题》，《陕西师范大学学报》（哲学社会科学版）1995年第3期。
③ 张新科：《史官文化与唐前史传散文》，《陕西师范大学学报》（哲学社会科学版）1999年第3期。
④ 杨伯峻编著：《春秋左传注》，北京：中华书局2009年版，第870页。

之道，下辩人事之纪，别嫌疑，明是非，定犹豫，善善恶恶，贤贤贱不肖。"通过简明的语言充分肯定了春秋笔法的评价作用，这也是日后《春秋》能成为儒家经典之一的主要原因。而到了司马迁编写《史记》的时候，由于其对孔子的尊崇，所以《史记》的选材编写中广泛地继承了春秋笔法。在此基础上，司马迁对孔子的春秋笔法进行了修改，在不改变微言大义主要特征的同时，精心挑选史料构成历史的原貌，利用细节的描写来表现人物和史实的真实性。

刘知几在《史通·直笔》一章中谈道："夫为于可为之时则从，为于不可为之时则凶。如董狐之书法不隐，赵盾之为法受屈，彼我无忤，行之不疑，然后能成其良直，擅名今古。"①《左传》中所记载的晋国太史董狐，齐国大夫崔杼的秉笔直书的事情是先秦史官的历史责任感的完美诠释。但是，随着春秋时期礼崩乐坏，封建体制的形成，史官逐渐被边缘化、工具化，不满于此的太史公司马迁通过对历史材料的精心编排，来实现自己的发声。所以《封禅书》中的"表里"叙事，可以说是太史公司马迁秉承着先秦史官的优良传统，将孔子的春秋笔法进行调整，实现了我们今天在《封禅书》中所看到的"表里"两层行文系统。

《汉书·司马迁传》对司马迁的实录精神解释道："然自刘向、扬雄博极群书，皆称迁有良史之才，服其善序事理，辩而不华，质而不俚，其文直，其事核，不虚美，不隐恶，故谓之实录。"所谓"不虚美，不隐恶"，这在当时主要是针对帝王将相等人物的，对他们不虚美，不隐恶，正是敢于大胆揭露而又实事求是的已自动态度，是非常难能可贵的。不对他们阿谀奉承，不掩饰他们的罪恶，敢于直书是不容易的。同时对于那些属于被否定的历史人物，他也能真实地反应他们的面貌，不因他们的缺点、过失甚至罪恶，而抹杀他们也有好的、值得肯定的方面。这种原则同样也适用于其他下层百姓的描写。如实地反映现实的真相，从中体现作者的褒贬态度，这也是中国古代现实主义文学思想的精髓。

2. 重德、务实的思想

对于"德"的重视，避虚务实，不被荒谬的神仙方术所迷惑，注重对现实的认识和改造。重德思想是贯穿《史记》一书的始终的，以本纪为例，司马迁在《孝文本纪》和《孝景本纪》中就对文帝和景帝的德政非常推崇，溢美之情充斥于字里行间。在《封禅书》中，"表里"的叙事结构相结合，我们可以明确地看出太史公司马迁对于德行的重视，因为封禅的关键在于要德配于天，同时德也是传承自先秦文化而来的立政之基。

"禹遵之。后十四世，至帝孔甲，淫德好神，神渎，二龙去之。其后三世，汤伐桀，欲迁夏社，不可，作夏社。后八世，至帝太戊，有桑谷生于廷，一暮大拱，惧。伊陟曰：'妖不胜德。'太戊修德，桑谷死。伊陟赞巫咸，巫咸之兴

---

① 刘知几著、浦起龙通释：《史通通释》，上海古籍出版社 2009 年版，第 179 页。

自此始。后十四世，帝武丁得傅说为相，殷复兴焉，称高宗。有雉登鼎耳雊，武丁惧。祖己曰：'修德。'武丁从之，位以永宁。后五世，帝武乙慢神而震死。后三世，帝纣淫乱，武王伐之。由此观之，始未尝不肃只，后稍怠慢也。"在这段话中，司马迁用简洁的笔触将禹帝到帝纣之间的这段历史幻灯片式地呈现出来，其突出的特点在于这些帝王与德的关系，例如其中的"妖不胜德""修德"字眼，凸显了德政对于维系统治牢固的重要作用。

四、总　结

本文通过对《史记·封禅书》的文本细读，从中梳理出"表里"两套叙事系统，将其中的字面意思和深层意旨进行了分析和整理，从而得出以下几个结论：第一，司马迁为文的层次性。看似简单的史料文字，其中包含有价值观的材料选择以及价值判断的文字斟酌，从而形成"表里"双层叙事结构。第二，司马迁对于德和大一统的支持是整个《史记》的思想基点。在《封禅书》中，将上古帝王的不德、淫德与其政权统治的短命相对应；将德政的实施以及随之显现的祥瑞作为封禅的条件，从而从正反两方面诠释了重德思想，并表现出对大一统帝国的维护。综上所述，一表一里，造就了史记一书语言的艺术性，以及中华古典文化的魅力；一表一里，延续了春秋时期的史家笔法，开创了后世史学的先河；一表一里，太史公深挚的幽思得以倾诉。

情志的再反省：论《史记》中实录
与情感书写

＊本文作者卢晞云。台湾清华大学中国文学系博士候选人。

一、绪　论

自《史记》成书之后，逐渐引起朝野的关注，随之而来是不一的褒贬评议，最早所见的命题——《太史公》一书所取之"事与义"的书写标准。①

西汉时扬雄《法言·重黎》言："或问《周官》，曰立事；《左氏》，曰品藻；《太史公》，曰实录。"②扬雄距史公当世未远，以博学扬名于世；班固著《汉书》，对于皇室多有维护，③赞司马迁时也不得不留得一句"其文直，其事核，不虚美、不隐恶，故谓之实录"，④可以得见史公下笔之精确。

"实录"已成事实，学者对于史公所不满的部分不在于"史事"真实与否，实在于司马迁叙述真实所透露的"义理"价值背离经学传统，故扬雄在赞扬《史记》为实录之余，亦提及史公之多爱不忍，爱奇也。⑤班固更是直接批评史公"是非颇谬于圣人"。⑥此种批评的提出，后人接踵而论，南朝梁刘勰甚至将"爱奇"冠以"反经"之名概括论之，⑦形成了一个议论的脉络传统，直至今日仍未寝声。

现代学者一洗过往过度尊经尊儒的传统，荡开一笔来重新省视司马迁所谓"背离儒学核心"的价值取向，重新讨论史公在实录与情感之间的介量。李长

---

① 此处所言之"事与义"的概念，取自《孟子》卷八《离娄下》之中孟子谈孔子作春秋"其事则齐桓晋文，其文则史，（孔子曰）其义则丘窃取之"。

② 《法言义疏》卷十《重黎》。

③ 《汉书》删述《史记》，吕世浩甚至认为班固《汉书》是奉命改造因《史记》流传甚广所带来贬抑刘家的不良风气而作。吕世浩：《从〈史记〉到〈汉书〉——转折过程与历史意义》，国立台湾大学出版社2009年版。

④ 《汉书》卷六十二《司马迁传》。

⑤ 《法言义疏》卷十二《君子》。

⑥ 《汉书》卷六十二《司马迁传》。

⑦ 李纪祥：《中国史学中的两种"实录"传统——"鉴式实录"与"兴式实录"之理念及其历史世界》，《汉学研究》2003年第2期。

之强调"司马迁的识力与学力乃是以感情为根本，因此对于人类命运有真正的理解，而体现出深切的悲剧意识"。① 认为这个爱奇是出自于史公对于人类全面性的理解所产生悲悯的情感关怀；周先民则认为司马迁运用材料的选择、文章的结构以及其描述的笔法，都是史公不背离历史真实之下用情至深的表现；② 李纪祥则是提出"两种实录"的观点，认为爱奇是一种"兴式实录观"，是司马迁对于自我的在世反省而书写出历史的反省深度，而不只落于太多现实化的记录。

由此可知，从古至今的学者大体所公认《史记》在"实录"一词所蕴含的历史叙述的争议性不在于"事实"与否，而在于史公"历史叙述"所蕴含的情感如何反应与阐释。接续着这种思维，笔者欲究史公秉笔之"史心"，试着爬梳《史记》文字间"言情"之处，两相结合，深思其中书写之用意。

二、言情还是言志——情感书写析探

1. 先秦对于"言情"的关注面向

对于先秦情感的讨论，或许可以由诗、乐切入，以论析先秦时对于情的讨论的关注问题为何。在先秦文本的论述之中，情被视为一综合性的活动以及内容，不仅是感性层，而是包含所有身心、德性、学养等内容。面对如此复杂、多样式的对象，时人用最简单的物/我来概括开展。

时人对于自身主体之关切之外，亦注意到一为外物所引动之现象：是故孟子谈"先立乎心之官之思，则外物之不可夺"；③ 荀子之言"好恶喜怒哀乐臧焉，夫是之谓天情……心居中虚，以治五官，夫是之谓天君"④ 亦是将所主动之心和被牵引之情分论。《乐记》："情动于中，故形于声"又言"人心之动，物之使然也"对于"情"的讨论亦是由所承而始：亦即是从人与物的关系着眼，人因物而动心，心动之感受反应即情。

> 此处所指之物，可以是人、事、物、时空等一切对象；而心与其特指主观心灵，毋宁说泛指包括气在内的全部感受力……《乐记》由此涵盖了各种可能的兴感层面和对象，做到了对于情范围的全面穷尽……简言之，《乐记》仅从情的发生本末言情：因所有情感的产生都寻此轨迹、都涉及

---

① 伍振勋于：《圣人叙事与神圣典范：〈史记·孔子世家〉析论》一文中谈李长之在其《司马迁之人格与风格》中对于司马迁运用其"诗心"而主导写作的"史笔"之表述。《清华学报》2009 年第 2 期。

② 周先民：《司马迁的史传文学世界》，文津出版社 1995 年版。

③ 《孟子》卷十一《告子上》。言对于人之心的迷失，孟子亦承认外在感官的作用足以动摇心志。

④ 《荀子》卷十一《天论》。

> 物与受动方，故得由"物"与"被动者"这一情动关系，总括一切的情感。①

这意味着，人存在于现实之中，对于外物的感受是自然而然，几无可避。单看之，情的问题似乎止关乎如何处理"物我"关系的和谐，在于内在之"志"以及由外之物而引动之"情"的调和。然而再推而论之，人在其与物的接触中，必然体认到自身的有限，以及在于现实之中对于本性之局限与压抑。属于己之"外"的"物"的层面如此广袤，如何处理在于其中感受到的无措紧张感，成为再次反身自省而最真诚的情感表露，为时人论言情时所着重。

2. 抒情传统对于"情"的论述

陈世骧回顾中国的文学传统，提出认为中国文学就整体而论就是一抒情传统，认为虽然文体有不同的样态呈现，"文学家切身反映着自我影像"却是其中不变的内核。② 这种说法提出之后，高友工等学者们接续论述，有修正有补充，俨然已建构了一个论述谱系。

高友工将抒情定位在文化意识，解决的文体以及作品现实向的限制的这一说法，可以响应对于抒情传统之中以诗赋为主所讨论而产生出的质疑：

> "抒情"从我们以前的讨论中看，以说明它并不是一个传统上的"体类"的观念。这个观念不是专指某一个诗体、文体，也不限于某一种主题、题素。广义的定义涵盖了整个文化始中某一些人（可能同属一背景、阶层、社会、时代）的"意识形态"，包括它们的"价值""理想"，以及他们具体表现这种"意识"的方式。③

高氏这一说法，将欲论述的目标转向，不再关注文本之中语言表述的文字形式，而在于语言表层之外所蕴含更深层的理想意涵。换言之，这个称为抒情传统所能含纳的文本疆界更为辽阔。

对于所抒之情的主体内涵，无论是陈世骧言"文学家所反映的切身自我"以至高友工强调"体现个人此时此地的心境"④，都可见"个体"这一特殊意识的影响。这意味着，抒情传统对于"情"的理解，是以一己身面对生命，面对群体、现实等所发出关照之情。然而，以群体作为现实对照的"物"，不免造就对于个体/群体的对立和质疑。以个体独自面对生命和世界，最先感受的，

---

① 简良如：《论人之存有：先秦、儒学、人论》，中国社会科学出版社 2014 年版，第 145 页。

② 陈世骧：《中国的抒情传统》，《陈世骧文存》，志文出版社 1972 年版。

③ 高友工：《中国叙述传统中的抒情境界》，《美典：中国文学研究论集》。三联书局 2008 年版，第 95 页。

④ 高友工：《中国叙述传统中的抒情境界》，《美典：中国文学研究论集》。三联书局 2008 年版，第 95 页。

将是对照出自身有限而激涌出的无尽感伤，[①] 因此面对二者所兴发的情感，多以悲哀愁怨为基调。若还要能有可望的正面性，将仅系诸个体能否正视这一境况，无条件地承担起自身的一切事实。[②]

从先秦至现代，对于情的讨论犹未停止。纵观二者，大抵能归结是人之主动性的"心志"在于面对"外物"之庞大复杂性所产生之种种感怀、种种的关联性。先秦时言情所处理的是物与我之间的调和；而抒情传统所强调则在于面对外在时自我之承担，两者对于情所体现的偏重虽有不同，总结为一对于外在之反应反省之道。

3. 史公之情志

史公所面对的现实是如此残酷。在写给临刑前的任安《报任少卿书》中有这历历细数圣贤罹难发愤为文，[③] 细说自己在受刑之后身残处秽，日夜思来莫不处于痛苦恍惚锥心泣血之痛，而唯一支持他活下去的念头只剩《太史公书》的完成。[④] 文字在《报》书之中洋洋洒落，可以想见在史公心中，这些话已是思来想去多时。史公在书写时强调古圣先贤发愤而著述，对于史公而言，这些困厄是磨刀石，也只能是磨刀石。孟子谈困厄言："天之将降大任于斯人：苦其心志，劳其筋骨，饿其体肤，空乏其身，行拂乱其所为，所以动心忍性，增益其所不能。"[⑤] 似乎种种的艰困都是为了形塑一伟大的心志。然则若单只有这些困厄，是无法成就人成为一伟大的仁者，反而沦落终日戚戚咨嗟苦叹者多。其中的关键在于其人本身所需拥有坚定的心志，心怀远大，才能使这些负面状态转化为正面的意义。

然则，这一段用以自砺的文字，某部分学者以及统治者却以此持论：认为史公著《史记》，是因为感自身之叹，愤而成书，《史记》成为一本对于武帝，对于皇室的控诉状，是一谤书。[⑥] 这一误解乃是对于此段文字的误读，也对于司马迁之志的不了解，更不明白史公高远的心志之反因淬砺更为坚韧。

史公自陈"（此书）草创未就，会遭此祸，惜其不成，是以就极刑而无愠色"。《史记》的书写乃在于受刑之前，举圣贤发愤著书不过是在痛苦不堪之际，给自己的安慰和勉励——身体虽损，若能有成于命，那么这些耻辱便可以得到消解。《史记》的完成才是肩负的历史文化、天下之史文最重要的天命。

正因为史公非常清楚地明白自身责任为何，《史记》一书所承载的历史责

---

① 简良如：《论人之存有：先秦、儒学、人论》，中国社会科学出版社 2014 年版，第 128 - 137 页。

② 同上注，第 132 页。

③ 司马迁：《报仁少卿书》："文王拘而演《周易》；仲尼厄而作《春秋》……《诗》三百篇，大底圣贤发愤之所为作也……思垂空文以自见。"见于《汉书》卷六十二《司马迁传》。

④ 阮芝生：《司马迁之心——〈报任少卿书〉析论》，《台大历史学报》2000 年第 26 期。

⑤ 《孟子》卷十二《告子下》。

⑥ 汉明帝：《云龙门对策》："司马迁著书成一家之言，扬名后世，至以身陷之故，反为文刺讥，贬损当世，非谊士也。"见《文选》卷四十八《典引》。

任在于"原始查终,以察时变",成书的动机是"究天人之际,通古今之变,成一家之言",而不在于发愤著书,避免"姓名磨灭"、"文彩不表于后世"。过于强调"发愤著书",对于万事万物带着不平则鸣的悲愤之气,听起来虽不失慷慨悲壮之有情,然则不免如钱钟书所言,整部《史记》之情似乎剩下"怨",① 未免将史公看得过于狭隘。

澄清了这一点之后,才能拨云见日地照见史公之情志。其观照的对象,借由绵远的历史含括所有的时间之外,其眼光所关注不止于华夏文明,还扩及匈奴、西域以及四方国,涵盖当时所认知的全人类:可以说史公在为政治现实所困之前,史公的情与志已是超越现实,面对整个时间的长河试图找寻冥冥之中天道的规律,在于李陵之祸后,这份心志几经困顿自省,终是重新拾起。

三、马班之才,尽于列传——情感与纪实举隅

若试着从"个体"之小,对于"群体/现实"的拉扯回身而谈,或许在列传之中更能见得史公挥洒之"有情"。而向有学者认为列传不同于本纪、世家以政治重要性,更可得见"人"之佻傥精神,而更能得见史公之理念:

> 列传包罗巨细,品藻人物,有类从如族,有分部如井……据人伦之鉴,尽事物之理、怀千古之志、撷经传之腴,发为文章,不可方物。故马、班之才,不尽于本纪、表、志,而尽于列传也。②

章学诚言列传包罗广阔又兼能采撷经传之大义,最能体现史公对于人物的鉴识和所怀抱之情志,为史公最尽之处。或许有言过之处,然而就作者对于人物选择的自由度而言,少了许多以政治为顾虑的掣肘,列传的确为史官之目光最能发挥。

限于篇幅,笔者就七十列传之中作为总序性质的《伯夷列传》③ 以及收束的《货殖列传》④ 谈其中纪实与情感的书写。《伯夷列传》为列传之首,有其特殊意义,伯夷、叔齐的历史真实向来为历代学者所疑,其书写手法亦异于他传。列传之末的《货殖列传》看似实写形形色色的人物,史公的声音看似淹没在现实事迹的客观描绘之中,然而文末"是耶? 非也",忽作警语戛然而止,笔下似乎有太多的欲语还休。两篇相对读,由光谱不同的两端对应下,抒情与写实两者如何在此篇章之中绾合,为笔者欲探究分析之命题。

1. 伯夷列传——求仁得仁乎?

《伯夷列传》一文的结构,由议论起笔,分为二个部分:一是以问答的方

---

① 钱钟书:《诗可以怨》,《七缀集》,书林出版社 1990 年版。
② 章学诚:《文史通义校注》,中华书局 1985 年版。
③ 颜天佑:《〈伯夷列传〉为〈史记〉列传总序说之略探》,《中华学苑》1994 年第 43 期。
④ 列传最后一篇实为《太史公自序》,实为收摄全书之纲领。就列传一体的性质以及文气而言,实则结束于《货殖列传》。

式带出史公所欲探究的三个问题，第二部分以孔子之言作为对于问题的响应。

三个问题以伯夷为串链：第一段以尧舜伯夷、许由务光等事迹之记载虚实不一为起作为提问："余以所闻由、光义至高，其文辞不少概见，何哉？"接下来叙伯夷、叔齐饿死首阳山"由此观之，怨耶非耶"？最后是推其古今亦然对于天道赏罚失措的疑惑："余甚惑焉，傥所谓天道，是邪非邪？"

这三个问题似史公所设的引子似的，最后才谈到论述的核心：

> 子曰"道不同不相为谋"，亦各从其志也。故曰"富贵如可求，虽执鞭之士，吾亦为之。如不可求，从吾所好"。"岁寒，然后知松柏之后凋"。举世混浊，清士乃见。岂以其重若彼，其轻若此哉？

> "君子疾没世而名不称焉。"贾子曰："贪夫徇财，烈士徇名，夸者死权，众庶冯生。""同明相照，同类相求。""云从龙，风从虎，圣人作而万物睹。"伯夷、叔齐虽贤，得夫子而名益彰。颜渊虽笃学，附骥尾而行益显。岩穴之士，趣舍有时若此，类名湮灭而不称，悲夫！闾巷之人，欲砥行立名者，非附青云之士，恶能施于后世哉？①

这两段议论文字看似突兀，实则是在对应前文所提出的三个问题。②

伯夷叔齐等人历史叙述的真实性，梁玉绳整理前述，系统性地提出质疑。③ 然则夷齐事迹却遍见于先秦典籍，如《论语》《孟子》《庄子》《韩非子》《战国策》《吕氏春秋》等。④ 综其所述各家异中有同，大抵称美夷齐人格之清，而各取其中事迹之一端以援己说。⑤ 面对纷乱的记载，史公掎摭史料的态度始终是一致的：首采诗书的官学系统，二是百家言的私学著述，再者是寻访民间耆老的口传。而史料采用的优先顺位是以儒家为主的"孔子所传"、"荐绅先生言"，而其所做的处理是"并论次、则其言尤雅者"。⑥ 由政治中心的本纪开始，至人物中心的列传，史公所秉持考信六艺的纪实精神和折中夫子的标准始终贯彻。

夷齐之事自有来由，更重要的是借此谈选择以及其背后之义。史公自问："究竟伯夷、叔齐怨是不怨？"中间经过"求仁得仁，有何怨？"和夷齐死前之歌的正反挣扎。最后才导出"道不同不相为谋，亦各从其志也""富贵如可求，虽执鞭之士，吾亦为之。如不可求，从吾所好""岁寒，然后知松柏之后凋。

---

① 《史记》卷六十一《伯夷列传》。

② 朱晓海：《读伯夷列传》，《中国学术思想论丛——何佑森先生纪念论文集》，大安出版设2009年版，第65-88页。

③ 梁玉绳：《史记志疑》卷二十七《伯夷列传》，1981年版。

④ 见检索于电子版《四库全书》。

⑤ 如孔、孟言二者"不念旧恶""求仁得仁"谈其德性；庄子言其"高节砺行，独乐其志，不仕于世"肯定二人之逍遥自乐；韩非言"（二人）位不载于势，则功不立名不遂"反面言权势之重要。

⑥ 《史记》卷一《五帝本纪》。

举世混浊，清士乃见"的答案。

怨和不怨的问题史公由"道不同之下，人之各从己志"切入开始析论：人在没有人和外力干扰之下，最单纯地所从的就是自己所忠之道、一己之志。然则，如果所欲求不合道时怎办？更甚者，若是自己之志与整个现实力量相悖反怎办？伯夷、叔齐所面临的状况就是最后者。圣之清者处于昏昧之世，在叩马谏武王不成之后，两人必然明白，在眼前的路只有二条：要不放弃所坚持泯然从众，要不饿死首阳。孔子在子贡借问卫国之政时给出"求仁而得仁，又何怨"之解，① 史公则用"如不可求，从其所好"以及用松柏、清士作喻。暗示着伯夷、叔齐选择秉义而行，也清楚地明白此行之后果，又何怨之有。

这一说法看似乎和抒情传统有了扞格，更是后世某些论学之人无法接受。以个人之价值主体之义冲撞整个现实构成的不公，回望自己于天地之间竟无所容，难道没有悲哀遗憾之伤感？实则不然——司马迁在此亦点出，当一个人根据自己的价值阶层选定目标而追求，就应认清无论后来是否能如愿，都得付出代价。② 抒情主体也应回到其中结构来谈，若其有所体悟而能反省正视这一境况，怨是可以得到消解的——伯夷不怨，史公亦然。

最后，承接上一个论题而来：伯夷、叔齐本人不怨，然则站在第三者的立场，却难以接受这样生与义无法相完的状况反复重演。史公所体认到的现实残酷，不是身残处秽，而是明白了义在现实压迫之中往往无所容身。伯夷叔齐以一孤立的主体对抗现实，以义为绳墨立身，付出了生的代价虽无怨，却不代表二人对治世没有理想和盼望。天道的陷落如何弥补，为史公情志所系。

孟子谈人之所生存的政治现实与天道的弥纶以"一乱一治"的样态呈现。③ 对于"治道"承担，分别为：尧舜命禹平水土、周公相武王伐纣，以及孔子作《春秋》惧乱臣贼子。孟子言性善，欲继孔子而承担治天下的责任，而史公亦然，其欲以《史记》继《春秋》"别嫌疑，明是非，定犹豫，善善，恶恶，贤贤，贱不肖"，④ 弥纶天道之缺，消弭世上因为现实的扭曲所产生的怨忿遗憾。《伯夷列传》中史公借夷齐之事注入情志，不是"托以自伤不遇"，而是以悲悯为胸怀，持《春秋》以道义，承担起天下君子仁人之企盼。

2. 货殖列传

史公对于列传次序的编排以崇礼贵让为始，天下逐利为末，⑤《货殖列传》为列传的最末篇。程余庆言"传名《货殖》，以末富为宗，以富家为主，以最

---

① 《论语》卷十五《述而》。

② 朱晓海：《读伯夷列传》，《中国学术思想论丛——何佑森先生纪念论文集》，大安出版社2009年版，第77页。

③ 《孟子》卷三《滕文公下》。

④ 《史记》卷一百三十《太史公自序》。

⑤ 阮芝生：《论史记五体的体系关联》，《台大历史学报》1980年第7期。

下与之争为根，篇中大旨尽此"触目见"一篇熙攘踊跃，皆具争意"。① 文中刻画太公、管仲、范蠡、子贡、白圭、漪顿、乌氏、寡妇清等为例，由帝王至百姓无论男女，交织成一幅由利组成的众生相。图穷匕首见，史公终于在最后点出这巨大残酷"现实"是怎么构筑而成。

史公对于"人之生来有欲"为原始动力，引出"贫富之道，莫之夺予，而巧者有余，拙者不足"。然则看似"日中为市，致天下之民，聚天下之货，交易而退"② 的商业活动，实则太多奸巧在其中，恃持着智巧而经营，演示以智力凌人的丛林法则：机巧的人富愈富，以财滚财，最后以富结合权势，成为另一种权贵，"素封"之属；而贫困的人贫愈贫，难以翻身。

白寿彝进一步点出，物质的享受只是最粗浅的层次，更重要的是其背后足以形塑价值观的重大影响力：

> （《货殖列传》）它指出财富占有的情况决定人的社会地位，决定了统治者与被统治者、食人者与食于人者之间的区别……第三，他指出财富的占有情况也决定了人的道德观念。③

然纵观史公借叙人物之发家致富所带来的多方好处可亏其中未明之笔。对于物质享受："百万之家，衣食之欲，恣所好美矣，与千户侯等"，此程度最大地满足了人对于低层次的生理欲望追求。再者则是累至巨富亦可博得名声与敬重。如寡妇清以雄厚财力"礼抗万乘，名显天下"——在社会中处于弱势的寡妇倚仗雄厚的财力，握巴蜀经济命脉，赢得了地位至高者始皇的敬重，甚至为其筑怀清台。物欲、声名尽占之外，财富亦可形成一无形的势力——用财富以役使支配他人。描绘即使如编户之民也存在着不成文的阶级："富相什则卑下之，伯则畏惮之，千则役，万则仆"设财役贫为一必然发展之势。而"千金之子，不死于市"，世间之理，只要有钱财，多方打点，上下交相贼，即使犯了死罪亦可免。④

欲、名、势已经几能尽括天下人的追求，财富所带来的获益是如此之多。然则，不仅若此，财富竟可左右无形之中所形塑的价值："窃钩者诛，窃国者侯"的分别之外——"诸侯之门，仁义存焉"。⑤ 人富而仁义附焉。精心动魄，最为可哀。利所构筑的现实，成为人互相倾轧的最大力量。

《货殖列传》多方形状人物，由不同的个个面向阐叙发家致富之路，本无可议。百姓之逐利"本富为上，末富次之，奸富最下"的原则之下，只要不害

---

① 程馀庆：《历代名家评注史记集说》，三秦出版社 2011 年版，第 1476 页。

② 《易系辞下》，言嗑盍卦之取象，在贸易的经济活动之中，已暗藏强凌弱、众暴寡的丛林法则。

③ 白寿彝：《司马迁与班固》，《史记研究粹编》，附文图书出版社 1992 年版，第 185 - 186 页。

④ 阮芝生：《货殖与礼义——〈史记·货殖列传〉析论》，《台大历史学报》1996 年第 19 期。

⑤ 《史记》卷一百二十四《游侠列传》引《庄子·胠箧》。

于他人，亦无可厚非。① 然则，文末笔锋又是一转，历数程卓、宛孔、曹邴、刀间之徒以及奸事辱处者，竟比之于素封。若统治者不但没有尽教化之责，而放任百姓任凭本能欲望而行动，甚至带头行事，上行下效只得世风之败坏，礼义之浇薄了。②

"仓廪实而知礼节，衣食足而知荣辱""礼生于有而废于无。故君子富，好行其德；小人富，以适其力"。史公之关怀仍在于"群"，即使是这样以欲为驱使的状态，史公仍然有给予其正面的可能性：富而后教。而这个责任，自然是统治者应一肩担负，责无旁贷。一如《诗》《书》从不责备为民之乱扰，若民之无道，亦只是反映天的无道，天子的无道。③

《货殖列传》全文，是史公运用材料的选择对于人类的发展做一全面的检讨，谈货殖之人、事、地、物，亦论及各地之流风遗俗。规模之宏大，溯及人之本性，推至为君者所于共体之职责。此为其面对"利"构筑而成的残酷现实所做的反思，试图探其根本而寻找匡救之道。史公面对利几番废书而叹，仍是终不改其志，其眼界其用情依旧在于人群的治道，又怎会如某些学者所认为只是"自伤其情"。④ 他从未否定小人逐利的特性，他清楚地承认社会的异质性"君子乐其道，小人乐其欲"，君子有君子的样态，小人亦有小人的生活方式。史公所以悲叹者，在于应养民教民的执政者之堕落，这一与民争利的堕落，自然造就无道的世道。

四、结　语

本文讨论《史记》中的实录与情感书写，爬梳历来对于《史记》"实录"之争议起笔，先是廓清学者所关注的战场不在于其中史实史事的秉笔直书与否，而在于《史记》之中的价值取向。对于此种议论，笔者于后文分析班固所点名"是非谬于圣人"的篇章文本，讨论史公对于史料的裁熔以及价值的取向归依，深切著明得见史公之义理折中于夫子，虽扩及他者，然仍然有取意的轻重以及先后顺序，班固之批评恐有待商榷。

有以上对于纪实性质的基础上，对于《史记》之中情感书写，笔者跳脱在文本之中分辨因情感镕铸而添加闲笔的查找，亦不采将情感分类而开列主题般的在一百三十卷中探索，情感状态本不易划分，百感交杂的情态更不少见，强行分类怕是有削足适履之疑虑。因此笔者另辟蹊径，由先秦谈"情""志"为始，述及中国之抒情传统，试图在其中的脉络之下，找寻《史记》抒情的

---

① 《史记》卷一百三十《太史公自序》货殖列传小序"布衣匹夫之人，不害于政，不妨百姓，取与以时而息财富，智者有采焉"。

② 朱鹤龄：《愚庵小集》卷十三《读货殖传》，古籍出版社 1979 年影印金闾童晋之刊行本。

③ 简良如：《诗经论稿卷一》，Airiti PressInc. 出版社 2011 年版，第 181-125 页。

④ 梁玉绳、晁公武、游国恩等皆持此论。

方式。

　　若言"情"与"志"分属人之本"我"面对"物"之外在现实，所呈现感受的主、客之道，更像是人在其中人格卓然独立至全然为外物所牵引的两端，照见物、我关系的竞合，也像是儒家不断关注的命题：义、利光谱的两端。史公之情感关照至悲悯君子之不容始，终于悲叹小人终日只为利所驱而构筑的现实作结，岂止是伤己之情而已。史公之情感书写，不只是限于现象之感受的情感反应，而在于对于其以历史书写承担天道的情志。

司马迁，镌刻着中华民族文化自信的一块基石

——浅议司马迁在世界文化史上的历史地位

＊本文作者薛引生。陕省长传记文学学会会长。

习近平总书记在党的十九大报告中指出，"文化自信是一个国家、一个民族发展中更基本、更深沉、更持久的力量。"我们为什么会有这种文化自信，是因为我们有非常灿烂、非常悠久、非常深厚的历史文化，它不仅滋养了我们这个民族，而且推动着中华民族朝着更加创新的方向去发展、去迈进。司马迁和他的传世之作《史记》是中华民族历史上镌刻着文化自信的一块基石。

近百年来，中国传统文化受到极大冲击，许多人谈过去是"言必称希腊"，说现在是"论必及美国"。按说，在人类文化发展史上，每一个里程碑式的业绩，都应该成为全人类的历史文化发展业绩，成为全世界人们共享的财富。综观人类文化历史发展的自然规律，在空间意义上讲，都是突破地域、民族和国度的范围，互相交流，彼此挹注，内外浸润，长短调节，横向沟通，不断递进的。在时间意义上讲，都是承前启后，具有历史延续性、梯进性和融化性，由远古迄现代，都是循序衍进的。

司马迁在人类历史发展史上具有极大的影响性和代表性。他是中国的历史文化名人，也是世界的历史文化名人。1955 年世界和平理事会宣布司马迁是"世界历史文化名人"，其不朽巨著《史记》是中国的文献结晶，也是世界的文献结晶。司马迁在中国和世界文化史上享有崇高的地位。

一、司马迁是世界文化史上划时代的里程丰碑

在世界人文发展史上，开拓较早的华夏神州，在时间、空间意义上都占有重要地位，具有典型性和示范性，史实足证，历历可考。传说远古伏羲氏画卦为华夏文化的发端；到殷代中叶，文字才逐渐创造繁衍；到了西周，上古文化得到了很大发展，孔子称赞周代为"郁郁乎文哉，吾从周"。所谓"从周"的含义，是"述而不作"地继承了商周文化传统。而当时的文献典章仅有"易、诗、书"三种，孔子附益了"礼、乐、春秋"称为六经。后来《乐》经佚失，五经成了中国文化思想的总汇，独立一门，冠于群籍之首。到了先秦的春秋战

国时期，百家争鸣，学说丛出，实为东方文化学说云蒸霞蔚、万绿齐茁的滋长时期。所谓"百家"乃夸张之词，而司马谈《论六家要旨》，提出儒、墨、道、法、道德、阴阳六家，作了简明中允的总评。尤其是司马迁在《自序》中对六家作了更深刻更揆要的评论，特别对儒家和道家的学说加以剀切的阐发。在司马谈之前，如庄子、荀子、商君书等皆以六经为儒家一家之学说，到了司马迁以后，则以六经为"天下人之学说"，而百家的学术观点大都融汇于儒家的主流中。这一文化历史发展动向的转化，司马迁是起了十分重要的作用。不止影响了华夏，也影响了亚洲，乃至全世界。

中国文化学术思想，原植本于古初，而学术思想的肇端，如同欧洲和亚洲的古国，同样以玄理哲学为揭橥的。《易经》是中国最早的哲学著作。司马迁在《太史公自序》中评论《六经》时，首先指出"《易》著天地阴阳四时五行，故长于变。"他充分理解《易》的内涵精华，在认识上意味着宇宙本体属于物质。从而在"六家要旨"中对道家的思想基础更强调，更欣赏。总结为"自然"和"自然之势"。这一认识论的观点，贯穿在一部巨著《史记》的论述中，成为公元前一百年多间东方学术思想上朴素的唯物主义辩证法的倡扬者。

司马迁在治史上力求通古今之变，认为《易经》"长于变"，这一"变"字已经冲破了先秦各学派对《易经》的玄虚神秘的主观理解。

公元前500年前后，孔子与希腊雅典哲人苏格拉底先后诞生，被称为东方西方二圣人。孔子的学说思想成了主宰中国文化的典则，儒家教义几乎牢笼东亚文化思想长达两千多年。但在孔子之后四百多年的司马迁，竟以开拓的魄力、明睿的心志、犀利的笔锋，突破"罢黜百家，独尊儒术"的樊囿，对儒家思想作了抉择的吸收，而敢于推崇老子道家的哲学观点，修正了儒家的伦理观。他对于儒家的思想应该肯定什么、否定什么，公允地作了鉴别和取舍，具体运用于其著作《史记》的全部内容论述，在历史上一直是前无古人，后无来者的。这只要看到班固所批评的"是非颇谬于圣人"和王允攻击《史记》为"谤书"的非议，就充分证明司马迁其人其书的伟大历史文化地位，从中外古代文化发展的潮流上讲，应该是"高山仰止"和"山高水长"了！

《史记》在古代史学上具有特立的创造性、示范性意义。它以历史体态为骨架，以文学笔触为脉络，以哲学思维为灵魂，以刚耿质实为是非准则，在内涵性质上包括政治、经济、历史、地理、军事、商务、农业，以及水利、税负、特产、医药等；在历史人物中有帝王、将相、官吏、王孙、皇亲国戚、循吏、酷吏、佞幸、卒仆、滑稽人物、游侠、刺客、巨贾、说士、医师、诸儒、日者、龟策、外夷等。总之《史记》一书把史学、文学、哲学融洽地结合起来，成为古代中外文献的典范。

在两千年前的西汉，第一部较完整的历法《太初历》，是由司马迁主持和参与制定的。这在全世界也是最早的天文学著作，有人认为《太初历》的人文价值并不亚于《史记》。《史记·货殖列传》是中国最早的经济地理著作，也是世界专门记述经济生产的最早文献。

有人称司马迁为"史圣",称《史记》为"百科全书",揆诸实证,并非过誉。因为对司马迁其人其书如能有这样的认识,才会首肯司马迁跻身于世界文化历史殿堂,其名与实是极为适应的。

二、司马迁与欧亚古代文化名人之比较

对司马迁的功业评价,要从一定的历史范围来分析论证,决不能脱离唯物史观。列宁在《论民族自决权》中说"马克思主义理论的绝对要求,就是在分析任何一个社会问题时,要把问题提到一定的历史范围之内"。这一理论认识基础,当然也适应于分析历史人物。历史人物在空间与时间、物质与精神上都受文化发展的脚步所局限制约。所以世界文化发展的各阶段的成果,便难有地域的扞格,终归为全世界所接受、所继承,成为全人类的珍贵文化财富。

正因为这样,论及司马迁在全世界文化历史的地位时,就要把研讨的视野放宽,放眼于司马迁生前在世界文化发展的临界年代,即欧洲亚洲在文化发展的公元前5世纪到公元前1世纪的四五百年历程中。首先要提到的是南欧古国希腊和罗马,当时与中国同样处在奴隶社会末期,封建社会逐渐形成的胚芽历史年代。文化发展的潮流恰巧都是从玄理哲学上发轫开拓。当时南欧的希腊雅典出生了苏格拉底(公元前469—前339年),成为西方"哲学之祖",有人称为"西方的孔子",但他晚于孔子(孔子公元前551年9月28日—前479年4月11日)。他的哲学基点在于"直诚、谦冲和与人为善",当时声望崇高,一如孔子,门徒遍欧洲。晚年如同司马迁一样,受迫害而死。柏拉图也是希腊的哲学大师,曾就学于苏格拉底,学问的来源重在直观考察,和司马迁同样,曾壮游埃及、西西里和意大利各名城,广求学识,学殖深富,把苏格拉底的哲学作了进一步发挥。认为精神是第一性的,仍属唯心主义哲学范畴,曾讲学授徒,影响久远。希腊又一位哲学大师亚里斯多德,是柏拉图的及门高足弟子,学识渊博,为伦理哲学演绎法的创始人。晚年如同司马迁的遭遇一样,抑郁悲愤而死。

以上三人在公元前三四世纪都属学术大家,曾被人称为"古代西方三圣人"。如果以司马迁与之相比,虽生年较晚而治文史,但在世界范围的文化历史功业上,当可媲美,地位在伯仲之间。历史与哲学应当是相通的,历史学的希腊语含义是"真理的探索者"。尤其是司马迁把"通古今之变""究天人之际"当作历史学的终极目的。在一定意义上揭示了历史与哲学之间不可分割的内在联系,现在我们论及对文化发展的影响和历史意义,司马迁跻位于世界历史文化名人之列,可谓分有应得。此后当中古时代,北欧、东欧文化尚在蒙昧时期,文化上还乏善可陈,故欧洲自第5世纪至第13世纪,为"学术的荒废时期",史学家称这一时期为"欧洲黑暗时代",便谈不上在文化历史上值得称道的杰出人物。

古代东方文化艺术，泛指亚、非两洲的印度、中国和埃及、巴比伦。约在公元前四五世纪至前一二世纪年代，如同欧洲的文化发展状况一样，是以哲学为研究和撰著的中心。同时盛行神学宗教的倡扬。公元前 6 世纪中叶（前 557年）佛教开山祖释迦牟尼出生于印度（早于孔子六年，而基督教的创立者耶稣出生，却在司马迁之后百余年的汉平帝年间）。这一历史阶段，埃及、巴比伦也曾有一些进步的学问问世，但遭到当时的唯心主义宗教神学所排斥攻击，湮没无闻。

中国在公元前 1000 年前后的周朝初期，第一部哲学著作《易经》问世，传说为周文王姬昌所撰衍；后至公元前 500 余年的春秋末叶，老子李耳的哲学著作《道德经》刊行；此后战国时又有庄周的《庄子》，阴阳家的阴阳五行诸自然观出现，这些都属哲学范畴。司马迁生活在公元前 145 年以后，他在《史记》中强调哲学的"自然"和"自然之势"的思想基础，在主观唯心论思潮涣漫的历史阶段，他冲破藩篱，树立了早起的唯物论和朴素的辩证法，这是难能可贵的，这是对空前伟大的唯物论和方法论的总结和阐发，虽然他不曾有哲学专著，但能运用这个思想方法认识历史，并渗透于其史学著作中。他在中外历史人物中，实在是罕见的文化巨人。他的历史巨著《史记》已历两千余年，仍在世界文化历史文献府库中闪烁着中华文化灿烂的火花。

司马迁作为世界历史文化名人，衡诸世界历史年代，确实当之无愧！司马迁死去两千多年了，君子万年，功业永垂。中外文化经过长期交流，在中古前期沿着开拓的丝绸之路，已是"东风西渐"，影响着西方文化的发展。18 世纪后，西方学者对东方古代文化的吸取和借鉴，大都依据《史记》的记载，司马迁的功业已经成为全世界的文化财富，司马迁在世界文化史上的历史地位，在经济文化国际化的今天，已经被全世界所公认。

我们是谁，我们从哪里来，我们走过怎样的路——这是浩荡世界中，一个民族对血脉根基的求索与追问，也是茫茫宇宙间，一种文明对自身发展历程的回溯与探寻。司马迁和他的《史记》回答了这个问题。他，是镌刻在中华民族文化自信碑石上一块牢固的基石，确信无疑。

新一轮"司马迁生年疑案研讨"综论

＊本文作者朱枝富。江苏省产业海外发展和规划协会副会长兼秘书长。

关于司马迁生年的研究，自王国维 1916 年开展司马迁行年研究以来，已有百年时间，形成了两种观点：一是认为司马迁生于汉景帝中元五年，即公元前 145 年说；二是认为司马迁生于汉武帝建元六年，即公元前 135 年说。两种观点持续论辩，几乎势均力敌。2015 年 10 月，中国史记研究会于陕西渭南师范学院召开纪念司马迁诞辰 2160 周年研讨会，提出开展"新一轮"研究，重启司马迁生年疑案研讨，进行百年论争梳理，作出阶段性总结。

本文对新一轮"司马迁生年疑案研讨"进行了系统梳理和思考，对"前135 年论者"与"前 145 年论者"的观点进行了辩证分析，认为：新一轮"司马迁生年疑案研讨"成效显著；王国维"前 145 年说"吻合司马迁行年，立论基本无误；李长之、郭沫若"前 135 年说"乃是推论，无法取代"王说"；张华《博物志》、司马贞《索隐》的致命之讹，是导致司马迁生年纷争的根源；王应麟《玉海》史料的可靠性值得推敲，不能视为考订司马迁生年的直接证据；《太史公自序》没有表明司马迁生于建元年间，从字缝里找证据是徒劳的；司马迁《报任安书》"早失二亲"不容曲解，不能作为判定司马迁生年的证据；司马迁生于汉景帝中元五年，即公元前 145 年，可以作为阶段性结论。笔者系统梳理了司马迁生年百年论争的研究资料，总体思考了新一轮的研究态势，对双方论辩的一些主要观点进行剖析，有所感悟，有所心得，故将两种观点的论说进行整理和综述，并对照比较，提出八大问题予以梳理，以见教于各位学者。

一、概说：新一轮"司马迁生年疑案研讨" 成效显著

新一轮司马迁生年疑案研讨，主张司马迁生于公元前 145 年的学者（简称"前 145 年说论者"），以张大可为代表，连续发表了数篇研讨论文，主要有：《司马迁生年十年之差百年论争述评》《评"司马迁生年前 135 年说"后继者的新证》《司马迁生年十年之差论争的意义》，着重从方法论的角度进行梳理；陈曦发表了《李长之"司马迁生于公元前 135 年说"驳论》《评赵生群"司马迁生于前 135 年说"之新证》《评袁传璋"司马迁生于前 135 年说"之新证》，对

"前135年论者"的几位代表人物的观点进行评论。他们认为："'前135年论者'从源到流，对'《索隐》说'的司马迁生年的考证，方法错误，论据不立。而'前145年论者'对'《正义》说'的司马迁生年的考证，依王国维指引的方向，方法正确，论据充分，结论正确，即王说为真，司马迁生于公元前145年，可以作为定论①。"

主张司马迁生于公元前135年的学者（简称"前135年说论者"），以袁传璋为代表，对"前145年论者"所提出的观点，予以论辩，发表了《王国维之〈太史公行年考〉立论基石发覆》《"司马迁生年前145年论者的考据"虚妄无征论》，还有吴名岗发表了《司马迁自序生于建元年间—兼论张守节〈史记正义〉不可尽信》等，对"前145年说"予以反驳，对"前145年论者"的考据逐项检验，认为："前145年说论者'十九岁之前耕牧河山之阳'与对'家徙茂陵'之考证纯属想当然；对'仕为郎中'之考证荒诞无稽；'《报任安书》作于太始四年说'及'任安死于征和二年七月说'皆属伪证伪考；'前145年说'，一份不及格的司马迁生年考证答卷②。"继续坚信司马迁是生于公元前135年。

对于以上论说，"前145年论者"予以回应，张奇虹发表了《〈太史公自序〉中没有记载司马迁生年—兼与吴名岗等商榷》，张大可发表了《解读袁传璋"虚妄论"提出的一些问题》，陈曦发表了《〈报任安书〉作年为基准点不能成立——就〈报任安书〉作年与袁传璋先生商榷》。而后，不少学者亦发表了申说自己观点的论文。张韩荣发表了《从〈太史公自序〉考证司马迁生年》，吴名岗又发表了《"二十南游江淮"证明司马迁生于建元年间—兼答张大可〈司马迁生年述评〉》。还有，李小成等发表了《由〈博物志〉中引文看司马迁生年的纷争》等。张大可等学者认为："前135年说论者"的"两位数字合写常理说"，无法驳倒王国维的立论基石；对已正确认识到的"唯一出路"不用正解，而是标新立异扭曲，只能是南辕北辙；元狩五年司马迁"仕为郎中"，不是施丁之考证"荒诞无稽"，而是驳难者在"胡柴"③。

在研讨活动安排上，北京史记研究会于2016年10月在北京召开研讨会、中国史记研究会于2017年10月在张家界召开研讨会，就司马迁生年问题进行重点研讨。两会还将于今年11月在北京召开专题研讨会，进一步就司马迁生年疑案问题展开研讨，力争画出圆满的句号。

纵观新一轮的司马迁生年疑案研讨，历时三年，收到了明显的成效：一是对"百年论争"中双方的论点、论据进行了系统"盘点"，各自的观点是什么，论据有哪些，结论又如何，有哪些是有真凭实据，有哪些是推论、臆说，明眼

---

① 张大可：《司马迁生年十年之差论争的意义》
② 袁传璋：《"司马迁生年前145年论者的考据"虚妄无征论》
③ 张大可：《解读〈虚妄论〉提出的几个问题》

人一看就非常清楚，有利于真正弄清司马迁的生年。二是运用比较科学的研究方法，如考据法、驳难法、排比行年法、系统检测法、剥笋抽丝法等，直击病灶，直点穴位，由表及里，去伪存真，以求历史之真，得"生年"之确。三是取得了初步的研究成果，双方论辩，据理力争，相得益彰，相辅相成，既提升了学者们开展学术研究的思辨能力，也推进了司马迁生年研究乃至司马迁与《史记》研究的不断深入，得出了初步的结论。张大可曰："司马迁生年两说只并存于《史记》三家注，而王、郭两说，一真一伪不并存。司马迁生于公元前145年可以为定论①。"

二、论说一：王国维"前145年说" 吻合司马迁行年，立论基本无误

1916年，王国维发表了《太史公系年考略》，1924年修订为《太史公行年考》重新发表，但观点未变，曰：

> 苟元封三年史公年二十八，则当生于建元六年。然张守节《正义》与《索隐》所引《博物志》，相差十岁。《正义》所云，亦当本《博物志》，疑今本《索隐》所引《博物志》"年二十八"，张守节所见本作"年三十八"，"三"讹为"二"，乃事之常；"三"讹为"四"，则于理为远。以此观之，则史公生年当为孝景中五年，而非孝武建元六年矣。

王氏首创司马迁生于公元前145年之说，为绝大部分海内外学者所信从。"前145年说论者"徐朔方曰："王国维云云，用来说明汉简，确实'都是一笔之差，定不出谁容易、谁不容易来'，但用来说明唐代写本存在的问题，再考虑到《正义》对《索隐》原有修订补充的关系，王氏说法就不能轻易加以否定②。"张大可认为："王国维考证司马迁生年为公元前145年，是以排比行年为论据，强调其人生轨迹的经历，其立论基石'数字讹误说'不可动摇。推定司马迁生年不是想当然，钻牛角，玩文字游戏，而是实实在在做考证。王国维的论点坚实，方法正确，逻辑严密③。"

而"前135年说论者"则千方百计寻找证据，欲推翻王国维的这一观点。袁传璋认为："王国维首次从今传宋刻以来的《史记》三家注本的《太史公自序》中发现两条有明确司马迁纪年的唐人旧注，考出《索隐》与《正义》注语的来源可靠，成为王本人及此后诸多学者推导司马迁生年的'直接证据'。但是，在没有证明今本《史记》三家注中的《索隐》与《正义》文字有无讹误的情况下，即以其为直接证据进行司马迁生年的考证作业，存在巨大风险；从

---

① 张大可：《司马迁生年疑案研讨百年论争总结·编者按》
② 徐朔方：《司马迁生于汉景帝中元五年考》
③ 张大可：《司马迁生年之差百年论争述评》

'疑今本《索隐》所引《博物志》年二十八，张守节所见本作年三十八'的
'疑'字出发进行推论，本来就先天不足；首创的'三讹为二，乃事之常；三
讹为四，则于理为远'的'数字讹误说'，对唐代与唐代之前的经史写本，尤
其是《史记》写本中的数字，是风马牛不相及，其考出司马迁生于汉景帝中元
五年的结论的立论基石存在诸多严重缺陷，其实并不稳固①。"

双方分歧的焦点，核心的问题在于数字讹误之说，究竟是"三"容易讹为
"二"，还是"三"容易讹为"四"？亦或是"三十"容易讹为"二十"，还是
"三十"容易讹为"四十"？左讹（"三"或"三十"与"二"或"二十"之
讹），则是司马迁生于公元前145年；右讹（"三"或"三十"与"四"或"四
十"之讹），则是司马迁生于公元前135年。平心而论，两者之讹皆有可能。
如果是一般的文字，则是"疑则存疑"，是再好不过了。但对于司马迁生年来
说，不能含糊其辞，二者只能取其一。于是，双方学者都纷纷寻找有利于自己
的证据，从中找出相讹的佐证。这实际上是在寻求致讹的"几率"。不少学者
在这方面用力甚勤，穷究细考，似乎力图否定王国维的说法，推翻王国维的结
论。固然，如此做法，对探讨司马迁的生年，有一定的帮助，但坦率地说，不
管佐证如何，都不能说明司马迁生年的"数字讹误"究竟是"左讹"还是"右
讹"，只能作为参照而已，而不是确定司马迁生年的直接证据，因而不能否
定王国维的"数字讹误"之说。

因为，司马迁生年十年之差的这个致命讹误，并不是凭"几率"来说话
的。从哲学的角度来看，世间万事万物，都存有一定的必然性，也存有一定的
偶然性，是无法用"几率"来测算的。古代文献中讹误的情况非常多，有些并
不具有规律性，并不符合"几率"。如《史记》，文字的讹误以及与历史事实不
符的情况非常多。这里略举一例：《五帝本纪》中记叙了一个工匠，叫"倕"，
而其中一处用"倕"（……龙、倕、益、彭祖自尧时而皆举用），三处用"垂"
（舜曰："谁能驯予工？"皆曰："垂，可"。于是，以垂为共工。垂主工师，百
工致功）。从"几率"的角度来看，"垂"的"几率"是75%。按照"几率"
的说法，则其工匠名为"垂"是确定无疑了。而考其字源，汉字以象形字、形
声字为主体，"倕"有"人"旁，或许，这个工匠就叫作"倕"，"垂"只是沿
袭《尚书·尧典》中的写法，通假而已。通假，即讹误也。再看《古代汉语词
典》的解释："倕：古代传说中的巧匠名。"而"垂"字则没有这样的解释。
《辞源》的解释："倕：人名。"并引《吕氏春秋》注曰："倕，尧之巧工。"又
曰："《书·尧典》作'垂'。"而"垂"字则没有这样的义项。而对于司马迁的
生年，并不是简单地运用"几率"就能解决问题的。司马迁生年的致讹，并不
排除或许就是一个偶然性。双方花费心思列举了许多例证来证明司马迁生年之
讹，似乎认为所举的例证越多，就越有说服力，把研究的着力点用在这些方

---

① 袁传璋：《王国维之〈太史公行年考〉立论基石发覆》

面，似乎没有用在点子上，而不是寻找直接的证据，因而也就无法否定王氏的说法。

因此，研究司马迁的生年，还必须将其放到当时的"时空"中来研究，运用"优选法"进行思考，如同计算数学公式，将其"前145年"与"前135年"代入司马迁生年的坐标体系中进行分析思考，借助于考证研究，看看究竟是哪一种生年更加合符情理，更加具有优越性，更能说明问题，则是哪一种生年就更具有可能性。这才是正确的研究方法。

三、论说二：李长之、郭沫若"前135年说" 乃是推论，无法取代"王说"

1944年，李长之发表了《司马迁生于建元六年辩》，列出了十条证据以立其说，并曰：

> 照王静安（国维）说，《索隐》所引，是和敦煌汉简上的格式正是一样的，应该是"本于汉时簿书，为最可信之史料"，那末，二十八岁也就应该信为实据。此条既系于"卒三岁而迁为太史令"之下，那就是生于前135年无疑了。

而后，1955年，郭沫若发表《〈太史公行年考〉有问题》，申述李氏之说，并且终止了当年举办有关司马迁生年2100周年的纪念活动。曰：

> 王国维所定的生年是有问题的。司马迁的生年应改，还要推迟十年。……王国维的三条根据，证明《博物志》"年二十八为太史令"，"二"为"三"之讹字，是大成问题的。……可以断定，司马迁的生年是汉武帝建元六年丙午，公元前135年。

司马迁生年"前135年说"首发于李长之，而成气候于郭沫若，或许是由于郭沫若当时的身份和地位吧，就学术而言，郭沫若并没有专注于司马迁研究，只是偶尔为之，难有什么大的作为。其实，日本学者桑原骘藏于1922年发表《关于司马迁生年之一新说》，以古时"四"作"三"为依据，提出《索隐》《正义》两者讹误几率相等。并以"前145年说"与《报任安书》"早失二亲"不吻合为据，认为司马迁生于公元前135年，为司马迁生年"前135年说"的首创者。1944年，施之勉以"早失二亲""入仕郎中"与"待罪辇毂下二十余年"为据，申证"前135年说"，曰："《正义》作四十二岁，'四'当是'三'之讹。惜乎，《行年考》承之讹而用之也①。"亦对王国维提出司马迁生于公元前145年予以非议。

李长之、郭沫若的"前135年说"，与王国维的"前145年说"两说并存，

---

① 施之勉：《〈太史公行年考〉辩误》

近百年来，双方的后继者们争论不休，各自寻找证据，补充事例，公说公理，婆说婆理，莫衷一是。新一轮的司马迁生年疑案研讨，则予以综合思考，融合研究，欲一探究竟，得出科学、公允的结论。

对于李长之的"前135年说"的十条举证，"前145年论者"陈曦认为："不仅没有一条考据，而且也违背了推理的基本原则，即由已知推未知，用什么'假若''看口气'，也很像''宛然是''但我想''的确可能'，运用文学想象的手法代替考证，显然是不及格的。"并逐条予以辩驳。对于第一条"早失二亲说"，认为"是附会上去的，不是司马迁要表达的意思"。对于第二条"为官说"，认为"司马迁南游了几年，何时为郎，何自为郎，李长之未做任何考证，凭着一个童蒙加法，再加一个假设，就提出了一个证据，太轻率了"。对于第三条"十岁问故说"，认为"年十岁颂古文，只是说司马迁年少聪慧，十岁就能诵读古文书，并不等于向孔安国问故。……以'从安国问故'来推测司马迁的生年，是徒劳的"。对于第四条"空白说"，认为"十六年间的'空白'并不多，当然也就说不上'景帝中五年说'有什么'大漏洞'"。对于第五条"《自序》有生年说"，认为"这又是大胆提出的一个猜想和假设，未做任何考证，开了一个主观虚妄的猜想恶例。……按时间顺序推论'司马迁自叙生于建元年间'，是一个伪命题，纯属荒诞的字意揣测"。对于第六条"受命说"，认为"一个'宛然'，就把'俯首流涕'转化成了司马迁出生于公元前135年说的论据，只是妙笔生花的文学想象"。对于第七条"少年躁进说"，认为"未加考证，只是一个假设，荒诞不经，只能称作'文学虚构考证法'"。对于第八条"夏阳见郭解说"，认为"似乎是在刻意混淆史实，不只是假设，甚至有臆造的嫌疑"。对于第九条"年幼见李广说"，认为"是缺乏考证的文学想象"。对于第十条"迁年四十二说"，认为"这不是考据，只是一种推测，当然不能成立[①]"。

对于郭沫若的论说，"前145年论者"陈曦认为："是在做文字游戏，给读者造成错觉，用了三条证据驳斥王国维，其实哪一条都不是考据[②]。"张大可认为："郭沫若以主观认定事实，以推论代替考据，可称为'在字缝中作考证'，为'文学虚构考证法'，在学术界开了一个很不好的先例。"并说，"郭文驳难王说，举证三条，皆有辨无考，不能成立。第一条，用汉简记录数字连体书写的殷周老例，驳难王国维的'常理说'，虎头蛇尾，无果而终。第二条，未加考证就主观认定'年十岁颂古文'，即是向孔安国问故，证明司马迁晚生十年正好与王国维说'迁年二十问故于孔安国'吻合。这也是未做考证的主观认定，取借王国维之说以立说，王错郭亦错，是没有价值的。第三条，说董仲舒元朔、元狩间已家居广川，司马迁向董仲舒学习，不知在何处，用以驳难王

---

① 陈曦：《李长之'司马迁生于公元135说'驳论》

② 陈曦：《李长之"司马迁生于公元前135说"驳论》

国维'司马迁年十七、八向董仲舒学习',也未有任何考证,是承袭王国维的错误以驳王国维,是典型的文字游戏①。"

"前145年说论者"认为李长之、郭沫若主张司马迁生于公元前135年的举证无一考据,这无疑是釜底抽薪。也就是说,李长之、郭沫若的主张,没有事实根据,只是说说而已,当不得真的,因此,是站不住脚的。其根本就不存在,那些后之申论者,还申论什么呢?就如同逻辑推理,"大前提"都不存在了,还遑论什么"小前提""结论"呢?也就如同皮与毛的关系,皮之不存,毛将焉附?

故此,李长之、郭沫若对于司马迁生年的推论,没有过硬的直接证据,所列出的只是一些似是而非的理由,后人辩之甚详,且言之凿凿,因而李、郭所论不能令人信服,无法取代王国维的立论。

四、论说三:张华《博物志》、司马贞《索隐》的致命之讹,是导致司马迁生年纷争的根源

对于司马迁的生年,司马贞《索隐》、张守节《正义》在注释《太史公自序》中都作了注说,成为研究司马迁生年的重要史料和依据。

在《太史公自序》"(司马谈)卒三岁而迁为太史令"下,司马贞《索隐》注曰:

> 《博物志》:"太史令茂陵显武里大夫司马迁,年二十八,三年六月乙卯除,六百石。"

中华修订本《史记》在《校勘记》中曰:"耿本、黄本、彭本、柯本、凌本、殿本作'司马'。"就是说,"司马迁"三字,有不少版本作"司马",而无"迁"字。或许原文就是夺"迁"字。也有学者认为"司马"后所缺的应是"谈"字,即司马迁其父司马谈,而正文中的"三年"为建元三年。

张华《博物志》所征引的是司马迁初任太史令时的汉官籍档案,登记了司马迁的官职、籍贯、姓名、年龄、任职、俸禄等。据此可知,司马迁是在父卒守孝满三年后的汉武帝元封三年(公元前108年)六月二日,承父职担任太史令,时年28岁。由此上推28年,司马迁生于汉武帝建元六年(公元前135年)。

而《太史公自序》"五年而当太初元年"下,张守节《正义》注曰:

> 案:迁年四十二岁。

由此可知,司马迁当上太史令的第五年,即汉武帝太初元年(公元前104年),时年42岁。由此上推42年,司马迁生于汉景帝中元五年(公元前145

---

① 张大可:《司马迁生年十年之差百年论争述评》

年）。李长之、郭沫若认为"四十二岁"为总括司马迁一生之说。

《索隐》和《正义》两者之间相差了十年，其间必有讹误，这可以说是致命之讹，究竟孰是孰非？王国维力主《正义》之说，认为《索隐》可能有讹误；郭沫若力主《索隐》《正义》均不讹，《正义》是指卒年。近百年来，两者各有其"粉丝"，而且还是"铁粉"。于是，学术界对这两种观点各执一词，其论辩延续了近百年，使司马迁的生年问题更加扑朔迷离，真伪难辨。

《博物志》的征引，是考证司马迁生年的重要史料。目前，学者们普遍认为，《博物志》的征引是比较可靠的。王国维认为是"最可信之史料"，亦得到双方论者的认可。后人亦认为《博物志》所征引的关于司马迁履历的记载，是真实可信的，确实是考定司马迁生年的最为可靠的原始材料。由此可见，对司马迁生年的研究绕不开《博物志》，故对于《博物志》中的征引材料的真伪辨析，成为至为关键的问题。

"前145年说论者"王重九、施丁认为："《博物志》'太史令'条，写的是汉武帝三年（即建元三年）除司马谈为太史令之事，弄出麻烦来的，是司马贞张冠李戴，将此条引注于《自序》'卒三岁而迁为太史令'下。王国维发现《索隐》此注与司马贞《正义》之注有矛盾，因而怀疑《索隐》有问题。可确定《正义》太初元年'迁年四十二岁'之注本来无讹，从而断定司马迁生于汉景帝中五年（前145年）[①]。"对于王重九和施丁的说法，有的学者认为过于大胆，还缺少证据的支撑。故大多数学者认为"司马"后所夺的是"迁"字，中华修订本《史记》直接作"司马迁"。

就是作为记叙司马迁的史料，双方也是各抒几见。"前135年说论者"认为《索隐》不误。袁传璋曰："《索隐》所引《博物志》录载的司马迁就任太史时的履历材料，其文书格式已经王国维、郭沫若分别用《扁鹊仓公列传》及敦煌、居延汉简证明'当本先汉记录'，是'完全可靠的'档案资料。今本《史记》中'二十'与'三十'罕见互讹的事实，加之《玉海》征引的《正义》《索隐》所录《博物志》与今本《史记》之《索隐》完全一致，足以证明今本《史记》之《索隐》所引《博物志》未发生讹变，与太史公的自叙若合符契，是推算司马迁生年可靠的重要佐证[②]。"

而"前145年说论者"则认为《正义》不误。程金造认为："张守节既然见到《索隐》之书，如果当初《索隐》所引《博物志》之文，是'二十八'，张守节必然予以驳正。因为当时有书可凭，故在《自序》'太初元年'一语注文下，直下按语说'按：迁年四十二'，而不明其依据，这显然是已见到《索隐》所引《博物志》之文，所以直以按语出之。……依从《正义》的说法，与各方面的事实都无矛盾；若依《索隐》的说法，则在事实上都说不通。据此可

---

① 施丁：《司马迁生于汉景帝中元五年》
② 袁传璋：《王国维之〈太史公行年考〉立论基石发覆》

以判定司马迁生于景帝中五年，是绝无可疑的①。"张大可认为："《索隐》《正义》两说并存，皆为待证之假说，不能作为推导司马迁生年的基准点。这是一条能否正确考证司马迁生年应当坚守的原则②。"

司马贞《索隐》与张守节《正义》的致命的十年之讹，使得后之研究者费尽心思，挖空脑筋，穷尽其能，各证其说，恐怕谁也不能说服谁，有时候并不是在论辩说理，而是在互相攻击了。还是回到争论的起点上来，即审视王国维的推断。《索隐》与《正义》的作者都是唐代人，他们的说法是一对一，具有同等价值。王国维取《正义》说而舍《索隐》说，以三条论据作为论证的思路：一是所引《博物志》当是可信的材料；二是数字讹误是"常理"；三是根据司马迁的生平经历（如拜见董仲舒、拜会大侠郭解、问故孔安国等）。通过对《博物志》引文与司马迁生年之间的关系的考证，间接证明王国维所引《博物志》材料是真实可靠的，为司马迁生年问题研究提供了正确的研究思路；其推理与考证的思路很全面，很严密，方法也是正确的，其结论是经得起历史与时间的检验的。故此，《正义》之说是可信的，司马迁当生于汉景帝中元五年。

五、论说四：王应麟《玉海》史料的可靠性值得推敲，不能视为考订司马迁生年的直接证据

据赵生群研究发现，南宋王应麟《玉海·艺文部·正史门》的《汉史记》条，节录了《史记》"卒三岁而迁为太史令，紬史记金匮石室之书"下注：

> 《史记正义》："《博物志》云：'迁年二十八，三年六月乙卯除，六百石。'"

《玉海·官制门·汉九卿》条亦征引司马贞的《史记索隐》：

> 《索隐》曰："《博物志》：'太史令司马迁，年二十八，三年六月乙卯除，六百石。'"

赵生群认为："这两条资料所载司马迁年岁，与今本《史记》中的司马贞引《博物志》之文完全一致，说明《索隐》引文准确无误，同时也证实，张守节推算司马迁生年的根据也是《博物志》。《博物志》确实是考订司马迁生年唯一的，也是最为可靠的原始资料。张守节云太初初年'迁年四十二岁'，比司马迁实际年岁多出十岁，肯定有误。……对《正义》与《索隐》之间特殊关系的认定，有理由作出如下判断：其一，张守节肯定能见到《博物志》有关司马迁事迹的记载。其二，《博物志》的记载，是确定司马迁年岁的唯一资料，《正义》加以征引，当在情理之中。否则，太初元年'迁年四十二岁'的按语就显

---

① 程金造：《从〈史记〉三家注商榷司马迁的生年》
② 张大可：《评"司马迁生年前 135 年说"后继论者的新证》

得突兀无据。其三，张守节对《索隐》引文不置一词，本身就是一种认同。《玉海》所引《正义》佚文是可信的。司马迁的生年应该是武帝建元六年，而非景帝中元五年①。"

易平怀疑《玉海》引文的真实性，提出两条相反的证据：一是"《博物志》记司马迁官名为'太史令'，而张守节坚持'（司马）迁官太史公。'"二是"《博物志》记司马迁官秩'六百石'，而张氏则主'太史公秩两千石'。"并认为："此皆不争之事实。那条记载所谓司马迁'官籍'的《博物志》，居然连官名、官秩这等至关重要之事，在张守节看来都是错的，能说他会'认同'《博物志》并据以推算司马迁的年龄吗？……张守节对《博物志》所记司马迁'官籍'持全盘否定态度。用《正义》佚文可以证明《索隐》引文的'年二十八'不误，却没有任何理由和证据可以证明《正义》案语的'年四十二岁'是错的，因为张守节推算司马迁年龄与《博物志》无关，根本不存在所谓《博物志》和《正义》记司马迁年龄'十年之差'的问题。……至于《玉海》录的《正义》佚文，旨在存《博物志》材料而非存张守节说，此不言而喻。正因王应麟这种做法，将这条《正义》佚文的史料价值降低到只能'说明《索隐》引文正确无误'，仅此而已。把此佚文视为考订司马迁生年的直接证据，籍以推断《博物志》的可靠性，即证明司马迁生年考证的另一前提能成立，实无济于事。因为《索隐》引文正确无误，不等于《博物志》本身准确无误②。"

陈曦认为，"易文的驳斥非常有力，特别是第二点指出'正因王应麟这种做法'，实是指赵生群断章取义。王应麟《玉海》不是存录《史记》及'三家注'原始材料，而是把张守节的按语及依据统统删了，像这样的二手材料，乃至三手、四手、五手材料，怎能用来做铁证呢？赵生群的发现，恰恰证明了张守节是在驳正《博物志》，也就是驳正《索隐》的"元封三年迁年二十八岁"。在没有找到张守节的按语、依据之前，张氏之说仍是一个疑案③。"

张大可认为："更有甚者，直接编造伪证。南宋王应麟在《玉海》中自写词条'汉史记'，引文有《正义》引《博物志》与《索隐》司马贞一致，发现者宣称这是一条司马迁生于公元前135年的铁证。王应麟引文又删去了张守节按语'案：迁年四十二岁。'像这样掐头去尾的引文，根本不具有版本价值④。"又曰："经过核查《玉海》的这条《正义》佚文，根本不是什么皇家所藏唐写本，乃是王应麟自己撰写的'汉史记'条目转引的资料，而且删去了张守节的按语'迁年四十二岁'，与日藏南化本那条栏外的《索隐》差不多，甚至还要等而下之，正确性值得怀疑，同样也是一条伪证⑤。"

① 赵生群：《从〈正义〉佚文考订司马迁生年》
② 易平：《司马迁生年考证中的史料鉴别问题》
③ 陈曦：《评赵生群"司马迁生于前135年说"之新证》
④ 张大可：《司马迁生年十年之差论争的意义》
⑤ 张大可：《评"司马迁生年前135年说"后继论者的新证》

可见，王应麟《玉海》所载录的《索隐》《正义》所引用的《博物志》资料，用来证明司马迁的生年，则是有所欠缺：一是资料的可靠性值得推敲，是王应麟转抄的《索隐》与《正义》所引的《博物志》资料，并不是原始的《博物志》资料。就像研究者转摘资料一样，其中或有删减，或有讹误，都是难免的。如果要确认《博物志》原文资料绝对无误，那就要与原文资料进行核校，确定无误了，才能说明所引资料的正确性。而《博物志》原本已经失传，而《玉海》所引，则是转引的二手资料，而二手资料《索隐》《正义》也没有原本了。既不能与原本《博物志》的原文相验证，也不能与二手资料原本《索隐》与《正义》的引文相验证，这成了一个"无头案"。没有《博物志》原文以及二手资料《索隐》《正义》引文予以核校，谁能说得清楚《玉海》所引资料是否准确无误？二是王应麟所引的《正义》之文，非常随心所欲，并不能说明就是《正义》的原文。今本《史记》所存的《正义》之文只是'按：迁年四十二岁'七个字，而《玉海》所谓《正义》之文，根本就没这七个字，根本就不能说明《正义》所引的《博物志》是准确的，因为无从说起啊！两者是否相及，是否其中还有其他内容，都不得而知。三是由于无法证明今本《史记》中《正义》所说的"迁年四十二岁"的按语就是不对，故此，可以推测，张守节《正义》之文，是用按语的形式予以驳正，而不是同意司马贞《索隐》之说。如果是同意其说，他还有必要再重复其说？如果是重复而说，还有意义吗？不是"见门喊大嫂，没话把话找"吗？只有驳正，才是非说不可，引用其所引之文，以作为靶的。如此而已。四是《玉海》所引的《正义》资料，不能证明《索隐》所引的内容就是准确无误。因为其所引的《正义》之文具有不可靠性，缺少了关键性的内容。即使是《索隐》所引的内容是准确的，但《索隐》所据的《博物志》，也还是无法证明它的准确性啊！更不能证明今本《史记》中的《索隐》所引之文就是准确的。或许，《索隐》本身就有讹误，而《玉海》依据讹误的《索隐》再征引，不也是讹误吗？故此，由于《玉海》所引《博物志》材料来源不明，牵扯的问题比较复杂，需要进行深入的研究和考证，才能对其下定性结论。在以上工作无法完成或没有完成的情况下，其所引资料，不能作为考订司马迁生年的直接证据。

六、论说五：《太史公自序》没有表明司马迁生于建元年间，从字缝里找证据是徒劳的

《太史公自序》，是一部《史记》的总括，也是司马迁的自传，其中有没有表明司马迁的生年呢？

"前135年说论者"曾维华认为："《太史公自序》不仅时间先后顺序排列清晰，而且其活动、事迹也颇为连贯、衔接，可以理解为司马谈为官在前，生

儿子司马迁在后①。"吴名岗则更进一步，认为："司马迁在《太史公自序》中是说自己生于建元年间的。……司马迁生于建元年间是确实无疑的，任何人都可以根据司马迁自己的记述作出这一判断。任何到建元元年之前寻找司马迁生年的做法，都是违背司马迁《太史公自序》的记述的②。"张韩荣曰："《太史公自序》就是一条完全的证据链，就是学者们期待的原证或本证，就是司马迁生于父亲'仕于建元'以后，生于父亲掌管太史令以后的铁证，在确定铁证如山的基础上，再取证唐代二家注等证据，最终获得司马迁生于公元前135年的定论③。"

这么说来，既然有"本证"、甚至是"铁证"存在，司马迁生于汉武帝建元年间是确定无疑了？那么，司马迁生年还有什么讨论的必要呢？而"前145年说论者"却不这么认为，张其虹认为："'司马迁自序生于建元年间'是一个伪命题④。"张大可曰："司马迁行文口语化，字面意义十分明晰，所以《史记》文章并不难读。对字面意义故作高深的发微，就会丧失原本意义；如果巧用考证包装，那也就是伪证伪考⑤。"

两种说法截然相反，究竟孰是孰非？时人凡是阅读《史记》，都会读到《太史公自序》，但很少有人感觉到司马迁在其中写出了自己的生年；再带着这个命题仔细推敲《太史公自序》，还是感觉不到司马迁在其中写出了自己的生年；如果刻意去作"别出心裁"的理解，或许能够感觉到司马迁在其中写出了自己的生年。如果是这样，那就不是正读、正解，而是别读、别解，甚至是歪读、歪解。试作如下四个方面的分析：

1.《太史公自序》无法判定司马迁是在其父入仕后出生

司马迁在《太史公自序》中写其父司马谈，有这样一段话：

> 太史公学天官于唐都，受《易》于杨何，习道论于黄子。太史公仕于建元、元封之间，悯学者之不达其意而师悖，乃论六家之要指。……太史公既掌天官，不治民。有子曰迁。

对此，"前135年论者"认为，司马迁是在入仕之后，写出了《论六家要旨》后，"掌天官"后，而生了司马迁。张韩荣认为："司马迁在《自序》中严格按照时间的顺序来写生活经历，没有一句记叙打乱时间的次序，这就可以证实司马迁出生于父亲'掌天官'后，至少绝不在父亲建元入仕以前⑥。"按照这一说法，似乎司马迁已经写明自己是生于建元以后了。其实不是。这里面有

---

① 曾维华：《司马迁生年新证》

② 吴名岗：《司马迁自叙生于建元年间》

③ 张韩荣：《从〈太史公自序〉考证司马迁生年》

④ 张其虹：《〈太史公自序〉中没有记载司马迁生年》

⑤ 张大可：《评"司马迁生年前135年说"后继论者的新证》

⑥ 张韩荣：《司马迁生年及回乡葬父新证》

一个怎样阅读和理解的问题。

就以上这段话，是司马迁写其父太史公司马谈，包括了五层含义：一是"受学"，阐明其父的知识结构，是曾经学过天文、易学、道论；二是"入仕"，是仕于建元、元封之间，表明是在汉武帝即位后到朝廷做官；三是"学问"，研究阴阳、儒、墨、名、法、道德六个学派在治国上的要义以及作为撰写的主旨，特别推崇道家；四是"官职"，是掌管天文，不直接管理民事。五是"有子"，有个儿子叫司马迁。这五层含义之间，略有时间顺序，但不能机械地理解为就是在时间上存在接续关系。

如果严格地按照时间顺序来理解，则是说不通的。那就是司马迁先是"受学"，是在"仕于建元"之前，然后是做官，一直到"元封之间"，做官而后，即在元封之后阐明六家要旨；而后是"掌天官"，最后是"有子"。如此理解，司马谈在元封年间则"发愤且卒"，到阴曹六府去了，难道司马谈是到阴间去论学术、"掌天官"、生儿子吗？难道可以这样去理解吗？把这种所谓时间顺序的理解推向极端，作绝对化的理解，则是大错特错！

其实，司马迁写其父司马谈的五层含义，是阐述司马谈人生中的五件大事，是并列关系，虽然在时间上有所顺序，但是有所错开，其间有交错，有延伸，绝对不是一层不变的按时间顺序来撰写。

首先，司马谈的"受学"，可以说是他一生的行为，绝对不是只有在他做官前的青年时期才"受学"。可以肯定地说，主要是他在做官期间"受学"，做官前后决不可截然分开。而司马迁写于做官之前，是因为司马谈在做官前已经在"受学"了。总不能在司马谈做官前写"受学"，再在做官后继续写"受学"吧！

其次，是司马谈"入仕"，从建元到元封，这是肯定的。姑且从建元元年算起，是公元前141年，去世时间是元封元年，是公元前110年。其间是32年，如果按时间顺序作机械的理解，这期间就只是做官了，不做其他事情了，这可能吗？司马谈一生的重要行事，都是在这期间完成，难道仅仅就是做官吗？当然肯定还做了许多其他的事情。

第三，是司马谈钻研学问，不能机械地理解为是在入仕之后，而根据《论六家要旨》的内容来看，是崇尚道家而贬黜儒学，很有可能是写于黄老道学盛行的时候，在两个时期的可能性比较大，一是汉武帝即位前，汉朝奉行黄老政治，司马谈论学术以用世；二是汉武帝即位后尊奉儒学，窦太后派人私下里察访并传讯审查以文学为公卿的赵绾、王臧等人所干的非法谋利之事，而赵绾、王臧自杀，重新尊奉黄老道学，一直到窦太后去世。而在后者的可能性比较大，但研究学问的基础，则是在入仕之前积累下来的，这是毫无疑问的。

第四，司马谈"掌天官，不治民"，是补充说明入仕做官的事情。司马谈"仕于建元、元封之间"，就是任职太史令，没有担任其他官职，故这句只能是说明入仕的情况。"掌天官"与"不治民"，是顺承与说明的关系，句前有

"既"字，是说即只是掌控天文之事，而不治理民众。

第五，司马谈有儿子司马迁。"有子曰迁"，这句只是交代"有子"，而没有交代是什么时候"有子"，即便解释为"生子"，意思也是一样的。司马迁有可能是在司马谈入仕后出生，也有可能是在司马谈入仕前出生。两种可能性皆有。单凭这句话，不能确定司马迁是在司马谈入仕之后出生，而要根据司马迁的行事来确定其生年。此句前承前省略了"太史公"三字。

而"前135年说论者"断定司马迁出生于司马谈入仕之后，其根据，就是认为此段文字完全是按照时间顺序排列，既然前面说司马谈"仕于建元、元封之间"，那么，后面所说的，就都是在这以后的事情了。还有的认为，此句前的句号应改为逗号，直接接上句。这也是不妥，说在其后。其实，这是根本说不通的。事情的叙述总是有个前后，这顺序的排列，固然有时间顺序的因素，但还有其他的考虑，如事情的性质、重要性的程度等等，总不能一上来就是写司马谈生了儿子，然后再写受学、做官吧！按照人们的认知习惯，总是先为国、后为家吧！而且，司马迁最后写司马谈"有子曰迁"，从行文的角度来看还有一层重要的含义，就是根据文章的结构安排，这句起着承上启下的作用，后面就是叙写他自己了。故此，把叙写司马谈生子之事放在最后，以引起下文，但这决不是在叙写司马谈的五件事之中，是最后才生了儿子。

2. "既""有""迁"三字，无法判明司马迁生于建元年间

在上面所引的《太史公自序》这段话中，有"既""有""迁"三个字。"前135年论者"则用这三个字来说事儿，在其理解上，作出有利于自己观点的解释。但是，这样的解释未必就符合司马迁原文之义，而是借字发挥，"歪嘴和尚念歪经"。

关于"既"字。"前135年论者"曾维华认为："这里有一个细节是应该重视的，即司马迁在这段话中用了一个'既'字，太史公'既掌天官'。'既'字在古文献中作为副词的通常释义是'已经''不久''完毕'，以及表示事情发生后不久，或前后两件事紧相衔接等。因此，这里的'既'字释作'已''已经'，应当是没有什么问题的。……这里的'既'字不仅表示'已''已经'，而且也可以表示司马谈出仕后不久，或司马谈出仕后生儿子司马迁是前后紧相衔接的两件事，即理解为太史公当官不久，就生了儿子司马迁。……一个'既'字，不仅简洁、合理，而且逻辑关系颇为明确①。"张韩荣亦认为："既，在此是'已然''已经'的意思。……'已经'是前提，是基础，再联系后一时间、后一事件。对'既'字的认识，进一步肯定司马迁生于父亲升任太史令以后，不再质疑②。"

果真如此吗？我们并不否认"既"字可以作"已经"解，"既掌天官"，可

① 曾维华：《司马迁生年新证》
② 张韩荣：《从〈太史公自序〉考证司马迁生年》

以理解为已经掌管天官，即担任太史令。但是，我们并不认为这是唯一的解释。自古以来，"诗无达诂，文无达诠"，孔子《春秋》，有"左氏""公羊""谷梁"三家之解，其中同样的一句话，可以有不同的解释。而对于一个同样的文言词来说，也是如此。此处的"既"字，也可以作其他的解释，也同样非常合适，甚至比作"已经"解释更为妥帖。

此句"太史公既掌天官，不治民"，是对上一句司马迁"入仕"的进一步说明，说明司马谈入仕，担任的是"掌天官"的官职，不直接管理民事。故此"既"字可作通"即"解，意为"即是""就是""只是"，其句意，就是"司马谈入仕，只是职掌天文，而不管民事"，表示"掌天官"与"不治民"之间含有说明关系。再说，此"既"字也可作连词解，与"且又"配合，表示两方面同时存在，而这里将关联词省略，其句意，就是"司马谈既是职掌天文，且又不管民事"。即使将"既"字作"已经"解，则是司马谈已经任职天官，不管民事，实现了自己的梦想，有很多时间创作《太史公书》而已。上文讲"仕于建元、元封之间"，这里又讲已经任职，岂不是与上文有重复之嫌？因此，此"既"字是与"不治民"三字有关联，而不是单纯重复上文的"仕于建元、元封之间"。既然"既"字在此可以有多种解释，都能解释得通，那么，就不能据其一种解释，而且是一种不很妥当的解释，就作为判别司马迁生年的依据，这样的做法是比较片面的，也是不能够令人信服的。退一步讲，就是"既"字作"已经"解，不仅实现了司马谈的梦想，而且也与下文"不治民"有关系，用"不治民"来解释"掌天官"，而与下句"有子曰迁"是并列关系，分述两层意思，而不是已经"掌天官"后而"有子"。

这里还有对于句读的理解问题。中华本《史记》将"有"字前用句号，"前135年说论者"张韩荣却认为，"'有子曰迁'不能独立成句"，"'有'前的句号应改为逗号①"。前文已说，司马迁在这里所表达的是两层含义，即既做官，又有儿子。"有子曰迁"是独立句，是承前省略了主语"太史公"三字。毫无疑问，"有"字前宜用句号，而不宜用逗号。如果改成逗号，读起来似乎连贯一些，但意思含混不清。毕竟，做官与有子，毕竟是两码事，不可混为一说。故此，中华本在此处的句读不误，而是"前135年说论者"的理解有误。

关于"有"字。"前135年说论者"吴名岗认为："'有子曰迁'之'有'，生也。《词源》'有'的第二个义项是'发生'的意思，并以《左传》为例。'有子曰迁'，即'生子曰迁'。从上下文看'有子曰迁'，也是'生子曰迁'之意。接下来说'迁生龙门'，正是'有'为'生'意之连贯②。"

看来，吴名岗对这段话的解释非常得意，认为是立论的主要依据。在被"前145年论者"驳议后，在后来撰写的《"二十南游江淮"证明司马迁生于建

---

① 张韩荣：《从〈太史公自序〉考证司马迁生年》
② 吴名岗：《司马迁自叙生于建元年间》

元年间》中又重复引用了这段话，坚持己见，似乎成为论说司马迁生于建元年间的重要证据。其实，这其中的解释，有非常不妥的地方，既有牵强附会的成分，也有"瞒天过海"的意味，用"有"字来说事儿，则是跌进了泥潭而不知道自拔，越陷越深矣！

近年来，笔者所做的工作，就是进行《史记》文字的疏证、梳理，弄懂弄通《史记》的文本内涵，研究其中的疑难问题，就是要不断地翻词典，找答案，比较其解释的优劣，判别其是非对错。"有"字，本来是非常简单的一个字，非常直观和明白，不需要借助于任何工具，就能说得非常明白。而看了"前135年论者"的解释，总觉得有点儿不对劲，似乎有些曲解和歪说，而非正解。当然，感觉是一回事儿，而证据又是一回事儿。于是，笔者就翻了《辞源》《辞海》《古代汉语词典》等典籍，查找其中关于"有"字的解释，看后更是恍然大悟！觉得天下还竟然有这样"偷天换日"来为己所用的！不知道这样的学术讨论还有没有意义和必要了！

"前135年说论者"所举的例证的出处是《词源》，笔者不知道是否孤陋寡闻，而竟然还有《词源》来解释古代文字的？我只知道商务印书馆出版的是《辞源》，而《词源》是宋元间词人张炎的词论专著。或者"前135年说论者"是别有所本？则不得而知了；或者是写错了？这么重要的关键词能弄错吗？如果连这最基本的东西都能弄错，那么，还有什么事情不能弄错呢？

笔者打开商务印书馆《辞源（修订本）》，翻到1613页的"有"字，共有8个义项，分别是：取得，占有，与"无"相对；表示存在，发生；丰收，多；为；州域；亲爱，友爱，通"友"；助词，无义；姓。"前135年论者"所依据的是第二个义项，再细看，则是"表示存在，发生"，并引用《诗·大雅》"东有启明，西有长庚"、《左传·襄公》"有大雨，自其窦入"为例。由此可见，这一条义项恰恰首先要表示的意思是"存在"，所举之例是"东有启明，西有长庚"，如果代入"有子曰迁"，则是儿子司马迁已经存在了，即已经有了司马迁了，这就如同"启明""长庚"早就存在一样，这还要说什么呢？这不就是司马迁在"入仕"前就有了儿子司马迁吗？难道这还不明白吗？这恰恰是"前145年说论者"用来证明司马迁生于司马谈入仕前的有力证据啊！而"前145年说论者"却没有这样做，倒是"前135年说论者"挖空心思，找到了这么一条对自己非常不利的证据。聪明啊，聪明反被聪明误！退一步讲，即使是这第二个义项中有"发生"的意思，那也是在"存在"之后啊！应当首先是"存在"，然后才是"发生"！如果用"存在"能够解释得非常妥帖，那么，为什么还要用"发生"来解释呢？如果两者之间有矛盾，则是后文服从前文，这是普通的常识，不会连这个也不懂、也不知道吧！为什么还要引用被"存在"之义取代的"发生"之义来援为己证呢？或许，在"前135年论者"看来，别人是不会来翻《词源？》的，因为这辞典毕竟不很普及，很少有人有那个闲工夫去做这些事情。这样，就没有人知道在"有"字的解释中塞进了私货，而作为

"得意"的证据，将对方打倒，而无还手之力啊！殊不知，这"得意"，则是成了得意忘形，原形毕露，自己所认为的证据，还能算是证据吗？还好意思再振振有词地说下去吗？还会继续再予以强调吗？辞典是"公器"，任何人都可以使用，除非是你自家的辞典，秘而不对外，才能永远欺瞒下去，而不被发觉。请问，在学术研究的神圣殿堂中，还有这样的不择手段的做法吗？这样的做法还有科学的成分吗？

再看《辞源》中"有"字的总体解释，8 个义项中第一个义项就是表示"有"的意思，与"无"相对，这应当是"有"字的主流解释，恐怕没有人否认这一点吧？再看《古代汉语词典》1903 页，"有"字共有 14 个义项，第一个义项，即是"有，与无相对"。再看《辞海》2773 页，"有"字共有 12 个义项，第一个义项，是"具有"，第二个义项，是"存在"。这些典籍，无有例外，其首要之义，都是"有""存在"的意思。对司马迁"有子曰迁"这句话，其主流解释也能够很好地解释得通，为什么弃之不取呢？是别有用心，还是有所疏忽呢？这恐怕是不说自明吧！这里的"有"字，其含义就是与"无"相对的"有"，已经有，有了，绝对不能解释为"生"之意。弃"有"而说之"生"，我不知道假如司马迁有灵，听了会是有何感想，觉得这不是歪想曲说吗？就这样来读《史记》，不是把《史记》都糟蹋了吗！

我们再回到《太史公自序》上来，"有子曰迁"，很明显，就是指有个儿子叫司马迁。至于什么时候有，并没有明确交代，从文字的角度来推敲，则是已经存在，即在司马迁入仕前已经有儿子司马迁了。至于与上文"太史公仕于建元、元封之间"，则是并列关系，即是太史公在建元、元封之间做官；太史公有了儿子司马迁。这绝对不能解释为司马谈在做官之后才生了儿子司马迁。

这里还牵涉到与下段起始句"迁生龙门"相关联的问题。"前 135 年说论者"张韩荣为了证明"有"即是"生"，对中华修订本《史记》将"迁生龙门"另起为段提出疑义，认为是沿袭了"点校本"的错误，"司马迁刚写到自己便被割裂开来，语气被中断，一句话变成了两残句，语意不完整，是不符合司马迁本义的，是不合理的。"认为此段宜与上段合为一起，是说"迁生龙门"直接承接上文"既掌天官"，说明司马迁就是生在父亲执掌太史令以后①。其实，这种说法只是一厢情愿、片面之词。仔细阅读这非常关键的几句话，就会发现，这里的分段处理，是非常正确的。毫无疑问，这里应当分段。"有子曰迁"，所叙述的对象是司马谈，是司马谈"有子"。同时，也是一句承上启下的过渡句，按照分段惯例，应放在上段末。这在《史记》中比比皆是。而下段起句"迁生龙门"，则是具体叙述司马迁的行事，是叙述司马迁的起始之句，主语是司马迁。故此，其"生"字，单纯指司马迁的出生，而与上文断开，与司马谈的"入仕"不具有直接的关联。也就是说，这句只是讲司马迁是出生在龙

① 张韩荣：《从〈太史公自序〉考证司马迁生年》

门。司马迁是生在司马谈入仕之前，还是在入仕之后，在这句中并没有反映出来。这句的"生"，也不等于上句的"有"。"生"与"有"，两字不相及，也不是什么"互文"的关系，是两码事，两个概念，不能混为一谈。而认为此处应合为一段的想法，只是为了证明自己的所谓观点，并不符合司马迁原文之义，是属于别有用心之说。故此，在此处分段，中华修订本不误，而"前135年说论者"理解有误。

关于"迁"字。"前135年说论者"刘大悲认为："司马谈正值'迁'为太史令之际，又喜得贵子。……这件双喜临门的大事，怎能不有所名，以示不忘呢？……以名其子，岂不顺理成章？……'迁'字子长，大约是由《平准书》中'为吏者长子孙'的话演变而来，司马谈要求'子孙长大'，非但希望甚殷，更冀其频迁升职，二者得兼。这大约就是司马谈'望子成龙'的思想通过给儿子命名表现出来的吧①！"如果按照这一说法，作者名为"大悲"，则是其出生时一定有大悲的事情，是其父亲去世，或者是母亲生下他就死了？还有什么能够称得上是"大悲"的事情呢？这种说法能成立吗？张韩荣认为："司马迁生于父亲当上太史令以后，父亲由太史丞升任太史令，当是升官又有了居住茂陵的资格，所以给儿子取名'迁'②。"总之，"前135年说论者"又抓住"迁"字来做文章了。

司马谈为何为儿子取名叫司马迁？司马迁没有在《史记》中的任何地方透露取名为"迁"的含义。以上所说，实属于望文生义，只是揣测而已，是否与司马谈的想法一致，则是无法弄得清楚，故也只能是说说而已，当不得真的。如果拿来说事，则是很不妥当，更不能用来作为证明司马迁生于司马谈入仕后的凭据。而"迁"字的解释，据辞典，还有不吉利的含义，如表示死亡，表示流放、放逐，表示贬谪、降职，表示离散等含义。如果司马谈从字义上来考虑，难道不知道"迁"字还有这些含义吗？当然，如果就是以表达升迁、迁徙之义来为儿子命名，那么，汉武帝刘彻当年叫"刘彘"，"彘"者，猪也。那其父汉景帝是捉到了一头猪？或是认为儿子生来就像一头猪？或者说是希望儿子将来成为一头猪？这不是笑话嘛！其实，王皇后被纳入太子宫，得幸，有了身孕，梦见日入其怀。汉景帝又梦见高祖谓己曰："王夫人生子，可名为'彘'。"故此，生下儿子才取名为"彘"。这样的意思，岂是望文生义能够得出来的吗？如果将"迁"字作合符司马迁生于公元前145年的诠释，则也是完全可以！即司马谈入仕前，在家乡生活时娶妻生子，他做着美梦，一心想着要"鲤鱼跳龙门"，要入朝做官，要迁到京城去居住，于是，就为儿子取名叫"迁"，以寄托自己的希望，后来好梦成真，果真如愿以偿，真是迁到京城去了，并且入朝为官。如作这样的解释，你能认为有什么不妥吗？当然，这只是后人的猜测而

---

① 刘大悲：《司马迁生年探微》
② 张韩荣：《从〈太史公自序〉考证司马迁生年》

已。可"前 145 年说论者"却没有这么说。而"前 135 年说论者"的所谓诠释，不也是如此吗？这能作为司马迁生于公元前 135 年的证据吗？简直是胡扯淡！充其量，只能是自我臆想而已！

3. 司马迁自叙的青少年时期，也没有生于建元年间的明证

司马迁在《太史公自序》中写自己年轻时的经历，用了四句话来概括，即是：

> 迁生龙门，耕牧河山之阳。年十岁则诵古文。二十而南游江、淮，……

这四句话，所要表达的是四层意思：一是司马迁出生于故乡龙门之地，即现今的陕西省韩城市境内，紧靠黄河峡谷的龙门口。二是司马迁在家乡度过美好的童年时光。三是司马迁十岁的时候，就能够诵读古文。四是司马迁二十岁的时候，开始出游，足迹遍及全国各地。其实，这样的解释，明眼人一看就知道，因为这几句话非常通俗，没有什么值得咬文嚼字的。但是，这几句话作为司马迁青少年时期的叙写，在讨论他的生年问题上，却存在着诸多疑惑甚至误解，需要逐一予以澄清。

一是"迁生龙门"，究竟是司马迁出生在司马谈入仕前，还是出生在司马谈入仕后？如果司马迁是出生在司马谈入仕前，则是司马谈年轻时是在龙门家乡度过，在家乡有家室，生儿子，然后才到京城求职，拜师，入仕。如果是司马迁出生在司马谈入仕后，则是司马谈已经到京城做官，而后再回到家乡生儿子，这似乎不太合符情理。难道司马谈到了京城后，还是娶了农村的老婆，让老婆在家乡种田，生儿育女？这似乎不太现实。以情理度之，这种做法不太可能。比较合理的解释，则是司马迁生于司马谈入仕前，已经既成事实，所以，司马谈入仕后，把他留在家乡，等待时机和条件成熟，再把他带到身边。

二是"耕牧河山之阳"。"前 135 年说论者"袁传璋的解释是："耕牧河山之阳"并非实指的"藻饰"耕牧，"无非是曾在故乡有过这番令他神往的体验。一个七八岁的乡村孩子，农忙季节里，帮家里在南亩干上一点辅助农活，或在草场看牧一阵牛羊，于古于今都是极为平常之事①。""前 145 年说论者"张大可认为："'耕牧河山之阳'，明白无误是一个时间段，指童年、少年时代的司马迁生活在故里，亲近自然山川，体验耕牧生活，直到二十南游，离开故里，结束了'耕牧河山之阳'的生活，也就是司马迁十九岁以前耕牧河山之

---

① 袁传璋：《"司马迁生年前 145 年论者的考据"虚妄无征论》。袁传璋在早先发表的《太史公"二十岁前在故乡耕读说"商酌》中说七八岁的司马迁在农忙时要"干点辅助农活，或在草场看牧牛羊"是"极兴头的常事"、"神往的体验"。旧时农村"实实在在"耕牧之家放牛牧童，一般十岁以上，即便是赤贫之家，七八岁儿童干点辅助劳动可以，放牧则罕见，什么"兴头的常事"、"神往的体验"，均是想当然的胡编。

阳。"①。"袁传璋即然说"耕牧河山之阳"是并非实指的"藻饰"耕牧，却又说七八岁的司马迁在农忙时要做辅助劳动，还要看牧牛羊，岂不是说其实是"实实在在"的耕牧，又是自相矛盾？

三是司马迁什么时间离开家乡？这又是一个值得研讨的问题。"前135年论者"认为，司马迁是在司马谈迁居茂陵显武里时离开了家乡。袁传璋曰："建元之初，司马谈时任太史丞，官卑秩低，长安居大不易，家眷自必留居夏阳故里。元朔初，他已升任秩禄二千石位比列卿的太史公，自有荣幸于元朔二年夏秋之交将家眷由原籍移居武帝初陵茂陵邑。司马迁因此有了'茂陵显武里'的新户籍，时年九岁②。"而"前145年说论者"则认为，司马迁在"二十南游"前都是在家乡度过的。元朔二年，汉武帝大移民充实朔方郡，主父偃建言家资三百万以上者移茂陵，"外销奸猾，内实京师"。此是政治性移民，郭解不中资亦被强移，司马迁亦当在这一背景下移居茂陵，并见郭解，年十九岁。

纵观《史记》，其中没有留下司马迁迁居京城的任何证据资料，张华《博物志》记载是"太史令，茂陵显武里大夫司马迁"，并没有说明司马迁是何时迁到京城，只能证明司马迁为太史令时，已经是生活在茂陵显武里了。故此，以上两说，都是借助于一些间接事实，通过推论而得出的结论，虽然符合"大前提"，即司马迁是生于龙门，二十岁出来游历。但具体时间的确定，则是有疑点。说司马迁九岁到京师，在之前是"耕牧河山之阳"，难道是在"摇篮"里耕牧，是在"过家家"中耕牧？如果司马迁只是童年在家乡度过，断然不用"耕牧"二字。如果司马迁是在十九岁时到京师，在家乡生活了漫长的时间。张大可认为这正是司马谈的苦心安排，不带司马迁在京师染习仕途风习，而是培养为修史接班人，有一个熟悉社会、强身健体，二十南游有一个高起点。

四是司马迁"年十岁则颂古文"，是在京师，还是在"龙门"？"前135年说论者"袁传璋认为："司马迁绝不可能在夏阳'年十岁则诵古文'，而'诵古文'只能在京师长安司马谈身边。……司马迁说他'年十岁则诵古文'，并不仅指'十岁'一年之事，其内涵实指移居茂陵后，在父亲指导下自十岁起，到二十南游前止，以诵习古文经籍为主要内容的从学经历。司马迁从十岁到十九岁的十年间，在京师刻苦研习，多方请教，奠定了一生学问的基础③。""前145年说论者"张大可认为："年十岁则诵古文，是一个时间点，不是时间段，不过是说司马迁十岁时已有古文基础或起步学习古文，如此而已。只表明司马迁年少时的学养，与推导生年毫不相干，与向两位大师学习也毫不相干④。"

五是"二十而南游江、淮"，是在什么时间？司马迁二十岁开始游历，这

---

① 张大可：《评"司马迁生年前135年说"后继论者的新证》
② 袁传璋：《"司马迁生年前145论者的考据"虚妄无征论》
③ 袁传璋：《"司马迁生年前145论者的考据"虚妄无征论》
④ 张大可：《评"司马迁生年前135年说"后继论者的新证》

是写得非常明确的。按照"前145年说论者"所说，司马迁开始游历是在公元前126年，即汉武帝元朔三年；按照"前135年论者"所说，司马迁开始游历则是在公元前116年，即汉武帝元鼎元年。后文说司马迁见父于河洛之间，司马谈发愤且卒，是在元鼎七年，即后来改为的元封元年（公元前110年）。按照前者所说，司马迁从游历开始到其父去世，中间有16年时间，其时为36岁；按照后者所说，司马迁从游历开始到其父去世，中间只有6年时间，其时为26岁。究竟哪一种说法更加合符情理？对此的辨析，前人已经论述很多。张大可分析说："司马迁晚生十年，砍掉的是十年青年时段。假如司马迁南游了五年，等于司马迁没有了青年时代。如果司马迁少了十年的青年时代，缺失了十年的伟大时代的熏陶，对于司马迁个人的人生修养、《史记》成书、思想积淀，均有着巨大的影响①。"细细推敲，如果司马迁生在汉武帝建元六年，到其父司马谈去世，只有五年时间，而司马迁的出游，是大范围的出游，足迹几乎遍及全国各地，当时的交通条件并不像现在这样发达，那么，司马迁的这五年似乎都在出行的路上，就缺少了学习和提升的空间。难道司马迁就是这样成长起来的吗？故此，司马迁出生于汉景帝中元五年，汉武帝元朔年间开始出游，比较合情合理。

4. 司马迁"南游"而后，"于是"一词不是"紧承"的时间概念

司马迁在《太史公自序》中写完"二十而南游江、淮"后，继续写道：

> ……过梁、楚以归。于是，迁仕为郎中，奉使西征巴、蜀以南，南略邛、笮、昆明，还报命。

对于这其中的"于是"二字，"前135年论者"大做文章，作出有利于自己观点的解释。袁传璋曰："在上古书面语言里，'于是'是由介词'于'和指代时间或地点的'是'构成的介词结构，以表示时间或地点的状态。意为'就在这个时候'，或'就在这个地方'。……'于是'以下的行为在时间上紧承'于是'以前的行为发生。司马迁自述'过梁、楚以归。于是迁仕为郎中'，'是'指代'过梁、楚以归'这个时间。意思是说，经过梁、楚故地返回京师，就在这时进入仕途，作了郎中②。""中间设有时间间隔。"赵生群曰："'于是迁仕为郎中'一句，至为重要，不可忽视。'于是'作为连词，起连接分句的作用，在一定的上下文中，也表示特定时间概念③。"

而"前145年说论者"却不以为然。张大可认为："以仕为郎中为基点。'于是'二字，上承壮游，下启奉使，只作语法关联。因壮游、出仕、奉使三者在时间上并非连续之事，中间各有数年之隔。为了在行文中显示这层意义，'于是迁仕为郎中'应独立成句。司马迁生于建元六年论者，释'于是'为实

① 张大可：《司马迁生年十年之差论争的意义》
② 袁传璋：《司马迁生于武帝建元六年新证》
③ 赵生群：《论司马迁生于建元六年》

义的介词结构，指'就在这个时候'，实则大误①。"并用历史事实对"前135年论者"所列举的例句进行逐一解剖，对"于是"二字作了系统的阐述，认为"他们对'于是'的解读完全错误，根本不成立②。"

根据电脑查询，《史记》中有"于是"一词844个，所表达的含义也各不相同，有作连词解，表示后一事承接前一事；有作介词词组解，指这时，表示紧接上事之后并由于上事某种结果而往下叙说；还有其他多种含义。此处的"于是"也可作两种解释，一是作介词词组，解为在这时候，指司马迁归来以后；二是作连词理解，为虚词，不表示实际意思，实际上是介词词组的虚化。犹如"焉"字，一般作"之于"的合音词解释，后逐渐虚化，只作助词解，相当于"矣"字。古代文言字词的词性在不断变化，要根据文中内容作出合理的解释。此处"于是"，宜作连词来解，其理由是："过梁、楚以归"与"迁仕为郎中"为并列关系，表示是两件事情，在事情的性质上并没有直接的关联，只是在时间上有先后的顺序，例如"我吃了早饭，于是上班了"，宜理解为"我吃了早饭，而后又去上班了"，难道要将"于是"理解为"我在吃早饭这个时候就去上班"吗？这妥当吗？当然，如果一定要将"于是"作表示时间的介词词组来理解，也不是不可以，但准确地说，这其中所表示的时间是不能确定的，有长有短，并不是表示"就在这个时候"，而是表示"在这个时候后""在这段时间后"，所表示的是"无定时间"。如果一定要理解为很短的时间，那就只能是牵强附会、不足为说了。这就如同"前135年说论者"袁传璋所举之例：

> 周道废，秦拨去古文，焚灭《诗》《书》，故明堂石室金匮玉版图籍散乱。于是，汉兴，萧何次律令，韩信申军法，张苍为章程，叔孙通定礼仪，则文学彬彬稍进，诗书往往间出矣。

对于这一段的"于是"，袁传璋曰："'于是'提示新兴的汉王朝紧承秦火之后，重新开始文化建设。'于是'以下的行为在时间上紧承'于是'以前的行为发生，无一例外③。"对此，张大可曰："秦始皇焚书在他执政的第34年，即公元前213年；汉王朝定都长安复兴文化事业，在高祖七年之后才启动，已到公元前200年，其间有14年的间隔，而且改了朝换了代，两个王朝无论怎么'紧接'，也改变不了这14年的间隔。难道'紧接'二字就可以抹掉间隔，抹去时间14年?④"

由此可见，这其中的"于是"，宜作为连词来理解，表示的是叙述前后两件略有关联的事情为宜。如果作为表示时间的介词词组来解释，则是非常勉

---

① 张大可：《司马迁评传》
② 张大可：《评"司马迁生年前135年说"后继论者的新证》
③ 袁传璋：《司马迁生于武帝建元六年新证》
④ 张大可：《评"司马迁生年前135年说"后继论者的新证》

强。其间隔 14 年也可以称"在这时候",那么,司马迁"过梁、楚以归"与"仕为郎中"有 14 年的时间,即使是"前 145 年论者",也没有说过有这么长的间隔时间啊!难道竟有这么长的"在这时候"吗?这能自圆其说吗?而作结构连词来解,有何不可?

再回到司马迁的这段话来,"于是"二字并不能确定其间是多长时间,如果一定要作介词词组来理解,其间的具体时间也要根据实际的时间来考订。正因为司马迁没有明确其间是多长时间,而用来指定具体的时间考订司马迁的生年,则是不妥的,没有说服力的。因为甲说是时间很短,甚至是前后"紧承",而乙说是时间很长,甚至是很漫长,谁能说得清楚?为了有利于自己的论证而对《史记》文字作牵强附会、似是而非的解释,这不是科学的态度。如果双方都是如此行为,那还要论辩什么呢?一些需要论辩的历史事实能够弄得清楚吗?恐怕永世都无法得出正确的结论!故此,"于是"一词不能作为论证司马迁生年的证据。

七、论说六:司马迁《报任安书》"早失二亲"不容曲解,不能作为判定司马迁生年的证据

《报任安书》,是司马迁写给友人任安的一封书信。其中有一段话说:

> 今仆不幸,早失二亲,无兄弟之亲,独身孤立,少卿视仆于妻、子,何如哉?

这是司马迁用来抒发自己孤苦伶仃、孤独无依的感慨的一段话,而"前 135 年说论者"从中捕捉到记载司马迁生年的信息。李长之将"早失二亲"作为十条证据的第一条,曰:"司马迁《报任少卿书》明明说'早失二亲',如果生于前 145 年,则司马谈死时,迁已经三十六岁,说不上早。他决不能父母是否早死也弄不清楚。假若生于前 135 年,迁那时便是二十六岁,却才说得过去①。"郭沫若似乎发现了"新大陆",曰:"在这里有一个确切的根据可以判定这个疑案,但却被王国维所遗漏了。司马迁《报任安书》里面有这么一句话:'仆今不幸,早失二亲',……依王国维的推定,司马迁当为三十六岁。三十六岁死父亲,怎么能够说'早失'呢?这正给予王说一个致命伤。但司马迁的生年如推迟十年,则元封元年为二十六岁。二十六岁死父亲,要说'早失',是可以说得过去的②。"施之勉曰:"古者,年二十九以下,犹称为'少'。迁年二十六,父卒,母又已前死,故云'早失二亲'。若年已三十六,何得如此云云乎③?"

---

① 李长之:《司马迁生年为建元六年辨》
② 郭沫若:《〈太史公行年考〉有问题》
③ 施之勉:《〈太史公行年考〉辨误》

对此，"前145年说论者"黄瑞云曰："'早失'，是相对于遭祸的时候说的，可以理解为'早已失去'，而并非通常情况下的'早年失去'。因此，由这句话并不能证明司马谈死的时候，司马迁正好二十六岁①。"李中曰："《报任安书》写于太始四年十一月，距迁父司马谈去世十八年有余。可见此处之"早"是相对"今"而言，意为"早已"。全句的意思应是，自己很不幸，父母早已去世，又无兄弟之类的亲人，独身孤立，只有与妻子相依为命②。"张大可认为："'早失二亲'之义有二：其一，古人习惯，无论多大年岁死父母，都说早孤以示怀念之情；其二，早就失去双亲，即双亲已离世多年。有人解释'早失二亲'为青少年失去双亲，是没有根据的③。"又曰："二十六岁死双亲为'早'，三十六岁死双亲就不能说'早'，这纯粹是'辨'而不是'据'。如果要辩论的话，'早失二亲'的'早'为什么不能理解为早就失去了双亲呢？这样一辨，'早失二亲'与司马迁生年考证就是无关的了。古人四十、五十、六十死双亲都可以言'早'，何况三十六呢④？"

对于"早失二亲"，究竟如何理解？如果不是钻牛角尖，一般的小学生就能把这句话解释得很清楚，那就是："很早就失去了父母。"其主语是司马迁。怎么到了学者那里，怎么就弄得那么复杂？复杂得如漂浮在天空中的云彩，让人捉摸不透？根据辞典解释，其"早"字，是表示事情的发生离现在已有一段的时间，即"早已"的意思。如果再作进一步分析，那就是司马迁在写作《报任安书》的时候，向前推算，在很多年前就没有了父母。如果再用事实来论证，那即是，司马迁写作《报任安书》，是在汉武帝太始四年，即公元前93年，其父司马谈去世于汉武帝元封元年，即公元前110年，其间相距18年，其母亲去世的时间不得确知，应当也是很早就去世了。其父母去世了十几年时间，则可谓是"早"矣。请仔细考虑，这里的"早"，与司马迁的年龄有关吗？即使是司马迁80岁了，在十几年前就失去了父母，难道不可以说是"早失"吗？对"早失"二字，用司马迁的年龄来说事，认为二十几岁失去父母，就可以称为"早失"，三十几岁失去父母，就不可以称为"早失"，有这样的道理吗？有这样的解释吗？简直就是荒唐可笑！始作俑者李长之、郭沫若，居然连这么简单的事情都弄不懂吗？他们弄不懂，其他亦步亦趋若也弄不懂？简直就是揣着明白装糊涂？二十几岁、三十几岁有本质的区别吗？充其量，也只是"五十步"与"一百步"的区别。举例说，一个人今天吃了一碗饭，叫"吃饭"，如果吃了两碗饭，就不叫"吃饭"了？如果一味地纠缠多大年纪失去双亲才是"早失"，那与司马迁"早失二亲"的含义是两码事。那是"早年失去双亲"的理解，而不是司马迁所说的"很早失去双亲"的意思，是偷换概念，

---

① 王瑞云：《司马迁生年考》
② 李中：《我读郭沫若〈太史公行年考有问题〉》
③ 张大可：《〈报任安书〉注释》
④ 张大可：《司马迁生卒年考辨辨》

是一种"诡辩"。司马迁在这里所说的是"现在时",而不是"早年时"！这样的区别，一些大名鼎鼎的学者怎么就看不出来呢？而硬要在多大年岁上失去二亲而纠缠不休，难道不是一桩怪事吗？而持有这样的观点，难道不是故弄玄虚吗？而这实实在在出于学者之口，不知道这书是怎么读的，实在是有些"汗颜"！

再说，从词性的角度来看，这里的"早"，是用作副词，表示"很早"，是用来说明动词"失"字。早失，即很早就失去了。而不少学者用来论证司马迁的生年，则是将"早"字作形容词来理解，即有两层理解，一是"在平生的早期"；二是"特指年幼时"。也就是说，他们认为这句话应解释为司马迁年纪轻轻就失去了双亲。因此，他们在司马迁多大年纪上失去双亲上纠缠不休。这样的理解，无论是从词性，还是从文义来看，都是与司马迁所说的这段话不吻合。也就是说，司马迁失去双亲的时候，既不是在人生的早期，也不是在年幼的时候，这两种说法都应当予以排除。如果有人一定要别有用心地这么理解，那有什么办法呢？糊弄别人的结果，只能是在愚弄自己！

八、结论：司马迁生于汉景帝中元五年，即公元前 145 年，可以作为阶段性结论

以上对主张司马迁生于公元前 145 年与生于前 135 年论者的主要观点进行了梳理和讨论，并提出了一些新的看法。大致上说，百年以来，双方展开论辩的主要观点就是这么几个方面，再没有新的内容。可就是这么几个方面，双方殚精竭力，喋喋不休，甚至旁征博引，大费周章，把事情越弄越复杂。如果说，没有新的证据出现，实际上就没有再论辩的必要了。当然，这并不是说，司马迁的生年论辩就这样不了了之，分不出个子丑寅卯来。而是应当有一个最基本的说法。这次新一轮的司马迁生年疑案研讨提出要得出一个初步的结论，是非常明智的，也是水到渠成的。

王国维首先提出司马迁生于公元前 145 年，这个观点仍然是站得住脚的。即使是到目前为止，王国维的司马迁生年之说讨论了一百年，文章很多，但并没有直接的证据证明王国维的观点是错误的，议论得最多的是王国维提出的"数字讹误说"，也只是寻找数字讹误方面的类似情况，试图用"几率"来说明问题。但所有这些，并不能否定司马迁生年中"二"讹为"三"的可能性。而用司马迁的行年来分析，也是非常吻合的。故此，司马迁生年的确定，仍然应当按照王国维之说，即为公元前 145 年，当无大错，可以作为定论。

李长之、郭沫若提出司马迁生年为公元前 135 年，其后继者们千方百计证明其说的正确性，除了列举"三"讹为"四"或"三十"讹为"四十"的极大可能性外，还提出司马迁在《太史公自序》《报任安书》中透露了司马迁生年的信息，甚至直接认为司马迁自叙生于建元年间，这是经不住推敲的，属于仁

者见仁、智者见智的事情。而"前145年说论者"也完全可以用《太史公自序》《报任安书》来证明司马迁早生十年，只是他们没有这样做罢了。但这些都是非"正读"而得出的结论，只能是一厢情愿的自圆其说，其用力之勤，但却似是而非，无法令人信服。

说到底，到目前为止，并没有直接证据证明司马迁是生于公元前135年或是前145年，这些都是凭"研究"和"推算"出来的，其中包含着研究者的主观臆想，公说公理，婆说婆理，各逞其能，总体说，似都有一些理由，但披沙拣金，必有一论是站不住脚的，因为司马迁只能有一个生年。"前145年说论者"提出用王国维率先垂范的"行年排比法"，建立司马迁的生年坐标体系来研究和确定司马迁的生年，从实事求是的科学的角度来思考，是符合实际的一种比较可行的研究方法，无论"牛角尖"钻得怎么样，挖空心思去做考证，求"几率"，最后总是要经得起历史和实践的检验的。

故此，在去伪存真研究的基础上，运用"行年排比法"予以验证，司马迁生于汉景帝中元五年，即公元前145年，可以作为阶段性结论。诚如施丁所曰："景帝中五年说，比之建元六年说，可靠性就大多了，虽然还难说百分之百的正确，但却有90％以上的把握①。"而司马迁生于公元前135年的观点，可作"存异"处理。这也符合司马迁的"实录"与"传疑"精神。

最后，顺带说一下有关证据的问题。不少学者动不动就说找到了"铁证""本证"。什么叫"铁证""本证"？就是板上钉钉，无可辩驳。例如，司马迁说他所著的《太史公书》为十二本纪、十表、八书、三十世家、七十列传、一百三十篇，无论是司马迁所说，还是验之其书，都是完全吻合的，这才是"铁证"；是司马迁自己所说，也称为"本证"。那么，在司马迁生年研讨中，有所谓的"铁证"和"本证"吗？肯定是没有的。请问，司马迁在《史记》中有哪一句话说自己生于何年？司马迁生年研究中有哪一条证据是经得起推敲而无可辩驳的？如果有，论辩双方还要那么大费口舌吗？至于张华《博物志》所载的司马迁生年信息，也只能算是史料和佐证，属于第二层次的证据。张华生于西晋232年－300年间，距司马迁在世已有四百多年，这其间发生了很多的事情，文字书写方式也发生了变化，原书已失传，现今留存的，也只是后人搜辑而成，其中难免有讹误。唐朝司马贞、张守节生活于700年左右的唐朝，距张华年代又过去了三百多年，其间朝代不知道更迭了多少，他们所著的《索隐》《正义》及所引《博物志》，更是难免有讹误，故只能说是第三层次的史料。至于南宋年间王应麟著《玉海》，又过去了几百年，加之只是摘引而已，更是真伪难辨。再加之流传到现在，有多少是原始的真实面孔呢？充其量也只是第四层次的史料，其可信度能有多少？就拿《史记》来说，历来学者不断考证到现在，其中的讹误脱衍还是非常多，这其中就有司马迁当年撰写《史记》本身的

---

① 施丁：《司马迁生年考——兼及司马迁入仕考》

讹误，也有历代在辗转传抄中的讹误，这是非曲直谁能弄得清楚？即使是花费九牛二虎之力来考证、辨析，也只是一些猜测和推测，因为还是缺少"本证"和"铁证"啊！故此，我们在研究中要充分考虑这些实际情况，无须抓住一些存有争议的所谓"证据"紧紧不放，结果反而得不出真正的结论出来。对于司马迁生年，王国维提出用行年考辨的方法来研究，是有一定的科学道理的。张大可等学者基于此，运用行年分析的方法来确定司马迁的生年，可谓抓住了要害，得出了真论。对于这一点，无论怎么说，都是站得住脚的。对于其中的少许不妥之说，当然还需要进行进一步推敲，进一步深入系统地进行"证据"研究，进行"行年"研究，切不可攻其一点，不及其余，借以否定新一轮"司马迁生年疑案研讨"所得出的总体结论。